龍向洋 編

哈佛燕京圖書館書目叢刊第十四種

美國哈佛大學哈佛燕京圖書館藏民國時期圖書總目

Catalogue of Books of the Period of the Republic of China
Collected in
Harvard-Yenching Library, Harvard University, U.S.A.

· 3 ·

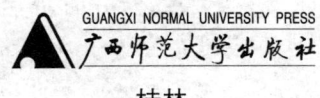
廣西師範大學出版社

· 桂林 ·

007638362　5756　6745
西遊記一百回
（明）吳承恩著　上海　商務印書館
1936 年　初版　國學基本叢書
（m.w.）

007640057　5757　4134c
繡像南宋飛龍傳五十回
上海　錦章圖書局　1930 年

007639448　5758　4117b
瓶外卮言
姚靈犀著　天津　天津書局　1940 年
初版　（m.）

009364785　5758　4282a
金屋夢六十回
夢筆生編輯　上海　鶯花雜誌社　1915
年　鉛印初版

008096722　T　5758　8184a
新刻金瓶梅詞話一百回　附繪圖
北平　古佚小說刊行會　1933 年

009343426　5758.08　1318
續新金瓶梅二卷
平江引年生著　上海　煉石書局　1917
年　石印

004688663　5758.08　4282
金屋夢
夢筆生編　上海　交通圖書館　1921 年

009343422　5758.08　4441
新式標點真本隔簾花影四十八回
四橋居士著　時希聖標點　上海　中央
書局　1935 年　鉛印再版

009158043　5759　0233　(1)
草木春秋演義三十二回
雲間子集撰　樂山人纂修　大連　支那
珍籍頒佈會　1916 年　鉛印　含秀居
叢書

009158082　5759　0233　(2)
鼓掌絕塵十四回
金木山人編　清心居士校　大連　支那
珍籍頒佈會　1916 年　含秀居叢書

007639593　5759　0233　(3-4)
禪真後史十八回
清溪道人編次　沖和居士評校　大連
支那珍籍頒佈會　1916 年　含秀居叢書

007639426　5759　0548
崇禎慘史五十回
松滋山人原編　許慕義刪改編輯　劉魄
生校閱　上海　大達圖書供應社
1934 年

009369908　5759　0548a
崇禎慘史五十回
上海　啟智書局　1935 年　3 版　（m.）

007789685　MLC-C
新伉儷
枕亞閣主撰　香港　新小說書社　1923 年

007639592　5759　0568c
繡像訂正隋煬帝豔史八卷四十回
齊東野人編演　湖上笠翁序　上海　改
良小說書局改正石印　1916 年

007791047　MLC-C
春豔秘記
陸友白撰　上海　志成書莊　1923 年

007807422　MLC-C
繪圖紅梅劫
上海　廣益書局　1941 年

009148524　5759　0683a
繡像全圖包公奇案四十卷
上海　廣益書局　1916年

007696153　5759　1347b
三寶太監下西洋卷四
沈世榮校勘　上海　廣益書局　民國間

007706990　5759　3240
[繡像]東周列國志二十七卷
上海　廣益書局　1917年

007706998　5759　3240c
繪圖東周列國志四卷　一百八回
馮夢龍撰　香港　五桂堂書局　1933年

007642444　5759　3240e
東周列國志二十三卷　一百八回
馮夢龍編　蔡昊評點　上海　廣益書局　1916年　(m.)

009343353　5759　4454d
大字足本繡像海公大紅袍六卷六十回
李春芳著　上海　廣益書局　民國間　石印

009369903　5759　4470d
明珠緣五十回
1912—49年　鉛印

009369915　5759　5042e
風月傳十八回
名教中人編　上海　啟智書局　1936年　4版

007642458　5759　7038b
四雪草堂重訂通俗隋唐演義十卷　一百回
褚人獲撰　上海　錦章圖書局　1914年

009364852　5760　1172c
[新式標點]三門街一百二十回
薛恨生標點　上海　新文化書社　1935年　鉛印再版

009364285　5760　1322c
雙美奇緣二十回
張勻撰　何銘標點　上海　新文化書社　1934年　鉛印初版　(m.)

009364000　5760　1322d
新刻天花藏批評玉嬌棃四卷二十回
張勻撰　天花藏主人批評　濟南　1915年　石印

007639935　5760　5642
註釋清代小說選
曹鵠雛編　昆明　中華書局　1940年　再版

007645978　FC6050　FC-M4739
儒林外史
汪原放句讀　上海　亞東圖書館　1920年　初版　(m.)

009204725　5761　2344E
儒林外史
(清)吳敬梓著　上海　商務印書館　1937年　初版　國學基本叢書　(m.)

007657541　5761　2344i
全圖儒林外史
吳敬梓撰　上海　海左書局　1930年

007642236　5762　0203
紅樓夢新考
方豪著　重慶　獨立出版社　1944年　(m.)

007642130　5762　1147
紅樓夢索隱
王夢阮、沈瓶庵索隱　上海　中華書局　1916年　初版　(m.)

007642351　5762　1422
紅樓夢譚屑
醉紅生編　香港　中華圖書館　1917年

007643675　5762　1921（1927）　5762　1921（1930）
紅樓夢一百二十回
曹霑著　汪原放句讀　上海　亞東圖書館　1927年　（m.）

007642112　5762　3824
紅樓夢考證
洪秋藩著　上海　上海印書館　1935年　（m.）

007642237　5762　3824B
紅樓夢抉隱一至八冊
洪秋藩著　徐行素校正　上海　上海圖書館　1925年　初版　（m.）

007642238　5762　4194
紅樓夢類索
（清）姚梅伯［燮］著　魏友棐、洪荊山校訂　上海　珠林書店　1940年　初版　（m.）

011886441　PL2727.S2　H7x　1936
紅樓夢附集十二種
徐復初編　上海　倣古書店　1936年　初版　（m.）

007642152　5762　4363
紅樓夢人物論
王太愚著　上海　國際文化服務社發行　1949年　再版　（m.）

007643324　5762　4471　PL2727.S2　S57　1927x
紅樓夢本事辨證
壽鵬飛著　上海　商務印書館　1927年　（m.）

007643401　5762　4472
紅樓夢研究
李辰冬著　重慶　正中書局　1942年　初版　（m.）

007644067　5762　4914
石頭記索隱
蔡元培編　上海　商務印書館　1924年　7版　（m.）

009197999　5762　4914（1917）
石頭記索隱
蔡元培編　上海　商務印書館　1917年　初版　（m.）

007643899　5762　5616.22
紅樓夢精華
鄒仁達選輯　上海　文明書局　1925年　初版　（m.）

001969915　5762　5616E
石頭記
曹霑著　上海　商務印書館　1933年　國難後第1版　國學基本叢書　（m.）

007646251　5762　5616H
增評加批金玉緣圖説十六卷　卷首　一百二十回
曹雪芹撰　蝶薌仙史評訂　濟南　1914—49年

007646260　5762　5616q
增評加註全圖紅樓夢十五卷　一百二十回　卷首一卷
曹霑著　護花主人等評註　上海　1931年

007646252　5762　6225
林黛玉筆記二卷
喻血輪著　上海　世界書局　1931年　（m.）

007643879　5762　7272
林黛玉的悲劇
阿印著　香港　千代出版社　1948 年
（m.）

007643838　5762　8212
紅樓夢辨
俞平伯著　上海　亞東圖書館　1923 年
（m.）

007647380　5762.08　4274c
繡像新紅樓夢六卷　四十八回
上海　廣益書局　1914 年

009369815　5762.08　4274d
新紅樓夢四十八回
王祖箴標點　周夢蝶校閱　上海　大達圖書供應社　1934 年　鉛印　（m.）

009364860　5762.08　4681
花田金玉緣十六回
桐廬主人標點　上海　大達圖書供應社　1934 年　鉛印

007646037　5762.08　5919b
續紅樓夢三十回
秦子忱撰　上海　新文化書社　1934 年
（m.）

009364260　5762.08　5919c
續紅樓夢三十卷
秦子忱著　民國間　石印

007646057　5762.2　1312
賈寶玉的出家
張天翼著　福建永安　東南出版社　1945 年　初版　（m.）

007647150　5762.2　7248
紅樓夢抉微
闞鐸著　天津無冰閣　1925 年

009343498　5762.9　1222
繡像瑤華傳六卷四十二回
丁秉仁編著　尤夙真評　上海　五洲書局　1915 年　石印

009364044　5762.9　1441d
繪圖快心編全傳三十集十卷三十六回
天花才子撰　四橋居士評點　上海　上海受古書店　1928 年　石印

009369911　5762.9　1616c
武則天四大奇案六十四回
上海　啟智書局　1935 年　鉛印 3 版

009364847　5762.9　2263b
[新式標點]駐春園二十四回
吳航野客編次　薛恨生標點　上海　新文化書社　1934 年　鉛印初版　（m.）

009224606　5762.9　4243
彭公案
胡協寅校勘　上海　廣益書局　1948 年　新 3 版

009363991　5762.9　4459
繪圖賽桃源四卷三十回
李春榮撰　上海　上海書局　1914 年　石印

007649483　5763　1408
繪圖雙鳳奇緣四卷八十回
上海　錦章圖書局　1914 年

009343333　5763　1408d
繪圖雙鳳奇緣四卷八十回
雪樵主人撰　上海　上海書局　1920 年　石印巾箱本

009364053　5763　1672g
[足本大字]醒世姻緣十二卷一百回
西周生[蒲松齡]輯著　上海　上海受古書店　民國間　石印

007655353　5763　4136
英雲夢傳八卷
松雲撰　香港　聚錦堂　1913年

007655356　5763　4136.4
繪圖英雲三生夢傳四卷
松雲撰　上海　廣益書局　1913年

009370070　5763　4412c
綠野仙蹤八十回
李百川著　上海　啟智書局　1936年
鉛印3版　（m.）

009343466　5763　4412d
繡像綠野仙蹤八卷八十回
李百川著　上海　上海書局　1914年
石印巾箱本

007655361　5763　7932b
繪圖兒女濃情傳五十回
陳朗編　漢口　廣益書局　1915年

008015417　5763.1　922
[原著古本]野叟曝言一百回
夏敬渠撰　惜紅館主校閱　上海　好青年書店總發行　1933年

007654129　5763.5　3170
鏡花緣一百回
（清）李汝珍著　汪原放、章希呂句讀
上海　亞東圖書館　1923年　再版
（m.）

009200560　5763.5　4431
鏡花緣一百回
李汝珍著　193？年　（m.）

007655365　5763.5　4431B
鏡花緣二十卷
（清）李汝珍著　上海　商務印書館
1937年　國學基本叢書　（m.）

009112067　5763.6　7949a
都市新談八卷六十回
陳森撰　濟南　1912—49年　石印

009262055　5763.6　7949b
品花寶鑒八卷六十回
瓊樓主人著　民國間　石印

009364131　5763.6　7949c
新輯改良小說怡情佚史八卷六十回
瓊樓主人著　民國間　石印

008328086　5764　0403
兒女英雄傳
汪原放句讀　上海　亞東圖書館　1925年　（m.）

007643698　5764　0403B
兒女英雄傳
（清）文康著　上海　亞東　1930年　3版
（m.）

007643702　5764　0403D
兒女英雄傳正編四十回　續編三十二回
文康著　魏志誠校閱　上海　大達圖書供應社　1934—35年　再版

007643711　5764　0403e
兒女英雄傳正八卷四十回　續八卷三十二回
文康著　上海　錦章圖書局　1914年

007803666　MLC－C
百俠英雄奇觀
上海　世界書局　1925年　6版

007643724　5764.5　4122
北史演義六十四卷
杜綱編　許寶善批評　譚載華校訂　上海　商務印書館　1927年　3版
（m.）

007643736　5764.5　4122.4
南史演義三十二卷
杜綱編　許寶善批評　譚載華校訂　上海　商務印書館　1928年　3版（m.）

009364856　5765　0201b
永慶昇平前傳九十七回　永慶昇平後傳一百回
郭廣瑞編著　蔡持正標點　上海　大達圖書供應社　1934年　鉛印初版

008096855　5765　0220
[改正繡像載陽堂]意外緣四卷十六回
無名氏撰　濟南　1912—30年

008099219　5765　0220b
[繪圖]意外緣四卷十八回
濟南　1912—30年

008093254　5765　0298.1　FC5016　FC-M366
[豔情小說]情中奇二卷二十四回
庾嶺勞人說　禺山老人編　三墻柱史校錄　上海　振圜小說社　1912—30年

009343198　5765　0524
繪圖增批麟兒報四卷十六回
上海　上海書局　1915年　石印

007880316　5765　0830
施公案
春明書店編譯所　上海　春明書店　1946年

009369900　5765　0830d
施公洞庭傳三卷二百四十八回
陶覺先標點　沈耀楣校閱　上海　大達圖書局　1936年　鉛印再版

008333999　5765　0831.4
施公清烈傳
1947年

009343392　5765　1048e
忠孝節義二度梅全傳四卷四十回
惜蔭堂主人　上海　沈鶴記書局　民國間　石印

008317893　5765　1233
正德遊江南四十五回
何夢梅著　廣益書局編輯部校閱　1949年

007643962　5765　1233B
正德遊江南四十五回
（清）何夢梅著　周夢蝶標點　上海　大達圖書供應社　1934年

009369913　5765　1233c
正德遊江南全傳四十五回
何夢梅著　上海　啟智書局　1934年

007643966　5765　1234
繡像四才子平山冷燕四卷二十回
荻岸山人編次　上海　錦章圖書局　1930年

009369896　5765　1234e
平山冷燕二十回
荻岸山人著　王祖箴標點　朱聯華校閱　上海　大達圖書供應社　1936年　鉛印再版（m.）

007643897　5765　1338B
西漢演義一百一回
（明）甄偉著　王文英標點　上海　大達圖書供應社　1934年　再版（m.）

007644198　5765　1344
何典一十回
（清）張南莊著　上海　北新書局　1929年　3版（m.）

007644012　5765　1344.4
何典

張南莊著　上海　新文化書社　1933 年
（m.）

007705729　5765　1354
九尾龜一百九二回
張春帆著　周夢柟標點　上海　世界書局　1936 年　再版　（m.）

007644200　5765　1354B
[繪圖]九尾龜八卷一百九十二回
張春帆撰　上海　集成書局　1917 年

009364355　5765　1354d
繪圖九尾龜八卷一百九十二回
張春帆著　上海　上海時還書局　民國間　石印

009369919　5765　1470
五女興唐傳四十二回
上海　啟智書局　1937 年　4 版（m.）

009369959　5765　1843b
巧合奇冤傳
朱鑒標點　上海　大達圖書供應社　1935 年　鉛印

007646239　5765　2122c
花月痕五十二回
眠鶴主人[魏秀仁]著　棲霞居士評　琴石山人校訂　上海　會文堂書局　1926 年

007646250　5765　2334.1
二十年目睹之怪現狀八卷
吳趼人著　上海　新小説書店　1916 年

009364181　5765　2381
新鐫繡像後宋慈雲太子逃難走國全傳四卷三十五回

上海　開文書局　1925 年　石印巾箱本

009107464　5765　2432
繡像英雄淚四卷二十六回　醒世國事悲四卷二十回
雞林冷血生著　上海　上海書局　1913 年　石印

007662802　5765　2918
續小五義二卷一百二十四回
香港　五桂堂書局　1931 年　（m.）

008627903　Microfiche　C-1007　CH1306
草木春秋演義三十二回
雲間子編　大連　支那珍籍頒佈會　1916 年　含秀居叢書

007647175　5765　3882
濟公活佛全傳二百八十回
胡協寅校勘　上海　廣益書局　1947 年（m.）

008627900　Microfiche　C-1015　CH1341
武則天外史二十八回
不奇生著　廣州　醉經堂書莊　1914 年

008627845　Microfiche　C-1015　CH1341
武則天外史二十八回
不奇生著　上海　上海小説支賣社　1914 年

007647177　5765　4122c
征西全傳九十回
上海　啟智書局　1934 年　4 版（m.）

007647276　5765　4128B
繡像第九才子書捉鬼傳四卷十回
1930 年

009107538　5765　4128D
第九才子書捉鬼傳四卷十回

樵雲山人編次　上海　文華山房　1917
年　石印

009343171　5765　4128e
繡像第九才子書捉鬼傳二卷十回
上海　沈鶴記書局　1932年　石印

009369905　5765　4128f
鍾馗傳一十回
王秋帆標點　上海　大達圖書供應社
1934年　鉛印　(m.)

008096703　5765　4148
繪圖殺子報全傳四卷二十回
(清)無名氏撰　上海　1920年

007647357　5765　4252b
薛仁貴征東四十二回
湖上漁隱標點　上海　新文化書社
1939年

007647359　5765　4323
優孟衣冠傳新書六卷三十回
夢遊上海人戲筆　上海　廣益書局
1917年

007647179　5765　4421
官場現形記六十回
(清)李伯元著　汪原放、汪協如句讀
上海　亞東圖書館　1927年　初版
(m.)

007647365　5765　4421C
官場現形記
(清)李伯元著　上海　啟智書局　1934
年　3版　(m.)

008015419　5765　4421f
官場現形記六十回
李伯元撰　許嘯天句讀　胡雲翼校閱
上海　群學書社　1928年　(m.)

009324422　5765　4430
新刊七真因果二卷二十九回
天津　中和印刷局　1936年　鉛印

009343239　5765　4430b
新刊七真因果二卷二十九回
黄永亮編著　合川　會善堂　1918年

007647371　5765　4432
廣陵潮一百回
李涵秋著　上海　百新書店　1946年

007647178　5765　4432.2
新廣陵潮五十回
李涵秋、程瞻廬合著　上海　世界書局
1929年　初版　(m.)

005721201　5765　4432.4
近十年目睹之怪現狀四十回
李涵秋著　上海　世界書局　1923年
初版　(m. w.)

009364153　5765　4452a
海上花列傳六十四回
花也憐儂著　上海　上海理文軒書莊
民國間　石印

007647272　5765　4642
繡像大明奇俠前後傳五十四回
1930年

007647377　5765　4891
宦海升沉録一名袁世凱
黄小配著　香港　香港实報館
1919年

003762498　5765　4891.3b
洪秀全五十四回
黄世仲著　韋月侶標點　潘公昭校閱
上海　大達圖書局　1934年　(m.)

008627850　5765　5448　Microfiche　C－1010　CH1322
繡像素梅姐全傳四卷二十回
嗤嗤道人編著　蘇潭道人鑒定　香港
改良社　民國間　石印

007647384　5765　7214
[繪圖]第二奇書六十四回
上海　上海書局　1914年

008633509　Microfiche　C－846　CH1451
上海之騙術世界
[雲間]顛公撰　上海　掃葉山房
1924年

007647389　5765　7262
老殘遊記
劉鶚著　汪原放句讀　上海　亞東
1926年　再版　(m.)

007647390　5765　7262B
老殘遊記
劉鶚著　汪原放句讀　上海　亞東
1928年　3版　(m.)

007647271　5765　7262d
老殘遊記
劉鶚著　楊憲益譯　南京　獨立書店
1947年

007647275　5765　7262E
老殘遊記二集
劉鶚著　上海　良友圖書公司　1935年

007647181　5765　7521
紈袴鏡社會小說
毋讎著　上海　進步書局　1921年　初
版　(m.)

009342737　5765　7722b
繡像閨門秘術四卷五十回
月湖漁隱著　香港　章福記書局　1917
年　石印巾箱本

007647176　5765　7808
三俠五義一百二十回
(清)石玉昆著　俞平伯句讀　上海　亞
東圖書館　1925年　初版　(m.)

009324138　5765　7913
如意君傳六十三卷七十二回
陳天池著　上海　上海文記書店　1936
年　鉛印平裝

007658764　5765　8245
繪像蕩寇志八卷七十回
俞萬春著　上海　商務印書館　1919年

007660795　5765　8245c
蕩寇志演義全傳七十回
俞萬春著　上海　大成書局　1923年

007660799　5765　8245e
全圖足本蕩寇志
俞萬春　上海　啟新書局　1923年

009262087　5765　8482
繡像金臺全傳六卷六十回
上海　上海沈鶴記書局　1925年　石印

009369968　5765　8728
新出繡像繪圖真正原稿八竅珠演義全傳
初集四卷三十一回　二集四卷六十回
鋤月山人原著　膠西逸叟校正　上海
槐蔭山房書莊　1915年　石印

007660802　5765　9018
[繪圖]小五義
上海　廣益書局　1916年

007660806　5765　9018b
繪圖小五義一百二十四回
清無名氏著　香港　五桂堂書局
1934年

語言文學類

008096868　5765　9342
[繪圖]情海奇緣八回
無名氏撰　香港　香港書局
1912—30 年

008099226　T　5765　9342b
[繪圖]情海奇緣八回
無名氏撰　上海　亞細亞書局
1912—30 年

008334004　5765　9572.3
[繪圖]說岳全傳
洪炳暉校勘　1947 年

007660630　5765　9572.4
宋岳武穆公全傳八十回
錢彩撰　袁韜壺增批　上海　會文堂書局　1922 年

007661060　5766　0400
滬江風月傳
許棄疾著　王袖滄校　徐天嘯眉批　徐枕亞總評　上海　一廠出版社　1921 年

007661063　5766　0429
郭松齡慘史二卷
上海　和平社書局　1926 年

007661065　5766　0448
清宮歷史演義十四卷一百二十回
許慕羲撰　上海　廣益書局　1932 年 9 版

007661070　5766　0448.1
元史演義二十四回
許慕羲編　上海　大達圖書供應社　1935 年　(m.)

007661072　5766　0448.3
宋史演義四十二回
許慕羲編　上海　大達圖書供應社　1935 年

007660946　5766　0448.33
宋宮歷史演義一百二十回
許慕羲編輯　上海　大達圖書供應社　1934 年　再版　(m.w.)

007660947　5766　0461
唐宮二十朝演義一百回
許嘯天著　上海　新華書局　1928 年　初版　(m.)

007661112　5766　0484
關山遊俠傳
文公直著　上海　育才書局　1949 年

007661114　5766　0623
華屋劍光錄
唐熊著述　上海　文業書局　1918 年

009364776　5766　0631
武俠拳藝特種小說癡婆子四卷
王劍迷校正　上海　惜陰書局　1932 年　石印

009364841　5766　0724
[言情小說]呆徒富貴十四回
新聞使者編譯　上海　上海振圜小說社　1922 年　石印

007661139　5766　1100
寶劍金釵
王度廬著　上海　勵力出版社　1947—48 年

008454012　MLC–C
小巷嬌梅碧海狂濤
王度廬著　上海　勵力出版社　1948 年

007661140　5766　1114
神州光復志演義十五卷一百二十回
聽濤館雪庵氏[王雪庵]編　枕漱軒逸廬氏校　上海　廣益書局　1912 年

009343316　5766　1130.1
江湖百大俠四集四卷十六回
非非室主編次　上海　惜陰書局　1930年　石印

009343314　5766　1130.33
江湖百大俠二集四卷十六回
非非室主編次　上海　惜陰書局　1930年　石印

007670583　5766　1147
地覆天翻記
王希堅著　上海　新華書店　1949年
中國人民文藝叢書

007662227　5766　1195
清代演義十六卷一百回
王炳成編著　上海　商務印書館　1918年　初版　（m.）

007662314　5766　1308
血淚黃浦史長篇社會哀情小說
張六合著　香港　互助圖書社　192?年

007662315　5766　1308.1
孤鴻斷腸史長篇社會哀情小說
張六合著　香港　互助圖書社　192?年

007662266　5766　1321
張作霖歷史
超然道人編　上海　富強書社　1922年

007662434　5766　1325
梅雪争芳記
張秋蟲著　上海　世界書局　1926年

007662291　5766　1382
海上蜃樓
天笑生[包天笑]著　上海　中華書局　1926年　（m.）

007801243　MLC－C
情海花豔情小說
香港　新學圖書社　1923年

007662436　5766　139
情海花社會小說
張恂子著　上海　時新書局　1931年

007662132　5766　1391.48
斯人記
張恨水著　上海　百新書店　1948年
（m.）

007662439　5766　1391.5
春明外史第一至三集
張恨水著　北京　世界日報社　1929年
　世界日報叢書　之一　（m.w.）

011937604　PN1997.K8　C3　1944
孤城落日電影劇本
王平陵、王夢鷗著　重慶　國民圖書出版社　1944年　初版　（m.）

007662169　5766　1391.53
秦淮世家
張恨水著　上海　三友書社　1949年
（m.w.）

007662441　5766　1391.5b
春明外史
張恨水著　上海　世界書局　1947年
（m.）

007662445　5766　1391.8b
金粉世家正　續　三集
張恨水原著　廣州　中美書局　1933年

007662448　5766　1524
孫中山革命演義
中國國民書局編輯　廣州　1927年

007662226　5766　1935
續海上繁華夢一百回
孫漱石著　上海　文明書局　1916 年初版　（m.）

007662458　5766　1935B
［繪圖］續海上繁華夢
海上漱石生撰　上海　文明書局　1916 年　再版　（m.）

009364843　5766　1942
［滑稽小說］阿木林笑史十二回
孫菊仙編輯　上海　上海振鬧小說社　1923 年　石印

007662184　5766　1992　FC1
留東外史
不肖生著　上海　民權出版部　1924 年　4 版　（m.）

007662460　5766　2122
昭陽趣史一名趙飛燕全傳
上海　襟霞閣主人　1936 年　國學珍本文庫　（m.）

007662225　5766　2143
明清兩國志演義四十回
朱彭城標點　沈世榮校閱　上海　大達圖書供應社　1935 年　再版　（m.）

007662219　5766　2160
快活神仙傳五十回
程瞻廬著　上海　世界書局　1929 年初版　（m.）

007662218　5766　2160.1
新舊家庭二十四回
程瞻廬著　上海　商務印書館　1922 年初版　（m.）

007662183　5766　2233
江湖大俠傳
不肖生著　陳子京校訂　上海　上海中央書店　1949 年　再版

007662467　5766　2233.25
留東新史
不肖生［向逵］著　上海　世界書局　1931 年

007662188　5766　2243
閩都別記
里人何求纂　福州　萬國出版社　1946 年　（m.）

007662289　5766　2257
袁世凱演義二十四回
何壽民著　香港　新民小說社　1917 年　（m.）

007662471　5766　2328
續二十年目覩之怪現狀四卷三十六回
吳虞公編　上海　世界書局　1924 年

007662472　5766　2349
上下古今談
吳敬恒著　上海　文明書局　1927 年 11 版　（m.）

009031704　5766　2384
繪圖國恥演義二卷十六回
吳公雄編輯　上海　世界書局　1924 年　石印

007662779　5766　2472
再造天二卷十六回
香葉夫人撰　上海　大達圖書供應社　1936 年

007662786　5766　2633
繪圖安禄山全傳四卷
上海　沈鶴記書局　1931 年

007662799　5766　2913
寧羅村
樂天著　上海　競智圖書館　1922 年

007662804　5766　2941
玉棃魂
徐枕亞著　上海　大衆書局　1939 年
（m.）

005259219　5766　2941.07
刻骨相思記二十八回
徐枕亞著　天嘯評　上海　大衆書局
1947 年　再版　（m.）

007662807　5766　2941.1
雪鴻淚史
徐枕亞著　上海　大衆書局　1935 年
（m.）

007662740　5766　2941.13
一字一涙哀情小説
徐枕亞著　香港　五桂堂書局　1936 年

009369926　5766　2941.1b
雪鴻淚史十四章
徐枕亞著　香港　上海華新印書局
1922 年　訂正版

007662675　5766　2941.4
蘭閨恨哀情小説
徐枕亞著　上海　中原書局　1936 年
重版　中國文學名著　（m.）

007662713　5766　2941.8
余之妻
徐枕亞著　香港　南風出版社　1916 年
（m.）

007662811　5766　2941.8b
余之妻
徐枕亞著　上海　大衆書局　1937 年
（m.）

007662806　5766　2941b
白話玉棃魂
徐枕亞原著　何樸庵譯白　上海　明華
書局　1934 年　（m.）

008328065　5766　2952.1
溥儀春夢記
徐哲身編　1935 年

007662656　5766　3104
歇浦潮
海上説夢人著　上海　世界書局　1925
年　訂正 3 版

007662820　5766　3124
江南大俠傳
沈紫若著　上海　武俠叢刊社　1936 年
（m.）

002556677　5766　3140.24
皋蘭異人傳
還珠樓主著　上海　勵力出版社
1947 年

007803635　5766　3140.31
冷魂峪
香港　正氣書局　1947 年

007662835　5766　3140.5
雲海争奇記
還珠樓主[李壽民]著　上海　正氣書局
　1947—48 年　（w.）

007662988　5766　3214
歇浦春夢
馮玉奇著　香港　力行書局　1946 年
（w.）

007662839　5766　3214.3
海國春秋二卷
馮玉奇著　上海　廣益書局　1947年

007662715　5766　3373
繪圖新漢演義四卷四十回
溪隱著　上海　廣益書局　1917年
石印

007662853　5766　3412
紅粉大俠傳四十回
凌雲生著　上海　大中華書局　1934年

007662668　5766　3863
磨劍錄武俠筆記小說
顧明道著　上海　明道出版社　1940年
　初版　（m.w.）

007662855　5766　3863.4
草莽奇人傳
顧明道著　上海　南方書店　1947年
（m.w.）

011913775　PL2779.A6　B35　1916
白絲巾
老談撰　上海　亞東圖書館　1916年

011903461　PL2779.A6　N8　1916
女蝛記
老談撰　上海　甲寅雜誌社　1916年

007662672　5766　4102
中國歷史婦女演義一百回
姚舜生著　上海　女子書店　1934年
　初版　女子文庫　（m.w.）

007662676　5766　4132
燕蹴箏絃錄哀情小說
姚鵷雛著　上海　中原書局　1936年
　重版　中國文學名著　（m.）

007662670　5766　4206
新華春夢記十卷
楊塵因著　張海漚批　張冥飛評　上海
　泰東圖書局　1916—18年　初版
（m.）

007662657　5766　4211
董小宛演義十六回
胡憨珠編　上海　競智圖書館　1924年
　初版　（m.）

007662899　5766　4234
大中華演義四卷
楊達奇編輯　上海　東吳書局　1917年

007662671　5766　4245
孽海雙鵝記
楊南邨著　上海　中原書局　1936年
再版　中國文學名著　第1集　第9種
　　（m.w.）

009364232　5766　4275
韓信歷史演義三編十六回
競智圖書館編　香港　競智圖書館
1923年　石印

007662654　5766　4291
明史演義二十二回
胡寄塵著　上海　大達圖書供應社
1935年

007662669　5766　4408
嘉慶演義六卷八十回
李龍公、陳燕方編著　吳虞公校閱　上
海　廣益書局　1925年　初版　（m.）

007662907　5766　4423
西太后秘史演義
李伯通著　上海　國史小說社　1927年
　4版　（m.）

011908784　PL2780.T5　C5　1947
千金骨二十回
李定夷著　上海　國華新記書局　1938
年　9 版　（m.）

011919817　PL2780.T5　T8　1918
同命鳥一名後伉儷福
李定夷著　上海　國華書局　1918 年
初版　（m.）

007662908　5766　4462
天界共和
蔣景緘、貢少芹著　上海　文明書局
1929 年　（m.）

009364835　5766　4480
新出校正楊貴妃演義十三回
桐蔭館主編輯　上海　上海振圜小説社
　1922 年　石印

007663035　5766　4568
國大競選内幕一十回
梅影庵主撰　上海　新民出版社　1948
年　初版　（m.）

009363975　5766　4752
新刻繡像走馬春秋四卷十六回
香港　海左書局　1916 年　石印

007663131　5766　4820
明末痛史演義六卷
趙紱章著　上海　益新書社　1926 年
再版　（m.）

007662954　5766　4829
武漢風雲
黃伯耀著　香港　1912 年

009324497　5766　4845.9
小西遊記十卷
吳承恩原著　趙苕狂編輯　上海　世界
書局　1924 年　石印再版

007663036　5766　4942
古戍寒笳記四十六回
葉楚傖著　上海　中原書局　1936 年
再版　中國文學名著　第 1 集
（m. w.）

007663136　5766　4942.1
蒙邊鳴築記
葉小鳳［楚傖］著　上海　文明書局
1925 年　（m. w.）

007663111　5766　4954
歷代通俗演義
蔡東藩著　上海　會文堂新記書局
1935 年

007663140　5766　4954.1
元史通俗演義六卷六十回
蔡東帆［藩］著　上海　會文堂書局
1920 年　（m.）

007663141　5766　4954.5
唐史通俗演義一百回
蔡東藩著　上海　會文堂新記書局
1924 年　（m. w.）

007663143　5766　4954.7
［繪圖］民國通俗演義四十回四卷
蔡東藩［撰］　上海　會文堂　1921 年

007663144　5766　4954.8
清史通俗演義一百回
古越東帆［蔡東帆］著　上海　會文堂書
局　1921 年

007663145　5766　4987
十粒金丹
不著撰人　上海　春明書店　1946 年

007663037　5766　5082
陸稼書演義六十回
戚飯牛著　魯雲奇評點　上海　中華圖

1397 語言文學類

書集成公司　1924 年　初版　(m.)

009343509　5766　5554
全圖狸貓換太子演義三集八卷八十回
上海　上海校經山房　1929 年　石印

007696154　5766　5643
陳儀大鬧臺灣八回
招麥漢著　香港　風雨書屋　1947 年　初版　(m.)

007643898　5766　6122
昭君和番八十回
(清)雪樵主人著　上海　啟智書局　1934 年　初版　(m.)

009364305　5766　6428c
繪圖蘭花夢八卷六十八回
鑒梅山人撰　上海　上海受古書店　1928 年　石印

007644204　5766　6622
[繪圖]自由結婚新小說一十回
呂紅俠撰　香港　民新印書局　1914 年

007645121　5766　7118
雍正謀皇秘史十二回
劉建翁編輯　上海　中國第一書局　1922 年　(m.)

008223241　MLC-C
民國史演義四十二回
蔭餘軒主人著　陸律西校勘　上海　廣益書局　1922 年　(m.)

007645123　5766　7122
金迷之塲
鳳儔生著　上海　開元書局　1935 年　(w.)

007645124　5766　7138
鬢宮綺夢初集二卷

陸邎翁撰　香港　聚珍印務書樓　1934 年

007645126　5766　7140.2
紅俠
陸士諤著　上海　時還書局　1923 年

007645127　5766　7140.4
新劍俠
陸士諤著　上海　時還書局　1937 年

008096869　5766　7140.6
[新編]男女風流秘密史六回
陸士諤撰　上海　犀記書莊　1931 年

007645131　5766　7250
[新編]馬成龍演義四卷
1912—49 年

007645120　5766　7295A　(1)
呂梁英雄傳
馬烽、西戎著　香港　呂梁文化教育出版社　1946 年　初版　(m.w.)

007645122　5766　7295B
呂梁英雄傳通俗小說上冊
馬烽、西戎著　佳木斯　東北書店　1946 年　再版　(m.w.)

007645133　5766　7683
荒唐夢四十八回
駱無涯撰　上海　玫瑰書店　1929 年　(w.)

007646070　5766　7944
洪楊演義
李續賓著　上海　中華圖書館　民國間

007646270　5766　7945
武當劍俠傳
燕南萍道人[陳萍青]撰　上海　時還書局　1934 年

語言文學類

008141049　MLC－C
過海大師東征傳
真人元開　1932 年

007646277　5766　7951
風雲兒女
陳挹翠著　上海　勵力出版社　1948 年
（w.）

007646280　5766　7951.1
孤雛喋血
陳挹翠著　上海　勵力出版社　1949 年

009343296　5766　7954
江湖十八俠二集四卷三十二回
陳掃花撰述　上海　廣記書局　1927 年
石印初版

009343299　5766　7954.1
江湖十八俠七集四卷三十二回
陳掃花撰述　上海　廣記書局　1929 年
石印

007646186　5766　7957
留西外史第一集
陳春隨著　上海　新月書店　1927 年
初版　（m.）

007646284　5766　7979
重編民國興漢演義全傳前集一百二十回
閑閑編輯　上海　上海書局　1916 年

007647324　5766　8206
大漠驚鴻
鄭證因著　上海　勵力出版社　1948 年

007647314　5766　8420
鍾馗傳四卷十回
薛恨生標點　上海　上海新文化書社
1934 年　初版　（m.）

007647349　5766　8643
孽海花
曾樸著　上海　真美善書店　1931 年
再版　（m.）

007647115　5766　8643d
孽海花
曾樸著　上海　真善美書店　1947 年
增訂版

007647116　5766　8643.1
續孽海花
燕古老人著　上海　真善美書局
1946 年

007648117　5766　9013
聶榮臻大戰孫連仲八回
小雲著　香港　學生書店　1948 年　初版　（m.）

007648118　5766　9306
説不得十四回
慎言〔陳慎言〕著　北京　晨報出版部
1926 年　初版　晨報叢書　（m.）

007647995　5766　9306.4
如此家庭
慎言著　北京　晨報社　1926 年　初版
晨報社叢書　（m. w.）

007658521　5767　0234
牧羊哀話
郭沫若著　上海　三聯出版社　民國間
（w.）

007658593　5767　0622
新時代的沉滓
端木蕻良等著　上海　光大書局
1941 年

007658522　5767　0692
現代小説選
少侯編　上海　仿古書店　1936 年　初版　（m.w.）

007658525　5767　1125
現代中國小説選
AL 社同人編　上海　亞細亞書局　1929 年　初版　（m.w.）

007658519　5767　1125c
現代中國小説選
趙景深、孫席珍等編　上海　中國文化服務社　1936 年　（m.）

007658770　5767　1134
當代女作家小説
王定九編輯　儲菊人校訂　上海　中央書店　1937 年　3 版　（m.w.）

007658524　5767　1140
現代小説選
王梅痕編　上海　中華書局　1935 年　初版　初中學生文庫　（m.w.）

007658523　5767　1214
地雷陣短篇小説選
邵子南著　香港　新華書店　1949 年　初版　中國人民文藝叢書　（m.）

007658626　5767　1311
新生
張天翼等著　香港　堡壘書店　1941 年　現階段文藝叢書　（m.）

007658625　5767　1341
創作短篇小説選
張越瑞選輯　上海　商務印書館　1937 年　中學國文補充讀本　（w.）

007658782　5767　1418
十年正續集
夏丏尊編　上海　開明書局　1941 年

009203952　5767　1418　（2）　（1936）
十年續集
夏丏尊編　上海　開明書店　1936 年　（w.）

007658517　5767　1671
西風
陳衡哲著　上海　商務印書館　1933 年　初版　東方文庫續編　（m.w.）

007658518　5767　1730
抗戰中國的故事
西風社編輯部選　上海　西風社　1947 年　（m.w.）

007658783　5767　1730.1
天才夢
張愛玲等著　西風社編輯部選輯　上海　西風社　1948 年　8 版　（m.）

007658791　5767　2078
解放區短篇創作選
秦兆陽等著　香港九龍　南中出版社　1947 年　（m.w.）

007658413　5767　2078.2
解放區短篇創作選第二輯
周揚編　東安　東北書店　1947 年　（m.w.）

007659691　5767　2078.2b
解放區短篇創作選第一、二輯
丁玲［蔣冰之］等著　1946 年　長城文藝叢書　（m.w.）

011739658　GR335.R664　1929
迷信與傳説
容肇祖著　廣州　民俗學會、廣州國立中山大學　1929 年　民俗學會叢書

(m.)

008451266　PQ2364.M7　A7142　1947
生意經
米爾波著　王了一譯　上海　商務印書館　1947年　再版　新中學文庫（m.w.）

007659699　5767　2236
短篇名家小説集
何海鳴等著　上海　大東書局　1925年　再版

007659544　5767　2302　(7:1-2)
范煙橋説集
范煙橋著　上海　大東書局　1927年　初版　名家説集（m.w.）

007659714　5767　2302　FC6073　FC-M4756
名家説集
上海　大東書局　1927年

007659555　5767　2302　(2)
江紅蕉説集
江紅蕉著　上海　大東書局　1927年　初版　名家説集（m.w.）

007659551　5767　2302　(3)　PL2764.O4　A6　1927
何海鳴説集
何海鳴著　上海　大東書局　1927年　初版　名家説集（m.w.）

007659565　5767　2302　(4)
沈禹鐘説集
沈禹鐘著　上海　大東書局　1926年　初版　名家説集

007659564　5767　2302　(5)
周瘦鵑説集
周瘦鵑著　上海　大東書局　1927年　初版　名家説集（m.w.）

007659568　5767　2302　(12)
張舍我説集
張舍我著　上海　大東書局　1927年　初版　名家説集（m.w.）

007659567　5767　2302　(13)
張碧梧説集
張碧梧著　上海　大東書局　1927年　初版　名家説集（m.w.）

007659553　5767　2302　(14)
張枕綠説集
張枕綠著　上海　大東書局　1927年　初版　名家説集（m.w.）

007659562　5767　2302　(16)
嚴芙孫説集
嚴芙孫著　上海　大東書局　1927年　初版　名家説集（m.w.）

007659579　5767　2334
捕奸錄秘
上海活報社編　上海　青年文化出版社　1948年　初版　中國政治内幕叢書

011890421　PL2652.L56　1917
臨時增刊南社小説集
南社社員編　上海　文明書局　1917年　初版

011910824　PL2652.L475　1948
未婚夫婦
黎風、胡征、李南力著　哈爾濱　光華書店　1948年　初版（m.w.）

007659526　5767　2421
現代女作家小説選
俊生編　上海　倣古書店　1936年　初版（m.w.）

007659549　5767　2425
當代小說讀本
樂華編輯部編　上海　樂華圖書公司
1932 年　初版　當代文學讀本　(m.w.)

007659530　5767　2444
處女
楊邨人著　上海　中國文化服務社
1936 年　9 版　(m.)

007659744　5767　2711
幽靈
李芾甘[巴金]等著　上海　中華書局
1940 年　(m.w.)

007659503　5767　2911
徵兵委員
徐盈著　廣州　濤匯出版社　1940 年

007659550　5767　2914
小說五年
徐霞村編　重慶　建國書店　1942—43
年　初版　(m.w.)

007659652　5767　2923
當代十大女作家佳作集
朱紹之編輯　上海　文化出版社
1937 年

007659748　5767　2941
春豔秘史
徐枕亞編輯　上海　新新書社　1921 年

011911555　PL2652.F4　1911
浣衣母
馮文炳著　香港　三聯出版社　民國間
(w.)

007659554　5767　3150
影戲小說三十種
江蝶廬編　上海　競智圖書館　1925 年
初版　(m.)

011912348　PL2772.O3　x　H6　1943
後方集
高植著　重慶　正中書局　1943 年　初
版　現代文藝叢書　(m.w.)

007659563　5767　3232.2
愛
沙汀著　上海　天馬書店　1935 年　初
版　天馬叢書　(m.w.)

007659640　5767　3400
遣散
丁玲等著　香港　堡壘書店　1941 年
初版　現階段文藝叢書

007660555　5767　4105
創作小說選
邵荃麟選註　桂林　文化供應社　1942
年　初版　初中略讀文庫　(m.w.)

007660520　5767　4105b
創作小說選
邵荃麟選註　香港　香港文化供應社
1947 年　港 1 版　(m.)

007660521　5767　4110
現代創作小說選
姚乃麟編　上海　中央書店　1935 年
3 版　(m.w.)

007660553　5767　4131
當代短篇傑作選
董宛編　上海　中正書局　1935 年　初
版　(m.w.)

011987541　PL2765.H77　H7　1939
小英雄
許幸之著　上海　光明書局　1939 年
光明戲劇叢書　(w.)

007660554　5767　4202
大後方的小故事

老舍等著　上海　文摘出版社　1945年
重排初版　文摘文藝叢刊　（m.）

007660532　5767　4211
現代小說選
胡雲翼編　上海　北新書局　1934年
初版　中學國語補充讀本　（m.）

007660728　5767　4213
折獄奇聞四卷
葛建初編輯　上海　會文堂書局　1920年　（m.）

007660733　5767　4219
現代中國短篇小說集
郭沫若等原著　愛特加·斯諾等譯　胡北堂編　香港　齒輪編譯社　1941年

007660586　5767　4238
從奴隸到英雄
胡宗鍔著　香港　新民主出版社
1949年

007660753　5767　4271
山靈
胡風譯　上海　文化生活出版社　1936年　譯文叢書　（m.w.）

007660755　5767　4276
小說精華
茅盾等著　重慶　集美書店　1943年
（m.w.）

007660530　5767　4443
飛兵在沂蒙山上
韓希梁等著　北京　新華書店　1949年
　中國人民文藝叢書　（m.w.）

007660582　5767　4444
巨像
巴金等撰　香港　堡壘書局　1941年

現階段文藝叢書

007660780　5767　4457
現代戀愛小說選
N社編輯　上海　南華書局　1932年

007660950　5767　4494
抗戰文藝叢選一
李輝英編　重慶　中國文化服務社重慶分社　1942年　初版　（m.w.）

007661082　5767　4504
紅櫻桃
韓護撰　新京　滿洲雜誌社　1944年
（w.）

007660912　5767　4521
中國創作小說選
梅生編　上海　新文化書社　1934年
（m.w.）

007660888　5767　4522
村中的生活
丁玲等著　歐陽鳳選輯　上海　正氣書局　民國間　（w.）

011896746　DS777.5435.H8　1947
光榮屬於勇士前綫通訊集
華山著　佳木斯　東北書店　1947年
初版　（m.w.）

007660949　5767　4557
說海精華
大東書局編譯所編　上海　大東書局
1923年　（m.w.）

007660915　5767　4622
大時代的小故事
老舍等撰　端木蕻良編選　重慶　文摘出版社　1940年　文摘文藝叢書
（m.w.）

007660891　5767　4837
無題集現代中國女作家小說專集
趙清閣主編　上海　上海晨光出版公司　1947年　（m.w.）

011982003　PL2512.T4　1947
等待的心青年文選第九輯
徐蔚南主編　上海　日新出版社　1947年　初版　（m.）

011916496　PN6222.C5　H8　1919
怪話滑稽小說
怪人[胡懷琛]著　上海　廣益書局　1919年　初版　（m.）

007660953　5767　4918
三葉
葉至善著　上海　文光書店　1949年　初版　（m.）

009414258　PL2452.S26　1933x
掃葉樓集
潘宗鼎輯　南京　掃葉樓主持寄龕刊　1933年　增訂3版　（m.）

011916637　PL2512.S5　1946
聖潔的靈魂青年文選第二輯
徐蔚南主編　上海　日新出版社　1946年　初版　（m.）

011891897　PL2512.T8　1947
童年的夢青年文選第五輯
徐蔚南主編　上海　日新出版社　1947年　初版　（m.w.）

007716965　MLC－C
小主婦青年文選第四輯
徐蔚南主編　上海　日新出版社　1947年　3版　（m.w.）

011929500　PL2512.H7　1947
血與淚青年文選第十輯
徐蔚南主編　上海　日新出版社　1947年　初版　青年文選　（m.w.）

011917990　PL2652.H75　1936
小說選
林徽因選輯　上海　大公報館　1936年　初版　大公報文藝叢書　（m.w.）

007661128　5767　4928
小說彙刊
葉聖陶撰　上海　商務印書館　1936年　文學研究會叢書　（m.w.）

007660945　5767　4928.1
孤獨
葉紹鈞等作　香港　三聯出版社　1925—49年　第1版　（m.w.）

007660956　5767　4945
蘇綠綺
蘇雪林著　巴雷選編　上海　新象書店　1947年　再版　當代創作文庫

007661136　5767　5075
現代中國小說選第一集
東方印書館編譯所　奉天　東方文化會　1939年

007660951　5767　5120
東北解放區短篇創作選
劉白羽等著　佳木斯　東北書店　1948年　初版　（m.w.）

007661148　5767　5202
春色新紅杏
惠然居士編著　上海　上海新小說社　1929年

007661203　5767　5642
紫葡萄
汪放薟編　上海　南方書店　1929年

初版　（m.w.）

007661232　5767　5650
跨著東海
郭沫若著　上海　春明書店　1947年
初版　今文學叢刊

007661212　5767　5656
由日本回來了
郭沫若等著　香港　三光圖書公司
1938年　抗戰文藝叢書

007661265　5767　5687
雙紅旗短篇小說選
王若望等著　香港　新民主出版社
1948年　中國人民文藝叢書

007661221　5767　5687b
雙紅旗短篇小說選
魯煤等著　上海　新華書店　1949年
中國人民文藝叢書　（m.w.）

007661239　5767　5690
抗戰小說選
張天翼著　上海　文藝書屋　1945年
初版　（m.w.）

007661277　5767　5723
小花短篇小說集
中學生社編　上海　開明書店　1948年
　中學生雜誌叢刊　（m.w.）

007661234　5767　6271　（1）
第一年代
野風編選　上海　美商華盛頓印刷出版
公司　1939年　初版　（m.）

007661235　5767　6271　（2）
第一年代續編
野風編選　香港　未名書店　1939年
初版　（m.）

007661240　5767　7202
貪官污吏傳
陶亢德編　上海　宇宙風社　1936年
初版　宇宙風別冊增刊　（w.）

007661233　5767　7228
域外小說集
（英）維爾特著　周作人譯　上海　群益
書社　1920年　（m.）

007661236　5767　7963
小說甲選
陳思編　上海　群衆圖書公司　1931年
　初版　中學文學讀本　（m.w.）

007661241　5767　8122
金融綫上
文藝習作社編　上海　文藝習作社
1941年　初版　（m.）

007661229　5767　8200
義兒
葉紹鈞等著　193？年

011987681　PL2782.T3　S7　1934
死的勝利四幕劇
劉大傑著　上海　啟智書局　1934年
再版　（m.w.）

007661238　5767　8205
犧牲
老舍等著　上海　生活書店　1935年
初版　（m.w.）

007661268　5767　8233　（1）
木犀創作集
陶晶孫等著　上海　創造社出版　1926
年　（m.w.）

007661237　5767　8233　（2）
灰色的鳥
成倣吾著　上海　創造社出版部　1926

年　初版　創造社作品選集　（m.w.）

007661759　5767　8432
八十家佳作集
施若霖主編　香港　新流書店　1945年

007661760　5767　8432　（1）
將軍
李芾甘［巴金］等著　香港　新流書店　1945年　八十家佳作集　（m.w.）

007706885　5767　8432　（2）
難民船
沈起予等著　廣州　新流書店　1945年　八十家佳作集　（m.w.）

007661761　5767　8432　（3）
新生
張天翼等著　香港　新流書店　1945年　八十家佳作集　（m.w.）

007661762　5767　8432　（4）
包身工
沈端先［夏衍］等著　香港　新流書店　1945年　八十家佳作集　（m.）

007661763　5767　8432　（5）
團聚
蔣冰之［丁玲］等著　香港　新流書店　1945年　八十家佳作集　（m.w.）

007661764　5767　8432　（6）
滹沱河夜戰
碧野等著　香港　新流書店　1945年　八十家佳作集　（m.w.）

007661765　5767　8432　（7）
牛車上
張乃瀅［蕭紅］等著　香港　新流書店　1945年　八十家佳作集　（m.）

007661766　5767　8432　（8）
楚霸王自殺
郭沫若等著　香港　新流書店　1945年　八十家佳作集　（m.w.）

007661767　5767　8432　（9）
差半車麥稭
姚雪垠等著　香港　新流書店　1945年　八十家佳作集　（m.w.）

007661768　5767　8432　（10）
火拼
楊朔等著　香港　新流書店　1945年　八十家佳作集　（m.w.）

007661757　5767　8512
偷閒絮語
味橄［錢歌川］著　上海　中華書局　1946年　再版　（m.w.）

007661731　5767　8512.2
詹詹集
味橄［錢歌川］著　上海　中華書局　1935年　初版　（m.w.）

007661756　5767　8675
善舉
張天翼著　濟南　1935年　星光文學叢書

007661770　5767　8720
人間愛
紐約　紐約華僑文化社　1948年　華僑文藝叢書

010070895　MLC－C
小說
錢公俠、施瑛編　上海　啟明書局　1937—39年　3版　（m.w.）

007705751　5767.2　4404
萬丈高樓從地起
聞捷編著　廣州　新華書店　1946 年

007677343　5767.2　443
荷花淀
孫犁著　香港　東北書店　1946 年　初
版　（m.w.）

007679187　5767.2　8011
無敵三勇士
劉白羽等　北京　新華書店　1949 年
中國人民文藝叢書　（m.w.）

007682526　5768　0138
鳳儀園
施濟美　上海　經售處　大明書局
1947 年　初版　（w.）

007682433　5768　0144
善女人行品
施蟄存作　上海　良友復興圖書印刷公
司　1940 年　普及本

007682348　5768　0144.2
將軍底頭
施蟄存著　上海　新中國書局　1933 年
再版　新中國文藝叢書　（m.w.）

011912362　Pl.2899.H213　S536　1933
上元燈
施蟄存著　上海　新中國書局　1933 年
再版　（w.）

007682480　5768　0144.3
梅雨之夕
施蟄存著　上海　新中國書局　1933 年
初版　（m.w.）

007682591　5768　0144.4
娟子姑娘
施蟄存著　上海　中國文化服務社
1936 年　9 版

007682479　5768　0144.5
上元燈及其他
施蟄存著　上海　水沫書店　1929 年
初版

007682464　5768　0203
隨糧代徵
高詠著　上海　文化生活出版社　1940
年　初版　（m.w.）

007682474　5768　0216
枕上集
方西著　長沙　商務印書館　1938 年
初版　（m.w.）

007682476　5768　0220
戰地血花
席徵庸編著　長沙　中華平民教育促進
會　1938 年　初版　農民抗戰叢書
（m.）

008630379　FC5876　（19）
女神及叛逆的女性
郭沫若著　上海　光華書局　1931 年
（m.w.）

007684046　5768　0236
冷落春宵
鄺海量著　廣州　1946 年

007684114　5768　0250
桃源慘獄
痛史著　上海　文明書局　1932 年
（m.）

007685383　5768　0272
新生代
齊同著　上海　文學出版社　1941 年
4 版

007685345　5768　0272.1
煉
齊同作　上海　良友圖書印刷公司
1937 年

007685202　5768　0281
少女之春
郭箴一著　上海　張鑫山　1937 年

007685232　5768　0331.2
我的兩家房東
康濯著　香港　海洋書屋　1947 年　初版　北方文叢　(m. w.)

007685444　5768　0331.24
災難的明天
康濯著　山東　新華書店　1946 年　(m. w.)

007685246　5768　0372
第一擊
亦門著　上海　海燕書店　1947 年　初版　(m. w.)

007659756　5768　0404
友情
章衣萍著　上海　現代書局　1937 年　(m.)

007659556　5768　0404.2
衣萍小說選
章衣萍著　上海　樂華圖書公司　1933 年　初版　自選集叢書　(m. w.)

007659430　5768　0408.1
殘陽
靳以著　上海　開明書店　1947 年　6 版　開明文學新刊　(m. w.)

007659759　5768　0408.11
聖型
靳以[章方敘]著　上海　復興書局　1936 年

011908940　PL2751.I2　W8　1949
霧及其他
靳以著　上海　文化生活出版社　1940 年　初版　文學叢刊　第 6 集　(m. w.)

007659559　5768　0408.14
珠落集
靳以著　上海　文化生活出版社　1935 年　初版　(m. w.)

007659561　5768　0408.24
生存
靳以著　上海　文化生活出版社　1948 年　初版　(m. w.)

011910606　PL2751.I2　Y8　1937
遠天的冰雪
靳以著　上海　文化生活出版社　1937 年　初版　(m. w.)

007659560　5768　0408.33
遙遠的城
靳以著　成都　文化生活出版社　1941 年　1 版　烽火文叢　(m. w.)

011911536　PL2751.I2　A6　1940
靳以短篇小說一集
靳以著　上海　開明書店　1937 年　初版　(m. w.)

011913021　PL2751.I2　H8　1948
黃沙
靳以著　上海　文化生活出版社　1936 年　初版　(m. w.)

007659546　5768　0408.5
春草
靳以著　上海　文化生活出版社　1946 年　初版　(m. w.)

007659558　5768　0408.58b
蟲蝕
靳以著　上海　良友復興圖書印刷公司
　　1934年　初版　良友文學叢書
　　（m.w.）

007660750　5768　0408.8
前夕
靳以[章方敘]著　重慶　文化生活出版社
　　1943年　現代長篇小說叢刊　（m.w.）

007660631　5768　0428
奔流
許穉人著　九龍　南國書店　1949年
　　初版　南國袖珍文藝叢書

011913304　PL2765.U177　P5　1947
別扭集
許傑著　上海　開明書店　1947年　初
　　版　開明文學新刊　（m.w.）

007660560　5768　0429
許傑短篇小說集
許傑著　上海　商務印書館　1947年
　　初版　文學研究會創作叢書　（m.w.）

011914741　PL2765.U177　P5　1934
飄浮
許傑著　上海　啟智書局　1934年　再
　　版　（m.）

007660559　5768　0429.2
飄浮
許傑著　上海　出版合作社　1926年
　　初版　（m.w.）

007660558　5768　0432
幻醉及其他
謝冰季著　上海　中華書局　1930年
　　再版

007660562　5768　0439
生日
謝冰瑩著　上海　北新書局　1946年
　　創作新刊　（m.w.）

007660469　5768　0439.02　FC5876(10)
新從軍日記
謝冰瑩著　漢口　天馬書店　1938年
　　（m.w.）

007660948　5768　0439.5
中學生小說
謝冰瑩著　上海　中學生書局　1932年
　　中學生叢書　（m.w.）

007660962　5768　0439.8
軍中隨筆
謝冰瑩著　香港　抗戰出版部　1937年
　　初版　抗戰文藝小叢書　（m.w.）

007660958　5768　0439.86
前路小說集
謝冰瑩著　上海　光明書局　1932年
　　初版　（m.w.）

007660957　5768　0442
危巢墜簡
落華生[許地山]著　上海　商務印書館
　　1947年　初版　（m.w.）

007660944　5768　0442.1
解放者
落華生[許地山]　北平　星雲堂書店
　　1933年　初版　（m.w.）

007661029　5768　0442.4
綴網勞蛛
落華生[許地山]著　上海　商務印書館
　　1933年　文學研究會叢書　（m.w.）

007662221　5768　0443　FC9053　Film　Mas　34456
科爾沁旗草原
端木蕻良著　上海　開明書店　1939 年　初版　開明文學新刊　（m.w.）

007662228　5768　0443.3
江南風景
端木蕻良著　上海　大時代書局　1940 年　（m.w.）

007662220　5768　0443.4
大地的海
端木蕻良著　上海　生活書店　1938 年　初版　（m.w.）

007662133　5768　0443.5
大江
端木蕻良作　上海　上海晨光出版公司　1948 年　再版　晨光文學叢書

007662134　5768　0443.9b
憎恨
端木蕻良著　上海　文化生活出版社　1948 年　（m.w.）

007664306　5768　0449.1　FC5876(11)
關於女人
男士［冰心］著　四川大荒山　開明書店　1947 年　增訂 4 版　（m.w.）

007664221　5768　0449.1b
關於女人
［男士］冰心著　上海　開明書局　1949 年

007664235　5768　0449.2
姑姑
冰心女士著　上海　北新書局　1932 年　初版　黃皮叢書　（m.w.）

007664234　5768　0449.22
愛的靈魂
冰心著　上海　文化生活出版社　1949 年　6 版

007664220　5768　0449.23
愛神之火
冰心［謝婉瑩］著　上海　文化生活出版社　1947 年

007664990　5768　0449.3
冬兒姑娘
冰心著　上海　北新書局　1935 年　初版　（m.w.）

007664837　5768　0449.3b
冬兒姑娘
冰心［謝婉瑩］著　香港　文化生活出版社　1949 年

007664997　5768　0449.4
超人
冰心著　上海　商務印書館　1923 年　初版　文學研究會叢書　（m.w.）

007664989　5768　0449.5
去國
冰心著　上海　北新書局　1933 年　初版　黃皮叢書　（m.w.）

007665165　5768　0449.6
往事
冰心著　上海　開明書店　1940 年　13 版　（m.w.）

007665166　5768　0449.6　(1942)
往事
冰心［謝婉瑩］著　贛縣　開明書店　1942 年　（m.w.）

007664825　5768　0449.62
最後的使者
冰心著　香港　嶺南出版社　1922 年

007665001　5768　0449.8
南歸
冰心著　上海　北新書局　1931年　初版　黃皮叢書　(m.w.)

007662179　5768　0449　5768　0449b
冰心小說集
冰心著　上海　開明書店　1943年　初版　(m.w.)

007665422　5768　0472
縣太爺三十二回
老太婆[許興凱]著　上海　二十世紀出版公司　1947年　初版　(m.)

007665430　5768　0480
鼻涕阿二
許欽文著　上海　北新書局　1927年　初版　(m.w.)

011902807　PL2765.U3　I7　1930
一壇酒
許欽文著　上海　北新書局　1930年　初版　(m.w.)

007665360　5768　0480.2
許欽文創作選
少侯編　上海　倣古書店　1936年　現代名人創作叢書　(m.)

011916642　PL2765.U22　F3　1928
仿佛如此
許欽文著　上海　北新書局　1928年　初版　(m.w.)

011916507　PL2765.U2　H8　1928
幻象的殘象
許欽文著　上海　北新書局　1928年　初版　(m.w.)

007665441　5768　0480.4
故鄉
許欽文著　上海　北新書局　1926年　初版　烏合叢書　(m.w.)

007665456　5768　0480.8
無妻之纍
許欽文著　上海　宇宙風社　1937年　初版　(m.w.)

007665431　5768　0630
妻子的妹妹
唐次顏著　上海　南星書店　1930年　(m.w.)

007665457　5768　0634
臧大咬子傳
唐海著　香港　海洋書屋　1947年　初版　萬人叢書　(m.)

007665425　5768　0681
時代的影子
計全著　上海　正午書局　1931年　初版　(m.w.)

007665424　5768　0832
黎明之前
龔冰廬著　上海　樂華圖書公司　1930年　初版　(m.)

007665458　5768　1052
煉獄雜憶上饒集中營續篇
一青著　佳木斯　東北書店　1947年　安東翻版　(m.)

007665428　5768　11
全家村
老向著　上海　宇宙風社　1940年　初版　宇宙風社月書　(m.w.)

007665426　5768　110.2
綺市芳葩七回
王度廬著　上海　勵力出版社　1948年

初版　（m.）

007668505　5768　1100.3
照世杯四卷
酌元亭主人編次　上海　開明書店發行　1928 年

003934386　5768　1110
夜宿集
王西彥著　長沙　商務印書館　1940 年　初版　（m.w.）

003938773　5768　1110.1
尋夢者
王西彥著　上海　寰星書店發行　1948 年　初版　中原文學叢書　（m.w.）

007666370　5768　1110.46
村野戀人
王西彥著　上海　晨光出版公司　1947 年　初版　（m.）

007666616　5768　1110.47
古屋
王西彥著　廣州　文化生活出版社　1941 年　文學叢刊　（m.w.）

007666371　5768　1110.7
風雪
王西彥著　上海　文化生活出版社　1948 年　初版　（m.w.）

007666381　5768　1110.8
人性殺戮
王西彥著　上海　懷正文化社　1948 年　初版　懷正文藝叢書　（m.w.）

007666391　5768　1115
費貞娥
靈君編著　上海　大方書局　民國間　新標準故事叢刊

007666454　5768　1117
夜奔
王平陵著　長沙　商務印書館　1941 年　初版　（m.w.）

007666383　5768　1117.1
湖濱秋色
王平陵著　上海　商務印書館　1947 年　初版　（m.w.）

007668285　5768　1121.1
鄉長先生
王任叔［巴人］著　上海　良友圖書印刷公司　1936 年　初版　（m.w.）

007668313　5768　1121.5
捉鬼篇
王任叔［巴人］著　上海　復興書局　1936 年　復興第 1 次再版　（m.w.）

007668314　5768　1121.7
皮包和煙斗
巴人著　上海　光明書局　1946 年　勝利後 1 版　光明文藝叢書　（m.w.）

007668316　5768　1122
屋頂下
魯彥著　上海　上海印書館　1948 年　初版　（m.）

007668235　5768　1122.1
聽潮的故事
魯彥［王衡］著　香港　東亞書局　1933 年

011920344　PL2783.U26　A6　1941
魯彥短篇小說集
魯彥著　上海　開明書店　1936 年　初版　（m.w.）

011914758　PL2919.H45　H65　1936
鄉下
魯彥[王衡]著　上海　生活書店　1936年　小型文庫　(m. w.)

007668317　5768　1122.21
鄉下
王魯彥著　上海　文學出版社　1936年　初版　小型文庫　(m. w.)

007668368　5768　1122.22
魯彥傑作選
巴雷編選　上海新象書店　1947年　當代創作文庫　(m. w.)

007668494　5768　1122.4
橋上
王魯彥[王衡]著　上海　三通書局　1940年　星光文學叢書

007668502　5768　1122.5
惠澤公公
魯彥[撰]　上海　三通書局　1941年

011914460　PL2822.J4　C6　1948
捉鬼篇
王任叔[巴人]著　上海　上海印書館　1948年　初版　(m.)

007668268　5768　1122.71
驢子和騾子
魯彥著　上海　生活書店　1934年　初版　創作文庫　(m. w.)

011914403　PL2822.J4　C5　1927
監獄
王任叔[巴人]著　上海　光華書局　1927年　初版　(m. w.)

007668166　5768　1122.8
旅人的心
魯彥著　上海　文化生活出版社　1946年　4版　(m. w.)

009414455　T　5768　1124
童年的悲哀
魯彥著　上海　亞東圖書館　1931年　初版　(m. w.)

007668515　5768　1126
春花
王統照著　上海　良友圖書公司　1945年　再版　(m.)

011559697　PL2919.T8　A6　1940
王統照短篇小説集
王統照著　上海　開明書店　1937年　初版　(m. w.)

007668398　5768　1126.4
黃昏
王統照著　商務印書館　1940年　國難後第3版　文學研究會叢書　(m. w.)

007668315　5768　1126.40
華亭鶴
盧生[王統照]著　上海　文化生活出版社　1941年　初版　(m. w.)

007668190　5768　1126.5
春雨之夜
王統照著　上海　商務印書館　1937年　文學研究會叢書　(m. w.)

011910396　PL2919.T8　Y5　1947
銀龍集
王統照著　上海　文化生活出版社　1947年　初版　文季叢書　(m. w.)

007668150　5768　1126.9
一葉
王統照著　上海　商務印書館　1933年　國難後第1版　文學研究會叢書

（m.w.）

007668305　5768　1126b
春華
王統照著　上海　晨光出版公司　1948年　重排初版　（m.w.）

007668414　5768　1127
負生日記
王伯匠著　上海　張鑫山發行者　1937年

007668318　5768　1132
青城山上
王冶秋著　重慶　商務印書館　1944年　初版　（m.w.）

011912876　PL2919.C438　C4　1936
成名以後
王家棫著　上海　中華書局　1936年　初版　現代文學叢刊　（m.w.）

007668392　5768　1134
她的遺書
翟永坤著　上海　開明書店　1931年

007668322　5768　114
骷髏集歷史小說集
孟超著　桂林　文獻出版社　1942年　初版　文藝生活叢書　（m.）

007668331　5768　1141
幽憤
王毅君著　上海　啟智書局　1930年　初版

007669461　5768　1149.3　FC9397　Film　Mas　35827
突圍
王行嚴著　上海　世界書局　1939年　初版　大時代文藝叢書　（m.w.）

007669551　5768　1178.1
一個女人翻身的故事
孔厥著　上海　陽光出版社　1946年　滬初[版]　（m.w.）

007669426　5768　1178.12　FC5876　（18）
一個女人翻身的故事短篇小說選
孔厥等著　上海　新華書店　1949年　中國人民文藝叢書　（m.w.）

007669669　T　5768　1178.5
折聚英一個女人翻身的故事
孔厥著　新華書店　1945年

007670706　5768　1195
學校黑幕
王少靜編著　上海　博文書店　1940年　（w.）

007670650　5768　1202
長江的夜潮
丁諦著　上海　萬象書屋　1948年　10版　（m.w.）

003938988　5768　1213.12　T　5768　1212
一個人的誕生
丁玲著　上海　新月書店　1931年　初版　（m.w.）

003938989　5768　1213
丁玲代表作
丁玲著　上海　三通書局　1941年　初版　現代作家選集　（m.w.）

007670821　5768　1213.1
韋護
丁玲[蔣冰之]著　上海　美麗書店　1931年　（m.w.）

003943345　5768　1213.16
一顆未出鏜的槍彈
丁玲著　香港　東北書店　1946年

003943344　5768　1213.17
蘇區的文藝
丁玲著　上海　南華出版社　1938年初版　（m.w.）

003943448　5768　1213.2　（1945）
母親
丁玲著　上海　良友復興圖書印刷公司　1945年　良友文學叢書　（m.）

007670523　5768　1213.24
我在霞村的時候
丁玲著　上海　新知書店　1946年　再版　（m.）

007670823　5768　1213.46
在黑暗中
丁玲著　上海　開明書店　1939年　10版　（m.w.）

003942755　5768　1213.47c
太陽照在桑乾河上
丁玲著　香港　生活・讀書・新知香港聯合發行所　1949年　初版

003943453　5768　1213.8
一天
丁玲著　上海　青年文化社　1939年　4版　（m.w.）

005580909　5768　1230
打虎記
那沙著　瀋陽　東北書店　1949年　初版　（m.w.）

007670666　5768　124
柏莊
耶草著　南京　獨立出版社　1946年　初版　（m.w.）

007670665　5768　1240
宿店
邵荃麟著　重慶　新知書店　1946年　初版　（m.w.）

008458294　MLC – C
保加利亞短篇小說選
于道源編譯　1940年　（m.w.）

007670865　5768　1240.4
英雄
邵荃麟撰　上海　文化供應社　1949年　新2版　（m.w.）

007670870　5768　1243
悲歡離合
丁英著　香港　勝利圖書社　1946年

007670669　5768　1271
兩間房
予且著　上海　中華書局　1937年　初版　現代文學叢刊　（m.w.）

007670668　5768　1271.5
妻的藝術
予且著　上海　中華書局　1935年　初版　（m.w.）

007670877　5768　1285
愛長篇言情創作
邵鈞軒著　上海　錫山出版社　1948年

007670653　5768　131
黎明之前
張平著　上海　新光書局　民國間　（m.）

007670672　5768　1311
移行
張天翼著　上海　良友圖書印刷公司　1934年　初版　良友文學叢書　（m.w.）

007672099　5768　1311.16
三兄弟
張天翼著　上海　文光書局　1937年　初版　（m.w.）

007671923　5768　1311.18
一年
張天翼著　上海　良友圖書司　1945年　（m.）

007671981　5768　1311.18b
一年
張天翼著　上海　良友圖書印刷公司　1933年　初版　良友文學叢書　（m.w.）

007672078　5768　1311.2
在城市裏
張天翼著　桂林　良友復興圖書印刷公司　1943年　初版　良友文學叢書　（m.）

007672077　5768　1311.2B
在城市裏
張天翼著　上海　良友圖書印刷公司　1937年　初版　良友文學叢書　（m.w.）

007671965　5768　1311.3
追
張天翼著　上海　開明書店　1949年　6版　開明文學新刊　（m.w.）

007671995　5768　1311.33
速寫三篇
張天翼著　上海　文化生活出版社　1946年　滬1版　（m.w.）

007672275　5768　1311.5
春風
張天翼著　上海　文化生活出版社　1948年　5版　（m.w.）

007287431　PL2765.I49　A6　1936x
冰心文選
少侯編　上海　倣古書店　1936年　初版　現代名人創作叢書　（m.w.）

011908920　PL2652.K85　C85　1931
窗簾小說戲曲合集
陳果夫著　上海　黎明書局　1931年　（m.w.）

011929747　PL2772.O118　C664　1928
從荒島到莽原
長虹作　上海　光華書局　1928年　初版　狂飆叢書　（m.w.）

011560024　PL2768.Y4　D836　1936
斷腸集
黃炎培著　上海　生活書店　1936年　初版　（m.w.）

007671898　5768　1311.68
畸人集
張天翼作　上海　晨光出版公司　1949年　再版　晨光文學叢書

011929834　PL2795.5.I84　J536　1937
將軍的故事
東平著　上海　北新書局　1937年　初版　創作新刊　（m.）

011896622　PL2740.C4　L8　1919
綠窗潑墨
張枕綠著　上海　枕華出版部　1919年　初版　（m.）

011913410　PL2765.U34　S3　1939
沙坪集抗戰文鈔
徐仲年著　重慶　正中書局　1939年　初版　（m.w.）

011931196　PL2812.E555　S7　1925
死人之歎息
滕固著　上海　光華書局　1925年　初版　(m.w.)

011914487　PL2807.M3　A6　1936
蘇綠漪創作選
蘇雪林著　少侯[唐少侯]編　上海　倣古書店發行　1936年　初版　現代名人創作叢書　(m.)

011938791　PL2772.C3　H7　1926
心的探險
高長虹著　北京　北新書局　1926年　初版　烏合叢書　(m.w.)

011910226　PL2801.H8　H7　1930
玄廬文存
沈玄廬著　吳子垣編　上海　民智書局　1930年　初版　(m.w.)

011934058　PL2760.Y4　Y4　1923
煙絲集
范煙橋著　蘇州　秋社　1923年　初版　(m.)

011883477　PL2801.N67　I3　1937
意國留蹤記
盛成著　上海　中華書局　1937年　(m.w.)

011910400　PL2785.O5　Y5　1931
櫻花時節
毛一波著　上海　新時代書局　1931年　初版　新時代文藝叢書　(m.w.)

011909967　PL2784.S5　Y8　1941
魚兒坳
羅淑著　上海　文化生活出版社　1941年　初版　文學小叢刊　(m.w.)

011931013　PL2822.H7　Y8　1934
雲外朱樓集
王西神著　上海　中孚書局　1934年　初版　(m.)

007671950　5768　1311.68b
畸人集
張天翼作　上海　良友圖書印刷公司　1936年　特大本　(m.w.)

007672306　5768　1325
未婚之妻
張秋蟲著　上海　梁溪圖書館　1925年

007672081　5768　1331
跳躍著的人們
張資平著　上海　文藝書局　1930年　初版

007672080　5768　1331.09
糜爛
張資平著　上海　樂群書店　1930年　初版　(m.w.)

007672311　5768　1331.11
不平衡的偶力
張資平著　上海　商務印書館　1933年　(m.w.)

007671926　5768　1331.12
愛力圈外
張資平著　上海　樂華圖書公司　1931年　(m.w.)

007672314　5768　1331.13
張資平小說選
唐少侯編　上海　新興書店　1936年　(m.w.)

007672316　5768　1331.2
飛絮
張資平著　上海　現代書局　1931年

9 版 （m.）

007672096　5768　1331.20
愛之焦點
張資平著　上海　泰東圖書局　1926 年　4 版　創造社叢書　（m.w.）

007672083　5768　1331.21
紅霧
張資平著　上海　樂華圖書公司　1930 年　初版　（m.w.）

007672084　5768　1331.22
上帝的兒女們
張資平著　上海　光明書局　1931 年　初版　（m.w.）

007672103　5768　1331.23
戀愛錯綜
張資平著　上海　文藝書局　1932 年　（m.w.）

007672082　5768　1331.24
愛之渦流
張資平著　上海　光明書局　1930 年　初版　（m.w.）

007672147　5768　1331.3
群星亂飛
張資平著　上海　光華書局　1931 年　（m.w.）

007672095　5768　1331.31
資平小説集
張資平著　上海　現代書局　1933 年　初版　（m.w.）

007672217　5768　1331.32
雪的除夕
張資平撰　上海　商務印書館　1926 年　再版　中華學藝社文藝叢書　（m.）

007672219　5768　1331.4
明珠與黑炭
張資平著　上海　光明書局　1931 年　（m.w.）

007672079　5768　1331.41
柘榴花
張資平著　上海　樂群書店　1928 年　初版　（m.）

011896764　PL2740.T9　C4　1931
柘榴花
張資平著　上海　光明書局　1931 年　4 版　（m.）

007672218　5768　1331.42
梅嶺之春
張資平著　上海　光華書局　1932 年　7 版　（m.）

007672324　5768　1331.44
苔莉
張資平著　上海　光華書局　1933 年　第 11 版

007672220　5768　1331.5
天孫之女
張資平著　上海　文藝書局　1931 年　（m.w.）

007672744　5768　1331.58
青年的愛
張資平著　上海　合衆書店　1937 年　（m.w.）

007672787　5768　1331.6
青春
張資平著　上海　現代書局　1930 年　3 版　（m.w.）

007672701　5768　1331.62
最後的幸福
張資平著　上海　創造社出版部　1928年　創造社叢書

007672628　5768　1331.7
時代與愛的歧路
張資平著　上海　合衆書店　1933年　初版　(m.)

007672743　5768　1331.73
長途
張資平著　上海　南強書局　1930年　(m.w.)

007672745　5768　1331.8
沖積期化石
張資平著　上海　泰東圖書公司　1927年　創造社叢書

007662224　5768　1343
望海潮
耿小的著　上海　勵力出版社　1948年　(m.w.)

007662304　5768　1344
白話短篇寫實小説
張九如著　上海　新文化書社　1933年　9版

007662241　5768　1362.1
張瑞辦合作社
張明著　香港　晉察冀邊區教育陣地社　1946年　群衆讀物　(m.)

007662222　5768　1365
如此青天
耿曉提[小的]著　上海　元昌印書館　1947年　初版　(m.w.)

007662223　5768　1365.3
漢家煙塵
耿曉提[小的]著　上海　六合書局　1949年　1版　(m.w.)

007662405　5768　1373
旅途
張聞天著　上海　商務印書館　1926年　文學研究會叢書　(m.w.)

003605932　5768　1373b
旅途
張聞天著　上海　商務印書館　1931年　3版　文學研究會叢書　(m.w.)

007665189　5768　1391
秘密谷
張恨水撰　上海　百新書店　1946年　7版　(m.w.)

007664985　5768　1391.1
落霞孤鶩三十六回
張恨水著　上海　世界書局　1931年　初版　(m.)

007664874　5768　1391.13
天河配原名歡喜冤家
張恨水作　南京　建中出版社　1948年　(m.)

007665043　5768　1391.2
平滬通車
張恨水著　上海　百新書店　1946年　(m.w.)

007664868　5768　1391.21
傲霜花一名第二條路
張恨水作　上海　百新書店　1947年　(m.w.)

011931935　PL2812.14　P4　1917
北京之秘密
蝶也著　上海　大聲圖書局　1917年

再版 （m.）

011896649　PL2747.C5　H8　1915
湖海飄零記商務小說
蔣景緘著　上海　進步書局　1915年 初版 （m.）

011901420　PL2777.T8　Y8　1915
筠娘遺恨記
孤桐著　上海　中國圖書公司和記發行　1915年　初版 （m.）

011930117　PL2882.L5　N8　1917
女學生三十章
王理堂著　上海　商務印書館　1917年 初版 （m.w.）

011901899　PL2747.C5　C5　1915
情孽三十四章
蔣景緘著　上海　文明書局　1915年 初版 （m.）

011880623　PL2818.M4　S58　1915
雙淚痕
次眉著　上海　進步書局　1915年　初版 （m.）

007664869　5768　1391.213
似水流年
張恨水著　上海　百新書店　1949年

011890845　PL2795.U33　H7　1914
新舊英雄十回
不才子編纂　上海　商務印書館　1914年　初版　小本小說 （m.）

007664866　5768　1391.218
紙醉金迷社會長篇
張恨水作　上海　百新書店　1949年 初版 （m.w.）

007665042　5768　1391.3
蜀道難
張恨水著　上海　百新書店　1946年 8版 （m.w.）

007664955　5768　1391.31
過渡時代
張恨水著　上海　春明書店　1947年

007665000　5768　1391.4　(v.1-2)
如此江山
張恨水著　上海　百新書店　1946年 （m.w.）

007664871　5768　1391.41
太平花
張恨水著　上海　三友書店　1949年 改作後4版

007665160　5768　1391.42
熱血之花
張恨水著　上海　三友書社　1935年

007665163　5768　1391.46
巷戰之夜
張恨水著　南京　新民報社　1946年 （m.w.）

007664873　5768　1391.5
現代青年
張恨水著　上海　三友書店　1947年 （m.）

007664895　5768　1391.6
滿城風雨社會長篇
張恨水編著　上海　大眾書局　1934年 （m.w.）

007665167　5768　1391.68
啼笑因緣
張恨水著　上海　三益書店　1931年 （m.）

語言文學類

007664893　5768　1391.7
虎賁萬歲一名武陵虎嘯
張恨水著　上海　百新書店　1946年初版　(w.)

007664992　5768　1391.84b
八十一夢
張恨水著　上海　南京新民報社　1946年　4版　新民報文藝叢書　(m.w.)

007665183　5768　1416.8
無聲的英雄
于君著　九龍　學生書店　1948年　(m.w.)

007664995　5768　1425
結算
夏徵農著　上海　生活書店　1935年初版　創作文庫　(m.w.)

007664988　5768　1430
夥伴們
于逢、易鞏同著　桂林　白虹書店　1943年　再版　(m.)

007665370　5768　146
再見
黃藥眠著　香港　群力出版社　1948年

007665334　5768　1471
校長先生
平旦著　上海　山城書店　1939年初版　(m.w.)

007665423　5768　1604
高原上的人們
石文著　上海　北流出版社　1946年初版　(m.w.)

007666268　5768　1646
水塔
雷加著　大連　光華書店　1948年初版　(m.w.)

011896611　PL2862.I164　C5　1949
軍中記事
西虹著　瀋陽　東北書店　1949年初版　(m.w.)

007666379　5768　1662.4
奴隸的花果
碧野著　上海　新豐出版公司　1946年初版　(m.w.)

007666390　5768　1671
結合
晉駝著　上海　海燕書店　1947年初版　七月文叢　(m.w.)

007666368　5768　1704
人的希望
司馬文森著　香港　智源書局　1947年再版　(m.)

007666367　5768　1704.1
雨季
司馬文森著　桂林　文獻出版社　1943年初版　(m.w.)

007666392　5768　1704.2
危城記
司馬文森著　香港　文生出版社　1946年初版　(m.w.)

007666393　5768　1704.5
成長
司馬文森著　香港　南僑編譯社　1947年初版　民主文庫　(m.w.)

007666595　5768　1704.52
蠢貨
司馬文森著　上海　文化供應社　1948年　(m.w.)

007666604　5768　1722
杜管家
雪倫作　廣州　文藝創作出版社
　1948年

007668303　5768　1901
戰場上
孫席珍著　上海　真美善書店　1929年
　初版　（m.w.）

011912225　PL2905.N231　T36　1928
到大連去及其他
孫席珍著　上海　春潮書局　1928年
　初版

007668304　5768　1901.6
戰爭中
孫席珍著　上海　現代書局　1930年
　初版　（m.w.）

007668470　5768　1912
迷魂陣
不平生著　廣州　大亞書局　1931年

007668488　5768　1925.1
蘆花蕩
孫犁著　上海　群益出版社　1949年
　群益文藝叢書　（w.）

007668245　5768　1925.4
荷花淀
孫犁著　香港　海洋書屋　1947年　北
　方文叢　（m.w.）

007668327　5768　1925.6
囑咐
孫犁著　北平　天下圖書公司　1949年
　初版　大衆文藝叢書　（m.w.）

007668302　5768　1974
大風雪
孫陵著　上海　萬葉書店　1947年　初
　版　萬葉文藝新輯　（m.）

007668311　5768　2
鐵苗
熊佛西著　上海　華華書店　1946年
　修訂版　（m.）

007668335　5768　2012.4
大時代的插曲敵後抗戰故事
白刃著　哈爾濱　東北書店　1948年
　初版　（m.w.）

007668312　5768　2032
老夫妻
白朗著　重慶　中國文化服務社　1940
　年　初版　（m.w.）

007668188　5768　2032.2
伊瓦魯河畔
白朗作　上海　文化生活出版社　1948
　年　初版　文學叢刊　（m.w.）

007668325　5768　2040
魂斷文德橋
牛布衣著　南京　南京人報　1949年
　再版　（m.w.）

007668323　5768　21
煩惱的年代
豐村著　上海　新豐出版公司　1946年
　1版　（m.）

007668543　5768　2113
浮浪者
程碧冰著　上海　文藝書局　1933年
　3版　（m.w.）

007668546　5768　2113.8
餓殍
程碧冰著　上海　希望出版社　1932年

007668432　5768　2133.2
地下
程造之著　上海　海燕書店　1946 年
（m.w.）

007668300　5768　2133.3
烽火天涯
程造之著　上海　海燕書店　1946 年
初版　（m.w.）

007669458　5768　2142
新路
崔萬秋著　上海　長風書店　1948 年
滬復 2 版　（m.）

007669469　5768　2147
少奶奶的扇子
任蒼厂編著　上海　自力出版社　1946
年　初版　（m.）

007669471　5768　2149
朝暾
盧森著　廣州　文海出版社　1947 年
初版　（m.）

007669476　5768　2151
回顧集
魏中天著　香港　海外通訊社　1948 年
　初版　海外文藝叢書　（m.w.）

007669464　5768　2155
夜鶯曲
盧静著　上海　文化生活出版社　1948
年　初版　（m.w.）

007669477　5768　2162
百合集短篇小説集
倪貽德著　上海　北新書局　1929 年
初版　（m.w.）

007669465　5768　2162.1
殘夜
倪貽德著　上海　北新書局　1928 年
初版　（m.w.）

007669604　5768　2180
馨兒就學記
天笑生［包天笑］著　上海　商務印書館
　1935 年　國難後第 1 版　（m.）

009324472　5768　2183
小説叢刊
程善之著　上海　江南印刷廠　1922 年
　鉛印

007669475　5768　2184.2
白旗手
魏金枝著　上海　現代書局　1933 年
初版　現代創作叢刊　（m.w.）

007669472　5768　2195
斷指團
程小青著　上海　世界書局　1945 年
初版　（m.w.）

007669474　5768　2195.1
黑地牢
程小青著　上海　世界書局　1945 年
初版　（m.w.）

007669473　5768　2195.2
血手印
程小青著　上海　世界書局　1945 年
初版　（m.w.）

007670810　5768　2204
碎琴樓三卷
何諏著　上海　商務印書館　1928 年
（m.）

007670501　5768　2214
殘秋
何天穀［周文］著　1945 年

011912293　PL2764.O242　A7　1933
曖昧
何家槐著　上海　良友圖書印刷公司
1933 年　初版　良友文學叢書

007670594　5768　2234
曖昧
何家槐作　廣州　良友圖書公司
1945 年

007670657　5768　2234.3
寒夜集
何家槐著　上海　北新書局　1937 年
初版　文藝新刊　（m.w.）

011914825　PL2754.W4　F8　1935
父子之間
周文撰　上海　良友圖書印刷公司
1935 年　初版　（m.w.）

007670670　5768　2262
燃燒
師田手著　大連　新中國書局　1949 年
初版　（m.w.）

007670662　5768　2264
公墓
穆時英著　上海　現代書店　1933 年
初版　現代創作叢刊　（m.w.）

007670663　5768　2264.2
白金的女體塑像
穆時英著　上海　現代書局　1934 年
初版　現代創作叢刊　（m.w.）

007670528　5768　2271.3
馬蘭
師陀　上海　文化生活出版社　1948 年
現代長篇小說叢書　（m.w.）

007670526　5768　2271.4
結婚
師陀創作　上海　晨光出版社　1949 年
（m.）

007670607　5768　2271.46
落日光
王長簡[師陀]著　上海　開明書店
1948 年　（m.w.）

009204311　5768　2271.6
野鳥集
蘆焚[師陀]著　上海　文化生活出版社
1938 年　初版　（m.w.）

007670855　5768　2271.8
谷
蘆焚[師陀]著　上海　文化生活出版社
1936 年　（m.w.）

007672070　5768　231
春歸何處一名尋夢記
吳天著　上海　潮鋒出版社　1947 年
初版　文學者叢刊　（m.w.）

007672279　5768　232
苦姻緣
吳相熱著　陸善祥譯述　香港　永記印
務書莊　1922 年

007672073　5768　2322.2
山洪
吳組緗著　上海　星群出版公司　1946
年　新 1 版　（m.w.）

007672064　5768　2323
清宮夜談錄
德齡女士著　李若水譯　上海　百新書
店　1949 年　（m.w.）

007672088　5768　2323.2
光緒秘史
德菱公主著　徐學易譯　長沙　商務印

書館　1939年　3版　（m.w.）

007672139　5768　2323.5
光緒秘記
秦瘦鷗譯　上海　春江書局　1940年
初版

007672198　5768　2325
卑賤者底靈魂
吳奚如著　上海　潮鋒出版社　1948年
文學者叢刊（m.w.）

007672089　5768　2325.1
小巫集
奚如撰　上海　文化生活出版社　1948
年　3版　（m.w.）

007672074　5768　2325.9
懺悔
奚如著　上海　良友圖書印刷公司
1936年　初版　中篇創作新集
（m.w.）

007672090　5768　2326
株守
吳岩著　上海　文化生活出版社　1948
年　初版　（m.w.）

011986840　PL2811.N43　F4　1922
風塵瑣記短篇小說
湯冷秋著　上海　會文堂書局　1922年
再版　（m.）

011929543　DS761.2.M82　1918
宮闈秘幕
穆詩樵著　上海　交通圖書館　1921年
3版　放平心室筆記　（m.）

011887534　PL2795.A67　K8　1914
古今豔史香豔小說正編
抱殘生著　上海　晉益書局　1914年

初版　（m.）

011811358　PL2652.M564　1919
民國駭聞
虞公〔吳虞公〕編纂　上海　襟霞圖書館
1919年　初版　（m.）

009449868　MLC－C
明朝宮闈秘史
湯遁廠著　上海　中華圖書館　1918年
（m.）

011901979　PL2625.P6　1914
破涕錄六卷
警衆、肝若編　上海　民權出版部
1914年　初版　（m.）

007672304　5768　2327
奇人奇事錄正續集
吳綺緣著　上海　中國新光印書館
1949年　（m.w.）

011894963　PL2765.U33　C55　1935
清史野聞
許指嚴著　上海　國華新記書局　1935
年　再版　（m.）

011912982　PL2765.U33　S3　1924
三海秘錄
燕塵述意　許指嚴撰詞　上海　新民圖
書館兄弟公司　1924年　初版　（m.）

011932924　PL2811.N44　S5　1914
世界皇室奇談
唐真如編譯　上海　東方書局　1914年
初版　（m.）

011886157　DS754.T352　1922
太平天國宮闈秘史
燕北老人編　上海　益新書社　1922年
5版　（m.）

007812442　MLC – C
消閒大觀第二集
蝶廬主人著　上海　廣益書局　1929 年　再版　（m.）

011913455　DS776.6.H7　1923
新官塲家庭繁華史
沃邱仲子編　上海　中華圖書集成公司　1923 年　3 版　（m.）

011989136　PL2625.H7　1917
新談彙初集
李定夷總纂　上海　國華書局　1917 年　初版　筆記叢書　（m.）

011143725　DS763.63.Y45　A2　1923
嚴廉訪遺稿十卷　卷首一卷　卷終一卷
嚴金清撰　1923 年

011907849　PL2841.I17　I525　1934
逸梅小品
鄭逸梅著　上海　中孚書局　1934 年　再版　（m.w.）

011903505　PL2795.A6　T5　1916
啁啾漫記
匏夫著　上海　甲寅雜志社　1916 年　初版　（m.）

006706972　PL2629.F35　T77　1913x
改良真正活神仙
天花藏輯編次　上海　沈鶴記　1913 年

007672111　5768　2328
潞安風物
吳伯簫著　香港　海洋書屋　1947 年　初版　北方文叢　（m.w.）

007672072　5768　2347
重慶小夜曲
焦菊隱著　上海　中國文化事業社　1947 年　初版　文藝創作名著　（m.w.）

007672091　5768　2352
脫韁的馬
穗青著　重慶　自強出版社　1943 年　初版　（m.w.）

011906919　PL2780.C5163　S5　1933
失去的風情
黎錦明著　上海　現代書局　1933 年　初版　現代創作叢刊　（m.w.）

011910071　PL2780.C5163　M3　1933
馬大少爺的奇跡
黎錦明著　上海　現代書局　1928 年　初版　（m.w.）

007672622　5768　2391
海風
黎光著　重慶　正中書局　1945 年　初版　現代文藝叢書　（m.w.）

007662952　5768　2543
掛紅
臧克家著　上海　讀書出版社　1947 年　初版　（m.w.）

007663042　5768　2543.4
磨不掉的影像
臧克家著　上海　益智出版社　1947 年　初版　一知文藝叢書　（m.w.）

007663048　5768　2604
泥腿子
陳白塵著　上海　良友圖書印刷公司　1936 年　初版　中篇創作新集　（m.w.）

007665156　5768　2612.8
劍底驚螟前集　續集
白羽著　上海　正氣書局總經售　1947 年

007666585　5768　2622.3
永久之歌
侶倫著　香港　虹運出版社　1948 年

011908897　PL2892.A45　N58　1949
牛四的故事
白朗著　香港　新中國書局　1949 年 1 版　（m.w.）

011918364　PL2877.H78　F4　1935
豐年
李輝英著　上海　中華書局　1935 年 初版　（w.）

007665442　5768　2712
豐年
山丁著　北京　新民印書館　1944 年 初版　新進作家集　（m.w.）

007666155　5768　2815
生長在戰鬥中
以羣著　中華全國文藝界抗敵協會編輯　重慶　中國文化服務社　1941 年 （m.w.）

007666384　5768　2823
徒然小說集
徒然著　上海　生活書店　1933 年 初版　（m.w.）

003948085　5768　2825
上饒集中營
新華社華中分社編　廣州　蘇中出版社　1945 年　（m.）

007670664　5768　2904.27b
幻覺
徐訏著　上海　夜窗書屋　1948 年 初版　三思樓月書　（m.w.）

007670712　5768　2904.32
海外的情調
徐訏著　香港　夜窗書屋　194? 年 夜窗書屋藏版　（m.w.）

007672092　5768　2904.74b
風蕭蕭
徐訏著　上海　懷正文化社　1946 年 初版　（m.w.）

007670615　5768　2904.75
阿剌伯海的女神
徐訏著　上海　夜窗書屋　1947 年　再版　（m.）

007674686　5768　2904.93
精神病患者的悲歌
徐訏著　上海　夜窗書屋　1943 年　三思樓月書　（m.w.）

007734247　5768　292
闖王外傳長篇武俠小說
朱貞木著　上海　元昌印書館　1948 年　（m.w.）

007672569　5768　2928
人間味
徐仲年著　重慶　青年書店　1941 年 初版　（m.）

007672643　5768　293
狂歡之夜
徐遲著　上海　新群出版社　1946 年 滬版　新群文藝叢書　（m.w.）

007672641　5768　2930
清風鎮
徐淦著　上海　大家出版社　1949 年 初版　大家作品叢書　（m.w.）

007674691　5768　2939
生的意志
朱沫著　上海　文化生活出版社　1947

語言文學類

1427

年　文季叢書　（m.w.）

007672921　5768　2940
輪盤小說集
徐志摩著　上海　中華書局　1930 年
（m.）

007674706　5768　2941.23
愛與欲
傑克著　香港　大公書局　1940 年

007672930　5768　2941.42
奇緣
傑克著　香港　大公書局　1949 年

007672928　5768　2941.64
野薔薇
傑克著　香港　光華書店　1949 年

011911756　PL2765.U9　P4　1928
奔波
徐蔚南著　上海　北新書局　1928 年
初版　（m.w.）

007672925　5768　2953
下鄉集
徐轉蓬著　長沙　商務印書館　1940 年
初版　（m.w.）

007674658　5768　31
馬騮精
江萍著　文非插畫　九龍　南方書店
1949 年　南方文藝叢書

007674437　5768　3102
春寒
夏衍［沈端先］著　廣州　人間書屋
1949 年　（w.）

005398037　5768　3112
禹鐘小說集
沈禹鐘著　1924 年　十家說粹

007825670　5768　3116
春痕
沅君著　上海　北新書局　1933 年
（m.w.）

007674578　5768　3120
沈從文子集
沈從文著　上海　新月書店　1931 年
初版　（m.w.）

007674613　5768　3120.02
新與舊
沈從文作　上海　良友圖書公司　1945
年　再版　（m.）

007674397　5768　3120.02b
新與舊
沈從文著　香港　良友圖書公司　1945
年　2 版　良友文學叢書　（m.）

007674579　5768　3120.1
如蕤集
沈從文著　上海　生活書店　1934 年
初版　創作文庫　（m.w.）

007674580　5768　3120.10
如蕤
沈從文著　上海　藝文書店　1941 年
初版　名著作家短篇小說集　（m.w.）

007677504　5768　3120.11
石子船
沈從文著　上海　中華書局　1936 年
（m.w.）

007677506　5768　3120.12
一個天才的通信
沈從文著　上海　大光書局　1936 年

007677507　5768　3120.21
一個婦人的日記
沈從文著　上海　新光書局　1937 年

007677508　5768　3120.3
邊城
沈從文著　上海　開明書店　1946 年
沈從文著作集　（m.）

007675946　5768　3120.30
沈從文傑作選
巴雷、朱紹之編選　上海　新象書店
1947 年　（m.w.）

008570115　FC3361(N)
湘行散記
沈從文著　香港　開明書店　1949 年
（m.）

007676020　5768　3120.33
沈從文小說選
少侯編　上海　倣古書店　1936 年　現代名人創作叢書　（m.w.）

007675947　5768　3120.34
從文小說習作選
沈從文作　上海　良友圖書印刷公司
1936 年　初版　（m.w.）

007676077　5768　3120.35
蜜柑
沈從文著　上海　新月書店　1927 年
初版　（m.w.）

007675949　5768　3120.3b　T　5768　3120.3b
邊城
沈從文著　上海　生活書店　1934 年
初版　（m.w.）

007676062　5768　3120.4
舊夢
沈從文著　上海　商務印書館　1930 年
初版　（m.w.）

007678767　T　5768　3120.5
阿麗思中國遊記
沈從文撰　上海　新月書店　1931 年　3 版　（w.）

007675948　T　5768　3120.59b
春燈集
沈從文著　上海　開明書店　1949 年
（m.w.）

007676138　T　5768　3120.6
旅店及其它
沈從文作　上海　中華書局　1940 年
3 版　新文藝叢書

007676101　T　5768　3120.7
月下小景
沈從文著　上海　開明書店　1946 年
3 版　（m.）

008293476　MLC–C
月下小景
沈從文著　上海　開明書店　1949 年
改訂本　（m.）

007675974　5768　3120.73
長河
沈從文著　上海　開明書店　1948 年
（m.w.）

007678771　T　5768　3120.87b
八駿圖
沈從文著　上海　文化出版社　1936 年

007675950　T　5768　3120.8b
黑夜
沈從文著　北平　開明書店　1949 年

008625895　FC5876　(2)
一個女子戀愛的時候
Ruth Dewey Groves 著　笑世意譯　上海　生活周刊社　1931 年　（m.w.）

005646557　5768　3124
紅蕉小說集
江紅蕉著　1924年　十家說粹

007678775　5768　3127
歌場冶史
汪仲賢著　廣州　社會出版社　1935年（w.）

007676287　5768　3133
殘陽影裏
沈心池著　上海　正氣書局　1947年

007676056　5768　3133.4
勒馬懸崖長篇哀豔奇情小說
沈心池著　上海　正氣書局　1947年初版（m.w.）

007676079　5768　3134
兩代圖
沈寂著　上海　日新出版社　1947年初版　日新文藝叢書（m.w.）

007676063　5768　3134.7
鹽塲
沈寂著　上海　懷正文化社　1948年初版　懷正中篇小說叢書（m.w.）

007676064　5768　3141
人性的恢復
沈起予著　上海　群益出版社　1946年初版（m.w.）

007676031　5768　3141.1B
殘碑
沈起予作　廣州　良友圖書公司　1945年　2版　良友文學叢書（m.）

007676061　5768　3147
雪夜
汪敬熙著　上海　亞東圖書館　1925年初版（m.w.）

007677517　T　5768　3173.04
宿莽
茅盾撰　上海　開明書店　1935年4版

007734136　5768　3173.1
動搖
茅盾著　上海　開明書店　1949年　18版（m.）

007677378　T　5768　3173.12
耶穌之死
茅盾著　重慶　作家書屋　1943年初版　當代文學叢書（m.w.）

007677369　5768　3173.14
霜葉紅似二月花
茅盾著　桂林　華華書店　1943年初版（m.w.）

007677325　T　5768　3173.1a
動搖
茅盾著　上海　開明書店　1946年　14版（m.）

007677563　5768　3173.2
第一階段的故事
茅盾著　上海　開明書店　1939年2版

007677368　T　5768　3173.21
路
茅盾著　上海　文化生活出版社　1935年　初版（m.w.）

007677367　T　5768　3173.21b
路
茅盾著　上海　光華書局　1932年初版（m.w.）

007677336　5768　3173.22　　T　5768　3173.22
腐蝕
茅盾著　上海　知識出版社　1946 年 5 版　(m.w.)

007677479　5768　3173.227
多角關係
茅盾著　上海　生活書店　1937 年 (m.)

007679330　5768　3173.22B
腐蝕
茅盾著　上海　知識出版社　1948 年 7 版　(m.w.)

007677342　5768　3173.24
茅盾評傳
伏志英編　上海　現代書局　1931 年 初版　(m.)

007677266　5768　3173.243
微波
茅盾著　上海　文化生活出版社　1948 年　10 版

007677379　5768　3173.27
委屈
茅盾著　上海　長風書店　1945 年　初版　星火文叢　(m.w.)

007679329　T　5768　3173.2a
第一階段的故事
茅盾著　上海　文光書店　1946 年　2 版　(m.w.)

007677357　5768　3173.3
追求
茅盾著　上海　開明書店　1949 年 (m.)

007677288　5768　3173.32
神的滅亡

茅盾創作　上海　良友圖書公司　1945 年　良友文學叢書

007679332　5768　3173.33
泡沫
茅盾著　上海　生活出版社　1936 年 (m.w.)

007679331　5768　3173.3A
追求蝕之三
茅盾著　上海　開明書店　1947 年　15 版　(m.)

007677344　5768　3173.41
茅盾創作選
茅盾著　芸麗氏、筱梅編　上海　倣古書店　1936 年　初版　現代名人創作叢書　(m.)

007734237　T　5768　3173.425
劫後拾遺
茅盾［沈雁冰］著　桂林　學藝出版社　1942 年　(m.w.)

007678569　5768　3173.45
牯嶺之秋
茅盾著　上海　文化生活出版社　1937 年

007679333　5768　3173.4B
子夜
茅盾著　長沙　開明書店　1942 年　湘 1 版　(m.w.)

007681059　5768　3173.5
虹
茅盾著　上海　開明書店　1946 年　15 版　(m.w.)

007678568　5768　3173.51
春蠶

茅盾創作　上海　晨光出版公司　1949年　晨光文學叢書

007678567　5768　3173.51b
春蠶
茅盾著　上海　開明書店　1933年（m.w.）

007678579　5768　3173.52
中秋之夜
茅盾著　上海　文化生活出版社　1948年　10版　文學叢刊

007678566　5768　3173.6
茅盾代表作
茅盾著　上海　全球書店　1946年　初版

007681062　5768　3173.8
幻滅蝕之一
茅盾著　上海　開明書店　1946年　14版　（m.w.）

007678608　5768　3173.83B
蝕
茅盾著　上海　開明書店　1930年　初版　文學周報社叢書　（m.w.）

007678460　5768　3173.84
鐵樹花
茅盾著　上海　文化生活出版社　1949年

007678614　5768　3173.9
野薔薇
茅盾著　上海　大江書鋪　1929年　初版　（m.w.）

007678571　5768　3173.91
煙雲集
茅盾創作　上海　晨光出版公司　1946年　晨光文學叢書

007842210　5768　3173.92
少女的心
茅盾[沈雁冰]著　上海　文化生活出版社　1937年

007678532　5768　3173.94
小城春秋
茅盾著　上海　文化生活出版社　1948年

007677242　5768　3173A　T　5768　3173a
三人行
茅盾著　上海　開明書店　1947年　10版　（m.w.）

007679327　5768　3173B
三人行
茅盾[沈雁冰]著　上海　開明書店　1939年　（m.w.）

007678613　5768　3187
麗麗
汪錫鵬著　上海　良友圖書印刷公司　1932年　初版　一角叢書　（m.w.）

007681066　5768　3209
竹林的故事
馮文炳著　北京　北新書局　1927年

007678604　5768　3209.4　FC8784　Film Mas 32799
橋
廢名[馮文炳]著　上海　開明書店　1932年　初版　（m.w.）

007734419　5768　3214.1
霄——孽的續集長篇社會言情創作
馮玉奇作　香港　勵力出版社　1945年

007679285　5768　3214.18
百合花開

007679203　5768　3214.21
秋水長天豔熱情諷刺小説
馮玉奇著　上海　春明書店　1947年
（w.）

007679203　5768　3214.21
秋水長天香豔熱情諷刺小説
馮玉奇著　上海　春明書店　1946年
再版　（m.）

007679339　5768　3214.25
生的哀歌
馮玉奇著　1947年

007679233　5768　3214.272
白門秋
馮玉奇著　上海　廣藝書局　1948年

007679160　5768　3214.3
海上風雲七回
馮玉奇著　1946年　初版　（m.）

007679283　5768　3214.4
花落春歸
馮玉奇著　上海　鴻文　1946年
（w.）

007682602　5768　3214.42
教師萬歲
馮玉奇著　上海　大明書局　1949年

007825674　5768　3214.64
日暮途窮
馮玉奇著　上海　廣藝書局　1949年

007682605　5768　3214.7
鬥長篇創作
馮玉奇著　上海　文粹書局　1949年
（w.）

007679284　5768　3214.70
民族魂
馮玉奇著　上海　廣藝書局　1946年
（m.w.）

007682607　5768　3217
薄命鴛鴦
馮雲鳳著　上海　益明書局　1924年

007679209　5768　323
劫灰
馮沅君著　上海　北新書局　1928年
（m.w.）

007679245　5768　323.9
卷葹
馮沅君著　北京　北新書局　1928年
再版　烏合叢書　（m.w.）

008630464　FC3376(N)
沙汀傑作選
沙汀著　巴雷編選　上海　新象書店
1947年　初版　當代創作文庫
（m.w.）

007679246　5768　3232.3
淘金記
沙汀著　重慶　文化生活出版社　1943
年　1版　現代長篇小説叢刊　（m.w.）

007679215　5768　3232.4
堪察加小景
沙汀著　上海　文化生活出版社　1948
年　初版　（m.w.）

007679212　5768　3232.44
苦難
沙汀著　上海　文化生活出版社　1937
年　初版　（m.w.）

007679097　5768　3232.52
播種者
沙汀著　上海　華夏書局　1946年　初
版　（m.w.）

007679214　5768　3232.6
呼嚎
沙汀著　上海　新群出版社　1947 年
初版　（m.w.）

007679213　5768　3232.63
獸道
沙汀著　上海　群益出版社　1946 年
初版　（m.w.）

007679211　5768　3232.7
航綫
沙汀著　上海　文化生活出版社　1937
年　初版　（m.w.）

007682612　5768　3234
在西北原野
馮清文著　永安　勝利出版社福建分社
　1942 年

007679413　5768　324
悵惘
馮都良著　上海　光華書局　1926 年
再版　（m.w.）

007681079　5768　3316
阿鳳
泠西撰　上海　中華書局　1931 年
（w.）

007679534　5768　3322
金陵秋
冷紅生［林紓］著　上海　商務印書館
1914 年　初版　（m.）

007679536　5768　3424
小哥兒倆
淩叔華撰　香港　良友圖書公司
1945 年

007681086　5768　3424.1　FC5876　（11）
女人
淩叔華著　上海　商務印書館　1935 年
第 2 版　（m.w.）

007679538　5768　3424.4
花之寺
淩叔華著　上海　新月書店　1928 年
初版　（m.w.）

007680914　5768　3523.3
滑稽英雄一十回
海上客編著　上海　民新書局　1937 年
初版　（m.w.）

007680926　5768　3603.1
予且短篇小説集
潘予且著　上海　太平書局　1943 年
初版　（m.w.）

007680921　5768　3824
四川紳士和湖南女伶
蹇先艾著　上海　博文書店
1947 年　初版　（m.）

007683990　5768　3824.1
鹽的故事
蹇先艾著　上海　文化生活出版社
1948 年　再版　（m.w.）

007682467　5768　3824.4
古城兒女
蹇先艾著　上海　萬葉書店　1946 年
初版　（m.w.）

007682477　5768　3824.5
還鄉集
蹇先艾著　上海　中華書局　1934 年
初版　（m.w.）

011912300　PL2846.N17　A16　1936
躊躇集
蹇先艾著　上海　良友圖書公司　1936
年　初版　良友文庫　（m. w.）

007682465　5768　3834
囚徒的夢
洪濤著　香港　大眾出版社　1939 年
初版　（m. w.）

007682473　5768　3841
和平的夢科學小説
顧均正著　上海　文化生活出版社
1946 年　改訂初版　青年讀物叢刊　甲
輯　（m. w.）

007682530　5768　3863
茉莉花
顧明道著　香港　香港互助圖書社
1930 年

008317877　5768　3863.4
奈何天
顧明道著　1947 年

007683992　5768　3874
没落的靈魂
顧鳳城撰　上海　大光書局　1936 年

007682571　5768　3881
芝蘭與茉莉
顧一樵［顧毓琇］著　上海　商務印書館
　1935 年　文學研究會叢書　（w.）

007663154　5768　3914
玄武門之變
宋雲彬著　上海　開明書店　1946 年
3 版　（m. w.）

007662927　5768　3919
灘
宋霖著　上海　開明書店　1949 年　上
海 4 版　（m. w.）

007663041　5768　3948
魚汛
宋樾著　上海　文化生活出版社　1940
年　初版　（w.）

007663182　5768　4034
小小十年
葉永蓁作　上海　春潮書局　1929 年
（w.）

007663039　5768　4034B
小小十年
葉永蓁著　上海　生活書店　1933 年
初版　（m.）

007664996　5768　4113
孤獨者的靈魂
莊瑞源著　上海　萬葉書店　［1947 年］
萬葉文藝新輯　（w.）

007665193　5768　4114
戎馬戀
姚雪垠著　上海　大東書局　1946 年
（m. w.）

007665194　5768　4114.2
重逢
姚雪垠著　上海　東方書社　1947 年
（m. w.）

007665196　5768　4120
秀子姑娘
姚紫著　廣州　南洋商報社　1949 年
再版　（w.）

007665022　5768　4125
奇遇
權伯華著　上海　大眾書局　1933 年

007664998　5768　4147
上帝的傀儡
左幹臣著　上海　大陸書局　1933年　初版　(m.w.)

007665037　5768　4148
剪影集
姚蓬子創作　上海　良友圖書印刷公司　1945年　良友文學叢書　(m.w.)

008569102　FC3273
建塔者
台靜農著　北平　未名社　1930年　初版　未名新集　(m.w.)

007664987　5768　4170
從前綫到邊疆
老馬著　上海　金屋書店　1946年　初版　(m.w.)

007665432　5768　4199
在教堂歌唱的人
荒煤著　桂林　雅典書屋　1943年　初版　(m.w.)

007665661　5768　4199.7
長江上
荒煤著　上海　文化生活出版社　1948年　(m.w.)

007665438　5768　421
結親
葛琴著　上海　群益出版社　1949年　初版　群益文藝叢書　(m.w.)

007665437　5768　421.1
一個被迫害的女人
葛琴著　重慶　中華書局　1945年　初版　(m.w.)

007665436　5768　421.4
葛琴創作集
葛琴著　上海　新新出版社　1947年　初版　新新創作叢書　(m.w.)

011988619　PN6120.9.C5　P5　1935
碧色的國
劉大傑編　上海　啟智書局　1935年　3版　(m.w.)

011920129　PL2655.A53　1947
翻譯小說選
艾蕪選註　香港　文化供應社　1947年　中學略讀文庫　(m.w.)

011982114　PN6120.9.C6　F4　1930
廢人小說集
(蘇)塞甫琳娜著　林伯修[杜國庠]譯　上海　泰東圖書局　1930年　初版　(m.w.)

011930085　PN6120.9.C6　C4　1930
絕望女
徐霞村編譯　上海　神州國光社　1930年　初版　(m.w.)

011908921　PN6120.9.C6　L5　1929
兩個青年的悲劇
(英)哈代著　傅東華譯　上海　大江書鋪　1929年　初版　(m.w.)

011914034　PN6120.9.C5　M8　1927
牧師與魔鬼
[俄]杜斯托愛斯基[Fyodor Dostoyevsky]等著　袁振英譯　香港　受匡出版部　1927年　初版　(m.)

011916934　PN6120.9.C6　J4　1935
熱戀
羅棱斯[D. H. Lawrence]著　錢歌川譯　上海　中華書局　1935年　初版　現代文學叢刊　(m.w.)

007665665　5768　4210
少女的追求
楊晉豪撰　上海　北新書局　1948年　(m.w.)

011913495　PN6120.95.D45　S5　1949
石像之秘
程小青編譯　上海　廣益書局　1949年　3版　(m.w.)

011987178　PN6120.9.C6　S5　1930
世界短篇傑作選
葉靈鳳輯譯　上海　光華書局　1930年　初版　(m.w.)

011929715　PN6120.9.C6　S5　1928
世界短篇小説集
魯彥選譯　上海　亞東圖書館　1928年　初版　(m.w.)

011934019　PN6120.9.C6　H7　1933
心靈電報世界短篇傑作選
汪倜然輯譯　上海　現代書局　1933年　初版　(m.w.)

007666552　5768　4214
達生篇
萬迪鶴著　上海　文化生活出版社　1948年　3版　(m.w.)

007666329　5768　4214.9
火葬
萬迪鶴　上海　上海良友圖書印刷公司　1935年　初版　良友文庫　(m.w.)

007666389　5768　4219
愛與愁
胡雲翼著　上海　亞細亞書局　1929年　(m.w.)

007666375　5768　4221.1c
呼蘭河傳
蕭紅著　桂林　河山出版社　1943年　初版　(m.)

007666447　5768　4221.3
曠野的呼喊
蕭紅著　上海　上海雜志公司　1946年　1版　(m.w.)

007666374　T　5768　4221.4
馬伯樂
蕭紅著　重慶　大時代書局　1941年　初版　(m.w.)

007666665　5768　4221.6b
橋
悄吟著　上海　文化生活出版社　1948年　4版　(m.w.)

007666142　5768　4221b
生死場
蕭紅[張乃瑩]著　上海　容光書局　1945年　(m.)

007666388　5768　4223
虹短篇小説集
胡山源著　上海　中華書局　1931年　初版　(m.w.)

007666209　5768　4225.04
高乾大
歐陽山著　北京　新華書店　1949年　中國人民文藝叢書　(m.)

008316771　5768　4225.04a
高乾大
歐陽山[楊儀]著　廣州　新民主出版社　1949年　中國人民文藝叢書　(m.)

007666344　5768　4225.22
鬼巢
歐陽山作　上海　良友圖書公司　1936

年　初版　中篇創作新集　（m.w.）

002092086　5768　4225.41
夢一樣的自由
歐陽山著　上海　天馬書店　1935 年　（m.w.）

007666380　5768　4225.6
戰果長篇創作小說
歐陽山著　桂林　學藝出版社　1942 年　初版　（m.w.）

007668324　5768　4235.3
江上
蕭軍著　上海　文化生活出版社　1936 年　初版　（m.w.）

007669446　5768　4235.4
十月十五日
蕭軍著　上海　文化生活出版社　1937 年　初版　（m.w.）

007669526　5768　4235.7
蕭軍傑作選
蕭軍著　巴雷編選　上海　新象書店　1947 年

007669658　5768　4235.88　（1）
第三代第一部
蕭軍著　上海　文化生活出版社　1940 年　新時代小說叢刊　（m.w.）

007669482　5768　4235.8B
八月的鄉村
蕭軍著　上海　作家書屋　1947 年　再版　北方文叢　（m.w.）

007669480　5768　4236
達夫短篇小說集
郁達夫著　上海　北新書局　1935 年　初版　（m.w.）

007669448　5768　4236.1
郁達夫代表作
郁達夫著　三通書局編輯部編　上海　三通書局　1941 年　初版　現代作家選集　第 1 輯　（m.）

007669466　5768　4236.3
迷羊
郁達夫著　上海　北新書局　1928 年　初版　（m.w.）

007669363　5768　4236.4
薇蕨集
郁達夫著　上海　北新書局　1947 年　2 版　（m.w.）

006953037　5768　4236.44
郁達夫文集
郁達夫著　上海　春明書店　1948 年　（m.w.）

007669413　5768　4236.6
達夫全集六卷
郁達夫著　上海　北新書局　1929—33 年

007669479　5558　4235.47　5768　4236.6　（1）
寒灰集
郁達夫著　上海　北新書局　1928 年　4 版　（m.）

007669578　5768　4236.6　（2）
雞肋集
郁達夫著　上海　北新書局　1931 年　6 版　達夫全集　（m.）

007669447　5768　4236.6　（3）
過去集
郁達夫著　上海　北新書店　1929 年　5 版　（m.w.）

007669671　5768　4236.6　(4)
奇寒集
郁達夫著　上海　北新書局　1928—31年　達夫全集

007669467　5768　4236.8
饒了她
郁達夫著　上海　現代書局　1933年　初版　(m.w.)

007669362　5768　4236.9
沉淪
郁達夫著　中國　天下書店　1947年　(m.)

007669478　5768　4238
茶杯裏的風波
彭家煌著　上海　現代書局　1928年　初版　(m.w.)

007670661　5768　4241.1
栗子
蕭乾著　上海　文化生活出版社　1936年　初版　(w.)

007670632　5768　4241.2
落日
蕭乾著　上海　良友圖書印刷公司　1937年　(m.w.)

007676038　5768　4241.4
夢之谷
蕭乾撰　上海　文化生活出版社　1938年　文學叢刊　(m.w.)

007670554　5768　4241.8
創作四試
蕭乾著　上海　文化生活出版社　1948年　(m.w.)

007670892　5768　4241.81
籬下
蕭乾著　香港　國光圖書公司　1943年

011938734　PL2766.C5　C8　1928
春水沉冤記哀情小說
胡寄塵[懷琛]著　上海　進步書局　1915年　初版

011908891　PL2766.Y4　S4　1927
聖徒
胡也頻著　上海　新月書店　1927年　初版　(m.w.)

007670895　5768　4242.2
往何處去
胡也頻著　上海　第一綫書店　1928年　(w.)

007672076　5768　4246
遙遠的愛
郁茹著　重慶　自強出版社　1944年　初版　(m.w.)

007672098　5768　4246.1
龍頭山下
郁茹著　上海　群益出版社　1949年　1版　(m.w.)

007672342　5768　425
秋蟬
蔣山青著　1928年

007672097　5768　4252.4
地雷
柳青著　大連　光華書店　1947年　(m.w.)

007672614　5768　4264
初恨
胡明樹著　香港　學生文叢社　1948年　初版　(m.w.)

007672615　5768　4264.3
江文清的口袋
胡明樹著　香港九龍　南國書店　1948年　初版　(m.w.)

007672880　5768　4270
百件奇謀全書二卷
楊乃斌著　上海　世界書局　1921年　3版

007672646　5768　4272
桓秀外傳
楊剛著　上海　文化生活出版社　1941年　初版　(m.w.)

007673696　5768　4282.04
望南山
楊朔著　北平　天下圖書公司　1949年　華北1版　大衆文藝叢書　(m.w.)

007673694　5768　4282.1
帕米爾高原的流脈
楊朔著　重慶　生活書店　1939年　初版　(m.w.)

007673695　5768　4282.2
紅石山
楊朔著　香港　新華書店　1949年　(m.w.)

007673699　5768　4282.40
大旗
楊朔著　張家口　新華書店晉察冀分店　1946年　(m.w.)

007735735　Pl.2922.S5　Y84　1949
月黑夜
楊朔著　北京　生活·讀書·新知三聯書店　1949年　初版

007673723　5768　4285
處女的血
蕭劍青著　上海　大方書局　1939年

008579348　MLC－C
白相朋友第四、六期合訂
胡寄塵編輯　上海　廣益書局　1914年

007673692　5768　429
今鏡花緣二十回
胡寄塵[懷琛]著　上海　商務印書館　1928年　初版　小説世界叢刊　(m.)

007673725　5768　429.4
黃金劫
胡懷琛[撰]　上海　文明書局　1932年　(m.)

007678507　5768　4406.1
引力
李廣田著　上海　晨光出版公司　1949年　(m.w.)

011908809　PL2780.K8　C5　1946
金壜子
李廣田著　上海　文化生活出版社　1946年　初版　文學叢刊　第8集　(m.w.)

007678606　5768　4413
花叢中
韋雨蘋著　上海　青春出版社　1935年　6版　委娜斯叢書　(m.w.)

007678605　5768　4413.2
愛火
韋雨蘋著　上海　青春出版社　1935年　7版　委娜斯叢書　(m.w.)

007678640　5768　442
神仙老虎狗
李鱍著　上海　群衆圖書公司　1946年　初版　(m.)

011932044　PL2780.C5　H7　1929
西山之雲
李健吾著　上海　北新書局　1928 年　初版　（m.w.）

007665444　5768　4421
希伯先生
李健吾著　桂林　文化生活出版社　1941 年　初版　文學小叢刊　（m.w.）

007665443　5768　4421.2
使命
李健吾著　上海　文化生活出版社　1940 年　初版　（m.w.）

011936123　PL2302.C4　1927
使命
成倣吾著　上海　創造社出版部　1927 年　初版　（m.）

007665427　5768　4421.3
遠近
阿湛［李健吾］著　上海　文化生活出版社　1949 年　初版　（m.w.）

007665642　5768　4421.4
棲鳧村
阿湛著　香港　今代圖公司　1948 年　（m.）

007665440　5768　4423
夜工
蔣牧良著　上海　文化生活出版社　1937 年　初版　（m.w.）

011910447　PL2747.C5　L5　1915
靈鵝夢三十二章
蔣景緘著　上海　進步書局　1915 年　初版

011916612　PL2747.M8　Y4　1946
夜工
蔣牧良著　上海　文化生活出版社　1946 年　（m.w.）

008326396　PL2652.H7　1936
十年
夏丏尊編　上海　開明書店　1936 年　初版　（m.w.）

007665439　5768　4423.8
鍗砂
蔣牧良著　上海　文化生活出版社　1936 年　初版　（m.w.）

007665385　5768　4427
馬和放馬的人
李白鳳　上海　文化生活出版社　1943 年　初版　（m.w.）

007665421　5768　4429
叢菊淚三十回
李伯通著　江蔭香校訂　上海　廣益書局　1932 年　初版　（m.）

007665655　5768　4430　（1-2）
未婚妻
李定夷著　上海　新華印書局　1923 年

007665429　5768　4432
正反合
李溶華著　上海　萬人出版社　1936 年　初版　綠皮叢書　（m.w.）

007666627　5768　4436
鬼火
李之華著　上海　上海出版社　1945 年　文學小叢書

007666320　5768　444
黎明前
蒂克著　廣州　前進書局　1949 年　初版

語言文學類

1441

007666351　5768　4443.12　FC5876　(18)
一個女人的悲劇
艾蕪著　香港　新中國書局　1949年　(w.)

007666376　5768　4443.20
我的旅伴
艾蕪著　上海　華夏書店　1946年　初版　(m.w.)

007666373　5768　4443.21
鄉愁
艾蕪著　上海　中興出版社　1948年　初版　中興文叢　(m.w.)

007666461　5768　4443.22　T　5768　4443.22
秋收
艾蕪著　上海　讀書出版社　1942年　文學月報叢書　(m.w.)

007666462　5768　4443.28
豐饒的原野
艾蕪著　重慶　自強出版社　1946年　(m.w.)

007666651　5768　4443.3
荒地
艾蕪著　廣州　文化供應社　1942年　(m.w.)

007666378　5768　4443.32
海島上
艾蕪著　上海　文化生活出版社　1939年　初版　(m.w.)

007666463　5768　4443.33
漂泊雜記
艾蕪著　上海　生活書店　1935年　(m.w.)

007666372　5768　4443.4
豐饒的原野第一部春天
艾蕪著　桂林　今日文藝社　1942年　初版　今日文藝叢書　(m.)

007666377　5768　4443.42
煙霧
艾蕪著　上海　中原出版社　1948年　初版　(m.w.)

007668516　5768　4443.6
逃荒
艾蕪著　巴金編　桂林　文化生活出版社　1942年　(m.w.)

007668286　5768　4443.7
南國之夜
艾蕪著　上海　良友圖書公司　1935年　初版　(m.w.)

007668232　5768　4444.024
戀愛故事
巴金[李芾甘]著　193？年

007668154　5768　4444.02C
新生
巴金作　上海　開明書店　1949年　(m.w.)

007668330　5768　4444.03B
旅途隨筆
巴金著　上海　生活書店　1934年　初版　創作文庫　(m.w.)

007668306　5768　4444.11
砂丁
巴金著　上海　文化生活出版社　1938年　初版　(m.w.)

007668113　5768　4444.11　(1949)
砂丁
巴金作　上海　文化生活出版社　1949年　(m.w.)

007668156　5768　4444.15
亞麗安娜
巴金著　上海　文化生活出版社　1949年　文學叢刊

007668434　5768　4444.16
雷
巴金[李芾甘]作　上海　文化生活出版社　1949年　文學叢刊

007668529　5768　4444.2
家
巴金著　上海　開明書店　1949年　30版　(m.w.)

007668278　5768　4444.20
愛的摧殘
巴金著　上海　文化生活出版社　1949年

007668372　5768　4444.21
秋
巴金[李芾甘]著　上海　開明書店　1949年　13版　(m.w.)

007668309　5768　4444.21A
秋
巴金著　長春　啟智書店　1941年　初版　(m.)

007668128　5768　4444.22
白鳥之歌
巴金等著　上海　文化生活出版社　1948年　11版

007668127　5768　4444.23
將軍
巴金[李芾甘]作　上海　文化生活出版社　1949年

007668538　5768　4444.24
利娜
巴金著　上海　文化生活出版社　1946年　3版　(m.w.)

007668155　5768　4444.25
毀滅
巴金[李芾甘]作　香港　良友圖書公司　1945年　(m.)

007669459　5768　4444.30
滅亡
巴金著　上海　開明書店　1929年　初版　(m.w.)

007669599　5768　4444.30　(1936)
滅亡
巴金[李芾甘]著　上海　開明書店　1936年　7版　(m.w.)

007669598　5768　4444.30　(1942)
滅亡
巴金[李芾甘]著　上海　開明書店　1942年　(m.w.)

007669601　5768　4444.32
沉默
巴金[李芾甘]著　上海　生活書店　1934年　創作文庫　(w.)

007669356　5768　4444.34
沉落
巴金著　上海　商務印書館　1947年　3版　文學研究會創作叢書　(m.w.)

007669398　5768　4444.36b
復仇集
巴金著　香港　南國出版社　1933年

007669306　5768　4444.37
愛的十字架
巴金著　上海　文化生活出版社　1937年　初版

007669468　5768　4444.378
神・鬼・人
巴金著　上海　文化生活出版社　1935年　初版

007668308　5768　4444.3A
春
巴金著　上海　啟智書店　1941年　初版　（m.）

007669325　5768　4444.43
幸福
巴金[李芾甘]著　香港　南華書店　1935年

007669460　5768　4444.444
萌芽
巴金著　上海　現代書局　1933年　初版　現代創作叢刊　（m.w.）

007669326　5768　4444.46
夢景
巴金[李芾甘]著　香港　南華書店　193？年

007669525　5768　4444.51　（1-3）
火
巴金著　上海　開明書店　1947年　（m.w.）

007669462　5768　4444.51A　（1）
火第一部
巴金著　上海　開明書店　1940年　初版　（m.w.）

007669463　5768　4444.51B　（1）
火一名馮文淑　第二部
巴金著　桂林　開明書店　1941年　1版　（m.w.）

007669620　5768　4444.52
雪
巴金著　上海　晨光出版公司　1948年　晨光文學叢書

007669412　5768　4444.56
春天裏的秋天
巴金[李芾甘]著　上海　開明書店　1949年　12版　（m.w.）

007669360　5768　4444.6
第四病室
巴金創作　上海　晨光出版公司　1947年　（m.w.）

007669632　5768　4444.70
月夜
巴金[李芾甘]著　上海　文化生活出版社　1937年

007669400　5768　4444.71
死去的太陽
巴金著　上海　開明書店　1949年　（m.w.）

007669323　5768　4444.72
髮的故事
巴金著　上海　文化生活出版社　1948年　8版　（m.w.）

007669499　5768　4444.73
馬賽底夜
巴金[李芾甘]作　上海　文化生活出版社　1948年　10版

007669634　5768　4444.782
巴金代表作選
李芾甘著　上海　上海全球書店　1946年　（m.）

007669358　5768　4444.79
巴金短篇小說集
李芾甘著　上海　開明書店　1949年

(m.w.)

007669639　5768　4444.8　(1)　B
霧
巴金著　上海　良友復興圖書印刷公司
　1939年　(m.)

007669350　5768　4444.8　(2)
雨愛情的三部曲之二
巴金著　上海　開明書店　1949年
6版　(m.)

007669640　5768　4444.8　(3)　B
電
巴金著　上海　良友復興圖書印刷公司
　1939年

007670651　5768　4444.81
父子
巴金著　上海　新光書店　1940年　初
版　新光小說叢書　(m.w.)

007670844　5768　4444.82
第一流
巴金著　上海　地球出版社　1941年
(m.w.)

007670847　5768　4444.90
憶
巴金著　上海　文化生活出版社　1939
年　7版　(m.w.)

007670850　5768　4444.96
光明
巴金[李芾甘]著　上海　新中國書局
1935年　新中國文藝叢書　(w.)

007670438　5768　4444.98
小人小事
巴金著　上海　文化生活出版社　1949
年　初版　(m.w.)

007670845　5768　4444.9c
還魂草
巴金[李芾甘]著　文季社編輯　重慶
文化生活出版社　1945年　文季叢書
(m.w.)

007893938　5768　4444.9c　(1947)
還魂草
巴金[李芾甘]著　文季社編輯　重慶
文化生活出版社　1947年　文季叢書
(m.w.)

007670882　5768　4448.1b
暴風雨前
李劼人著　上海　中華書局　1940年
再版　現代文學叢刊　(m.w.)

007670667　5768　4448.3
好人家
李劼人著　上海　中華書局　1947年
初版　現代文學叢刊　(m.w.)

007672075　5768　4448.4　(1938)
大波
李劼人著　上海　中華書局　1937年
初版　現代文學叢刊　(m.w.)

009193771　5768　4448.7
同情
李劼人著　上海　中華書局　1924年
初版　少年中國學會小叢書　(m.w.)

007670652　5768　4448B
死水微瀾
李劼人著　上海　中華書局　1936年
初版　現代文學叢刊　(m.w.)

009412698　MLC－C
八大神仙全傳
新華書局編　上海　新華書局　1923年

007672262　5768　4462.7
原動力
草明著　上海　新華書店　1949 年　初版　中國人民文藝叢書　（m.w.）

007671849　5768　4463
上海廿四小時
艾明之著　重慶　自強出版社　1946 年　再版　（m.w.）

007672293　5768　4473
瑪麗
敬隱漁著　上海　商務印書館　1929 年　文學研究會叢書　（m.w.）

007672647　5768　4487
情人的故事
李公凡著　上海　大光書局　1935 年　3 版　（m.w.）

007672624　5768　4494.1
北運河上
李輝英著　漢口　大眾出版社　1938 年　初版　抗戰動員叢刊　（m.w.）

007672796　5768　4498
三對愛人兒
蔣光慈著　上海　月明書店　1932 年

007672617　5768　4498.1
沖出雲圍的月亮
蔣光慈著　上海　北新書局　1930 年　3 版　（m.w.）

007672616　5768　4498.14
麗莎的哀怨
蔣光慈著　上海　新東書局　1940 年　重印初版

007672798　5768　4498.1b
沖出雲圍的月亮
蔣光慈著　上海　新東書局　1939 年

007672760　5768　4498.6
鴨綠江上
蔣光赤［光慈］著　上海　亞東圖書館　1927 年　（m.w.）

003861688　5768　4498.62
最後的微笑
蔣光慈著　上海　現代書局　1928 年（m.w.）

007672511　5768　4498.6a
鴨綠江上
蔣光赤著　上海　亞東圖書局　1949 年　13 版

007672510　5768　4498.9
少年飄泊者
蔣光赤著　上海　亞東圖書館　1933 年　18 版　（w.）

007672613　5768　4511
情諜豔情偵探小説
梅魂著　上海　進步書局　1915 年　初版　（m.）

007672801　5768　4514
處女的日記
韋雨蘋著　上海　南星書店　1931 年（m.w.）

007672632　5768　4517
苦菜
戴平凡［平萬］著　上海　光明書局　1941 年　初版　光明文藝叢書　（m.w.）

007672802　5768　453
深入
華漢著　上海　天一出版社　1940 年

007672810　5768　4542
懷鄉集

杜衡著　上海　復興書局　1936 年　再版

007672812　5768　4542.1
漩渦裏外
杜衡創作　上海　良友圖書公司　1941 年

007672649　5768　4542.2
紅與黑
杜衡著　上海　良友圖書印刷公司　1933 年　初版　一角叢書　（m.w.）

007672611　5768　4542.9
叛徒
杜衡著　上海　今代書店　1936 年　初版　（m.）

007639522　MLC－C
魚
梅娘著　北京　新民印書館　1943 年　初版　新進作家集　（m.w.）

007672609　5768　4544
前夜
戴萬葉[平萬]著　上海　亞東圖書館　1929 年　初版　（m.w.）

007672639　5768　4546
復員圖
華嘉著　香港　文生出版社　1946 年　初版　（m.w.）

007672640　5768　4549.6
嬰
梅林著　上海　文化生活出版社　1947 年　初版　（m.w.）

007672619　5768　4572
春蠶
韋月侶著　上海　希望出版社　1937 年　初版　（m.w.）

007672633　5768　4572.1
碎音集
韋月侶著　上海　廣益書局發行　1930 年　（m.w.）

007672618　5768　4572.2
我和嫂嫂
韋月侶著　上海　青春出版社　1935 年　6 版　委娜斯叢書　（m.w.）

007672620　5768　4572.24
甜夢中的風波
韋月侶著　上海　南星書店　1937 年　再版　（m.w.）

007674717　5768　4632
創痕
杳鶴著　曼谷　暹華文藝出版社　1948 年　暹華文藝創作叢書

007674577　5768　4680
爐邊閒話
若人著　上海　金馬書堂　1931 年　（m.）

007676161　5768　4812.3
爲奴隸的母親
柔石原著　桂林　遠方書店　1943 年　（m.）

007675935　5768　4812.4
希望
柔石作　上海　商務印書館　1933 年　國難後第 1 版　（w.）

011910877　PL2764.O92　B525　1931
避難者
賀玉波著　上海　文學社出版部　1931 年　初版　（m.w.）

011910490　PL2764.04　C3　1928
招魂
何志浩著　北平　國民政府軍事委員會　1928年　初版　（m.w.）

007676075　5768　4824
音樂之淚
黃仲蘇著　上海　商務印書館　1934年　初版　（m.w.）

007676076　5768　4837
華北的秋
趙清閣著　重慶　獨立出版社　1939年　初版　（m.w.）

007677512　5768　4841.4
李有才板話
趙樹理著　廣州　新華書店　1943年　（m.w.）

007894664　5768　4841.43　T　5768　4841.43
李家莊的變遷
趙樹理著　山西黎城　華北新華書店　1946年　（m.w.）

007677231　5768　4841.43b
李家莊的變遷
趙樹理著　重慶　新知書店　1947年　創作叢書　之一　（m.w.）

007677513　5768　4841.4b
李有才板話
趙樹理著　山西黎城　華北新華書店　1946年　（m.w.）

007677380　5768　4841.4c
李有才板話
趙樹理著　上海　1946年　初版　（m.w.）

007677460　5768　4841.4d
李有才板話
趙樹理著　香港　海洋書屋　1947年　3版　北方文叢　（m.）

007677522　5768　4841.9
小二黑結婚
趙樹理著　香港　新民主出版社　1947年

007677263　5768　4843
靈海潮汐
廬隱著　上海　開明書店　1947年　（m.w.）

007677413　5768　4843.1
玫瑰的刺
廬隱著　上海　中華書局發行　1936年　3版　現代文學叢刊　（m.）

007677360　5768　4843.2
象牙戒指
廬隱著　上海　商務印書館　1934年　初版　文學研究會叢書　（m.w.）

007677227　5768　4843.3
海濱故人
廬隱[黃英]著　上海　商務印書館　1933年　（m.w.）

007677346　5768　4843.9
廬隱創作選
廬隱著　唐少侯編　上海　倣古書店　1936年　初版　現代名人創作叢書　（m.w.）

007677440　5768　4843.91
廬隱佳作選
廬隱著　上海　新象書店　1947年　（m.w.）

007677524　5768　4843b
靈海潮汐

盧隱著　上海　開明　1931 年
（m.w.）

007677262　5768　4846.6
暗影
黃藥眠著　香港　中國出版社　1946 年
初版　（m.w.）

007677536　5768　4848
小雪
超超著　上海　亞東圖書館　1926 年
（m.w.）

007678797　5768　4884b　（1）
春風秋雨
黃谷柳著　香港　新民主出版社
1948—49 年　蝦球傳

007678800　5768　4884b　（2）
白雲珠海
黃谷柳著　香港　新民主出版社
1948—49 年　蝦球傳

007678609　5768　49.2
生死戀
林淑華著　上海　新紀元出版社　1948
年　初版　（m.w.）

008320755　5768　4901.2
斷鴻零雁記
蘇曼殊著　上海　廣益書局　1930 年
（m.）

007678731　5768　4901b
蘇曼殊小說集
蘇曼殊著　上海　中央書店　1948 年
文學研究叢書

011912067　PL2754.C8　L8　1931
樓頭的煩惱
周全平著　上海　光華書局　1930 年

初版　幻洲叢書　（m.w.）

007678818　T　5768　4901c
曼殊小說集
蘇曼殊著　上海　新興書局　193？年

011905283　PL2760.A59　C5　1928
齊東新語
范煙橋編著　蘇州　小說林書社　1928
年　初版　（m.w.）

011929568　PL2736.I27　Q258　1946
秋收
艾蕪著　上海　讀書出版社　1946 年
文學月報叢書　（m.w.）

011913294　PL2652.W3　1940
五十元
王統照、魯彥著　上海　三通書局
1940 年　初版　三通小叢書　（m.w.）

011407865　PL2905.N242　Y4　1948
夜獵記
孫了紅著　上海　大地出版社　1948 年
初版　（m.w.）

007678672　5768　4909.7
風聲鶴唳
林語堂原著　徐誠斌譯　廣州　海星圖
書公司　1947 年

007679422　5768　4911
遺珠
林珏撰　上海　大華圖書公司　1941 年

007679202　5768　4916
過渡
丁易著　上海　知識出版社　1947 年
初版　（m.w.）

007679099　5768　4917
時代姑娘
葉靈鳳著　上海　四社出版部　1933 年
　　初版　（m.）

007679218　5768　4917.1
靈鳳小說集
葉靈鳳著　上海　現代書局　1931 年
　　初版　（m.w.）

007679426　5768　4917.2
處女的夢
葉靈鳳作　上海　大夏書店　1939 年
　　（m.）

007679427　5768　4917.2B
處女的夢
葉靈鳳著　上海　現代書局　1929 年
　　（m.w.）

007679216　5768　4917.4
菊子夫人
葉靈鳳著　上海　光華書局　1927 年
　　初版　幻洲叢書　（m.w.）

007679205　5768　492
無軌列車
林疑今著　上海　良友圖書印刷公司
　　1935 年　初版　（m.w.）

007679429　5768　492.04
旗聲
林疑今著　上海　1937 年

007682533　5768　4922
畏廬短篇小說
畏廬老人［林紓］著　香港　普通圖書局
　　1923 年　（m.）

007679433　5768　4923
濃煙
林參天作　上海　生活書店　1936 年

文學社叢書　（m.w.）

007679206　5768　4924
封鎖綫
葉舟著　上海　長風書店　1949 年　初
　　版　長風文庫　（m.w.）

007679091　5768　4928
城中
葉紹鈞著　上海　開明書局　1932 年

007681065　5768　4928.21
綫下
葉紹鈞著　上海　商務印書館　1935 年
　　文學研究會叢書　（m.w.）

005709273　5768　4928.28
紹鈞代表作
葉紹鈞著　上海　全球書店　1946 年
　　（w.）

009193925　5768　4928.5
城中
葉紹鈞著　上海　開明書店　1930 年
　　4 版　（m.w.）

007680910　T　5768　4928.57
未厭集
葉紹鈞［聖陶］著　上海　商務印書館
　　1933 年　國難後 1 版　文學研究會叢書
　　（m.w.）

007680925　5768　4928.6　　T　5768　4928.6
四三集
葉聖陶著　上海　良友圖書印刷公司
　　1936 年　初版　良友文學叢書
　　（m.w.）

007680943　5768　4928.7
隔膜創作集之一
葉紹鈞［聖陶］著　上海　商務印書館

1922 年　初版　文學研究會叢書
（m.w.）

007681076　5768　4928.9
火災
葉聖陶[紹鈞]著　上海　商務印書館
1925 年　（m.w.）

007681006　5768　4931
大姊
鄭定文作　上海　文化生活出版社
1948 年　（m.）

007680927　5768　4932.1
雪
林淡秋著　上海　黃河出版社　1947 年
　再版　文叢　（m.）

007681077　5768　4932.2
黑暗與光明
林淡秋著　上海　光明書局　1947 年
光明文藝叢書　（m.w.）

007680920　5768　4941
背上了十字架
木圭著　上海　大華圖書公司　1941 年
　初版　（m.w.）

007680915　5768　4942b
一江春水向東流
蔡楚生著　上海　作家書屋　1949 年
初版　電影小説叢書　（m.w.）

007680929　5768　4945
蟬蛻集
蘇雪林著　重慶　商務印書館　1945 年
　初版　（m.w.）

007680988　5768　4945.1
棘心
綠漪女士[蘇雪林]著　北平　北新書局

1932 年　（m.w.）

007680913　5768　4948
前輩先生二十回
葉小鳳[楚傖]著　上海　大光書局
1936 年　再版　（m.）

007681096　5768　4952
結婚十年
蘇青著　上海　天地出版社　1944 年
（m.w.）

007681097　5768　4952.2
續結婚十年
蘇青著　香港　勵力出版社　1947 年
（w.）

007682466　5768　4965
明朝
林曼青[洪靈菲]著　上海　亞東圖書館
　1929 年　初版　（m.w.）

007682635　5768　4981
新婚之夜
葉金著　廣州　山城書店　1940 年

007689640　5768　5027
犧牲者
戈魯陽著　上海　亞東圖書館　1936 年
　（m.w.）

007685230　5768　5055
紳士淑女圖
東方蝃蝀　上海　正風文化出版社
1948 年　初版　（m.w.）

007685243　5768　5081
黃河邊上的春天
戈金著　上海　曉峰出版社　1939 年
初版　（m.）

007685231　5768　5214
虹霓集
青子著　上海　商務印書館　1937 年 初版　（m.w.）

007672703　5768　5641　FC5876(19)
一個少女懺悔錄
拓荒著　上海　國風書店　1939 年

007672803　5768　5641.1
一個青年的懺悔錄
拓荒著　上海　國風書店　1939 年

005292374　5768　5671b
飄零
拾風著　重慶　華華書店　1945 年　渝版　華華文藝叢書　（m.w.）

007672820　5768　5828
民國十年官僚腐敗史
沃邱仲子［費行簡］編　上海　中華圖書集成公司　1923 年　（m.）

007672625　5768　5907
秋海棠
秦瘦鷗著　成都　百新書店　1945 年 初版　（m.w.）

007672644　5768　5907.1
二舅
秦瘦鷗著　上海　太平書局　1944 年 初版　（m.w.）

007672626　5768　5907.2
危城記
秦瘦鷗著　上海　懷正文化社　1948 年 初版　懷正中篇小説叢書　（m.w.）

007672728　5768　5924.6
賤貨
秦牧著　九龍　南國書店　1948 年　南國袖珍文藝叢書

007672541　5768　6034
邊外
田濤著　劉以鬯主編　上海　懷正文化社　1947 年　初版　（m.w.）

007674565　5768　6116
玫瑰殘了
羅西［歐陽山］著　上海　光華書局　1927 年　初版　（m.w.）

007674730　5768　6119
戀愛與義務
羅琛著　上海　商務印書館　1934 年　（m.w.）

007674561　5768　6138
孤島時代
羅洪著　上海　中華書局　1947 年　初版　（m.w.）

007674751　5768　6138.4
兒童節
羅洪著　上海　文化生活出版社　1949 年　3 版　（m.w.）

007674560　5768　6138.5
春王正月
羅洪著　上海　良友圖書印刷公司　1937 年　初版　（m.）

007674574　5768　6141.1
地上的一角
羅淑著　上海　文化生活出版社　1939 年　初版　文學小叢刊　（m.w.）

007674571　5768　6142
六月里的杜鵑
羅皚嵐著　上海　現代書局　1929 年 初版　（m.w.）

007674572　5768　6142.2
紅燈籠短篇小説集

羅鎧嵐著　長沙　商務印書館　1938年　初版　(m.w.)

007674625　5768　6146
後死者
羅嘉著　上海　文化生活出版社　1941年　文學小叢刊　(w.)

007674575　5768　6149
寂寞
羅蓀著　重慶　美學出版社　1944年　初版　(m.w.)

007674783　5768　6150
山城雨景
羅拔高著　香港　香港華僑日報社　1944年　香港華僑日報社叢書

007674794　5768　6164
醉裏
羅黑芷著　上海　商務印書館　1935年　文學研究會叢書　(m.w.)

007674573　5768　6195
橫渡
羅烽著　重慶　商務印書館　1940年　初版　(m.w.)

007674814　5768　6195.2
糧食
羅烽著　香港　中國文化服務社　1941年　再版　(w.)

007674815　5768　6195.4
故鄉集
羅烽撰　哈爾濱　光華書局　1947年　(w.)

007674837　5768　623
西子湖邊
易家鉞著　上海　泰東圖書局　1928年　(m.w.)

007674576　5768　6248
荊棘
朋其著　上海　開明書店　1926年　初版　(m.w.)

007676058　5768　6357
黑牡丹
穆時英著　上海　良友圖書印刷公司　1934年　初版　(m.w.)

007676054　5768　6398
戰綫
黑炎著　上海　現代書局　1933年　初版　現代創作叢刊　(m.w.)

007676202　5768　6405
一個人的煩惱
嚴文井著　重慶　建國書店　1946年　滬第1版　當今文藝叢書

007675912　5768　643
安慰
嚴良才作　上海　光華書局　1929年　初版　(m.w.)

007676060　5768　6434
大別山荒僻的一角
田濤著　長沙　商務印書館　1940年　初版　(m.w.)

007676053　5768　6434.1
潮
田濤著　重慶　建國書店　1942—44年　初版　文藝新集　(m.w.)

007676052　5768　6434.18
子午綫
田濤著　上海　大路出版公司　1940年　初版　(m.w.)

007676055　5768　6434.24b
沃土
田濤著　上海　文化生活出版社　1947年　初版　（m.w.）

007675975　5768　6434.3
流亡圖
田濤創作　上海　晨光出版公司　1949年　晨光文學叢書　（w.）

007676059　5768　6434.5
荒
田濤著　上海　文化生活出版社　1940年　初版　（m.w.）

007676227　5768　644
江湖百丐傳
時希聖著　上海　廣益書局　1934年　（m.）

007676035　5768　6441.1
妾禍
嚴芙孫著　香港　大光報　1924年

007676073　5768　6682
求愛
路翎著　上海　海燕書店　1946年　初版　七月文叢　（m.w.）

007676057　5768　6682.1　T　5768　6682.1
饑餓的郭素娥
路翎著　桂林　南天出版社　1943年　初版　（m.w.）

007676147　5768　6682.1B
饑餓的郭素娥
路翎著　上海　希望出版社　1946年　滬再版

007675940　5768　6682.5
青春的祝福
路翎著　上海　希望社　1947年　再版　（m.）

007676021　5768　6682.52
蝸牛在荊棘上
路翎著　上海　新新出版社　1946年　（m.w.）

007676043　5768　7.04
盲詩人
劉大傑著　上海　啟智書局　1929年　初版　（m.w.）

007675943　5768　7.4
支那女兒
劉大傑著　上海　北新書局　1934年　（m.w.）

007677370　5768　7102
創痕
巴彥著　上海　大時代出版社　1939年　初版　大時代文藝叢書　（m.w.）

007677371　5768　7114
網
邱石木著　上海文化出版界聯誼會編　南京　中央書報發行所　1944年　初版　（m.w.）

001921347　5768　7116
愛的懺悔
巴雷著　上海　大方書局　1947年　再版

007677361　5768　7127
苦悶的一群
巴山著　上海　文藝青年社　1947年　初版　（m.w.）

007677377　5768　7141
北方
陸地著　哈爾濱　光華書店　1947年

初版 （m.w.）

007677200　5768　7151.4
茅山下
東平著　香港　海洋書屋　1947 年　初版　（m.w.）

007677435　5768　7151.7
邱東平遺著
邱東平著　蘇皖邊區　韜奮書店　1945 年

007677201　5768　7151.8
第七連
東平　南京　聯華書店　1939 年　（m.）

007677381　5768　7151.8a
第七連
丘東平著　上海　希望社　1947 年　再版　（m.w.）

007677434　5768　7163
林家鋪子
陸晶清著　1932 年　星光文學叢書

007677217　5768　7202
幻夢
哲之主編　月亭創作　上海　慧協書店　1940 年　初版　現代創作小說叢書

007677389　5768　7202.6
路畔薔薇
月亭著　上海　國風書店　1941 年　現代創作小說叢書　（w.）

007677386　5768　7203.6
暴風驟雨
周立波著　新華書店　1949 年　初版　中國人民文藝叢書　（m.w.）

007677642　5768　7203.6a
暴風驟雨
周立波著　香港　新民主出版社　1949 年　（m.w.）

007678749　5768　7204
周文短篇小說集
周文著　上海　開明書局　1940 年　（m.w.）

007678622　5768　7204.1
煙苗季
周文著　上海　文化生活出版社　1937 年　初版　（m.w.）

007678697　5768　7204.2
愛
周文著　上海　開明書店　1947 年　3 版　（m.w.）

007678623　5768　7204.4
救亡者
周文著　長沙　商務印書館　1940 年　初版　（m.w.）

007678757　5768　7204.8
分
何穀天著　上海　文化生活出版社　1935 年　（w.）

011909386　PL2751.S5　A5　1928
愛的謎
金石聲著　上海　啟智書局　1928 年　初版　（m.w.）

011562989　PL2811.N34　B355　1923
芭蕉的心
譚正璧著　上海　新中國叢書社　1923 年　初版　新中國叢書　（m.w.）

008930910　PL2795.A45　B35　1936x
悲劇生涯
白薇著　上海　文學出版社　1936 年

初版　文學社叢書　(m.w.)

007439673　PL2823.E49　P6　1935x
波紋的愛
韋月侶著　上海　青春出版社　1929年　初版　委娜斯叢書　(m.w.)

011561786　PL2801.N3　F465　1928
飛露
沈起予著　上海　世紀書局　1928年　初版　(m.w.)

011909390　PL2795.A6　F8　1926
富人之女
包天笑著　上海　自由雜誌社　1926年　(m.)

011930543　PL2752.5.U37　K4　1938
給予者(1.28—8.13)
東平執筆　歐陽山等集體創作　漢口　讀書生活出版社　1938年　初版

011909252　PL2780.T5　H8　1934
紅顏薄命記哀情小說
李定夷著　上海　國華新記書局　民國間

011914544　PL2740.T9　H7　1937
歡喜陀與馬桶
張資平著　上海　復興書局　1937年　再版　資平小說集　(m.)

011896665　PL2756.M4　H8　1914
蕙娘小傳哀情小說
春夢生著　上海　廣益書局　1914年　初版　(m.)

011896644　PL2748.5.E4　C5　1916
鏡中人語社會小說
劫後生著　上海　進步書局　1916年　初版　(m.)

011916592　PL2825.Y55　K8　1932
哭與笑
楊蔭深著　上海　現代書局　1932年　再版　(m.w.)

011938009　PL2802.H84　M6　1927
模型女
史岩著　上海　光華書局　1927年　初版　(m.w.)

006356420　PL2857.E6　M6　1940x
陌頭柳色長篇哀豔言情小說
馮玉奇著　上海　春明書店　1940年　初版　(m.)

011904531　PL2772.O7　Q253　1916
千金諾
高太癡著　上海　中華書局　1916年　初版　小說彙刊　(m.)

008458361　MLC‑C
茜窗驚豔
枕亞主人編　1922年

011936697　PL2775.N8　C8　1935
缺陷的生命
克農著　上海　啟智書局　1929年　初版　(m.w.)

011808154　PL2760.A5　F365　1917
雙蝶怨哀情小說
范劍嘯原著　陸士諤潤文　上海　大聲圖書局　1917年　初版　(m.)

011903004　PL2740.H7　S8　1916
雙柯記
爛柯山人[章行嚴]著　上海　甲寅雜誌社　1916年　初版　(m.)

011911922　PL2812.E5　S8　1929
睡蓮
滕固著　上海　芳草書店　1929年　初版　（m.w.）

011911741　PL2831.M8　W3　1934
晚霞
余慕陶著　上海　啟智書局　1934年　再版　（m.w.）

011904525　PL2780.T5　X53　1918
湘娥淚
李定夷著　包醒獨校訂　上海　國華書局　1921年　5版　（m.）

008776711　MLC－C
心病
李健吾著　上海　文化生活出版社　1945年　修改本初版　（m.）

011273853　PL2740.T9　X464　1945
新紅A字
張資平著　上海　知行出版社　1945年　初版　（m.w.）

007678692　5768　7206
新秋海棠
周瘦鵑著　上海　正氣書局　1949年

011903794　PL2744.C3　Y8　1917
鴛鴦小印
瞻廬[程瞻廬]著　上海　中華書局　1917年　初版　（m.）

011904587　PL2754.W2　T7　1940
在白森鎮
周文著　上海　良友圖書印刷公司　1940年　改排初版　（m.w.）

011562659　PL2740.T9　T978　1931
紫雲
張資平著　上海　文藝書局　1931年　初版　（m.w.）

007678652　5768　721
鸚鵡之戀
鳳子撰　上海　文化生活出版社　1949年　4版　文學叢刊

007678600　5768　7210
不自由的故事納粹卍字旗下
S.Y.著　桂林　文光書店　1943年　初版　文光文叢　（m.w.）

007678806　5768　7210.1
夜霧
重慶　群益出版社　1942年　（m.）

007678618　5768　7212.1
高原短曲
周而復著　香港　海洋書屋　1947年　初版　北方文叢　（m.w.）

007678565　5768　7212.1b
高原短曲
周而復著　上海　生活·讀書·新知聯合發行　1949年

007678619　5768　7212.22
翻身的年月
周而復著　香港　海洋書屋　1948年　初版　北方文叢　（m.w.）

009080329　MLC－C
大上海的毀滅
黃震遐著　上海　大晚報館　1932年　初版　（m.w.）

011913369　PL2912.U3384　T5　1946
第二年代
崔萬秋著　上海　讀者書店　1946年　滬改正初版　（m.）

011901819　PL2755.W45　T8　1933
動亂一年―一九三一年中國動亂浮雕
朱雯著　上海　33書店　1933年　初版　(m.w.)

011914805　PL2822.H75　G68　1924
狗史
王新命著　上海　泰東圖書局　1924年　再版　孤芳集　(m.w.)

007742610　PL2744.P6　K8　1932
寬城子大將
鄭伯奇著　上海　良友圖書印刷公司　1932年　初版　一角叢書　(m.w.)

011984046　PL2840.C25　K8　1943
狂飆
陳銓著　重慶　正中書局　1942年　初版　建國文藝叢書　(m.w.)

011562804　PL2783.O225　M688　1938
莫雲與韓爾謨少尉
羅烽著　漢口　上海雜誌公司　1938年　初版　戰地生活叢刊　(m.w.)

011918977　PL2866.N555　C55　1930
氣力出賣者
洪靈菲著　上海　樂華圖書公司　1930年　初版　(m.w.)

011892190　PL2752.98　S3　1916
三人會
井水著　上海　中國圖書公司和記　1916年　初版　(m.)

011911739　PL2877.H78　W3　1933
萬寶山
李輝英著　上海　湖風書店　1933年　初版　湖風創作集　(m.w.)

011902032　PL2770.H8　W4　1917
未來之上海理想小說
倚虹著　時報館編輯　上海　有正書局　1917年　初版　(m.)

007678620　5768　7212.4
燕宿崖
周而復著　上海　群益出版社　1949年　初版　群益文藝小叢書　(m.w.)

011930644　PL2765.U32　Y525　1941
一家
徐訏著　上海夜窗書屋　1941年　初版　三思樓月書　(m.w.)

007678670　5768　7214.04
京華春色八回
劉雲若著　廣州　南風出版社　194?年　初版

007678824　5768　7214.1
雲霞出海記
劉雲若著　天津　勵力出版社　1943年

007678827　5768　7218
梅花接哥哥
周天籟著　上海　文光書局　1937年　(w.)

007678556　5768　7221.1
草原上
劉白羽作　上海　文化生活出版社發行　1948年　3版　文學叢刊　(m.)

007678621　5768　7221.12
五台山下
劉白羽著　重慶　生活書店　1939年　再版　(m.w.)

007678839　5768　7221.69
戰火紛飛
劉白羽著　上海　新華書店　1949年

（m.w.）

007735666　5768　723
香島煙雲
馬寧著　香港　椰風社　1946年　3版

007678483　5768　7234
淚是這樣流的
周爲著　九龍　南國書店　1948年
（w.）

007678874　5768　7235
人民的炮兵
武漢人民藝術出版社編輯　上海　上海雜志公司　1949年

007679220　5768　7243.2
幽林
周楞伽著　上海　春雷書店　1945年初版　（m.w.）

007679269　5768　7243.3
沉淪
周楞伽著　上海　群立出版社　1941年　群立文藝叢書　（w.）

007679217　5768　7243.6
田園集
周楞伽著　上海　新鐘書局　1936年　初版　新鍾創作叢刊　第1輯　（m.w.）

007679121　5768　7243.62
旱災
周楞伽著　上海　中華書局　1935年初版　（m.w.）

007679219　5768　7243.7
風風雨雨
周楞伽著　上海　微波出版社　1936年初版　（m.w.）

007676319　5768　7244
渺茫的西南風
劉大傑著　上海　北新書局　1929年
（m.w.）

011917963　PL2782.T25 M3　1934
盲詩人
劉大傑著　上海　啟智書局　1934年
（m.w.）

011934103　PL2782.T5 A6　1914
鐵冷碎墨
劉鐵冷撰　上海　小說叢報社　1914年

007679406　5768　7246.3
滹沱河流域
馬加著　上海　作家書屋　1946年
（m.w.）

007679289　5768　7246.32
江山村十日
馬加著　上海　群益出版社　1949年　群益文藝叢書　（m.w.）

007679197　5768　7247
密司馬
陶菊隱著　上海　中華書局　1941年初版　（m.w.）

007679412　5768　7248.2
彷徨
魯迅［周樹人］著　上海　文學出版社　1949年

008201741　PL2754.S5 P3　1928x
彷徨
魯迅著　北京　北新書店　1928年　5版　烏合叢書

007894642　5768　7248.2d
彷徨
周樹人著　上海　魯迅先生紀念委員會編印　1947年　（m.）

009413868　T　5768　7248.2e
彷徨
魯迅著　北京　北新書局　1928年　5版　烏合叢書　（m.w.）

004070697　T　5768　7248.4
故事新編
魯迅著　重慶　文化生活出版社　1942年　（m.w.）

008648728　T　5768　7248.6
吶喊
魯迅著　上海　北新書局　1922年　17版　烏合叢書

004070689　5768　7248.76
論阿Q正傳
路沙編　上海　草原書店　1943年　（m.）

007681099　T　5768　7248.7b
阿Q正傳
魯迅[周樹人]著　194? 年

007680828　T　5768　7248.7e
漫畫阿Q正傳
豐子愷著作　上海　開明書店　1949年　（m.）

004070715　5768　7248.91
魯迅小説選集
魯迅著　香港　解放社　1941年　（m.）

004070698　T　5768　7248.91b
魯迅小説選集
魯迅著　香港　新華書店晉察冀分店　1946年　（m.w.）

011919802　PL2782.C5　K8　1932
寡婦的心
劉静薇著　上海　神州國光社　1932年　初版

007680928　5768　7260
露露
馬國亮著　上海　良友圖書印刷公司　1935年　（m.w.）

007680918　5768　7271
驪驊集
馬驪著　北京　中國公論社　1945年　初版　（w.）

011905008　PL2784.L5　T3　1943
太平願
馬驪著　北京　新民印書館　1943年　初版　新進作家集　（m.w.）

007680947　5768　7272
被俘百日記
陶陶然著　重慶　生活書店　1939年　初版　（m.）

011905300　PL2754.C8　F3　1924
煩惱的網小説集
周全平著　上海　泰東圖書局　1924年　初版　創造社叢書　（m.w.）

007680945　5768　7281
箬船
周全平著　上海　光華書局　1930年　初版　（m.）

007680907　5768　7281.8
周全平創作選
周全平著　筱梅[陳筱梅]編　上海　倣古書店　1936年　初版　現代名人創作

叢書 （m.）

007680794　5768　7281.9
煩惱的網
周全平著　上海天下書店　1947 年　初版　（m.）

009324432　5768　7283b
鐵冷叢譚六卷
劉鐵冷著　上海　中國圖書公司　1917 年　3 版鉛印

007680922　5768　7295.13
張初元的故事通俗故事
馬烽著　香港　晉綏邊區呂梁文化教育出版社　1944 年　"七七七"文藝獎金獲獎作品　（m.）

007672645　5768　7355
三月天
屈曲夫著　上海　文化生活出版社　1940 年　初版　（m.w.）

007672809　5768　7360
銀杏之果
滕固作　上海　群眾圖書公司　1928 年　（m.w.）

007672627　5768　7360.3
迷宮
滕固著　上海　光華書局　1926 年　初版　（m.w.）

007672610　5768　7419
巴黎之秋
段可情著　上海　啟智書局　1934 年　（m.w.）

007672634　5768　7419.1
鐵汁
段可情著　上海　啟智書局　1929 年

初版　（m.w.）

007672621　5768　7634.1
一個倔強的人
駱賓基著　福建永安　東南出版社　1943 年　東南文藝叢刊　（m.w.）

001958080　5768　7634.37b
邊陲綫上
駱賓基撰　桂林　桂林文化生活出版社　1939 年　初版　新時代小說叢刊　（m.）

007672612　5768　7716
新舊時代
關露著　上海　光明書局　1940 年　初版　光明文藝叢書　（m.w.）

007672642　5768　7871
春情曲
歐陽翠著　上海　永祥印書館　1946 年　初版　（m.w.）

007672865　5768　79
小魏的江山
陳白塵作　上海　文化生活出版社　1948 年　文學叢刊　（m.w.）

007672631　5768　7908
奈何天
陳瘦竹著　長沙　商務印書館　1939 年　初版　（m.w.）

007672623　5768　7911.3
南洋伯還鄉
陳殘雲著　香港　南僑編譯社　1947 年　初版　民主文庫　（m.w.）

011914737　PL2743.P3　M3　1936
曼陀羅集
陳白塵著　上海　文化生活出版社

1936年　初版　(m.w.)

007673693　5768　7935
順治出家二十六回
陳蓮痕著　上海　大達圖書供應社
1935年　再版　(m.)

009369924　5768　7935b
清宮四大奇案
陳蓮痕編　上海　廣益書局　1937年
鉛印

007673687　5768　7937
春之煩惱
陳福熙著　上海　光明書局　1932年
初版　(m.w.)

007673688　5768　7937.7
陳福熙創作選
陳福熙著　筱梅[陳筱梅]編　上海　倣
古書店　1936年　初版　現代名人創作
叢書　(m.)

007673697　5768　7940
奔
陳杏影著　上海　南極出版社　1948年
初版　南極文叢　(m.w.)

007673728　5768　7942
黃金崇上中下卷
天虛我生著　周之盛校訂　上海　三益
書社　1935年

007674471　5768　7949
憂鬱的歌
荒煤作　上海　文化生活出版社　1936
年　初版　(m.w.)

007674562　5768　7965
愛與生命
陳明中著　上海　大光書局　1936年

4版　(m.)

007674581　5768　7976.9
煙霞伴侶
陳學昭著　上海　北新書局　1926年
初版　(m.w.)

007674566　5768　798
喜筵之後
沈櫻著　上海　北新書局　1929年　初
版　(m.w.)

007674567　5768　798.1
一個女作家
沈櫻著　上海　北新書局　1936年　初
版　創作新刊　(m.w.)

011987563　PL2840.C25　T7　1945
再見,冷荇!
陳銓著　重慶　大東書局　1945年
初版

007674796　5768　7981
再見,冷荇!
陳銓著　上海　大東書局　1946年

007674563　5768　7981.1
天問
陳銓著　上海　新月書店　1928年　初
版　(m.w.)

007674800　5768　7981.2
衝突
陳銓著　上海　厲志書局　1929年

007674801　5768　7981.4
藍蚨蝶
陳銓著　長沙　商務印書館　1940年
(m.)

007674564　5768　7981.48
革命的前一幕
陳銓著　上海　良友圖書印刷公司
1934年　初版　良友文學叢書
（m.w.）

007674570　5768　7984
獨身者
陳翔鶴著　上海　中華書局　1937年
初版　現代文學叢刊　（m.w.）

007674806　5768　7990.9
情海斷魂
陳慎言著　上海　勵力出版社
1949年

007676078　5768　8126
覆舟記
鍾紀明、李維翰著　香港　新華書店
1945年　（m.w.）

007677592　5768　8205.04
文博士
老舍著　香港　作者書社　1941年　3
版　（m.w.）

007677307　5768　8205.05
離婚
老舍創作　上海　晨光出版公司　1949
年　改訂本3版　（m.）

007677362　5768　8205.05d
離婚
老舍著　重慶　南方印書館　1943年
初版　（m.）

007677373　5768　8205.1
二馬
老舍著　長沙　商務印書館　1931年
初版　文學研究會叢書　（m.w.）

007677382　5768　8205.12
歪毛兒
老舍著　上海　藝流書店　1941年　初
版　名著作家短篇小説集　（m.w.）

007677235　5768　8205.21
牛天賜傳
老舍創作　上海　晨光出版公司　1949
年　（m.）

007677363　5768　8205.21b
牛天賜傳
老舍著　上海　新豐出版公司　1946年
初版　（m.）

007677306　5768　8205.21c
牛天賜傳
老舍作　上海　人間書屋　1937年
（m.w.）

007677220　5768　8205.23
微神集
老舍［舒慶春］創作　上海　上海晨光出
版公司　1949年　晨光文學叢書
（m.）

007677364　5768　8205.231
我這一輩子
老舍著　上海　惠群出版社　1947年
初版　（m.w.）

007677359　5768　8205.24
貓城記
老舍著　上海　復興書局　1936年　復
興1次再版　（m.）

007677442　5768　8205.24b
貓城記
老舍創作　上海　上海晨光出版公司
1949年　3版　晨光文學叢書

007677226　5768　8205.4
老張的哲學
老舍［舒慶春］著　上海　晨光出版公司　1949 年　晨光文學叢書　（m.）

007677358　5768　8205.4b
老張的哲學
老舍著　重慶　商務印書館　1943 年 1 版　（m.w.）

007677408　5768　8205.4c
老張的哲學
老舍著　上海　商務印書館發行　1932 年　（m.）

007677626　5768　8205.4d
老張的哲學
舒慶春［老舍］著　奉天　盛京書店　1943 年　（m.）

007677305　5768　8205.41
趙子曰
老舍創作　上海　晨光出版公司　1949 年　3 版　晨光文學叢書　（m.）

007677644　5768　8205.42
趕集
舒慶春［老舍］著　上海　良友復興圖書印刷公司　1940 年

007677647　5768　8205.43
櫻海集
舒慶春［老舍］著　上海　人間書屋　1937 年　（m.w.）

007677383　5768　8205.436
老字型大小
老舍著　奉天　盛京書店　1941 年　（m.w.）

007677345　5768　8205.47
老舍選集
陳磊編選　上海　綠楊書屋　1947 年　初版　現代文藝選輯　（m.w.）

007677654　5768　8205.482
老舍代表作選
舒慶春［老舍］著　上海　全球書店　1938 年　當代名人創作叢書　（w.）

007677303　5768　8205.49
老舍傑作集
老舍著　上海　全球書店　1946 年　（m.w.）

007677289　5768　8205.54
蛤藻集
老舍著　中國　開明書店　1947 年　5 版　（m.w.）

007677388　5768　8205.6
四世同堂
老舍創作　上海　晨光出版公司　1948 年　合訂本　晨光文學叢書　（m.）

007677301　5768　8205.6　(1)
惶惑四世同堂第一部
老舍創作　上海　晨光出版公司　1946 年　晨光文學叢書　（w.）

007677366　5768　8205.6　(2)
四世同堂第二部偷生
老舍著　上海　晨光出版公司　1946 年　初版　（m.）

007677365　5768　8205.6c
四世同堂第一部惶惑
老舍著　上海　良友復興圖書印刷公司　1946 年　初版　（m.）

007735734　5768　8205.7
駱駝祥子
老舍創作　廣州　晨光出版公司　1949

年　晨光文學叢書　（m.）

007678510　5768　8205.70
開市大吉
老舍作　上海　文化生活出版社
1949 年

011145112　MLC－C
開市大吉
老舍撰　上海　文化生活出版社
1947 年

007678531　5768　8205.77
月牙集
老舍創作　上海　晨光出版公司　1949
年　晨光文學叢書　（m.w.）

007678798　5768　8205.7d
駱駝祥子
舒慶春[老舍]著　重慶　文化生活出版
社　1943 年　現代長篇小説叢刊
（m.）

007678803　5768　8205.7e
駱駝祥子
舒慶春[老舍]著　新京　啟智書店
1944 年　（m.）

007678524　5768　8205.9
火葬
老舍創作　上海　晨光出版公司　1949
年　晨光文學叢書　（m.w.）

007678667　5768　8205.94
小坡的生日
老舍著　上海　生活書店　1934 年　創
作文庫　（w.）

007678509　5768　8205.95
火車集
老舍撰　上海　上海雜誌公司　1941 年

5 版　（m.w.）

011913728　PL2744.P6　T3　1945
打火機
鄭伯奇著　上海　良友圖書印刷公司
1936 年　初版　良友文學叢書
（m.w.）

007678615　5768　8224
打火機
鄭伯奇著　上海　良友圖書印刷公司
1936 年　初版　良友文學叢書
（m.w.）

007678826　5768　823
新嫁娘
鄭蓮珠著　上海　上海新亞書局
1922 年

011560638　PL2780.C5163　B365　1927
雹
黎錦明著　上海　光華書局　1927 年
初版　（m.w.）

011906872　PL2812.E5　B5　1924
壁畫
滕固著　上海　獅吼社　1924 年　初版
（m.w.）

011911752　PL2765.U3　P8　1929
不識面的情人
徐雉著　上海　新文化書社　1929 年
初版　短篇創作集　（m.w.）

011918234　PL2652.C3　1925
長湖堤畔小説集
劉大傑編　武昌　時中合作書社　1925
年　初版　藝林社叢書　（m.w.）

011988877　PL2846.N17　C3　1927
朝霧

謇先艾著　上海　北新書局　1927 年　初版　（m.w.）

008282817　MLC – C
傳奇
張愛玲著　上海　上海雜志社　1944 年　（m.w.）

011911714　PL2765.U34　C8　1948
春夢集
徐仲年著　上海　世界書局　1948 年　初版　（m.w.）

011908952　PL2831.M8　C8　1932
春泥
余慕陶著　上海　光華書局　1932 年　初版　（m.w.）

011916615　PL2780.C5163　T3　1936
大街的角落
黎錦明著　上海　北新書局　1936 年　初版　（m.）

011917060　PL2765.U286　D8　1929
都市的男女
徐蔚南著　上海　真美善書店　1929 年　初版　（m.w.）

011918385　PL2851.L4　E5　1935
餓人
周楞伽著　上海　中華書局　1935 年　初版　（m.w.）

011930155　PL2786.I5　F4　1946
瘋狂
梅林著　上海　新豐出版公司　1946 年　初版　（m.w.）

011910230　PL2896.N649　F8　1928
斧背
尚鉞著　上海　泰東圖書局　1928 年　初版　（m.w.）

011560086　PL2788.A55　G955　1935
歸客與鳥
繆崇群著　南京　正中書局　1935 年　初版　中國文藝社叢書　（m.）

007678616　5768　8231
號角聲里
鄭家璦著　上海　大明書局　1949 年　初版　（m.w.）

011913089　PL2783.U26　H4　1937
河邊
魯彥［王衡］創作　上海　良友圖書印刷公司　1937 年　初版　（m.w.）

011892070　PL2851.S5　H8
紅顏知己
周瘦鵑著　上海　中華書局　1917 年　初版　小說彙刊　（m.）

011916509　PL2783.O4　H8　1937
呼蘭河邊
羅烽著　上海　北新書局　1937 年　初版　（m.w.）

011906706　PL2898.N13　H6　1935
火綫内
沈起予著　上海　良友圖書公司　1935 年　初版　良友文庫　（m.w.）

007164388　PL2833.I25　C5　1947x
饑餓的時候
艾明之著　上海　耕耘出版社　1947 年　初版　（m.w.）

011916207　PL2878.N149　C5　1941
交響
林淡秋著　香港　海燕書店　1941 年　（m.w.）

011912336　PL2760.A53　L3　1946
浪花小説集
范泉著　上海　永祥印書館　1946年　初版　（m.w.）

011910799　PL2710.U17　L536　1939
戀愛之神短篇小説
胡寄塵［懷琛］著　上海　廣益書局　1939年　再版　（m.w.）

011989339　PL2822.L3　M4　1946
美子的畫像
王藍著　北平　重慶紅藍出版社　1946年　4版　（m.w.）

011989018　PL2823.E5　N3　1930
奶媽
魏金枝著　上海　聯合書店　1930年　初版　（m.w.）

011910589　PL2892.E544　P564　1929
平淡的事
彭家煌作　上海　大東書局　1929年　（m.w.）

011918085　PL2812.E555　P5　1928
平凡的死
滕固著　上海　金屋書店　1928年　初版　（m.w.）

011908773　PL2652.W3　1933
蘋果裏
王家棫著　上海　良友圖書印刷公司　1933年　初版　良友小説選　（m.w.）

011910063　PL2780.C5163　P6　1929
破壘集
黎錦明著　上海　開明書店　1927年　初版　（m.w.）

011987581　PL2822.J4　P6　1928
破屋

王任叔［巴人］著　上海　生路社　1928年　初版　生路社文藝叢書　（m.w.）

011984078　PL2743.S6　C5　1945
奇女行
陳瘦竹著　重慶　商務印書館　1945年　初版　（m.w.）

011914746　PL2747.M8　C5　1937
強行軍
蔣牧良著　上海　開明書店　1937年　初版　開明文學新刊　（m.w.）

011912848　PL2869.N5　C5　1949
親家
康濯著　北平　天下圖書公司　1949年　第1版　大衆文藝叢書　（m.）

011910455　PL2919.T8　Q256　1947
青松之下
王統照著　上海　博文書店　1947年　初版　（m.w.）

011986074　PL2751.I2　C8　1934
群鴉
靳以著　上海　新中國書局　1934年　初版　（m.w.）

011909896　PL2766.Y4　S3　1929
三個不統一的人物
胡也頻著　上海　光華書局　1929年　初版　新世紀文藝叢書　（m.w.）

011909296　PL2736.I27　S56　1935
山中牧歌
艾蕪著　上海　天馬書店　1935年　初版　（m.w.）

011560578　PL2851.L4　S559　1936
失業
周楞伽著　上海　北新書局　1936年

初版　創作新刊　（m.w.）

011906680　PL2765.I35　S5　1930
十五年代
向培良著　支那書店　1930年　初版（m.w.）

011930205　PL2760.E538　A6　1924
叔鸞小說集
馮叔鸞著　上海　世界書局　1924年　初版　十家說粹　（m.w.）

011913316　PL2652.H8　1939
誰的罪惡
洪濤、筱薇著　香港　大衆出版社　1939年　初版　（m.w.）

011916485　PL2765.I42　S8　1929
水沫集
謝六逸著　上海　世界書局　1929年　初版　（m.w.）

011910623　PL2766.Y4　S5　1929
四星期
胡也頻著　上海　華通書局　1929年　初版　（m.w.）

011911732　PL2780.C5　T36　1931
罎子
李健吾著　上海　開明書店　1931年　初版　（m.w.）

011931584　PL2745.T8　W4　1936
文人國難曲
齊同著　上海　文學出版社　1936年　初版　小型文庫　（m.w.）

011983367　PL2829.N77　W45　1936
文狀元
殷作楨著　上海　大光書局　1936年　初版　（m.w.）

011562698　PL2652.L485　1930
無名的犧牲
李健吾著　牧羊小史　李卓吾著　上海　岐山書店　1930年　初版（m.w.）

011919523　PL2788.A6　H7　1933
晞露集
繆崇群著　北平　星雲堂書店　1933年　初版　（m.w.）

011910759　PL2780.C5163　X536　1933
獻身者
黎錦明著　香港　星雲堂書店　1933年　初版　（m.）

007961599　PL2851.S5　H7　1917x
簫心劍氣錄
周瘦鵑著　上海　墨緣編譯社　1917年　初版　（m.）

011917948　PL2899.H213　X536　1936
小珍集
施蟄存作　上海　良友圖書公司　1936年　初版　（m.w.）

008787617　MLC－C
新進作家小說選
朱雯著　上海　中華書局　1936年　3版　（m.w.）

011984369　PL2837.H765　H7　1941
幸福的泉源
張秀亞著　山東兗州　保祿印書館　1941年　初版　（m.w.）

011935977　PL2765.U25　Y4　1946
煙圈
徐訏著　上海　夜窗書屋　1946年　初版　（m.w.）

011920110　PL2766.Y4　A6　1937
也頻小說集
胡也頻著　上海　大光書局　1936年　初版　(m.w.)

011910146　PL2736.I27　Y44　1936
夜景
艾蕪作　上海　文化生活出版社　1936年　文學叢刊　(m.w.)

011918026　PL2921.H75　Y4　1935
葉伯
吳奚如著　上海　天馬書店　1935年　初版　天馬叢書　(m.w.)

011987830　PL2846.N17　I9　1930
一位英雄短篇小說集
蹇先艾著　上海　北新書局　1930年　初版　(m.w.)

011984229　PL2741.Y5　Y5　1945
影
趙蔭棠著　北京　華北作家協會　1945年　初版　華北文藝叢書　(m.w.)

008356422　PL2783.U26　Y68　1926x
柚子
王魯彥著　北京　北新書局　1926年　初版　(m.w.)

011935988　PL2892.I25　Y8　1942
遠行集
碧野著　重慶　烽火社　1942年　初版　(m.w.)

011983347　PL2837.H365　T7　1936
在大龍河畔
張秀亞著　天津　海風出版社　1936年　初版　海風叢書　(m.w.)

011935016　PL2740.T9　C5　1929
植樹節
張資平著　上海　新宇宙書店　1928年　初版　(m.w.)

011914611　PL2877.L543　C6　1928
舟中
黎烈文著　上海　泰東圖書局　1928年　再版　(m.w.)

011918953　PL2755.H77　Z5　1933
紫洞艇
祝秀俠著　上海　亞東圖書館　1930年　(m.w.)

007678612　5768　8249.4
老趙下鄉短篇小說選
俞林著　香港　新華書店　1949年　初版　中國人民文藝叢書　(m.w.)

007678671　5768　8258.1b
取火者的逮捕
郭源新撰　上海　生活書店　1934年　創作文庫　(m.w.)

007678617　T　5768　8258.8
鄭振鐸傑作選
鄭振鐸著　巴雷、朱紹之編選　上海　新象書店　1947年　再版　當代創作文庫　(m.w.)

007678583　5768　8327
露西亞之戀
無名氏著　上海　真善美圖書出版公司　1948年　無名叢刊

007678584　5768　8327.2
龍窟
無名氏撰　上海　真善美圖書出版公司　1947年　無名叢刊　(m.w.)

007678607　5768　8327.3
海豔

无名氏著　上海　時代生活出版社
1947年　初版　（m.w.）

007678896　5768　8327.4b
塔里的女人
上海　時代生活出版社　1946年
（m.w.）

007679204　5768　8403
愛的愛
姜豪著　上海　卿雲書局　1930年　再版　（m.）

007679006　5768　8585.6　T　5768　8585.6
圍城
錢鍾書著　上海　晨光出版公司　1949年　晨光文學叢書　（m.w.）

007679086　5768　8585b
人・獸・鬼
錢鍾書著　上海　開明書店　1946年　初版

007679221　5768　8634
歧路
曾寶蓀著　上海　中華基督教女青年會全國協會　1933年　初版　（m.w.）

007678801　5768　4884b　(3)　5768　8642.2
山長水遠
黃谷柳著　香港　新民主出版社
1948—49年　蝦球傳

007679207　5768　8681
死
曾今可著　上海　新時代書局　1931年　初版　（m.w.）

007679222　5768　8681.1
一個商人與賊
曾今可著　上海　新時代書局　1933年

初版　（m.w.）

008317919　5768　8910
將軍
余一撰　1935年　（m.）

007679414　5768　8944.6
星
葉紫著　上海　文化生活出版社　1948年　4版　（m.w.）

009412736　MLC-C
中國第一奸臣
新華書局編　上海　新華書局　1923年

009412797　MLC-C
中國第一忠臣
新華書局編　上海　新華書局　1923年

007679605　5768　9201.1　（1-3）
靈肉之門
常望雲著　香港　勝利圖書出版社
1947年

007679606　5768　9201.8
人海淚痕
常望雲著　香港　南天出版社　1940年

007679537　5768　9816
鵝
火雪明著　上海　海風文學社　1930年　初版　（m.w.）

007679535　5768.1　0234.21
行路難
郭沫若著　上海　商務印書館　1933年　初版　（m.w.）

007679530　5768.1　0234.3
波
郭沫若著　上海　群益出版社　1946年　再版　（m.w.）

007679609　5768.1　0234.33
漂流三部曲
郭沫若著　上海　光華書局　1934年
沫若小說戲曲集

007679505　5768.1　0234.4
落葉
郭沫若著　上海　光華書局　1934年

007679533　5768.1　0234.4b
落葉
郭沫若著　上海　創造社出版部　1926年　初版　落葉叢書　（m.w.）

007679543　T　5768.1　0234.40
塔
郭鼎堂[沫若]著　上海　商務印書館　1927年　再版　中華學藝社文藝叢書（m.w.）

007679513　T　5768.1　0234.41
地下的笑聲
郭沫若著　上海　海燕書店　1947年　初版　（m.w.）

007679780　T　5768.1　0234.44
橄欖
郭沫若著　上海　現代書局　1929年（m.）

007679755　T　5768.1　0234.58
抱箭集
郭沫若著　上海　海燕書店　1948年（m.w.）

007679769　5768.1　0234.91　T　5768.1　0234.91
郭沫若創作小說選
郭沫若著　沈文耀編　上海　時代出版社　1937年　初版　（m.w.）

007679754　T　5768.1　0234.92
郭沫若小說選
唐少侯編　上海　倣古書店　1936年　初版　現代名人創作叢書　（m.w.）

007679766　T　5768.1　0234.93b
沫若自選集
郭沫若著　上海　樂華圖書公司　1934年　初版　自選集叢書　（m.w.）

007679782　5768.1　0234.96
沫若代表作
郭沫若著　上海　全球書店　1937年（m.）

003965032　5768.1　024
樹下集
高植著　上海　中華書局　1936年　初版　現代文學叢刊　（m.w.）

007679767　5768.1　1122　T　5768.1　1122
王以仁的幻滅
王以仁著　上海　新文出版社　1946年　初版　（m.）

007679779　5768.1　1122.1
孤雁
王以仁著　上海　商務印書館　1932年　國難後第1版　文學研究會叢書（m.w.）

007679768　5768.1　1331
十五度中秋四十章
張冥飛著　上海　民權出版部　1916年　初版　（m.）

007681115　5768.1　4223
爭自由的女兒
萬德涵[梅子]著　上海　啟智書局　1934年

007680923　5768.1　4224
趣味的短什
楊紹萬著　上海　中國文化事業社
1947 年　初版　(m.w.)

007680919　5768.1　4226
春之罪
茅以思著　上海　中華書局　1931 年
初版　(m.w.)

007680924　5768.1　4242
人生賦
楊力著　上海　海燕書店　1947 年　初版　(m.)

007682468　5768.1　4414
她的彷徨中篇小説創作之一
樓適夷著　上海　新民書局　1935 年
初版

007682534　5768.1　4414.6
四明山雜記
樓適夷著　香港　求實出版社　1949 年

007682470　5768.1　492
雙影
葉鼎洛著　上海　現代書局　1928 年
初版　(m.w.)

007682495　5768.1　6141
中國海員大西洋飄流記
羅孝建著　羅塔譯　上海　環球出版社　1948 年　環球叢書　(m.)

007682471　5768.1　7208
熱情的書
邱韻鐸著　上海　光明書局　1931 年
初版　(m.w.)

007682478　5768.1　7213.1
山谷
劉北汜著　上海　文化生活出版社
1946 年　初版　(m.w.)

007682475　5768.1　7214
路綫
馬子華著　上海　新鍾書局　1936 年
初版　新鍾創作叢刊　第 1 輯
(m.w.)

007682469　5768.1　7221
太平洋的暖流
馬仲殊著　上海　真美善書店　1929 年
初版　(m.w.)

007682481　5768.1　7235
佃戶集
劉祖春著　長沙　商務印書館　1940 年
初版　(m.)

007544498　T　4292.68　4350
老雇農楊樹山鼓詞
大成、思奇著　平鷹墳鼓詞　輕影著
香港　1946 年　初版

007530541　FC8218　Film　Mas　32111　T　4292.67　5004
李盛蘭獻古錢鼓詞
車毅著　張家口　晉察冀邊區教育陣地
社　1946 年　初版　群眾讀物　(m.)

007685220　5768.2　114.2
朱富勝翻身鼓詞
王希堅著　哈爾濱　東北書店　1947 年
初版　(m.)

007685221　5768.2　1240.1
村長和他的兵
丁克辛著　上海　群益出版社　1949 年
1 版　(m.w.)

007685305　5768.2　1240.7
民兵戰鬥故事集
丁克辛編　香港　晉察冀邊區教育陣地

社　1946 年　群衆讀物

008320919　5768.2　4241.3
洋鐵桶的故事原名抗日英雄洋鐵桶
柯藍著　群衆報社主編　廣州　群衆報社　1945 年　群衆文藝叢書　（m.w.）

007688116　5768.2　4527.1
英雄的十月
華山著　上海　新華書店　1949 年　中國人民文藝叢書　（m.w.）

007683708　5768.2　9211
進軍瀋陽
常工著　瀋陽　東北書店　1949 年　（m.）

007685839　5769　0243
九一八後的血淚
高松著　香港　蓬萊書店　1933 年

007685225　5769　0408
秋花
靳以著　上海　文化生活出版社　1936 年　初版　（m.w.）

007685227　5769　1122
野火
魯彥著　上海　良友圖書印刷公司　1937 年　初版　良友文學叢書　（m.w.）

011913485　PL2782.T54　S3　1930
山雨
劉廷芳著　上海　北新書局　1930 年　初版　風滿樓叢書　（m.w.）

007685244　5769　1181
民間忠勇故事集
孔繁霖編著　南京　青年出版社　1946 年　再版　青年模範叢書　第 3 輯

（m.）

011903776　PN58.S536　1935
一個人的談話
邵洵美著　上海　第一出版社　1935 年　初版　（m.）

007685245　5769　1324
匪窟生活紀實小説
張健庵著　北京　晨報社　1924 年　初版　晨報社叢書　（m.w.）

011986767　PL2743.S4　T8　1930
斷送京華記十六回
陳慎言著　北平　京報出版部　1930 年　初版　京報叢書小説　（m.）

009898579　MLC－C
南洋歸來之筆記
陳蔭培著　廈門　1945 年

007685315　5769　1704
南洋淘金記
司馬文森著　廣州　大衆圖書公司　1949 年

011920059　PL2828.C5　T3　1922
桃源夢二十四回
燕齊倦遊客著　上海　民權出版部　1917 年　初版　（m.）

011931417　PL2710.A47　H7　1915
戲迷傳三十回
漱石生著　天虛我生評批　上海　錦章圖書局　1915 年　初版　（m.）

008627082　Microfiche　C－914　CH1521
怨偶奇獄十八回
張冷佛著　上海　大達圖書供應社　1935 年　初版　（m.）

011808383 PL2740.H3 Z536 1916
珠樹重行錄
張海漚著　上海　民權出版部　1916 年　初版　(m.)

011918017 PL2905.N227 F4 1928
鳳仙姑娘
孫席珍著　上海　現代書局　1928 年　初版　(m.w.)

007688293 5769 2126
玄武湖之秋
倪貽德著　上海　泰東圖書局　1932 年　創造社叢書　(m.w.)

007688294 5769 2133.1
沃野
程造之著　上海　海燕書店　1945 年　(m.w.)

008627843 Microfiche C-1023 CH1368
繪圖閨秀英才全傳
煙水山人著　香港　萃英書局　1912 年

007688295 5769 2213
可憐春閨夢裏人
香港　明社出版部　1928 年

008627330 Microfiche C-802 CH1407
香閨夢
邵無恙　上海　碧梧山莊　1922 年

007688297 5769 2312
活躍在敵人後方
鮑雨著　香港　正中書局　1943 年　(m.w.)

011989304 PL2765.I52 T54 1947
鐵花
熊佛西撰　上海　懷正文化社　1947 年　初版　懷正文藝叢書　(m.w.)

011913699 PL2765.I52 T54 1949
鐵苗
熊佛西著　上海　華華書店　1949 年　滬 2 版　(m.)

007688300 5769 2343
泉州民間傳説
吳藻汀編著　泉州　1933—34 年

007685226 5769 2411
無望村的館主
季孟[師陀]著　上海　開明書店　1941 年　初版　開明文學新刊　(m.w.)

007688304 5769 2928
雙尾蠍
徐仲年著　重慶　獨立出版社　1940 年　(m.w.)

007685760 5769 2928B
雙尾蠍
徐仲年著　上海　獨立出版社　1946 年　初版　(m.w.)

011933017 PL2822.C48 T7 1927
翠英及其夫的故事
汪靜之著　上海　亞東圖書館　1927 年　初版　(m.w.)

008395447 MLC-C
第一階段的故事
茅盾著　重慶　亞洲圖書社　1945 年　(m.w.)

007688312 5769 3228
解悶消愁錄
滑稽山人　上海　唯一書局　1935 年

008580233 FC2907
舊恨新愁錄
香港　中華民國愛國會　1918 年

011912974　PL2866.N555　C8　1940
轉變
洪靈菲著　上海　亞東圖書館　1928 年
　初版　（m.w.）

011918010　PL2866.N555　L5　1928
流亡
洪靈菲著　上海　現代書局　1928 年
　再版　（m.w.）

011919976　PL2780.C54　S3　1933
上海短篇小說集
李青崖著　上海　新月書店　1933 年
　初版　（m.w.）

007685714　5769　4131
懦夫
薩空了著　香港　大千出版社　1949 年

011916678　PL2754.I2　H8　1948
花木蘭
周貽白著　上海　開明書店　1948 年
　開明文學新刊　（m.w.）

011911628　PL2781.N55　C8　1932
中學時代
林疑今著　上海　神州國光社　1932 年
　初版　（m.w.）

011910145　PL2781.N55　Q25　1932
旗聲
林疑今著　上海　現代書局　1932 年
　再版　（m.）

007685621　5769　4942
朱元璋故事
林蘭編　上海　北新書局　1933 年　民
間故事　（m.）

008626015　FC5876　（19）
少女懺悔錄
拓荒著　香港　滬江圖書社出版發行

1945 年　3 版　（m.）

011909908　PL2783.U7　S546　1949
生死鬥爭
陸地著　長春　東北書店　1949 年　初
版　文學戰綫創作叢書　（m.w.）

011901944　PL2812.I36　C55　1917
鏡中人
天憤著　枕亞評點　常熟　醉經閣
1917 年

011986497　PL2812.I38　C5　1916
求婚小史一名梅娘婚史
劉鐵冷著　夢鷗女史評　上海　小說叢
報社　1916 年　初版

007688329　5769　7232
頑固分子
馬寧著　香港椰風社　1946 年

009324425　5769　7272
雨濯蓮花三十二章
閒鷗著　蔣著超評校　上海　中國圖書
公司　1916 年　初版鉛印　（m.）

007688140　5769　7443
中國戀愛的故事
殷李源編輯　上海　大通圖書社　1935
年　初版　（m.）

007686049　5769　7762
民間異俗
俞言編　劉雪蕉校訂　上海　國光書店
　1949 年　初版　（m.）

007686086　5769　7833
中國狂想曲及其他
歐漫郎著　廣州　1930 年

007686073　5769　7981
彷徨中的冷靜

陳銓著　上海　商務印書館發行　1935
年　初版　（m.w.）

011983365　PL2795.A54 L5 1929
離婚
潘漢年著　上海　光華書局　1928年
初版　幻洲叢書　（m.w.）

011144954　PL2804.C5 L26 1927
老張的哲學
老舍著　1927年　文學研究會叢書

008725361　MLC–C
駱駝祥子
老舍著　九龍　南華書店　192?年

011919778　PL2744.C4 S5 1934
失敗者
鄭震著　上海　啟智書局　1934年　再
版　（m.w.）

007689548　5769.48　4420
臺灣民間文學集
李獻璋[撰]　臺北　臺灣文藝協會
1936年

書牘

007689572　5770　0423
六大辭源
董堅志編輯　上海　中西書局　1926年

007689403　5770　0474
公牘學史
許同莘著　上海　商務印書館　1947年
　初版　（m.）

007689586　5771　0175
[新選]普通尺牘
商務印書館編譯所　上海　商務印書館
1926年

007689600　5771　0206
白話書信
高語罕編　上海　亞東　1927年　16
版　（m.）

009209466　5771　0463.3
秋水軒尺牘
許葭村著　上海　會文堂書局　1912年

007689394　5771　0463.4
秋水軒尺牘四卷
（清）許思湄[葭村]著　許嘯天點註
上海　群學社　1925年　初版　（m.）

008048656　5771　0643
增廣唐著寫信必讀新增考正字彙
上海　上海掃葉山房　1922年序

007689632　5771　1124
分類四六尺牘三十卷
王虎榜編輯　上海　掃葉山房　1926年

007689634　5771　1133
現代普通尺牘大全
王邀汝編著　上海　商務印書館　1936
年　（m.）

007689663　5771　1344
新式標點白話女子尺牘大觀四卷
張樹聲[撰]　上海　啟新書局
1926年

007690527　5771　2232
尺牘釋例
何實睿著　上海　中華書局　1920年
6版　（m.）

007690827　5771　2344
書信作法
吳增芥等編　長沙　商務印書館　1938

年　9 版　（m.）

008048638　5771　2984
註音實用尺牘大全
香港　中華書局　1935—56 年

007690837　5771　3170
言文對照新撰女子尺牘大全六卷
沈興文著　上海　元昌書局
1926 年

008625916　FC5876　（5）
言文對照女子尺牘大全
海寧沈興文著　憇園女史校　上海　元昌書局　1926 年

007690525　5771　3180
尺牘大全
沈瓶庵編　上海　中華書局　1935 年
51 版　（m.）

007690846　5771　3180.04
中華尺牘大全答函六卷
許德厚撰　上海　中華書局　1940 年
9 版

007690857　5771　323
寫信必讀十卷
上海　進步書店　1917 年

007690892　5771　4431
註釋尺牘進階三卷
李澹吾編　上海　商務印書館　1933 年
　國難後 1 版

007690908　5771　4872
平民書信
趙聞偉編　上海　商務印書館　1933 年
　國難後第 3 版　（m.）

007690528　5771　4940
僧伽尺牘
葉蓋塵著　上海　佛學書局　1933 年
3 版　（m.）

007690926　5771　5457　FC5876　（5）
中華女子尺牘
中華書局編輯部　上海　中華書局
1916 年　4 版

008625910　FC5876　（5）
最新女子國文成績
雷君彥編　上海　掃葉山房發行
1916 年

007690748　5771　5457.3
詳註通用尺牘六卷
中華書局編輯　上海　中華書局
1920 年

008057675　5771　5458
詳註中華高等學生尺牘
中華書局　上海　中華書局　1934 年

007842214　5771　5671
分類新尺牘大觀十卷　附青年寶鑒四卷小楷法帖二種
曹用礪著　上海　普益書局　1926 年

007690526　5771　6433
書信構造法
嚴渭漁編　上海　中華書局　1927 年
14 版　（m.）

007690975　5771　7137
分類音註實用新尺牘八卷　附閑邪公傳
趙孟頻書　上海　光學社　1918 年

007692359　5771　7183　FC5876　（5）
詳註分類女子高等尺牘
劉鐵冷撰　上海　小說叢報社　1918 年

008625912　FC5876　(5)
詳註女子高等尺牘
古邗鐵泠著　静志女史註　上海　藜青閣印行　1918年

007692343　5771　8191
分類箋註文辭大尺牘二十六卷
鍾惺撰　上海　求古齋　1921年

007692348　5771　8191.2
文學尺牘大全集二十卷
鍾惺纂輯　馮夢龍訂釋　上海　碧梧山莊　1921年

009229115　5771　8972
分類尺牘正軌八卷
錦章圖書局編輯　上海　錦章圖書局　1930年

007697903　5772　0175
行政文牘
商務印書館編譯所編　上海　商務印書館　1927年　13版　(m.)

007697465　5772　0175.1
新撰普通尺牘附詳解訂正
商務印書館編譯所編纂　上海　商務印書館　1940年　國難後第9版　(m.)

007697713　5772　0226
商業文件大全
高伯時編　上海　中華書局　1935年　(m.)

008048649　5772　0805
交際大全
上海　上海廣文書局　1937年　(m.)

007697925　5772　0865
各界必需交際指南全書
競智圖書館　上海　該館　1923—28年

007697938　5772　1112
國民政府現行公文程式詳解
王尹孚編輯　上海　法學編譯社　1929年

007697948　5772　1142
中華應用文件大全
王楚香編　上海　中華書局　1927年　9版　(m.)

007697951　5772　1142B
中華應用文件大全
王楚香編　上海　中華書局　1940年　16版　(m.)

007697721　5772　1174
保甲公文程式
王原培編纂　廣州　南光書店　1947年　(m.)

007697964　5772　1230
最新契約大全
司徒安編　上海　華華書店　1947年

007697464　5772　132
應用文
張須編輯　上海　商務印書館　1927年　初版　(m.)

007699097　5772　1381　xxx
公文程式與保管
張銳撰　上海　商務印書館　1935年　(m.)

007868130　5772　1381b
公文程式與保管
張銳撰　上海　商務印書館　1934年　(m.)

011929467　PL1271.H8　1947
初級應用文
洪爲法編著　上海　正中書局　1947年

滬 1 版　（m.）

007293640　PL1275.Y3　1947x
交涉新尺牘各種糾紛、軟硬兩用
姚乃麟著　上海　春明書店　1947 年

011931288　PL1275.T3　1949
現代處世尺牘
譚正璧著　上海　光明書局　1949 年
8 版　（m.）

011910812　PL1275.H5　1930
現代女子書信
陶秋英編　上海　世界書局　1930 年
初版　（m.）

007698722　5772　1914
新小學教師應用文
孫一芬編著　上海　商務印書館　1947
年　初版　（m.）

007699107　5772　2242
中小學及地方教育行政公文書牘大全
邰爽秋編　上海　教育編譯館　1936 年
（m.）

004357417　5772　2315　CHIN　921　WU
契約程式大全
吳瑞書編　上海　中央書店　1933 年
（m.）

007698729　5772　2337
現行標點公文程式詳解
上海法學編譯社編　上海　會文堂新記
書局　1935 年　初版　（m.）

007699121　5772　2344
應酬文作法
吳增芥等編　上海　商務印書館　1935
年　（m.）

007699126　5772　2344A
應酬文作法
吳增芥等編　長沙　商務印書館　1938
年　6 版　（m.）

007699134　5772　2344B
公告作法
吳增芥等編　上海　商務印書館　1935
年　（m.）

007698728　5772　2344B1
公告作法
吳增芥等編　長沙　商務印書館　1938
年　長沙 5 版　小學生作文指導叢書
（m.）

007699141　5772　2344C
單據作法
吳增芥等編　上海　商務印書館　1935
年　（m.）

007699144　5772　2344C1
單據作法
吳增芥等編　長沙　商務印書館　1940
年　6 版　（m.）

007699159　5772　2900
現行公文程式集成
朱翊新編　上海　世界書局　1940 年
新 8 版　（m.）

007698984　5772　2903
公牘通論
徐望之著　上海　商務印書館　1933 年
（m.）

007698954　5772　2920
文書處理程式
朱伯郊著　上海　中國文化服務社
1947 年

007699182　5772　2988
公文挈要
朱念慈編著　廣州　1937 年

007699209　5772　3496
現代交際尺牘大全
游省園編　長沙　商務印書館　1938 年 3 版　(m.)

007699206　5772　3496A
現代交際尺牘大全
游省園編　上海　商務印書館　1937 年 再版　(m.)

007698723　5772　3496B
現代交際尺牘大全上編
游省園著　上海　商務印書館　1936 年 初版　(m.)

007699213　5772　3603
金融工商業應用文
潘文安編　長沙　商務印書館　1941 年 再版

007698727　5772　4136
標點公文程式
董浩編　上海　會文堂新記書局　1934 年　(m.)

007699218　5772　4136.2
契約程式彙編
董浩編　上海　會文堂新記書局　1937 年　(m.)

007699223　5772　4136.3
公文程式大全
董浩編　上海　春明書店　1938 年

007699232　5772　414
現行公文程式例解
董晢薌編　上海　中華書局　1927 年 17 版

007699235　5772　4141
應用文程式集成
姚穀孫編　上海　大東書局　1937 年 3 版　(m.)

007699239　5772　4174
契約禮帖程式全書
董堅志撰　上海　文光書局　1931 年

007698748　5772　4242
公文法程
靳蘄編著　上海　商務印書館　1936 年 再版　(m.)

007699254　5772　4249
陸海空軍公文程式
蕭森編著　上海　會文堂新記書局　1931 年　(m.)

007699951　5772　4400
劃一教育機關公文格式辦法
上海　中華書局　1930 年　(m.)

007699955　5772　4424
公教人員應用文
薛冠雄編輯　廣州　1947 年

007699821　5772　446
應用文件舉要
蔣昂編著　范祥善校訂　上海　商務印書館　1926 年　(m.)

007699576　5772　4522
公文程式全書
戴渭清編　上海　中央書店　1928 年 6 版　(m.)

007699575　5772　5603
實用公文示範
曹辛漢、金湛廬編　上海　中華書局　1935 年　再版　(m.)

007699971　5772　5636
商業文件
曹冰嚴著　長沙　商務印書館　1939 年
　再版　（m.）

007699972　5772　6080
最新公文程式第二冊
上海　立民書局　193？年

007699574　5772　7251
百新軍用公文程式
周春霆編著　上海　百新書店　1948 年
　初版　（m.）

007683758　5773　0136
古今名人書牘選
龍沐勳［榆生］選註　上海　商務印書館
　1937 年　初版　中學國文補充讀本
（m.）

007683791　5773　0204
八賢手札景印真跡
（清）郭子瀞［慶藩］輯　上海　世界書
局　1935 年　初版　（m.）

007683795　5773　0213
中國五大偉人手札
文化研究社編輯　上海　大方書局
1939 年　再版　（m.）

007892981　5773　0417.1
近代名家尺牘
譚正璧選註　上海　光明書局　1948 年
　初版　（m.）

007894004　5773　0417.2
古代名家尺牘
譚正璧選註　上海　光明書局　1948 年
　初版　（m.）

007683912　5773　0625
謝氏家藏同光諸老尺牘六卷
謝行惠藏　1927 年

007683787　5773　0671
處世家書二百封
唐風選輯　上海　上海雜志公司　1947
年　初版　（m.）

007683792　5773　0898
顏氏家藏尺牘附姓氏考
顏光敏輯　長沙　商務印書館　1941 年
　初版　（m.）

007684092　5773　1128
清代名人書牘八卷
琴石山人編輯　上海　會文堂書局
1924 年

007683794　5773　1164
現代作家書簡
孔另境編　上海　生活書店　1936 年
　初版　（m.）

007684095　5773　2103
古豔尺牘續編
何育禧編纂　上海　文明書局　1929 年
　4 版

007683788　5773　2180
名人家書新輯三卷
程餘齋編選　上海　長風書店　1941 年
　初版　（m.）

007683910　5773　2180.7
歷代婦女書信
程餘齋編　上海　長風書店　1947 年

007683911　5773　2380
錢唐吳氏舊藏名人書柬
吳錫麒藏　1925 年

007684108　5773　2383
歷代名人書札
吳曾祺編　上海　商務印書館　1926年
　18版　（m.）

007684109　5773　2383（Suppl.）
歷代名人書札又續編
吳曾祺編　上海　商務印書館　1925年
　17版　（m.）

007683790　5773　2383.3
歷代名人書札註釋
許國英註釋　上海　商務印書館　1924
年　初版　（m.）

007684118　5773　2383.4
歷代名人小簡
吳曾祺編　上海　商務印書館　1926年
　21版

007683789　5773　2383B
歷代名人書札附續編
吳曾祺編　上海　商務印書館　1936年
　初版　國學基本叢書　（m.）

007684120　5773　2421
現代情書選
俊生編　上海　傲古書店　1936年

007706913　5773　3346
緇林尺牘
上海　商務印書館　1934年

007685168　5773　3579
道咸同光名人手札第一至二集
林則徐等著　上海　商務印書館
1924年

007685387　5773　4232
國朝中興名臣手翰
胡家依藏　武昌　1933年

007685389　5773　4272
古豔尺牘
上海　文明書局　1930年　6版
（m.）

007685235　5773　4272.1
古豔情書歷代名媛傑作
儲菊人校訂　上海　中央書局　1935年
　再版　（m.）

007685397　5773　4844
［評註］古今女才子尺牘四卷
上海　掃葉山房　1930年

007685405　5773　4872
古今尺牘大觀
姚漢章、張相等纂輯　上海　中華書局
　1941年　8版

008036516　5773　5457
唐宋十大家尺牘
中華書局編輯　上海　中華書局　1937
年　初版　（m.）

007685237　5773　5457.1
明清十大家尺牘
中華書局編輯　廣州　中華書局　1938
年　初版　（m.）

008627344　Microfiche　C-905　CH1511
晚明二十家小品
施蟄存選輯　上海　光明書局　1935年
　（m.）

011145392　MLC-C
袁中郎尺牘全稿
袁宏道著　王英標點　上海　南強書局
　1934年　訂正2版　（m.）

007287297　PL2698.Y85　A6　1935x
袁中郎文鈔襟霞閣精校本
（明）袁宏道著　顧紅梵校閱　上海　中

央書店　1935 年　初版　（m.）

007685239　5773　5457.2
近代十大家尺牘
中華書局編輯　上海　中華書局　1937
年　初版　（m.）

011912330　PL2400.T73 1937
歷代名人短箋
曹鵠雛編註　胡倫清校訂　南京　正中
書局　1937 年　初版　國文精選叢書
（m.）

009131684　5773　6251
明季忠烈尺牘初編　二編
潘承厚藏　潘景鄭印　上海　潘景鄭
1944 年　篴盦所藏尺牘

007685423　5773　6700
歷代名人家書
四願齋主編輯　長沙　商務印書館
1939 年　4 版　（m.）

007685236　5773　7272
歷代尺牘選粹
姚漢章、周斅肅編　上海　中華書局
1920 年　初版　（m.）

007685217　5773　7923
冬暄草堂師友箋存
陳叔通藏　上海　中華書局　1937 年

007685454　5773　7983
[分類]文學尺牘全書
陳和祥編　上海　掃葉山房
1928 年

007685290　5773　8972
新撰分類尺牘觀海十二卷
廣益書局　上海　廣益書局　1921 年

008627348　Microfiche　C‐867　CH1472
最新詳註分類尺牘全書
袁韜壺編　上海　群學書社　1919 年

010136146　5773.8　9474
擇選名蘅尺牘一卷
惜蘅居士輯　濟南　1911—45 年　紅
格鈔本

007685466　5774　1103
隋唐尺牘
王文濡編　上海　文明書局　1927 年

007685238　5775　0136
蘇黃尺牘選
龍沐勳選註　長沙　商務印書館　1939
年　初版　（m.）

005524632　5775　1131
王介甫尺牘
王安石撰　上海　商務印書館　1916 年
　初版

009012951　5775　7134
陸渭南書牘不分卷
陸游著　上海　商務印書館　1914 年
第 3 版

007685204　5775　7143
陸象山尺牘四卷
陸象山撰　李紱點次　上海　商務印書
館　1935 年　國難後第 1 版

005523845　5775　7722
歐陽文忠公尺牘四卷
歐陽修撰　上海　商務印書館　1916 年

007685241　5777　1371
張江陵書牘
（明）張居正著　上海　群學社　1924 年
初版　（m.）

007685277　5777　4233
楊忠烈公、左忠毅公遺札合璧
楊漣撰　吳縣　潘氏影印　1944年

007685240　5777　4448
李卓吾尺牘全稿
(明)李卓吾[李贄]著　王英、王慎名編校　上海　南强書局　1935年　初版 (m.)

007685476　5777　5013
史忠正尺牘
史可法著　商務印書館編譯所校訂　上海　商務印書館　1917年

007685481　5777　8615
曾南豐尺牘
曾鞏撰　上海　商務印書館　1916年

007685280　5778　0343.6
最近康梁文牘
康有爲、梁啟超著　上海　圖書編譯局　1916年

007685260　5778　0467
譚嗣同書簡
歐陽予倩輯　上海　文化供應社　1948年　(m.)

007685242　5778　0467　(1943)
譚嗣同書簡三卷
譚嗣同著　歐陽予倩編　桂林　文化供應社　1943年　初版　(m.)

007685824　5778　1173
王壬秋尺牘
王闓運著　上海　文明書局　1922年

007685850　5778　2162
紀曉嵐家書
紀昀撰　上海　三通書局　1941年

007685723　5778　2343
吳愙齋尺牘
吳大澂撰　長沙　商務印書館　1938年

007685878　5778　2343B
吳愙齋尺牘
吳大澂撰　上海　商務印書館　1923年　4版

007685880　5778　2380
吳穀人尺牘二卷
吳錫麒著　羅傳珍註　上海　文瑞樓　1917年

007685884　5778　2421
倭文端公家書墨跡
安徽　蘇氏　1912—49年

007685725　5778　4139
左宗棠家書
(清)左宗棠著　上海　啟智書局　民國間　(m.)

007685730　5778　4210
彭玉麟家書
(清)彭玉麟著　襟霞閣主[襟亞]編　上海　中央書店　1935年　6版　(m.)

007685727　5778　4241
胡林翼家書
(清)胡林翼著　上海　中央書店　1935年　6版　(m.)

007685735　5778　4333
袁忠節公手札
袁昶撰　長沙　商務印書館　1940年

007685912　5778　4344.4
[音註]小倉山房尺牘八卷　附補遺
袁枚撰　胡光斗箋釋　上海　掃葉山房　1930年

007685728　5778　4430
李鴻章家書
（清）李鴻章著　江不平校訂　上海　中央書店　1935 年　5 版　（m.）

007685915　5778　4433
未晚樓書牘續存四卷
李澄宇著　廣州　湘鄂印刷公司　1933 年

007685917　5778　4508
[新式標點]八賢書札
上海　大達圖書供應社　1936 年　再版

007685748　5778　4962
林文忠公尺牘
林則徐撰　北京　琉璃廠懿文齋　1919 年

007685729　5778　4962.1
林則徐家書
（清）林則徐著　上海　中央書店　1934 年　（m.）

007685941　5778　6422
嚴範孫先生手劄
嚴修撰　北平　文化學社　1930 年

007685757　5778　7983
簠齋尺牘
陳敬第輯　上海　商務印書館　1919 年

007685750　5778　8181
金聖歎、陳眉公才子尺牘
陳繼儒、金人瑞著　尤西堂序文　上海　碧梧山莊　1918 年

007685960　5778　8248.1
[新式標點詳註]春在堂尺牘六卷
俞樾撰　上海　掃葉山房　1927 年

007685731　5778　8248.2
俞曲園書札
（清）俞樾著　上海　啟智書局　1919 年　初版　（m.）

007685962　5778　8278
翁松禪家書
翁同龢撰　上海　商務印書館　1933 年

005524616　5778　8503c
錢牧齋尺牘
錢謙益著　上海　商務印書館　1922 年　第 7 版

007685970　5778　8664
曾文正公家書十二卷
曾國藩著　桂林　南光書店　1943 年

007685743　5779　0404
情書一束
章衣萍著　北京　北新書局　1931 年　11 版　（m. w.）

007686066　5779　0417
文言尺牘入門
譚正璧編　上海　中華書局　1940 年　再版　（m.）

007686103　5779　0417.9
當代尺牘選註
譚正璧編　上海　光明書局　1935 年　（m. w.）

007686105　5779　0490.1
章太炎尺牘
章炳麟著　梁任公尺牘　梁啟超著　龔復初標點　上海　新文化書社　1935 年

007686072　5779　1734
枯草
李渺世著　武進　中山日報社　1932 年　初版　（m. w.）

007686091　5779　2276
岑學呂尺牘初編續編
岑學呂撰　濟南　1921年

007686075　5779　2322
吳佩孚書牘全編
吳佩孚著　競智圖書館編　上海　競智圖書館　1922年　初版　（m.）

007686061　5779　2349
吳稚暉書信集
吳稚暉著　少侯編　上海　倣古書店　1936年　初版　（m.）

011913012　PL2732.U2　Z48　1936
吳稚暉書信集
吳敬恒著　徐逸如選輯　上海　文林書局　1936年　（m.）

007686068　5779　2470
軍中歸訊
傅又新著　上海　文光書店　1949年　初版　（m.w.）

007686111　5779　2928
初戀情書
朱紹曾著　上海　中華書局　1937年　4版

011907929　PL2755.H74　Z48　1934
海外寄霓君
朱湘著　上海　北新書局　1934年　初版　（m.w.）

007686112　5779　3246
熱情交響曲
沙蕾著　廣州　正氣圖書公司　1946年

007686113　5779　3876
安酒意齋尺牘
顧印愚撰　香港　華陽王氏菊飲軒　1926年

007686114　5779　3934
梁任公書牘
梁啟超著　周退盦編輯　上海　文瑞樓書莊　1921年　再版

007686115　5779　3941b　T　5779　3941
紀念碑二卷
宋若瑜、蔣光慈著　上海　亞東圖書館　1931年　（m.w.）

007686116　5779　4214
新體白話信
楊平著　上海　商務印書館　1941年　（m.）

007686118　5779　4243
曼娜
楊蔭深著　上海　現代書局　1933年　（m.w.）

009422677　T　5779　4315
林邁可書信及文稿
1935—49年　打印稿

007686076　5779　4342.1
袁世凱家書
袁世凱著　襟霞閣主［襟亞］編　上海　中央書店　1934年　（m.）

007686095　5779　4845
壁山閣存稿
黃華表撰　杭州　壁山閣　1935年

009271943　5779　4878.1
黃克強先生尺牘
黃興著　上海　國光書局總發行所　1913年

007686121　5779　4901
曼殊書信
蘇玄瑛［蘇曼殊］著　上海　光明書局　1949年　（m.）

009422680　T　5779　6240
**哈佛燕京圖書館藏名人親筆信件
1918—1997**
1918 年

007686123　5779　6433
三葉集
田壽昌[田漢]、宗白華、郭沫若著　上海　亞東圖書館　1929 年　（m. w.）

007686087　5779　8507
錢玄同先生遺墨
錢玄同撰　北京　1938 年

雜著

010120415　5780　1114
一百二十名家制義一卷　附朱氏經書啟
濟南　1912—45 年　鈔本

007686064　5780　2182
八股文小史
盧前著　王雲五主編　上海　商務印書館　1937 年　初版　國學小叢書（m.）

007686130　5780　5040
聲律啟蒙二卷
車萬育撰　夏大觀刪補　王之幹箋釋　上海　掃葉山房　1935 年

007686131　5780　5040b
聲律啟蒙三卷
車萬育著　夏大觀刪補　王之幹箋釋　上海　廣益書局　1915 年

009418070　5780　7084
殿試策樣本六件
1912—49 年　寫本

007707098　5781　1334　(1-2)
正社選藝第一、二輯
濟南　1931—32 年

007695187　5781　1336　FC2387　FC-M2046
張謇批選四書義六卷
張謇批選　上海　鴻文書局　1916 年

007697689　5784　0207
名家遊記
新綠文學社編　上海　文藝書局　1933 年　初版　（m. w.）

007697692　5784　0207.1
名家日記
新綠文學社編　成都　中華書局　1943 年　重排初版　（m.）

007697693　5784　0207.1b
名家日記
新綠文學社編　上海　文藝書局　1933 年　初版　（m.）

007697960　5784　0271
幻滅了的人生
郭際雲著　上海　千秋出版社　1936 年

007697963　5784　0404
我的兒時日記
章衣萍著　上海　兒童書局　1948 年

007697691　5784　1260
現代日記文選
俊生編　上海　倣古書店　1936 年　初版　（m.）

007699098　5784　1342
八年流離記
張若虛著　上海　兒童書局　1948 年

007698936　5784　1453
少女書簡
夏忠道著　上海　中華書局　1930 年　初版　（m. w.）

007698942　5784　1763
女明星日記
雪映著　上海　良友圖書印刷公司　1934 年　初版　電影叢書　（m. w.）

011916965　PL2892. A37　Z46　1940
我們十四個日記
白朗著　重慶　上海雜誌公司　1940 年　初版　（m. w.）

007698940　5784　2914
中國文人日記鈔
朱雯選編　上海　天馬書店　1934 年　初版　（m.）

007699103　5784　2924
學壽堂日記丙寅日記十二卷　丁卯日記十二卷　戊辰日記十二卷　己巳日記十二卷　庚午日記十二卷
徐紹楨撰　廣州　番禺　1926—32 年　（m.）

009050101　5784　3102
華嶽日記一卷
江庸著　香港　文嵐簃　1932 年　鉛印

007699105　5784　3120
現代日記文傑作選
沈仲文選　上海　青年書店　1932 年　再版

007699113　5784　3525
北潛日鈔二卷
安井衡［息軒］著　東京　安井小太郎　1925 年

009131656　5784　3634
隱求堂日記節要十八卷
潘道根著　王德森摘錄　香港　潘鳴鳳　1935 年　鉛印

007699128　5784　4214
中國大學生日記
萬迪鶴著　上海　生活書店　1937 年　（m. w.）

008626072　FC6203
基督化的家庭教育
巴狄德水著　蔡詠春編　上海　廣學會　1930 年　（m.）

011902906　BR121. Y83　1936
基督教概論
袁定安撰　上海　商務印書館　1936 年　百科小叢書　（m.）

007699147　5784　4411
王夫人的日記
上海　廣學會　1939 年　12 版　（m.）

008626079　FC6203
證道一助
張之江著　上海　廣學會　1929 年

007699150　5784　4802
［道光二十九年己酉］三願堂日記附自訂年表
趙彥稱撰　香港　京江趙氏　1930 年

007698941　5784　4863
青年日記
趙景深編　上海　北新書局　1934 年　初版　青年叢書　（m.）

007698944　5784　6442
碧血代替了唇脂
嚴夢著　上海　光明書局　1932 年　初版　（m.）

007698724　5784　7241
日記選
劉直編　上海　北新書局　1934年　初版　中學國語補充讀本　（m.）

007698735　5784　7911
風砂的城
陳殘雲著　香港　文生出版社　1946年　初版　（m.w.）

009222694　5784　792
鑒古齋日記四卷
陳紹箕撰　皮錫瑞評　長沙　1912年

007698943　5784　8220
虎窟餘生記
鄭子健著　1931年　（m.）

007698937　5784　8545
大學生日記
寒生［陽翰笙］著　上海　文力出版社　1947年　再版　（m.）

007699195　5785　0461
名人演講集
許嘯天輯　上海　時還書局　1924年　（m.）

007699197　5785　2948
青年說話與演講
徐士銅著　上海　國光書店　1940年　青年必讀書　（m.）

009041548　5785　4840
趙次隴先生講話不分卷
趙戴文著　香港　鄧希禹　1923年　鉛印

007699231　5785　4913
國難講演集
林君溥撰　香港　民眾編譯館　1938年

007702560　5787　0408
衍祥堂述聞
許應鑅著　臺北　考試院印刷所印刷　1934年

007702577　5787　1424
人鏡
于傅林編輯　上海　中華書局　1920年　（m.）

007702183　5787　2306
中華成語詞典
吳廉銘編　上海　中華書局　1940年　7版　（m.）

007702584　5787　2306　（1943）
中華成語詞典
吳廉銘編　成都　中華書局　1943年　（m.）

007702602　5787　2943d
治家格言
朱用純著　寧波　鄭嘉隆　1920年

007702486　5787　3131
古今格言大全
汪漱碧編　上海　中央書店　1938年　第6版　（m.）

008048692　5787　4211
西洋古格言
越山平三郎編　徐雲譯述　上海　醫學書局　1912年　進德叢書

007702644　5787　4242
格言叢輯二十集
郁慕俠編　上海　格言叢輯社　1925—33年　（m.）

007702205　5787　4311
傳家之寶又名休寧陳研樓傳家格言
陳研樓著　袁孟琴節錄　上海　三友實

業社　1937 年

007702678　5787　4670
昔時賢文
香港　1912—49 年

007702204　5787　6078
先哲格言
俞度恩輯　上海　俞世德堂　1924 年
（m.）

010150715　5787　6197
太微仙君善過格一卷
羅煥辰錄　河北　羅氏　1932 年　鈔本

007702708　5787　6433
中西格言類鈔
嚴濂編　香港　寶山嚴藻南堂
1922 年

009337966　PN6297.J3　H68　1923
寶左盦文
内藤虎撰　日本　1923 年

011884617　PN6277.C5　L525　1916
膽汁錄
李警眾著　上海　泰東圖書局　1916 年
初版　（m.）

007704201　5787　8124
格言聯璧
（清）金纓輯　香港　潮陽郭氏雙百鹿齋
1930 年　（m.）

007704213　5787　8124d
格言聯璧
金纓原輯　香港　洛陽吳佩孚重印
1921 年　（m.）

009066173　5787　8380
念字箴言一卷
鄭極普、胡大恂編　香港　湖南宗教哲

學研究社　1932 年　鉛印

007704112　5788　1324
江湖經驗秘訣
雲游名士編輯　上海　明明書局
1936 年

007704238　5788　2044
童叟古諺
牛樹梅原編　寇守信重輯　柏森重刊
上海　善書流通處　1924 年

007704241　5788　2123
農諺
鮑維湘編　上海　中華書局　1948 年

007704250　5788　2917
民諺
徐子長、梁達善著　上海　商務印書館
1933 年　（m.）

007685477　5789　0442
輓聯大全
徐桐侯編　上海　九州書局　1937 年

007685294　5789　0481
集殷虛文字楹帖彙編
章鈺等撰　羅振玉繕寫　廣州　東方學
會　1927 年

007685483　5789　1103
聯對大全二十六卷
王文濡、王有珩編輯　上海　中華書局
1936 年　11 版　（m.）

009040966　5789　1123
益芝先生八十壽言二卷
王永江輯　濟南　王氏　1912—20 年
鉛印

007685493　5789　1314
應用楹聯大觀

張雲華編著　秦劍雄校閱　上海　春明書店　1946 年

007685821　5789　1376
古今楹聯類纂十二卷　附慶弔雜件備覽二卷
雲後編　雲聲校正　上海　會文堂書局　1921 年

007685826　5789　1422
對聯作法
襟霞閣主［平衡］撰著　上海　中央書店　1937 年

009262186　5789　2841
名人楹聯大觀四册
上海掃葉山房編　上海　上海掃葉山房　1926 年　石印

008448889　MLC‐C
松鶴山莊詩文楹聯彙錄
1931 年

009826013　MLC‐C
楹聯第二輯
上海　有正書局　1912—37 年　初版

007685726　5789　2912
易林分類集聯
徐珂選輯　上海　商務印書館　1927 年　初版　（m.）

007685882　5789　3382
滇軍公祭黄花岡烈士各界輓聯祭文彙錄
廣州　1916 年

007685893　5789　3908
楹聯叢話
梁章鉅編　上海　商務印書館　1926 年　3 版　（m.）

007685901　5789　3908.21
巧對續錄二卷
梁恭辰輯　上海　商務印書館　1921 年

007685908　5789　3908.3
楹聯三話二卷　四話六卷
梁章鉅輯　上海　商務印書館　1921 年

007685802　5789　3908B
楹聯叢話十二卷　附續話四卷　三話二卷
梁章鉅輯　上海　商務印書館　1935 年　國難後第 1 版　國學基本叢書　（m.）

007685920　5789　4174
滑稽聯話
董堅志編　儲菊人校訂　上海　中央書店　1937 年　4 版

007685652　5789　4183
應用聯語粹編
莊俞選錄　上海　商務印書館　1936 年　再版　（m.）

007688346　5789　4212
古今聯語彙選
胡君復輯　上海　商務印書館　1922—26 年　（m.）

007688347　5789　4212（1-4）
古今聯語彙選初集
胡君復輯　上海　商務印書館　1926 年　12 版　（m.）

007688348　5789　4212（5-8）
古今聯語彙選二集
胡君復輯　上海　商務印書館　1924 年　6 版　（m.）

007688349　5789　4212（9-11）
古今聯語彙選三集
胡君復輯　上海　商務印書館　1923 年　3 版　（m.）

007688351　5789　4212　（12－14）
古今聯語彙選四集
胡君復輯　上海　商務印書館　1926年　4版　（m.）

007840788　5789　4212　（15－17）
古今聯語彙選補編
胡君復輯　上海　商務印書館　1922年　（m.）

007685928　5789　4212.2
集聯彙選初編二卷　二編三卷
胡君復選　上海　商務印書館　1923年　（m.）

007688353　5789　4212B
古今聯語彙選二集
胡君復編輯　上海　商務印書館　1919年　（m.）

009146335　5789　4344
臥雪堂聯語一卷
袁嘉穀著　香港　孫樂　1943年　鉛印

009065697　5789　4424
李忠石先生六秩進四雙壽詩集一卷
濟南　李氏　1936年　鉛印

007685933　5789　4828
精選新增對聯備要
趙順翔彙選　上海　沈鶴記書局　1943年

009066242　5789　4914
菽莊主人四十壽言不分卷
吳曾祺等撰　濟南　1914—49年　鉛印

009148158　5789　4924
蔡述堂先生像贊並哀啟一卷
天津　蔡氏　1931年

007685937　5789　4949
碧血黃花集三集
林森編　廣州　1919年

007685651　5789　4952
聯對作法
蔡郕著　上海　會文堂新記書局　1935年　初版　（m.）

007685810　5789　4991
簡便作聯法
葆光子編著　上海　大東　1925年　5版　（m.）

008145097　MLC－C
分類對聯合璧
劉潤圃編纂　1940年

007685940　5789　5525
古今對聯大觀
中央編輯所　上海　中央書店　1942年　（m.）

007668334　MLC－C
西湖古今名勝楹聯大觀
守安編輯　杭州　宋經樓書店　1945年　初版　（m.）

007685942　5789　5550
古今才子巧對精華
中央書店編輯部　上海　中央書店　1946年　再版

007685712　5789　5678
中國歷代名人社會對聯輓聯大全
上海文學會社編　上海　1932年

007685620　5789　6151
集殷虛文字楹帖
羅振玉著　上虞羅氏　1921年

007685650　5789　6612
楹聯作法
呂雲彪編　上海　文明書局　1929年再版　（m.）

009040976　5789　7201
夢坡先生壽言合編三種
濟南　周氏　1914年　鉛印

007688292　5789　7214
當代百家酬世文庫二十六卷
劉再蘇編輯　上海　世界書局　1932年

009014852　5789　7872
陳公覺生紀念册一卷
濟南　1938年　鉛印

007688310　5789　7947
古今名聯選註附聯語作法
陳幹卿編著　南寧　強華書局分售　1932年

007688162　5789　7980
庸庵尚書重賦鹿鳴集錄
陳夔龍編　濟南　中華書局　1934年

007687975　5789　8210
甲骨集古詩聯上編
簡琴齋［簡經綸］撰　上海　商務印書館　1937年

007688322　5789　8495
錫睱堂壽言
廣州　西泠印社　1918年

009147996　5789　8774
翁母周太夫人像贊並哀啟一卷
濟南　翁氏　1938年　石印

011913692　PA6008.W36　1933
羅馬文學
王力著　上海　商務印書館　1933年　百科小叢書　（m.）

007688328　5790　0440
伊索寓言選
許敬言選　上海　商務印書館　1949年1版　（m.）

007688205　5790　3123
中國寓言初編
沈德鴻編　孫毓修校訂　上海　商務印書館　1922年　4版

007688121　5790　4291
中國寓言研究
胡懷琛著　上海　商務印書館　1930年初版　（m.）

007688149　5790　4944
先秦寓言選
蔡南橋選註　上海　商務印書館　1937年　初版　中學國文補充讀本　（m.）

007688414　5791　134
橐園春燈話
張起南編　惲樹玨校　香港　1925年3版

007688434　5791　2918
民間謎語全集
朱雨尊編輯　上海　世界書局　1932年

007688120　5791　4232
謎語之研究
楊汝泉編　天津　大公報代辦部　1934年　初版　（m.）

007688122　5791　447
邃漢齋謎話
薛鳳昌編　上海　1917年　初版　（m.）

009096635　5791　5044
春謎大觀二卷

新舊廢物編輯　上海　進步書局　1917年　鉛印

007688429　5791　6162
新選謎語大全
田鳴岐編輯　奉天　惠迪吉書局　1943年

007689508　5791　8232
猶賢集二卷
俞渭編　蕭山　合義　和印書局　1918年

004293631　5791　8545
謎史
錢南揚著　廣州　國立中山大學　1928年　（m.）

007689435　5792　0040
詩詞趣話四卷
上海　1919年

007689388　5792　1193
幽默古文選
王小逸編　儲菊人校訂　上海　中央書店　1935年　初版　（m.）

007689339　5792　1238
論幽默
邵洵美選編　上海　時代書局　1949年　（m.）

011918018　GR74.C4　1930
民間故事叢話
趙景深著　廣州　國立中山大學語言歷史研究所　1930年　初版　（m.）

011903471　GR74.C4　1928
民間故事研究
趙景深著　上海　復旦書店　1928年

007705721　5792　1324
改良嶺南即事
香港　嶺南書局　1939年

007689352　5792　1616
古今滑稽文選
雷瑨輯　上海　掃葉山房　1929年

007689533　5792　1616.1
文苑滑稽談十四卷
雷瑨撰　上海　掃葉山房　1924年

007689556　5792　2387
快活林
吳个厂著　上海　大達圖書供應社　1936年　再版　（m.）

007689582　5792　2907.4
徐文長故事集
林蘭編　上海　北新書局　1929年

007689390　5792　2941
廣諧鐸
徐諧鐸編著　上海　大眾書局　1934年　重版

007689293　5792　3889
古文滑稽類鈔
顧餘編　上海　中華書局　1916年　（m.）

007689393　5792　4191
古今滑稽詩話
范笵編　上海　上海會文堂書局　1921年　初版　（m.）

007689385　5792　4223
幽默筆記
胡山源編輯　上海　世界書局　1935年　（m.）

007689371　5792　4223.7
幽默詩話
胡山源編　上海　世界書局　1936年

初版

007689396　5792　4232
滑稽故事類編
楊汝泉編　天津　大公報代辦部　1933年　初版　（m.）

009076062　PL2519.C7　G825　1922x
古今滑稽聯話
范笵編　上海　會文堂新記書局　1922年　初版　（m.）

007690710　5792　7596
歷史小品
巴金著　上海　晨鐘書店　1946年　初版　（m.）

008633510　Microfiche　C-864　CH1469
［民俗資料］笑林集說
雪香老人　1946年

008096653　5792　7942
增廣笑林廣記
一見引人哈哈笑彙編　上海　1919年

007690513　5792　7984
幽默文選
陳筱梅編　上海　倣古書屋　1936年
（m.w.）

007690574　5792　8205
老舍幽默詩文集
老舍著　上海　時代圖書公司　1934年　初版　論語叢書　（m.w.）

008630370　FC1289
護黨救國集
廣東　1931年

008989011　T　5793　0212
救國讜議一卷
郭子貞撰　濟南　郭氏　1912—30年

稿本

007690717　5793　1108
戰時日記
王禮錫著　上海　神州國光社　1932年　初版　（m.w.）

007690712　5793　2215
鷗吻集
烏一蝶著　上海　大光書局　1936年　初版　（m.w.）

007690920　5793　2344
日記作法
吳增芥等編　上海　商務印書館　1935年　（m.）

007690925　5793　2344B
日記作法
吳增芥等編　長沙　商務印書館　1938—39年　（m.）

007690713　5793　2348
小難民自述
小岵［吳大年］著　長沙　商務印書館　1940年　初版　（m.）

007690718　5793　2815
戰鬥的素繪抗戰以來報告文學選集
葉以群編　重慶　作家書屋　1943年　初版　（m.w.）

009097324　5793　3181
人道集
江介石著　台中　育英書房　1928年　石印

007690983　5793　3992
胡思集
梁光復著　廣西　梁氏　1948年　（m.）

008454675　MLC－C
牟子叢殘
牟融撰　周叔迦編　香港　公記印書局代印　1930年　瑹社叢書

007691000　5793　4203
中學生日記
楊文安撰　上海　中學生出版社　1931年　(m.w.)

007690573　5793　4236
滑稽詩文集
楊汝泉編　天津　大公報社　1933年　初版　(m.)

007690572　5793　4247
文苑談往第一集
楊世驥著　重慶　中華書局　1945年　初版　新中華叢書　(m.)

007690758　5793　4434
小塊文章
李遜梅著　上海　倣古書店　1936年　初版　(m.)

007690709　5793　4471
春冰室野乘
(清)李孟符著　上海　世界書局　1922年　再版增補　(m.)

007691016　5793　4484
銷魂新語
蔣箸超著　上海　炎社　1918年

007690715　5793　4494
山谷野店
李輝英著　重慶　獨立出版社　1940年　初版　抗戰文學叢刊　(m.w.)

007693159　5793　4942
列代名人趣事
林蘭編　上海　北新書局　1933年　(m.)

007693007　5793　5621
遊戲文學叢刊
曹繡君編　上海　文明書局　1931年　初版　(m.)

007692752　5793　5723
中學生創作
許壽民編　上海　中學生叢書社　1931年　初版　中學生叢書　(m.w.)

007692751　5793　5723.1
自己描寫徵文當選集
中學生社編　上海　開明書店　1935年　初版　中學生雜誌社叢刊　(m.)

007693202　5793　7243
破涕文章
周郁浩校　上海　大達圖書供應社　1935年

010067920
祥林嫂
1948年

007692755　5793　7286
怎樣寫報告文學
周鋼鳴著　上海　生活書店　1938年　初版　(m.)

007052397　PL2831.P5　Y4　1928x
燕知草
俞平伯著　上海　開明書店　1928年　第1版　(w.)

007856420　5793　8212
燕知草
俞平伯著　上海　開明書店　1930年　(w.)

007693006　5793　8242
中國民間傳說集
鄭幸生輯　上海　華通書局　1933 年
初版　(m.)

007692753　5793　8501
語體日記文作法
錢謙吾［阿英］編　上海　南強書局
1931 年　(m.)

007693220　5794　1213
智謀全書
丁強遜編　上海　中西書局　1912—
49 年

007696302　5796　1117　(3:9)
化學的故事
劉敏誠著　重慶　文風書局　1944 年
新少年文庫　第 3 集

007696295　5796　1117　(3:6)
我教你寫字
馬衡著　重慶　文風書局　1944 年　新
少年文庫　第 3 集　(m.)

007696285　5796　1117　(3:1)
我們的動物園
蔣叔雍著　重慶　文風書局　1944 年
新少年文庫　第 3 集　(m.)

007696294　5796　1117　(3:5)
我們的花園
馬志柏著　重慶　文風書局　1944 年
新少年文庫　第 3 集　(m.)

007696297　5796　1117　(3:7)
我們的祖國
胡秋原著　重慶　文風書局　1944 年
新少年文庫　第 3 集　(m.)

007696289　5796　1117　(3:2)
物理的現象
魏學仁著　重慶　文風書局　1944 年
新少年文庫　第 3 集　(m.)

007696292　5796　1117　(3:3)
怎樣讀歷史
王平陵著　重慶　文風書局　1944 年
新少年文庫　第 3 集　(m.)

007696138　5796　1117　(3:4)
怎樣練習寫作
茅盾著　重慶　文風書局　1944 年　初
版　新少年文庫　第 3 集　(m.)

007696303　5796　1117　(3:10)
怎樣欣賞藝術
傅抱石著　重慶　文風書局　1944 年
新少年文庫　第 3 集　(m.)

007696299　5796　1117　(3:8)
走
馬彥祥著　重慶　文風書局　1944 年
新少年文庫　第 3 集

007696282　5796　1117　(3)
新少年文庫第三集
王平陵主編　重慶　文風書局　1944 年

007696309　5796　1186
兒童讀物的研究
王人路編　上海　中華書局　1933 年

007696167　T　5796　2331
阿麗思漫遊奇境記
Lewis Carroll 原著　趙元任譯　上海
商務印書館　1922 年　(m.w.)

007696208　FC9078　Film Mas 34653
阿麗思漫遊奇境記
Lewis Carroll 原著　趙元任譯　上海
商務印書館　1933 年　(m.w.)

007696182　5796　2436
魯濱孫飄流記
達孚著　林紓、曾宗鞏譯　上海　商務印書館　1933 年　漢譯世界名著

008626073　FC6203
兒童管理法
巴狄德水著　上海　廣學會　1932 年

005397984　5796　2903
兒童手冊
徐應昶、趙景源編纂　上海　商務印書館　1935 年　（m.）

007696378　5796　2921
兒童文學概論
朱鼎元著　上海　中華書局　1932 年　7 版　（m.）

007697824　5796　4863
童話學 ABC
趙景深著　上海　世界書局　1929 年（m.）

007697474　5796　4863.1
童話論集
趙景深著　上海　開明書店　1927 年　初版　文學周報社叢書　（m.）

007842224　5796　8183
戰時兒童日記
金知溫著　重慶上海書店　1942 年

007697945　5796　9964
吹簫人
米星如著　上海　商務印書館　1928 年（w.）

011933028　PN1009.A1　C4　1932
兒童故事研究
陳伯吹著　上海　北新書局　1932 年　初版　（m.）

011882739　PN1009.A1　C4　1934
兒童文學研究
陳濟成、陳伯吹編　上海　幼稚師範學校叢書社　1934 年　初版　（m.）

011920366　PN1009.A1　C4　1933
兒童文學研究
趙侶青、徐迥千著　上海　中華書局　1933 年　初版　（m.）

011896712　PN1009.A1　C4　1928
兒童文學研究
張聖瑜編著　上海　商務印書館　1928 年　初版　（m.）

011987756　GR550.A8　1930
世界童話研究
（日）蘆谷重常著　黃源譯　上海　華通書局　1930 年　初版　（m.）

011902068　GR550.C4　1927
童話概要
趙景深著　上海　北新書局　1927 年　初版　（m.）

007697476　5796.9　4414
童話與兒童的研究
（日）松村武雄著　鍾子岩譯　上海　開明　1935 年　初版　（m.）

007697977　5797　0404
管仲
章衣萍編著　上海　兒童書局　1947 年　中國名人故事叢書　（m.）

011983595　DS753.6.C51　C45　1934
鄭和
陳子展編　上海　新生命書局　1934 年（m.）

007700017　5797　133
中國各地的風俗

張宗麟著　上海　商務印書館　1934 年　小學生文庫

007702625　5797　2903
往古來今
朱彥俯編　上海　中華書局　1940 年（m.）

007702664　5797　3115
革命先烈小傳
沈斐成著　呂金錄校　上海　商務印書館　1933 年　小學生文庫　第 1 集

007702408　5797　4144
木蘭從軍
譚正璧編　成都　北新書局　1945 年蓉再版　歷史演義叢書（m.）

007705512　5797　8258
龍與巨怪史詩的故事
鄭振鐸著　重慶　文信書局　1943 年初版（m. w.）

005683276　5798　2322
兒童科學玩具
吳鼎編　南京　正中書局　1935 年初版

007690840　5798　2903
飛行機
徐應昶撰　上海　商務印書館　1928 年　4 版

011918533　PT8127. E8　T612　1937
兩條腿
Carl Ewald 作　李小峰重譯　北京　北新書局　1937 年　8 版（m. w.）

007690927　5798　4124
四季的物候
董純才撰　上海　商務印書館　1949 年 1 版

007692395　5799　0270
放牛郎
新兒童叢書出版社　香港　新華書店晉察冀分店　1946 年

007692397　5799　0276
我的家信
方與嚴撰　上海　兒童書局　1932 年

007692269　5799　0430.3
兒童作文初級
辛安亭編選　香港　新華書店　1946 年　新兒童小叢書

007692412　T　5799　0430.5
兒童日記
辛安亭撰　香港　新華書店　1946 年

007692266　5799　0442
桃金娘
許地山著　香港　進步教育出版社　1948 年　新兒童叢書

007692267　5799　0442.9
螢燈
許地山著　香港　進步教育出版社　1948 年　新兒童叢書（w.）

011916583　GR73. H312　1929
海外傳說集
謝六逸著　上海　世界書局　1929 年初版（m.）

007692430　5799　0488
聖誕老人的傳說及其他
謝頌羔編著　上海　廣學會　1939 年　一角叢書

007692443　5799　1041
一萬元

大連　民衆書店　1946 年

007692447　5799　1049
紅葉童話集
一葉撰　上海　亞東　1931 年

007692459　5799　1133
兒童歌謠
孟溪編　香港　新華書店　1946 年

007693081　5799　1321.2
三毛從軍記
張樂平作　香港　四方書局　1949 年

007695273　5799　1704
漁夫和魚
司馬文森著　桂林　文化供應社　1944 年

007695133　5799　2119
博士見鬼
豐子愷著　上海　兒童書局　1948 年

007695090　5799　214.1
巨人的花園
包蕾著　上海　華華書店　1948 年（w.）

007695294　5799　214.7
駝子和駝子
包蕾著　上海　立達圖書服務社　1947 年　立達少年叢書（w.）

007696324　5799　2344
説明文作法
吳增芥等編　長沙　商務印書館　1940 年　6 版（m.）

007738994　5799　2386
黎錦暉歌曲集
黎錦暉編著　上海　中華書局　1927—28 年（m.）

007738999　5799　2386　(1)
寒衣曲
上海　中華書局　1927—28 年　黎錦暉歌曲集（m.）

007738998　5799　2386　(1)
可憐的秋香
上海　中華書局　1927—28 年　黎錦暉歌曲集（m.）

007738997　5799　2386　(1)
葡萄仙子
上海　中華書局　1927—28 年　黎錦暉歌曲集（w.）

007739001　5799　2386　(2)
因爲你
上海　中華書局　1927—28 年　黎錦暉歌曲集（m.）

007739000　5799　2386　(2)
月明之夜
上海　中華書局　1927—28 年　黎錦暉歌曲集（m.w.）

007739004　5799　2386　(3)
三蝴蝶
上海　中華書局　1927—28 年　黎錦暉歌曲集（w.）

007696333　5799　2424
世界童話集
殷佩斯編　上海　商務印書館　1949 年 1 版

007696337　5799　2424.1
我的故事
殷佩斯撰　上海　商務印書館　1949 年 1 版

011919603　PT8890.Y836　1918
易卜生傳

袁振英著　香港　受匡出版部　1918年初版　(m.)

011934889　PN989.C5　H7　1947
成人的童話
徐訏著　上海　夜窗書屋　1947年　10版　三思樓月書　(m.w.)

007696178　5799　321
少年航空兵祖國夢遊記
沙平著　武昌　文化供應社　1949年

007697814　5799　3326
同窗小品小朋友寓言
宓崇暉撰　上海　三民圖書公司　1937年

007697857　5799　3546
向銀寶
瀋陽　東北書店　1949年　再版　少年兒童讀物

007697466　5799　3700
小學模範作文辭典
實用語言學社編輯　上海　世界書局　1936年　(m.)

011916857　PL2777.C47　C4　1946
嫦娥五幕神話劇集
顧仲彜著　上海　永祥印書館　1946年　再版　文學新刊　(m.w.)

007697985　5799　4241
兒歌第一本
柯藍編　香港　邊區群衆報社　1945年

011918167　GR552.T66　1934
童話評論
趙景深編　上海　新文化書社　1934年　(m.)

007699132　5799　4272
拴柱
胡朋[撰]　香港　新兒童叢書出版社　1946年

007698726　5799　4444.2C
長生塔
巴金著　上海　文化生活出版社　1949年　12版　(w.)

007699247　5799　4444.3
海底夢
巴金[李芾甘]著　上海　開明書店　1941年　(m.w.)

007700002　5799　4831.2
凱旋門
賀宜著　上海　華華書店　1948年　(m.w.)

007736582　5799　4831.3
飛金幣
賀宜著　香港　進步教育出版社　1948年

007700026　5799　4863
我們的書信
趙景源等著　上海　商務印書館　1947年　(m.)

007700027　5799　4863.2
我們的日記
趙景源撰　上海　商務印書館　1947年

007700030　5799　4863.3
我們的寓言
趙景源撰　上海　商務印書館　1947年

007700032　5799　4863.4
秋山紅葉
趙景源撰　上海　商務印書館　1947年

007700038　5799　4922
中學生童話
葉作舟撰　上海　中學生書局　1931 年

007700048　5799　4934
羊棚外的奇遇
葉之華著　上海　新中國書局　1933 年　國語科補充讀物　（w.）

007700049　5799　4942
紅花女
林蘭撰　上海　北新書局　1930 年

007699780　5799　4942.2
董仙賣雷
林蘭編　上海　北新書局　1931 年　初版　（m.）

007700050　5799　4942B
鳥的故事
林蘭撰　上海　北新書局　1931 年　3 版

007702481　5799　5720
挣扎
長訥等著　中學生雜志社編　上海　開明書店　1948 年　青年文藝集　（m.）

007704247　5799　7274
國文故事選讀
陶孟和選輯　上海　亞東　1926 年　（m.）

007704301　5799　7923
童話大觀
陳和祥、孫志勁編　上海　世界書局　1921 年

007703825　5799　7942
童謠
陳勃選集　張家口新兒童叢書出版社　1946 年　新兒童叢書

008458283　MLC－C
先生的墳
宇野浩二等著　孫百剛譯　1934 年　（m.）

007705645　5799　9804
少年先鋒隊
少年文藝叢刊社編輯　上海　少年出版社　1941 年

007707111　5799.2　4527.4
狼牙山五壯士
華山編寫　察哈爾　新華書店　1945 年

中國特種語文

007708062　5800　1134
西域爾雅一卷
王初桐撰　南京　國學圖書館　1929 年

007707597　5800.8　4404
龍州土語
李方桂著　長沙　商務印書館　1940 年　國立中央研究院歷史語言研究所單刊甲種　（m.）

007708108　5800.91　4404
莫話記略
李方桂著　香港　國立中央研究院歷史語言研究所　1943 年

007708117　5801　1154
西夏番漢合時掌中珠補及西夏民族語言與夏國史料
王靜如撰　香港　國立中央研究院歷史語言研究所　1930 年

007803774　5801　6135
西夏國書字典音同一卷
羅福成輯　香港　遼寧庫箱整理處
1935 年

007707853　5801　7244
番漢合時掌中珠一卷
骨勒茂才輯　香港　貽安堂　1924 年
絕域方言集

007708204　5801.4　4812
廣西瑤歌記音
趙元任著　北平　國立中央研究院
1930 年　（m.）

007708208　5802　1432
倉洋嘉錯情歌
于道泉編註　趙元任記音　北平　國立
中央研究院歷史語言研究所　1930 年
初版　（m.）

007478085　5802.205　539
新編藏漢小辭典
楊質夫編　青海　青海省藏文研究社
1933 年

009676159　5805.01　2528
蒙文讀本
伊德欽編　南京　1935 年

009066231　5805.02　4051
蒙語輯要不分卷
北京蒙文講習所編　北京　北京蒙文講
習所　1913 年　石印

009676156　5805.05　3126
蒙文分類辭典
北京　蒙文書社　1926 年

009675437　TMO　5805.05　4022
蒙漢滿文三合
李鉉等校　北京　正蒙印書局　1913 年

石印

007709576　5806.03　8696
滿洲國語音標全表
曾格撰　1934 年

007709258　5807　1203
爨文叢刻甲編
丁文江編　上海　商務印書館　1936 年
初版　中央研究院歷史語言研究所專
刊　（m.）

日本語言文字學

007700029　5811　4413
日語讀音
李君達編　上海　世界書局　1934 年
（m.）

007700041　5833　2438
日語漢譯辭典
傅祺敏編著　上海　中學生書局　1931
年　（m.）

007700043　5833　4800
標準日華辭典
趙立言編著　上海　中學生書局　1932
年　3 版

007700047　5846　0175
[註正]東文法程
商務印書館編譯所　上海　商務印書館
　1929 年　16 版　（m.）

007700052　5846　1158
日語文法
王邦鎮[撰]　上海　世界書局　1934
年　（m.）

007700056　5846　2305
日本文法輯要
上海新中華學校　上海　商務印書館
1925 年　（m.）

007700059　5846　2494
日語文典
傅少華著　上海　商務印書館　1936 年
（m.）

007700061　5846　3133
最新日本口語文法
汪洪法著　上海　商務印書館　1936 年
（m.）

007700145　5846　3483
日本口語法
游無爲撰　北平　立達書局　1932 年

007700144　5846　4141
漢譯日本口語文典
松下大三郎撰　東京　誠之堂　1913 年
3 版

007700142　5846　4342
漢譯日本口語文法教科書
松本龜次郎撰　東京　笹川書店
1931 年

007700140　5846　4445
日本語法例解
艾華編　上海　開明書店　1933 年
（m.）

007700126　5846　4481
日本文典
商務印書館編譯所譯　上海　商務印書館　1928 年　（m.）

007700143　5846　4523
言文對照漢譯日本文典

松本龜次郎撰　東京　富山房　1929 年

007516206　PL681.C5　I489　1931
井上日華新辭典
井上翠編著　東京　文求堂　1931 年

007700162　5846　8512
日文典綱要
錢歌川編　上海　中華書局　1931 年
（m.）

011937536　PL523.R528　1938
日文典綱要
錢歌川編　香港　中華書局　1938 年
6 版　（m.）

007700150　5848　4473
日語動詞要法
大黃學社出版部　東京　大黃學社出版部　1939 年

007700151　5857　4234
日本現代語辭典
葛祖蘭編譯　上海　商務印書館　1930 年　（m.）

007700152　5858　1323
日語基礎讀本
張我軍撰　北平　人人書店　1934 年
4 版

007700154　5858　1323.2
高級日文星期講座
張我軍撰　北平　人人書店　1935 年

007708314　5858　2124
日語模範文選
佐伯箎四郎編　上海　語文研究社
1936 年

007708315　5858　2128
日語入門
佐伯筬四郎編　上海　語文研究社
1936 年

007700155　5858　3142
東文新教程
沈覬鼎撰　香港　沈覬鼎　1933 年　再版　（m.）

007700156　5858　3417
實用日語會話指南
游彌堅撰　北平　立達書局　1932 年
4 版

007700157　5858　3483
東文實用讀本
游無爲撰　北平　立達書局　1932 年

007700158　5858　4300
當代日語
袁文章撰　上海　中學生書局　1934 年

007700159　5858　4445
新日語捷徑
艾華撰　北平　立達書局　1933 年

007700160　5858　4713
速成日語讀本
橋爪政之撰　上海　中學生書局　1931 年　再版

007700163　5858.3　0425
日語全璧
文求堂編輯局　東京　文求堂書局
1925 年

007700166　5858.3　4234A
自修適用日語漢譯讀本二卷
葛祖蘭編　上海　商務印書館　1931 年
增訂 9 版

007700167　5858.3　4234B
自修適用日語漢譯讀本二卷
葛祖蘭編　上海　商務印書館　1935 年
增訂 12 版

007702550　5858.3　4420
日語讀本四卷
内堀維文撰　長沙　商務印書館　1938 年　國難後 7 版　（m.）

007702552　5858.6　3145A
表解現代日文語法講義
汪大捷撰　北平　北平午未日文研究社
1935 年

007702553　5858.6　4944
日語會話日華對照
葉芳華編　上海　世界書局　1938 年
（m.）

日本文學

007961667　5865　0403　FC6057　FC－M4745
日本之文學
謝六逸著　長沙　商務印書館　1940 年
（m.）

007702556　5870　0403
日本文學
謝六逸編　上海　商務印書館　1931 年
（m.）

007702559　5877.5　1340
戰時日本文壇
張十方著　香港　前進新聞社　1942 年
（m.）

007702567　5877.5　3201
現代日本文學評論
宮島新三郎著　張我軍譯　上海　1930年　(m.)

009148567　5886　0023
醉華吟一卷
廣部鳥道著　北京　橋川時雄　1926年

007702601　5899.8　4331
北遊草
大津淳一郎著　廣州　1915年

008454768　MLC-C
日本戲曲集
山本有三等著　章克標譯　1934年（m.w.）

011909898　PL811.U8　A6　1929
武者小路實篤戲曲集
崔萬秋、楊雲飛譯　上海　中華書局　1929年　現代戲劇選刊　(m.w.)

007702456　5918.8　1496
孤獨之魂
武者小路實篤著　崔萬秋譯　上海　中華書局　1931年　現代戲劇選刊（m.w.）

007702631　5918.8　1496.1
四人及其他
武者小路實篤撰　南京　南京書店　1931年

007702655　5918.8　4233
菊池寬戲曲集
（日）菊池寬著　上海　中華書局　1934年　(m.w.)

007702668　5932　4524
現代日本小說
韓侍桁撰　上海　春潮書局　1929年　(m.w.)

007702680　5932　7163
現代日本短篇傑作集
丘曉滄選譯　上海　大東書局　1934年　(m.w.)

008458299　MLC-C
日本現代名家小說集
查士元譯　上海　中華書局　1930—年　新文藝叢書　(m.w.)

007702684　5932　7228
現代日本小說集
周作人編譯　上海　商務印書館　1933年　國難後第1版　(m.w.)

007702440　5932　7228B
現代日本小說集
國木田獨步等著　周作人譯　上海　商務印書館　1930年　漢譯世界名著　(m.w.)

007702693　5933　0141.3
我們七個人
（日）鹿地亙著　重慶　作家書屋　1943年　(m.w.)

007702713　5933　1231
未死的兵
（日）石川達三著　上海　雜志社　1938年　(m.w.)

007702731　5933　1631
草枕
夏目漱石著　郭沫若譯　上海　華麗書店　1930年　(m.w.)

007704179　5933　2244.2
新生二卷
（日）島崎藤村原著　上海　北新書局
1927 年　（m.w.）

007704198　5933　2455
更生記
（日）佐藤春夫著　上海　中華書局
1935 年　（m.w.）

008458282　MLC－C
田園之憂鬱
佐藤春夫著　李漱泉譯　1934 年
（m.w.）

007704052　5933　4203
河童
芥川龍之介著　黎烈文譯　上海　商務
印書館　1934 年　國難後第 1 版　文學
研究會叢書　（m.w.）

007704228　5933　4203.4
芥川龍之介集
馮子韜譯　上海　中華書局　1934 年
（m.w.）

008480115　MLC－C
有島武郎集
沈端先譯　上海　中華書局　1935 年
現代文學叢刊　（m.w.）

007704240　5933　4481.1
枯葉
（日）林芙美子著　上海　文化生活出版
社　1937 年　（m.w.）

007704257　5933　6242
綿被
田山花袋著　夏丏尊譯　上海　商務印
書館　1932 年　文學研究會叢書
（m.w.）

007704285　5933　8231
春琴鈔
（日）谷崎潤一郎著　上海　文化生活出
版社　1936 年　（m.w.）

007704294　5933　8231.1
谷崎潤一郎集
張克標譯　上海　開明書店　1929 年
（m.w.）

011561046　PL782.C8　C483　1929
初春的風日本新寫實派作品集
沈端先譯　上海　大江書鋪　1929 年
初版　（m.w.）

008458287　MLC－C
接吻
小路實篤加藤　謝六逸譯　1929 年
（m.w.）

007704298　5933　8231.3
神與人之間
谷崎潤一郎原著　李漱泉譯　上海　中
華書局　1934 年　（m.w.）

007704299　5933　8231.4
癡人之愛
（日）谷崎潤一郎著　上海　北新書局
1929 年　再版　（m.w.）

007704312　5933　9641
麥與兵隊
（日）火野葦平著　上海　雜志社　1938
年　（m.w.）

007704324　5946.9　0347
敵軍士兵日記
林植夫等譯　桂林　新知書店　1940 年
（m.w.）

語言文學類

007704330　5946.9　0403
近代日本小品文選
日本諸家作　謝六逸譯　上海　大江書鋪　1932年　(m.w.)

007703824　5947　0224
走向十字街頭
(日)廚川白村著　綠蕉、大傑譯　上海　啟智書局　1928年　初版　表現社叢書　(m.)

007704337　5947　0224.2
小泉八雲及其他
廚川白村[撰]　上海　啟智書局　1934年　再版

007704333　5947　0224b
走向十字街頭
廚川白村著　綠蕉、[劉]大傑譯　上海　啟智書局　1934年　(m.)

007704066　5947　4635.7
思想・山水・人物
魯迅譯　上海　北新書局　1929年　(m.w.)

007705639　5960　0432
日本童話集
許達年譯　上海　中華書局　1931年　(m.w.)

朝鮮語言文學

007705321　5973　6052
忽與果蠃
國立中山大學文史研究所編　廣州　國立中山大學文史研究所　1933年　國立中山大學文史研究所語言學會叢書　(m.)

印歐語言文學

007705528　5976　0442
印度文學
許地山著　上海　商務印書館　1930年　百科小叢書　(m.)

007706976　5976　4287
印度文學
柳無忌著　重慶　中國文化服務社　1945年　再版　青年文庫　(m.)

007707000　5976.3　5510.1
飛鳥集泰戈爾詩選
鄭振鐸譯　上海　商務印書館　1933年　文學研究會叢書　(m.w.)

007706874　5976.4　3273B
孔雀女一名沙恭達羅
盧前譯　上海　正中書局　1947年　印度文學叢刊　(m.w.)

007707027　5976.4　4510　(1)
太戈爾戲曲集(1)
上海　商務印書館　1933年　國難後1版　文學研究會叢書

007464645　5977.05　13
實用波華辭典
張謙編譯　香港　1938年

007707084　5980　0430
西洋演劇史
許家慶編纂　濟南　1916年　(m.)

011597120　PN85.J567　1935
今日歐美小說之動向
趙家璧輯譯　上海　良友圖書印刷公司　1935年　初版　(m.)

011875618　PN3491.Z446　1931
歐美近代小說史
鄭次川著　上海　商務印書館　1931年　（m.）

007707089　5980　1982
歐美小說叢談
孫毓修編纂　濟南　1926年　再版

011887482　PN3459.C6　S8　1916
歐美小說叢談
孫毓修編纂　上海　商務印書館　1916年　初版　文藝叢刻　甲集　（m.）

011884180　PN709.J313　N63　1931
現代文學十二講
（日）昇曙夢著　汪馥泉譯　上海　北新書局　1931年　初版　（m.）

011888969　GR72.Y5　1928
印歐民間故事型式表
楊成志、鍾敬文譯　香港　國立中山大學語言歷史學研究所　1928年　初版　民俗學會小叢書　（m.）

007707102　5980　2162
泰西名小說家略傳
魏易譯　北京　通俗教育研究會　1917年　（m.）

007707105　5980　7228　FC9646　Film Mas 35963
歐洲文學史
周作人著　濟南　1924年　6版　（m.）

007707110　T　5980.8　2549
伊索寓言
上海　商務印書館　1922年　18版　（m.w.）

007707121　5982.4　0430
琪珴康陶
唐努逎著　張聞天譯　上海　中華書局　1940年

007706916　5983　2310
妬誤
黎烈文譯　上海　商務印書館　1933年　世界文學名著

007707132　5983　2472
魂遊記
上海　文明書局　1932年　（m.w.）

007707137　5983　2914
法國文學的故事
徐霞村著　臺北　臺灣商務印書館　1947年　（m.）

011884343　PQ109.H72　1936
法蘭西文學史
夏炎德著　上海　商務印書館　1936年　（m.）

011890591　PQ281.J5　1932
近代法蘭西文學大綱
黃仲蘇編　上海　中華書局發行　1932年　（m.）

008452703　MLC－C
水仙辭
保羅梵樂希著　梁宗岱譯　1937年　3版

011916892　PQ1749.A2　C512　1936
希德悲劇
郭乃意著　王維克譯　上海　生活書店　1936年　（m.w.）

007707141　5983　3334
藝林外史
上海　商務印書館　1930年　（m.w.）

007706899　5983　4234
留滬外史
蘇利哀・莫郎著　張若谷譯　上海　真美善書店　1929年　（m.w.）

009054323　5983　4614
膜外風光不分卷
克里孟索著　林紓、葉于沅譯　濟南　1920年　鉛印　（w.）

007707158　5983　6020
巴黎的婦人
上海　商務印書館　1930年　（m.）

007707967　5983.4　3110
聖女的反面
蕭石君譯　上海　中華書局　1930年　（m.w.）

007707988　5983.4　4074B
悲慘世界一名孤星淚
上海　啟明書局　1937年　（m.w.）

007707891　5983.4　4600.1
莫里哀全集
王了一[王力]譯　上海　國立編譯館　1935年　（m.w.）

007708002　5983.4　4600.19
可笑的女才子
莫里哀著　李健吾譯　上海　開明書店　1949年　（m.w.）

007708006　5983.4　4600.4
德・浦叟雅克先生
上海　開明書店　1949年　（m.w.）

007708010　5983.4　4600.9
黨璜
莫里哀著　李健吾譯　上海　開明書店　1949年

007708017　5983.4　6466
孟德斯榜夫人
羅曼羅蘭著　李琄、辛質譯　上海　商務印書館　1930年　（m.w.）

007707895　5983.4　6466.4
李柳麗
賀之才譯　上海　世界書局　1947年　羅曼羅蘭戲劇叢刊　（m.w.）

007707894　5983.4　6466.5
狼群
沈起予譯　上海　駱駝書店　1947年　（m.w.）

007708045　5983.5　4223
亞森羅蘋俠盜案
勒白朗著　吳鶴聲譯述　上海　春明書店　1937年　（w.）

007707800　5983.5　4270
俠隱記
伍光建譯　上海　商務印書館　1930年　漢譯世界名著　（m.w.）

007708231　5983.5　9270
茶花女遺事
小仲馬著　曉齋主人、冷紅生譯　上海　商務印書館　1937年　万有文庫簡編　（m.w.）

007708261　5983.5　9270.7
茶花女
上海　北新書局　1937年　7版　（m.w.）

007708232　5984　2724
四騎士
伊巴臬茲著　李青崖譯　長沙　商務印書館　1937年　万有文庫簡編　（m.w.）

007708295　5987　6222.7
總建築師
重慶　建國書店　1943 年　（m. w.）

007708301　5987.1　4242
結婚集
上海　中華書局　1932 年　再版
（m. w.）

011735558　PT8890.L483　1928
易卜生研究
劉大傑著　上海　商務印書館　1928 年
（m.）

007708218　5987.4　3100
破產者
郭智石譯　上海　商務印書館　1930 年
　漢譯世界名著　（m. w.）

007869123　5988　2032
咆哮山莊
香港　商務印書館　1942 年　（m. w.）

008454668　MLC–C
奇女格露枝小傳
林紓、陳家麟譯　上海　商務印書館
1916 年　林譯小說　第 2 集　（m. w.）

011983558　PN6261.C5　1916
詩人解頤語
林紓、陳家麟譯　上海　商務印書館
1916 年　（m. w.）

011887020　PL2655.S562　1914　v.99
雙鴛侶
格得史密斯著　商務印書館編譯所編譯
　上海　商務印書館　1914 年　8 版
說部叢書初集　（m. w.）

007869130　5988　2204
英漢對照紅雲種橡實者
上海　商務印書館　1934 年　再版

007869164　5988　2334
奧達茨戲劇集之一自由萬歲　生路
上海　文國社　1941 年

007869167　5988　3137
阿丹諾之鐘
約翰・海爾賽原著　林友蘭譯　重慶
光半月刊社　1945 年　（m. w.）

007869085　5988　4040
審判日
袁俊譯　上海　萬葉書店　1946 年　萬
葉戲劇新輯　（m. w.）

007869067　5988　4242
少婦日記
章鐵民譯　上海　北新書店　1929 年
初版　（m. w.）

007869171　5988　4314
大人物的小故事
台爾・卡乃荃撰　上海　文化供應社
1948 年

007869173　5988　4316
守望萊茵河
重慶　美學出版社　1945 年　（m. w.）

008456455　MLC–C
突擊隊
史沫特萊、斯諾著　黃峰譯　1938 年
（m.）

007869177　5988　4504
我的國家
戴文波著　楊周翰譯　重慶　中外出版
社　1945 年　（m. w.）

007869014　5988　4837
新傳統
趙家璧著　上海　良友圖書印刷公司
1936 年　良友文學叢書　（m.）

007869186　5988　5684
東京日記
重慶　五十年代出版社　1944 年
（m.）

007869189　5988　6731
勇士們
恩尼・派爾著　林疑今譯　重慶　中外出版社　1945 年　（m. w.）

007869194　5988　7164
還鄉記
Edgar Rice Burroughs 著　曹梁廈譯述　長沙　商務印書館　1938 年　（m. w.）

007869204　5988　7264
大街
劉易士傑撰　天津　大公報館　1932 年　（m. w.）

007869205　5988　9028
小泉八雲文學講義
北平　聯華書店　1931 年

011931093　PR5431.C4　1949
詩人雪萊的故事
鄭清文撰　上海　文化供應社　1947 年　初版　少年文庫

011984249　PN3347.F8612　1938
小說與民眾
福斯脫原著　何家槐譯　上海　生活書店　1938 年　初版　（m.）

011986721　PR801.H312　1948
一九三九年以來英國散文作品
楊絳譯　上海　商務印書館　1948 年　英國文化叢書　（m. w.）

011892176　PR57.F3　1939
英國詩文研究集
方重撰　長沙　商務印書館　1939 年（m.）

011889276　PR85.D4512　1930
英國文學史
F. Sefton Delmer 著　林惠元譯　上海北新書局　1930 年　初版　文學史叢書（m.）

007869223　5988.1　9281
英國文學研究
上海　現代書局　1932 年　（m.）

011903045　PR821.C812　1936
英國小說發展史
周其勳、李未農、周駿章合譯　南京　國立編譯館　1936 年　（m.）

011895432　PR98.H7　1934
英吉利文學
徐名驥著　王雲五主編　上海　商務印書館　1934 年　初版　百科小叢書（m.）

007869016　5988.1　9281.2
文學的畸人
（日）小泉八雲講演　侍桁［韓侍桁］譯　上海　商務印書館　1934 年　初版（m.）

007870198　5988.4　0144
相鼠有皮
顧德隆改譯　上海　商務印書館　1925 年　通俗戲劇叢書　（m. w.）

007870286　5988.4　0234
法網
哥爾斯華綏原著　郭沫若譯　上海　創造社出版部　1927 年　（m. w.）

007870238　5988.4　0234.1
正義

哥爾斯華綏[高斯華綏]著　方安、史國綱譯　上海　商務印書館　1936 年（m.w.）

007870223　5988.4　2710
天外
奧奈爾[歐奈爾]著　古有誠譯　上海　商務印書館　1933 年　（m.w.）

007870287　5988.4　3565
第五縱隊
海明威著　馮亦代譯　重慶　新生圖書文具公司　1942 年　（m.w.）

007870098　5988.4　4222
蕭伯納的研究
林履信著　上海　商務印書館發行　1937 年

007870229　5988.4　4222.2
千歲人
蕭伯納[蕭蕚]著　胡仁源譯　上海　商務印書館　1936 年　世界文學名著（m.w.）

007870230　5988.4　4222.4
鄉村求愛
蕭伯納[蕭蕚]著　黃嘉德譯　上海　商務印書館　1935 年　世界文學名著（m.w.）

011931129　PR6025.A7　T7　1931
蘭姑娘的悲劇
梅士斐兒著　饒孟侃譯　上海　中華書局　1931 年　現代文學叢刊　（m.w.）

007870288　5988.4　4222.44
英雄與美人
蕭伯納著　中暇譯　上海　商務印書館　1947 年　文學研究會叢書　（m.w.）

009113549　PR6025.A86　O6　1943x
中國見聞雜記
Somerset Maugham 著　胡仲持註釋　桂林　開明書店　1943 年　初版　(m.)

007870203　5988.4　4421.2b
李爾王
梁實秋譯　上海　商務印書館　193? 年　（m.w.）

008457269　MLC–C
柔蜜歐與幽麗葉
莎士比亞著　曹禺譯　上海　上海文化生活出版社　194? 年　譯文叢書

007870239　5988.4　4442
煙草路
考克蘭德改編　賀孟斧譯　上海　群益出版社　1946 年　群益翻譯劇叢（m.w.）

007870358　5988.4　4464
人鼠之間
約翰·史坦倍克著　樓風譯　重慶　東方書社　1943 年　（m.w.）

007870372　5988.5　0444
石炭王
Upton Sinclair[辛克萊]著　坎人[郭沫若]譯　上海　樂群書店　1929 年（m.w.）

007870380　5988.5　1894
一粒鑽
Mary Cholmondeley 原著　貢少芹、石知恥合譯　上海　文明書局　1929 年（m.w.）

007870381　5988.5　2112　5988.5　2112 (1933)
小婦人
奧爾珂德著　鄭曉滄譯　杭州　浙江印

刷公司　1932 年　（m. w.）

007871078　5988.5　2400
雙花記
自由生譯　上海　沈鶴記　1919 年

007871081　5988.5　3347
一個民主的鬥士公民湯・潘恩
法斯特原著　艾秋節譯　重慶　良友復興圖書印刷公司　1945 年　（w.）

007871083　5988.5　3811
大地
賽珍珠著　由稚吾譯　上海　啟明書局　1937 年　（m. w.）

007871094　5988.5　4246
解放是榮耀的
裘屈羅・斯坦因作　徐遲譯　重慶　新群出版社　1945 年　新群文藝叢書　（w.）

007871106　5988.5　4431
血書
柯南・道爾原著　胡濟濤編譯　上海　春明書店　1938 年

011916977　QH31.D2　M3　1930
達爾文
馬君武著　上海　商務印書館　1930 年　百科小叢書　（m.）

011882858　QE31.Z45　1926
地質學者達爾文
張資平著　上海　商務印書館　1926 年　初版　中華學藝社學藝彙刊　（m.）

011907097　PQ2289.Q312　1913
[法國革命小說]九十三年
囂俄著　東亞病夫譯　上海　有正書局　1913 年　（m.）

011938408　QE22.G23　C46　1935
蓋基傳
張資平著　上海　商務印書館　1935 年　初版　自然科學小叢書　（m.）

011895557　PR4753.L5　1938
哈代評傳
李田意著　上海　商務印書館　1938 年　初版　（m.）

007871056　5988.6　4432
華茨華斯及其序曲
李祁著　上海　商務印書館　1947 年　（m.）

011890154　PQ2353.S85　1929
莫泊桑生活
孫席珍編著　上海　世界書局　1929 年　生活叢書　（m.）

011882570　PR2979.C5　Z468　1929
莎士比亞
周越然著　上海　商務印書館　1929 年　百科小叢書　（m.）

007871167　5989　1307
碧玻璃
張諤臣撰　上海　文明書局　1932 年

011884275　PT93.L7　1928
德國文學概論
劉大傑編　上海　北新書局　1928 年　（m.）

007871172　5990　1328
德國文學史大綱
張傳普著　上海　中華書局　1926 年　（m.）

011935210　PT101.T36　1932
德國文學史略
唐性天編　漢口　江漢印書館　1932 年

011887373　PT93.Y94　1933
德意志文學史
余祥森編　上海　商務印書館　1933 年初版　(m.)

011723372　PT395.M312　1947
文藝史學與文藝科學
Werner Mahrholz 原著　李長之譯　上海　商務印書館發行　1947 年　上海初版　(m.)

007871186　5990　3214
春醒
衛德耿著　湯元吉譯　上海　商務印書館　1928 年　(m.w.)

007870986　5990　4254
遲開的薔薇
巴金譯　上海　文化生活出版社　1948 年　(m.w.)

007871002　5990　7981
中德文學研究
陳銓著　上海　商務印書館　1936 年初版　(m.)

007871231　5990.3　4971
春情曲
哥德等著　林凡譯　上海　正風出版社　1947 年　(m.w.)

007871054　5990.4　1182
寂寞的人們
霍普德曼著　鍾國仁譯　上海　商務印書館　1930 年　世界文學名著　(m.w.)

007870980　T　5990.4　1823
浮士德百三十圖
郭沫若編述　Franz Staffen 繪　香港　群益出版社　1947 年　(m.)

007871481　5990.4　1823.5
史推拉
歌德原著　湯元吉譯　上海　商務印書館　1925 年　(m.)

007871441　5990.5　1823
少年維特之煩惱
郭沫若譯　香港　群益出版社　1949 年　(m.w.)

007871490　5990.5　1823.3
迷娘
歌德原著　余文炳譯　上海　復興書局　1936 年　(m.)

007871494　5990.5　1823.4　FC5876(18)
女性和童話
歌德原著　胡仲持譯　香港　智源書局　1949 年　(m.w.)

007871449　5990.5　1823a
少年維特之煩惱
歌德原著　郭沫若譯　上海　創造社　1927 年　創造社世界名著選　(m.w.)

007871334　5991　7141
秋天裏的春天
巴金著　上海　開明書店　1949 年　15 版　(m.w.)

008449621　MLC－C
貴族之家
屠格涅夫著　麗尼譯　上海　文化生活出版社發行　1941 年　4 版　屠格涅夫選集

011880673　PG3367.C5　L86　1915
羅剎因果錄
林紓筆述　陳家麟譯意　上海　商務印書館　191? 年　林譯小說　第 2 集　(m.w.)

008327875　5992　2150
蠢貨
曹靖華譯　上海　開明書店　1946 年
（m.）

007871518　5992　2150.1
草原
桂林　新光書店　1942 年　（m.w.）

007871453　5992　2215.4
希特勒的傑作
大野俊一日譯　吳天、陳非璜譯　上海
潮鋒出版社　1939 年　反法西斯世界
名劇

007871446　5992　2347
櫻桃園
焦菊隱譯　上海　作家書屋　1947 年
世界名劇選　（m.w.）

007871533　5992　4462
瀝血鴛鴦
蔣景緘撰　上海　文明書局　1932 年

008318902　5992　5114
復活
夏衍改編　重慶　美學出版社　1943 年
初版　海濱小集　（m.w.）

007871541　5992　6560.4
郭果爾研究
（日）岡澤秀虎著　上海　中華書局
1937 年　（m.）

007873254　5992　6560.44
郭果爾短篇小說集
上海　辛墾書店　1934 年　（m.）

008445427　MLC-C
沙寧
阿志巴綏夫著　鄭振鐸譯　上海　商務
印書館　1930 年　（m.w.）

007873286　5992.01　2197
俄語捷徑
程耀臣編譯　哈爾濱　商務印書館
1916 年

007873316　5992.01　8422
怎樣學習俄文
八彬貞利編　牛光夫譯　廣州　聯友出
版社　1943 年　（m.）

007874250　5992.4　2441
怒吼罷中國
特來卻可夫原著　潘子農重譯　上海
上海良友圖書公司　1935 年

007874271　5992.4　5145.6
黑暗之勢力
托爾斯泰著　耿濟之譯　上海　商務印
書館　1921 年　（m.）

007874274　5992.4　5604
白茶
曹靖華譯　廣州　開明書店　1947 年
（m.）

011918323　PG3250.C5　P3　1940
白茶
曹靖華譯　上海　開明書店　1940 年
未名社叢書　（m.）

007874277　5992.4　5610
欽差大臣
戈果理著　唯明譯註　上海　教育書店
1947 年　（m.）

007874291　5992.5　0214
意大利故事
高爾基著　適夷譯　上海　開明　1949
年　（m.w.）

007871504　5992.5　0214.6
四十年代上冊
麥耶夫譯　上海　聯合書店　1931 年
（m. w.）

008787630　MLC－C
鋼鐵是怎樣煉成的
奧斯托洛夫斯基著　彌沙譯　重慶　國訊書店　1934 年　初版　（m. w.）

008055976　MLC－C
藍圍巾
L. 索勃列夫等著　茅盾等譯　上海　中蘇文化協會編譯委員會　1946 年
（m. w.）

008458327　MLC－C
没落
高爾基著　陳小航譯　1932 年　（w.）

011896140　BF1078. S4　1927
夢
舒新城編　上海　中華書局　1927 年　初版　常識叢書　（m.）

007874298　5992.5　0214.8
人間
高爾基著　適夷譯　上海　開明　1949 年　（m. w.）

007874304　5992.5　2315
我是勞動人民的兒子
卡達耶夫著　曹靖華譯　張家口　新華書店　1945 年　（m.）

007875114　5992.5　4310.3
遠方
蓋達爾著　尚佩秋、曹靖華合譯　上海　文化生活出版社　1947 年　5 版　青年讀物叢刊　（m. w.）

007875161　5992.5　5145
假利券
托爾斯泰著　楊明齋譯　上海　商務印書館　1922 年

007875168　5992.5　6241　T　5992.5　6241
恐懼與無畏
別克原著　廣州　晉冀魯豫軍區政治部　1946 年　（m.）

007874938　5992.5　6241b
恐懼與無畏潘菲洛夫師的戰士在第一道火綫上
別克原著　張家口　新華書店晉察冀分店　1946 年　（m.）

007875169　5992.5　6241c
恐懼與無畏
別克原著　廣州　中原新華書店　1949 年　（m.）

007875176　5992.5　7610
路
巴別爾等著　周揚譯　上海　生活書店　1936 年　小型文庫　（m. w.）

007711988　5974　0035　FC8920　Film　Mas　34312
説部叢書初集
商務印書館編譯所編　上海　商務印書館　1914 年　再版

007712685　5974　0035　（2）
劇場奇案
福爾奇斯休姆　商務印書館編譯所編譯　上海　商務印書館　1914 年　説部叢書初集　第 2 編　（m. w.）

007712686　5974　0035　（6）
案中案
屠哀爾士　商務印書館編譯所編譯　上海　商務印書館　1914 年　説部叢書初

集　第6編　(m.w.)

007712687　5974　0035　(8)
吟邊燕語
沙士比[莎士比亞]　商務印書館編譯所編譯　上海　商務印書館　1914年　説部叢書初集　第8編　(m.w.)

007712688　5974　0035　(9)
美洲童子萬里尋親記
亞丁撰　商務印書館編譯所編譯　上海　商務印書館　1914年　説部叢書初集　(m.w.)

007711986　5974　0035　(12)
回頭看
威士著　商務印書館編譯所譯述　上海　商務印書館　1913年　初版　説部叢書初集　第12編　(m.w.)

007712689　5974　0035　(13)
迦茵小傳
哈葛德　商務印書館編譯所編譯　上海　商務印書館　1914年　説部叢書初集　第13編　(m.)

007712690　5974　0035　(14)
降妖記
商務印書館編譯所編譯　上海　商務印書館　1914年　説部叢書初集　第14編　(m.w.)

007712691　5974　0035　(15)
珊瑚美人
商務印書館編譯所編譯　上海　商務印書館　1914年　説部叢書初集　第15編　(m.w.)

007712692　5974　0035　(16)
賣國奴
商務印書館編譯所編譯　上海　商務印書館　1914年　説部叢書初集　第16編　(m.w.)

007712693　5974　0035　(18)
懺情記上、下
商務印書館編譯所編譯　上海　商務印書館　1914年　説部叢書初集　第18編

007712694　5974　0035　(20)
英孝子火山報仇錄上、下
商務印書館編譯所編譯　上海　商務印書館　1914年　説部叢書初集　第20編　(m.w.)

007712695　5974　0035　(21)
雙指印
商務印書館編譯所編譯　上海　商務印書館　1914年　説部叢書初集　第21編　(m.w.)

007837912　5974　0035　(22)
鬼山狼俠傳
商務印書館編譯所編譯　上海　商務印書館　1914年　説部叢書初集　(m.w.)

007712696　5974　0035　(23)
曇花夢
商務印書館編譯所編譯　上海　商務印書館　1914年　説部叢書初集　第23編　(m.w.)

007712697　5974　0035　(24)
指環黨
商務印書館編譯所編譯　上海　商務印書館　1914年　説部叢書初集　第24編　(m.w.)

007712698　5974　0035　(25)
巴黎繁華記上、下

商務印書館編譯所編譯　上海　商務印書館　1914年　說部叢書初集　第25編　(m.w.)

007712699　5974　0035　(26)
斐洲煙水愁城錄上、下
哈葛德　商務印書館編譯所編譯　上海　商務印書館　1914年　說部叢書初集　第26編　(m.w.)

007712700　5974　0035　(27)
撒克遜劫後英雄略上、下
司各德　商務印書館編譯所編譯　上海　商務印書館　1914年　說部叢書初集　第27編　(m.w.)

007712701　5974　0035　(28)
桑伯勒包探案
商務印書館編譯所編譯　上海　商務印書館　1914年　說部叢書初集　第28編　(m.w.)

007712702　5974　0035　(29)
一束緣
李來姆　商務印書館編譯所編譯　上海　商務印書館　1914年　說部叢書初集　第29編　(w.)

007712703　5974　0035　(31)
寒桃記上、下
黑巖淚香　商務印書館編譯所編譯　上海　商務印書館　1914年　說部叢書初集　第31編　(m.w.)

007712704　5974　0035　(32)
玉雪留痕
哈葛德　商務印書館編譯所編譯　上海　商務印書館　1914年　說部叢書初集　第32編　(m.w.)

007712705　5974　0035　(33)
魯濱孫飄流記上、下
達孚著　商務印書館編譯所編譯　上海　商務印書館　1914年　說部叢書初集　第33編　(m.w.)

007837374　5974　0035　(34)
魯濱孫飄流記
達孚著　商務印書館編譯所編譯　上海　商務印書館　1914年　說部叢書初集　(m.w.)

007712706　5974　0035　(37)
澳洲歷險記
櫻井彥一郎　商務印書館編譯所編譯　上海　商務印書館　1914年　說部叢書初集　第37編　(m.w.)

007712707　5974　0035　(38)
秘密電光艇
押川春浪　商務印書館編譯所編譯　上海　商務印書館　1914年　說部叢書初集　第38編　(m.w.)

007712708　5974　0035　(39)
蠻荒志異上、下
商務印書館編譯所編譯　上海　商務印書館　1914年　說部叢書初集　第39編　(m.w.)

007712709　5974　0035　(40)
阱中花上、下
巴爾勒斯　商務印書館編譯所編譯　上海　商務印書館　1914年　說部叢書初集　第40編　(m.w.)

007712710　5974　0035　(41)
寒牡丹上、下
尾崎紅葉著　商務印書館編譯所編譯　上海　商務印書館　1914年　說部叢書初集　第41編　(m.w.)

007712711　5974　0035　(43)
三字獄
赫穆撰　商務印書館編譯所編譯　上海　商務印書館　1914年　説部叢書初集第43編　(m.w.)

007712712　5974　0035　(44)
紅柳娃
栢拉蒙　商務印書館編譯所編譯　上海　商務印書館　1914年　説部叢書初集第44編　(m.w.)

007712727　HD　0035　(46)
海外軒渠録
狂生斯威佛特　商務印書館編譯所編譯　上海　商務印書館　1914年　説部叢書初集第46編　(m.w.)

007712713　5974　0035　(48)
煉才爐
商務印書館編譯所編譯　上海　商務印書館　1914年　説部叢書初集　第48編　(m.w.)

007712714　5974　0035　(49)
七星寶石
勃藍姆司道格　商務印書館編譯所編譯　上海　商務印書館　1914年　説部叢書初集　第49編　(m.w.)

007838096　5974　0035　(51)
三藩市
諾阿布羅克士著　褚嘉猷譯述　上海　商務印書館　1914年　説部叢書初集　(m.w.)

007712715　5974　0035　(52)
俠黑奴
尾崎德太郎著　商務印書館編譯所編譯　上海　商務印書館　1914年　説部叢書初集　第52編　(m.w.)

007712725　5974　0035　(53)
美人煙草
尾崎德太郎著　商務印書館編譯所編譯　上海　商務印書館　1914年　説部叢書初集　第53編　(m.w.)

007712716　5974　0035　(55)
鐵錨手
般福德倫納著　商務印書館編譯所編譯　上海　商務印書館　1914年　説部叢書初集　第55編　(m.w.)

007712717　5974　0035　(56)
霧中人上中下
哈葛德　商務印書館編譯所編譯　上海　商務印書館　1914年　説部叢書初集　第56編　(m.w.)

007712718　5974　0035　(57)
蠻陬奮跡記
特來生　商務印書館編譯所編譯　上海　商務印書館　1914年　説部叢書初集　第57編　(m.w.)

007712719　5974　0035　(58)
橡湖仙影上中下
哈葛德　商務印書館編譯所編譯　上海　商務印書館　1914年　説部叢書初集　第58編　(m.w.)

007712720　5974　0035　(59)
波乃茵傳
赫拉著　商務印書館編譯所編譯　上海　商務印書館　1914年　説部叢書初集　第59編　(m.w.)

007712721　5974　0035　(60)
尸櫝記
華爾登　商務印書館編譯所編譯　上海　商務印書館　1914年　説部叢書初集　第60編　(m.w.)

007712726　5974　0035　(62)
神樞鬼藏録上、下
亞瑟毛利森　商務印書館編譯所編譯
上海　商務印書館　1914年　説部叢書
初集　第62編　(m.w.)

007712722　5974　0035　(64)
秘密地窟
華司　商務印書館編譯所編譯　上海
商務印書館　1914年　説部叢書初集
第64編　(m.w.)

007712723　5974　0035　(66)
世界一周
渡邊氏　商務印書館編譯所編譯　上海
　商務印書館　1914年　説部叢書初集
　第66編　(m.w.)

007712724　5974　0035　(67)
真偶然
伯爾　商務印書館編譯所編譯　上海
商務印書館　1914年　説部叢書初集
第67編　(m.w.)

007712728　5974　0035　(69)
希臘神話
巴德文著　商務印書館編譯所編譯　上
海　商務印書館　1914年　説部叢書初
集　第69編　(m.w.)

007712729　5974　0035　(71)
圓石案
葛雷著　商務印書館編譯所編譯　上海
　商務印書館　1914年　説部叢書初集

007712730　5974　0035　(72)
寶石城
白髭拜　商務印書館編譯所編譯　上海
　商務印書館　1914年　説部叢書初集
　第72編　(m.w.)

007712731　5974　0035　(73)
雙冠璽
特渴不厄拔佇　商務印書館編譯所編譯
　上海　商務印書館　1914年　説部叢
書初集　第73編　(m.w.)

007712732　5974　0035　(74)
畫靈
曉公偉　商務印書館編譯所編譯　上海
　商務印書館　1914年　説部叢書初集
　第74編　(m.w.)

007712733　5974　0035　(75)
航海少年
商務印書館編譯所編譯　上海　商務印
書館　1914年　説部叢書初集　第75
編　(m.w.)

007712734　5974　0035　(76)
多那文包探案
狄克多那文著　商務印書館編譯所編譯
　上海　商務印書館　1914年　説部叢
書初集　第76編　(m.w.)

007712735　5974　0035　(77)
一萬九千磅
般福德倫約著　商務印書館編譯所編譯
　上海　商務印書館　1935年　説部叢
書初集　第77編　(m.w.)

011808299　PL2655.S562　1914　v.70
指中秘録上、下
麥區蘭　商務印書館編譯所編譯　上海
　商務印書館　1914年　説部叢書初集
　(m.w.)

007712736　5974　0035　(78)
紅星佚史
羅達哈葛德、安度闌俱　商務印書館編
譯所編譯　上海　商務印書館　1914年
　説部叢書初集　第78編　(m.w.)

007712737　5974　0035　(79)
金絲髮
格離痕　商務印書館編譯所編譯　上海　商務印書館　1914年　說部叢書初集第79編　(m.w.)

007712738　5974　0035　(80)
朽木舟
櫻井彥一郎　商務印書館編譯所編譯　上海　商務印書館　1914年　說部叢書初集　第80編　(m.w.)

007712739　5974　0035　(81)
塚中人
密羅　商務印書館編譯所編譯　上海　商務印書館　1914年　說部叢書初集　第81編

007712742　5974　0035　(82)
愛國二童子傳上、下
沛那　商務印書館編譯所編譯　上海　商務印書館　1914年　說部叢書初集　第82編　(m.w.)

007712740　5974　0035　(83)
盜窟奇緣
蒲斯培　商務印書館編譯所編譯　上海　商務印書館　1914年　說部叢書初集　第83編　(m.w.)

007712741　5974　0035　(84)
鬼士官
少栗風葉　商務印書館編譯所編譯　上海　商務印書館　1914年　說部叢書初集　第84編　(m.)

007712743　5974　0035　(85)
鴛盟離合記上、下
黑巖淚香　商務印書館編譯所編譯　上海　商務印書館　1914年　說部叢書初集　第85編　(w.)

007712744　5974　0035　(86)
苦海餘生錄
白來登女士　商務印書館編譯所編譯　上海　商務印書館　1914年　說部叢書初集　第86編　(m.w.)

007712745　5974　0035　(87)
復國軼聞
波士俾　商務印書館編譯所編譯　上海　商務印書館　1914年　說部叢書初集　第87編　(m.w.)

007712746　5974　0035　(89)
媒孽奇談
白郎脫　商務印書館編譯所編譯　上海　商務印書館　1914年　說部叢書初集　第89編　(m.w.)

007714061　5974　0035　(90)
一仇三怨
沙斯惠夫人　商務印書館編譯所編譯　上海　商務印書館　1914年　說部叢書初集　第90編　(m.w.)

007714062　5974　0035　(91)
新飛艇
尾楷忒星期報社　商務印書館編譯所編譯　上海　商務印書館　1914年　說部叢書初集　第91編　(m.w.)

007714063　5974　0035　(92)
冰天漁樂記
經司頓著　商務印書館編譯所編譯　上海　商務印書館　1914年　說部叢書初集　第92編　(m.w.)

007714064　5974　0035　(93)
三人影
樂林司郎治　商務印書館編譯所編譯　上海　商務印書館　1914年　說部叢書初集　第93編　(m.w.)

007714065　5974　0035　(94)

橘英男

楓村居士　商務印書館編譯所編譯　上海　商務印書館　1914年　說部叢書初集　第94編　(m.)

007714066　5974　0035　(96)

化身奇談

商務印書館編譯所編譯　上海　商務印書館　1914年　說部叢書初集　第96編　(m.w.)

007714067　5974　0035　(97)

新天方夜譚

路易司地文、佛尼司地文　商務印書館編譯所編譯　上海　商務印書館　1914年　說部叢書初集　第97編　(m.w.)

007714068　5974　0035　(98)

雙喬記

杜伯　商務印書館編譯所編譯　上海　商務印書館　1914年　說部叢書初集　第98編　(m.w.)

011875552　PR3991.L3　C5　1921

癡郎幻影

林紓、陳器譯　上海　商務印書館　1918年　林譯小說　第2集　(m.w.)

011914365　PQ2625.A49　C5　1923

梅脫靈戲曲集

湯澄波譯　上海　商務印書館　1923年　文學研究會叢書　(m.w.)

007885128　5974　0035.2　FC9057

說部叢書二集

上海　商務印書館　1915年

007844205　5974　0035.2　(1)

孝女耐兒傳倫理小說

卻而司・迭更司原著　林紓、魏易譯述　上海　商務印書館　1915年　4版　說部叢書　第2集　(m.w.)

007844272　5974　0035.2　(5)

電影樓臺社會小說

柯南達利著　林紓、魏易譯述　上海　商務印書館　1915年　3版　說部叢書　第2集　(m.w.)

007844310　5974　0035.2　(6)

冰雪因緣社會小說

卻而司・迭更司著　林紓、魏易譯述　上海　商務印書館　1915年　3版　說部叢書　第2集　(m.)

007844326　5974　0035.2　(9)

歇洛克奇案開場偵探小說

科南達利著　林紓、魏易譯述　上海　商務印書館　1915年　3版　說部叢書　第2集　(m.w.)

007846149　5974　0035.2　(10)　Film Mas 34312

髯刺客傳歷史小說

科南達利著　林紓、魏易譯述　上海　商務印書館　1915年　再版　說部叢書　第2集　(m.w.)

007845848　5974　0035.2　(11)　Film Mas 34312

大食故宮餘載歷史故事

華盛頓・歐文原著　林紓、魏易譯述　上海　商務印書館　1915年　3版　說部叢書　第2集　(m.w.)

007845879　5974　0035.2　(12)　Film Mas 34312

黑太子南征錄軍事小說

科南達利著　林紓、魏易譯述　上海　商務印書館　1915年　再版　說部叢書　第2集　(m.w.)

007847787　5974　0035.2　(13)　Film Mas 34312
金風鐵雨錄軍事小説
科南達利著　林紓、魏易譯述　上海商務印書館　1915年　3版　説部叢書　第2集　（m.w.）

007847807　5974　0035.2　(14)　Film Mas 34312
西奴林娜小傳言情小説
安東尼·賀迫原著　林紓、魏易譯述　上海　商務印書館　1915年　3版　説部叢書　第2集　（m.w.）

007847811　5974　0035.2　(15)　Film Mas 34479
賊史社會小説
卻而司·迭更司著　林紓、魏易譯述　上海　商務印書館　1915年　再版　説部叢書　第2集　（m.w.）

007846048　5974　0035.2　(17)　Film Mas 34479
旅行述異滑稽小説
華盛頓·歐文著　林紓、魏易譯述　上海　商務印書館　1915年　3版　説部叢書　第2集　（m.w.）

007846063　5974　0035.2　(18)　Film Mas 34479
西利亞郡主別傳言情小説
馬支孟德著　林紓、魏易譯述　上海商務印書館　1915年　3版　説部叢書　第2集　（m.w.）

007847832　5974　0035.2　(19)
璣司刺虎記言情小説
哈葛德著　陳家麟、林紓譯述　上海商務印書館　1915年　再版　説部叢書　第2集　（m.w.）

007846113　5974　0035.2　(20)　Film Mas 34479
劍底鴛鴦
司各德著　林紓、魏易譯述　上海　商務印書館　1915年　4版　説部叢書　第2集　（m.w.）

007885131　5974　0035.2　(22)
滑稽外史滑稽小説
卻而司·迭更司著　林紓、魏易譯述　上海　商務印書館　1915年　4版　説部叢書　第2集　（m.w.）

007846180　5974　0035.2　(24)　Film Mas 34479
天囚懺悔錄社會小説
約翰·沃克森罕著　林紓、魏易譯述　上海　商務印書館　1915年　再版　説部叢書　第2集　（m.w.）

007846189　5974　0035.2　(25)　Film Mas 34479
脂粉議員社會小説
司丢阿忒著　林紓、魏易譯述　上海商務印書館　1915年　再版　説部叢書　第2集　（m.w.）

007885132　5974　0035.2　(29)　Film Mas 34479
十字軍英雄記軍事小説
司各德著　林紓、魏易譯述　上海　商務印書館　1915年　3版　説部叢書　第2集　（m.w.）

007885133　5974　0035.2　(30)
恨綺愁羅記歷史小説
柯南達利著　林紓、魏易譯述　上海商務印書館　1915年　4版　説部叢書　第2集　（m.w.）

007885134　5974　0035.2　(31-32)
玉樓花劫歷史小説
大仲馬著　林紓、李世中譯述　上海商務印書館　1915年　3版　説部叢書　第2集

011929624　5974　0035.2　(33)
大俠紅蘩蕗傳義俠小説

阿克西著　魏易口譯、林紓筆述　上海
　　商務印書館　1915年　説部叢書　第
2集

007846262　5974　0035.2　(34)　Film Mas 34479
彗星奪塔記社會小説
卻洛得・倭康、諾埃・克爾司著　林紓、
魏易譯述　上海　商務印書館　1915年
　　再版　説部叢書　第2集

007886080　5974　0035.2　(35)
雙雄較劍錄言情小説
哈葛德著　林紓、陳家麟譯述　上海
商務印書館　1915年　再版　説部叢書
　　第2集　(m.w.)

007886084　5974　0035.2　(36)
薄倖郎言情小説
鎖司倭司著　林紓、陳家麟譯述　上海
　　商務印書館　1915年　再版　説部叢
書　第2集

007886087　5974　0035.2　(37)
蟹蓮郡主傳政治小説
大仲馬著　林紓、王慶通譯述　上海
商務印書館　1915年　再版　説部叢書
　　第2集　(m.w.)

007886089　5974　0035.2　(38)
澗中花諷世小説
爽梭阿過伯著　林紓、王慶通譯述　上
海　商務印書館　1915年　初版　説部
叢書　第2集　(m.w.)

007886094　5974　0035.2　(39)
羅刹因果錄筆記小説
托爾斯泰著　林紓、陳家麟譯述　上海
　　商務印書館　1915年　再版　説部叢
書　第2集　(m.w.)

007886096　5974　0035.2　(40)
殘蟬曳聲錄政治小説
則次希洛著　林紓、陳家麟譯述　上海
　　商務印書館　1915年　再版　説部叢
書　第2集　(m.w.)

007886097　5974　0035.2　(42)
漫郎攝實戈言情小説
上海　商務印書館　1915年　3版　説
部叢書　第2集　(m.w.)

007886099　5974　0035.2　(43)
哀吹錄筆記小説
巴魯薩著　林紓、陳家麟譯述　上海
商務印書館　1915年　再版　説部叢書
　　第2集　(m.w.)

007886103　5974　0035.2　(44)
羅刹雌風偵探小説
希洛著　林紓、力樹薐譯述　上海　商
務印書館　1915年　再版　説部叢書
第2集　(m.w.)

007886105　5974　0035.2　(45)
義黑義俠小説
德羅尼著　林紓、廖琇昆譯述　上海
商務印書館　1915年　再版　説部叢書
　　第2集　(m.w.)

007886108　5974　0035.2　(47)
俠女郎冒險小説
押川春郎著　吳檮譯述　上海　商務刋
書館　1915年　再版　説部叢書　第2
集　(m.w.)

007886109　5974　0035.2　(49)
續俠隱記義俠小説
上海　商務印書館　1915年　説部叢書
　　第2集　(m.w.)

007886110　5974　0035.2　(50)
八十日冒險小說
裴爾・俾奴著　叔子譯述　上海　商務印書館　1915年　再版　説部叢書　第2集　(m.w.)

007886112　5974　0035.2　(52)
血泊鴛鴦言情小說
哈葛德著　薛一諤、陳家麟譯述　上海　商務印書館　1915年　再版　説部叢書　第2集　(m.w.)

007886113　5974　0035.2　(53)
孤星淚礪志小說
赫拉著　商務印書館編譯所譯述　上海　商務印書館　1915年　再版　説部叢書　第2集　(m.w.)

007886116　5974　0035.2　(54)
露惜傳哀情小說
司各德著　陳大燈、陳家麟譯述　上海　商務印書館　1915年　説部叢書　第2集　(m.w.)

007886117　5974　0035.2　(55)
亞媚女士別傳言情小說
卻而司・迭更司著　薛一諤、陳家麟譯述　上海　商務印書館　1915年　再版　説部叢書　第2集　(m.w.)

007886119　5974　0035.2　(56)
笑裏刀社會小說
史提文森著　薛一諤、陳家麟譯述　上海　商務印書館　1915年　3版　説部叢書　第2集　(m.w.)

007886120　5974　0035.2　(57)
續笑裏刀社會小說
史提文森著　枕流譯　上海　商務印書館　1915年　初版　説部叢書　第2集　(m.)

007886124　5974　0035.2　(58)
黑樓情孽哀情小說
馬尺芒忒著　林紓、陳家麟譯述　上海　商務印書館　1915年　再版　説部叢書　第2集　(m.w.)

007886130　5974　0035.2　(59)
博徒別傳社會小說
柯南達利著　陳大燈、陳家麟譯述　上海　商務印書館　1915年　再版　説部叢書　第2集　(m.w.)

007886140　5974　0035.2　(61)
遮那德自伐八事義俠小說
柯南達利著　陳大燈、陳家麟譯述　上海　商務印書館　1915年　再版　説部叢書　第2集　(m.w.)

007886146　5974　0035.2　(63)
雪花圍醒世小說
托爾斯泰著　雪生譯述　上海　商務印書館　1915年　初版　説部叢書　第2集　(w.)

007886160　5974　0035.2　(64)
鐘乳髑髏冒險小說
哈葛德著　林紓、曾宗鞏譯述　上海　商務印書館　1915年　3版　説部叢書　第2集

007886166　5974　0035.2　(67)
模範町村政治小說
橫井時敬著　唐人傑、徐鳳書譯述　上海　商務印書館　1915年　再版　説部叢書　第2集　(m.w.)

007886175　5974　0035.2　(68)
白頭少年社會小說

蓋婆賽著　陳家麟譯述　上海　商務印書館　1915 年　再版　說部叢書　第 2 集　(m.w.)

007886177　HD　0035.2　(69)
青衣記言情小說
商務印書館譯　上海　商務印書館　1915 年　3 版　說部叢書　第 2 集　(m.w.)

007886180　5974　0035.2　(70)
美人磁言情小說
商務印書館譯　上海　商務印書館　1915 年　3 版　說部叢書　第 2 集　(m.w.)

007886183　5974　0035.2　(71)
青藜影言情小說
布斯俾著　薛一諤、陳家麟譯述　上海　商務印書館　1915 年　3 版　說部叢書　第 2 集　(m.)

007886185　5974　0035.2　(72)
海外拾遺筆記小說
商務印書館譯　上海　商務印書館　1915 年　再版　說部叢書　第 2 集　(w.)

007886189　5974　0035.2　(73)
洪荒鳥獸記科學小說
柯南達利著　李薇香譯述　上海　商務印書館　1915 年　再版　說部叢書　第 2 集　(m.w.)

007886197　5974　0035.2　(75)
錯中錯言情小說
商務印書館譯　上海　商務印書館　1915 年　3 版　說部叢書　第 2 集　(m.w.)

007886200　5974　0035.2　(76)
雪市孤蹤言情小說
天行譯　上海　商務印書館　1915 年　初版　說部叢書　第 2 集　(w.)

007886201　5974　0035.2　(77)
墮淚碑哀情小說
商務印書館譯　上海　商務印書館　1915 年　4 版　說部叢書　第 2 集　(m.w.)

007886209　5974　0035.2　(78)
希臘興亡記歷史小說
彼得巴厘著　曾宗鞏譯述　上海　商務印書館　1915 年　再版　說部叢書　第 2 集　(m.w.)

007886210　5974　0035.2　(80)
西班牙宮闈瑣語歷史小說
商務印書館譯　上海　商務印書館　1915 年　再版　說部叢書　第 2 集　(m.w.)

007886211　5974　0035.2　(82)
城中鬼域記社會小說
愛得娜·溫飛爾著　汪德禕譯述　上海　商務印書館　1915 年　再版　說部叢書　第 2 集　(m.w.)

007886212　5974　0035.2　(83)
法宮秘史前編歷史小說
大仲馬著　君朔譯述　上海　商務印書館　1915 年　再版　說部叢書　第 2 集　(m.w.)

007886213　5974　0035.2　(84)
法宮秘史後編歷史小說
大仲馬著　君朔譯述　上海　商務印書館　1915 年　再版　說部叢書　第 2 集　(m.w.)

007886214　5974　0035.2　(86)
孤士影言情小説
瑪林·克羅福著　詩廬譯述　上海　商務印書館　1915年　再版　説部叢書　第2集　(m.w.)

007886215　5974　0035.2　(87)
稗苑琳琅社會小説
美林孟著　詩廬譯述　上海　商務印書館　1915年　初版　説部叢書　第2集　(m.w.)

007886216　5974　0035.2　(88)
秘密怪洞社會小説
曉風山人著　郭家聲、孟文翰譯述　上海　商務印書館　1915年　初版　説部叢書　第2集　(m.w.)

007886217　5974　0035.2　(89)
飛將軍理想小説
葛麗裴史著　天游譯述　上海　商務印書館　1915年　初版　説部叢書　第2集　(m.w.)

007886218　5974　0035.2　(90)
外交秘事政治小説
商務印書館譯　上海　商務印書館　1915年　初版　説部叢書　第2集　(w.)

007848884　5974　0035.2　(91)
斷雁哀絃記哀情小説
天笑[包天笑]、毅漢譯著　上海　商務印書館　1915年　初版　説部叢書　第2集　(m.)

007848874　5974　0035.2　(92)
時諧
商務印書館譯　上海　商務印書館　1915年　初版　説部叢書　第2集　(m.)

007886219　5974　0035.2　(93)
合歡草言情小説
韋烈著　衛聽濤、朱炳勳譯述　上海　商務印書館　1915年　初版　説部叢書　第2集　(m.w.)

007886221　5974　0035.2　(94)
玉樓慘語哀情小説
威連勒格克司著　胡克、趙尊嶽譯述　上海　商務印書館　1915年　再版　説部叢書　第2集　(m.w.)

007848945　5974　0035.2　(95)
不測之威歷史小説
上海　商務印書館　1915年　説部叢書　第2集　(m.w.)

007886222　5974　0035.2　(96)
俠女破奸記社會小説
加倫·湯姆著　劉幼新譯述　上海　商務印書館　1915年　再版　説部叢書　第2集　(m.w.)

007886223　5974　0035.2　(98)
愛兒小傳豔情小説
陶祝年、莊孟英譯　上海　商務印書館　1915年　初版　説部叢書　第2集　(m.w.)

007886224　5974　0035.2　(100)
娜蘭小傳言情小説
上海　商務印書館　1915年　説部叢書　第2集　(m.w.)

007886436　5974　0035.3
説部叢書第三集
上海　商務印書館　1915—22年

007886439　5974　0035.3　(1)

亨利第六遺事

莎士比亞著　林紓、陳家麟譯述　上海　商務印書館　1916年　初版　說部叢書　第3集　(m.w.)

007849684　5974　0035.3　(2)

冰蘗餘生記

勒東路易著　雙石軒譯述　上海　商務印書館　1916年　再版　說部叢書　第3集

007886442　5974　0035.3　(3)

情窩

威利孫著　林紓、力樹蕠譯述　上海　商務印書館　1916年　初版　說部叢書　第3集　(m.w.)

007886445　5974　0035.3　(4)

海天情孽

黃士淇編　上海　商務印書館　1916年　初版　說部叢書　第3集　(m.w.)

007886448　5974　0035.3　(5)

香鉤情眼

小仲馬著　林紓、王慶通譯述　上海　商務印書館　1916年　初版　說部叢書　第3集　(m.w.)

007886446　5974　0035.3　(6)

名優遇盜記

郭演公編　上海　商務印書館　1916年　初版　說部叢書　第3集　(m.w.)

011904563　5974　0035.3　(8)

大荒歸客記

梁禾青、趙尊嶽譯　廣州　商務印書館　1924年　說部叢書　第3集　(m.w.)

007886452　5974　0035.3　(12)

銅圜雪恨錄

余增史著　雙石軒譯述　上海　商務印書館　1916年　初版　說部叢書　第3集　(w.)

007886453　5974　0035.3　(13)

橄欖仙

巴蘇謹著　林紓、陳家麟譯述　上海　商務印書館　1916年　初版　說部叢書　第3集　(m.w.)

007886454　5974　0035.3　(16)

蠻花情果

王卓民編　泠風校訂　上海　商務印書館　1916年　初版　說部叢書　第3集

007886456　5974　0035.3　(18)

魔冠浪影

C. C. Andrews著　丁宗一、陳堅譯述　上海　商務印書館　1917年　初版　說部叢書　第3集　(m.w.)

007886457　5974　0035.3　(20)

天女離魂記

哈葛德著　林紓、陳家麟譯述　上海　商務印書館　1917年　初版　說部叢書　第3集　(m.w.)

007886461　5974　0035.3　(22)

社會聲影錄

托爾司泰著　林紓、陳家麟譯述　上海　商務印書館　1917年　初版　說部叢書　第3集　(m.w.)

007886463　5974　0035.3　(23)

煙火馬

哈葛德著　林紓、陳家麟譯述　上海　商務印書館　1917年　初版　說部叢書　第3集　(m.w.)

007886466　5974　0035.3　(24)
毒菌學者
惠霖勞克著　朱有昀譯述　上海　商務印書館　1917年　初版　說部叢書　第3集　(m.w.)

007886467　5974　0035.3　(25)
蓬門畫眉錄
亨利·瓦特著　惲鐵樵譯述　上海　商務印書館　1917年　初版　說部叢書　第3集　(m.w.)

007886469　5974　0035.3　(26)
賢妮小傳
丁宗一、陳堅編　上海　商務印書館　1917年　初版　說部叢書　第3集　(m.w.)

007886473　5974　0035.3　(27)
鄉里善人
伊凡羌寧著　胡君復、惲鐵樵譯述　上海　商務印書館　1917年　初版　說部叢書　第3集　(m.w.)

007886482　5974　0035.3　(28)
奇婚記
劉幼新編　惲鐵樵校訂　上海　商務印書館　1917年　初版　說部叢書　第3集

007886488　5974　0035.3　(29)
女師飲劍記
布司白著　林紓、陳家麟譯述　上海　商務印書館　1917年　初版　說部叢書　第3集　(m.w.)

007886494　5974　0035.3　(31)
歷劫恩仇
華特生著　王汝荃、胡君復譯述　上海　商務印書館　1917年　初版　說部叢書　第3集　(m.w.)

007886504　5974　0035.3　(36)
墨沼疑雲錄
洛平革拉著　陸秋心譯述　泠風校訂　上海　商務印書館　1917年　初版　說部叢書　第3集　(m.)

007886507　5974　0035.3　(37)
續賢妮小傳
丁宗一、陳堅編　泠風校訂　上海　商務印書館　1917年　初版　說部叢書　第3集　(m.)

007886515　5974　0035.3　(38)
圍爐瑣談
劉延陵、巢幹卿編　泠風校訂　上海　商務印書館　1917年　初版　說部叢書　第3集　(m.w.)

007886510　5974　0035.3　(39)
再續賢妮小傳
丁宗一、陳堅編　泠風校訂　上海　商務印書館　1917年　初版　說部叢書　第3集　(m.w.)

007886522　5974　0035.3　(40)
妬婦遺毒記
黃靜英編　泠風校訂　上海　商務印書館　1918年　初版　說部叢書　第3集

007886525　5974　0035.3　(47)
孤露佳人
范彥翔編　上海　商務印書館　1918年　初版　說部叢書　第3集　(m.w.)

007886534　5974　0035.3　(48)
孝友鏡
林紓、王慶通編　上海　商務印書館　1918年　初版　說部叢書　第3集

(m.w.)

007886535 5974 0035.3 (49)
當鑪女
王卓民編　上海　商務印書館　1918年初版　說部叢書　第3集　(w.)

007886537 5974 0035.3 (50)
金臺春夢錄
丹米安、華伊爾著　林紓、王慶通譯述　上海　商務印書館　1918年　初版　說部叢書　第3集　(m.w.)

007886538 5974 0035.3 (51)
傀儡家庭
陳嘏編　上海　商務印書館　1918年初版　說部叢書　第3集　(m.w.)

007850057 5974 0035.3 (53)
現身說法
托爾斯泰著　林紓、陳家麟譯述　上海　商務印書館　1918年　初版　說部叢書　第3集　(m.w.)

007888520 5974 0035.3 (57)
桃大王因果錄
參恩著　林紓、陳家麟譯述　上海　商務印書館　1918年　初版　說部叢書　第3集　(m.w.)

007888522 5974 0035.3 (61)
再世爲人
湯姆・格倫著　何世枚譯述　上海　商務印書館　1919年　初版　說部叢書　第3集　(m.)

007888527 5974 0035.3 (62)
恨縷情絲
托爾司泰著　林紓、陳家麟譯述　上海　商務印書館　1919年　初版　說部叢書　第3集　(m.w.)

007888530 5974 0035.3 (63)
贗爵案
柯南李登著　張舍我譯述　上海　商務印書館　1919年　初版　說部叢書　第3集　(m.w.)

007888536 5974 0035.3 (64)
鬼窟藏嬌
武英尼著　林紓、陳家麟譯述　上海　商務印書館　1919年　初版　說部叢書　第3集　(m.w.)

007888538 5974 0035.3 (65)
玫瑰花續編
巴克雷著　林紓、陳家麟譯述　上海　商務印書館　1919年　初版　說部叢書　第3集　(m.w.)

007888542 5974 0035.3 (66)
模範家庭
亨利・瓦特著　陳觀奕譯述　上海　商務印書館　1919年　初版　說部叢書　第3集　(m.w.)

007888545 5974 0035.3 (67)
荒村奇遇
弗老尉佗著　李澄宇譯述　上海　商務印書館　1919年　初版　說部叢書　第3集　(m.w.)

007888551 5974 0035.3 (69)
西樓鬼語
約克魁迭斯著　林紓、陳家麟譯述　上海　商務印書館　1919年　初版　說部叢書　第3集　(m.w.)

009115820 5974 0035.3 (72)
俄羅斯宮闈秘記

張叔儼編纂　上海　商務印書館　1919年　初版　說部叢書　第3集　（m.）

007888558　5974　0035.3　（74）
白羽記初編
沈步洲編　上海　商務印書館　1919年　初版　說部叢書　第3集

007888576　5974　0035.3　（75）
情天異彩
周魯倭著　林紓、陳家麟譯述　上海　商務印書館　1921年　再版　說部叢書　第3集　（m.w.）

007888578　5974　0035.3　（76）
風島女傑
羅文亮編　上海　商務印書館　1919年　初版　說部叢書　第3集　（w.）

007888579　5974　0035.3　（78）
重臣傾國記
勒格克司著　趙尊嶽譯述　上海　商務印書館　1919年　初版　說部叢書　第3集　（m.）

007888580　5974　0035.3　（79）
還珠豔史
堪伯路著　林紓、陳家麟譯述　上海　商務印書館　1921年　再版　說部叢書　第3集　（m.w.）

007888582　5974　0035.3　（81）
四字獄
徐慧公編　上海　商務印書館　1919年　初版　說部叢書　第3集　（m.w.）

007888583　5974　0035.3　（83）
白羽記續編
沈步洲編　上海　商務印書館　1919年　初版　說部叢書　第3集　（w.）

007888587　5974　0035.3　（84）
賂史
亞波倭得著　林紓、陳家麟譯述　上海　商務印書館　1921年　再版　說部叢書　第3集　（m.w.）

007888589　5974　0035.3　（85）
菱鏡秋痕
廖鳴韶編　上海　商務印書館　1919年　初版　說部叢書　第3集　（m.w.）

007888591　5974　0035.3　（86）
金梭神女再生緣
哈葛德著　林紓、陳家麟譯述　上海　商務印書館　1919年　初版　說部叢書　第3集　（m.w.）

007888594　5974　0035.3　（87）
歐戰春閨夢
高桑斯著　林紓、陳家麟譯述　上海　商務印書館　1920年　初版　說部叢書　第3集　（m.w.）

007888597　5974　0035.3　（88）
苦海雙星
蔣炳然、廖鳴韶編　上海　商務印書館　1920年　初版　說部叢書　第3集　（m.w.）

007888599　5974　0035.3　（89）
戎馬書生
楊支著　林紓、陳家麟譯述　上海　商務印書館　1920年　初版　說部叢書　第3集　（m.w.）

007888602　5974　0035.3　（90）
童子偵探隊
包天笑編　上海　商務印書館　1920年　初版　說部叢書　第3集　（w.）

007888604　5974　0035.3　(92)
鸛巢記
魯斗威司著　林紓、陳家麟譯述　上海　商務印書館　1920年　初版　說部叢書　第3集　(w.)

007888605　5974　0035.3　(93)
妄言妄聽
美森著　林紓、陳家麟譯述　上海　商務印書館　1920年　初版　說部叢書　第3集　(m.w.)

007888606　5974　0035.3　(94)
焦頭爛額
尼可拉司著　林紓、陳家麟譯述　上海　商務印書館　1920年　初版　說部叢書　第3集　(m.w.)

007888609　5974　0035.3　(96)
白羽記三編
沈步洲編　上海　商務印書館　1920年　初版　說部叢書　第3集　(w.)

007888614　5974　0035.3　(97)
歐戰春閨夢續編
高桑斯著　林紓、陳家麟譯述　上海　商務印書館　1920年　初版　說部叢書　第3集　(m.w.)

007888615　5974　0035.3　(99)
恩怨
王卓民編　上海　商務印書館　1920年　初版　說部叢書　第3集　(w.)

007888616　5974　0035.3　(100)
鸛巢記續編
魯斗威司著　林紓、陳家麟譯述　上海　商務印書館　1920年　初版　說部叢書　第3集　(w.)

007705330　5974　0144
域外文人日記鈔
施蟄存編譯　上海　天馬書店　1934年　初版　(m.w.)

007705733　5974　3173
現代翻譯小說選
茅盾撰　上海　文通書局　1946年　再版　(w.)

007707489　5974　4235
盧騷三漫步
郁達夫著　香港　人間書屋　19??年

007705598　5974　4263
作品與作家
趙景深著　上海　北新書局　1929年　文藝論述　(m.)

007705331　5974　7228　(v.1-2)
點滴近代名家短篇小說
周作人輯譯　北京　國立北京大學出版部　1920年　初版　新潮叢書　(m.w.)

007705747　5974　7228.1
現代小說譯叢第一集
周作人撰　上海　商務印書館　1932年　(m.w.)

011902110　5974.5　4921.1　(9)
玉雪留痕言情小說
哈葛德著　林紓、魏易譯述　上海　商務印書館　1914年　再版　林譯小說叢書　(m.w.)

011920131　5974.5　4921.1　(26)
蛇女士傳
林琴南、魏易譯　上海　商務印書館　1914年　林譯小說叢書　(m.w.)

011905440　5974.5　4921.2　（5）
蟹蓮郡主傳
林紓筆述　王慶通口譯　上海　商務印書館　191?年　林譯小説　第2集（m.w.）

011901563　5974.5　4921.2　（6）
澗中花
林紓譯　上海　商務印書館　1915年　林譯小説　第2集（m.w.）

011901751　5974.5　4921.2　（9）
魚海淚波
略坻[維奧]著　林紓筆述　王慶通口譯　上海　商務印書館　1915年　林譯小説　第2集（m.w.）

011903866　5974.5　4921.2　（30）
孝友鏡
林紓、王慶通譯　上海　商務印書館　1918年　林譯小説　第2集（m.w.）

011903850　5974.5　4921.2　（38）
鬼窟藏嬌
林紓、陳家麟譯　上海　商務印書館　1919年　林譯小説　第2集（m.w.）

011901709　5974.5　4921.2　（40）
西樓鬼語
林紓、陳家麟譯　上海　商務印書館　1919年　林譯小説　第2集（m.w.）

011901725　5974.5　4921.2　（48）
焦頭爛額
林紓、陳家麟同譯　上海　商務印書館　1920年　林譯小説　第2集（m.w.）

美術遊藝類

總錄

009014799　6001　4403
華南新業特刊第一集
易孺編　香港　華南印書社　1925年
鉛印

005650791　6003　0661
人文藝刊
唐曼胥編輯　廣州　人文藝苑　1948年

009247186　6003　1813
蕉窗九錄不分卷
項元汴著　杭州　西泠印社　1914年

005646350　6003　2119
藝術叢話
豐子愷著　上海　上海良友圖書公司
1934年　良友文庫

007884171　6003　3369
美術叢書第一至四集
黃賓虹志　鄧實輯　上海　神州國光社
1928年　（m.）

005709500　6003　3369　（1）
畫筌一卷
笪重光撰　上海　神州國光社　1928年

005709501　6003　3369　（1）
畫訣一卷
龔賢撰　上海　神州國光社　1928年

005709499　6003　3369　（1）
畫筌一卷
笪重光撰　上海　神州國光社　1928年

005709503　6003　3369　（1）
畫語錄一卷
道濟撰　上海　神州國光社　1928年

005709536　6003　3369　（2）
草心樓讀畫集一卷
黃崇惺　上海　神州國光社　1928年

005709537　6003　3369　（2）
題畫偶錄一卷
戴熙撰　上海　神州國光社　1928年

005709540　6003　3369　（3）
觀石錄一卷
高兆撰　上海　神州國光社　1928年

005709535　6003　3369　（3）
摹印述一卷
陳澧著　上海　神州國光社　1928年

005709538　6003　3369　（3）
墨經一卷
晁說之撰　上海　神州國光社　1928年

005709539　6003　3369　（3）
琴學八則一卷
程雄撰　上海　神州國光社　1928年

005709541　6003　3369　（3）
藝蘭記一卷
劉文淇撰　上海　神州國光社　1928年

005709542　6003　3369　（4）
履園畫學一卷
錢泳撰　上海　神州國光社　1928年

005709543　6003　3369　（4）
七頌堂詞繹一卷
劉體仁著　上海　神州國光社　1928年

005709544　6003　3369　（4）
七頌堂識小錄一卷
劉體仁著　上海　神州國光社　1928年

005709545　6003　3369　（5）
初月樓論書隨筆一卷
吳德旋　上海　神州國光社　1928年

005709548　6003　3369　（5）
東莊論畫一卷
王昱撰　上海　神州國光社　1928年

005709547　6003　3369　（5）
麓臺題畫稿一卷
王原祁撰　上海　神州國光社　1928年

005709546　6003　3369　（5）
雨窗漫筆一卷
王原祁撰　上海　神州國光社　1928年

005709550　6003　3369　（6）
端溪硯坑記一卷
李兆洛撰　上海　神州國光社　1928年

005709553　6003　3369　（6）
金粟詞話一卷
彭孫遹撰　上海　神州國光社　1928年

005709552　6003　3369　（6）
玉紀補一卷
劉心瑤撰　上海　神州國光社　1928年

005709551　6003　3369　（6）
玉記一卷
陳性撰　上海　神州國光社　1928年

005709554　6003　3369　（6）
製曲枝語一卷
黃周星撰　上海　神州國光社　1928年

005709549　6003　3369　（6）
裝潢志一卷
周嘉冑撰　上海　神州國光社　1928年

005709555　6003　3369　（7-8）
前塵夢影錄二卷
徐康　上海　神州國光社　1928年

005709558　6003　3369　（9）
畫訣一卷
孔衍栻撰　上海　神州國光社　1928年

005709557　6003　3369　（9）
畫眼一卷
董其昌撰　上海　神州國光社　1928年

005709556　6003　3369　（9）
書法約言一卷
宋曹　上海　神州國光社　1928年

美術遊藝類

005709562　6003　3369　(10)
冬心畫佛題記一卷
金農撰　上海　神州國光社　1928年

005709561　6003　3369　(10)
冬心畫馬題記一卷
金農撰　上海　神州國光社　1928年

005709560　6003　3369　(10)
冬心畫梅題記一卷
金農撰　上海　神州國光社　1928年

005709559　6003　3369　(10)
冬心畫竹題記一卷
金農撰　上海　神州國光社　1928年

005709563　6003　3369　(10)
冬心自寫真題記一卷
金農撰　上海　神州國光社　1928年

005709566　6003　3369　(11)
後觀石錄一卷
毛奇齡撰　上海　神州國光社　1928年

005709564　6003　3369　(11)
陽羨名陶錄二卷
吳騫撰　上海　神州國光社　1928年

005709565　6003　3369　(11)
窯器說一卷
程哲撰　上海　神州國光社　1928年

005709569　6003　3369　(12)
負暄野錄二卷
陳槱撰　上海　神州國光社　1928年

005709568　6003　3369　(12)
士那補釋一卷
張義澍撰　上海　神州國光社　1928年

005709567　6003　3369　(12)
勇盧閒詰一卷
趙之謙撰　上海　神州國光社　1928年

005709570　6003　3369　(13)
鈍吟書要一卷
馮班撰　上海　神州國光社　1928年

005709572　6003　3369　(13)
二十四畫品一卷
黃鉞著　上海　神州國光社　1928年

005709571　6003　3369　(13)
畫引一卷
顧凝遠撰　上海　神州國光社　1928年

005709573　6003　3369　(13)
畫友錄一卷
黃鉞撰　上海　神州國光社　1928年

005713125　6003　3369　(14)
賴古堂書畫跋一卷
周亮工輯　上海　神州國光社　1928年

005713126　6003　3369　(14)
小松圓閣書畫跋一卷
程庭鷺撰　上海　神州國光社　1928年

005713128　6003　3369　(15)
墨志一卷
麻三衡撰　上海　神州國光社　1928年

005713127　6003　3369　(15)
秋水園印說一卷
陳煉撰　上海　神州國光社　1928年

005713129　6003　3369　(16)
笛律圖註一卷
徐養原　上海　神州國光社　1928年

005713130　6003　3369　(16)
書影擇錄一卷
周亮工輯　上海　神州國光社　1928年

005713132　6003　3369　（17）
繪事發微一卷
唐岱著　上海　神州國光社　1928年

005713133　6003　3369　（17）
論畫絕句一卷
宋犖　上海　神州國光社　1928年

005713131　6003　3369　（17）
頻羅庵論畫一卷
梁同書撰　上海　神州國光社　1928年

005713134　6003　3369　（18）
漫堂書畫跋一卷
宋犖　上海　神州國光社　1928年

005713135　6003　3369　（18）
頻羅庵書畫跋一卷
梁同書撰　上海　神州國光社　1928年

005713136　6003　3369　（19）
古銅瓷器考一卷
梁同書撰　上海　神州國光社　1928年

005713137　6003　3369　（19）
怪石贊一卷
宋犖　上海　神州國光社　1928年

005713139　6003　3369　（19）
雪堂墨品一卷
張仁熙撰　上海　神州國光社　1928年

005713141　6003　3369　（20）
筆史一卷
梁同書撰　上海　神州國光社　1928年

005713140　6003　3369　（20）
漫堂墨品一卷
宋犖　上海　神州國光社　1928年

005713142　6003　3369　（20）
秋園雜佩一卷
陳貞慧撰　上海　神州國光社　1928年

005713144　6003　3369　（21）
畫麈一卷
沈顥　上海　神州國光社　1928年

005713145　6003　3369　（21）
繪事津梁一卷
秦祖永撰　上海　神州國光社　1928年

005713143　6003　3369　（21）
臨池管見一卷
周星蓮撰　上海　神州國光社　1928年

005713149　6003　3369　（22）
畫箋一卷
屠隆撰　上海　神州國光社　1928年

005713150　6003　3369　（22）
琴箋一卷
屠隆撰　上海　神州國光社　1928年

005713147　6003　3369　（22）
書箋一卷
屠隆撰　上海　神州國光社　1928年

005713148　6003　3369　（22）
帖箋一卷
屠隆撰　上海　神州國光社　1928年

005713146　6003　3369　（22）
徐電發楓江漁父小像題詠
上海　神州國光社　1928年

005713151　6003　3369　（23）
摹印傳燈二卷
葉爾寬編輯　上海　神州國光社　1928年

005713152　6003　3369　（23）
石譜一卷
諸九鼎撰　上海　神州國光社　1928年

005713154 6003 3369 (24)
瓶史二卷
袁宏道　上海　神州國光社　1928年

005713155 6003 3369 (24)
天壤閣雜記一卷
王懿榮　上海　神州國光社　1928年

005713153 6003 3369 (24)
硯錄一卷
曹溶撰　上海　神州國光社　1928年

005713156 6003 3369 (25)
臨池心解一卷
朱和羹撰　上海　神州國光社　1928年

005713157 6003 3369 (25)
學畫淺說一卷
王概撰　上海　神州國光社　1928年

005713159 6003 3369 (26)
三十五舉校勘記一卷
姚覲元　上海　神州國光社　1928年

005713160 6003 3369 (26)
續三十五舉一卷
桂馥撰　上海　神州國光社　1928年

005713158 6003 3369 (26)
學古編一卷
吾丘衍述　上海　神州國光社　1928年

005713163 6003 3369 (27)
端溪硯石考一卷
高兆撰　上海　神州國光社　1928年

005713162 6003 3369 (27)
續三十五舉一卷
黃子高撰　上海　神州國光社　1928年

005713161 6003 3369 (27)
再續三十五舉一卷
姚晏　上海　神州國光社　1928年

005713164 6003 3369 (28)
享金簿一卷
孔尚任　上海　神州國光社　1928年

005716039 6003 3369 (29)
寶章待訪錄一卷
米芾撰　上海　神州國光社　1928年

005713165 6003 3369 (29)
海岳名言一卷
米芾撰　上海　神州國光社　1928年

005716040 6003 3369 (29)
指頭畫說一卷
高秉撰　上海　神州國光社　1928年

005716041 6003 3369 (30-31)
玉几山房畫外錄二卷
陳撰　上海　神州國光社　1928年

005716042 6003 3369 (31)
印章集說一卷
甘暘撰　上海　神州國光社　1928年

005716043 6003 3369 (32)
清秘藏二卷
張應文撰　上海　神州國光社　1928年

005716044 6003 3369 (33)
安吳論書一卷
包世臣撰　上海　神州國光社　1928年

005716045 6003 3369 (34)
小山畫譜一卷
鄒一桂撰　上海　神州國光社　1928年

005716049 6003 3369 (35)
琉璃志一卷

孫廷銓　上海　神州國光社　1928年

005716046　6003　3369　（35）
曝書亭書畫跋一卷
朱彝尊撰　上海　神州國光社　1928年

005716048　6003　3369　（35）
賞延素心錄一卷
周二學撰　上海　神州國光社　1928年

005721263　6003　3369　（35）
石友贊一卷
王暉撰　上海　神州國光社　1928年

005716047　6003　3369　（35）
說硯一卷
朱彝尊撰　上海　神州國光社　1928年

005721264　6003　3369　（36）
洞天清祿集一卷
趙希鵠撰　上海　神州國光社　1928年

005721265　6003　3369　（37）
天際烏雲帖考一卷
翁方綱　上海　神州國光社　1928年

005721280　6003　3369　（38）
評書帖一卷
梁巘撰　上海　神州國光社　1928年

005721267　6003　3369　（38）
書畫金湯一卷
陳繼儒撰　上海　神州國光社　1928年

005721266　6003　3369　（38）
書畫史一卷
陳繼儒撰　上海　神州國光社　1928年

005721270　6003　3369　（39）
三萬六千頃湖中畫船錄一卷
迮朗　上海　神州國光社　1928年

005721269　6003　3369　（39）
西湖臥遊圖題跋一卷
李流芳撰　上海　神州國光社　1928年

005721272　6003　3369　（40）
妮古錄四十卷
陳繼儒撰　上海　神州國光社　1928年

005721273　6003　3369　（41）
書史一卷
米芾撰　上海　神州國光社　1928年

005733106　6003　3369　（42）
珊瑚網畫繼一卷
汪砢玉撰　上海　神州國光社　1928年

005721274　6003　3369　（43）
珊瑚網畫據一卷
汪砢玉撰　上海　神州國光社　1928年

005721277　6003　3369　（44）
論墨一卷
萬壽祺　上海　神州國光社　1928年

005721275　6003　3369　（44）
珊瑚網畫法一卷
汪砢玉撰　上海　神州國光社　1928年

005721278　6003　3369　（44）
硯林拾遺一卷
施閏章　上海　神州國光社　1928年

005721276　6003　3369　（44）
印說一卷
萬壽祺　上海　神州國光社　1928年

005721279　6003　3369　（44）
寓意編一卷
都穆撰　上海　神州國光社　1928年

005725390　6003　3369　(45-46)
雲煙過眼錄二卷
周密撰　上海　神州國光社　1928年

005725392　6003　3369　(46)
吳郡丹青志一卷
王穉登撰　上海　神州國光社　1928年

005725391　6003　3369　(46)
雲煙過眼續錄一卷
湯允謨撰　上海　神州國光社　1928年

005725393　6003　3369　(47)
竹懶畫媵一卷
李日華撰　上海　神州國光社　1928年

005725394　6003　3369　(47)
竹懶續畫媵一卷
李日華撰　上海　神州國光社　1928年

005725401　6003　3369　(48)
傳古別錄一卷
陳介祺撰　上海　神州國光社　1928年

005725399　6003　3369　(48)
墨表一卷
萬壽祺　上海　神州國光社　1928年

005725396　6003　3369　(48)
評紙帖一卷
米芾撰　上海　神州國光社　1928年

005725395　6003　3369　(48)
竹懶墨君題語一卷
李日華撰　上海　神州國光社　1928年

005725400　6003　3369　(48)
醉鷗墨君題語一卷
李會嘉撰　上海　神州國光社　1928年

005725431　6003　3369　(49-50)
玉雨堂書畫記四十卷
韓泰華撰　上海　神州國光社　1928年

005725403　6003　3369　(49)
貞觀公私畫史一卷
斐孝源　上海　神州國光社　1928年

005725433　6003　3369　(50)
今夕盦讀書絕句一卷
居巢撰　上海　神州國光社　1928年

005725434　6003　3369　(50)
今夕盦題畫詩一卷
居巢撰　上海　神州國光社　1928年

005725432　6003　3369　(51-52)
七家印跋一卷
秦祖永撰　上海　神州國光社　1928年

005725406　6003　3369　(53)
書法雅言一卷
項穆纂　上海　神州國光社　1928年

005725408　6003　3369　(54)
須静齋雲煙過眼錄一卷
潘遵祁撰　上海　神州國光社　1928年

005725409　6003　3369　(55-56)
宣德鼎彝譜八卷
姜中撰　上海　神州國光社　1928年

005725435　6003　3369　(56)
非煙香法一卷
董說撰　上海　神州國光社　1928年

005725410　6003　3369　(56)
宣爐博論一卷
項元汴撰　上海　神州國光社　1928年

005725411　6003　3369　(56)
宣爐歌註一卷
冒襄撰　上海　神州國光社　1928年

005725412　6003　3369　(57-58)
寒山帚談二卷
趙宧光撰　上海　神州國光社　1928年

005725414　6003　3369　(59)
華光梅譜一卷
釋華光　上海　神州國光社　1928年

005725415　6003　3369　(59)
畫梅題跋一卷
查禮　上海　神州國光社　1928年

005725436　6003　3369　(59)
墨竹記一卷
張退公撰　上海　神州國光社　1928年

005725413　6003　3369　(59)
竹譜一卷
李衎撰　上海　神州國光社　1928年

005725416　6003　3369　(60)
竹人錄二卷
金元鈺　上海　神州國光社　1928年

005725418　6003　3369　(61)
鈐山堂書畫記一卷
文嘉撰　上海　神州國光社　1928年

005725417　6003　3369　(61)
唐朝名畫錄一卷
朱景玄撰　上海　神州國光社　1928年

005729238　6003　3369　(62)
朱臥庵藏書畫目一卷
朱之赤撰　上海　神州國光社　1928年

005725419　6003　3369　(63)
金粟箋說一卷
張燕昌著　上海　神州國光社　1928年

005725420　6003　3369　(63)
墨法集要一卷

沈繼孫　上海　神州國光社　1928年

005725421　6003　3369　(64)
論畫絕句一卷
吳修撰　上海　神州國光社　1928年

005725423　6003　3369　(65)
傳神秘要一卷
蔣驥撰　上海　神州國光社　1928年

005725422　6003　3369　(65)
林泉高致一卷
郭熙撰　上海　神州國光社　1928年

005725425　6003　3369　(66-68)
陶說六卷
朱琰撰　上海　神州國光社　1928年

005725427　6003　3369　(68)
談石一卷
梁九圖　上海　神州國光社　1928年

005725426　6003　3369　(68)
繡譜一卷
丁佩撰　上海　神州國光社　1928年

005725430　6003　3369　(69)
山水純全集一卷
韓拙撰　上海　神州國光社　1928年

005725429　6003　3369　(69)
字學憶參一卷
姚孟起撰　上海　神州國光社　1928年

005729236　6003　3369　(70-71)
景德鎮陶錄十卷
藍浦撰　上海　神州國光社　1928年

005733092　6003　3369　(72)
骨董十三說一卷
董其昌撰　上海　神州國光社　1928年

005733091　6003　3369　(72)
杖扇新録一卷
王廷鼎　上海　神州國光社　1928 年

005729237　6003　3369　(73)
畫史一卷
米芾撰　上海　神州國光社　1928 年

005729239　6003　3369　(74)
六如居士畫譜三卷
唐寅撰　上海　神州國光社　1928 年

005729242　6003　3369　(75)
茶箋一卷
屠隆撰　上海　神州國光社　1928 年

005729244　6003　3369　(75)
起居器服箋一卷
屠隆撰　上海　神州國光社　1928 年

005729243　6003　3369　(75)
山齋清供箋一卷
屠隆撰　上海　神州國光社　1928 年

005729245　6003　3369　(75)
文房器具箋一卷
屠隆撰　上海　神州國光社　1928 年

005729241　6003　3369　(75)
香箋一卷
屠隆撰　上海　神州國光社　1928 年

005729246　6003　3369　(75)
遊具箋一卷
屠隆撰　上海　神州國光社　1928 年

005729240　6003　3369　(75)
紙墨筆硯箋一卷
屠隆撰　上海　神州國光社　1928 年

005729247　6003　3369　(76)
論印絶句一卷
吳騫撰　上海　神州國光社　1928 年

005729248　6003　3369　(77)
書法粹言一卷
汪挺撰　上海　神州國光社　1928 年

005729249　6003　3369　(77)
中麓畫品一卷
李開先撰　上海　神州國光社　1928 年

005729252　6003　3369　(78)
端溪硯譜一卷
闕名撰　上海　神州國光社　1928 年

005729251　6003　3369　(78)
歙州硯譜一卷
唐積撰　上海　神州國光社　1928 年

005729250　6003　3369　(78)
硯史一卷
米芾撰　上海　神州國光社　1928 年

005729255　6003　3369　(79)
茶經一卷
張謙德撰　上海　神州國光社　1928 年

005729253　6003　3369　(79)
瓶花譜一卷
張謙德撰　上海　神州國光社　1928 年

005729256　6003　3369　(79)
野服考一卷
張丑輯　上海　神州國光社　1928 年

005729254　6003　3369　(79)
硃砂魚譜一卷
張謙德撰　上海　神州國光社　1928 年

005729257　6003　3369　(79)
紫泥法一卷
汪鎬京撰　上海　神州國光社　1928 年

美術遊藝類

005729258　6003　3369　(80)
韻石齋筆談一卷
姜紹書撰　上海　神州國光社　1928年

005729261　6003　3369　(81)
鑒古百一詩一卷
張丑輯　上海　神州國光社　1928年

005729262　6003　3369　(81-82)
谿山臥遊錄四十卷
盛大士　上海　神州國光社　1928年

005729260　6003　3369　(81)
硯林印款一卷
丁敬撰　上海　神州國光社　1928年

005729259　6003　3369　(81)
篆學指南一卷
趙宧光撰　上海　神州國光社　1928年

005729264　6003　3369　(83)
冬心先生隨筆一卷
金農撰　上海　神州國光社　1928年

005729263　6003　3369　(83)
冬心先生雜畫題記一卷
金農撰　上海　神州國光社　1928年

005729266　6003　3369　(84)
清儀閣雜詠一卷
張廷濟撰　上海　神州國光社　1928年

005729265　6003　3369　(84)
竹里畫者詩一卷
張廷濟撰　上海　神州國光社　1928年

005729268　6003　3369　(85)
古今畫鑒一卷
湯垕撰　上海　神州國光社　1928年

005729267　6003　3369　(85)
書學緒聞一卷
魏錫曾　上海　神州國光社　1928年

005729269　6003　3369　(86)
圖畫精意識一卷
張庚撰　上海　神州國光社　1928年

005729270　6003　3369　(87)
我川寓賞編一卷
闕名撰　上海　神州國光社　1928年

005729273　6003　3369　(88)
續語堂論印彙錄一卷
魏錫曾　上海　神州國光社　1928年

005729272　6003　3369　(88)
墨記二卷
何遠撰　上海　神州國光社　1928年

005729271　6003　3369　(88)
我川書畫記一卷
闕名撰　上海　神州國光社　1928年

005729277　6003　3369　(89)
辨歙硯說一卷
闕名撰　上海　神州國光社　1928年

005729275　6003　3369　(89)
四友齋畫論一卷
何良俊撰　上海　神州國光社　1928年

005729274　6003　3369　(89)
四友齋書論一卷
何良俊撰　上海　神州國光社　1928年

005729276　6003　3369　(89)
歙硯說一卷
闕名撰　上海　神州國光社　1928年

005729279　6003　3369　(90)
論畫雜詩一卷
金農撰　上海　神州國光社　1928年

005729278　6003　3369　（90）
茗壺圖錄一卷
奧玄寶撰　上海　神州國光社　1928 年

005729280　6003　3369　（91）
山靜居畫論一卷
方薰撰　上海　神州國光社　1928 年

005729281　6003　3369　（92）
志雅堂雜鈔一卷
周密撰　上海　神州國光社　1928 年

005733090　6003　3369　（93）
論書法一卷
王宗炎撰　上海　神州國光社　1928 年

005729283　6003　3369　（93）
梅道人遺墨一卷
吳鎮撰　上海　神州國光社　1928 年

005729282　6003　3369　（93）
文湖州竹派一卷
吳鎮撰　上海　神州國光社　1928 年

005729284　6003　3369　（94）
松壺畫憶二卷
錢杜撰　上海　神州國光社　1928 年

005729285　6003　3369　（95）
海虞畫苑略一卷
魚翼撰　上海　神州國光社　1928 年

005729286　6003　3369　（95）
海虞畫苑略補一卷
魚翼撰　上海　神州國光社　1928 年

005729287　6003　3369　（96）
曼盦壺廬銘一卷
葉金壽　上海　神州國光社　1928 年

005729312　6003　3369　（97）
翰林要訣一卷
陳繹曾撰　上海　神州國光社　1928 年

005729313　6003　3369　（97－98）
越畫見聞三卷
陶元藻　上海　神州國光社　1928 年

005729314　6003　3369　（98）
冬花庵題畫絕句一卷
奚岡撰　上海　神州國光社　1928 年

005729315　6003　3369　（99－100）
松壺畫贅二卷
錢杜撰　上海　神州國光社　1928 年

005733093　6003　3369　（100）
蜀箋譜一卷
費著撰　上海　神州國光社　1928 年

005733094　6003　3369　（100）
蜀錦譜一卷
費著撰　上海　神州國光社　1928 年

005733095　6003　3369　（100）
糖霜譜一卷
王灼撰　上海　神州國光社　1928 年

005733096　6003　3369　（101）
書訣一卷
豐坊撰　上海　神州國光社　1928 年

005733097　6003　3369　（102）
古畫品錄一卷
謝赫撰　上海　神州國光社　1928 年

005733100　6003　3369　（102）
後畫錄一卷
彥悰　上海　神州國光社　1928 年

005733098　6003　3369　（102）
續畫品一卷
姚最撰　上海　神州國光社　1928 年

005733099　6003　3369　（102）
續畫品錄一卷
李嗣真撰　上海　神州國光社　1928年

005733101　6003　3369　（103－104）
飲流齋説瓷一卷
許之衡　上海　神州國光社　1928年

005733130　6003　3369　（105）
畫論一卷
湯垕撰　上海　神州國光社　1928年

005733102　6003　3369　（105－107）
明畫錄一卷
徐沁撰　上海　神州國光社　1928年

005733103　6003　3369　（108）
端溪硯坑考一卷
計楠撰　上海　神州國光社　1928年

005733107　6003　3369　（108）
墨餘贅稿一卷
計楠撰　上海　神州國光社　1928年

005733104　6003　3369　（108）
石隱硯談一卷
計楠撰　上海　神州國光社　1928年

005733110　6003　3369　（109－110）
好古堂家藏書畫記二卷
姚際恒　上海　神州國光社　1928年

005733109　6003　3369　（109）
宣和論畫雜評
上海　神州國光社　1928年

005733113　6003　3369　（111）
武英殿聚珍版程式
上海　神州國光社　1928年

005733112　6003　3369　（111）
嘯月樓印賞一卷
戴啟偉撰　上海　神州國光社　1928年

005733129　6003　3369　（112）
金玉瑣碎一卷
謝堃撰　上海　神州國光社　1928年

005733116　6003　3369　（113）
畫山水訣一卷
李澄叟撰　上海　神州國光社　1928年

005733115　6003　3369　（113）
山水松石格一卷
梁元帝撰　上海　神州國光社　1928年

005733114　6003　3369　（113）
玉燕樓書法一卷
魯一貞、張廷相　上海　神州國光社　1928年

005733118　6003　3369　（114）
雲林石譜三卷
杜綰撰　上海　神州國光社　1928年

005733131　6003　3369　（115－116）
長物志十二卷
文震亨撰　上海　神州國光社　1928年

005733119　6003　3369　（117）
大滌子題畫詩跋四十卷
釋道濟　上海　神州國光社　1928年

005733120　6003　3369　（117）
畫説一卷
華翼綸　上海　神州國光社　1928年

005733121　6003　3369　（118－119）
燕閒清賞箋一卷
高濂撰　上海　神州國光社　1928年

005733122　6003　3369　（120）
談藝錄一卷
鄧實撰　上海　神州國光社　1928年

005733124　6003　3369　(121-124)
刻絲書畫錄七卷
朱啟鈐輯　上海　神州國光社　1928年

005733078　6003　3369　(124)
畫說
莫是龍撰　上海　神州國光社　1928年

005733126　6003　3369　(124)
紀硯
程瑤田撰　上海　神州國光社　1928年

005733125　6003　3369　(124)
南窯筆記
上海　神州國光社　1928年

005733132　6003　3369　(125)
畫錄廣遺
張澂撰　上海　神州國光社　1928年

005733127　6003　3369　(125)
述書賦
竇臮撰　竇蒙註　上海　神州國光社　1928年

005733128　6003　3369　(125)
續書法論
蔣驥撰　上海　神州國光社　1928年

005733152　6003　3369　(126)
板橋題畫
鄭燮著　上海　神州國光社　1928年

005733150　6003　3369　(126)
畫禪
蓮儒著　上海　神州國光社　1928年

005733151　6003　3369　(126)
湛園題跋
姜宸英著　上海　神州國光社　1928年

005733153　6003　3369　(127-128)
絲繡筆記二卷
朱啟鈐輯　上海　神州國光社　1928年

005733154　6003　3369　(129)
玉臺書史
厲鶚著　上海　神州國光社　1928年

005733155　6003　3369　(130-131)
玉臺畫史五卷　附別錄
湯漱玉輯　上海　神州國光社　1928年

005733156　6003　3369　(131)
拙存堂題跋
蔣衡著　上海　神州國光社　1928年

005733157　6003　3369　(132)
鼎錄
虞荔纂　上海　神州國光社　1928年

005733158　6003　3369　(132)
研史
米芾撰　上海　神州國光社　1928年

005736321　6003　3369　(132)
皺水軒詞筌
賀裳撰　上海　神州國光社　1928年

005733159　6003　3369　(133-135)
南宋院畫錄八卷
厲鶚輯　上海　神州國光社　1928年

005733160　6003　3369　(135)
南宋院畫錄引用書目
厲鶚輯　上海　神州國光社　1928年

005733161　6003　3369　(136)
刀劍錄
陶弘景撰　上海　神州國光社　1928年

005736322　6003　3369　(136)
茗笈二篇

美術遊藝類

屠本畯撰　　上海　　神州國光社　　1928 年

005733162　6003　3369　（136）
翼譜叢談
陶弘景撰　　上海　　神州國光社　　1928 年

005733163　6003　3369　（137－138）
蘇米齋蘭亭考八卷
翁方綱撰　　上海　　神州國光社　　1928 年

005733164　6003　3369　（139）
畫品
李薦著　　上海　　神州國光社　　1928 年

005733166　6003　3369　（139）
南宋院畫錄補遺
厲鶚輯　　上海　　神州國光社　　1928 年

005733165　6003　3369　（139）
宋中興館閣儲藏圖畫記
楊王休編　　上海　　神州國光社　　1928 年

005736320　6003　3369　（140）
女紅傳徵略
朱啟鈐輯　　上海　　神州國光社　　1928 年

005733168　6003　3369　（141）
筆法記
荊浩撰　　上海　　神州國光社　　1928 年

005733170　6003　3369　（141－142）
南田畫跋四十卷
惲格著　　上海　　神州國光社　　1928 年

005733169　6003　3369　（141）
書畫目錄
王惲撰　　上海　　神州國光社　　1928 年

005733167　6003　3369　（141）
書勢
程瑤田撰　　上海　　神州國光社　　1928 年

005736304　6003　3369　（143－144）
刺繡書畫錄七卷
朱啟鈐輯　　上海　　神州國光社　　1928 年

005736303　6003　3369　（143）
水坑石記
錢朝鼎著　　上海　　神州國光社　　1928 年

005736302　6003　3369　（143）
銅仙傳
徐元潤纂　　上海　　神州國光社　　1928 年

005736305　6003　3369　（145－148）
聽颿樓書畫記五卷　續二卷
潘正煒撰　　上海　　神州國光社　　1928 年

005736306　6003　3369　（149－152）
湘管齋寓賞編六卷
陳焯輯　　上海　　神州國光社　　1928 年

005736307　6003　3369　（153－154）
書小史十卷
陳思編　　上海　　神州國光社　　1928 年

005736308　6003　3369　（155－156）
衍極五卷
鄭杓撰　　劉有定釋　　上海　　神州國光社　　1928 年

005736309　6003　3369　（156）
右軍年譜
魯一同編　　上海　　神州國光社　　1928 年

005736310　6003　3369　（157）
書畫所見錄
謝堃撰　　上海　　神州國光社　　1928 年

005736312　6003　3369　（158）
畫錄廣遺一卷
張澂撰　　上海　　神州國光社　　1928 年

005736311　6003　3369　(158)
天瓶齋書畫題跋二卷
張照撰　上海　神州國光社　1928年

005736313　6003　3369　(158)
趙蘭坡所藏書畫目錄
上海　神州國光社　1928年

009119311　6003　3369　(159)
畫禪
上海　神州國光社　1928年

005736314　6003　3369　(159)
山水純全集五卷
韓拙撰　上海　神州國光社　1928年

005736315　6003　3369　(159)
悦生所藏書畫別錄
上海　神州國光社　1928年

005736316　6003　3369　(159)
竹園陶説
劉子芬撰　上海　神州國光社　1928年

005736317　6003　3369　(160)
古玉考
劉子芬撰　上海　神州國光社　1928年

005736319　6003　3369　(160)
羅鐘齋蘭譜
張應文著　上海　神州國光社　1928年

005736318　6003　3369　(160)
香國二卷
毛晉輯　上海　神州國光社　1928年

005668617　6003　4801
藝海一勺二十三種
趙詒琛等輯　廣州　趙詒琛自刻本　1933年

009490224　6003　4801
定川草堂文集小品
張文洤撰　廣州　趙詒琛自刻本　1933年　藝海一勺

009490012　6003　4801
古玉圖考補正
鄭文焯撰　廣州　趙詒琛自刻本　1933年　藝海一勺

009490350　6003　4801
觀石錄
高兆撰　廣州　趙詒琛自刻本　1933年　藝海一勺

009490094　6003　4801
寒松閣題跋
張鳴珂撰　廣州　趙詒琛自刻本　1933年　藝海一勺

009490354　6003　4801
後觀石錄
毛奇齡撰　廣州　趙詒琛自刻本　1933年　藝海一勺

009490053　6003　4801
畫山水訣
唐岱著　廣州　趙詒琛自刻本　1933年　藝海一勺

009490083　6003　4801
畫譚
張式著　廣州　趙詒琛自刻本　1933年　藝海一勺

009490214　6003　4801
今文房四譜
謝崧梁撰　廣州　趙詒琛自刻本　1933年　藝海一勺

009490263　6003　4801
蘭蕙鏡

屠用寧輯　廣州　趙詒琛自刻本　1933年　藝海一勺

009490254　6003　4801
蘭史
簹溪子輯　廣州　趙詒琛自刻本　1933年　藝海一勺

009490244　6003　4801
蘭易上下卷
鹿亭翁著　簹溪子校　廣州　趙詒琛自刻本　1933年　藝海一勺

009490344　6003　4801
蓮鄉題畫偶存
孔繼堯著　廣州　趙詒琛自刻本　1933年　藝海一勺

009490033　6003　4801
論畫十則
王原祁著　廣州　趙詒琛自刻本　1933年　藝海一勺

009490040　6003　4801
論書十則
鄒方鍔　廣州　趙詒琛自刻本　1933年　藝海一勺

009490343　6003　4801
巩荷譜
楊鍾寶撰　廣州　趙詒琛自刻本　1933年　藝海一勺

009490283　6003　4801
養菊法
閔廷楷著　廣州　趙詒琛自刻本　1933年　藝海一勺

009490303　6003　4801
養菊須知上下卷
顧祿著　廣州　趙詒琛自刻本　1933年　藝海一勺

009490293　6003　4801
藝菊簡易
徐京著　廣州　趙詒琛自刻本　1933年　藝海一勺

009490274　6003　4801
藝蘭要訣
吳傳澐撰　廣州　趙詒琛自刻本　1933年　藝海一勺

009490100　6003　4801
印母
楊士修著　廣州　趙詒琛自刻本　1933年　藝海一勺

009490088　6003　4801
玉尺樓畫說
金恭著　廣州　趙詒琛自刻本　1933年　藝海一勺

009490362　6003　4801
月季花譜
評花館主　廣州　趙詒琛自刻本　1933年　藝海一勺

009490112　6003　4801
周公謹印說删
楊士修錄　廣州　趙詒琛自刻本　1933年　藝海一勺

005654334　6003　6247
金石書畫叢刻
易大厂審定　黃賓虹編　上海　漢文淵書肆發行　1934年

005669008　6003　8626
藝術與科學
曾仲鳴著　上海　上海嚶嚶書屋　1930年　（m.）

005701535　6005　2205
參加倫敦中國藝術國際展覽會出品圖說
倫敦中國藝術國際展覽會籌備委員會編輯　上海　商務印書館　1936年　3版　（m.）

005669010　6005　2205.2
參加倫敦中國藝術國際展覽會出品目錄
倫敦中國藝術國際展覽會籌備委員會編　香港　倫敦中國藝術國際展覽會籌備委員會　1935年

005701540　6008　1305
舊石器時代之藝術
裴文中著　上海　商務印書館　1935年　（m.）

011930655　N70.L5　1930
藝術論集
李樸園著　上海　光華書局　1930年　（m.）

005654399　6009　2119
藝術漫談
豐子愷著　上海　人間書屋　1936年　（m.）

011879326　BH39.Y525　1937
藝術史的問題
高瀨・甘粕等著　辛苑譯　東京　質文社　1947年

011930362　PN85.H83　1936
藝術文集
華林著　上海　大光書局　1936年　再版　（m.）

011884772　N72.H78　1932
藝術與社會
徐朗西著　上海　現代書局　1932年　（m.）

011881631　N70.X87　1929
藝術哲學 ABC
徐蔚南著　上海　ABC叢書社　1929年　ABC叢書　（m.）

005669012　6009　2243
藝術通論
向培良著　上海　商務印書館　1937年　（m.）

005668554　6012.32　5602
中國古代文物展覽會目錄
中國文化協會、中英學會聯合主辦　香港　羅富國師資學院　1947年　（m.）

美學

011915881　BJ1558.C5　C4　1925
美的人生觀
張競生著　北京　張競生　1925年　初版　審美叢書　（m.）

011913477　BH39.L5　1934
美學
李安宅著　上海　世界書局　1934年　哲學叢書

011919476　BH39.F3　1927
美學概論
范壽康編　上海　商務印書館　1927年　初版　（m.）

011937811　B39.F8　1948
美學綱要
傅統先編著　上海　中華書局　1948年　初版　（m.）

011431348　BH39.L8　1931
美學淺說
呂澂著　上海　商務印書館　1931年

初版　（m.）

007662440　6020　2993　FC7935　Film　Mas　31859
談美
朱光潛撰　上海　開明書店　1940年

011919427　BH39.L8　1925
晚近美學説和美的原理
吕澂著　上海　商務印書館　1925年
初版　教育叢著　（m.）

011805683　BH203.M3713　1931
現代美學思潮
（德）摩伊曼［E. Meumann］著　吕澂譯　上海　商務印書館　1931年　初版（m.）

011985252　NX583.A1　C44　1931
文藝方法論
陳彝蓀著　上海　光華書局　1931年（m.）

005665343　6020　2993.1
文藝心理學
朱光潛著　上海　開明書店　1943年　1版　（m.）

005669031　6020　3134
色彩學研究
温肇桐編著　上海　商務印書館　1947年　藝術研究叢書　（m.）

005669037　6020.9　5017
生活與美學
車爾尼舍夫斯基著　周揚譯　北平　新中國書局　1948年　（m.）

005669038　6023　1326
現代藝術論
張牧野著　北平　北京出版社　1936年　（m.）

005669039　6029　2119
繪畫概説
豐子愷著　上海　中國文化服務社　1936年　再版　基本知識叢書

美術史

005675436　6030　1183
中國美術的演變
王鈞初著　北平　文心書業社　1934年（m.）

005675437　6030　2451
中國美術年表
傅抱石撰　上海　商務印書館　1937年　再版　（m.）

007442022　6030　2451B
中國美術年表
傅抱石著　上海　商務印書館發行　1937年　初版　（m.）

011875458　N7340.O58　1928
中國美術史
大村西崖著　陳彬龢譯　上海　商務印書館　1928年　歷史叢書　（m.）

005671532　6030　4404
中國藝術家徵略五卷
李放編　義州　李氏自刊本　1914年

005675439　6030　4412　FC7936　Film　Mas　31851
中國美術史
大村西崖撰　陳彬龢譯　上海　商務印書館　1932年　國難後1版　國學小叢書　（m.）

005709241　6030　4446
中國藝術史概論
李樸園著　上海　良友圖書公司

1932年

005687233　6030　4523
中國美術
S. W. Bushell 著　戴嶽譯　蔡元培校　上海　商務印書館　1924年　再版　世界叢書　（m.）

005671531　6030　7260
中國美術發達史
劉思訓著　上海　商務印書館　1946年　（m.）

007728297　N69.6.C5　L54　1936
一九三五年的世界藝術
林風眠編著　上海　商務印書館　1936年　1935年世界概況叢書　（m.）

005687087　6030　7366.1
中國藝術論叢
滕固編　長沙　商務印書館　1938年　初版　（m.）

005671518　6030　8233
中國美術史
鄭昶編　上海　中華書局　1940年　中華百科叢書　（m.）

005671519　6032　2924
秦漢美術史
朱傑勤著　上海　商務印書館　1936年　史地小叢書　（m.）

005687235　6039　4446
中國現代藝術史
李樸園等撰　上海　良友圖書印刷公司　1936年　（m.）

005671433　6042　2441
正倉院考古記
傅芸子著　東京　文求堂　1941年

005687236　6050　6174
美術論
羅丹、吉塞爾合著　曾覺之譯　上海　開明書店　1930年　（m.）

005691044　6058　6634
西洋美術史
呂徵編譯　上海　商務印書館　1931年　4版　（m.）

書畫

中國書畫

005691047　6072　2344
求古齋書法研究會簡章
上海求古齋書法研究會編　上海　求古齋書法研究會　1940年

005736339A　6073　1174
王氏書畫苑
王世貞輯　上海　泰東圖書局　1922年

005736339　6073　1174　（1-5）
法書要錄一卷
張彥遠著　上海　泰東圖書局　1922年　王氏書畫苑

005736340　6073　1174　（6）
米海岳書史一卷
米芾撰　上海　泰東圖書局　1922年　王氏書畫苑

005736341　6073　1174　（7-8）
書法鉤元四十卷
蘇霖撰　上海　泰東圖書局　1922年　王氏書畫苑

005736342　6073　1174　（9-12）
東觀餘論二卷

黃伯思　上海　泰東圖書局　1922 年
王氏書畫苑

005736346　6073　1174　（13）
寶章待訪錄一卷
米芾撰　上海　泰東圖書局　1922 年
王氏書畫苑

005736348　6073　1174　（13）
翰墨志一卷
宋高宗撰　上海　泰東圖書局　1922 年
　王氏書畫苑

005736347　6073　1174　（13）
試筆一卷
歐陽修撰　上海　泰東圖書局　1922 年
　王氏書畫苑

005736344　6073　1174　（13）
書譜一卷
孫過庭撰　上海　泰東圖書局　1922 年
　王氏書畫苑

005736345　6073　1174　（13）
續書譜一卷
姜夔撰　上海　泰東圖書局　1922 年
王氏書畫苑

005736349　6073　1174　（14）
法帖譜系一卷
曹士冕撰　上海　泰東圖書局　1922 年
　王氏書畫苑

005736350　6073　1174　（14）
學古編一卷
吾丘衍撰　上海　泰東圖書局　1922 年
　王氏書畫苑

005736351　6073　1174　（14）
字學新編摘鈔一卷
劉惟志撰　上海　泰東圖書局　1922 年
王氏書畫苑

005736352　6073　1174　（15－18）
廣川書跋一卷
董逌撰　上海　泰東圖書局　1922 年
王氏書畫苑

005736359　6073　1174　（19）
筆法記
荊浩撰　上海　泰東圖書局　1922 年
王氏書畫苑

005736353　6073　1174　（19）
古畫品錄
謝赫撰　上海　泰東圖書局　1922 年
王氏書畫苑

005736355　6073　1174　（19）
後畫錄
彥悰撰　上海　泰東圖書局　1922 年
王氏書畫苑

005736360　6073　1174　（19）
山水論
王維撰　上海　泰東圖書局　1922 年
王氏書畫苑

005736358　6073　1174　（19）
圖畫歌
沈括　上海　泰東圖書局　1922 年　王氏書畫苑

005736356　6073　1174　（19）
續畫品
姚最撰　上海　泰東圖書局　1922 年
王氏書畫苑

005736354　6073　1174　（19）
續畫品錄
李嗣真撰　上海　泰東圖書局　1922 年
王氏書畫苑

005736357　6073　1174　(19)
貞觀公私畫史
裴孝源撰　上海　泰東圖書局　1922年
　　王氏書畫苑

005736361　6073　1174　(20-22)
歷代名畫記一卷
張彥遠著　上海　泰東圖書局　1922年
　　王氏書畫苑

005736362　6073　1174　(23)
聖朝名畫評一卷
劉道醇撰　上海　泰東圖書局　1922年
　　王氏書畫苑

005736363　6073　1174　(24)
唐朝名畫錄一卷
朱景玄撰　上海　泰東圖書局　1922年
　　王氏書畫苑

005736364　6073　1174　(25-26)
畫繼一卷
鄧椿撰　上海　泰東圖書局　1922年
　　王氏書畫苑

005736365　6073　1174　(27)
益州名畫錄三卷
黃休復撰　上海　泰東圖書局　1922年
　　王氏書畫苑

005736366　6073　1174　(28)
米海岳畫史一卷
米芾撰　上海　泰東圖書局　1922年
　　王氏書畫苑

005736373　6073　1174　(29)
紀藝
郭思撰　上海　泰東圖書局　1922年
　　王氏書畫苑

005736371　6073　1174　(29)
林泉高致
郭熙撰　上海　泰東圖書局　1922年
　　王氏書畫苑

005736369　6073　1174　(29)
山水賦
荊浩撰　上海　泰東圖書局　1922年
　　王氏書畫苑

005736370　6073　1174　(29)
山水訣
李成撰　上海　泰東圖書局　1922年
　　王氏書畫苑

005736368　6073　1174　(29)
山水訣
王維撰　上海　泰東圖書局　1922年
　　王氏書畫苑

005736372　6073　1174　(29)
山水論
郭思撰　上海　泰東圖書局　1922年
　　王氏書畫苑

005736367　6073　1174　(29)
山水松石格
梁元帝撰　上海　泰東圖書局　1922年
　　王氏書畫苑

005736378　6073　1174　(30)
畫品
李薦撰　上海　泰東圖書局　1922年
　　王氏書畫苑

005736376　6073　1174　(30)
畫山水訣
李澄叟撰　上海　泰東圖書局　1922年
　　王氏書畫苑

005736377　6073　1174　(30)
論畫山水訣
無名氏撰　上海　泰東圖書局　1922年

王氏書畫苑

005736384　6073　1174　(30)
梅品
華光和尚　上海　泰東圖書局　1922 年
　王氏書畫苑

005736380　6073　1174　(30)
墨竹記
張退公撰　上海　泰東圖書局　1922 年
　王氏書畫苑

005736375　6073　1174　(30)
山水純全集
韓拙撰　上海　泰東圖書局　1922 年
　王氏書畫苑

005736374　6073　1174　(30)
宣和論畫雜評
宋徽宗　上海　泰東圖書局　1922 年
　王氏書畫苑

005736379　6073　1174　(30)
竹譜詳錄
李衎撰　上海　泰東圖書局　1922 年
　王氏書畫苑

005736381　6073　1174　(31－32)
廣川畫跋一卷
董逌撰　上海　泰東圖書局　1922 年
　王氏書畫苑

005675311　6073　1180
丹青引
王益論著　廣州　原藝社　1949 年　廣州市市立藝術專科學校叢書　(m.)

005675168　6073　1436
畫論叢刊五十三種　附二種
于氏[海晏]校輯　北平　中華印書局　1937 年

005725178　6073　2984　A7508.Pa　FC7937　Film　Mas　31852
藝林名著叢刊
朱劍芒纂　上海　世界書局　1935 年

005691048　6073　3146
祝嘉書學論叢
祝嘉著　上海　教育書店　1948 年　(m.)

007347929　6073　4413
神州論畫錄
成都　薛氏崇禮堂　1944 年

005709512　6073　4413　(1)
龔安節先生畫訣
龔賢撰　成都　薛氏崇禮堂　1944 年　神州論畫錄初編

005709513　6073　4413　(1)
畫筌
笪重光撰　成都　薛氏崇禮堂　1944 年　神州論畫錄初編

005709511　6073　4413　(1)
畫語錄
釋道濟撰　成都　薛氏崇禮堂　1944 年　神州論畫錄初編

005709514　6073　4413　(1)
浦山論畫
張庚撰　成都　薛氏崇禮堂　1944 年　神州論畫錄初編

005709515　6073　4413　(2)
山靜居畫論二卷
方薰撰　成都　薛氏崇禮堂　1944 年　神州論畫錄初編

005747580　6073　4426
小蓬萊閣畫鑒七卷　小蓬萊閣獵古集一卷
李修易撰　李厥猷編　李開福校　上海　商務印書館　1934 年

005811924 6073 5428
畫苑秘笈初、二編
吳辟疆輯　蘇州　吳氏畫山樓　1941 年

007448438 6074 4449
海王村所見書畫錄
李葆恂撰　香港　1916 年

005743527 6074 8923
書畫書錄解題十二卷
余紹宋著　北京　國立北平圖書館
1932 年

005747477 6076 0337 AA611 B577S
式古堂書畫彙考三卷
卞永譽撰　江都　鑒古社　1921 年

005743579 6079 2119
繪畫與文學
豐子愷著　澳門　文集書店　1934 年
開明青年叢書　(m.)

005747586 6080 0244 FC6094 FC－M4771
滇南書畫錄四卷
方樹梅輯　晉寧　方氏南荔草堂
1933 年

005784385 6080 1978 AA604 P372
佩文齋書畫譜
清聖祖勅撰　孫岳頒等奉旨纂輯　上海
　同文書局　1920 年

005773264 6080 4233
海上墨林四卷
楊逸編輯　上海　1928 年

007461210 6088 3888
國朝書畫家筆錄四卷
竇鎮輯　蘇州　文學山房　1912 年

008604680 FC1782
選學齋書畫寓目筆記上中下卷

香港　李兆明補簽　1944 年

005747463 6088 4413
益州書畫錄
薛天沛撰　成都　崇禮堂　1945 年

002537414 6088 4982 AZZ520 Z3101.Y446x vol. 21
清代書畫家字型大小引得
蔡京重編　引得編纂處校訂　北平　哈
佛燕京學社　1934 年　引得　(m.)

005750772 6090 1202
書法精論
丁文雋撰　香港　北平丁氏　1940 年
(m.)

005756569 6090 2430
章草考
卓定謀纂　北平　大慈商店　1930 年

005750776 6090 3146
書學史
祝嘉撰　上海　教育書店　1947 年
(m.)

005750777 6090 4241
古今書法匯通
麥華三編述　廣州　奇文印務公司
1937 年

005750367 6090 7231
書林藻鑒十二卷
馬宗霍編　上海　商務印書館　1935 年

005750366 6090 7231.2
書林紀事
馬宗霍編　上海　商務印書館　1935 年

005756570 6090 7232
書史會要九卷　附補遺一卷
陶宗儀撰　武進　陶氏逸園　1929 年

011930633　Z8.C5　C4　1935
中國書史
陳彬龢、查猛濟編著　上海　商務印書館　1935 年　國學小叢書　（m.）

005794291　6100　1248
續虞山畫志不分卷
邵松年輯　濟南　1922 年

005811919　6100　1400
圖繪寶鑒四十卷
夏文彥纂　1912—30？年

005761275　6100　1400B
圖繪寶鑒五卷　附補遺續編
夏文彥著　上海　商務印書館　1933 年　初版　（m.）

005756493　6100　1920
中國畫家人名大辭典
孫韡編著　上海　神州國光社　1934 年　（m.）

009096409　6100　1950
當湖歷代畫人傳九卷　補遺
孫振麟纂輯　武林　雪映廬　1935 年

011930211　N7348.N53　1936
藝苑交遊記
倪貽德著　上海　良友圖書印刷公司　1936 年　（m.）

011990345　N7348.L5　1914
中國藝術家徵略正編五卷
（清）李放等纂　義州　李氏自刊本　1914 年

005761278　6100　2902　FC6093　FC－M4772
海鹽畫史
朱端纂　海鹽　幽芳簃　1936 年

005756477　6100　3138
嶺南畫徵略十二卷　附補遺
汪兆鏞纂　濟南　1928 年

005760789　6100　361　AA604　P187C　1925
中國繪畫史
潘天授編　上海　商務印書館　1926 年　（m.）

007487102　6100　4211
畫史別號四卷
楊廷瑞撰　香港　1924 年

007448511　6100　4241.2
歷代畫史彙傳補編四卷
吳心穀編輯　北平　豹文齋　1935 年

005761160　6100　4432　FC6095　FC－M4769
毗陵畫徵錄上下卷
李淵府［寶凱］編　常州　文化書局　1933 年

005760915　6100　7929
中國繪畫史
陳師曾著　俞鋽［劍華］校　濟南　翰墨苑美術院　1925 年

005761068　6100　8236
中國畫學全史
鄭昶編　黃葆戉校閱　上海　中華書局　1929 年　（m.）

005760803　6100　8236B
中國畫學全史
鄭昶編著　黃葆戉校　上海　中華書局　1937 年　再版　（m.）

005761137　6100　8284.6
國畫研究
俞劍華著　上海　商務印書館　1948 年　3 版　（m.）

011895398　N5310.C46　1938
史前藝術史
岑家梧著　上海　商務印書館　1938年
百科小叢書　（m.）

006426346　ND1049.L713　A45　1925x
李復堂花卉屏條
李鱓繪　無錫　無錫理工製版所
1925年

006666870　ND1049.Y8　A2　1917x
甌香館寫生册
惲壽平作　龐氏虛齋審定　上海　有正書局　1917年

011882095　ND1049.W33　U54164　1935
王摩詰
梅澤和軒著　傅抱石譯　上海　商務印書館　1935年　初版　（m.）

005765700　6104　8199
唐宋之繪畫
金原省吾撰　傅抱石譯　上海　商務印書館　1935年　（m.）

007925861　6107　0426.2　FC1786
文徵明彙稿
文徵明［撰］　上海　神州國光社　1929年　第1版

005769625　6108　1361
寒松閣談藝瑣錄六卷
張鳴珂撰　吳受福附志　楊效曾校勘
上海　文明書局　1924年

005765284　6108　2371.7
吳漁山先生年譜二卷　附墨井集源流考
陳垣著　北平　輔仁大學　1937年　勵耘書屋叢刊

005765208　6108　3134
清初六大畫家
温肇桐著　上海　世界書局　1945年
中國名畫家叢刊　（m.）

005769626　6108　3185
清代畫史補錄四卷
江銘忠撰　濟南　1922年

005190901　6108　3839
清畫傳輯佚三種附引得
洪業輯校　北平　哈佛燕京學社　1934年　引得　（m.）

007448412　6108　4433
清畫家詩史二十卷
李濬之編輯　1930年

005784384　6108　5383
清代畫史
盛叔清輯、黃樸存閱　上海　有正書局
1927年

009078565　6108　7903
畫林新詠三卷　補遺一卷
陳文述撰　碧螺山人編　杭州　西泠印社　1915年　活字本

005773266　6109　4427
廣東現代畫人傳
李健兒著　香港　儉廬文藝苑　1941年

005769480　6109　7245
漫畫概論
劉枕青編著　長沙　商務印書館　1938年　（m.）

005779292　6129　0212
九成宮集字範本
商務印書館編輯　長沙　商務印書館
1939年

005779293　6129　0217
玄秘塔集字範本

商務印書館輯　長沙　商務印書館 1940 年

005779294　6129　0431
中國書學淺說
諸宗元著　上海　商務印書館　1929 年　百科小叢書　（m.）

005779295　6129　0465
寫字速成指導
許晚成編輯　李肖白校訂　上海　國光書店　1939 年

005779303　6129　1442
于右任先生草書正氣歌真跡
于右任書　成都　遠東圖書公司 1944 年

005779307　6129　2147.2
廣藝舟雙楫六卷
康有爲著　上海　廣藝書局　1916 年（m.）

005779308　6129　2147.2B
廣藝舟雙楫六卷
康有爲撰　上海　商務印書館　1937 年　國學基本叢書　（m.）

005779306　6129　2147C
藝舟雙楫
包世臣撰　上海　商務印書館　1935 年　國學基本叢書　（m.）

005784615　6129　2430
用筆九法是用科學方法寫漢字
卓定謀著　北平　北平研究院　1931 年（m.）

005779240　6129　3214
書法正傳
馮武編　馮鼎、馮雄校　上海　商務印書館發行　1934 年　國學基本叢書　簡編　（m.）

005784607　6129　3230
書法闡微
馮漢著　香港　馮駱公司　1934 年（m.）

005784611　6129　4103
書範一卷
姚靖瀾撰並書　北平　文化學社 1931 年

005784612　6129　4492
書法入門
李肖白著　上海　慎昌總行　1936 年

005789408　6129　7903
書學概論
陳康著　重慶　教育書店　1945 年（m.）

005784149　6129　794
中國文字與書法
陳彬龢著　上海　商務印書館發行 1935 年　3 版　國學小叢書　（m.）

005789409　6129　8278
青玉版十三行
翁同龢收藏　上海　有正書局　1912—48 年

004367022　6129　8284　FC7715　Film Mas　31745
書法指南
俞劍華著　上海　商務印書館　1934 年　初版　（m.）

007442023　6129.1　7983
真草隸篆四體大字典
陳和祥輯　上海　掃葉山房　1926 年

美術遊藝類

005789412　6129.2　0657
小楷滋蕙堂靈飛經
文明書局印　上海　文明書局　1934 年

009222597　6129.4　0201
草韻辨體五卷
郭諶輯　奉天　丁藹庵　1941 年　藍色影印

005784289　6129.4　1442
標準草書
于右任編著　重慶　説文社出版部　1945 年　（m.）

008627336　Microfiche　C-819　CH1422
草字彙
石梁編　上海　涵芬樓影印　1917 年

005789414　6129.6　1173
隸法指南二卷
王星北[辰]選輯　中華書畫保存會審定　香港　千項堂書局　1927 年

005789415　6129.6　1893
新輯隸字彙
項懷述編録　上海　掃葉山房　1935 年

007971313　MLC-C
益部漢隸集録
鄧少琴輯　四川　國立四川大學　1949 年　國立四川大學歷史學系史學叢書

005807238　6129.6　7176
法書考八卷
盛熙明撰　傅增湘校　上海　商務印書館　1934 年　四部叢刊續編

005789419　6129.8　2444c
六書分類十二卷　卷首一卷
傅世垚輯　傅應奎補輯　上海　錦文堂　1921 年

008303915　6129.8　4184
篆法入門
上海　求古齋書帖局　1932 年

005794276　6130　1179　（1）
芥子園畫傳
王概輯　上海　有正書局　1934 年

005794277　6130　1179　（2-3）
芥子園畫傳二、三集
王概、王蓍、王臬合編　上海　有正書局　1934 年

005794275　6130　1179.1
芥子園畫傳二十五卷　初、二、三、四集
王概編　李漁論定　上海　天寶書局　1924 年

005794279　6130　1179.4
影印足本芥子園畫譜十二卷　初、二、三集
王概編　上海　世界書局　1934 年　6 版

005794280　6130　1179.5
芥子園畫譜合集
王概編　儲菊人校訂　上海　中央書店　1948 年　（m.）

008627389　Microfiche　C-877　CH1482
明四大家畫譜
内藤虎次郎編　大阪　博文堂合資會社　1924 年

009686161　MLC-C
足本芥子園畫譜全集
王安節摹繪　上海　國學整理社　1936 年　再版

005788924　6130　2451.5
中國繪畫理論
傅抱石撰輯　上海　商務印書館　1936 年　（m.）

005788926　6130　2630
中國畫學淺説
諸宗元著　上海　商務印書館　1947年
　百科小叢書　（m.）

005794282　6130　3131
天下有山堂畫藝不分卷
汪之元撰繪　濟南　1914年

009078545　6130　3806
畫梅辯難十二卷
顧韶著　傅焕等記述　香港　興業印書局　1914—19年　鉛印

005798264　6130　4222.1
山水入門
胡錫銓［佩衡］著　上海　商務印書館　1932年　國難後第1版

009054446　6130　4222.2
畫筌叢談不分卷
胡佩衡著　北京　琉璃廠豹文齋　1934年　第5版

005793831　6130　5920
中國繪畫學史
秦仲文著　北平　立達書局　1934年　初版　（m.）

005794073　6130　7231
中國繪畫上的六法論
劉海粟編著　上海　中華書局　1931年

005798303　6130　7576
圖畫考七卷
盛熙明著　上海　涵芬樓　1936年　四部叢刊三編

009097237　6130　7984
畫學秘旨要訣大觀四十卷
陳敏編輯　香港　四明還讀樓　1922年　石印

005798304　6130.9　4133　FC2117　FC－M2093
中國畫討論集
姚漁湘編　北平　立達書局　1932年　（m.）

009025172　6133　2332
煙雲供養錄一卷
吳騫輯　杭州　西泠印社　1915年　活字印本

005798305　6133　3141
麓雲樓書畫記略一卷
汪士元撰　濟南　1922年

005798306　6133　7980
寶迂閣書畫錄四卷　附錄
陳夔麐纂　濟南　1915年

005793824　6133.8　4748
胡敬書畫考三種八卷
胡敬輯　北平　來熏閣　1933年

009216089　6133.8　4748b
胡氏書畫考三種八卷
胡以莊［敬］輯　上海　上海中國圖書保存會　1924年　影印

005661099　6134　1137
清人書評
王潛剛評　上海　秀水學會　1936年

005661100　6134　3146
愚盦書碑話合刊
祝嘉著　上海　教育書店　1948年　中國書學研究會叢書

005756567　6135　2106
箬盦畫塵二卷
程庭鷺撰　香港　紫英香館　1927年

005657477　6135　2125
談藝錄

伍蠡甫著　上海　商務印書館　1947 年
（m.）

005660859　6135　4473
中國畫論體系及其批評
李長之著　重慶　獨立出版社　1944 年
（m.）

005671937　6135　4573b
習苦齋畫絮十卷
戴文節公［戴熙］記　惠年編輯　上海
文瑞樓　1920—40 年

005660620　6135　4835
古畫微
黃賓虹［黃質］著　上海　商務印書館
1933 年　國學小叢書　（m.）

005879271　6135　492
觀畫百詠四十卷
葉德輝撰　香港　葉氏觀古堂　1918 年

005660954　6135　7929
中國文人畫之研究
陳衡恪［師曾］譯述　上海　中華書局
1934 年

005671940　6135　799
讀畫輯略
陳烺著　上海　商務印書館　1925 年
4 版　文藝叢刻甲集

005690101　6135.5　0242
圖畫見聞志六卷
郭若虛撰　上海　商務印書館　1934 年
　　四部叢刊續編

005660926　6135.9　4922
春覺齋論畫遺稿
林紓著　北平　燕京大學圖書館　1935
年　北平燕京大學圖書館叢書

009223909　6137　1103
快雨堂題跋八卷
王夢樓著　上海　廣智書局　民國間

003274492　6137　1363
壯陶閣書畫錄
裴景福編　上海　中華書局　1937 年

005660861　6137　2324
大觀錄
吳升撰　武進　李氏聖譯廡　1920 年

005784648　6137　3111
珊瑚網書錄二四卷　畫錄二四卷
汪砢玉撰　上海　商務印書館　1936 年
　　國學基本叢書

005671945　6137　3111b
珊瑚網
汪砢玉著　上海　商務印書館　1936 年
　　萬有文庫　第 2 集　（m.）

005687152　6137　3441B
墨緣彙觀法書二卷　名畫二卷
安岐編　北京　翰文齋　1914 年

005665363　6137　7923
伏廬書畫錄
容庚著　北平　燕京大學考古學社
1936 年　考古學專集

005671955　6137.8　1311
真跡日錄
張丑輯　香港　姚江馮恩昆　1918 年

005879275　6138　1134c
淳化秘閣法帖考正十二卷
王澍定撰　上海　涵芬樓　1935 年　四
部叢刊三編

005665406　6138　2941
淳化閣帖釋文十卷
王著摹刻　徐朝弼集釋　上海　西泠印社　1916 年

005671957　6138　6177
絳帖題跋
羅原覺學　濟南　1923 年

005668556　6138　7875　(1)
集古求真十四卷　卷首二卷
歐陽輔[撰]　南昌　開智書局　1923 年

005668557　6138　7875　(2)
集古求真續編十卷　補正四卷
歐陽輔[撰]　上海　鴻寶齋　1933 年

008454864　　MLC–C
松柏名畫集
陳伏廬收藏　1931 年

005665251　6139　0117
中國名畫觀摩記
施翀鵬著　上海　商務印書館　1936 年　(m.)

005665374　6139　1110
白龍山人題畫詩
王震[一亭]撰　上海　1936 年

005671961　6139　2848
待盦題畫詩存一卷　詩餘偶存一卷
待盦老人[李寶章]撰　濟南　1914 年

005671965　6139　5936
曝畫紀餘十二卷
秦潛輯　香港　梁溪秦氏　1929 年

005665419　6139　7113.1
虛齋名畫續錄
龐元濟撰　上海　1924 年

004182690　6139　8923　(1)
畫法要錄
余紹宋編　上海　中華書局　1931 年再版

004182689　6139　8923　(2)
畫法要錄二編
余紹宋編　上海　中華書局　1933 年

005665396　6139.9　2946
歸雲樓題畫詩
水竹邨人[徐世昌]撰　香港　1924 年

005671925　6139.9　2946.3
海西草堂題畫詩十卷
水竹邨人[徐世昌]著　香港　退畊堂周雕　1936 年

007448431　6140　1143
故宮已佚書籍書畫目錄之一
故宮博物館　北京　1946 年　(m.)

005671926　6140　1363
壯陶閣帖目
裴景福編　無錫　藝海公司代印　1912 年

007448370　6140　3067
三虞堂書畫目
完顏景賢撰著　蘇宗仁編　北京　1933 年

005668564　6140　3674
歷代著錄畫目
福開森編　商承祚校勘　南京　金陵大學中國文化研究所　1934 年

005668759　6148　0244
江村書畫目
高士奇編　香港　東方學會　1924 年

008604677　FC1779
江村書畫目
濟南　1944年

009223970　6148　2162.21
[欽定]石渠寶笈三編總目
上海　羅振玉　1918年

005671929　6148　2308
近百年內已故名家畫展目錄
上海市美術館籌備處編　上海　上海市美術館籌備處　1947年

003159243　6148　2714.01
石渠寶笈
張照等撰　上海　涵芬樓　1918年

003151151　6148　2714.2　FC9550　Film Mas 36003
欽定秘殿珠林石渠寶笈續編
王傑等撰　開平　譚氏區齋　1948年

007448304　6148　3113
廣東叢帖敘錄
冼玉清編著　廣東文獻館編印　廣州　廣東文獻館　1949年　廣東文獻叢書（m.）

005668545　6148　4449
萬木草堂藏畫目
康有爲撰　上海　長興書局　1918年　萬木草堂叢書

005687153　6148　7744
陶風樓藏書畫目
香港　國學圖書館　1932年

005687155　6149　1257
平泉書屋書畫目錄甲編
平泉書屋主人藏　東京　中國古書畫東京出版所　1913年

005668685　6149　4104
內務部古物陳列所書畫目錄
何煜總纂　北京　京華印書局　1925年

005671932　6149　7768
三秋閣書畫錄二卷
關冕鈞錄　香港　蒼梧關氏　1928年

005668758　6149　8139
盛京故宮書畫錄
金梁編　濟南　1913年序

005671527　6150　0175
名人書畫一至二六集
上海　商務印書館　1920—25年
（m.）

005687156　6150　0262
金石家書畫集附金石家書畫集小傳初集
高野侯、丁輔之編輯　上海　西泠印社　1924年

005687157　6150　0262.1
金石家書畫集二集
丁輔之編輯　上海　西泠印社　1935年

009025410　6150　3603
頌齋書畫錄一卷
容庚著　北京　燕京大學考古學社　1936年　書畫鑒

005671520　6150　4400
美展特刊
全國美術展覽會　上海　1929年　（m.）

009314930　6150　4828
古今名人書畫扇譜二册
晉銅鼓齋主人編　上海　點石齋　1938年　石印

005687158　6150　6122
墨巢秘笈藏影

美術遊藝類

李墨巢收藏　上海　商務印書館
1935年

005671803　6150　6419
曼殊留影附銘傳並名人題跋
毛張曼殊著　上海　商務印書館
1930年

005690626　6150　7104
歷代名人書畫
内務部古物陳列所選印　北京　富晉書社代理經售　1925年

005687159　6150　8224
詩婢家詩箋譜二卷第一集
鄭伯英選藏　成都　1945年

005687160　6155　4817
趙子固二十四孝書畫合璧
趙孟堅繪　北平　古物陳列所　1933年

005687077　6157　2143
仇文合制西廂記圖冊
王鯤徒收藏　上海　文華美術圖書公司
1933年

005687164　6157　4207
楊龍友山水冊
楊文驄繪　長沙　商物印書館　1939年

005683285　6157　7211
周公瑕墨蘭
周天球繪　上海　神州國光社　1929年

008627467　Microfiche　C‐895　CH1501
巴江録別詩書畫冊
1946年

009315518　6158　2372
奚蒙泉詩書畫冊
奚岡繪　上海　商務印書館　1920年　珂羅版

005675057　6158　2944B
八大山人書畫扇集
孫陟甫藏　上海　商務印書館　1935年

008454872　MLC‐C
董玄宰山水
董其昌撰　1931年

005683286　6158　4532
梅瞿山水墨山水
梅清繪　上海　神州國光社　1929年

005683287　6158　4830
悲盦剩墨第三集
趙之謙書　丁仁［輔之］、吳隱編　上海　西泠印社　1931年　4版

005683288　6158　4830.1
二金蜨堂遺墨
趙之謙繪　西川寧編　東京　井上恒一
1946年

005683194　6159　0417
譚祖安先生書麻姑仙壇記
顔真卿撰並書　譚延闓臨　上海　商務印書館　1936年

005683292　6159　2327
吳昌碩先生遺作集
吳俊卿書繪　楊清磐、錢瘦鐵編輯　上海　民智書局發行　1928年

009132944　6159　2327.2
缶廬近墨一集、二集
吳昌碩作　吳隱、丁仁編輯　上海　西泠印社　1922—23年

008318918　6159　2355
上海振青社書畫集
振青書畫會編輯　上海　中華圖書館
1914年

美術遊藝類

009148006　6159　2361
吳昌碩書畫册
吳昌碩著　上海　西泠印社　1929 年再版

005750765　6159　5211
泰山殘石樓藏畫四卷
唐吉生、泰山殘石樓收藏　香港　美術製版社　1926—29 年

005690610　6159　5225
青山農書畫集
黃葆戉撰　上海　商務印書館　1935 年

005687167　6159　5632　(1)
中國近代書畫第一輯
中國近代書畫匯編審　香港　中國近代書畫匯　1947 年

009314243　6159　6212
大厂居士遺墨選刊不分卷
易孺撰　香港　達華印刷公司　1942 年石印

005683294　6159　8222
琴齋書畫印合集
簡經綸輯　1937 年

005687168　6159　8274
書畫大觀第二集
俞丹林等編輯　上海　文明書局　1923 年

005687169　6160　0217
習字範本四種
商務印書館編　上海　商務印書館　1947 年　(m.)

005687170　6160　0239.7
御刻三希堂法帖釋文
陳焯編　1912—49 年

005678170　6160　0262
古今名人墨跡大觀
高野侯輯　上海　中華書局　1928 年

005678172　6160　0262.2
古今尺牘墨跡大觀
高野侯輯　上海　中華書局　1928 年

005687171　6160　0262.3
歷代碑帖大觀
高野侯輯　香港　中華書局　1928 年

009041143　6160　1422
書法大成
平衡編集　上海　中央書店　1949 年第 2 版

005687172　6160　2494
貞松堂藏歷代名人法書三卷
羅振玉編　香港　上虞羅氏　1938 年

005687173　6160　3131
白嶽凝煙
汪滌輯　東京　文求堂　1934 年

009118389　6160　6328
明清名人尺牘墨寶第一集六卷　第二集六卷　第三集六卷
上海　文明書局　1922 年　3 版

005687177　6162　4224
楊伯起碑
上海　商務印書館　1922 年

005687179　6163　1123
右軍父子四人法帖
王羲之書　上海　商務印書館　1935 年

005687181　6163　1123.3
二王墨影
王羲之、王獻之書　容庚輯　濟南　1936 年　考古學社專集

009269970　6163　1183
晉王羲之行草帖宋拓淳熙秘閣續帖本
王羲之撰　上海　藝苑真賞社
1911—33年

005687183　6163　1183.1
王右軍書宋拓
王羲之書　上海　商務印書館　1925年
　5版

009820550　TP1115
定武蘭亭肥本
王羲之書　上海　有正書局　1926年
影印［9版］（m.）

009559473　TP1136
宋拓淳化閣帖
濟南　1917年　影印［石印］

009250151　6163　2116
魏張黑女志
上海　藝苑真賞社　192？年

009567681　TP0048
印人畫像
西泠印社編撰　杭州　西泠印社　1914
年　原刻

008099228　TP0032
印人畫像
上海　西泠印社　1914年

007882133　6163　4202
宋拓定武蘭亭
上海　藝苑真賞社　1912—33年

009820545　TP1114
宋拓定武蘭亭
王羲之書　上海　有正書局　1923年
影印［3版］

005687185　6163　4202.3
八十一刻蘭亭記
容庚撰　北平　燕京大學國文學會
1939年

007882135　6164　0141F
碑聯集拓唐碧落碑
上海　藝苑真賞社　1912—33年

011941772　MLC－C
宋蘇文忠寄參寥詩卷真跡
秦絅孫藏　上海　藝苑真賞社　1926年

005687187　6164　0847
顏魯公書裴將軍詩卷
顏真卿書　上海　商務印書館　1925年
　8版　（m.）

005687190　6164　0847.2
唐多寶塔碑宋拓本
岑勳撰　顏真卿書　上海　中華書局
1926年

007662782　6164　0847.51
宋拓顏平原東方畫贊上下
上海　有正書局　1916年

005694302　6164　1325
張司直玄靜先生碑
張從申書　上海　商務印書館　1934年

008327869　6164　1375
宋拓郎官廳壁記
張旭書　192？年

005694303　6164　1930
孫過庭書譜
孫過庭書　上海　商務印書館　1924年
　3版

005694305　6164　2104
化度寺邕禪師舍利塔銘

香港　上虞羅氏　1924 年

009815360　TP1086
北宋拓麓山寺碑
李邕書　上海　有正書局　1925 年　珂羅版影印

009815623　TP1092
北宋拓顏魯公多寶塔碑
顏真卿書　上海　有正書局　1919 年　影印［再版］

009758140　TP0845
閉塞隊紀念
東鄉平八郎書　旅順　1912—34 年　原刻

009817208　TP1108
出土初拓王居士磚塔銘
上官靈芝撰　敬客書　上海　有正書局　1924 年

009825847　TP1119
初拓書譜
孫過庭撰並書　上海　有正書局　1918 年

009758135　TP0844
大頂子摩崖
遼寧　1912—45 年　原刻

009757131　TP0839
東雞冠山第二堡壘碑
土屋光春撰並書　旅順　滿洲戰跡保存會　1916 年　原刻

009755566　TP0828
東園記
溥儒撰　鄭孝胥書　瀋陽　1912—38 年　原刻

005694307　6164　4188
董美人墓志
上海　商務印書館　1934 年

009776110　TP0918
爾
濟南　1912—45 年　原刻

009755558　TP0825
奉天關岳廟碑記
張作霖撰　李西書並篆額　瀋陽　1924 年　原刻

009755562　TP0826
奉天武廟附建昭忠祠記
李夢庚撰　鄭師文書　李雲恒、袁耀樞鐫石　瀋陽　1925 年　原刻

009702481　TP0483
古大明寺唐鑒真和尚遺址碑記
常磐大定撰　王景琦書　黃紹華鐫　揚州　高洲太助　1922 年　原刻

009820562　TP1116
漢楊君石門頌　漢堂溪石闕銘
錢梅溪書　上海　求古齋書帖局　1912—28 年　影印

009825854　TP1121
舊拓東林寺碑
李邕書　上海　有正書局　1922 年　影印［3 版］

009820503　TP1110
舊拓龍門二十品
上海　有正書局　1919 年　影印［9 版］

009608592　TP0164
舊拓石門銘
王遠撰並書　武阿仁鐫　上海　有正書局　1919 年　影印［8 版］

009820665　TP1118
舊拓王右軍樂毅論趙松雪閒邪公傳合刻
上海　有正書局　1912—28年　影印

009820540　TP1113
開皇本蘭亭序
王羲之書　上海　有正書局　1920年　影印[6版]

009757154　TP0840
老虎溝山碑刻
大迫尚敏撰並書　旅順　1916年　原刻

009563979　TP1141
廬山陳氏甲秀堂法帖
陳氏輯　李氏刻　大阪　油谷達　1912年　影印[珂羅版]

009825910　TP1125
米南宮十七帖
米芾書　上海　有文書局　1912—37年

009815627　TP1093
明拓顏真卿多寶塔碑
顏真卿書　東京　西東書房　1926年　影印

009815654　TP1098
明拓雁塔聖教序
褚遂良書　東京　西東書房　1926年　影印

009817163　TP1102
明拓張遷頌
東京　西東書房　1926年　影印

009815329　TP1083
內府藏唐房梁公碑全本
褚遂良書　上海　有正書局　1921年　珂羅版影印

009758125　TP0843
南山坡山
旅順　1912—45年　原刻

009820657　TP1117
南唐澄清堂帖
王羲之書　上海　有正書局　1920年　珂羅版影印[再版]

009825863　TP1124
南園行書韓詩
錢灃書　上海　1912—37年　影印

009815648　TP1096
歐陽草書千字文殘本
歐陽詢書　東京　西東書房　1926年　影印

009820522　TP1111
泉州萬安橋碑
蔡襄書　東京　西東書房　1927年　影印

009825930　TP1130
散盤銘文　器形
北平　故宮博物院古物館　1925—30年　影印

009815223　TP1078
蜀石經
劉健之撰　上海　劉健之　1926年

009815206　TP1123
蜀石經
劉健之撰　上海　劉健之　1926年

009815212　TP1077
蜀石經
劉健之撰　上海　劉健之　1926年

009563945　TP1140
宋刻大觀帖九卷
東京　法書會　1915年　影印

009599187　TP0128
宋拓多寶塔碑
岑勳撰　顏真卿書　上海　中華書局
　1925年　影印［4版］

009820535　TP1112
宋拓十七帖
王羲之書　東京　西東書房　1926年
　影印

009817183　TP1105
宋拓漢博陵太守孔彪碑
上海　有正書局　1924年　珂羅版影印
　［再版］

009817172　TP1103
宋拓皇甫誕碑
于志寧撰　歐陽詢書　上海　有正書局
　1924年　珂羅版影印［再版］

009815355　TP1085
宋拓麓山寺碑
李邕書　上海　有正書局　1923年
　影印

009572100　TP0063
宋拓石鼓文
上海　藝苑真賞社　1912—45年　影
　印［珂羅版］

009817218　TP1109
宋拓石門頌
上海　有正書局　1912—28年　影印

009817156　TP1101
宋拓衛景武公碑
許敬宗撰　王知敬書　上海　有正書局
　1925年　珂羅版影印［3版］

009815650　TP1097
宋拓顏真卿書祭侄稿
顏真卿書　上海　有正書局　1925年
　珂羅版影印［3版］

009815641　TP1095
宋拓虞恭公碑
岑文本撰　歐陽詢書　東京　西東書房
　1926年　影印

009815595　TP1088
宋拓雲麾碑
李邕書　上海　有正書局　1923年　珂
　羅版影印［3版］

009815602　TP1089
宋拓雲麾碑
李邕書　東京　西東書房　1927年
　影印

009817189　TP1106
唐拓化度寺邕禪師舍利塔銘
歐陽詢書　上海　有正書局　1926年
　影印［4版］

009815290　TP1080
唐拓全石唐順陵碑孤本
相王旦［唐睿宗］書　武三思撰　高野侯
　鑒定　上海　中華書局　1930年　珂羅
　版影印

009825921　TP1127
王居士磚塔銘
上官靈芝撰　敬客書　日本　1912—
　26年

009815363　TP1087
魏精拓放大馬鳴寺碑
上海　求古齋書籍碑帖局　1929年
　影印

美術遊藝類

1571

009561674　TP1138
翁覃溪校勘本淳化閣帖十卷　附錄一卷
王著原集　温如玉、張應召重摹　東京　法書會出版部　1916年　影印

009758121　TP0842
我軍主力據此以拔爾靈山壘碑
旅順　1937年　原刻

009766348　TP0877
吳昌碩書對聯
吳昌碩撰並書　濟南　1923年　原刻

009825936　TP1131
新嘉量銘文　器形
北平　故宮博物院古物館　1925—30年　影印

009825944　TP1133
殷墟出土獸頭刻辭拓片
北平　中央研究院歷史語言研究所　1931年　影印

009817178　TP1104
雲麾李秀全碑
李邕書　上海　有正書局　1925年　珂羅版影印[8版]

009564253　TP0039
再續景楷帖三十種
上海　文明書局　1914年　影印[珂羅版]

009825926　TP1128
趙孟頫讀書樂
趙孟頫書　安東　誠文信書局　1937年　影印

009825913　TP1126
趙孟頫壽春堂記
趙孟頫書　上海　統一書局　1912—37年

009826126　MLC–C
趙孟頫閒邪傳
趙孟頫書　上海　有文書局　1912—49年　影印

009825852　TP1120
趙松雪蘭亭十三跋
趙孟頫撰　上海　有正書局　1919年　6版

009755573　TP0829
重建玉皇閣碑記
徐鼐霖撰　朱保祥書　瀋陽　葛明新　1912年　原刻

009825949　TP1134
周孟鼎拓片影本
日本　書道博物館　1938年　影印

009815616　TP1091
唐僧懷素自敍帖
懷素書　東京　西東書房　1926年

009815611　TP1090
唐懷素草書千字文
懷素書　東京　西東書房　1926年

005694308　6164　4284
洛神賦十三行
柳公權臨　上海　商務印書館　1933年

007882137　6164　4946
唐葉慧明碑宋拓本
上海　藝苑真賞社　1912—33年

005694311　6164　6146
墨林星鳳
羅振玉輯　香港　上虞羅氏　1916年

008627375　Microfiche　C–924　CH1531
唐白行簡賦殘卷
白行簡撰　1913年

005701654　6164　7870f
宋拓九成宮醴泉銘
歐陽詢書　魏徵撰　上海　上海文明書局　1916年

005701657　6164　8633
智永真草千文真跡
香港　上虞羅氏　1918年

007882138　6164　9359
千字文
釋懷素書　上海　藝苑真賞社　1912—33年

005701664　6164　9359.2
佛說四十二章經
釋懷素書　上海　中華書局玻璃版部　1926年

007882139　6164　9359a
千字文
釋懷素書　上海　藝苑真賞社　1930年

005701667　6165　1143F
眉山蘇氏三世遺翰
北平故宮博物院編輯　北平　故宮博物院　1933年

005696516　6165　1675
宋拓越州石氏帖上虞羅氏藏本
1918年

005701668　6165　2943
朱子尺牘墨跡
朱熹書　故宮博物院古物館編　北平　故宮博物院　1930年

005701606　6165　3544.2
宋拓十七帖
李太疎收藏　長沙　商務印書館　1940年

005696781　6165　3963
宋四家墨寶
北平　國立北平故宮博物院　1930年

005696779　6165　3983
宋人法書
北平　國立北平故宮博物院　1930年

005701674　6165　4807F
黃庭堅書松風閣詩
黃庭堅書　北平　故宮博物院　1933年

009559344　TP1135
宋拓淳化閣帖
濟南　1912—49年　影印［珂羅版］

005701676　6165　4954
東坡書髓宋拓西樓蘇帖
蘇軾書　上海　文明書局　1919年

005701677　6165　4954.2
蘇文忠天際烏雲帖
蘇軾撰　上海　商務印書館　1925年8版

005701678　6165　4954.3
蘇東坡書懷素自敘
蘇軾書　上海　商務印書館　1925年8版

005701679　6165　7872F
歐陽文忠集古錄跋尾真跡
歐陽修書　北京　延光室　1924年

005739822　6165　9944.2
米襄陽章聖天臨殿記　孟道觀壁記真跡
米芾書　上海　文明書局　1940年5版

005701682　6165　9944.3
米芾尺牘
米芾撰書　北平　國立北平故宮博物院
　1947年

005709415　6166　1168
元明人書集册
寶蘊樓藏　北京　北平古物陳列所
1931年　初版

005709136　6166　1183
元八家法書
羅振玉著　濟南　上虞羅氏　1918年

005709520　6166　1207
鄧文原章草真跡
鄧文原書　北平　國立北平故宮博物院
　1947年

011367495　6166　4312c
趙松雪書金剛般若波羅蜜經
趙孟頫撰　北京　北平古物陳列所
1931年　初版

007883939　6166　4323
趙文敏公虞文靖公法書
香港　上虞羅氏　191?年

005709521　6166　4813.07
[元]趙孟頫六體千文
趙孟頫書　北京　古物陳列所　1927年

005701622　6166　4813.07（1931）
趙松雪書六體千文
趙孟頫書　北平　古物陳列所發行
1931年　初版

005709525　6166　4813.8
金剛般若波羅蜜經
趙孟頫書　北平　古物陳列所　1931年

007883848　6166　4813F
趙氏一門法書
趙孟頫書　北平　國立北平故宮博物院
　1935年

007883942　6167　0426
文徵明小楷離騷經
文徵明撰　1912—34年

005705432　6167　0426.02
文衡山拙政園詩畫册
文徵明撰　上海　中華書局　1936年
3版

007351341　6167　0440
章草草訣歌
1927年　2版

005709529　6167　1120
明清名人百家手札附明清名人百家傳略
王雲五藏輯　1949年

005709531　6167　2427
傅青主先生小楷佩觽集三卷
傅山書　陳芷莊藏　太原　山西書局
1936年

005705263　6167　2427.8
傅青主先生墨跡小楷金剛經
傅山寫　胡鶴齡收藏　上海　商務印書
館　1935年

005709533　6167　3126F
明祝枝山書曹植詩
祝允明書　北平　故宮博物院　1932年

005736085　6167　3617
明清兩朝畫苑尺牘
潘承厚輯　濟南　1943年

005713167　6167　3923
宋仲溫書張懷瓘論用筆十法墨跡

北平　京華印書局　1928 年

005716025　6167　3923B
宋仲温急就章真跡
北平　京華印書局　1928 年

005725374　6167　4146
淳化閣帖
董其昌臨　北平　古物陳列所　1931 年

009817062　TP1100
漢張遷碑
上海　商務印書館　1928 年　影印［再版］

009025194　6167　4146.2
董文敏寶鼎齋法書不分卷
董其昌書　沈劍知收藏　長沙　商務印書館　1940 年　影印

009563916　TP1139
戲鴻堂法書十六卷
董其昌編　東京　七條愷　1940 年　影印

009277882　6167　4343
明代名人墨寶
袁樊編考　香港　鑒真社　1943 年

007883943　6167　6227
明吳門三君子法書
香港　上虞羅氏　1912—32 年

005716028　6168　026
樓聯墨跡大觀
高野侯輯　上海　中華書局　1928 年

005725376　6168　0821
龔定盦詩文真跡三卷
龔自珍書　上海　中華書局　1931 年　名人真跡

005716030　6168　1124
王可莊書千字文
王仁堪書　上海　商務印書館　1935 年

009826040　MLC - C
文徵明正草千字文
文徵明書　濟南　1912—45 年

005716031　6168　1184
王覺斯楷書八關齋會記
王鐸書　上海　商務印書館　1935 年

005716032　6168　1184C
王覺斯分書八關齋會記
王鐸書　上海　商務印書館　1935 年

005716033　6168　1214
鄧石如篆書十五種
鄧石如撰　上海　文明書局　1928 年 5 版

005716035　6168　1338
張廉卿先生遺墨
張裕釗書　張繼　1940 年

005716036　6168　2147
包安吳論書詩真跡
包世臣書　上海　中華書局　1935 年

008451229　MLC - C
惲南田書詩札真跡
惲壽平書　陽湖陶氏藏　上海　藝苑真賞社　194？年

007497148　6168　222
何子貞書廖夫人墓志
何紹基撰　上海　商務印書館　1927 年 4 版

007497157　6168　222.2
張遷碑
何紹基撰　上海　有正書局　1923 年

7 版

005729290　6168　222.3
蝯叟臨漢碑十種
何紹基書　譚澤闓收藏　上海　商務印書館　1933 年　國難後第 1 版

005716037　6168　2300
玉煙堂本急就章附釋文
香港　國立北平研究院　1930 年

005739821　6168　2300B
補訂急就章偏旁歌一卷
李濱撰　卓定謨補訂　北平　卓氏自青樹　1930 年

005725362　6168　2427
傅青主墨跡
傅山書　上海　商務印書館　1934 年

005713003　6168　2567
伊墨卿先生自書詩冊
上海　商務印書館　1928 年　第 1 版

005725367　6168　4111
姚惜抱先生文稿
肥遯廬藏　上海　商務印書館　1935 年

005725368　6168　4231
楊濠叟篆書詩經真跡
楊沂孫書　上海　中華書局　1936 年
名人真跡

009826121　MLC－C
楊沂孫篆書法帖
楊沂孫書　上海　聯益書局　1912—49 年　影印

009826008　MLC－C
趙之謙楷書法帖
趙之謙撰　上海　聯益書局　1912—49 年　影印

008454899　MLC－C
明賢墨跡
1931 年

009013534　6168　4344
莫友芝正草隸篆墨跡不分卷
莫友芝撰　上海　有正書局　1919 年　石印

005729293　6168　4426
蔣仲叔隸書
蔣和書　黃鄴谷藏　上海　商務印書館　1935 年

005725369　6168　4830
趙撝叔書漢鐃歌真跡
趙之謙書　香港　中華書局　1940 年
名人真跡

005715919　6168　6151
昭代經師手簡
羅振玉著　1918 年

005712749　6168　7214
名人手札真跡大全
劉再蘇搜集　上海　世界書局　1925 年

005712912　6168　7214.2
名人楹聯真跡大全附屏條堂幅
劉再蘇搜集　上海　世界書局　1926 年

009132964　6168　7242
劉石庵真跡
劉墉作　陳夙之藏　上海　商務印書館　1939 年

005725352　6168　7274
陶風樓藏名覽手札
國立圖書館編　南京　國立圖書館　1930 年

美術遊藝類

007883947　6168　8202
樂毅論翻刻表一卷
翁方綱撰　1912—32 年

009025480　6168　8202.1
翁蘇齋書金剛經真跡一卷
翁方綱書　蔣樂庵收藏　高野侯鑒定
上海　中華書局　1925 年　第 2 版

005725353　6168　8278
翁常熟手札
翁同龢書　上海　商務印書館　1934 年

009127886　6168　8278.1
翁松禪墨跡第一至十集
翁同龢撰　上海　商務印書館　1935—37 年　國難後第 3 版

007883952　6168　8335
篆法指南一冊二集　一冊一集
上海　碧梧山莊印　1912—32 年

007497158　6168　8464
錢南園大楷墨跡
上海　有正書局　1921 年

007497160　6168　8531
南園真跡
錢灃撰　上海　商務印書館　1933 年

007505518　6169　014
童星錄書陰騭文大楷
童式規撰　1924 年

009826108　MLC – C
潘齡皋行書七種
潘齡皋書　北京　文成堂書莊　1921—1937 年

005725355　6169　014.2
行書備要
童式規書　上海　商務印書館　1927 年　12 版

007860537　6169　0155
星錄小楷
童星錄書　香港　商務印書館　1939 年　國難後第 14 版

005725357　6169　0417d
廬山紀遊墨跡
譚延闓撰　上海　商務印書館　1935 年

005725358　6169　0421.7
許鼎霖墓志
陳三立撰　張謇書　上海　商務印書館　1949 年

009067328　6169　1137
觀滄閣帖不分卷
王潛剛臨摹　濟南　1932—49 年　石印

005729295　6169　1343
蟲鼎園遺墨四種
張志潭寫　1939 年

005729298　6169　2410
章草墨本
卓君庸［定謀］書　北平　華美印刷公司　1930 年

005729299　6169　2410.2
卓君庸真草縮印第一冊
卓君庸［定謀］書　北平　自青樹　1928 年

007920314　6169　243
當代名人書林
微波閣主藏　上海　中華書局　1932 年

005733082　6169　3116.2
沈尹默書晉王右軍題筆陣圖後

沈尹默　上海　商務印書館　1947 年

009025237　6169　3622
胡大川先生幻想詩
潘齡皋書　濟南　1912 年　石印

007500554　6169　441
李梅庵臨周散氏盤銘真跡
李瑞清撰　上海　中華書局　1925 年
再版

008449255　　MLC – C
匋齋藏瘞鶴銘兩種合冊
1920 年

005729305　6169　4431.4
李村墓表
葉恭綽撰　張元濟書　上海　商務印書館　1948 年

005733084　6169　4959
吳禪國山碑集聯拓本
葉爾愷撰句　秦文錦集字　上海　藝苑真賞社　1930 年

005729308　6169　4959c
晉王羲之十七帖集聯拓本
葉爾愷撰句　秦文錦集字　上海　藝苑真賞社　1930 年

005733085　6169　4959d
晉高麗好太王碑集聯拓本
葉爾愷撰句　秦文錦集字　上海　藝苑真賞社　1929 年

005733086　6169　4959e
唐雁塔聖教序集聯拓本
葉爾愷撰句　秦文錦集字　上海　藝苑真賞社　1930 年

005729309　6169　4959f
元趙松雪章草千字本集聯拓本
葉爾愷撰句　秦文錦集字　上海　藝苑真賞社　1930 年

008627438　Microfiche　C – 852　CH1457
乾隆御製盛京賦滿漢篆字各體圖版
Toshiwo Etoh 輯　Matsuhei Matsuo 譯
南滿洲鐵道株式會社編　大連　右文閣
　1932 年

005733143　6170　1341　AA676　C456　c.2
韞輝齋藏唐宋以來名畫集
張珩藏　鄭振鐸序　吳興　張氏
1947 年

007500560　6170　3841
寶蘊第一輯
北平　古物陳列所　1930 年

007500562　6170　3841
寶蘊花卉專冊第三輯
北平　古物陳列所　1930 年

009041861　6170　4296
茜窗小品不分卷
香港　同文書局　1912—49 年　石印

005733149　6170　4944
三希堂畫譜大觀
莫厘山人［葉九如］編輯　香港　大華書局　1925 年

008167436
域外所藏中國古畫集八種　八輯
鄭振鐸　上海　上海出版公司　1947—48 年

008167437
域外所藏中國古畫集續集四輯
鄭振鐸　上海　上海出版公司　1948 年

005736027　6170　5062　A1　M752
中國名畫

上海　有正書局　1919—30 年　（m.）

009132979　6170　6642
昌明藝術專科學校古畫參考品選印本
濟南　1931 年

009314580　6170　7231
晉唐宋元明清名畫寶鑒不分卷　附說明
劉海粟編輯　上海　申報館　1930 年
珂羅版

005736325　6170.8　7130
名人山水畫軸
肥遯廬藏　上海　商務印書館　1935 年

005736326　6170.8　7130b
名人花卉畫軸
肥遯廬藏　上海　商務印書館　1935 年

005732815　6174　6134F　AA641　L795K
高昌壁畫菁華
羅振玉選編　羅福萇譯述　上虞羅氏
1916 年

008454889　MLC – C
壁畫存影
1939 年

005736330　6174　7705F
帝王圖真跡
閻立本繪　上海　商務印書館　1917 年
再版

007791091　MLC – C
佛光集
上海　戲劇文藝社　1923 年

007794244　MLC – C
三聖經靈驗圖註
濟南　1932 年

005736329　6175　1411
長江萬里圖
夏珪繪　北平　故宮博務院　1931 年

007497033　6175　149F
四朝選藻
北京　延光堂　1924 年

009315521　6175　1874a
天籟閣舊藏宋人畫冊
李氏觀槿齋藏　上海　商務印書館
1922 年　珂羅版

009148084　6175　3122
江參千里江山圖
江參　北平　故宮博物院　1933 年
影印

005109418　6175　3204
宣和六鶴圖
清內府收藏　上海　有正書局　1913 年

005736327　6175　392
梅花喜神譜
宋伯仁繪　高野侯鑒定　上海　中華書
局　1928 年

009148071　6175　3923
宋徽宗池塘秋晚圖
北平　故宮博物院　1934 年　影印

008335035　6175　4349
少年畫冊
莫志恒繪　1942 年

009013016　6175　4368
志圓梅譜不分卷
志圓繪　上海　千頃堂書局　1925 年

005732805　6175　4462
宋人畫冊
李墨巢藏　上海　商務印書館　1935 年

008395489　　MLC – C
宣和臨古十七家
1925 年

005739824　6175　4480
李龍眠九歌圖人物冊
李公麟繪　上海　文明書局　1923 年

007357429　6175　4744F
天籟閣舊藏宋人畫冊
李氏觀槿齋收藏　上海　商務印書館　1926 年　初版

005732989　6176　4246
元柯九思畫竹譜
柯九思繪　上海　有正書局　193？年

009132647　6176　4801
趙仲穆臨李伯時人馬卷
趙雍繪　李響泉藏　高野侯鑒定　上海　中華書局　1941—49 年

009148039　6176　4813
趙孟頫鵲華秋色真跡
趙孟頫撰　北平　故宮博物院　1933 年　影印

005736323　6177　0301
卞潤甫山水冊
卞文瑜繪　長沙　商務印書館　1939 年

009132928　6177　0426.1
文衡山瀟湘八景冊
文徵明繪　上海　文明書局　1936 年　7 版

005736382　6177　0638.7
唐六如畫譜
唐寅繪　上海　民聲書局　1921 年

005732790　6177　0878　AA607　K96Ks
龔半千授徒畫稿
龔賢原著　上海　商務印書館　1935 年

005733019　6177　1110
王仲初倣宋元山水真跡
王建章作　濟南　1914 年跋

005736337　6177　1324　AA607　C450
張元春桐廬山水手卷
張復繪　長沙　商務印書館　1938 年

005736383　6177　2111
鴻寶四絕
倪元璐繪　大阪　博文堂　1918 年

005732806　6177　2932
徐天池墨筆山水人物花卉冊
徐渭作　肥遯廬收藏　上海　商務印書館　1934 年

005732808　6177　2944
八大山人山水冊
魯魯山人藏　上海　商務印書館　1934 年

005736334　6177　2944.13
八大山人石濤上人畫合冊
朱耷、石濤繪　上海　有正書局　1924 年　3 版

009132688　6177　3172.1
沈石田靈隱山圖卷
沈周繪　上海　文明書局　1934 年

005784647　6177　343F
十駿圖
郎士寧 [Giuseppe Castiglione]　艾啟蒙 [Ignatius Sickeltart] 繪　香港　國立北平故宮博物院　1935 年

009132565　6177　4113.4
藍田叔倣古山水冊
藍瑛繪　鑒雅齋收藏　上海　文明書局

1940年　7版

009148163　6177　4399
燕寢怡情
濟南　1912—49年　影印

005736333　6177　4434
李長蘅山水冊
李流芳繪　長沙　商務印書館　1939年

005739846　6177　7115
石溪谿山無盡圖卷
髡殘繪　上海　商務印書館　1934年

009132685　6177　7943.1
陳老蓮歸去來圖卷
陳洪綬繪　上海　中華書局　1912—49年

005736014　6177　8541
明錢忠敏公山水畫冊
錢忠敏[撰]　上海　商務印書館　1934年

005739828　6178　0240
方環山畫冊
方士庶繪　上海　神州國光社　1929年

005739829　6178　0242
高且園書畫扇集
高其佩繪　上海　商務印書館　1935年

009132140　6178　0282
高澹遊寫景山水冊
高簡繪　上海　文明書局　1935年　6版

005739830　6178　0878.2　AA607　K96Kc
龔半千山水精品
龔賢繪　長沙　商務印書館　1939年

009132624　6178　0878.3
龔半千山水冊
龔賢繪　上海　文明書局　1931年　6版

009132911　6178　1115.2
王石谷倣古山水冊
王翬繪　上海　文明書局　1940—49年

005736025　6178　1115c
王石谷載竹圖卷
肥遯廬收藏　上海　商務印書館　1934年　初版　（m.）

005739832　6178　1133
王蓬心山水冊
王宸畫　上海　商務印書館　1934年

009132525　6178　1159
王小梅寫景人物冊
王素繪　龍城居士藏　上海　文明書局　1940年　7版

007883955　6178　1166
王圓照山水冊
王鑒繪　上海　藝苑真賞社　1912—33年

005743529　6178　1173
王原祁倣古山水
王原祁繪　北平故宮博物院輯　北平　北平故宮博物院　1932年

009132083　6178　1173.2
王麓臺倣古山水冊
王原祁繪　上海　文明書局玻璃版部　1940年　第7版

005739836　6178　1181.1
王圓照山水冊
王鑒繪　長沙　商務印書館　1939年

005739835　6178　1181.2
王廉州倣古山水十二幀
王鑒繪　長沙　商務印書館　1939 年

009132588　6178　1181.3
王圓照倣古山水冊
王鑒繪　上海　文明書局　1935—36 年　7 版

005739837　6178　1212
邵僧彌山水冊
邵彌繪　長沙　商務印書館　1939 年

009277675　6178　1303
清朝畫徵錄三卷　清朝畫徵續錄二卷
張庚著　上海　掃葉山房　1936 年　石印

005739838　6178　1314
張雪鴻花卉冊
張敔繪　上海　文明書局　1924 年

005739826　6178　1323
張子祥課徒畫稿
張熊繪　丁寶書摹　上海　中華書局　1925 年　再版

007883957　6178　1332
雲溪山館畫稿
上海　同文書局　1915 年

008096710　6178　1412
紅樓夢圖詠
改琦繪　張問陶、錢杜等選詞　東京　風俗繪卷圖畫刊行會　1916 年

005739840　6178　1412d
紅樓夢圖詠
改七香[琦]原稿　諸名流題詠　濟南　1921 年

009132091　6178　1634.2
石濤畫東坡時序詩冊
石濤繪　上海　文明書局玻璃版部　1940 年　第 6 版

009132530　6178　1634.3
石濤和尚山水集
張善孖、鄭午昌鑒定　大風堂收藏　上海　中華書局　1912—49 年

009132611　6178　1634.4
石濤和尚花果冊
石濤　宿遷王氏信芳閣收藏　上海　文明書局　1940 年　9 版

009315145　6178　1850
可竹軒主人畫譜
可竹軒主人編　上海　育智書局　1924 年　石印

005747579　6178　2123
姚梅伯題任渭長人物
任熊繪　姚燮題　上海　商務印書館　1927 年

005756565　6178　2123.2
任渭長先生畫傳四種
任熊繪　上海　錦文堂書局　1915 年　再版

005739841　6178　2214
聯芳譜花卉冊
鄒一桂畫　北平　古物陳列所　1931 年

005739842　6178　2323
吳梅村畫中九友畫笔
吳偉業繪　長沙　商務印書館　1939 年

009132430　6178　234
吳秋農人物山水精品
吳穀祥繪　李左庵、鄭午昌鑒定　上海　中華書局　1912—49 年

005743727　6178　2343
吳憲齋臨古山水冊
吳大澂繪　東京　晚翠軒　1939 年

005779206　6178　2344
吳友如畫寶上海璧園珍藏
吳友如撰　上海　1929 年

005839114　6178　2344B
吳友如畫寶附補遺
吳友如繪　上海　文瑞樓　1925 年

009132114　6178　2371
吳漁山山水冊
吳曆繪　高野侯鑒定　上海　中華書局
　　1936 年　第 5 版

005784646　6178　2372
奚鐵生樹木山石畫法冊
奚岡繪　高野侯鑒定　上海　中華書局
　　1936 年　6 版

009127987　6178　2850
增廣海上名人畫譜采新初集
朱芾選　香港　畬經堂　1912 年　石印

009132982　6178　2982
黎二樵山水
黎簡繪　濟南　1912—49 年

005743732　6178　3143
清二十家畫梅集冊
丁鶴廬鑒定　上海　中華書局　1937 年

005743733　6178　3149
汪近人花卉冊
汪士慎繪　上海　神州國光社　1929 年

005743734　6178　3189
萬古樓叢畫
汪鑅繪　香港　大德書局　1931 年

005743735　6178　3195
近代名人畫寶
汪惟甫編集　上海　廣益書局　1915 年

005739749　6178　3207F
清代帝后像
國立北平故宮博物院文獻館編輯　北京
　　國立北平故宮博物院出版物發行所
1935 年

005784651　6178　3224
沙山春人物扇集畫譜
沙馥繪　上海　育材書局　1925 年
再版

007357308　6178　3243
郎世寧畫
故宮博物院古物館　北京　故宮博物院
古物館　1931—32 年

009246930　6178　3313
清宮珍寶皕美圖 168 幅圖
民國間　影印

006924522　6178　3332　AA607　S556Ss
石濤山水精品
上海　商務印書館　1932 年　國難後第
1 版

009132433　6178　3347
邊壽民蘆雁冊
邊壽民繪　上海　文明書局　1936 年

009132546　6178　3347.1
邊頤公花卉冊
高弋虬藏　高野侯鑒定　上海　中華書
局　1935 年　3 版

009132553　6178　3804
顧鶴逸山水精品
黃般若收藏　鄭午昌鑒定　上海　中華
書局　1940 年　3 版

005747587　6178　4144
查梅壑山水畫冊
查士標繪　長沙　商務印書館　1939年

005743618　6178　4216
金陵古跡
胡玉昆作　上海　商務印書館　1934年

005747588　6178　4330
趙撝叔花卉冊
趙之謙繪　上海　中華書局　1921年

009132711　6178　4400.1
李晴江墨蘭冊
李方膺繪　上海　文明書局　1940年7版

005747589　6178　4418
蔣廷錫墨花冊
蔣廷錫畫　北平　古物陳列所　1931年

009097171　6178　4418.1
蔣南沙花卉百鳥冊四卷　附錄
蔣廷錫繪　濟南　1912年　石印

009132491　6178　4418.2
蔣南沙花卉冊
蔣廷錫繪　高野侯鑒定　上海　中華書局　1934年　3版

009132541　6178　4418.3
蔣南沙花鳥草蟲冊
蔣廷錫繪　上海　文明書局　1940年7版

009132642　6178　4418.4
蔣南沙摹宣和寫生冊
蔣廷錫繪　高野侯鑒定　蔣樂庵藏　上海　中華書局　1940年　5版

009132938　6178　4464
李似山墨竹譜
李景黃繪　上海　中華書局　1922年　石印

005747590　6178　4532
梅瞿山黃山全景精品
梅清繪　長沙　商務印書館　1939年

005747591　6178　4532.2
梅瞿山墨筆山水冊
梅清繪　上海　商務印書館　1934年

005743534　6178　4532c
梅瞿山黃山十九景
梅清作　上海　商務印書館　1934年

005747593　6178　4567.2
新羅山人畫冊精品
華嵒繪　長沙　商務印書館　1939年

005747594　6178　4567.3
新羅山人百獸圖
華嵒繪　上海　神州國光社　1929年

009132645　6178　4567.7
華新羅寫景山水冊
華嵒繪　霍邱裴氏藏　上海　文明書局　1936年　5版　（m.）

009132699　6178　4567.8
華新羅花鳥冊
華嵒繪　高野侯收藏　上海　文明書局　1936年　5版

009132934　6178　4567.9
華新羅人物山水畫冊
華嵒繪　兩峰草堂藏　上海　中華書局　1940年　3版

005747595　6178　4573
戴醇士爲何子貞畫山水冊
戴熙畫　上海　商務印書館　1934年

美術遊藝類

009132184　6178　4573.1
戴文節銷寒小景冊
戴熙繪　上海　文明書局　1940年
5版

009132517　6178　4573.2
戴文節芰蘆庵圖卷
戴熙繪　龐虛齋藏　高野侯鑒定　上海
中華書局　1936年　5版

009132654　6178　4573.3
戴文節山水冊
戴熙繪　上海　中華書局　1936年
5版

005743533　6178　4822
黃尊古侍初堂圖真跡
肥遯廬黃鼎　上海　商務印書館
1934年

005743530　6178　4827　AA607　H883H
黃端木萬里尋親圖冊
黃向堅繪　上海　商務印書館　1934年

009767606　6178　4862
黃小松山水冊
黃易作　上海　商務印書館　1919年

009132651　6178　4862.1
黃小松倣古山水冊
黃易繪　上海　文明書局　1940年
6版

009277522　6178　4998.3
黃瘦瓢人物山水集錦
黃慎繪　兩峰草堂收藏　上海　中華書
局　1940年　玻璃版3版

009132580　6178　5874.1
費曉樓寫景仕女冊
費丹旭繪　無錫王氏收藏　上海　文明
書局　1936年　6版

005747598　6178　6112
羅兩峰蘭竹
羅聘繪　上海　商務印書館　1930年

009314585　6178　6112a
小西涯詩意圖
羅聘繪　法式善等題　高野侯鑒定　上
海　中華書局玻璃版部　1929年　珂羅
版再版

009132193　6178　7217
馬扶曦梅花冊
馬元馭繪　高野侯鑒定　上海　中華書
局　1940年　4版

009132919　6178　7217.1
馬扶曦花鳥草蟲冊
馬元馭繪　上海　文明書局　1940年
7版

009132418　6178　724
馬江香女士花鳥冊
馬荃繪　上海　文明書局　1940年　8
版（m.）

005747600　6178　7241
大雅樓畫寶四十卷
周慕橋畫　上海　碧梧山莊　1923年

005747602　6178　7902
陳藍洲畫冊
陳豪撰　上海　商務印書館　1930年

005747601　6178　7902.4
博古葉子
陳章侯繪　香港　上虞羅氏　1930年

007355924　6178　792
紉齋畫剩
陳允升撰　1912—30年

005750759　6178　7922
陳眉公梅花詩畫冊
陳繼儒繪撰　上海　中華書局　194？年

005811907　6178　792C
紉齋畫剩不分卷
陳允升繪　上海　雪香樓　1923年

009132560　6178　7934
陳曼生花卉冊
陳鴻壽繪　高野侯鑒定　上海　中華書局　1935年　3版

005750760　6178　7956
錢廉江陳南樓書畫合冊
陳書畫　錢綸光書　上海　商務印書館　1923年

005750761　6178　8153
金冬心梅花冊
金農撰繪　上海　神州國光社　1929年

008517293　6178　8153.6
金冬心人物山水冊金石古畫共覽會第一次選品
鄧秋枚集印　上海　神州國光社　1913年　堀越文庫（m.）

009132906　6178　8221
翁小海花鳥草蟲冊
翁雒繪　上海　文明書局　1940年　6版

005747395　6178　8278
翁松禪遺畫
翁同龢作　上海　商務印書館　1935年

005747137　6178　8278d
松禪戲墨
翁同龢作　錢沖父收藏　上海　商務印書館　1935年

005750763　6178　8504
近世一百名家畫集四卷
錢辛摹編　上海　大東書局　1928年

005750768　6178　8542
海上二大名家畫譜三卷
錢慧安、曹華繪　民強書局輯　上海　民強書局　1924年

009132658　6178　9512
蓮瑞老人畫冊
惲元復繪　高野侯鑒定　上海　中華書局　1934年　再版

005750764　6178　9533
清于女史[惲冰]倣宋人花果真跡
惲冰繪　上海　商務印書館　1927年　7版

009132139　6178　9546.2
惲南田花卉王石谷山水合璧
惲壽平撰　上海　文明書局　1935年　7版

005747604　6179　0217F
秋庭晨課圖
方君璧繪　上海　開明書店　1934年

007359432　6179　0221.5
白石畫集
胡佩衡選輯　濟南　1928年序

005789439　6179　1110
白龍山人墨妙
王一亭繪　吳熊編輯　上海　西泠印社　1930—32年

005750780　6179　1121
王念慈先生山水畫譜初、二集
王念慈撰　上海　文瑞樓　1923年

005789441　6179　123F
中華古今畫範
丁寶書摹　上海　中華書局　1923年

009132974　6179　1253
鄧青城畫萃
鄧春澍繪　武進　華新書社　1928年
初版

008334931　6179　1302
舊陰謀新花樣
張諤繪作　桂林　新光書店　1943年
（m.）

008336690　6179　1333
苦難與新生
張帆畫稿　194？年

005761258　6179　1384
張龢庵朱夢廬詩畫合刊
張龢庵、朱偁繪　上海　朝記書莊
1922年

005761259　6179　2119
學生漫畫
豐子愷作畫　上海　美成印刷公司
1931年　（m.）

007883959　6179　2119.2
子愷漫畫全集
豐子愷作　上海　開明書店　1946年
再版

007883962　6179　2119.2　（1）
古詩新畫
豐子愷作　上海　開明書店　1946年
再版　子愷漫畫全集　（m.）

007883963　6179　2119.2　（2）
兒童相
豐子愷作　上海　開明書店　1946年
再版　子愷漫畫全集　（m.）

007883964　6179　2119.2　（3）
學生相
豐子愷作　上海　開明書店　1946年
再版　子愷漫畫全集　（m.）

007883966　6179　2119.2　（4）
都市相
豐子愷作　上海　開明書店　1946年
再版　子愷漫畫全集　（m.）

007883961　6179　2119.2　（5）
民間相
豐子愷作　上海　開明書店　1946年
再版　子愷漫畫全集　（m.）

007883968　6179　2119.2　（6）
戰時相
豐子愷作　上海　開明書店　1946年
再版　子愷漫畫全集　（m.）

005761260　6179　2119.33
客窗漫畫
豐子愷作　桂林　今日文藝社　1943年
今日之藝叢書　（m.）

008323885　MLC－C
子愷近作漫畫集
豐子愷著　成都　普益圖書館　1941年
（m.）

005761261　6179　2119.4
護生畫集
豐子愷作畫　弘一法師題字　上海　開
明書店　1929年　再版　（m.）

005761263　6179　2119.42
［續］護生畫集
豐子愷著　上海　開明書店　1940年

005761265　6179　2119.4B
護生畫集正續合刊
豐子愷繪　弘一法師題字　上海　大法

輪書局　1941年　（m.）

005784638　6179　2119.5
漫畫的描法
豐子愷撰　上海　開明書店　1948年　4版　（m.）

008335854　6179　2119.7
歐美漫畫精選
新中華雜誌社編　重慶　中華書局　1943年　第1版　（m.）

005761267　6179　2143
杜宇百美圖正續集
但杜宇繪圖　許指嚴題詞　上海　新民圖書館　1924年　3版

008627352　Microfiche　C-893　CH1499
最新百美豔影大觀
東臺逸民[李澍丞]　上海　友錦書社　1916年

005756326　6179　2211
民間情歌畫集
鄒雅編繪　上海　中央書店　1936年　初版　（m.）

005789020　6179　224F
由里山人菊譜
繆谷瑛繪　上海　中華書局　1924年

009132667　6179　2324
吳待秋花卉冊
吳徵繪　上海　文明書局　1940年　4版

003221756　6179　2327.4
苦鐵碎金
吳昌碩　杭州　西泠印社　1915年

009132676　6179　234
吳觀岱南湖詩意冊
吳觀岱繪　廉氏小萬柳堂藏　上海　文明書局　1940年　4版

005765686　6179　3189
百石齋叢畫八卷
汪鑅摹繪　上海　海左書局　1923年

005765687　6179　3189.2
百尺樓叢畫八卷
汪鑅繪　上海　朝記書莊　1916年

005765688　6179　3198
大觀樓叢畫八卷
汪榮金繪　上海　大德書局　1919年

005765690　6179　3355
當代名人畫海甲編
蜜蜂畫社輯　上海　中華書局　1931年　（m.）

005765692　6179　3422
西山逸士畫集
溥儒繪　長沙　商務印書館　1939年

005765694　6179　3617
蘧盦遺墨
潘承厚作　上海　1943年

005765545　6179　4134F
現代名畫
太平洋藝術社輯　香港　太平洋藝術社　1929年　中日現代繪畫展覽會出品

005769602　6179　4222
胡佩衡畫存第三集
胡佩衡作　北平　豹文齋　1936年

005769605　6179　4403
存古齋叢畫初、二集
上海　集雲書屋　1925年

005769610　6179　4801
田園集
趙望雲繪　濟南　1932年

007261988　NC1235.C36　1934x　T　6179　4801
趙望雲塞上寫生集
趙望雲作　天津　大公報　1934年　初版　（m.）

005769611　6179　4803
清操軒畫剩
趙詠清繪編　上海　大德書局　1926年

005769616　T　6179　4841
全國漫畫作家抗戰傑作選集
黃苗子編輯　廣州　展望書社　1938年

005773243　6179　5524
問菊軒畫集
書畫保存會徵集　濟南　四明問菊軒　1929年

005773246　6179　5908
籀範初編
秦文錦撫輯　上海　藝苑真賞社　1929年

008098127　6179　6686
田景全圖
濟南　1939年

009132960　6179　7198
陸廉夫十萬圖附果品十幀　陸廉夫山水花卉蔬果禽獸合冊
陸恢撰　香港　慎修書社　1930年

005773247　6179　721
金陵名勝寫生集
周玲蓀繪　上海　商務印書館　1925年（m.）

005769452　6179　7231
劉海粟國畫
劉海粟繪　上海　商務印書館　1933—36年

005773250　6179　7231e
海粟油畫第二集
劉海粟作　上海　商務印書館　1935年（m.）

005773252　6179　7244
飛影閣叢畫
周慕橋［權］繪　上海　集成書局　1926年

005784601　6179　7902
秋草雪鴣粉畫集
陳秋草、方雪鴣合作　上海　商務印書館　1931年

005784637　6179　8504
病鶴叢畫
錢病鶴繪　上海　會文堂書局　1922年

006989913　T　6179　9300.2　MLC－C　X　AA604　P377
北平榮寶齋詩箋譜
榮寶齋編制　北平　榮寶齋　1935年序

009749734　TC558.C52　J567　1919x
金泉官堰圖
濟南　百順堂　1919年

008986320　T　6179.4　4404
燕都商榜圖
北京　1931年　手繪本（m.）

009315515　6179.5　4396a
趙少昂畫集
趙少昂繪　香港　中華書局玻璃版部　1940年　珂羅版初版

005803927　6180　6410
藝用人體解剖簡明圖
曼碩編制　哈爾濱　東北畫報社　1948年　（m.）

011884897　N68.V7　1930
造形美術
福爾倍著　錢稻孫譯　上海　商務印書館　1930年　（m.）

005808290　6239　2442
林夫人墓志銘
林紓撰　卓孝復書　閩縣　1921年

文房

005808294　6295　021
墨海七卷
方瑞生撰　北京　涉園　1927年

005808296　6295　2362
十六家墨説二卷　附墨品五種一卷
吳昌綬編輯　杭縣　仁和吳氏雙照樓　1922年

005811901　6295　4448
李孝美墨譜三卷
李孝美編　北平　故宮博物院圖書館　1930年

005811902　6295　4448
潘膺祉墨評
潘膺祉著　北平　故宮博物院圖書館　1930年

007662303　6295　3131　6295　7236
鑒古齋墨藪四卷　附錄
汪近聖等制　汪君蔚等輯　香港　武進陶氏刻印　1928年　涉園墨萃十二種

007887098　6295　7236
利瑪竇題寶像圖一卷
程大約撰　香港　武進陶氏刻印　1929年　涉園墨萃十二種

007662423　6295　7236
墨表四卷
萬壽祺撰　香港　武進陶氏刻印　1929年　涉園墨萃十二種

007662418　6295　7236
墨法集要一卷
沈繼孫撰　香港　武進陶氏刻印　1929年　涉園墨萃十二種

007662421　6295　7236
墨海十卷　附錄一卷
方瑞生撰　香港　武進陶氏刻印　1929年　涉園墨萃十二種

007662410　6295　7236
墨經一卷
晁貫之撰　香港　武進陶氏刻印　1929年　涉園墨萃十二種

007662408　6295　7236
墨譜法式三卷
李孝美撰　香港　武進陶氏刻印　1929年　涉園墨萃十二種

007662416　6295　7236
墨史三卷
陸友撰　香港　武進陶氏刻印　1929年　涉園墨萃十二種

007662433　6295　7236
內務府墨作則例一卷
香港　武進陶氏刻印　1929年　涉園墨萃十二種

007662435　6295　7236
南學製墨劄記一卷
謝崧岱撰　香港　武進陶氏刻印　1929年　涉園墨萃十二種

005807881　6295　7236
涉園墨萃
陶湘輯刊　北平　武進陶氏　1929年

007662420　6295　7236
中山狼圖一卷
程大約撰　香港　武進陶氏刻印　1929年　涉園墨萃十二種

007662432　6295　7236
中舟藏墨錄三卷
袁勵準撰　香港　武進陶氏刻印　1929年　涉園墨萃十二種

009025458　6295　8206
知白齋墨譜一卷
杭州　西泠印社　1920年　影印

005811903　6296　0221
硯箋四卷
高似孫著　墨經　晁說之著　東京　晚翠軒　1929年

007662823　6296　0442
端溪硯坑考附石隱硯談　墨餘贅稿
計楠撰　秀水　金氏梅花草堂　1924年

009277589　6296　2162
九十九硯齋硯譜
紀昀藏　河間　紀氏閱微草堂　1916年　石印

005816130　6296　2946
歸雲樓硯譜
徐世昌編藏　濟南　武進陶氏　1926年

005816131　6296　2949
硯小史四卷
朱棟編　香港　高氏寒隱草堂　1935年

005816132　6296　7212
硯林脞錄五卷　附表
馬丕緒撰　會稽　馬氏心太平齋　1936年

005816134　6296　8278
寶硯齋硯譜第一至三集
谷上隆介編輯收藏　大阪　高島屋吳服店支那部發行　1923—25年

011942569　　MLC – C
馮氏金文硯譜
馮恕撰　大興　馮恕　1930年

西洋畫

010209915　ND1366.72.H83　1921
畫中九友集冊
雨山居士簽　大阪　博文堂　1921年

005811692　6300　5416
繪畫的理論與實際
史岩著　上海　商務印書館　1935年（m.）

011931042　ND1260.S6　1937
繪畫的理論與實際
史岩著　上海　商務印書館　1937年（m.）

007662825　6309　4202
繪畫基本理論
周方白著　上海　商務印書館　1949年　美術叢書

005819770　6320　4842
漫畫藝術講話
黃茅著　上海　商務印書館　1947 年（m.）

005834947　6330　1550
二農夫
北平　新民會　1938 年

005834949　6330　2280
白紅餅
北平　新民會　1938 年

009265795　6330　4841
漫畫重慶［四川風光］
黃堯著　桂林　科學書店　1943 年

版畫集

008335870　6350.1　7225
勝利版畫
英國駐華大使館新聞處編　香港　英國駐華大使館新聞處　1942 年

009265641　6351　0234
心曲
新波作　桂林　春草書店　1943 年　初版　春草畫叢

005838661　6351　1040　AA758　P739
北方木刻
上海　高原書店　1947 年　初版（m.）

009242118　6351　2157
英雄譜圖贊不分卷
倪青原編　南京　東西文化學社　1949 年

005863322　6351　2258
木刻版畫概論
鄧中鐵著　長沙　商務印書館　1941 年（m.）

011888592　T　6351　4931
圭寧君奇遇記
葉淺予、李樺等著　桂林　耕耘出版社　194? 年．第 1 版

005857942　6351　6250
木刻手冊
野夫著　上海　文化供應社　1948 年　青年自學指導手冊（m.）

008099098　T　6351　7248
北平箋譜
魯迅、西諦［鄭振鐸］編　北京　榮寶齋　1933 年

008474434　T　6351　8258
中國版畫史圖錄
鄭振鐸編著　上海　中國版畫史社　1940—42 年

007453796　4292.67　0237
民兵的故事木刻連環畫
彥涵作　香港　新華書店　194? 年

005884249　6351　8596
戰爭與生產木刻與漫畫
錢小晦作　大連　新中國書局　1949 年（m.）

008442209　MLC－C
明代版畫書籍展覽會目錄
北京中法漢學研究所　1944 年（m.）

005879025　6351　8682
新中國版畫集
全國美術協會編選　上海　晨光出版公司　1949 年（m.）

攝影

011984118　TR145.W8　1929
攝影學 ABC
吳靜山著　上海　世界書局　1929 年
再版　ABC 叢書　（m.）

011887778　N69.L4　1925
藝術教育學
雷家駿編　呂澂、馬客談校訂　上海
商務印書館　1930 年　初版　（m.）

雕刻

005747491　6409　7932　FC8493　Film　Mas　32555
說印
寂園叟［陳瀏］著　西疇農父［崇彝］補
輯　濟南　1936 年　梅隝叢刊

007482560　6410　1102
印譜知見傳本書目不分卷
王敦化編　香港　沂風堂　1935 年

007448430　6410　1102.8
印譜知見傳本書目
王敦化編　濟南　聚文齋書店　1940 年

005747139　6410　1112
篆刻入門
孔雲白撰　上海　商務印書館
1935 年

005875750　6410　2371　FC8582　Film　Mas　32594
西京職官印錄二卷
徐堅輯　上海　商務印書館　1935 年

005875751　6410　2373
秦漢百壽印聚一卷
吳隱編　香港　西泠印社　1917 年

005875376　6410　3133
漢銅印叢十二卷
汪啟淑輯　上海　商務印書館　1935 年

007362102　6410　3833
凝清室古官印存
羅振玉輯　濟南　羅振玉　1923 年

005875756　6410　4342
故宮寶譜第一集
故宮博物院輯　北京　故宮博物院圖書
館文獻部　1926 年

005875757　6410　4403
冷雪盦知見印譜錄目
李文裿編　北平　青梅書店　1933 年

005875758　6410　4644
楓園集古印譜
太田孝太郎編　1928 年

007448503　6410　4644.1
古銅印譜舉隅十卷
太田孝太郎編　東京　文求堂書店
1934 年

009013747　6410　4770
葉氏印譜存目二卷
葉銘、葉舟輯　杭州　西泠印社　1921
年　木活字印本　遯盦印學叢書

005875759　6410　481　FC8581　Film　Mas　32595
續三十五舉
黃子高撰　上海　商務印書館　1926 年
6 版

005875762　6410　6137　FC8583　Film　Mas　32593
Microfiche　C-841　CH1446
印譜考四十卷
羅福頤撰輯　大連　墨緣堂　1933 年

美術遊藝類

005875763　6410　7101　FC8584　Film　Mas　32598
雲莊印話
阮充輯　上海　西泠印社　1921年　西泠印社印學叢書

005875375　6410　7983
十鐘山房印舉
陳介祺輯　上海　涵芬樓　1922年

005929672　6410.60　4143
金薤留珍
莊薀寬拓　北京　故宮博物院古物館　1926年

009013717　6411　0442
印史一卷
文彭述　印說　萬壽祺撰　杭州　西泠印社　1920年　木活字印本　遯盦印學叢書

005875765　6411　2188　FC8585　Film　Mas　32589
續語堂論印彙錄
魏錫曾撰　上海　西泠印社　19??年　西泠印社印學叢書

005875767　6411　2928　FC8579　Film　Mas　32596
印典八卷
朱象賢撰　杭州　西泠印社　1921年　遯盦印學叢書

009029552　6411　3219
印識一卷　補遺　國朝印識二卷　國朝印識近編一卷
馮承輝纂　杭州　西泠印社　1921年　活字印本

005875768　6411　4132　FC8586　Film　Mas　32590
多野齋印說
董洵著　上海　西泠印社　1917年　西泠印社印學叢書

005875769　6411　4986　FC8587　Film　Mas　32587
廣印人傳十六卷　補遺一卷
葉銘傳　上海　西泠印社　1921年　西泠印社印學叢書

005871775　6412　1141　FC8590　Film　Mas　32599
治印雜說
王世著　上海　西泠印社　1922年

005871774　6412　2122　FC8591　Film　Mas　32582
治印術
包凱著　南京　中國文化服務社　1947年　（m.）

005875772　6412　3129　FC8589　Film　Mas　32585
摹印秘論
王維堂編　濟南　西泠印社　1919年　西泠印社印學叢書

009013724　6412　3162
印談一卷
沈野著　杭州　西泠印社　1921年　木活字印本　遯盦印學叢書

009013582　6412　3233
印學集成一卷
馮泌著　杭州　西泠印社　1921年　木活字印本　遯盦印學叢書

009254557　6412　4913
摹印傳燈二卷　附錄
葉爾寬編輯　杭州　西泠印社　1936—49年　鉛印　印學叢書

009013751　6412　7931
摹印述一卷
陳澧著　杭州　西泠印社　1921年　木活字印本　遯盦印學叢書

005871771　6413　0202
匋齋藏印
端方原藏　李漢藏　北京　李漢

1935 年

005871770　6413　0224　FC8595　Film　Mas　32581
古玉印匯
方巖鈞摹編訂　上海　西泠印社　1932年　玉篆樓印學叢書

007486721　6413　1128
明清畫家印鑒
王季銓遷　孔達合編　長沙　商務印書館　1940 年　初版　（m.）

008047544　T　6413　1143.2
麋研齋印存
王禔[壽祺]集藏並篆刻　上海　宣和印社　1936 年

005871767　6413　1934
讀雪齋印譜
孫汝梅收藏　上海　涵芬樓　1924 年

005871766　6413　2120
程荔江印譜
程從龍藏　上海　涵芬樓　1924 年

005857989　6413　2373.1
遯盦秦漢古銅印譜
吳隱藏　上海　西泠印社　1914 年

008608974　FC8580　Film　Mas　32600
遯盦叢編四種
吳隱輯　上海　西泠印社　1913 年

005867254　6413　2373.3　FC8574　Film　Mas　32586
遯盦集古印存
吳隱審定　上海　西泠印社　1917 年

005867252　6413　2611
有竹齋藏璽印
上野理一藏　廣州　有竹齋　1915 年

005867250　6413　2933
志廬藏印
朱鴻達藏　武林　1929 年

005863456　6413　3836.7
學山堂印存四卷
顧湘編　上海　掃葉山房　1925 年

005888755　6413　4264
宋元明犀象璽印留真
葛昌楹編藏　當湖　葛氏傳樸堂　1924 年

005888756　TJ　6413　4644
夢盦藏印
太田孝太郎集藏　1920 年

005888757　6413　4762　FC8573　Film　Mas　32716
集古印譜四卷
甘暘編　上海　掃葉山房　1922 年

005888758　6413　4828
古今名人印譜
宣和印社輯　濟南　193? 年

005888759　6413　4878
集古璽印存
黃質[賓虹]藏　上海　賓虹草堂　1929 年

009226157　6413　4947a
璽印集林四冊
林樹臣輯　上海　商務印書館　1938 年　初版影印

009067476　6413　6070
只齋印譜不分卷
濟南　1912—49 年　鈐印本

009067462　6413　6151
磬室所藏璽印正編　續編
羅振玉輯　濟南　羅氏　1911—12 年

美術遊藝類

鈐印本

005888761　6413　7201
夢坡室金玉印痕七卷
周慶雲藏　濟南　1928年

009029575　6413　7247
歷代古印大觀第二集
上海　有正書局　1912—49年　鈐印本

009088192　6413　7247.1
歷代古印大觀第一集
汪昌厚編　濟南　汪氏　1917年　鈐印本

005898032　6413　7923
伏廬選藏璽印彙存
陳叔通收藏　上海　西泠印社　1940年

005898033　6413　7931
澄秋館印存
陳寶琛考藏　閩縣　陳氏　1925年

005898034　6413　7983
陳簠齋手拓古印集
陳介祺拓　上海　神州國光社　19??年

005898035　TJ　6416　3177
寶印齋印式二卷
汪關篆藏　京都　園田穆　1938年

005893513　6417　1149
王冰鐵印存
王大炘篆刻　上海　中華書局　1936年再版

005898039　6417　1214
完白山人印譜
鄧石如篆刻　丁仁、吳隱審定　上海　西泠印社　1916年

005898040　6417　1244
龍泓山人印譜
丁敬篆刻　杭州　西泠印社　19??年

005898067　6417　2341
春暉堂印譜
吳青震摹古　汪啟淑鑒藏　上海　印學社　1933年

008627441　Microfiche　C–868　CH1473
春畝伊藤公印譜
伊藤博文刻　東京　芳梅書屋　1925年

005898070　6417　3133
秋室印萃
汪啟淑原搜編　園田湖城鑒藏　平安　穆如清風室　1934年

005901792　6417　3248
琴石山房印譜
湯壽銘藏版　上海　會文堂書局　1923年

005929667　6417　4714
董巴胡王會刻印譜
上海　西泠印社　1917年

005901800　6417　4816
增訂趙古泥印存
趙古泥篆刻　常熟　龐氏蘭石軒　1938年

005929670　6417　4830
趙撝叔印存初、二集
趙之謙篆刻　上海　西泠印社　1916年

005901806　6417　4831
趙次閒印譜
趙之琛篆刻　上海　有正書局　19??年

005784160　6417　4874
歷朝史印十卷
黃學圯篆　濟南　1922 年

005907020　6417　7124　FC8577　Film　Mas　32717
印文詳解不分卷　附說篆
劉維坊篆鐫　許容著說篆　北平　國光印書館　1936 年

008131515　MLC-C
印文詳解不分卷　附說篆
劉維坊篆鐫　許容著說篆　北平　國光印書館　1936 年

009088056　6417　8124
鍾喬申印存不分卷
鍾以敬刻　張魯庵藏　香港　張魯庵　1935 年　鈐印本

009025264　T　6418　1110
玉璽譜一卷
金梁輯　濟南　1926—49 年　鈐印本

005907039　6418　2963
藕華盦印存
徐星洲篆刻拓藏　濟南　1918 年

005907029　6418　2980
靜龕印集
朱義方篆刻　香港　某虛草堂　1925 年

008048714　6418　3133c
飛鴻堂印譜五集　四十卷
汪啟淑鑒藏　廣州　凌石山房復製　1912—30 年

005472515　6418　3133d
飛鴻堂印譜
汪啟淑編　新安　飛鴻堂　1945—53 年

005907033　6418　5700
五車樓古印存
中島竦集藏印　1932 年

009029562　6418　6048
畏齋藏鉢一卷
濟南　1923 年　鈐印本

005907034　6418　6212
孺齋自刻印存
易孺篆刻　濟南　1936 年

005907035　6418　6212.2
古溪書屋印集
大厂居士［易孺］篆刻　梁效鈞藏集　濟南　山陰華君鏡泉　1935 年

005906915　6418　7201
石言館印存
周希丁［康元］刻　1943 年

008988977　T　6418　7202
望廬劫餘印存一卷
劉文儼刻　香港　劉氏　1914 年　鈐印本

008336688　6418　7268
悥庵印存
周明景撰　1916 年

005907036　6418　7929
染蒼室印存
陳衡恪篆刻　王伯沆［瀣］藏本　上海　襄社　1936 年

005907038　6418　8523
近代名賢印選
錢季寅、秦伯未選輯　上海　千頃堂書局　1925 年

005789435　6419　1163
漢印文字類纂十二卷
孟昭鴻纂　王紫珖繕校　上海　西泠印社　1933年

005756574　6419　4878.1
濱虹草堂藏古壐印
黃賓藏　濟南　1940年

005756577　6440　2451
木刻的技法
傅抱石編著　長沙　商務印書館　1940年　（m.）

005750360　6440　3118
刃鋒木刻集
汪刃鋒刻作　上海　開明書店　1949年　4版　（m.）

005756578　6440　4598
木藝十講
韓尚義著　上海　商務印書館　1947年　（m.）

004808099　Film Mas 30770　Film W 17847　MLC-C
NE1183.3.Z56　1946x　XFA5818.213
抗戰八年木刻選集
中華全國木刻協會　上海　開明書店　1946年　（m.）

009815303　TP1082
觀滄閣藏魏齊造像記
王度公[潛剛]藏　上海　商務印書館　1935年

005756585　6480　4137　TP1081
觀滄閣藏魏齊造像記
王度公藏　上海　商務印書館　1935年

建築

008099182　6500　4405
營造法式三十六卷
李誡撰　香港　紫江朱啟鈐　1925年

005756441　6510　0475
園冶
計無否[成]著　朱啟鈐署檢　北平　中國營造學社　1932年

005756520　6510　2944
中國建築史
樂嘉藻著　濟南　1933年

005756527　6510　3965.1
營造算例
梁思成編　北平　中國營造學社　1932年　初版　（m.）

005756513　6517　6541
明代建築大事年表
單士元、王璧文合編　北平　中國營造學社　1937年　（m.）

005756528　6518　3967
清式營造則例
梁思成著　北京　中國營造學社　1934年　初版　（m.）

008099072　6540　396
建築設計參考圖集
梁思成、劉致平著　北平　商務印書館寄售　1935年

005765709　6570　3965
大同古建築調查報告
梁思成、劉敦楨編　北平　中國營造學社　1933年　（m.）

005761155　6578　4434
房屋
薛次莘著　上海　商務印書館　1934年初版　工學小叢書　(m.)

011914729　SB481.C54　1928
都市與公園論
陳植著　上海　商務印書館　1928年　市政叢書　(m.)

005765716　6580　7947　Microfiche　C-911　CH1518
造園學概論
陳植撰　上海　商務印書館　1935年

005769631　6586　3844
實用公園建築法
顧在埏編譯　上海　商務印書館　1949年

005769632　6586　4340
園林計劃
莫朝豪著　莫朝英校訂　廣州　南華市政建設研究會　1935年　(m.)

005769633　6598　2140b
中國盆景及其栽培
崔友文編著　章君瑜校訂　上海　商務印書館　1948年　農學小叢書　(m.)

工藝美術

005765314　6609　2944
中國美術工藝
徐蔚南編　上海　中華書局　1940年　(m.)

005773259　6616　1620
現代中國工商業美術選集
中國工商業美術作家協會編　上海　中國工商業美術作家協會出版事業委員會　1937年　(m.)

011941638　NB1665.W364　1935
漢代壙磚集錄二卷　附說一卷
王振鐸　北平　考古學社　1935年石印

011938789　NC703.F8　1940
基本圖案學
傅抱石編譯　長沙　商務印書館　1940年　4版　(m.)

005769453　6616　1641
新圖案學
雷圭元著　上海　商務印書館　1947年　部定大學用書　(m.)

005779287　6616　3136
新剪紙藝術
汪潛、李凡作　香港　紅田出版社　1939年

005794288　6620　4033
一家言中之居室器玩
李笠翁[李漁]著　北京　中國營造學社　1931年

005794270　6620　7920　AM536　C518
窗花民間剪紙藝術
陳叔亮編　上海　高原書店　1947年　(m.)

005788938　6622　2938
存素堂校寫幾譜三種
朱啟鈐[撰]　北平　中國營造學社　1933年

005794287　6633　2605
蕉窗話扇不分卷
白文貴輯　濟南　1938年

005798286　6634　4478
玉雅
李鳳公編輯　廣州　林記書莊　1935 年
（m.）

009315343　6634　4478.1
玉紀正誤
李鳳公撰　廣州　林記書莊　1936 年
鉛印再版

005793849　6640　4258　FC628
古月軒瓷考
楊獻谷[撰]　北平　雅韻齋　1933 年

005793812　6640　7946　FC7939　Film Mas 31854
瓷器與浙江
陳萬里著　上海　中華書局　1946 年
（m.）

005573859　6640　7946.1　AM 507.4.C
越器圖錄
陳萬里著　上海　中華書局　1937 年
（m.）

005798291　6640　7946.5
青瓷之調查及研究第一集
陳萬里著　濟南　1935 年　（m.）

005794109　6641　2918
陶說六卷
朱琰述　上海　商務印書館　1935 年
國學基本叢書　（m.）

009131681　6644　0246
瓷器概說
郭葆昌述　魏春桂記　濟南　1935—49 年

009147629
校註項氏歷代名瓷圖譜
項元汴著　郭葆昌、福開森參訂　北平　觶齋書社　1931 年

009222518　6644　0432
飲流齋說瓷二冊
許之衡著　上海　朝記書莊　1924 年
鉛印

005797912　6644　1250
華瓷
丁惠康編　上海　中國美術館　1944 年

005797493　6644　2142
柴窯考證
程村編輯　程知恥譯校　上海　中華書局　1919 年

005798206　6644　2330
景德鎮陶瓷概況
黎浩亭著　重慶　正中書局　1943 年
（m.）

005804194　6644　2330.1
瓷器
黎浩亭編著　應成一校訂　南京　正中書局　1936 年　正中少年故事集　（m.）

005804197　6644　3163
景德鎮瓷業史
汪思清著　上海　中華書局　1936 年
（m.）

005797939　6644　3191
江西之瓷業
南昌　江西省政府秘書處統計室　1935 年　（m.）

005808312　6650　2242
刺繡圖案集
何明齋、都彬如合編　上海　商務印書館　1930 年

005811909　6650　2938.2
絲繡筆記二卷
朱啟鈐輯　香港　存素堂　1930 年

005811917　6650　2938.3
絲繡叢刊一名無冰閣絲繡叢刊
朱啟鈐輯　闞鐸編　香港　無冰閣
1933年

005808267　6650　2938.4
存素堂絲繡錄第一輯
朱啟鈐輯　香港　存素堂　1928年

005807883　6650　2944
顧繡考
徐蔚南著　上海　中華書局　1937年
再版　(m.)

005816143　6670　4852
髹飾錄二卷　附箋證
黃成撰　楊明註　壽碌堂主人箋註　闞
鐸輯校　濟南　1926年

005807886　6670　8220　AM430　C518C
漆器考
鄭師許著　上海　上海中華書局　1936
年　(m.)

音樂

008476103　6701　0240　FC8712　Film　Mas　C5148
音樂教育
南昌　江西省推行音樂教育委員會

008633517　Microfiche　C-943　CH1542
耕莘鈞渭聖經
1946年

007666442　6703　3213
馮氏樂書四種
馮水撰　南京　桐鄉馮氏　1924年

007666550　6703　3213　(1)
變徵定位考二卷
香港　桐鄉馮氏　1924年　馮氏樂書
四種

007666556　6703　3213　(2)
鐘攃鐘隧考一卷
香港　桐鄉馮氏　1924年　馮氏樂書
四種

007666558　6703　3213　(3)
白石道人琴曲古怨釋一卷
香港　桐鄉馮氏　1924年　馮氏樂書
四種

007666562　6703　3213　(4)
琴均調絃一卷
香港　桐鄉馮氏　1924年　馮氏樂書
四種

008633368　Microfiche　C-959　CH1542
琴史補二卷　琴史續八卷
周慶雲纂　香港　夢坡室藏版　1919年

005819743　6705　0449
歌詠工作講話
譚林著　廣州　前進書局發行　1949年

005830955　6706　3927
音樂辭典
梁得所編　上海　良友圖書印刷公司
1934年　再版　(m.)

005830956　6706　4212
音樂通論附音樂辭典
柯政和撰　北平　中華樂社　1930年
(m.)

005819409　6706　7205
音樂辭典
劉誠甫編　上海　商務印書館　1935年
(m.)

005830957　6709　1193
東方民族之音樂

王光祈著　上海　中華書局　1929 年
音樂叢刊　（m.）

008648856　ML1010.G86　1929x
故宮辨琴記
郭葆昌撰　1929 年

011918135　ML160.W3　1926
西洋音樂與詩歌
王光祈著　上海　中華書局　1929 年
3 版　音樂叢刊　（m.）

011917296　ML60.L43　1947
音樂通論
黎青主著　上海　商務印書館　1947 年
百科小叢書　（m.）

005819662　6711　0114
中樂尋源二卷
童斐編　上海　商務印書館　1933 年
國難後石印第 1 版　（m.）

005819577　6711　0432
中國音樂小史
許之衡著　上海　商務印書館　1933 年
國難後第 1 版　百科小叢書　（m.）

008440223　6711　0432b
中國音樂小史
許之衡著　上海　商務印書館　1934 年
百科小叢書　（m.）

005834972　6711　1193
中國音樂史
王光祈編　上海　中華書局　1934 年
中華百科叢書本　（m.）

005834967　6711　2211
中國音樂史話
繆天瑞著　上海　良友圖書印刷公司
1933 年　一角叢書　（m.）

009293505　T　6711　3104
江文也歌曲資料集
1934—90 年　手稿

009293520　T　6711　3104a
江文也歌曲資料集
1934—90 年　複印件

005830861　6711　3147
律呂透視
沈士駿著　重慶　商務印書館　1944 年
（m.）

005830780　6711　4901
隋唐燕樂調研究
林謙三著　郭沫若譯　上海　商務印書
館　1936 年　初版　（m.）

005834586　6712.9　3163.7　FC8423　Film Mas　32249
人民歌手冼星海
丘遠［撰］　上海　三聯書店　1949 年
鉛印再版

007497163　6716.9　7214　FC8598　Film Mas　32583
劉天華先生紀念册
［劉復］編著　北平　1933 年　（m.）

005839080　6717　2119
世界大音樂家與名曲
豐子愷著　上海　亞東圖書館　1936 年
（m.）

011884938　ML160.Y8　1930
西洋音樂小史
俞寄凡著　上海　商務印書館　1930 年
百科小叢書　（m.）

005854666　6721　1712
俄羅斯音樂史綱
西尼亞維爾著　梁香譯　上海　時代書
報出版社　1947 年　（m.）

005867255　6730　1193
東西樂制之研究
王光祈著　上海　中華書局　1926 年
　再版　(m.)

011886126　ML336.K8　1934
外族音樂流傳中國史
孔德撰　上海　商務印書館　1934 年
　史地小叢書　(m.)

011986581　M1627.W36　G4　1932
各國國歌評述
王光祈著　上海　中華書局發行　1932
　年　再版　(m.)

005858098　6730　2353
樂話
黎青主著　上海　商務印書館　1930 年
　(m.)

005875737　6730　2944B
樂律全書四十七卷
朱載堉撰　上海　商務印書館　1934 年
　再版　國學基本叢書　(m.)

008627363　Microfiche　C-855　CH1460
樂學軌範九卷
成倪主編　東京　古典刊行會　1932 年

008633556　Microfiche　C-991　CH1542
廣陵散譜
桐鄉　馮水　1927 年

008633538　Microfiche　C-971　CH1542
擬箏譜
梁在平撰　濟南　1938 年

005858099　6730　3111
小曲工尺譜
江天一編輯　上海　上海世界書局
　1921 年　(m.)

005854504　6730　3414
燕樂考原
淩廷堪著　長沙　商務印書館　1938 年
　再版　國學基本叢書

005867257　6730　4253
泰律十二卷　外篇三卷
葛中選撰　香港　雲南圖書館　1914 年
　　雲南叢書

005867264　6730　4535
和聲與制曲
戴逸青編　上海　中華書局　1930 年
　再版　(m.)

011937137　MT40.W35　1940
西洋制譜學提要
王光祈著　昆明　中華書局　1940 年
　(m.)

005867270　6730　7210A
音樂初步
劉亞撰　哈爾濱　光華書店　1948 年
　再版　少年文庫　(m.)

005867273　6730　7912　FC8364　Film　Mas　32263
京調工尺大全
陳子虛編輯　上海　中央書店　1937 年

005871754　6739　1193
對譜音樂
王光祈著　上海　中華書局　1933 年
　音樂叢刊　(m.)

008331554　6740　3244
漳河曲
沙坪著　成都　普益圖書公司　1942 年
　初版　(m.w.)

011918493　M1804.S36　1946
三年歌選
李淩編　上海　新知書店　1946年
（m.）

008333869　6740.1　2142
國樂新聲
丘鶴儔著　香港　1934年　初版

008333825　6742　5602
東北民歌選
中國音樂研究會編　佳木斯　東北書店
　1948年　東北民間音樂叢刊　（m.）

004760320　6742　7284　FC8427　Film Mas 32256
蒙古歌集
陶今也譯　北京　大眾書店　1949年
初版　大眾音樂叢書

005819758　Microfiche C-0655 G27 TA 6747 82
幼稚園與初等小學詩歌
上海　美華書館　1915年

005819751　6748　1120
漢鐃歌釋文箋正
王先謙撰　臺北　19??年

005816090　6748　4451
聖詠譯義初稿
蔣介石手訂　吳經熊譯　臺北　臺灣商
務印書館　1946年　（m.）

008322904　6756　4544　FC9644　Film Mas 35964
梅蘭芳歌曲譜
劉天華記譜　北京　1930年

008322958　6756　5017　FC8436　Film Mas 32259
新編曲調工尺大觀
个道人編輯　北京　新華聚樂社
1920年

008325253　6756.2　1342　FC8375　Film Mas C5142
昆曲大全四集
怡庵主人編　上海　世界書局　1925年

008325410　6756.2　3670　FC8495　Film Mas 32548
昆曲集淨
褚民誼編　1930—45年

008443181　6756.5　1722
平劇彙刊
李白水主編

008329142　6756.9　1704
秧歌劇與花燈戲
司馬文森著　香港　智源書局　1949年
文藝生活選集

008333822　6756.9　6474
兄妹開荒小型歌劇選
王大化等著　北平　新華書店　1949年
初版　中國人民文藝叢書　（m.w.）

005819618　6756.9　7712
梁紅玉新歌劇
歐陽予倩著　漢口　上海雜誌公司
1938年　初版　（m.w.）

006928539　6756.9　7938
秋子大歌劇
陳定編劇　重慶　中國實驗歌劇團
1942年　初版　（w.）

005819411　6759　0242
故都市樂圖考
齊如山著　北平　北平國劇學會　1935
年　（m.）

011981913　ML1700.H8　1940
歌劇概論
胡葵蓀著　長沙　商務印書館　1940年
（m.）

005819066　6759　4244
歌劇概論
胡葵蓀著　上海　商務印書館　1936 年
（m.）

011911718　ML1700. K6　1936
歌劇素描
徐遲編譯　上海　商務印書館　1936 年
（m.）

011885927　ML1700. Y4　1931
西洋歌劇考略
葉遇春編　上海　商務印書館　1931 年
（m.）

011919650　PN1657. W3　1939
西洋話劇指南
王光祈編著　上海　中華書局　1939 年
（m.）

005830969　6760　1382
國劇塲面圖解
張笑俠著　戲曲研究社繪圖股繪稿　北平　北平戲曲研究社　1936 年　戲曲研究社叢書　（m.）

005830972　6760　7205
中國器樂常識
劉誠甫編著　上海　中華書局　1929 年
（m.）

007497172　6767　4832
口琴吹奏法
黃涵秋撰　上海　萬葉書店　1949 年

005830974　6770　2142
絃歌必讀
丘鶴儔著　香港　1916 年

005819540　6770　2142b
絃歌必讀粵調音樂譜
丘鶴儔著　香港　1921 年　再版
（m.）

008633522　Microfiche　C‑949　CH1542
陽關三迭［等琴譜六種］
1944 年

005830976　6771　1342b
琴學入門二卷
張鶴輯　祝桐君鑒定　上海　中華圖書館　1912—49 年

005871757　6771　4232
琴學叢書二十四卷
楊宗稷輯刊　濟南　1911—18 年

008633535　Microfiche　C‑968　CH1542
琴學叢書三十六卷
楊宗稷編　北平　編者自刊
1913—19 年

005830979　6771　4232B
琴學叢書三十二卷
楊宗稷著　濟南　1925 年

008627337　Microfiche　C‑820　CH1423
今虞琴刊　研究古琴之專刊
今虞琴社　蘇州　今虞琴社　1937 年

005830980　6771　7201　FC8497　Film Mas 32556
晨風廬琴會記錄二卷
周慶雲訂　上海　晨風廬　1922 年

008633528　Microfiche　C‑960　CH1542
會琴實紀六卷
葉璋伯［希明］編　蘇州　1920 年

008633521　Microfiche　C‑948　CH1542
五知齋夢蝶逸譜補本
北平　汪孟舒　1940 年

007448504　6771　7201.1
琴書存目六卷

周慶雲纂　香港　夢坡室　1914 年

006905715　6773　3132
養正軒琵琶譜三卷
沈浩初編註　上海　上海養正軒　1929 年

008348367　6773　3146　FC9650　Film Mas 35970
瀛州古調三卷
沈其昌講授　徐卓編述　陳永奎繕譜　南通　梅庵琴社　1936 年

005834974　6775　0273
胡琴研究
方問溪著　北京　文嵐簃印書局　1938 年　（m.）

005834983　6791　6521
第二次國樂演奏大會特刊
上海國樂研究會編　上海　上海國樂研究會　1942 年

遊藝娛樂

005839087　6812　7903
中國古代跳舞史
陳文波著　上海　神州國光社　1935 年　（m.）

005854653　6825　342
霓裳羽衣
淩純聲、童之弦編　吳梅校　上海　商務印書館　1928 年　（m.）

005973141　6826.3　4323
牧之隨筆
袁牧之著　上海　微明出版社　1940 年　（m. w.）

005977508　6826.9　0434.1
悲劇論
章泯著　上海　商務印書館　1936 年　初版　戲劇小叢書　（m.）

005977730　6826.9　0434.4
喜劇論
章泯著　長沙　商務印書館　1940 年　再版　（m.）

005977729　6826.9　1227
戲劇欣賞法
丁伯騮編著　上海　正中書局　1936 年　（m.）

005977728　6826.9　2243
導演論
向培良著　上海　商務印書館　1936 年　戲劇小叢書　（m.）

007666339　6826.9　2664
戲劇概論
（日）岸田國士著　陳瑜譯　上海　中華書局　1933 年　初版　（m.）

011903068　PN2075.Z44　1949
角色的誕生
鄭君里著　大連　新中國書局　1949 年　東北初版　（m.）

005977725　6826.9　2988
演劇術
徐公美編　上海　中華書局　1941 年　初中學生文庫　（m.）

011910227　PN3175.Y4　1936
學校劇
閻哲吾編　上海　商務印書館　1936 年　初版　戲劇小叢書　（m.）

美術遊藝類

005977724　6826.9　4140
學校劇
范壽康著　上海　商務印書館　1923年
　百科小叢書　（m.）

005981608　6827　0242
北平國劇學會陳列館目錄二卷
齊如山編　北平　北平國劇學會　1935年　（m.）

005985638　6827　1140
清昇平署志略
王芷章編　北京　國立北平研究院史學研究會　1937年　（m.）

005985793　6827　1140.3
清代伶官傳
王芷章撰　齊家本校訂　北平　中華書局　1937年　再版　二渠村舍叢書（m.）

005991511　6827　1425
皖優譜
天柱外史氏編　上海　世界書局　1939年　初版　（m.）

005995337　6827　3696
中國伶人血緣之研究
潘光旦著　重慶　商務印書館　1941年　中山文化教育館研究叢書　（m.）

005995076　6827　3839　FC8198　Film Mas 32101
抗戰十年來中國的戲劇運動與教育
洪深著　上海　中華書局　1948年　中華教育界叢刊　（m.）

005995336　6827　3974
名伶世系表第一集
宋鳳嫻著　北平　北平戲曲研究社　1936年　戲曲研究社叢書　（m.）

005995341　6827　4316
北京女伶百詠
燕石著　北京　都門印書局　1917年

008253947　T　6827　4321
吉祥劇刊
上海　吉祥劇院　1934年

005995333　6827　4323
演劇漫談
袁牧之著　上海　復興書局　1936年

011911944　AC95.C5　A12　1932
戲劇ABC
陳大悲著　上海　ABC叢書社　1932年　ABC叢書　（m.）

005995176　6827　4446
戲劇技法講話
李樸園著　南京　正中書局　1936年　藝術叢書　（m.）

011916944　PN2065.15　1947
戲劇技法講話
李樸園編著　上海　正中書局　1947年　（m.）

011929558　PN1655.L45　1941
新戲劇講話
浪舟著　上海　南棉社　1941年　（m.）

011884902　PN2065.S54　1940
演劇藝術講話
舒湮　上海　光明書局　1940年　（m.）

007864858　6827　4544.2
梅蘭芳遊美記
齊如山著　濟南　1933年　（m.）

005999535　6827　4544.4
梅蘭芳
莊鑄九編纂　濟南　1926 年　（m.）

011919596　PN2878.M4　M45　1918
梅蘭芳
梅社編輯　上海　梅社印行　1918 年　（m.）

004960657　6827　5602
中旅第六年
中國旅行劇團　1939—76 年

005999256　6827　6158
劇壇外史
瞿史公著　上海　國風書店　1940 年　初版　（m.）

009067206　6827　6196
鞠部叢譚校補一卷
羅惇曧著　李宣倜校補　香港　樊山閣涉園　1926 年

008126414　FC9065　Film Mas　34632　T　6827　6213
影戲研究
北京　1912—49 年

005999529　6827　723
馬連良專集
吳江楓編　廈門　黃金出版社　1940 年　（m.）

005999528　6827　7233　FC7940　Film Mas　31855
戲劇大觀第一集
劉達撰　苦海餘生編　上海　交通圖書館　1918 年　（m.）

005999527　6827　7245.3
清昇平署存檔事例漫鈔六卷　附錄三卷　釋名一卷　詳目一卷
周明泰編　北平　1933 年　幾禮居戲曲叢書

005999001　6827　7262
中國劇場史
周貽白著　長沙　商務印書館　1940 年　再版　戲劇小叢書　（m.）

005999526　6827　7281　FC8369　Film Mas　32274
鞠部叢刊
周劍雲主編　上海　交通圖書館　1918 年　（m.）

009413591　T　6827　7281
鞠部叢刊
周劍雲主編　上海　交通圖書館　1922 年　再版　（m.）

005999525　6827　7751
劇場生活
閻哲吾著　上海　中華書局　1937 年　（m.）

006003720　6829　5525
唱戲指南
中央編輯部　上海　中央書店　1937 年

006003717　6830　0242
國劇身段譜
齊如山著　北平　北平國劇學會　1935 年　齊如山劇學叢書

005959800　6830　7941
表演術
陳大悲著　長沙　商務印書館　1940 年　再版　（m.）

008099216　6831　1025
臉譜
北京戲曲研究社編繪　北京　北京戲曲研究社　1941 年　（m.）

005959794　6831　8680
戲劇的化妝術
谷劍塵編　香港　商務印書館　1932 年

百科小叢書

005959791　6833　2988
小劇場經營法
徐公美編纂　上海　商務印書館　1936年　戲劇小叢書（m.）

005968483　6836　7203
戲劇講座
馬彥祥著　上海　現代書局　1932年初版　現代文學講座（m.）

005854629　6838.4　1117
電影文學論
王平陵著　長沙　商務印書館　1938年　電影小叢書（m.）

008606983　FC8260　Film　Mas　32168
譚鑫培唱腔集第一輯
查士修藏　1917年

005854559　6838.4　1342
漁光曲
張彬撰述　上海　啟智書局　1934年（m.w.）

007842274　MLC‑C
1938之中國電影民國二十七年電影年鑒
香港　伶星雜誌社　1939年

005863460　6838.4　2988
電影藝術論
徐公美著　長沙　商務印書館　1938年　電影小叢書（m.）

007807230　MLC‑C
華南電影工作者聯誼會章程附第一屆監事名表
1949年

011918546　LB1044.T78　1936
教育電影概論
宗亮東編　上海　商務印書館　1936年（m.）

011917026　PN1994.H66　1934
電影界的新生活
洪深著　南京　正中書局　1934年　新生活叢書（m.）

005879256　6838.4　4711
紅樓夢專號
甘亞子撰　上海　大東書局　1927年

005893404　6838.4　7964
木蘭從軍
陳易嘉編著　上海　中學生書局　1939年　初版　電影小說叢刊（m.w.）

005893567　6838.4　7965
教育電影移風易俗內容述要
陳果夫編著　香港　教育部中華教育電影製片廠指導委員會　194？年

010067742
鐵扇公主
1941年　動畫片

005920045　6838.7　3839
電影戲劇的編劇方法
洪深著　南京　正中書局　1935年　初版（m.）

005879261　6839　4228
廣播戰
彭樂善著　重慶　中國編譯出版社　1943年（m.）

005884270　6841　4305
天聲集第二集
王夢漁編輯　蘇州　蘇州廣播電臺　1936年

005955324　6841　7932
説書小史
陳汝衡著　上海　中華書局　1936 年
（m.）

005884276　6841　7994
拗口語選録
陳光垚編輯　上海　啟明學社　1933 年
（m.）

005888731　6850　0057
遊戲大觀
廣文書局編輯所編輯　上海　廣文書局
　1919 年　3 版

005888735　6850　2590
山東民間娛樂調査第一集
山東省立民衆教育館編輯股編　濟南
山東省立民衆教育館　1933 年　（m.）

005888737　6850　4243
中國遊藝研究
楊蔭深編　上海　世界書局　1946 年
（m.）

005898026　6870　0023
弈譜彙選
恩裕如校　濟南　1916 年

005898031　6870　0127b
弈理指歸圖三卷
施定庵［襄夏］著　錢長澤繪圖　上海
文瑞樓　1912 年

006027116　6870　043
象棋譜大全
謝宣編輯　上海　中華書局　1927 年
（m.）

005898028　6870　2300
名家奕譜
上海　1912 年

005901783　6870　2580
弈理析疑
臧念宣輯　上海　文瑞樓　1912 年

005955390　6870　3150
海昌二妙集三卷　卷首一卷
浮曇末齋輯　上海　文瑞樓　1914 年

005901785　6870　3710
官子譜
香港　千頃堂書局　1913 年

005901786　6870　4112
博史
杜亞泉著　上海　開明書店　1933 年
（m.）

009066433　6870　5260
摘星譜一卷
陶軒氏編　上海　掃葉山房　1922 年
石印

005911230　6871　2914
橘中秘
朱晉楨輯　朱爾鄴、朱景蕭校閲　上海
　象棋研究所　1935 年

005915759　6875　8204
歷代酒令大觀
俞敦培輯　濟南　1925 年

005920226　6876　6240
四川茶館改良之方案
四川地方實際問題研究會　成都　四川
地方實際問題研究會　1940 年　四川地
方實際問題研究會叢刊　（m.）

005920228　6890　7995
數學遊戲大觀
陳懷書編　上海　商務印書館　1932 年
　國難後第 1 版　（m.）

005920229　6891　0140
益智圖
童葉庚著　上海　商務印書館　1912—49 年

005920230　6891　2144
七巧補遺文物合編
紀梓楨撰　濟南　1930 年

005920239　6897　8333
前清滿漢陞官全圖説明書
臺北　藝文總社　19?? 年

體育運動

007668506　6902　2391
香港精武體育會精武實錄
香港　精武體育會　1920 年

005924207　6904　1413
中國體育圖書彙目
于震寰、李文祫編輯　北平　青梅書店　1933 年　（m.）

007668510　6905　4400
各級學校體育實施方案
教育部　香港　正中書局　1941 年 初版　（m.）

005924211　6908　0484
全國運動會史
文公直述　上海　教育書店　1934 年

011913568　GV341.C4 1933
體育概論
陳詠聲著　上海　商務印書館　1933 年　百科小叢書　（m.）

006042482　6910　5601.6
抗戰與童軍
中國童子軍戰時服務第一團團史編輯委員會編輯　上海　大公報代辦部　1938 年　（m.）

008454875　MLC－C
第六屆全國運動會
李青編輯　1935 年

006042484　6910　7268
國民體育訓練與實施
劉昌合著　上海　商務印書館　1947 年　（m.）

007832170　MLC－C
華北運動會總報告［第十七屆］附華北體育聯合會年刊 1933
青島　1933 年

006042487　6913　8116
三十二勢長拳
金一明著　上海　中華書局　1930 年　（m.）

007412536　6916　024
中國體育史
郭希汾編輯　上海　商務印書館　1920 年　再版　（m.）

006042498　6929　367
太極操
褚民誼著　上海　大東書局　1932 年　（m.）

007668533　6945　3520
游泳成功術
海傑著　吳福同譯　俞斌祺校閱　上海　勤奮書局　1933 年　（m.）

006047155　6970　2364
國術概論
吳圖南撰　長沙　商務印書館　1939 年

006047197　6970　2945
國技論略
徐哲東編　上海　商務印書館　1930 年

006047203　6970　7284
擒拿法
劉金聲、趙江撰　上海　商務印書館　1936 年　警政叢書　(m.)

006047204　6970　9170
十八般武藝全書
尚武體育學會編輯　上海　中西書局　1929 年　(m.)

006051558　6973　2345.4
太極正宗
吳志青編著　楊澄甫參訂　九龍　國術研究社　19?? 年

006054832　6973　2911
少林護山子門羅漢拳圖影
朱霞天著　上海　中華書局　1930 年　(m.)

006054833　6973　2924
日本柔術
徐卓呆譯　上海　中華書局　1927 年　5 版　(m.)

006054834　6973　293
拳藝學進階
朱鴻壽編　上海　商務印書館　1925 年　3 版

006054835　6973　2934.1
少林拳法圖說
朱鴻壽著　上海　大東書局　1925 年　(m.)

006054837　6973　326
達摩派拳訣
湯顯編　周俞文校　上海　商務印書館　1926 年　(m.)

006047199　6973　4284
武術匯宗
萬籟聲撰　上海　商務印書館　1927 年

005924213　6973　4912
螳螂拳散手
葉瑞編著　澳門　聯合圖書公司　19?? 年

005924215　6973　5555
國術大全
中央技擊學會編　上海　拳術研究會　1929 年

005924216　6973　6213
十二路潭腿新教授法
國術研究社著　九龍　馬錦記書局　19?? 年

005924219　6973　7123
北拳彙編
陸師通、陸同一合編　上海　商務印書館　1925 年　5 版

005924220　6973　723
拳腳科上編
馬良創編　馬慶雲助編　上海　商務印書館　1922 年　5 版　中華新武術

005924223　6973　8200
少林拳術秘訣
尊我齋主人著　上海　中華書局　1927 年　17 版　(m.)

009201058　6973　9170
潭腿十二路全圖
上海精武體育會編制　上海　商務印書館　1926 年　9 版

005929647　6973　9170.1
潭腿
陳鐵生述　精武體育會編輯　上海　商務印書館　1926年　技擊叢刊　第2種

005929649　6975　723
率角科上編
馬良創編　馬慶雲助編　上海　商務印書館　1924年　4版　中華新武術

005929651　6976　2364
內家拳太極功玄玄刀
吳圖南著　香港　國術研究社　1933年

005929652　6976　2364.4
太極劍
吳圖南著　九龍　國術研究社　19??年

005929653　6976　483
達摩劍

趙連和、陳鐵生編　上海　商務印書館　1925年　6版　技擊叢刊　第1種（m.）

005929661　6976　7233
棍術科上編
馬良創編　楊鴻修助編　上海　商務印書館　1920年　再版　中華新武術

005929662　6976　7233.8
劍術科上編
馬良創編　馬祚琛助編　上海　商務印書館　1925年　3版　中華新武術

005929663　6976　8248
子母三十六棍
俞大猷著　向愷然註釋　上海　國術統一月刊社　1936年　國術統一月刊社叢書　第1集

自然科學類

總錄

009424048　7004　5627
中國科學社北美分社檔案資料
濟南　1930—36年

005929680　7004　5627
中國科學社概況
濟南　1929年　（m.）

008144157　MLC－C
中國科學社概況
濟南　1931年　（m.）

008146499　MLC－C
中國科學社社員錄
濟南　1930年　（m.）

005929681　7004　5627B
中國科學社社章
濟南　1929年

011938770　Q127.C5　L73　1941
現代中國與科學
林英編　上海　言行社　1941年
（m.）

011983355　Q127.I4　L58　1947
印度科學
劉咸編著　上海　正中書局　1947年
時事月報社叢書　（m.）

005933768　7006　4421
戰時中國之科學
李約瑟著　徐賢恭、劉建康譯　上海
中華書局　1947年　科學知識彙刊
（m.）

005933773　7006　7250
中國科學二十年
劉咸選輯　上海　中國科學社　1937年
科學文庫　第1集　（m.）

011901785　LC5215.T92　1934
民眾教育行政
董暄樵編　上海　漢文正楷印書局
1934年　（m.）

005933778　7010　1414
民眾科學教育
武可桓編著　上海　商務印書館　1948
年　國民教育文庫　（m.）

005933781　7010　3841
電子姑娘
顧均正著　上海　開明書店　1947年
4版　開明青年叢書　（m.w.）

005933561　7010　6094
科學修養
田惜庵著　上海　文化供應社　1948年
新1版　青年文庫　（m.）

005866952　7012　0252
新科學辭典
新辭書編譯社編輯　上海　童年書店
1937年　6版　（m.）

007448805　7012　4112
小學自然科詞書
杜亞泉、杜其堡、杜其垚編　長沙　商務
1938年　（m.）

007499375　7012　8220
自然科學辭典
鄭貞文主編　上海　華通書局　1934年
（m.）

005879264　7016　1111
科學上之新貢獻
王雲五、李聖五主編　上海　商務印書
館　1933年　東方文庫續編　（m.）

005879265　7016　1310
科學發達略史
張子高講演　周邦道記述　上海　中華
書局　1936年　新文化叢書　（m.）

005879267　7016　2473
科學名人傳
中國科學社編　上海　商務印書館
1924年　（m.）

008321843　MLC–C
少年發明家的故事
張憶梅譯　北京　北新書局　1934年
第3版　（m.）

005893427　7016　7903
先秦自然學概論
陳文濤編　上海　商務印書館　1928年
國學小叢書　（m.）

005893572　7017　1639
科學概論
石兆棠著　桂林　文化供應社　1942年
（m.）

005893574　7017　2113
科學概論
盧于道著　重慶　中國文化服務社
1942年　（m.）

007669583　7017　2549
十萬個爲什麼
伊林著　董純才譯　張家口　抗戰書店
1945年

007790953　MLC–C
漢譯科學大綱
胡明復譯　上海　商務印書館　1923年
初版

005995249　7017　3242
科學大綱
J. A. Thomson編　王岫廬[雲五]譯　上
海　商務印書館　1924年　初版
（m.）

005924228　7017　3644
科學之價值
潘加勒著　文元模譯　上海　商務印書
館　192?年　尚志學會叢書　（m.）

005924229　7017　4864
科學概論

黃昌穀撰　上海　民智書局　1926年
4版　（m.）

005924230　7017　6143
自然科學講話
羅克汀著　上海　新知書店　1947年
新知叢書　（m.）

005924231　7017　7247
現代知識
陶菊隱編著　上海　中華書局　1945年
再版　（m.）

005893332　7019　6144
科學與玄學
羅志希［家倫］著　上海　商務印書館
1934年　初版　（m.）

011722737　B837. R8712　1933
懷疑論集
（英）羅素［B. Russell］著　嚴既澄譯
上海　商務印書館　1933年　初版
（m.）

011912361　LB775. R8312　1935
教育與群治
Bertrand Russell著　趙演譯　上海　商
務印書館　1935年　再版　現代教育名
著　（m.）

005893335　7019　6159
科學觀
上海　商務印書館　1935年　初版　漢
譯世界名著　（m.）

011902157　Q175. H425　1946
科學思想概論
何兆清著　上海　商務印書館　1946年
再版　（m.）

007721284　FC5146　FC－M1149
科學與哲學
張東蓀著　上海　商務印書館　1924年
初版　（m.）

005924234　7019　6431
科學之新趨勢
嚴鴻瑤著　重慶　獨立出版社　1942年
（m.）

算學（數學）

005893360　7023　5411B
數理精蘊
清聖祖勅編　上海　商務印書館　1935
年　初版　國學基本叢書　（m.）

005949061　7023　8245
算經十書
孔繼涵輯　戴震校　上海　商務印書館
1930年　國學基本叢書　（m.）

005949062　7026　212
數學辭典
倪德基、酈祿琦合編　雷琛校　上海
中華書局　1925年　（m.）

007499377　7026　482
數學辭典
趙繚編　上海　群益書社　1931年　4
版　（m.）

005933750　7026　6020
數學名詞
國立編譯館編訂　上海　正中書局
1946年　（m.）

005949076　7026　7323
題解中心算術辭典
長澤龜之助原撰　薛德炯、吳載耀編譯

香港　新亞書店　1937年

005933751　7026　7404
算學辭典
段育華、周元瑞編纂　長沙　商務印書館　1938年　（m.）

005933754　7028　4424
中國數學大綱上冊
李儼撰　上海　商務印書館　1931年（m.）

005929522　7028　7111C
疇人傳五十二卷
阮元撰　上海　商務印書館　1935年初版　國學基本叢書　（m.）

009193262　7028　7111d
疇人傳四十六卷
阮元撰　續編六卷　羅士琳　續補三編七卷　諸可寶纂錄　近代疇人著述記　華世芳撰　上海　商務印書館　1935年　國學基本叢書　（m.）

005933758　7028　8531.2
古算考源
錢寶琮撰　上海　商務印書館　1930年（m.）

005929559　7028　8537
中國算學史上卷
錢寶琮撰　北平　國立中央研究院　1932年　國立中央研究院歷史語言研究所單刊　（m.）

005929486　7030　1285
中國算學之特色
三上義夫著作　林科棠譯述　上海　商務印書館　1934年　再版　國學小叢書（m.）

005929485　7030　4424
中算史論叢
李儼著　上海　商務印書館　1931—47年　（m.）

006022046　7030　4424.3
中國算學小史
李儼著　上海　商務印書館　1930年　百科小叢書

005933762　7031　0442
古演算法之新研究
許蓴舫編　上海　中華書局　1935年　算學叢書本　（m.）

005946394　7031　6021
周髀算經卷上　下
趙君卿註　甄鸞重述　李淳風等奉勅註釋　上海　中華書局　1927—36年

005949065　7037　0221
欒桐廬算剩
方貞元著　香港　吳興劉氏嘉業堂　1921年　吳興叢書

005949068　7038　4214
須曼精廬算學二十四卷
楊兆鋆撰　香港　吳興劉氏　1916年　吳興叢書

005933764　7039.2　0282
圖解珠算全書
郭行正編　香港　世界書局　1932年

005949063　7039.2　8142
寫算大全集
上海　中西書店　1932年

005949064　7039.4　1330
垛積衍術四十卷
強汝詢學　香港　南林劉氏　1918年　求恕齋叢書

008126421　FC4560　FC-M1843　T　7044　0482
默思集演算法三卷
慶善徵撰　濟南　1941年

005933566　7044　5940
數書九章
秦九韶著　上海　商務印書館　1937年
　再版　國學基本叢書　（m.）

007892066　7044　7224
九章算術九卷
劉徽註　李淳風等奉勅註釋　上海　商務印書館　涵芬樓　1929年　四部叢刊

005938180　7045　0747
算術講義
廈門大學華僑函授部數學專修科編　廈門　19??年

010089497　7045　2142.75
原本指珠算法統宗十七卷　卷首一卷
程大位編　濟南　民國間　鈔本

005938184　7045　2942
四元玉鑒細草三卷　附增
朱世傑撰　羅士琳補草　上海　商務印書館　1937年　國學基本叢書　（m.）

005938185　7045　2983
算術上下編
徐善祥、秦汾編纂　上海　商務印書館　1913年　民國新教科書　（m.）

005946812　7049　1108
珠算入門
王慶曾編　上海　開明書店　1939年
9版　（m.）

007669597　7049　1134
珠算捷訣
王守存編　上海　世界書局　1922年

005946826　7049　4574C
珠算速計法
華印椿著　上海　生活書店　1936年
5版

005942612　7049　4921
珠算大全
葉織雯著　長沙　商務印書館　1940年
第2版　（m.）

007669602　7049　4944
[繪圖]大小九九演算法書
1912—30年

005946822　7049　7229
實用珠算教程
周德炎編　桂林　實學書局　1943年

007669603　7050　7332
[中學通用]代數學教科書
長澤龜之助原著　言渙彰編譯　上海
商務印書館　1913年　再版

005955599　7050　7332.2　（1-2）
題解中心代數學辭典附索引
長澤龜之助撰　薛德炯、吳載耀譯　上海　新亞書店　1939年　再版

005955604　7070　1124
幾何小辭典
甄伯權編　星洲　星洲世界書局
1912—60年

005955611　7070　7237
非歐幾里得幾何學淺說
周爲群編　上海　開明書店　1936年
（m.）

005973191　7070　7323
題解中心幾何學辭典
長澤龜之助撰　薛德炯、吳載耀譯　上海　新亞書店　1939年　再版

005973192　7070　7323.1
題解中心續幾何學辭典
長澤龜之助撰　薛德炯、吳載耀譯　上海　新亞書店　1939年　再版

005955617　7080　4451
葛蘭威爾平面三角
Granville著　徐谷生譯　泰和　藝文書社　1933年

005955619　7080　4451.2
三角題解
徐谷生編　泰和　藝文書社　1935年

005959803　7080　7323　(1-2)
題解中心三角法辭典附索引
長澤龜之助撰　薛德炯、吳載耀合譯　上海　新亞書店　1939年　再版

005959804　7086　0747
數學講義
廈門大學華僑函授部物理化學專修科編　廈門　廈門大學　19??年

005959806　7086　7243
開明新編解析幾何學
劉薰宇編著　上海　開明書店　1948年　3版　（m.）

天文學

005959811　7103　0343
諸天講十五卷
康有爲撰　濟南　1930年

005959814　7106　6020
天文學名詞
國立編譯館編　南京　國立編譯館　1934年　（m.）

005959522　7110　2908
史記天官書恒星圖考
朱文鑫撰　上海　商務印書館　1934年　再版　（m.）

005963298　7110　4123
周公測景臺調查報告
董作賓、劉敦楨、高平子編著　長沙　商務印書館　1939年　國立中央研究院專刊　（m.）

005963299　7120　6321
大氣溫度
國富信一著　沈懋德譯　上海　商務印書館　1935年　自然科學小叢書　（m.）

005963300　7130　2415
膨脹的宇宙
愛丁頓著　曹大同譯　長沙　商務印書館　1938年　（m.）

005963301　7132　5610
中國天文學會一覽
中國天文學會秘書處編　香港　商務印書館　1939年　增訂再版　（m.）

007778766　FC4976　FC-M2005
天文考古錄
朱文鑫著　上海　商務印書館　1933年　（m.）

005963302　7140　0240
中國上古天文
新城新藏著　沈璿譯纂　上海　商務印書館　1936年　學藝彙刊　（m.）

005963303　7140　2165
高等天文學
盧景貴編　香港　中華書局　1934年　（m.）

007834241　MLC – C
教育部天文數學物理討論會專刊
香港　教育部　1933 年

011890441　QB47.C51
普通軍用天文學
陳遵媯編　昆明　國立編譯館　1938 年　中國天文學會叢書

011909228　QB32.G36 1933
星象統箋
高魯撰　香港　國立中央研究院天文研究所　1933 年　國立中央研究院天文研究所專刊　（m.）

005959363　7140　2908
歷代日食考
朱文鑫著　上海　商務印書館　1934 年　再版　（m.）

005963304　7140　3133
江氏數學翼梅八卷
江永著　香港　花雨樓主人　1941 年

005963305　7140　7624
太陽研究之新紀元
關口鯉吉著　楊卓孫譯　長沙　商務印書館　1939 年　自然科學小叢書　（m.）

005963306　7140　7934
流星論
陳遵媯撰　香港　國立中央研究院天文研究所　1930 年　（m.）

005963307　7141　7934
星體圖說
陳遵媯著　上海　商務印書館　1934 年　（m.）

005963308　7150　1293
地圖的秘密
邵慎之著　香港　文化供應社　1946 年　（m.）

005962462　7180　0404.3
東洋天文學史研究
新城新藏著　沈璿譯　上海　中華學藝社　1933 年　（m.）

009041520　7180　0421
中國歷代甲子考正二卷
譚侃纂　香港　贛報印刷部　1928 年　鉛印

005963196　7180　4292
不得已
楊光先撰　香港　中社　1929 年

005968586　7183　5667　FC9461　Film Mas 35903
實行國曆宣傳大綱
中國國民黨中央執行委員會宣傳部編　南京　中國國民黨中央執行委員會宣傳部　1928 年　（m.）

005968590　7186　9231
天文儀器志略
常福元撰　北平　震群國印書局　1921 年

005973154　7188　1162
宗經算解六卷　宗經串解七卷　經術數三卷
王恩綬撰　濟南　1912 年

005959364　FC6066　FC – M4750
中國人之宇宙觀
崔朝慶編纂　上海　商務印書館　1934 年　國學小叢書　（m.）

005968558　7188　3225
新制萬年曆
馮伯揆編　上海　國粹保存會　1921 年

石印

007669509　7188　4123.1
研究殷代年曆的基本問題
董作賓著　昆明　國立北京大學
1940 年

005973159　7188　4838
授時曆故四十卷
黃宗羲撰　香港　吳興劉氏　1923 年
嘉業堂叢書

005993954　7188　7247
周初曆法考
劉朝陽著　成都　華西協合大學中國文
化研究所　1944 年　華西協合大學中國
文化研究所專刊

007669507　7188　7450
近百年國曆快覽
閩南書店編　濟南　閩南書店　1928 年
23 版　（m.）

007804852　MLC‐C
萬年如意
上海　華新日曆印刷廠　1949 年

005968492　7189　2908.2
曆法通志
朱文鑫著　上海　商務印書館　1934 年
初版　（m.）

005968414　7190　0212
太平天國曆法考定
郭廷以著　上海　商務印書館　1937 年

008099427　7190　4850
［欽定］萬年書一卷　清乾隆三十六年至民
國三十年　附星命須知一卷
鍾之模撰　香港　狀元閣發售　1941 年

011893994
大中華民國三十七年陰陽合曆通書
1948 年

005973162　7190　5457
二十世紀陰陽合曆　（1901—2000）
中華書局編　上海　中華書局　1924 年

007669622　7190.9　0494
新通書
文光樓書局編　廣州　文光樓書局印
1917 年

005968552　7193　7226
回回曆
馬以愚著　上海　商務印書館　1946 年
（m.）

005973171　7198　0246
十三月新曆法
高夢旦著　上海　商務印書館　1934 年
1 版　百科小叢書　（m.）

005973174　7198　0246B
十三月新曆法
高夢旦著　上海　商務印書館　1933 年
（m.）

005968554　7198　0246C
十三月新曆法
高夢旦著　上海　商務印書館　1931 年
（m.）

物理學

005982058　7205　0747
物理講義
廈門大學華僑函授部物理專修科編　廈
門　廈門大學　19?? 年

005982056　7205　1120
物理學計算問題解法
王維廉、王止善編　上海　中華書局
　1946 年　（m.）

008335037　7205　7970
初級中學物理學課本
陳同新、許南明編　廣州　新中出版社
　1949? 年

008333868　7206　4204
理化詞典
陳英才等編纂　上海　中華書局　1927
年　7 版

005977292　7206　6020
物理學名詞
國立編譯館編　南京　1934 年　（m.）

005982064　7209　2147
物理學問答
毛起鵬編　上海　大東書局　1931 年
考試必攜百科常識問答叢書　（m.）

011931137　QC7.C54　1930
物理學小史
鄭太樸著　上海　商務印書館　1930 年
　百科小叢書　（m.）

005982063　7209　3683
物理學之基礎概念
P. R. Heyl 著　潘谷神譯　上海　商務
印書館　1936 年　自然科學小叢書
（m.）

005985797　7209　4112
物理世界的漫遊
蓋爾著　顧均正譯　香港　開明書店
19?? 年　開明青年叢書　（m.）

005985798　7210　0461
度量衡法規

上海　商務印書館　1930 年

007669491　7210　2130
中外度量衡換算表
經濟部度量衡局編　重慶　經濟部度量
衡局　1940 年　初版　（m.）

005985359　7210　2343
權衡度量實驗考
吳大澂撰　濟南　上虞羅氏刊　1915 年

005991605　7210　411
中外度量衡幣比較表
杜亞泉編　上海　商務印書館　1924 年
　7 版訂正

005981704　7210　4231B
中國歷代尺度考
楊寬著　長沙　商務印書館　1938 年
初版　史地小叢書　（m.）

005985799　7210　4243
度量衡手冊
柳培潛編　臺北　臺灣省標準度量衡推
行委員會　1947 年

005985682　7210　4993
中國度量衡
林光澂、陳捷編　上海　商務印書館
1934 年　初版　商學小叢書　（m.）

005991604　7210　5633　FC9611　Film　Mas　35914
改正海關度量衡問題
實業部全國度量衡局編　濟南　1933 年

005985684　7210　728　7210　7282
中外度量衡表中英對照
周錫三編　上海　商務印書館　1935 年
　初版　（m.）

005991617　7220　2487
應力與彈性之變形

吴筱朋著　香港　國立中央研究地質研究所　1930年　（m.）

005999536　7230　3120
原子淺釋
安雷特著　胡珍元譯　上海　開明書店　1936年　開明青年叢書　（m.）

005999543　7240　3185
留聲機
江鐵著　上海　商務印書館　1932年　百科小叢書　（m.）

005999547　7260　2132
放射
程瀛章著　上海　商務印書館　1933年　百科小叢書

005999549　7260　4211
X射綫
胡珍元著　上海　商務印書館　1935年　自然科學小叢書　（m.）

化學

008475547　7301　5531　(1)
磷在動物消用糖質上之關係及膃素與人造膃素之作用
曾義著　香港　中央研究院化學研究所　1930年　中央研究院化學研究所集刊

008475490　7301　5531　(2)
國產食物油之分析及其方法之研究、數種著名國產陶料之分析
唐壽源、柳大綱著　香港　國立中央研究院化學研究所　1930年　初版　國立中央研究院化學研究所集刊

008475548　7301　5531　(3)
中國新本草圖志第一集第一卷
趙燏黃撰　香港　中央研究院化學研究所　1931年　中央研究院化學研究所集刊　（m.）

008475549　7301　5531　(4)
微量磷之另一比色定量法雞卵及豆麥發育時期之各態磷量變遷
曾義　香港　中央研究院化學研究所　1931年　中央研究院化學研究所集刊

008475550　7301　5531　(5)
右旋性穀合亞酸誘導體之味
曾昭掄、朱汝華撰　香港　中央研究院化學研究所　1931年　中央研究院化學研究所集刊

008475551　7301　5531　(6)
中國新本草圖志第一集第二卷
香港　中央研究院化學研究所　1932年　中央研究院化學研究所集刊　（m.）

008475491　7301　5531　(7)
宜興陶業之初步化學觀察
王璡、柳大綱著　南京　化學研究所　1931年　國立中央研究院化學研究所集刊　（m.）

008475552　7301　5531　(8)
益母草子[茺蔚子]及其油之化學成分之研究
許植方　香港　中央研究院化學研究所　1932年　中央研究院化學研究所集刊

008475553　7301　5531　(9)
中國竹紙料之蒸解及其韌力之研究
唐燾源　香港　中央研究院化學研究所　1932年　中央研究院化學研究所集刊

008475554　7301　5531　(10)
海藻酸化學成分之研究
湯元吉撰　香港　中央研究院化學研究

所 1933 年 中央研究院化學研究所集刊 （m.）

005920241　7302　5627
中國化學工業社二十周紀念刊
中國化學工業社編輯　上海　漢文正楷印書局 1931 年

005920242　7302　6502
教育部化學討論會專刊
國立編譯館編　濟南 1932 年　（m.）

005920244　7306　2164
化學辭典英漢德法對照
魏嵒壽編　上海　中國科學圖書儀器公司 1933 年

005933739　7306　4391
中英日化學譯名
臺灣省工業研究所技術室編輯　臺北　臺灣省工業研究所 1947 年　（m.）

005933742　7306　6020
化學命名原則
國立編譯館編　南京　國立編譯館 1933 年　（m.）

005949078　7308　1227
化學史通考
丁緒賢撰　上海　商務印書館 1936 年再版　（m.）

005951467　7308　4424　（1940）
中國化學史
李喬蘋撰　長沙　商務印書館 1940 年（m.）

005951475　7310　4872
工業分析
黃開繩著　長沙　商務印書館 1939 年　工學小叢書　（m.）

005951471　7320　0747
化學講義
廈門大學華僑函授部化學專修科編　香港　廈門大學 19?? 年　（m.）

005951474　7350　6443
生物物理化學
野村七郎著　魏嵒壽譯　上海　商務印書館 1935 年　自然科學小叢書（m.）

地學

005951476　7400　4469
扭轉天平之理論
李四光著　香港　國立中央研究地質研究所 1930 年　（m.）

010821413　7403　0438
地質研究所師第修業記
章鴻釗、翁文灝編　北京　京華印書局 1916 年

007448512　7404　0833
臺灣地質文獻目錄
顏滄波、何春蓀、陳培源編　臺北　臺灣省地質調查所 1947 年　（m.）

005951481　7406　1187
地學辭書
王益崖撰　上海　中華書局 1930 年（m.）

005963291　7406　4142
地質礦物學大辭典
杜其堡編纂　上海　商務印書館 1930 年　（m.）

005955213　7406　4142B
地質礦物學大辭典
杜其堡編纂　上海　商務印書館　1933年　縮印本　（m.）

005951482　7406　4192
礦物巖石及地質名詞輯要
董常編　香港　農商部地質調查所　1923年　（m.）

005951484　7407　1331
地質學名人傳
張資平編　上海　商務印書館　1937年　（m.）

005955626　7409　1331
普通地質學
張資平編　上海　商務印書館　1932年　學藝叢書　（m.）

005955627　7409　4282
自然論略
楊鍾健著　上海　商務印書館　1947年　（m.）

005955628　7409　7988
古地理學
陳兼善著　長沙　商務印書館　1940年　地理學叢書　（m.）

005955629　7411　0438
中國地質學發展小史
章鴻釗著　長沙　商務印書館　1940年　自然科學小叢書　（m.）

008334961　MLC－C
地質專報甲種第十五號四川西康地質志附圖
李春昱、譚錫疇著　1935年

005973193　7411　1203
丁文江先生地質調查報告
丁文江撰　南京　經濟部中央地質調查所　1947年　（m.）

007500552　7411　2379
黃河流域十年實地調查記目錄
天津　法文圖書館　1926年

005959819　7411　2403
中國地史
山根新次撰　張資平譯　長沙　商務印書館　1939年　漢譯世界名著　（m.）

007795352　MLC－C
平陽礬業調查
范翰芬撰　1935年

007501421　7411　4704
中國礦業紀要第1次至第7次
香港　1921—45年　（m.）

005000998　7411　4704　（2）
中國地質圖說明書
中央地質調查所測制　上海　商務印書館　1924—29年　（m.）

007500586　7411　4704　（A1）
北京西山地質志
1920年　地質專報甲種　（m.）

007501672　7411　4704　（A10）
中國南部之二疊紀地層
黃汲清著　北平　地質學研究所　1932年　地質專報甲種

007501673　7411　4704　（A11）
中國原人史要
步達生撰　北平　地質學研究所　1933年　地質專報甲種

007501674　7411　4704　（A12）
綏遠及察哈爾西南部地質志
張健初［撰］　北平　地質學研究所

1934年　地質專報甲種

007501675　7411　4704　（A13）
揚子江下游鐵礦志
謝家榮撰　北平　地質學研究所　1935年　地質專報甲種

007501676　7411　4704　（A14）
揚子江流域地文發育史
北平　地質學研究所　1935年　地質專報甲種

007500588　7411　4704　（A2）
中國鐵礦志
1921年　地質專報甲種

007500589　7411　4704　（A3）
中國北部之新生界
1923年　地質專報甲種　（m.）

007500590　7411　4704　（A4）
江蘇地質志
1924年　地質專報甲種　（m.）

007500592　7411　4704　（A5）
甘肅考古志
1925年　地質專報甲種

007500593　7411　4704　（A6）
張家口附近地質志
北平　地質學研究所　1929年　地質專報甲種　（m.）

007500594　7411　4704　（A7）
北滿礦產志
北平　地質學研究所　1929年　地質專報甲種

007501670　7411　4704　（A8）
山西西部陝西北部蓬蒂紀後黃土期前之地層觀察
德日進撰　北平　地質學研究所　1930年　地質專報甲種

007501671　7411　4704　（A9）
秦嶺山及四川之地質研究
趙亞曾、黃汲清著　北平　地質研究所　1931年　地質專號甲種　（m.）

008341164　7411　4704　（B1）
中國礦產志略
1920年　地質專報乙種

007501677　7411　4704　（B2）
石雅
章鴻釗著　北平　地質研究所　1927年　地質專報乙種　（m.）

007501678　7411　4704　（B3）
洛氏中國伊蘭卷金石譯證
章鴻釗撰　北平　地質學研究所　1925年　地質專報乙種　（m.）

007501679　7411　4704　（B4）
川廣鐵道路綫初勘報告
丁文江、曾世英著　北平　地質學研究所　1931年　地質專報乙種　（m.）

007501681　7411　4704　（B5）
中國人類化石及新生代地質概論
楊鍾健著　北平　地質學研究所　1933年　地質專報乙種　（m.）

007501682　7411　4704　（B6）
地圖投影
方俊著　北平　地質學研究所　1934年　地質專報乙種　（m.）

007501501　7411　4704　（B7）
周口店洞穴層採掘記
裴文中著　北平　地質學研究所　1934年　地質專報乙種

007501683　7411　4704　（B8）
中國地史上之爬行動物
楊鍾健著　北平　地質學研究所　1935年　地質專報乙種　（m.）

007501684　7411　4704　（B9）
測量經緯度報告
方俊著　北平　地質學研究所　1936年　地質專報乙種　（m.）

007501687　7411　4704　（C1）
中國礦業紀要第1次
丁文江、翁文灝合著　香港　北平研究院地質學研究所　1921年　地質專報丙種　（m.）

007501688　7411　4704　（C2）
中國礦業紀要第2次
謝家榮著　香港　北平研究院地質學研究所　1926年　地質專報丙種　（m.）

007501689　7411　4704　（C3）
中國礦業紀要第3次
侯德封著　香港　北平研究院地質學研究所　1929年　地質專報丙種　（m.）

007501691　7411　4704　（C4）
中國礦業紀要第4次
侯德封著　香港　北平研究院地質學研究所　1932年　地質專報丙種　（m.）

007501692　7411　4704　（C5）
中國礦業紀要第5次
侯德封著　香港　北平研究院地質學研究所　1935年　地質專報丙種　（m.）

007501694　7411　4704　（C6）
中國礦業紀要第6次
香港　北平研究院地質學研究所　1941年　地質專報丙種　（m.）

005959782　7411　7993
中國溫泉考
陳炎冰編　上海　中華書局　1939年　（m.）

007448625　7411.04　0694
中國地質文獻目錄
1942年　（m.）

011367813　7412　3149.2F
江蘇省地形地質全圖
劉季辰、趙汝鈞繪製　江蘇　江蘇實業廳農商部地質調查所　192?年

007941208　7412　4935
揚子江流域巫山以下之地質構造及地文史
葉良輔、謝家榮　北京　農商部地質調查所　1926年　地質彙報　（m.）

005963313　7412.31　3191
福建之地質土壤調查
福建省地質土壤調查所　永安　福建省政府　1944年　福建建設叢書　（m.）

008323019　7412.32　1187
廣東茂名廉江化縣吳川四屬地質礦產
王鎮屏、蔣溶撰　1932年

005963314　7412.32　2662
番禺縣土壤調查報告書
鄧植儀編　廣州　廣東土壤調查所　1931年　印刷物乙種　（m.）

007880423　7412.32　4640
廣州市附近地質
古力齊等著　香港　兩廣地質調查所　1930年　（m.）

005963315　7412.34　0154
雲南地震考不分卷　附地圖統計表
童振藻撰　雲南　雲南省公署樞要處第

四課　1926 年

005968563　7440　2934
中國地形研究
許逸超著　重慶　中國文化服務社
1943 年　（m.）

011760547　GB401.Z436　1937
地形學
張資平編　上海　開明書店　1937 年
（m.）

005968600　7440　4523
地形學
花井重次郎著　諶亞達譯　上海　商務
印書館　1936 年　自然科學小叢書
（m.）

005977753　7450　2131
天氣預告學
盧鋈著　上海　商務印書館　1947 年
（m.）

011892378　HB201.Z43　1934
價值論
張素民著　上海　世界書局　1934 年
（m.）

005977754　7450　2993
氣象學
朱炳海著　上海　商務印書館　1946 年
地學叢書　（m.）

005982085　7450　4881
測候須知
黃廈千、全文晟合編譯　香港　國立中
央研究院氣象研究所　1930 年　（m.）

005982090　7450　6571
國際雲圖節略
國立中央研究院氣象研究所編　香港
國立中央研究院氣象研究所　1932 年

005982091　7450　7136
航空氣象概要
陸鴻圖編　香港　國立中央研究院氣象
研究所　1930 年　（m.）

006013581　7450.2　5582.1
國立中央研究院氣象研究所概況
濟南　1929 年　（m.）

005982093　7452　5513
峨眉山泰山國際極年觀測報告
國立中央研究院氣象研究所編　南京
國立中央研究院氣象研究所　1935 年

005985807　7460　4469
中國地勢變遷小史
李四光著　上海　商務印書館　1933 年
　　國難後 1 版　百科小叢書　（m.）

005985808　7460　4469B
中國地勢變遷小史
李四光著　上海　商務印書館　1930 年
　　百科小叢書　（m.）

006013579　7463.3　4469
廣西地層表
李四光、趙金科、張文佑合編　香港　國
立中央研究院地質研究所　1930 年

005985811　7470　2217
巖石發生史
多爾脱著　杜若城譯　上海　商務印書
館　1931 年　（m.）

005985812　7470　4144
巖石學
杜若城編　上海　商務印書館　1932 年
　　新時代高級中學教科書　（m.）

005985815　7480　1131
煤之檢樣法
王寵佑著　香港　農商部地質調查所　1912—29年　（m.）

005985816　7480　1331
地質礦物學
張資平編輯　上海　商務印書館　1924年　國難後第2版

005991621　7480　2147
礦物學問答
毛起鵬編　上海　大東書局　1930年　考試必攜百科問答叢書

005991624　7480　2382
廣西礦產紀要
吳尊任編　梧州　文化印刷局　1936年　（m.）

005991316　7480　4298
中國煤礦
胡榮銓著　上海　商務印書館　1935年　（m.）

005991627　7480　4415
礦床生因論
加藤武夫著　張資平譯　上海　商務印書館　1935年　（m.）

005991628　7480　6144
地球化學
味那茲基著　譚勤餘、任夢雲譯　上海　商務印書館　1936年　自然科學小叢書　（m.）

007500556　7480　8204
中國石炭之分類
翁文灝著　香港　1926年　（m.）

007451605　7480.6　6020
礦物學名詞
國立編譯館編　上海　商務印書館　1936年　（m.）

005995349　7490　2704
化石人類學
鳥居龍藏著　張資平譯　上海　商務印書館　1935年　自然科學小叢書　（m.）

011910842　GN281.F712　1930
人的研究
周太玄譯　上海　中華書局　1930年　（m.）

011903187　GN738.C44　1941
史前人類
陳兼善著　昆明　中華書局　1941年　再版　（m.）

005994898　7490.9　7988
史前人類
陳兼善著　上海　中華書局　1936年　精裝　（m.）

006013584　7491　4704　A01　(1)
中國南滿第三紀初期之植物化石
傅蘭林撰　香港　中國地質調查所　1922年　中國古生物志　甲種

006013585　7491　4704　A01　(2)
中國西南部之植物化石
赫勒撰　香港　中國地質調查所　1927年　中國古生物志　甲種

006013594　7491　4704　A04　(1)
中國中生代植物
斯行健撰　香港　北平研究院地質研究所　1933年　中國古生物志　甲種

006013586　7491　4704　B01　(1)
中國北部奧陶紀動物化石

葛利普撰　香港　中國地質調查所
1922年　中國古生物志　乙種　（m.）

006013588　7491　4704　B01　（3）
中國中部第艾家層下部之腕足類化石
張鳴韶撰　香港　北平研究院地質研究所　1934年　中國古生物志　乙種

006013589　7491　4704　B01　（4）
中國北部寒武紀動物化石
孫雲鑄撰　香港　中國地質調查所
1924年　中國古生物志　乙種　（m.）

006013590　7491　4704　B02　（1）
中國古生代珊瑚化石
葛利普撰　香港　中國地質調查所
1922年　中國古生物志　乙種

006013593　7491　4704　B03　（1）
浙江下奧陶紀之三葉蟲化石
盛莘夫撰　香港　北平研究院地質研究所　1934年　中國古生物志　乙種

006013591　7491　4704　B03　（2）
雲南東部志留紀動物化石
葛利普撰　香港　中國地質調查所
1926年　中國古生物志　乙種　（m.）

006013592　7491　4704　B03　（3）
中國泥盆紀腕足類化石卷一
葛利普撰　香港　北平研究院地質研究所　1933年　中國古生物志　乙種

006013595　7491　4704　B04　（1）
中國北部之䗴科
李四光撰　香港　中國地質調查所
1927年　中國古生物志　乙種

006013596　7491　4704　B04　（2）
中國南部之䗴科
陳旭撰　香港　中國地質調查所　1934年　中國古生物志　乙種

006013597　7491　4704　B05　（1）
中國北部太原系海百合化石
田奇㻪撰　香港　中國地質調查所
1926年　中國古生物志　乙種

006013598　7491　4704　B05　（2）
中國長身貝科化石卷上
趙亞曾撰　香港　中國地質調查所
1927年　中國古生物志　乙種　（m.）

006013599　7491　4704　B06　（1）
三門系之介殼化石
俄德諾撰　香港　中國地質調查所
1925年　中國古生物志　乙種　（m.）

006013600　7491　4704　B06　（2）
廣西第三紀及第四紀之淡水螺化石
許傑撰　香港　中國地質調查所　1935年　中國古生物志　乙種

006013602　7491　4704　B07　（2）
中國北部上寒武紀之三葉蟲化石
孫雲鑄撰　香港　北平研究院地質研究所　1935年　中國古生物志　乙種

006018136　7491　4704　B08　（3）
貴州下二疊紀之腕足類瓣腮類及腹足類化石
葛利普撰　香港　北平研究院地質研究所　1934年　中國古生物志　乙種

006018137　7491　4704　B09　（1）
中國西南部後期二疊紀之腕足類
黃汲清撰　香港　北平研究院地質研究所　1932年　中國古生物志　乙種

006018138　7491　4704　B09　（2）
中國西南部後期二疊紀之腕足類
黃汲清撰　香港　北平研究院地質研究

所　1933年　中國古生物志　乙種

006018139　7491　4704　B09　（3）
中國北部太原系之瓣腮類化石
趙亞曾撰　香港　中國地質調查所
1927年　中國古生物志　乙種　（m.）

006018140　7491　4704　B11　（2）
中國北部本溪系及太原系之腹足類化石
尹贊勳撰　香港　北平研究院地質研究
所　1932年　中國古生物志　乙種

006018141　7491　4704　B11　（3）
中國北部本溪系及太原系之頭足類化石
尹贊勳撰　香港　北平研究院地質研究
所　1933年　中國古生物志　乙種
（m.）

006018142　7491　4704　B11　（4）
中國古生代後期之菊石化石
尹贊勳撰　香港　北平研究院地質研究
所　1935年　中國古生物志　乙種

006018145　7491　4704　B12　（3）
中國下石炭紀珊瑚化石
俞建章撰　香港　北平研究院地質研究
所　1933年　中國古生物志　乙種
（m.）

007936376　7491　4704　B12　（4）
中國下石炭紀管狀珊瑚化石
許榮森撰　香港　北平研究院地質研究
所　1933年　中國古生物志　乙種

006018146　7491　4704　B12　（6）
增補湖南雲南廣西三省之威寧系珊瑚化石
許榮森撰　香港　北平研究院地質研究
所　1935年　中國古生物志　乙種

006018143　7491　4704　B14　（1）
中國奧陶紀及志留紀之筆石
孫雲鑄撰　香港　北平研究院地質研究
所　1933年　中國古生物志　乙種
（m.）

006018144　7491　4704　B14　（2）
中國北部下奧陶紀之筆石
孫雲鑄撰　香港　北平研究院地質研究
所　1935年　中國古生物志　乙種

006018147　7491　4704　B15　（1）
中國南部下三疊紀之頭足類化石
田奇瑪撰　香港　北平研究院地質研究
所　1933年　中國古生物志　乙種

006018148　7491　4704　B15　（2）
中國西南部古生代及中生代動物化石
巴特撰　香港　北平研究院地質研究所
　1935年　中國古生物志　乙種

006018149　7491　4704　C01　（1-4）
蒙古第三紀脊椎動物化石
舒羅塞撰　香港　中國地質調查所
1924年　中國古生物志　丙種　（m.）

006018150　7491　4704　C02　（1-4）
中國第三紀後期之食肉獸類化石
師丹斯基撰　香港　中國地質調查所
1924年　中國古生物志　丙種　（m.）

006018151　7491　4704　C03　（1）
中國山東白堊紀下部鱸科之新種屬
史天秀撰　香港　北平研究院地質研究
所　1935年　中國古生物志　丙種

006018152　7491　4704　C04　（1）
中國北部之麒麟鹿科化石
步林原撰　香港　中國地質調查所
1927年　中國古生物志　丙種　（m.）

006018153　7491　4704　C05　(2)
蒙古第三紀哺乳類動物定名之訂正
密勒撰　香港　中國地質調查所　1927年　中國古生物志　丙種　(m.)

006018154　7491　4704　C06　(4)
中國鴕鳥化石
魯維撰　香港　中國地質調查所　1913年　中國古生物志　丙種

006018155　7491　4704　C06　(5)
馬及其他蹄類
師丹斯基撰　香港　中國地質調查所　1913年　中國古生物志　丙種

006018156　7491　4704　C08　(1)
周口店猿人產地之肉食類化石
裴文中撰　香港　北平研究院地質研究所　1934年　中國古生物志　丙種　(m.)

006022568　7491　4704　C08　(2)
周口店第一地點之偶蹄類化石
楊鍾健撰　香港　北平研究院地質研究所　1934年　中國古生物志　丙種

006022569　7491　4704　C08　(3)
周口店中國猿人地點之小哺乳類化石
楊鍾健撰　香港　北平研究院地質研究所　1934年　中國古生物志　丙種　(m.)

006022566　7491　4704　C09　(2)
山西河南之哺乳動物化石
楊鍾健撰　香港　北平研究院地質研究所　1935年　中國古生物志　丙種

006022567　7491　4704　C09　(3)
中國象類化石
胡步伍撰　香港　北平研究院地質研究所　1935年　中國古生物志　丙種

006022570　7491　4704　C10　(1)
周口店第一第三地點之魚類兩棲類總行類化石
卞年美撰　香港　北平研究院地質研究所　1934年　中國古生物志　丙種

006022571　7491　4704　C11　(1)
寧夏之新節結龍化石
楊鍾健撰　香港　北平研究院地質研究所　1935年　中國古生物志　丙種

006022574　7491　4704　D01　(1)
奉天錦縣沙鍋屯洞穴層
安特生撰　袁復禮譯　香港　中國地質調查所　1923年　中國古生物志　丁種

006074928　7491　4704　D01　(2)
河南石器時代之著色陶器
阿爾納撰　香港　中國地質調查所　1925年　中國古生物志　丁種

006022575　7491　4704　D01　(3)
奉天沙鍋屯及河南仰韶村之古代人骨與近代華北人骨之比較
步達生撰　香港　中國地質調查所　1925年　中國古生物志　丁種　(m.)

006022572　7491　4704　D03　(1)
半山及馬廠隨葬陶器
巴爾姆格倫撰　香港　北平研究院地質研究所　1934年　中國古生物志　丁種

006022573　7491　4704　D07　(1)
周口店儲積中一個荷謨形的下臼齒
步達生撰　李濟譯　香港　中國地質調查所　1927年　中國古生物志　丁種

006007479　7492.14　4921
北京人
葉爲耽編著　上海　良友圖書印刷公司　1933年　一角叢書　(m.)

生物學

007451626 7506 1113
博物詞典
王烈等編　上海　中華書局　1927 年 3 版　(m.)

008433544 FC522(N)
國立中央研究院歷史語言研究所集刊第八本　第三至四分
中央研究院歷史語言研究所集刊編輯委員會編輯　長沙　商務印書館　1939 年

006022577 7571 1147
生物學問答
毛起鵬編　上海　大東書局　1931 年　考試必攜百科常識問答叢書　(m.)

006022578 7571 1317
中國科學史舉隅
張孟聞著　上海　中國文化服務社　1947 年　(m.)

006022582 7571 4544
生物之世界
華樂斯原著　尚志學會譯述　上海　商務印書館　1924 年　尚志學會叢書　(m.)

007880436 7571 95
生物學綱要
上海　國光印刷局　1940 年　再版

011914652 QH366.C43 1933
進化論綱要
陳兼善著　廣州　商務印書館　1933 年　國難後第 1 版　(m.)

011918945 QH366.C44 1924
進化論淺說
陳兼善編　上海　中華書局　1927 年

再版　常識叢書　(m.)

007499378 7581 4931
進化論與物源論上卷
(美)林塞[A. W. Lindsey]著　香港　北京書局　1931 年　(m.)

011912835 QH366.J56 1930
進化與退化
周建人輯譯　上海　光華書局　1930 年

008454822 MLC-C
社會主義與進化論
夏丏尊、李繼楨譯　上海　商務印書館　1922 年　(m.)

011917982 HC25.L5 1928
生活進化史 ABC
劉叔琴著　上海　ABC 叢書社　1928 年　ABC 叢書　(m.)

007793016 MLC-C
新編改訂性史批評
香港　第一圖書館　1926 年

011888347 HQ21.Y83 1928
性的危機
袁振英著　香港　總發行香港受匡出版部　1928 年

009242659 T 7586 1302
性史九集　外集　新編　附錄
張競生等著　北京　北京優種出版社　1926 年　初版　性學叢書

008625892 FC5876 (1)
夫與婦
張蔭潭編著　天津　大公報社　1934 年　再版　(m.)

008625908 FC5876 (4)
性教育新論

Buschke and Jacobsohn 等著　董秋斯譯　香港　生活書店　1947年　4版　生活叢书　(m.)

007811004　MLC–C
用科學來改造中年後之命運法
丁福保著　上海　醫學書局　1947年　(m.)

006027273　7586　3696
優生與抗戰
潘光旦著　上海　商務印書館　1947年　人文生物學論叢　(m.)

006027322　7586　3696.8
人文史觀
潘光旦著　上海　商務印書館　1937年　人文生物學論叢　(m.)

007691975　7586　3696A
優生與抗戰
潘光旦著　桂林　商務印書館　1943年　(m.)

006051068　7586　7218
論優生學與種族歧視
周建人著　上海　生活·讀書·新知三聯書店　1948年　(m.)

006038191　7586　8658
優生原理
普本拿、約翰生合著　潘光旦編譯　上海　觀察社　1949年　觀察叢書　(m.)

植物學

006007458　7606　0814B
廣群芳譜
清聖祖撰　上海　商務印書館　1935年　國學基本叢書　(m.)

007451572　7606　0814e
廣群芳譜一百卷
汪灝等奉清聖祖勅撰　上海　商務印書館　1935年　國學基本叢書　(m.)

007880438　7606　2343B　(v.1–18)
植物名實圖考
吳其濬撰　上海　商務印書館　1936年　初版　國學基本叢書　(m.)

007670724　7606　2343d
植物名實圖考長編
吳其濬著　上海　商務印書館　1933年

007939338　7606　4112
植物學大辭典
孔慶萊等編輯　上海　商務印書館　1918年　1版　(m.)

007451524　7606　4112B
植物學大辭典
孔慶萊等編輯　上海　商務印書館　1933年　縮本　(m.)

006013573　7607　1147
植物學問答
毛起鵰編　上海　大東書局　1930年　考試必攜百科常識問答叢書　(m.)

006013572　7609　1134
植物色素
孟心如著　上海　商務印書館　1947年　(m.)

011930247　QK15.C45　1947
植物學小史
胡先驌編　上海　商務印書館　1947年　第3版　百科小叢書　(m.)

006013571　7609　2127
野菜博錄三卷
鮑山編　上海　涵芬樓　1936 年　四部叢刊三編

006013569　7609　7249
藥用植物實驗栽培法
周太炎著　上海　商務印書館　1947 年（m.）

007813587　MLC－C
田野的雜草
周建人編　香港　新中國書局　1949 年　港 1 版　（m.w.）

006018124　7621　4265　Fl 51　H20
中國木本植物屬志上卷
郝景盛著　重慶　中華書局　1945 年　大學用書　（m.）

006022560　7630　4265
中國裸子植物志
郝景盛著　重慶　正中書局　1945 年（m.）

動物學

006031972　7705　7218
初級中學動物學課本
周建人、李滄、于觀文編　廣州　新中出版社　1949 年

006031970　7706　2274
動物學大辭典縮本
杜亞泉編　上海　商務印書館　1924 年

011929787　QL351.F65　1947
動物的分類
費鴻年編著　上海　商務印書館　1947 年　4 版　新中學文庫　（m.）

006031971　7706　2274.1
動物學大辭典
杜亞泉編　上海　商務印書館　1924 年（m.）

007479235　QL362.C5　1939x
無脊椎動物圖說
周建人編纂　長沙　商務印書館　1939 年　初版　（m.）

006031967　7707　1140
動物學問答
毛起鵷編　上海　大東書局　1930 年　考試必攜百科常識問答叢書　（m.）

011929532　QL15.L58　1947
動物學小史
劉咸著　上海　商務印書館　1947 年　3 版　新中學文庫　（m.）

006031964　7709　5030
人生動物學
中澤毅一撰　朱建霞譯　上海　商務印書館　1931 年　（m.）

006074929　7738　4344
奇妙的蟲界生活
松村松年著　王曆農編譯　上海　商務印書館　1931 年　（m.）

006051543　7755　1463
都門鳶鴿記
于照撰　北京　晨報出版部　1928 年　再版　北京叢刊　（m.）

007670688　7755　7334
長江流域的鳥類
N. G. Gee，L. I. Moffett 著　王開時等譯　上海　商務印書館　1936 年　再版　（m.）

006051174 7770 4202
脊椎動物的化學感覺
帕刻著　臧玉海譯　上海　商務印書館
　1928 年　初版　（m.）

007453891 7790.6 6020
發生學名詞
國立編譯館編　上海　商務印書館
1937 年　（m.）

006051536 7799 5931
蛋生人與人生蛋
朱洗著　上海　文化生活出版社　1939
年　近代生物學叢書　（m.）

人類學

007499380 7807 796
人類學
陳映璜著　香港　1925 年　7 版

011918937 GN315.K83 1933
人類學
顧壽白著　上海　商務印書館　1933 年
　國難後第 1 版　百科小叢書　（m.）

004842604 7810 2682 L.SOC.28.43.7.4.3 (7)
山東人體質之研究
吳金鼎撰　北平　國立中央研究院
1931 年　國立中央研究院歷史語言研究
所單刊　（m.）

006051528 7830 2331
現代種族
吳澤霖著　上海　新月書店　1932 年
　（m.）

006054820 7850 4173
現代精神病學

桂質良撰　上海　新月書局　1932 年
　（m.）

心理學

007453722 7870.1 1324
心理學論文引得
張德培編　北平　文化學社　1935 年
　初版　（m.）

011984729 BF149.C4 1932
心理雜誌選存
張耀翔編　上海　中華書局　1932 年
　初版　（m.）

011903531 BF141.F3 1919
心理學要領
樊炳清編纂　上海　商務印書館　1919
年　3 版　（m.）

011893821 BF141.F3 1915
心理學要領
樊炳清著　上海　商務印書館　1915 年
　初版　（m.）

011760469 BF173.H313 1933
心理學與道德
（英）海德斐［J. A. Hadfield］著　楊懋春
譯　上海　廣學會　1933 年　齊魯叢書
　（m.）

006059863 7870.6 6020
教育部公佈普通心理學名詞
國立編譯館編訂　長沙　商務印書館
1941 年　再版

006054488 7870.7 1140
心理學問答

毛起鵰編　上海　大東書局　1930 年
初版　考試必攜百科問答叢書　（m.）

007881141　7870.9　4225
意識論
麥參史著　長沙　商務印書館　1940 年
　初版　（m.）

006054491　7870.9　4862
什麼是心理學
黃易編　上海　上海經緯書局　民國間
　經緯百科叢書

011908901　BF121.G3　1933
心理學大綱
（美）蓋茨［A. I. Gates］著　伍況甫譯
上海　世界書局　1933 年　初版
（m.）

011981186　BF173.H7　1934
變態心理學
蕭孝嶸著　南京　正中書局　1934 年
　初版　（m.）

011797716　BF173.H836　1928
變態心理學 ABC
黃維榮著　上海　ABC 叢書社　1928
年　初版　ABC 叢書　（m.）

011913349　HQ775.F8312　1943
兒童心理發展之例案研究
王文新譯　臺北　正中書局　1943 年
　師範叢書　（m.）

011918558　LB1131.C4　1914
兒童心理學
周維城編　北京　指針社　1914 年 初
版　（m.）

011937509　LB1131.H8　1940
兒童心理學
黃翼編著　重慶　正中書局　1940 年
　初版　（m.）

011913285　LB1131.X536　1936
兒童心理學
蕭孝嶸著　上海　商務印書館　1936 年
　初版　（m.）

011895672　LB1131.H7　1936
兒童心理學及其應用
蕭孝嶸編著　上海　商務印書館　1936
年　初版　（m.）

011830906　LB1131.B855　1926
兒童學實地研究
（美）蒲洛克［A. Bullock］著　上海　商
務印書館　1926 年　初版　（m.）

011914510　BF173.P3　1929
馮小青
潘光旦著　上海　新月書店　1929 年
　訂正再版　（m. w.）

011886994　BF203.H7x　1934
格式塔心理學原理
蕭孝嶸著　南京　國立編譯館　1934 年
　（m.）

011930573　BF203.K6312　1937
格式心理學原理
考夫卡著　傅統先譯　上海　商務印書
館　1937 年　初版　（m.）

011894163　BF149.K8　1928
郭任遠心理學論叢
郭任遠著　黃維榮輯譯　上海　開明書
店　1928 年　初版　黎明學社叢書
（m.）

011892689　BF173.Z53　1929
精神分析學 ABC
張東蓀著　上海　ABC 叢書社　1929 年　初版　ABC 叢書　（m.）

011885697　BF173.F85　O713　1947
精神分析學與辯證唯物論
（英）奧茲本［R. Osborn］著　董秋斯譯　上海　讀書出版社　1947 年　3 版　（m.）

011893831　BF173.F7613　1936
精神分析引論新編
（奧）弗洛伊特［S. Freud］著　高覺敷譯　上海　商務印書館　1936 年　初版　（m.）

011911968　BF128.C5　W3　1932
普通心理學
汪震著　北平　文化學社　1932 年　初版　（m.）

011919905　BF199.R4　1940
普通心理學
（美）勒克斯洛德［C. Rexroad］著　宋桂煌譯　長沙　商務印書館　1940 年　初版　（m.）

011929884　BF128.C5　H8　1926
普通心理學
（美）亨德［W. S. Hunter］著　陸志韋譯　上海　商務印書館　1926 年　初版　（m.）

011807418　BF636.X536　1937
普通應用心理
蕭孝嶸著　上海　商務印書館　1937 年　初版　（m.）

011807644　BF199.D5513　1934
人類行爲要義
（美）道爾西［G. A. Dorsey］著　張登壽譯　上海　商務印書館　1934 年　初版　（m.）

011912347　LB1131.H7　1933
實驗兒童心理
蕭孝嶸著　上海　中華書局　1933 年　中央大學教育學院叢書　（m.）

011807916　QP401.C2513　1928
痛饑懼怒時的身體變化
（美）卡儂［W. B. Cannon］著　臧玉洤譯　上海　商務印書館　1928 年　初版　（m.）

011929595　BF105.H3　1922
現代心理學
（日）速水滉著　陶孟和譯　北京　北京大學出版部　1922 年　初版　（m.）

011977231　BF128.C5　K8　1937
現代心理學概觀
郭一岑著　上海　商務印書館　1937 年　初版　（m.）

011892047　BF105.W613　1934
現代心理學派別
（美）武德渥斯［R. S. Woodworth］著　謝循初譯　南京　國立編譯館　1934 年　初版　（m.）

011920125　BF121.M612　1924
現代心理學之趨勢
莫爾［J. Moore］著　舒新城編譯　上海　中華書局　1924 年　初版　新文化叢書　（m.）

011901577　BF128.C5　H7　1939
心理問題
蕭孝嶸著　上海　中華書局　1939年初版　（m.）

011807633　BF141.D835　1924
心理學
杜定友、王引民著　上海　中華書局　1924年　初版　（m.）

011908874　BF141.L825　1925
心理學
陸志韋編輯　上海　商務印書館　1925年　初版　（m.）

011807850　BF121.W663　1933
心理學
（美）武德渥斯[R.S.Woodworth]著　謝循初譯　上海　中華書局　1933年　初版　（m.）

011826046　BF149.S54　1933
心理學
沈有乾、黃翼編　上海　新亞書店　1933年　初版　近代自然科學叢書（m.）

011885872　BF128.C5　S5x　1926
心理學大意
舒新城編　上海　中華書局　1926年初版　常識叢書　（m.）

011896153　BF128.C5　P3　1929
心理學概論
潘菽著　上海　北新書局　1929年　初版　（m.）

011977799　BF128.C5　K3　1931
心理學概論
高覺敷著　上海　商務印書館　1931年初版　（m.）

011739803　BF128.C5　Q685　1931
心理學概論
丘景尼著　上海　開明書店　1931年初版　（m.）

006054490　7871　1398
心理學講話
張耀翔著　上海　世界書局　1945年初版　教育講話叢書　（m.）

011811614　BF141.J536　1912
心理學講義
蔣維喬編　上海　商務印書館　1912年　初版　（m.）

011722786　BD41.C445　1948
哲理與心理
謝幼偉著　上海　正中書局　1948年初版　思想與時代叢刊　（m.）

011893608　BF149.K3　1925
心理學之哲學的研究
高卓著　上海　商務印書館　1925年初版　教育叢著　（m.）

011800261　BF121.P38　1931
心之新解釋
巴特里克[G.T.W.Patrick]著　朱然藜譯　上海　商務印書館　1931年　初版　（m.）

011908960　BF203.L413　1945
形勢心理學原理
（德）列文[K.Lewin]著　高覺敷譯　重慶　正中書局　1945年　初版　（m.）

011894196　BF636.H713　1924
應用心理學

(美)霍林渥斯[H. L. Hollingworth]、佩福爾勃爾格[A. T. Peffenberger]著　莊澤宣譯　上海　商務印書館　1924年　初版　現代教育名著　(m.)

011882111　BF131.H613　1935
發展心理學概論
(美)何林渥斯[H. L. Hollingworth]著　趙演譯　上海　商務印書館　1935年　初版　(m.)

006054489　7871　1398.1
感覺心理
張耀翔著　上海　商務印書館　1947年　初版　(m.)

011918153　BF511.Z436　1947
情緒心理
張耀翔著　上海　商務印書館　1947年　初版

011902988　LB1051.T5512　1934
人類的學習
桑戴克[E. L. Thorndike]著　趙演譯　南京　國立編譯館　1934年　初版　(m.)

011758334　BF131.W2513　1928
人類心理學要義
(美)華倫[H. C. Warren]著　趙演、汪德全譯　上海　商務印書館　1928年　初版　(m.)

011913480　BF335.D812　1939
習慣論
鄧祿普奈特[K. Dunlap]著　胡毅譯　長沙　商務印書館　1939年　初版　(m.)

011912110　BF678.C5　Z48　1946
智識的來源
朱洗著　上海　文化生活出版社　1946年　現代生物學叢書　第1集　(m.)

011909247　BF456.W8　L5　1941
字相的實驗研究
林傳鼎著　北京　輔仁大學心理系　1941年　初版　輔仁心理研究專刊　(m.)

011901343　BF123.W8　1923
心理學導言
(德)馮特[W. Wundt]著　吳頌皋譯　上海　商務印書館　1923年　初版　(m.)

006059785　7871　3553
心理學概論
海甫定原著　龍特氏英譯　王國維重譯　上海　商務印書館　1926年　8版　(m.)

006054806　7871　4242
軍事心理
蕭孝嶸編著　上海　正中書局　1946年　1版　軍事叢書　(m.)

011807766　U22.3.B2512　1941
心理學與軍人
唐鉞譯　長沙　商務印書館　1941年　(m.)

007499381　7871　7940
心理學大綱
陳大齊著　香港　1926年　11版

011931014　BF118.C5　T7　1933
近世六大家心理學
崔載陽編　上海　商務印書館　1926年　初版　(m.)

006059786　7871　8204
心理學初步
舒新城編　上海　中華書局　1923年初版　（m.）

011919882　BF81.P512　1931
心理學史
（美）匹爾斯柏立［W. B. Pillsbury］著　陳德榮譯　上海　商務印書館　1931年初版　（m.）

006059787　7875　2223
動的心理學
烏特窟著　潘梓年譯　上海　商務印書館　1924年　初版　尚志學會叢書　（m.）

006059793　7875　2372
意見及信仰
黎朋著　馮承鈞譯　上海　商務印書館　1922年　初版　尚志學會叢書　（m.）

006059781　7875　2644
論思想流
詹姆士著　唐鉞譯　重慶　商務印書館　1945年　初版　（m.）

006059789　7875　4644
笑之研究
柏格森著　張聞天譯　上海　商務印書館　1921年　尚志學會叢書　（m.）

006059779　7875　5318A
行動哲學
惠迪人著　重慶　商務印書館　1943年初版　（m.）

006059780　7875　5318B
行動哲學
惠迪人著　上海　商務印書館　1946年滬初版　（m.）

005226589　7875　7242　GER　986·MAR/AC
審判心理學大意
馬勃著　陳大齊譯　上海　商務印書館　1922年　尚志學會叢書　（m.）

011987472　BF724.C4　1934
青年期心理研究
姬振鐸編著　北平　文化學社　1934年　（m.）

011983320　BF724.T5　1947
青年心理修養
丁瓚著　南京　丙寅醫學社　1947年初版　（m.）

006059792　7880　0275
青年心理與訓育
高覺敷編著　重慶　正中書局　1942年初版　訓導叢書　（m.）

006059788　7880　4922
唐宋以來三十四個歷史人物心理特質的估計
林傳鼎著　北平　輔仁大學心理系　1939年　輔仁心理研究專刊　（m.）

007464651　7896.06　6020
精神病理學名詞
國立編譯館編　上海　商務印書館　1937年　（m.）

011890145　BV4012.B5812　1946
精神病宗教治療法
劉美麗、葉柏華譯　上海　廣學會　1946年　（m.）

006063446　7897　0402
智慧測量
屠爾門著　許興凱編譯　北京　北京晨

報社出版部　1923 年　初版　晨報社叢書　（m.）

011886393　BF698.C4x　1947
人格心理學
朱道俊著　上海　商務印書館　1947 年　初版　（m.）

011895532　HF5549.H7　1944
人事心理問題
蕭孝嶸著　重慶　商務印書館　1944 年　初版　人事心理研究社叢書　（m.）

006063444　7897　4242
怎樣領導
蕭孝嶸著　重慶　商務印書館　1943 年　初版　人事心理研究社叢書　（m.）

006074926　7897　4431
心理與力學
李宗吾著　澳門　山城學社　1942 年　（m.）

006063377　7897　4433
意義學
李安宅著　上海　商務印書館　1934 年　初版　（m.）

011892085　BF622.B513　1926
時間與意志自由
柏格森著　潘梓年譯　上海　商務印書館　1926 年　初版　尚志學會叢書　（m.）

006063441　7897　4644
物質與記憶
柏格森原著　張東蓀重譯　上海　商務印書館　1923 年　尚志學會叢書　（m.）

006074570　7897　8934
領袖學
余家菊著　上海　大陸書局　1932 年　再版　（m.）

醫學

006063703　7901　3552
防護常識
軍事委員會政治部編　香港　軍事委員會政治部　1938 年

006170116　7903　1144
潛齋醫學叢書
王士雄[孟英]輯　香港　上海李氏　1912 年

007864160　7903　1144.1
潛齋醫學叢書十四種
王孟英輯　曹炳章校刊　上海　集古閣　1918 年

006216478　7903　1144.1　(1-2)
重慶堂隨筆二卷
王學權著　王國祥註　王士雄[孟英]續註　醫砭　徐大椿著　張鴻補並註　王士雄[孟英]評　上海　集古閣　1918 年　潛齋醫學叢書十四種

006216479　7903　1144.1　(3)
言醫選評
裴一中原著　王士雄[孟英]評選　願體醫話良方　史典著　俞世貴參補　王士雄[孟英]評　上海　集古閣　1918 年　潛齋醫學叢書十四種

006216480　7903　1144.1　(4)
柳州醫話
魏之琇著　王士雄[孟英]輯　潛齋簡

效方附醫話　王士雄[孟英]著　上海
集古閣　1918年　潛齋醫學叢書十四種

006216481　7903　1144.1　(5-6)
四科簡效方四卷
王士雄[孟英]輯　上海　集古閣　1918
年　潛齋醫學叢書十四種

006216482　7903　1144.1　(7)
霍亂論二卷
王士雄[孟英]輯　上海　集古閣　1918
年　潛齋醫學叢書十四種

006216483　7903　1144.1　(8)
女科輯要二卷
徐政傑註　王士雄[孟英]參評　上海
集古閣　1918年　潛齋醫學叢書十四種

006216484　7903　1144.1　(9-10)
古今醫案按選四卷
俞震輯　王士雄[孟英]選評　上海　集古閣　1918年　潛齋醫學叢書十四種

006216485　7903　1144.1　(11-16)
王氏醫案初編二卷　續編八卷　三編三卷　歸硯錄四卷
王士雄[孟英]著　上海　集古閣　1918
年　潛齋醫學叢書十四種

006170118　7903　1267
張仲景醫學全書
上海　受古書店　1929年

007907934　7903　1267　(1-4)
傷寒論十卷
張仲景[張機]撰　成無己註解　上海
受古書店　1929年　張仲景醫學全書

007785461　7903　1267　(5)
金匱要略方論三卷
張仲景[張機]著　王叔和撰次　上海
受古書店　1929年　張仲景醫學全書

007785844　7903　1267　(6)
傷寒類證三卷
宋雲公撰　上海　受古書店　1929年
張仲景醫學全書

007785845　7903　1267　(7)
運氣掌訣錄一卷
曹樂齋撰　上海　受古書店　1929年
張仲景醫學全書

007785846　7903　1267　(8)
傷寒明理論二卷　附藥方論一卷
成無己撰　上海　受古書店　1929年
張仲景醫學全書

006195551　7903　1378
醫古微
張驥著　成都　雙流張氏義生堂
1935年

007789729　7903　1378　(1)
周禮醫師補註一卷
鄭玄註　賈公彥疏　陸德明釋文　張驥
補註　成都　雙流張氏義生堂　1935年
　醫古微

007791140　7903　1378　(2)
左氏秦和傳補註
左丘明傳　杜預註　孔穎達正義　張驥
補註　成都　雙流張氏義生堂　1935年
　醫古微

007791150　7903　1378　(3-5)
史記扁鵲倉公傳補註三卷
司馬遷撰　裴駰集解　司馬貞索隱　張
守節正義　張驥補註　成都　雙流張氏
義生堂　1935年　醫古微

007791155　7903　1378　(6)
漢書藝文志方技補註二卷
班固撰　顏師古註　張驥補註　成都雙流張氏義生堂　1935年　醫古微

007791160　7903　1378　(7)
雷公炮炙論三卷　附一卷
雷斅著　張驥輯　成都　雙流張氏義生堂　1935年　醫古微

007791167　7903　1378　(8)
子華子醫道篇註一卷
程本著　張驥註　成都　雙流張氏義生堂　1935年　醫古微

007791175　7903　1378　(9-10)
內經方集釋二卷
張驥集釋　成都　雙流張氏義生堂　1935年　醫古微

006195059　7903　1923
孫氏醫學叢書
孫鼎宜撰　上海　中華書局　1936年

007864903　7903　2944.5
徐氏醫書十六種
徐大椿著　上海　錦文堂　1922年

006221942　7903　2944.5　(1)
難經經釋二卷
徐大椿著　上海　錦文堂　1922年　徐氏醫書十六種

006221943　7903　2944.5　(2)
醫學源流論二卷
徐大椿著　上海　錦文堂　1922年　徐氏醫書十六種

006221944　7903　2944.5　(3)
神農本草經百種錄一卷　醫貫砭二卷
徐大椿著　上海　錦文堂　1922年　徐氏醫書十六種

006221945　7903　2944.5　(4)
傷寒論類方一卷
徐大椿著　上海　錦文堂　1922年　徐氏醫書十六種

006221946　7903　2944.5　(5-9)
蘭臺軌範八卷
徐大椿著　上海　錦文堂　1922年　徐氏醫書十六種

006221947　7903　2944.5　(10)
洄溪醫案一卷　慎疾芻言一卷
徐大椿著　上海　錦文堂　1922年　徐氏醫書十六種

006221948　7903　2944.5　(11)
內經詮釋一卷　洄溪脈學一卷
徐大椿著　上海　錦文堂　1922年　徐氏醫書十六種

006221949　7903　2944.5　(12)
脈訣啟悟註釋一卷
徐大椿著　上海　錦文堂　1922年　徐氏醫書十六種

006221950　7903　2944.5　(13)
六經病解一卷
徐大椿著　上海　錦文堂　1922年　徐氏醫書十六種

006221951　7903　2944.5　(14-15)
傷寒約編六卷
徐大椿著　上海　錦文堂　1922年　徐氏醫書十六種

006221952　7903　2944.5　(16)
舌鑒總論一卷　雜病源一卷　女科醫案一卷
徐大椿著　上海　錦文堂　1922年　徐

氏醫書十六種

007892314　7903　2944.6

徐靈胎醫書三十二種
徐大椿編　上海　錦文堂　1912—49年　新增祕本

006155607　7903　2944.6（1-3）

證治指南八卷
徐大椿著　上海　錦文堂　19？？年　新增祕本

006155608　7903　2944.6（4）

藥性切要一卷
徐大椿著　上海　錦文堂　19？？年　新增祕本

006155609　7903　2944.6（5）

古方集解一卷　種子要方一卷　中風大法一卷
徐大椿著　上海　錦文堂　19？？年　新增祕本

006155610　7903　2944.6（6）

六經脈證一卷　舌鑒總論一卷　舌胎圖説一卷　經絡診視圖一卷
徐大椿著　上海　錦文堂　19？？年　新增祕本

006155611　7903　2944.6（7）

藥性詩解一卷　湯引總義一卷
徐大椿著　上海　錦文堂　19？？年　新增祕本

006155613　7903　2944.6（8-9）

葉案批繆一卷　女科指要一卷　六經病解一卷
徐大椿著　上海　錦文堂　19？？年　新增祕本

006155614　7903　2944.6（10）

女科醫案一卷
徐大椿著　上海　錦文堂　19？？年　新增祕本

006155615　7903　2944.6（11-12）

傷寒約編六卷
徐大椿著　上海　錦文堂　19？？年　新增祕本

006155616　7903　2944.6（13）

難經經釋二卷　雜病源一卷
徐大椿著　上海　錦文堂　19？？年　新增祕本

006155617　7903　2944.6（14）

内經詮釋一卷　洄溪脈學一卷
徐大椿著　上海　錦文堂　19？？年　新增祕本

006155618　7903　2944.6（15）

醫學源流論二卷
徐大椿著　上海　錦文堂　19？？年　新增祕本

006155619　7903　2944.6（16-17）

脈訣啟悟註釋一卷　慎疾芻言一卷　神農本草經百種錄一卷　洄溪醫案一卷
徐大椿著　上海　錦文堂　19？？年　新增祕本

006155620　7903　2944.6（18）

醫貫砭二卷
徐大椿著　上海　錦文堂　19？？年　新增祕本

006155621　7903　2944.6（19）

傷寒論類方一卷
徐大椿著　上海　錦文堂　19？？年　新增祕本

006155622　7903　2944.6　(20-23)
蘭臺軌範八卷
徐大椿著　上海　錦文堂　19??年
新增祕本

006155623　7903　2944.6　(24)
道德經註二卷　陰符經註一卷　樂府傳聲一卷　洄溪道情一卷
徐大椿著　上海　錦文堂　19??年
新增祕本

007670826　7903　3607
退思廬醫書四種合刻
嚴鴻志著輯　上海　千頃堂書局　1921年

007670827　7903　3607　(1-4)
感癥輯要四卷
上海　千頃堂書局　1921年　退思廬醫書四種合刻

007670828　7903　3607　(5)
女科證治約旨四卷
上海　千頃堂書局　1921年　退思廬醫書四種合刻

007670829　7903　3607　(6)
女科精華三卷
上海　千頃堂書局　1921年　退思廬醫書四種合刻

007670830　7903　3607　(7-8)
女科醫案選粹四卷
上海　千頃堂書局　1921年　退思廬醫書四種合刻

006155599　7903　3782
沈氏尊生書七十二卷
沈金鰲撰　香港　淵海書局　1914年

007863218　7903　4164
濟生拔粹十九卷
杜思敬編　上海　商務印書館　1938年

006216444　7903　4164　(1)
針經節要
皇甫謐撰　雲岐子論經絡迎隨補瀉法　張璧撰　竇太師流註指要賦　竇默炯撰　上海　商務印書館　1938年　濟生拔粹

006216445　7903　4164　(2)
針經摘英集
撰人不詳　雲岐子七表八裏九道脈訣論並治法　張璧撰　潔古老人珍珠囊　張元素撰　上海　商務印書館　1938年　濟生拔粹

006216446　7903　4164　(3)
醫藥發明
朱震亨撰　杜思敬輯　上海　商務印書館　1938年　濟生拔粹

006216447　7903　4164　(4)
脾胃論
李杲撰　杜思敬輯　上海　商務印書館　1938年　濟生拔粹

006216448　7903　4164　(5)
潔古家珍
張元素撰　海藏老人此事難知　王好古撰　上海　商務印書館　1938年　濟生拔粹

006216452　7903　4164　(6)
海藏類編醫壘元戎海藏陰證略例
王好古撰　杜思敬輯　上海　商務印書館　1938年　濟生拔粹

006216449　7903　4164　(7-8)
雲岐子保命集論類要二卷

張璧撰　杜思敬輯　上海　商務印書館　1938年　濟生拔粹

006216450　7903　4164　（9）
海藏癍論萃英
王好古撰　田氏保嬰集　撰人不詳　蘭室秘藏　李杲撰　活法機要　朱震亨撰　上海　商務印書館　1938年　濟生拔粹

006216451　7903　4164　（10）
衛生寶鑒
羅天益撰　雜類名方　杜思敬輯　上海　商務印書館　1938年　濟生拔粹

007862086　7903　4342
珍本醫書集成
裘吉生主編　上海　世界書局　1936年（m.）

006161230　7903　4342　（1）
古本難經闡註二卷
丁錦集註　裘吉生編輯　上海　世界書局　1936年　珍本醫書集成

006161228　7903　4342　（1）
內經博議四十卷
羅美著　裘吉生編輯　上海　世界書局　1936年　珍本醫書集成

006161227　7903　4342　（1）
內經素問校義一卷
胡澍撰　裘吉生編輯　上海　世界書局　1936年　珍本醫書集成

006161229　7903　4342　（1）
難經古義二卷
滕萬卿著　裘吉生編輯　上海　世界書局　1936年　珍本醫書集成

006273104　7903　4342　（1）
難經正義六卷
葉霖著　裘吉生編輯　上海　世界書局　1936年　珍本醫書集成

006161232　7903　4342　（2）
本草撮要一卷
陳其瑞輯　裘吉生編輯　上海　世界書局　1936年　珍本醫書集成

006161234　7903　4342　（2）
本草思辨錄四十卷
周巖著　裘吉生編輯　上海　世界書局　1936年　珍本醫書集成

006161233　7903　4342　（2）
本草擇要綱目二卷
蔣居祉輯　裘吉生編輯　上海　世界書局　1936年　珍本醫書集成

006161231　7903　4342　（2）
神農本草經贊三卷
葉志詵撰　裘吉生編輯　上海　世界書局　1936年　珍本醫書集成

006161235　7903　4342　（2）
實鑒本草
費伯雄著　裘吉生編輯　上海　世界書局　1936年　珍本醫書集成

006161237　7903　4342　（3）
脈訣乳海六卷
王邦傳纂　裘吉生編輯　上海　世界書局　1936年　珍本醫書集成

006161236　7903　4342　（3）
太素脈秘訣二卷
張太素述　劉伯註　裘吉生編輯　上海　世界書局　1936年　珍本醫書集成

006161238　7903　4342　(3)
診脈三十二辯
管玉衡辯輯　裘吉生編輯　上海　世界書局　1936年　珍本醫書集成

006161242　7903　4342　(4)
傷寒法祖二卷
任越庵著　裘吉生編輯　上海　世界書局　1936年　珍本醫書集成

006161241　7903　4342　(4)
傷寒捷訣一卷
嚴宮方著　裘吉生編輯　上海　世界書局　1936年　珍本醫書集成

006161239　7903　4342　(4)
傷寒括要二卷
李中梓著　裘吉生編輯　上海　世界書局　1936年　珍本醫書集成

006161240　7903　4342　(4)
傷寒尋源三集
呂震名著　裘吉生編輯　上海　世界書局　1936年　珍本醫書集成

006161244　7903　4342　(5)
古今醫徹四十卷
懷遠著　裘吉生編輯　上海　世界書局　1936年　珍本醫書集成

006161243　7903　4342　(5)
松厓醫徑二卷
程玠著　裘吉生編輯　上海　世界書局　1936年　珍本醫書集成

006161245　7903　4342　(5)
醫略十三篇十三卷
蔣寶素著　裘吉生編輯　上海　世界書局　1936年　珍本醫書集成

006161249　7903　4342　(6)
雞鳴錄二卷
王孟英著　裘吉生編輯　上海　世界書局　1936年　珍本醫書集成

006161247　7903　4342　(6)
通俗內科學
張拯滋編　裘吉生編輯　上海　世界書局　1936年　珍本醫書集成

006161246　7903　4342　(6)
醫經小學六卷
劉純著　裘吉生編輯　上海　世界書局　1936年　珍本醫書集成

006161250　7903　4342　(6)
醫學傳燈二卷
陳岐著　裘吉生編輯　上海　世界書局　1936年　珍本醫書集成

006161248　7903　4342　(6)
雜症會心錄二卷
汪文琦著　裘吉生編輯　上海　世界書局　1936年　珍本醫書集成

006161252　7903　4342　(7)
辨疫瑣言
李炳著　裘吉生編輯　上海　世界書局　1936年　珍本醫書集成

006161262　7903　4342　(7)
瘋門全書二卷
蕭曉亭著　裘吉生編輯　上海　世界書局　1936年　珍本醫書集成

006161259　7903　4342　(7)
霍亂燃犀說二卷
許起述　裘吉生編輯　上海　世界書局　1936年　珍本醫書集成

006161253　7903　4342　（7）
六氣感證要義一卷
周巖著　裘吉生編輯　上海　世界書局
1936年　珍本醫書集成

006161260　7903　4342　（7）
六因條辨三卷
陸廷珍著　裘吉生編輯　上海　世界書局　1936年　珍本醫書集成

006161255　7903　4342　（7）
濕溫時疫治療法
紹興醫學會撰　裘吉生編輯　上海　世界書局　1936年　珍本醫書集成

006161254　7903　4342　（7）
鼠疫約編
鄭奮揚訂　裘吉生編輯　上海　世界書局　1936年　珍本醫書集成

006161257　7903　4342　（7）
溫熱論箋正
陳光淞箋正　裘吉生編輯　上海　世界書局　1936年　珍本醫書集成

006161258　7903　4342　（7）
醫寄伏陰論二卷
田宗漢著　裘吉生編輯　上海　世界書局　1936年　珍本醫書集成

006161251　7903　4342　（7）
增訂傷暑全書二卷
張鶴騰著　裘吉生編輯　上海　世界書局　1936年　珍本醫書集成

006161261　7903　4342　（7）
瘴瘧指南二卷
鄭全望著　裘吉生編輯　上海　世界書局　1936年　珍本醫書集成

006161256　7903　4342　（7）
重訂溫熱經解一卷
沈麟著　裘吉生編輯　上海　世界書局　1936年　珍本醫書集成

006161267　7903　4342　（8）
產寶一卷
倪枝維著　裘吉生編輯　上海　世界書局　1936年　珍本醫書集成

006161268　7903　4342　（8）
產孕集二卷
張曜孫著　裘吉生編輯　上海　世界書局　1936年　珍本醫書集成

006161271　7903　4342　（8）
兒科醒十二卷
芝嶼樵客著　裘吉生編輯　上海　世界書局　1936年　珍本醫書集成

006161272　7903　4342　（8）
麻疹闡註四十卷
張廉著　裘吉生編輯　上海　世界書局　1936年　珍本醫書集成

006161270　7903　4342　（8）
女科百問二卷
齊仲甫著　裘吉生編輯　上海　世界書局　1936年　珍本醫書集成

006161265　7903　4342　（8）
傷科方書
江考卿著　裘吉生編輯　上海　世界書局　1936年　珍本醫書集成

006161269　7903　4342　（8）
胎產新書二卷
靜光、輪應、雪巖纂輯　裘吉生編輯　上海　世界書局　1936年　珍本醫書集成

006161263　7903　4342　(8)
外科傳薪集
馬培之纂　裘吉生編輯　上海　世界書局　1936年　珍本醫書集成

006161264　7903　4342　(8)
外科方外奇方四十卷
凌奂原著　裘吉生編輯　上海　世界書局　1936年　珍本醫書集成

006161276　7903　4342　(9)
古方彙精四十卷
愛虛老人著　裘吉生編輯　上海　世界書局　1936年　珍本醫書集成

006161278　7903　4342　(9)
回生集二卷
陳杰輯　裘吉生編輯　上海　世界書局　1936年　珍本醫書集成

006161273　7903　4342　(9)
惠直堂經驗方四十卷
陶承熹輯　裘吉生編輯　上海　世界書局　1936年　珍本醫書集成

006161274　7903　4342　(9)
絳囊撮要
雲川道人輯　裘吉生編輯　上海　世界書局　1936年　珍本醫書集成

006161275　7903　4342　(9)
經驗奇方二卷
周子薌輯　裘吉生編輯　上海　世界書局　1936年　珍本醫書集成

006161277　7903　4342　(9)
醫方簡義六卷
王清源著　裘吉生編輯　上海　世界書局　1936年　珍本醫書集成

006161279　7903　4342　(10)
不知醫必要四十卷
梁廉夫著　裘吉生編輯　上海　世界書局　1936年　珍本醫書集成

006161282　7903　4342　(10)
春腳集四十卷
孟文瑞輯　裘吉生編輯　上海　世界書局　1936年　珍本醫書集成

006161281　7903　4342　(10)
外治壽世方四十卷
鄒存淦輯　裘吉生編輯　上海　世界書局　1936年　珍本醫書集成

006161283　7903　4342　(10)
文堂集驗四十卷
何京輯　裘吉生編輯　上海　世界書局　1936年　珍本醫書集成

006161280　7903　4342　(10)
醫便五卷
王三才著　裘吉生編輯　上海　世界書局　1936年　珍本醫書集成

006165648　7903　4342　(11)
扶壽精方
吳旻輯　裘吉生編輯　上海　世界書局　1936年　珍本醫書集成

006165650　7903　4342　(11)
魯府禁方四十卷
龔廷賢編　裘吉生編輯　上海　世界書局　1936年　珍本醫書集成

006165651　7903　4342　(11)
秘傳大麻瘋方一卷
裘吉生編輯　上海　世界書局　1936年　珍本醫書集成

006165649　7903　4342　(11)
孫真人海上方一卷
孫思邈著　裘吉生編輯　上海　世界書局　1936年　珍本醫書集成

006161284　7903　4342　(11)
疑難急證簡方四十卷
羅越峰輯　裘吉生編輯　上海　世界書局　1936年　珍本醫書集成

006165652　7903　4342　(11)
喻選古方試驗四十卷
喻嘉言[喻昌]輯　裘吉生編輯　上海　世界書局　1936年　珍本醫書集成

006165653　7903　4342　(12)
得心集醫案六卷
謝星煥著　裘吉生編輯　上海　世界書局　1936年　珍本醫書集成

006165655　7903　4342　(12)
古今醫案按選四十卷
俞震輯　裘吉生編輯　上海　世界書局　1936年　珍本醫書集成

006165656　7903　4342　(12)
花韻樓醫案
顧德華著　裘吉生編輯　上海　世界書局　1936年　珍本醫書集成

006165657　7903　4342　(12)
王旭高臨證醫案四十卷
王旭高著　裘吉生編輯　上海　世界書局　1936年　珍本醫書集成

006165654　7903　4342　(12)
杏軒醫案三卷
程文囿著　裘吉生編輯　上海　世界書局　1936年　珍本醫書集成

006165658　7903　4342　(13)
叢桂草堂醫案四十卷
袁焯著　裘吉生編輯　上海　世界書局　1936年　珍本醫書集成

006165660　7903　4342　(13)
黃澹翁醫案四十卷
黃述寧著　裘吉生編輯　上海　世界書局　1936年　珍本醫書集成

006165664　7903　4342　(13)
龍砂八家醫案一卷
姜成之輯　裘吉生編輯　上海　世界書局　1936年　珍本醫書集成

006165668　7903　4342　(13)
青霞醫案一卷
沈登階著　裘吉生編輯　上海　世界書局　1936年　珍本醫書集成

006165670　7903　4342　(13)
掃葉莊醫案四十卷
薛雪著　裘吉生編輯　上海　世界書局　1936年　珍本醫書集成

006165665　7903　4342　(13)
邵氏醫案一卷
邵蘭生著　裘吉生編輯　上海　世界書局　1936年　珍本醫書集成

006165667　7903　4342　(13)
沈氏醫案一卷
沈瑤著　裘吉生編輯　上海　世界書局　1936年　珍本醫書集成

006165669　7903　4342　(13)
素圃醫案四十卷
鄭重光著　裘吉生編輯　上海　世界書局　1936年　珍本醫書集成

006165662　7903　4342　（13）
也是山人醫案
也是山人著　裘吉生編輯　上海　世界
書局　1936年　珍本醫書集成

006165661　7903　4342　（13）
診餘舉隅錄二卷
陳廷儒著　裘吉生編輯　上海　世界書
局　1936年　珍本醫書集成

006165678　7903　4342　（14）
蠢子醫四十卷
龍之章著　裘吉生編輯　上海　世界書
局　1936年　珍本醫書集成

006165673　7903　4342　（14）
存存齋醫話稿三卷
趙彥暉著　裘吉生編輯　上海　世界書
局　1936年　珍本醫書集成

006165683　7903　4342　（14）
廣嗣要語一卷
俞橋集　裘吉生編輯　上海　世界書局
　1936年　珍本醫書集成

006165682　7903　4342　（14）
履霜集三卷
臧達德著　裘吉生編輯　上海　世界書
局　1936年　珍本醫書集成

006165672　7903　4342　（14）
壽世青編二卷
尤乘著　裘吉生編輯　上海　世界書局
　1936年　珍本醫書集成

006165677　7903　4342　（14）
藥症忌宜一卷
陳澈著　裘吉生編輯　上海　世界書局
　1936年　珍本醫書集成

006165675　7903　4342　（14）
一得集三卷
心禪著　裘吉生編輯　上海　世界書局
　1936年　珍本醫書集成

006165681　7903　4342　（14）
醫門補要三卷
趙濂撰　裘吉生編輯　上海　世界書局
　1936年　珍本醫書集成

006165674　7903　4342　（14）
醫權初編二卷
王三尊著　裘吉生編輯　上海　世界書
局　1936年　珍本醫書集成

006165676　7903　4342　（14）
醫醫偶錄一卷
陳修園著　裘吉生編輯　上海　世界書
局　1936年　珍本醫書集成

006165680　7903　4342　（14）
醫醫小草一卷
寶輝編　裘吉生編輯　上海　世界書局
　1936年　珍本醫書集成

006165679　7903　4342　（14）
宜麟策一卷　續一卷
裘吉生編輯　上海　世界書局　1936年
　珍本醫書集成

009255214　7903　7042b
圖註八十一難經四卷
秦越人述　張世賢註　校正圖註脈訣
四卷　王叔和撰　張世賢註　校正瀕
湖脈學一卷　校正奇經八脈考一卷　李
時珍撰　上海　錦章書局　民國間
石印

006105494　7903　7111
鮮溪醫論選中編六卷
陸平一選　上海　秀水王翼亭　1922 年

006161225　7903　7674
醫學初階
嚴式誨輯　香港　渭南嚴氏　1924 年

007863916　7903　7942
皇漢醫學叢書
陳存仁編校　上海　世界書局　1936 年（m.）

006196521　7903　7942（01）
素問紹識四十卷
多紀元堅著　陳存仁編　上海　世界書局　1936 年　皇漢醫學叢書

006196520　7903　7942（01）
素問識八卷
多紀元簡著　陳存仁編　上海　世界書局　1936 年　皇漢醫學叢書

006196526　7903　7942（02）
皇國名醫傳三卷
淺田惟常著　陳存仁編　上海　世界書局　1936 年　皇漢醫學叢書

006196522　7903　7942（02）
難經疏證二卷
多紀元胤著　陳存仁編　上海　世界書局　1936 年　皇漢醫學叢書

006196524　7903　7942（02）
醫家千字文一卷
惟宗時俊著　陳存仁編　上海　世界書局　1936 年　皇漢醫學叢書

006196523　7903　7942（02）
醫事啟源一卷
今村亮著　陳存仁編　上海　世界書局　1936 年　皇漢醫學叢書

006196525　7903　7942（02）
證治摘要二卷
中川成章輯　陳存仁編　上海　世界書局　1936 年　皇漢醫學叢書

006196527　7903　7942（03-04）
醫籍考八卷
多紀元胤編　陳存仁編　上海　世界書局　1936 年　皇漢醫學叢書

006196531　7903　7942（05）
傷寒廣要十二卷
多紀元堅著　陳存仁編　上海　世界書局　1936 年　皇漢醫學叢書

006196530　7903　7942（05）
傷寒論綱要一卷
橘春暉述　陳存仁編　上海　世界書局　1936 年　皇漢醫學叢書

006196529　7903　7942（05）
傷寒之研究五卷
中西惟忠著　陳存仁編　上海　世界書局　1936 年　皇漢醫學叢書

006196528　7903　7942（05）
中國內科醫鑒二卷
大塚敬節著　陳存仁編　上海　世界書局　1936 年　皇漢醫學叢書

006196534　7903　7942（06）
傷寒論集成一卷
山田正珍著　陳存仁編　上海　世界書局　1936 年　皇漢醫學叢書

006196532　7903　7942（06）
傷寒論輯義七卷
多紀元簡學　陳存仁編　上海　世界書局　1936 年　皇漢醫學叢書

006196533　7903　7942　（06）
傷寒論述義五卷
多紀元堅著　陳存仁編　上海　世界書局　1936年　皇漢醫學叢書

006196543　7903　7942　（07）
長沙證彙
田中榮信著　陳存仁編　上海　世界書局　1936年　皇漢醫學叢書

006196541　7903　7942　（07）
金匱玉函要略輯六卷
多紀元簡輯　陳存仁編　上海　世界書局　1936年　皇漢醫學叢書

006196540　7903　7942　（07）
金匱玉函要略述義三卷
多紀元堅學　陳存仁編　上海　世界書局　1936年　皇漢醫學叢書

006196539　7903　7942　（07）
傷寒脈證式八卷
川越衡山著　陳存仁編　上海　世界書局　1936年　皇漢醫學叢書

006196538　7903　7942　（07）
傷寒用藥研究二卷
川越正淑著　陳存仁編　上海　世界書局　1936年　皇漢醫學叢書

006196549　7903　7942　（08）
腳氣鉤要二卷
今村亮著　陳存仁編　上海　世界書局　1936年　皇漢醫學叢書

006196550　7903　7942　（08）
腳氣概論
岡田昌春輯　陳存仁編　上海　世界書局　1936年　皇漢醫學叢書

006196551　7903　7942　（08）
疝氣證治論
大橋尚因著　陳存仁編　上海　世界書局　1936年　皇漢醫學叢書

006196544　7903　7942　（08）
傷風約言
後藤省著　陳存仁編　上海　世界書局　1936年　皇漢醫學叢書

006196545　7903　7942　（08）
溫病之研究二卷
源元凱著　陳存仁編　上海　世界書局　1936年　皇漢醫學叢書

006196546　7903　7942　（08）
溫疫論私評二卷
秋吉質評　陳存仁編　上海　世界書局　1936年　皇漢醫學叢書

006196548　7903　7942　（08）
瀉疫新論二卷
高島久貫著　高島久也補　陳存仁編　上海　世界書局　1936年　皇漢醫學叢書

006196552　7903　7942　（08）
中國接骨圖說
二宮獻著　陳存仁編　上海　世界書局　1936年　皇漢醫學叢書

006196553　7903　7942　（09）
產科發蒙六卷
片倉元周著　陳存仁編　上海　世界書局　1936年　皇漢醫學叢書

006196555　7903　7942　（09）
產論四卷　附錄一卷
賀川玄悅著　陳存仁編　上海　世界書局　1936年　皇漢醫學叢書

006196559　7903　7942　(09)
產論翼
賀川玄迪著　陳存仁編　上海　世界書局　1936 年　皇漢醫學叢書

006196558　7903　7942　(09)
痘科辨要一卷
池田獨美著　陳存仁編　上海　世界書局　1936 年　皇漢醫學叢書

006196557　7903　7942　(09)
幼科證治大全
下津壽泉著　陳存仁編　上海　世界書局　1936 年　皇漢醫學叢書

006196556　7903　7942　(09)
中國兒科醫鑒
大塚敬節著　陳存仁編　上海　世界書局　1936 年　皇漢醫學叢書

006202583　7903　7942　(10)
經穴纂要五卷
小阪營昇著　陳存仁編　上海　世界書局　1936 年　皇漢醫學叢書

006202588　7903　7942　(10)
脈學輯要三卷
多紀元簡著　陳存仁編　上海　世界書局　1936 年　皇漢醫學叢書

006196561　7903　7942　(10)
黴癘新書
片倉元周著　陳存仁編　上海　世界書局　1936 年　皇漢醫學叢書

006202586　7903　7942　(10)
選針三要集二卷
陳存仁編　上海　世界書局　1936 年　皇漢醫學叢書

006196560　7903　7942　(10)
眼科錦囊六卷
本莊俊篤著　陳存仁編　上海　世界書局　1936 年　皇漢醫學叢書

006202587　7903　7942　(10)
藥治通義十二卷
多紀元堅著　陳存仁編　上海　世界書局　1936 年　皇漢醫學叢書

006202585　7903　7942　(10)
針灸學綱要
管周桂著　陳存仁編　上海　世界書局　1936 年　皇漢醫學叢書

006202584　7903　7942　(10)
針學通論三卷
佐藤利信著　陳存仁編　上海　世界書局　1936 年　皇漢醫學叢書

006202590　7903　7942　(11)
丹方之研究
岡西爲人著　陳存仁編　上海　世界書局　1936 年　皇漢醫學叢書

006202612　7903　7942　(11)
方劑辭典
平岡嘉言著　陳存仁編　上海　世界書局　1936 年　皇漢醫學叢書

006202589　7903　7942　(11)
奇正方
賀古壽著　陳存仁編　上海　世界書局　1936 年　皇漢醫學叢書

006202592　7903　7942　(12)
方機
吉益爲則授　陳存仁編　上海　世界書局　1936 年　皇漢醫學叢書

006202614　7903　7942　（12）
古方分量考
平井氏編　陳存仁編　上海　世界書局　1936年　皇漢醫學叢書

006202593　7903　7942　（12）
急救選方二卷
多紀元簡編　陳存仁編　上海　世界書局　1936年　皇漢醫學叢書

006202594　7903　7942　（12）
家塾方與方極
吉益爲則著　陳存仁編　上海　世界書局　1936年　皇漢醫學叢書

006202591　7903　7942　（12）
類聚方
吉益爲則撰　陳存仁編　上海　世界書局　1936年　皇漢醫學叢書

006202613　7903　7942　（12）
名家方選一卷　續一卷
山田元倫、村上等順撰　陳存仁編　上海　世界書局　1936年　皇漢醫學叢書

006202595　7903　7942　（12）
醫略鈔
多紀元簡輯　陳存仁編　上海　世界書局　1936年　皇漢醫學叢書

006202617　7903　7942　（13）
北山醫案三卷
北山道長著　北山道修輯　陳存仁編　上海　世界書局　1936年　皇漢醫學叢書

006202602　7903　7942　（13）
叢桂偶記二卷
原昌克著　陳存仁編　上海　世界書局　1936年　皇漢醫學叢書

006202603　7903　7942　（13）
古書醫言四十卷
吉益爲則撰　陳存仁編　上海　世界書局　1936年　皇漢醫學叢書

006202601　7903　7942　（13）
建殊錄一卷
吉益爲則著　播磨巖輯　陳存仁編　上海　世界書局　1936年　皇漢醫學叢書

006202599　7903　7942　（13）
青囊瑣探二卷
片倉元周著　陳存仁編　上海　世界書局　1936年　皇漢醫學叢書

006202618　7903　7942　（13）
生生堂治驗二卷
中神琴溪著　小野匡輔輯　陳存仁編　上海　世界書局　1936年　皇漢醫學叢書

006202615　7903　7942　（13）
藤氏醫談二卷
近藤明著　陳存仁編　上海　世界書局　1936年　皇漢醫學叢書

006202598　7903　7942　（13）
先哲醫話集一卷
長尾藻城著　陳存仁編　上海　世界書局　1936年　皇漢醫學叢書

006202616　7903　7942　（13）
醫斷與斥醫斷
鶴沖元逸、畑惟和著　陳存仁編　上海　世界書局　1936年　皇漢醫學叢書

006202597　7903　7942　（13）
醫賸三卷
多紀元簡著　陳存仁編　上海　世界書局　1936年　皇漢醫學叢書

006202596 7903 7942 （13）
醫餘三卷
尾臺逸著　陳存仁編　上海　世界書局
　1936年　皇漢醫學叢書

006202609 7903 7942 （14）
漢藥良劣鑒別法
一色直太郎著　陳存仁編　上海　世界書局　1936年　皇漢醫學叢書

006202606 7903 7942 （14）
漢藥研究綱要
久保田晴光著　陳存仁編　上海　世界書局　1936年　皇漢醫學叢書

006202619 7903 7942 （14）
鹿茸之研究
峰下鐵雄著　陳存仁編　上海　世界書局　1936年　皇漢醫學叢書

006202608 7903 7942 （14）
犀黃之研究
杉本重利輯　陳存仁編　上海　世界書局　1936年　皇漢醫學叢書

006202604 7903 7942 （14）
藥徵
吉益爲則著　陳存仁編　上海　世界書局　1936年　皇漢醫學叢書

006202605 7903 7942 （14）
藥徵續編
村井杶著　陳存仁編　上海　世界書局　1936年　皇漢醫學叢書

006202607 7903 7942 （14）
中國藥物學大綱
伊豫專安著　陳存仁編　上海　世界書局　1936年　皇漢醫學叢書

006202620 7903 7942 （14）
中國藥一百種之化學實驗
中尾萬三著　陳存仁編　上海　世界書局　1936年　皇漢醫學叢書

006202610 7903 7942 （14）
中國醫藥論文集
富士川遊著　陳存仁編　上海　世界書局　1936年　皇漢醫學叢書

009041117 7903 8924.1
余氏醫述六卷
余巖著　上海　社會醫報館　1928年　鉛印

006063705 7904 2212
醫籍考八十卷
多紀元胤編　東京　國本出版社　1935年

006063696 7904 3245
清華醫室藏書類目二卷
清華編　杭州　清華醫室　1932年

007482228 7904 6633
中國醫學書目
中國醫學研究室　黑田源次著　奉天　奉天滿洲醫科大學中國醫學研究室　1931年　（m.）

006074525 7906 0441
中國醫學大辭典
謝觀編　上海　商務印書館　1926年　4版　（m.）

007453892 7906 0441B
中國醫學大辭典附四角號碼索引
謝觀編　上海　商務印書館　1933年　（m.）

006074922　7906　1350
醫師典
癸未醫學出版社編輯　香港　大同書局　1949年　增印4版　（m.）

007453896　7906　2130
［西醫］實用醫藥辭典
程瀚章、莊畏仲編　上海　世界書局　1935年

006074916　7906　2317
中外病名對照表
吳建原編　上海　醫學書局　1925年　4版　丁氏醫學叢書　（m.）

007453893　7906　2343
病源辭典附病名檢查表
吳克潛編輯　上海　大衆書局　1936年　（m.）

008633381　Microfiche　C–(926–939)
道書十二種
上海　江東書局　1913年

006080088　7906　5477
中國醫界指南
中國醫學會編　上海　中國醫學會　1947年　（m.）

006080085　7906　9621
中華民國醫事綜覽
小野得一郎編　東京　同仁會　1935年

007453900　7907　0470
醫林尚友錄
章巨膺編著　上海　民友印刷公司　1936年

006080082　7907　4122
全國登記醫師名錄
中國內政部衛生署編　香港　內政部　1933年　（m.）

006087706　7907　5620
中國解放區的南丁格爾們
全國民主婦女聯和會籌備委員會編　香港　新華書店　1949年　（m.）

006080080　7907　6644
藥王考與鄭州藥王廟
呂超如著　廣州　實學書局　1948年　（m.）

006080079　7908　0041
中國醫學源流論
謝觀著　上海　澄齋醫社　1936年　謝氏全書

007670753　7908　1296
醫學史話
石川光昭著　沐良［沐紹良］譯　長沙　商務印書館　1937年　（m.）

006083858　7908　4133
明季西洋傳入之醫學九卷
范適撰　余巖校　香港　中華醫史學會　1942年　醫史叢書

006087216　7908　4413
中外醫學史概論
李廷安著　上海　商務印書館　1946年　（m.）

006169006　7908.52　4054
南洋熱帶醫藥史話
黃素封編著　上海　商務印書館　1936年　（m.）

006084021　7909　7123
冷廬醫話五卷
陸定圃［以湉］著　上海　千頃堂書局　1934年　第5版

006084023　7909　7140
士諤醫話
陸士諤著　上海　校經山房書局
1938年

006150192　7909.5　1369
醫說十卷
張杲撰　1933年

006140352　7910　1914
赤水玄珠全集三十卷
孫一奎著　上海　著易堂書局　1914年

006092168　7910　3254
皇漢醫學
湯本求真撰　周子敘譯　上海　中華書局　1930年　（m.）

006095865　7910　4568
運氣辯
陸儋辰撰　韓國鈞輯刊　海陵［泰縣］1920年　海陵叢刻

006164039　7910　4571
青囊秘錄
華佗撰　孫思邈述　1923年

009088794　7910　481.1
黃氏醫書八種
黃元御著　上海　鑄記書局　1915年　石印

006095864　7910　5925
清代名醫醫案精華
秦伯未編　方公溥校　上海　上海秦氏醫室　1947年　4版

006140355　7911　1140
生理衛生學問答
毛起鵷編　上海　大東書局　1930年　考試必攜百科常識問答叢書

006140354　7911　1314
默悟尋源解論參同契養病法四十卷
張廷棟撰　濟南　1920年

007865798　7911　4834
衛生淺說
黃治基述　古力著　柯志仁譯　福州　美華書局　1912年

009245878　7912　0817
增補醫林狀元壽世保元十卷
龔廷賢編　周亮登校　上海　廣益書局　民國間　石印

006095852　7912　1133c
內功圖解
王祖源編　香港　錦華出版社　19??年

006095858　7912　2403
禪與健康
崛內文次郎原著　劉仁航譯　上海　佛學書局　1934年

006095854　7912　3172
營養新論
沈同著　重慶　中國文化服務社　1944年　青年文庫　（m.）

006095853　7912　3182
七四老人健康訪問記
沈鈞儒口述　方學武筆記　沈叔羊繪圖　香港　生活書店　1948年　（m.）

006101107　7912　3838
人生二百年
顧實編　黃士恒校訂　上海　商務印書館　1929年　6版　（m.）

006144366　7912　4233
中國衛生行政設施計劃

胡定安著　上海　商務印書館　1928 年
（m.）

006101108　7912　4254
弭劫壽世要旨　弭劫醒世要旨
萬奉桓著　奉天　道慈雜誌社　1936 年

011913208　RA792.G8　1929
氣候與健康
顧壽白著　上海　商務印書館　1929 年
初版　萬有文庫　（m.）

007789707　MLC–C
學校家庭傳染病預防消毒及救急療法
郭人驥撰　上海　中華書局有限公司
1940 年

006101094　7912　7222
冷水浴
劉仁航著　長沙　商務印書館　1939 年
（m.）

006101091　7912　7965
衛生之道
陳果夫著　上海　正中書局　1946 年
（m.）

006101089　7916　1341
保健淺說
張查理編著　上海　正中書局　1946 年
滬 1 版　特教叢刊　（m.）

011889019　RA776.H8　1919
攝生論
胡宣明、杭海譯　上海　商務印書館
1919 年　（m.）

006747505　RA776.S45　1947x
我怎樣恢復健康的
舒新城著　上海　中華書局　1947 年
初版　（m.）

009817709　RA1063.4.X54　1936
洗冤錄集證大全
浦士釗校閱　上海　鴻文書局　1936 年

009437240　TA　7916　3321
家庭衛生劇
北京　華北公理會公共衛生事務處
1949 年　鉛印

006160046　7916　4411
中國鄉村衛生行政
薛建吾著　上海　商務印書館　1937 年
（m.）

006105497　7916　5667　FC9456　Film　Mas　35888
衛生運動宣傳綱要
中國國民黨中央執行委員會宣傳部編
南京　中國國民黨中央執行委員會宣傳
部　1929 年　（m.）

006105488　7916　7194
衛生行政
陝西省地方行政幹部訓練團編　陝西省
　陝幹團　1942 年　（m.）

006105031　7919　2170
中國紅十字會
行政院新聞局編　南京　行政院新聞局
　1947 年　（m.）

009025203　7919　2438
萬國紅十字會收支簡明清冊一卷　中國紅十字會收支簡明清冊一卷
濟南　1912—49 年　鉛印

007453901　7920.6　6020
細菌學免疫學名詞
國立編譯館編　趙士卿等編　上海　商
務印書館　1937 年　（m.）

006155051　7924　1142c
靈樞經十二卷
王冰編　上海　中華書局　1927—36年

006143792　7924　1146B
難經集註五卷
王九思輯　錢熙祚校　上海　中華書局　1927—36年

006109948　7924　1383b
類經三十二卷　圖翼十一卷　附翼四卷合刻
張介賓類註　上海　千頃堂書局　1919年

006109941　7924　4802.1
黃帝內經素問集註九卷
張志聰集註　上海　世界書局　1937年　基本醫書集成

006114224　7924　4802c
內經素問二十四卷
王冰撰　上海　中華書局　1927—36年

006125993　7930　1122
脈經十卷
王叔和撰　林億類次　上海　商務印書館　1935年　初版　萬有文庫　第2集（m.）

009315157　7930　1122b
王叔和脈經十卷
王叔和著　上海　上海文瑞樓　民國間石印

006144368　7930　134
家傳太素脈秘訣
張太素述　劉伯註　上海　千頃堂書局　1935年　國醫叢刊

006144367　7930　4248
增補辨證錄十四卷
陳士鐸撰　陶式玉參訂　上海　千頃堂書局　1936年

004833448　7931　1345
金匱要略
張仲景述　王叔和集　林億等詮次　上海　商務印書館　1929年　四部叢刊子部

007892331　7931　1345.31b
金匱要略講義
張仲景著　臺北　文光圖書公司　1949年

006155081　7931　1345B
金匱玉函要略三卷
張仲景述　王叔和集　林億等詮次　上海　中華書局　1927—36年

006144289　7931　3803
顧氏醫鏡十六卷
顧靖遠撰　上海　掃葉山房　1934年

006119189　7932　1345b
傷寒論十卷
張仲景著　王叔和編　王濟川校　上海　中華書局　1930年　四部備要

009146501　7932　3141
傷寒論彙註精華九卷　卷首
汪蓮石編輯　香港　掃葉山房　1920年石印

006125974　7933　4313
高血壓與中風之防治法
張希渠編著　上海　1948年　增訂5版（m.）

006180299　7934　2170
防癆運動
行政院新聞局　南京　行政院新聞局
1947年　（m.）

006135418　7934　6222
喉科秘旨二卷
上海　中原書局　1926年

007881574　7939　5121
可怕的鼠疫
東北行政委員會衛生部　香港　新華書店　1949年　再版　（m.）

006175933　7939　5121.1
鼠疫學
東北行政委員會衛生委員會編　北京　新華書店　1949年　（m.）

007881583　7941　3526
傷兵官兵統計編制法
軍事委員會傷兵慰問組編　香港　軍委會傷兵慰問組　1942年

006135402　7941　3527
編制卡片程式
軍事委員會傷兵慰問組卡片股編　重慶　軍事委員會傷兵慰問組卡片股　1942年

007453676　7947　7203
眼科名詞辭彙
周誠滸著　上海　中華眼科學會　1940年　（m.）

008166443　Microfiche　C-0785　J12　TA　7947　85
屈光學
盈享利譯　陳桂清筆述　管國全校訂　廣州　博醫會　1914年

007500535　7950　2762
經驗喉科紫珍集二卷
朱純裒得授　朱翔宇增補　上海　千頃堂　191？年

007881586　7950　7953
疫痧爛喉合集
陳耕道［撰］　1917年

006135427　7955　1074
達生編
亟齊居士原編　汪家駒增訂　上海　宏大善書局　1926年

006135436　7955　2942
中國醫學院婦科講義
朱鶴皋講授　廣州　中國醫學院研究院　19??年

006196537　7955　7721
增補繪圖胎產心法三卷
閻純璽撰　香港　江東書局　1914年

006140358　7965　4941
葉天士幼科醫案葉天士女科醫案
葉桂著　陸士諤輯　上海　世界書局　1921年

006083160　7970　0037
藥品名彙世界語、拉丁語、德意語、英吉利語、法蘭語、西語、日本語、中國語七種語文對照
謝家駿編著　都有幹校閱　上海　世界書局　1941年　（m.）

007672214　7970　0692B
重修政和經史證類備用本草三十卷
唐慎微　上海　192？年　四部叢刊

005999560　7970　2300
新藥業
上海市商會商務科編輯　上海　上海市商會　1935年　市商會商業統計叢書

(m.)

005998968　7970　4021
神農本草經三卷
吳普等述　孫星衍、孫馮翼同輯　上海　中華書局　1927—36 年

006003731　7970　4461
本草綱目
李時珍輯　張士珩校　香港　商務印書館　1914 年　（m.）

006140370　7970　4461d
校正本草綱目五十二卷
李時珍編輯　吳毓昌校　上海　錦章圖書局　1925 年

007500566　7970　4972
中國醫藥匯海經部
蔡陸仙編　廣州　中華書局　1941 年　（m.）

005997679　7970　5674
中國藥學大辭典
中國醫藥研究社編　陳存仁主編　上海　世界書局　1935 年　（m.）

006087661　7970　6020
藥學名詞
國立編譯館編　南京　國立編譯館　1933 年　（m.）

006087232　7970　7205
本草品彙精要四二卷
劉文泰奉勅纂　王道純續　謝觀撰　上海　商務印書館　1936 年

006003739　7970.6　3643
標準藥性大字典
潘杏初著　上海　上海書局　1935 年

007453905　7970.6　4532
[拉德法英美日]藥物名彙
華鴻編　重慶　商務印書館　1940 年　國難後第 5 版

006007468　7971　1141
四川大黃
內政部衛生署中醫委員會編　王藥雨著　重慶　內政部衛生署中醫委員會　1939 年　藥產研究叢刊　（m.）

006018132　7971　1341.2
本草崇原集解三卷
張志聰註釋　仲學輅集解　上海　錦文堂　1927 年

009040999　7971　3162
增補本草備要八卷　重校舊本湯頭歌訣一卷
汪昂著　上海　廣益書局　1912—14 年　石印

006095212　7971　3874
生藥學
顧學裘編　上海　商務印書館　1947 年　（m.）

006095777　7971　4941
本草再新十二卷
葉天士著　陳修園評　上海　群學書社　1931 年

006118618　7976　1129.7
醫學津梁
王肯堂原著　岳昌源刪補　陳洙重訂　上海　千頃堂書局　1919 年

006119409　7976　1145
簡明中西匯參醫學圖說
王有忠編輯　上海　廣益書局　1917 年　5 版

006027293　7976　1925
新刊良朋彙集四十卷
孫偉校輯　上海　江東書局　1912年

006119412　7976　2141.4
梅氏驗方新編
鮑相璈原編　梅啟昭增補　天虛我生重校刊　上海　家庭工業社　1937年再版

006051392　7976　2221
中華藥典
前衛生部編　劉瑞恒總編纂　嚴智鍾等編纂　南京　內政部衛生署　1930年第1版　（m.）

007500557　7976　224
彙編奇效良方
1911—40年

006125988　7976　2241
醫碥七卷
何夢瑤輯　李林馥重校　上海　千頃堂書局　1922年

006031976　7976　3048
良方大全
上海　中西醫學研究會　1920年

006031977　7976　3110
湯頭歌訣附經絡歌訣
長沙　商務印書館　1938年　國難後7版　（m.）

006125991　7976　3136
筆花醫鏡四十卷
江涵暾撰　金石文校　上海　文瑞樓　19??年

009013046　7976　3213
簡易良方一卷
馮水選方　黃浚刊送　香港　黃浚　1931年　鉛印

006031980　7976　3294
達仁堂藥目
北京　達仁堂　1913年

006031981　7976　3544
日醫應用漢方釋義
湯本求真撰　華實孚譯　上海　中華書局　1946年　（m.）

007500528　7976　3833b
洪氏集驗方五卷
洪遵輯　香港　進業書局　1912—49年

006031982　7976　3852
世界各國新藥集一卷
顧壽白編　上海　商務印書館　1931年（m.）

006125990　7976　3882
增補醫方一盤珠全集十卷
洪金鼎纂　香港　鴻文書局　19??年

006031983　7976　4141
臨證醫典
姚若琴編著　上海　三民圖書公司　1935年

006031986　7976　4884
壽身小補九卷　附補編
黃兌楣輯　香港　黃寶善堂　1916年

006140369　7976　5565
青囊回春
煙臺　豐源印書館　1929年

006031989　7976　5620
古今名醫驗方類編三二卷
曹繩彥編選　上海　大東書局　1936年

009014820　7976　6420
男女特效良方一卷
濟南　1934年　鉛印

009054249　7976　6440
校正國藥古方彙編四十卷
南京　南京藥業公所　1930年　鉛印

006070902　7976　7906.2
陳無澤三因方十八卷　附錄
陳言撰　吳錫璜評註　上海　文瑞樓　1927年

006063710　7979　4412
中國藥物學集成
蔣玉伯撰　上海　知新書局　1935年（m.）

006067569　7980　3563
臨床應用漢方醫學解説
湯本四郎著　劉泗橋譯　上海　東洞學社　1929年（m.）

008166405　FC4712　FC－M1891(A)　Microfiche　C－0788
J15　TA　7980　36
賀氏療學
James H. Ingram譯　上海　中國博醫會　1916年

006067571　7980　4443
醫學綱目四十卷
樓英編　上海　世界書局　1937年（m.）

006067572　7980　5258
藥療學醫士臨診日用指南
威來金公司著　上海　寶威大藥行　1923年

006070881　7980　7674　FC8464　Film Mas　32519
食醫心鑒
昝殷撰　香港　東方學會　1924年

006071812　7981　1312
無錫張聿青先生醫案二十卷
張乃修撰　高溫和校正　上海　萃英書局　1935年

006071813　7981　2207
全國名醫驗案類編十四卷
何廉臣編輯　上海　大東書局　1929年

006071814　7981　2207（1936）
全國名醫驗案類編十四卷
何廉臣編輯　上海　大東書局　1936年

006071815　7981　2207.2
全國名醫驗案類編續編二十六卷
郭奇遠續編　上海　大東書局　1936年

006071817　7981　4220
遜園醫案二卷　附錄一卷
蕭伯章撰　湖南　水口礦局　1923年

009096533　7981　7926
南雅堂醫案八卷
陳念祖著　上海　群學書社　1920年　石印

009277470　7981　8112
金子久醫案四卷
金子久撰　姚益華編輯　上海　江東書局　1933年　鉛印再版

006074932　7981　8213
古今醫案按十卷
俞震纂輯　李壽齡重校輯　上海　會文堂新記書局　1933年

006105499　7989　7224
中國針灸科學
周伯勤著　秦伯未校　上海　上海中醫書局　1946年　再版

009429560　TA　7990　2522
山東德縣衛氏博濟醫院報告書一卷
衛氏博濟醫院編纂　德縣　衛氏博濟醫院　1930年　石印

006109956　7996　0328
榮譽軍人服務工作紀實
新運總會婦女指導委員會撰述　重慶　新運總會婦女指導委員會　1944年　婦女新運叢書　（m.）

008048659　7996　7224
看護要義
鍾茂芳譯　天津　北洋女醫學堂　1913年

009441234　TA　7999　2133
山西汾州汾陽醫院割疹室手術傢具統計
汾州　汾陽醫院　1941年　鉛筆鈔本

009441240　TA　7999　2133.1
山西汾州汾陽醫院公用器具儀器建築物估價統計
汾州　汾陽醫院　1941年　鉛筆鈔本

011894081
山西汾州汾陽醫院樓內外各部分公物統計
1941年

006134471　7999　4225
血液型
胡步蟾編著　上海　商務印書館　1934年　（m.）

006114870　7999　5174
中醫教育討論集
中西醫藥研究社編輯部　上海　中西醫藥研究社　1939年　（m.）

006134443　7999　7965
苦口談醫藥
陳果夫著　臺北　正中書局　1949年

農業工藝類

農業

005995343　8021　5573
中華民國二十七年農本局業務報告
農本局　南京　農本局　1939年
（m.）

007959918　FC6045　FC－M4734
農諺
張佛編　上海　商務印書館　1934年
初版　（m.）

008080755　8023　3305
農事問答彙編
實業部中央農業實驗所編　南京　實業部中央農業實驗所　1936年　（m.）

001718878　8024　2101　Bibl　Y9
中國農書目錄彙編
毛雝編　1924年　金陵大學圖書館叢刊
（m.）

007437910　S471.N88　1933x
農業論文索引
金陵大學農學院農業經濟系農業歷史組[前農業圖書館]編　南京　金陵大學圖書館　發行　1933年　初版　（m.）

007438277　8024　8757　（II）
農業論文索引續編民國21年1月至23年底[1932—1934]
金陵大學　南京　金陵大學圖書館
1935年

007501698　8031　4123
增廣致富奇書
范蠡撰　上海　江東書局　1911—40年

006143776　8033　1864
齊民要術十卷
賈思勰撰　上海　中華書局　1927—36年

007629674　8033　1864c
齊民要術
賈思勰著　上海　商務印書館　1936年
（m.）

006150655　8033　1864D
齊民要術二卷
賈思勰撰　香港　上虞羅氏　1914年

006150657　8036　1138b
農書二十二卷
王禎撰　濟南　山東公立農業專門學校圖書館　1924 年

007499384　8036　1138c
農書二十二卷
王禎撰　1911—40 年

006150485　8036　1251
農桑輯要七卷
司農司撰　上海　中華書局　1927—36 年

006155628　8039　1354
大中華農業史
張授著　上海　商務印書館　1921 年（m.）

006155400　8040　4395.61（1）
臺灣農林法規輯要
臺灣省政府農林處編　臺北　臺灣省政府農林處　1948 年（m.）

007881598　8043　7154
農業推廣
陸費執等著　上海　中華書局　1935 年（m.）

006160948　8043　8658
全國農會聯合會第一次紀事
全國農會聯合會　北京　全國農會聯合會　1913 年（m.）

006161292　8044.318　4395.54
臺灣省農會與合作社合併文彙
臺灣農林廳編　臺北　臺灣省農林廳　1949 年

006165694　8048　5547
農業問題
國立中央大學農學院編　香港　縣市行政講習所　1936 年

006176255　8048.28　8747
金陵大學農學院總塲分塲及各合作試驗塲第十屆討論會報告
金陵大學農學院農藝系編　南京　金陵大學農學院　1936 年（m.）

006176257　8058　1124　8058　1124B
怎樣選下蛋多的雞
王佺懿著　香港　中國農村復興聯合委員會銘賢學院畜牧獸醫系　1949 年　農業淺說

006176258　8058　1304
四川家畜保育及獸疫防治
張龍志、亨德報告　香港　中國農村復興聯合委員會新聞處　1949 年

008616963　FC3891
減租減息疑問解答
晉冀魯豫邊區政府第一廳編　香港　華北新華書店　194? 年

006176259　8058　3254
怎樣推行減租
湯惠蓀著　臺北　中國農村復興聯合委員會　1949 年

006420864　8058　3254.1
四川省推行農減觀感
湯惠蓀、雷正琪報告　成都　中國農村復興聯合委員會　1949 年

006176263　8058　5654
氰氮化鈣肥料淺記
中國農村復興聯合委員會中美合組編　臺北　中國農村復興聯合委員會　1949 年

農業工藝類

006420865　8058　5655
中國農村復興聯合委員會年來工作概況及在川發展農建情形
中國農村復興聯合委員會新聞處　南京　中國農村復興聯合委員會　1949年

006176264　8062　1331　FC9474
中國農業概況估計
張心一編　南京　金陵大學農業經濟系　1932年　（m.）

006176093　8068　1153　FC9345
農民叢刊四卷
上海　五三書店　1927年

006176095　8068　2135
農民運動與農村調查
毛澤東著　香港　新民主出版社　1949年

006176164　8068　3940
中國歷代勸農考
宋希庠編著　南京　正中書局　1936年　史地叢刊　（m.）

006176267　8068　3941
農村常識
宋其正編輯　上海　華中書局　1935年　（m.）

011913310　HD1411.S54　1931
農業地理
盛敘功編譯　黃紹緒校訂　上海　商務印書館　1931年　地理叢書　（m.）

006181114　8068　8209
農村生活叢談
俞慶棠主編　上海　申報館　1937年　（m.）

006181795　8069.12　4338
到田間去
南滿洲鐵道株式會社農事試驗場原編　湯爾和譯述　上海　商務印書館　1930年　初版　（m.）

006186976　8069.318　435
臺灣農業與漁業
南京　行政院新聞局　1947年　（m.）

006187578　8075　4273
農村領袖
楊開道著　上海　世界書局　1931年　農村生活叢書　（m.）

006192172　4388　6163　8081　6163
臺灣的租佃制度
瞿明宙撰　上海　國立中央研究院社會科學研究所　1931年　農村經濟參考資料　（m.）

006192343　8082　1104
戰時移墾邊疆問題
王文萱編著　重慶　正中書局　1939年　戰時問題叢刊　（m.）

007881623　8082　4394
開墾荒地
民政廳地政局編　臺北　該局　1949年

006306515　8084　2217
中國農業之改進
行政院農村復興委員會編　上海　商務印書館　1934年　（m.）

006306943　8084　2244
組織起來怎樣訂農戶計劃
香港　東北書店牡丹江分店　1947年

006306942　8084　2917
中國農村建設計劃
徐正學編纂　南京　中國農村復興研究會　1935年　農村問題叢書

006306944　8084　4273
新村建設
楊開道著　上海　世界書局　1933 年　（m.）

006306947　8084　7126
農村改進實施法
陸叔昂編　上海　中華書局　1937 年　（m.）

006306948　8084　7904
農村工作講話
陳毅著　香港　揚子江出版社　1938 年　實踐叢書　（m.）

006306926　8084　8153
農村復興與鄉教運動
金輪海編著　上海　商務印書館　1934 年　師範叢書　（m.）

006306567　8085　1022
中國倉儲制度考
于佑虞編著　社會部研究室主編　上海　正中書局　1948 年　社會行政叢書　（m.）

006306573　8085　1112
中國之農賑
王武科著　上海　商務印書館　1936 年　百科小叢書　（m.）

006306434　8086　5054　FC7707　Film Mas 31738
田賦附加稅調查
中央大學經濟資料室編　上海　商務印書館　1935 年　初版　行政院農村復興委員會叢書　（m.）

006306952　8087　4255
解放區的生產運動栽富根
力耕著　香港　中國出版社　1947 年　解放區介紹叢書

006306953　8088　2200
中國農場管理學
卜凱、刻提斯著　戈福鼎、汪蔭元譯　上海　商務印書館　1947 年　（m.）

006306954　8088　4273
農場管理學
楊開道編　上海　商務印書館　1933 年　（m.）

006306568　8090　7910
各省農工雇傭習慣及需供狀況
陳正謨編著　南京　中山文化教育館　1935 年　（m.）

011909385　HD1437.W36　1936
農業金融經營論
王志莘、吳敬敷編著　上海　商務印書館　1936 年　初版　社會經濟調查所叢書　（m.）

006306550　8091　2345
農業金融制度論
吳敬敷、徐淵若撰述　王志莘主編　上海　商務印書館　1935 年　行政院農村復興委員會叢書　（m.）

006306958　8091　2698
日本的農業金融機關
牧野輝智撰　黃枯桐譯　上海　商務印書館　1933 年　國難後 1 版　上海市政府社會局叢書　（m.）

006306536　8091　2934
日本之農業金融
徐淵若撰　上海　商務印書館　1935 年　行政院農村復興委員會叢書　（m.）

011912168　HD1439.H79　1936
農業金融論
侯厚培、侯厚吉編　上海　商務印書館

1936年　（m.）

011836947　HD1491.C6　Y825　1935
合作講義
于樹德著　南京　中國合作學社　1935年　（m.）

006346721　8093　2934
日本之農村合作與農業倉庫
徐淵若編著　上海　商務印書館　1936年　初版　社會經濟調查所叢書　（m.）

006346735　8093　4393
合作事業與合作農場
臺灣省社會處編　臺北　臺灣省社會處　1949年　臺灣省政紀要

006346789　8093　5513
農業合作經營論
南京　中央政治學校　192?年

006346792　8093　9217
勞動互助社暫行組織綱要
延安　中央政府西北辦事處土地部　1936年

006346793　8094　7924
小麥及麵粉
陳伯莊著　上海　交通大學研究所　1936年　（m.）

007499386　8101　7223
天山南路的雨水
劉衍淮著　1930年　（m.）

006346798　8101　7913
臺灣農業氣候
陳正祥著　臺北　國立臺灣大學農學院農業地理研究室　1948年　（m.）

006346800　8106　4203
豆果類水分測定法之研究
蕭立道著　香港　實業部天津商品檢驗局　1933年

006346804　8107　4629
臺中縣之土壤
茹皆耀、華孟著　臺北　臺灣省農業試驗所　1947年　專報　（m.）

006356731　8115　5442
中華蘇維埃人民共和國中央政府駐西北辦事處土地部訓令爲春耕運動
延安　1936年

006306368　8120　1124
中國作物育種學
王綬編著　上海　商務印書館　1936年

006356733　8120　4424
莊稼漢手冊
李俊編註　香港　新華書店　1945年　（m.）

006356735　8125　1175
治螟新法
王曆農編　費穀祥校訂　上海　商務印書館　1931年　實用農藝叢書　（m.）

006356736　8125　4482
松毛蟲初步研究報告
樓人傑撰　濟南　1930年　（m.）

007947180　8125　4543
梨銹病及其防治法
戴芳瀾撰　南京　金陵大學農學院　1933年　金陵學報　（m.）

006377651　8125　4834
中國天災問題
黃澤蒼著　上海　商務印書館　1935年　百科小叢書　（m.）

007505500　8125　7108
農作物病害學
陸旋撰　上海　商務印書館　1926 年

007881628　8125　7933
小麥杆黑粉病之防除試驗
陳鴻逵等著　南京　金陵大學農學院　1932 年　（m.）

006420869　8130　1915
中國食用作物
孫醒東著　上海　中華書局　1937 年　農業叢書　（m.）

007144079　8130　2138
八大植物
毛福全編　李林瀚校　北京　實業同志會　1920 年　畷畊室叢書

006361375　8130　7987
中國作物論
原頌周著　上海　商務印書館　1933 年　（m.）

006362268　8131　0644
稻作學
唐志才編　觀前　文怡書局　1934 年　（m.）

007805483　MLC－C
特種稻作學
汪呈因　上海　中華書局　1946 年　再版　（m.）

006378530　8131　1228
水稻田之實驗誤差
丁穎、謝煥廷著　香港　廣州稻作試驗場　1935 年　國立中山大學農學院農林研究委員會叢刊　第 3 類

006419936　8131　2017
米
朱西周編　林庭弼助編　上海　中國銀行經濟研究室　1937 年　（m.w.）

006378534　8131　3133
中國各省小麥之適應區域
沈宗瀚、萬德昭、蔣彥士編　香港　南京實業部中央農業實驗所　1937 年　（m.）

006378499　8131　4391
水稻小株正條密植淺說
臺灣省農林廳編　臺北　臺灣省農林廳　19?? 年

006378500　8131　4391.8
怎樣養成水稻強健幼苗
臺灣省政府農林廳編　臺北　臺灣省政府農林廳　19?? 年

006378501　8131　4933
中國蜀黍論
蔡邇賓著　保定　教育博品社　1936 年　農學叢書　（m.）

006378502　8131　7244
旱稻政策
劉茂華著　湖南　經世文志社　1942 年

006378512　8136　2303
棉
上海商業儲蓄銀行調查部編　上海　上海商業儲蓄銀行調查部　1931 年　商品調查叢刊　（m.）

006384490　8136　3352
棉
過探先著　上海　商務印書館　1923 年　百科小叢書　（m.）

006383750　8136　3904
鄂棉產銷研究
梁慶椿等　重慶　中國農民銀行經濟研究處　1944年　（m.）

006384493　8136　4288
棉作學
郝欽銘著　長沙　商務印書館　1940年（m.）

006384494　8136　4320
南通農校棉花展覽會報告
南通私立甲種農業學校編　香港　南通私立甲種農業學校　1915年

006306408　8136　4474
中國棉作害蟲
李鳳蓀、馬駿超著　上海　中華書局　1936年　農業叢書　（m.）

007947858　8136　5404
中國棉產統計民國三十六年
農林部棉產改進諮詢委員會、全國紡織業聯合會合編　1947年

006306344　8137　2170
茶葉產銷
行政院新聞局編　南京　行政院新聞局　1947年　（m.）

006395605　8137　2170.4
煙草產銷
行政院新聞局編　南京　行政院新聞局　1948年　（m.）

006395618　8137　2244
茶葉全書
威廉烏克斯著　中國茶葉研究社社員集體翻譯　上海　中國茶葉研究社　1949年　中國茶葉研究社叢書　（m.）

006395607　8137　5644
茶葉展覽特刊
中國茶葉公司編纂　重慶　中國茶葉公司　1940年

006395501　8137　8623
祁門紅茶品分級試驗報告
全國經濟委員會農業處編輯　南京　全國經濟委員會　1936年　全國經濟委員會農業處農業專刊　（m.）

006395611　8137　8747
祁門紅茶之生產製造及運銷
金陵大學農學院農業經濟系編纂　南京　金陵大學農業經濟系　1936年　豫鄂皖贛四省農村經濟調查報告　（m.）

006395612　8138　1298
人參栽培法
邵惕公編　上海　中華書局　1939年　再版　實用農業小叢書

006394549　8139　4308
桐油產銷
南京　行政院新聞局　1947年　（m.）

006395292　8141　4141
國產植物染料染色法
杜燕孫著　長沙　商務印書館　1938年　初版　工學小叢書　（m.）

006395616　8147　4861
中國熱帶作物第一編
黃晃著　長沙　商務印書館　1940年（m.）

007501705　8151.17　3427
河南特用作物出產表
1929年

007501706　8151.17　3444
河南蔬菜出產表

1929 年

007501704　8151.17　3466
河南果品出産表
1929 年

007501702　8151.17　3483
河南食糧出産表
1929 年

009277478　8153　7955
秘傳花鏡六卷　圖一卷
陳扶搖彙輯　上海　鶴記書局　1914 年

007799051　MLC – C
都門藝蘭記
于照　北京　晨報出版部　1928 年　再版　（m.）

006306378　8154　0142
果樹園藝學
諶克終著　上海　商務印書館　1936 年　大學叢書　（m.）

006310430　8154　0248
核桃木
齊敬鑫著　上海　商務印書館　1946 年　國防用材　（m.）

006403001　8154　4269
柑橘
胡昌熾著　上海　商務印書館　1934 年　百科小叢書

006395623　8156　0265
樹蕙編
方時軒撰　上海　蟬隱廬　1936 年

009097221　8156　0429a
春暉堂花卉圖説十二卷
許衍灼　上海　新學會社　1923 年　石印

009078422　8156　2361
蘭蕙小史三卷　附卷
吳恩元編輯　唐駝校訂　上海　中華書局　1923 年　鉛印

008053949　1668　1658　8156　4142
采芳隨筆二四卷
查彬撰　1913 年

006192345　8160　4386
吉林省之林業
南滿鐵路調查課原編　湯爾和譯　上海　商務印書館　1930 年　東省叢刊　（m.）

006192340　8160.833　0154
廣西農林設施概要彙編
廣西農村建設試辦區編　沙塘　廣西農村建設試辦區　1936 年

006176193　8160.9　7266
中國的森林
周映昌、顧謙吉著　長沙　商務印書館　1941 年　初版　文史叢書　（m.）

007947859　81609　b　4265
中國林業建設
郝景盛著　桂林　中國文化服務社　1944 年　（m.）

006176226　8162　0224
造林學通論
高秉坊編　淩道揚、林剛校訂　上海　商務印書館　1934 年　高級農業學校教科書　（m.）

006181785　8162　4231
廣東造林工作及苗圃設施之實際方法
芬次爾著　齊敬鑫譯　廣州　國立中山大學農科　1930 年　國立中山大學農科

叢書

006181784　8162　5667　FC9455　Film　Mas　35891
造林運動宣傳綱要
中國國民黨中央執行委員會宣傳部編　南京　中國國民黨中央執行委員會宣傳部　1929年　（m.）

006181781　8165　0691
中國木材學
唐耀著　胡先驌校訂　中華教育文化基金董事會編譯委員會編輯　上海　商務印書館　1936年　（m.）

006181779　8167　0862
新竹縣山林管理所概況
新竹縣山林管理所編輯　新竹　永泰商行　1949年

006181778　8167　4395.11
臺灣森林
臺灣省農林廳林產管理局編　臺灣　臺灣省農林廳林產管理局　1949年

007692672　8167　4395.6
臺灣林產管理概況
臺灣省政府農林處林產管理局出版委員會編輯　臺北　臺灣省政府農林處林產管理局　1948年　（m.）

006181763　8180　1330
西北羊毛與畜牧事業
張之毅、趙惜夢撰　香港　中國國貨實業服務社　1941年　經濟小叢書

006202420　8180　1642
乳用山羊學
石大偉編著　上海　正中書局　1946年　滬1版　（m.）

006180628　8180　3804
中國的畜牧
顧謙吉撰　長沙　商務印書館　1939年　初版　藝文叢書

006202421　8180　5140
中國之畜牧
費理樸〔R. W. Phillips〕、蔣森〔F. G. Johnson〕、莫爾〔R. T. Moyer〕原著　湯逸人譯　上海　中華書局　1948年　（m.）

006181762　8186　3874
牛乳研究
顧學裘編　上海　中華書局　1940年　科學常識叢書　（m.）

006221994　8190　8134
養雞學
金宸樞編　上海　中華書局　1940年　農業叢書　（m.）

006181786　8190　8219
北京鴨
舒聯瑩、葉德備編　上海　商務印書館　1934年　農業小叢書　（m.）

006221995　8200　0510
一歲之廣東蠶業改良實施區
廣東省政府建設廳順德蠶業改良實施區總區編輯　香港　順德蠶業改良實施區　1935年　（m.）

006202444　8200　1539
四川蠶業改進史
尹良瑩著　上海　商務印書館　1947年　中國蠶絲叢書　（m.）

007698673　MLC – C
四川省之豬鬃
史道源編　1945年　（m.）

006187594　8200　1539.1
中國蠶業史
尹良瑩著　南京　國立中央大學蠶桑學會　1931年　國立中央大學蠶桑學會叢書　（m.）

006187031　8200　2969
中國蠶絲
樂嗣炳編輯　胡山源校訂　上海　世界書局　1935年　初版　（m.）

006187595　8200　2981
世界蠶絲業概觀
朱美予編著　上海　商務印書館　1934年　再版　商學小叢書

006187565　8201　4262
中國蠶業概況
萬國鼎編　上海　商務印書館　1924年　（m.）

006221996　8201　4442
南中國絲業調查報告
布士維、考活合著　黃澤普譯　廣州　嶺南農科大學　1925年　廣州嶺南農科大學佈告

006202499　8201　8313
中國蠶絲問題
錢天達著　上海　黎明書局　1936年　（m.）

006187598　8205　4138
中國絲絹西傳史
姚寶猷著　重慶　商務印書館　1944年　中山文化教育館研究叢刊　（m.）

006186986　8205　8128
四川蠶絲產銷調查報告
鍾崇敏、朱壽仁調查編撰　重慶　中國農民銀行經濟研究處　1944年　（m.）

006187599　8208　1539
家蠶微粒子病檢查法與防除法
尹良瑩編著　上海　商務印書館　1948年　（m.）

006414426　8211　561
中國蠶絲問題
1937年　（m.）

006187602　8211　5612
新品種養蠶概說
中國蠶絲公司編輯　上海　商務印書館　1947年　中國蠶絲叢刊　（m.）

006187603　8211　5612.1
現行家蠶新品種性狀概說
中國蠶絲公司編輯　上海　商務印書館　1947年　中國蠶絲叢刊　（m.）

006187604　8217　4533
桑樹栽培學
戴禮澄編　葛敬中校　長沙　商務印書館　1938年　4版　高級農業學校教科書　（m.）

006187606　8217　8123
古今合纂殖桑法
金步瀛撰　杭州　浙江省立圖書館　1930年

006187607　8219　1342
製絲學
張嫻著　昆明　中華書局　1939年　3版　農業叢書　（m.）

006187569　8220　0492
香港漁民概況
謝憤生、盧維亞著　陳志良編輯　上海　中國漁民協進會　1939年　中國漁民協進會叢書　（m.）

006187608　8220　0510
一周年紀念冊
廣東省政府建設廳水產試驗塲編　廣州　中英印務局　1930年

006195839　8220　2170
漁業
行政院新聞局編　南京　行政院新聞局　1947年　（m.）

006187590　8220　3335
漁業法規
杭州　浙江省政府農礦處　1930年　（m.）

006186622　8220　4440
中國海洋漁業現狀及其建設
李士豪著　上海　商務印書館　1936年　初版　（m.）

006192309　8220　5838
中外漁業概觀
費鴻年著　上海　商務印書館　1931年　萬有文庫　第1集　（m.）

007672715　8220　7656
閩中海錯疏三卷
屠本畯撰　徐𤊹補疏　上海　商務印書館　1937年　國學基本叢書　（m.）

家政

007949671　8250　2253
家庭經濟學
何静安著　上海　商務印書館　1935年　浙江大學叢書　（m.）

011920007　TX326.S45　1935
實用一家經濟法
邵飄萍編　上海　商務印書館　1935年　國難後4版　（m.）

006227682　8280　6441
家庭食譜初編　續編　三編　四編
李公耳、時希聖合撰　上海　中華書局　1936年　（m.）

006305415　8281　265
飲膳正要三卷
忽思慧撰　上海　商務印書館　1934年　四部叢刊續編　（m.）

006227695　8281　265B
飲膳正要
忽思慧撰　上海　商務印書館　1935年　國學基本叢書　（m.）

006227505　8281　4244
家常衛生烹調指南
胡封華編　上海　商務印書館　1932年　（m.）

006233098　8281　6441
家庭新食譜
時希聖著　沈健民校正　上海　中央書店　1940年　（m.）

006233271　8281　7294
陶母烹飪法
陶小姚撰　上海　商務印書館　1936年　（m.）

006233283　8288　1114
育兒法教子有方
王張桂楨譯　通縣　潞河鄉村服務部　1941年

007574696　8293　7200
瀛談五卷　附錄一卷
關賡麟撰　香港　中華工程師學會　1926年

006238448　8293　8621
全國手工藝品展覽會概覽
全國手工藝品展覽會編輯組編　南京　全國手工藝品展覽會　1937年　（m.）

006237771　8299　5933
專利制度概論
秦宏濟著　上海　商務印書館　1946年　滬初版　（m.）

006238467　8299　6001
發現與發明
呂諶著　上海　北新書局　1929年　（m.）

手工業

006244759　8307　3906
天工開物三卷
宋應星著　上海　華通書局　1930年　（m.）

006237538　8307　3906.2
天工開物三卷
宋應星撰　武進　涉園陶氏　1929年

006244760　8307　3906.3
天工開物三卷　附附錄
宋應星著　上海　世界書局　1936年　（m.）

機制工業

006244687　8402　2053
公營工礦事業
生產事業管理委員會、臺灣省建設廳合編　臺北　生產事業管理委員會　1949年

006250451　8460　3327
中國造紙股份有限公司計劃書
溫溪紙廠籌備委員會編　上海　溫溪紙廠籌備委員會　1935年　（m.）

006244776　8470　0261
天津織布工業
方顯廷編　天津　南開大學經濟學院　1931年　工業叢刊　（m.）

006244777　8470　2218
紡織五金手冊
香港　博文書局　19??年

006244699　8470　4047
纖維工業辭典
黃希閣、姜長英編著　上海　中國紡織染工程研究所　1945年　纖維工業叢書　（m.）

006244629　8470　4060
中國紡織品產銷志
葉量著　上海　1935年　（m.）

006244781　8470　5622
中國紡織學會第五屆年會論文集
中國紡織學會　香港　中國紡織學會　1935年

006244634　8474　5404
胡竟良先生棉業論文選集
胡竟良著　農林部棉產改進處編輯　南京　中國棉業出版社　1948年　初版　棉業論叢　（m.）

007706922　MLC – C
怎樣種棉花
陝甘寧邊區政府建設廳編　1944年　陝甘寧邊區生產運動叢書　（m.）

006250452　8474　6104
花紗布管制之概況

财政部花纱布管制局编　重庆　中央信托局　1943年　孔兼部长就职十周年纪念文辑　（m.）

006250454　8476　2303
纱
上海商业储蓄银行编　上海　上海商业储蓄银行　1931年　商品调查丛刊

化学工业

006250222　8502　4327
黄海化学工业研究社廿周年纪念册
黄海化学工业研究社编　重庆　黄海化学工业研究社　1942年　初版　（m.）

006250223　8506　6020
化学工程名词
国立编译馆编订　上海　正中书局　1946年　（m.）

010132560　8527　6122
旱雷制作问答录一卷　电瓶制作问答录一卷
济南　1912—45年　钞本

006250229　8531　2324
制糖新法及糖业
吴卓著　上海　商务印书馆　1935年　3版　实业丛书　（m.）

006306376　8531　8128
四川蔗糖产销调查
钟崇敏撰述　朱寿仁调查　重庆　中国农民银行　1941年　中国农民银行经济研究处经济调查丛刊　（m.）

006250238　8532　2223
新中国盐业政策
何维凝编著　上海　正中书局　1947年　沪1版　（m.）

006250471　8532　2224
川鹾概略
缪秋杰编辑　香港　美新印刷社　1938年　（m.）

006250472　8532　4281
全国最近盐场录
胡翔云编　北京　求志学社　1915年　（m.）

006250474　8532　6978
盐务合作问题
景学铸著　重庆　独立出版社　1941年　（m.）

007882078　8532　8128
自贡之盐业
钟崇敏撰　香港　中国农民银行经济研究处　1942年　（m.）

006250231　8540　7243
清凉饮料制造法
周萃机编　上海　中华书局　1940年　初版　（m.）

006273118　8541.02　5639
中国酒精厂开幕纪念册
中国酒精厂编　上海　中国酒精厂　1935年　（m.）

006255569　8542　2375
中国茶叶问题
吴觉农、范和钧著　上海　商务印书馆　1937年　现代问题丛书

006255484　8542　3123
江西之茶
江西省政府经济委员会　南昌　江西省政府经济委员会　1934年　（m.）

006356721　8542　8181
西康茶葉
鍾毓著　四川　北碚建國書店　1942 年

006255982　8545　5980
釀造醬油之理論與技術
秦含章著　上海　商務印書館　1947 年　初版　（m.）

007672674　8550　3191
福建省研究院工業研究所液體燃料試驗室概況
福建省研究院編　香港　福建省研究院編譯出版室　1941 年　（m.）

006238442　8292　3192
河北省工業試驗所報告書
河北省工業試驗所編　天津　河北省工業試驗所　1929 年

006238215　8292　4391.2
臺灣省工業研究所研究報文摘要
臺灣省工業研究所技術室編　香港　臺灣省工業研究所　1946 年　（m.）

006256197　8551　2246
中國油桐與桐油
鄒旭圃編　香港　中華書局　1946 年　（m.）

007699586　MLC–C
四川桐油之生產與運銷
孫文郁、朱壽麟　南京　金陵大學農學院　1942 年　（m.）

006256205　8582　4394.47
臺灣樟腦事業概況
臺灣省樟腦局編　臺北　臺灣樟腦局　1948 年　（m.）

礦業冶金

006255519　8602　0510
礦業特刊
廣東省建設廳礦業調察團編　廣州　廣東建設廳　1931 年　（m.）

006256216　8602　3391
建設委員會辦理長興煤礦之經過
建設委員會秘書處編　香港　建設委員會秘書處　1930 年　（m.）

006256219　8608　2716
山西礦務志略
山西實業廳編　耿步蟾主纂　山西　實業廳　1920 年

006273120　8608　8136
清末漢陽鐵廠
全漢昇著　臺北　國立臺灣大學法學院　1949 年　社會科學論叢

006273121　8608.1　1203
外資礦業史資料
丁文江著　濟南　1929 年　（m.）

006273076　8609　2946
鎢鉬鎳鈷四金屬概要
徐英明編譯　上海　商務印書館　1947 年　初版　工學小叢書　（m.）

006273125　8610　6710
礦業法附施行細則
廣州　廣東省政府建設廳　1930 年　（m.）

006273126　8620　4882
廣西煤田述要
趙金科、張文佑撰　香港　中央研究院地質研究所　1941 年　中央研究院地質研究所簡報

006273127　8620.23　4244
雷波鐵礦
蕭柟森編　重慶　國立中央大學川西科學考察團　1942年　（m.）

006273128　8620.25　1382　FC5636　FC－M1208
湖南之礦業
張人價編　長沙　湖南經濟調查所　1934年　湖南經濟調查所叢刊　（m.）

006273130　8621　2172
鎢
仇同撰　上海　中國文化服務社　1946年　（m.）

009155655　MLC－C
贛南鎢礦志
周道隆主編　南昌　江西地質礦業調查所　1936年　（m.）

006273135　8621　4427
中國鎢礦論
李伯賢編述　長沙　商務印書館　1941年　百科小叢書　（m.）

006273136　8621　4456
國防與礦產
李春昱著　上海　商務印書館　1946年　復興叢書　（m.）

006273137　8621　4842
中國礦產
黃著勳著　上海　商務印書館　1930年　（m.）

006273138　8621　7255
我國的礦業
馬靜軒編　趙景源校　上海　商務印書館　1936年

006273140　8622.8　8178
蘇浙皖礦志第一編
第三區礦務監督署編輯　香港　第三區礦務監督署　1914年

006273141　8623.2　0591
廣東全省礦區一覽表
廣東省建設廳編　廣州　廣東省建設廳　1937年

007882080　8623.2　0591.1
廣東建設廳[礦業專號]第二集
香港　廣東省政府建設廳　1936年

006273077　8640　4298
採礦工程
胡榮銓著　上海　商務印書館　1934年　工學小叢書　（m.）

006273143　8640　483
鑽探術
趙汝鈞著　北京　農商部地質調查所　1920年　（m.）

006273144　8640　7227
地層測算術
劉季辰著　北京　農商部地質調查所　1919年　（m.）

006356722　8660　2130
金礦叢刊
經濟部採金局編　香港　經濟部採金局　1942年

006278737　8660　7143
金屬學及熱處理
陸志鴻編著　臺灣　兵工學校印刷所　1949年

006278702　8680　1132
煤業概論
王寵佑著　王雲五主編　上海　商務印

書館　1933年　國難後第1版　百科小叢書　（m.）

011806339　HD9502.A2　P365　1937
世界燃料問題
潘驥著　上海　商務印書館　1937年　現代問題叢書　（m.）

006277955　8680　2170
煤
南京　行政院新聞局　1947年　（m.）

006278743　8680　2308
臺灣之煤炭
物資調節委員會編　臺北　物資調節委員會　1949年

006311046　8680　8174
中國各省煤質分析
金開英、洪曾荃著　南京　實業部地質調查所　1933年　燃料研究專報　（m.）

工程

006311054　8702　5612
三十年來之中國工程
中國工程師學會編輯　南京　中國工程師學會　1948年　再版　（m.）

007438436　8706　3144
中國工程師手冊
汪胡楨主編　上海　商務印書館　1947年

007801982　MLC－C
中國工程師學會會員錄廣州分會
濟南　中國工程師學會　1948年

007438335　8707　5612
中國工程人名錄第一回
資源委員會編　長沙　商務印書館　1941年　（m.）

006311058　8717.49　2481
朝鮮土木事業志略
傅銳著　濟南　1916年

006311063　8720　7335
陝潼汽車路特刊
河南　陝潼汽車路工程總事務所　1929年　（m.）

006311066　8730　0301
整理東濠下遊報告書
廣州市公務局編輯　香港　廣州市公務局　1936年

006311069　8730　1441
京畿除水害興水利芻議
武桓著　張雅南、侯光陸校正　北京　新新印刷局　1926年　（m.）

006329284　8730　2171.1
水利法規彙編
行政院水利委員會編　重慶　行政院水利委員會　1944年　（m.）

006329286　8730　2312　FC5494　（8）
古今治河圖說
吳君勉纂輯　南京　水利委員會　1942年　水利委員會水政叢書　（m.）

006329290　8730　3491
惠濟河疏浚虹吸管引水暨省會水道整理工程報告
河南省政府建設廳、河南省整理水道改良土壤委員會編　開封　河南省整理水道改良土壤委員會　1935年　（m.）

007047818　HE894.C45　1948x
冀魯區引水公會周年紀念册
劉文敏總編輯　天津　冀魯區引水公會
1948年　（m.）

006329292　8730　3949.1
歐美水利調查録
宋希尚著　南京　商務印書館　1924年
河海叢刊　（m.）

006329293　8730　4203
水利芻議
茅謙著　香港　丹徒茅氏　1922年
（m.）

007784178　MLC－C
二十四年江河修防紀要
南京　1936年　全國經濟委員會叢刊
（m.）

006329250　8730　4206　FC5494　（6）
中國防洪治河法彙編
楊文鼎編　開封　建華印刷所　1936年
初版　（m.）

008630412　FC5494　（4）
對於治理揚子江之意見
李儀祉著　南京　揚子江水利委員會
1935年　（m.）

008630411　FC5494　（4）
勘察揚子江復堤工程及南京至宜昌間水道報告
揚子江防汛委員會　南京　揚子江防汛
委員會　1936年　（m.）

008630406　FC5494　（4）
揚子江防洪問題之初步計劃
揚子江防汛委員會　南京　揚子江防汛
委員會　1935年

006329294　8730　5131.3
揚子江漢口吳淞間整理計劃草案
揚子江水道整理委員會編　南京　揚子
江水道整理委員會　1930年　（m.）

008630417　FC5494　（6）
揚子江漢口吳淞間整理計劃草案
行政院新聞局　南京　行政院新聞局
1947年

008630413　FC5494　（6）
揚子江灄白河幹支流堵口復堤工程
行政院新聞局　南京　行政院新聞局
1947年

008630435　FC5494　（6）
揚子江水道整理委員會第六、七期年報合編
揚子江水道整理委員會　南京　揚子江
水道整理委員會　1929年

007714235　8730　6112
國聯工程專家考察水利報告書
香港　全國經濟委員會　1933年

006336949　8730　8232
中國之水利
鄭肇經著　長沙　商務印書館　1939年
（m.）

006336950　8731　6237
貫名先生治河議草稿
貫名菘翁[貫名海屋]著　大阪　駸駸堂
1944年

008630428　FC5494　（3）
復淮故道圖説
丁顯撰　南京　中國水利工程學會
1936年　中國水利珍本叢書　第1輯

008630419　FC5494　（1）
河工方略

余家洵編著　重慶　正中書局　1945 年　（m.）

008630365　FC5494　(3)
河渠紀聞
康基田撰　南京　中國水利工程學會　1936 年　中國水利珍本叢書　第 1 輯（m.）

008630425　FC5495　(3)
清史河渠志四卷
趙爾巽纂　南京　中國水利工程學會　1936 年　中國水利珍本叢書　第 1 輯（m.）

008630405　FC5494　(4)
揚子江防汛專刊
揚子江防汛委員會　南京　揚子江防汛委員會　1933 年

006329297　8736　8623
中國河工辭源
全國經濟委員會水利處編　南京　全國經濟委員會　1936 年　（m.）

006329298　8738.14　3195
河北省農田水利委員會第三屆成績書
河北省農田水利委員會編　保定　河北省農田水利委員會　1937 年　（m.）

006329299　8738.318　4314
臺灣之水力資源
資源委員會臺灣省政府臺灣電力公司土木處編著　臺北　資源委員會臺灣省政府臺灣電力公司　1947 年　（m.）

006329300　8738.318　4314.1
臺灣大甲溪水力發電計劃
資源委員會臺灣省政府臺灣電力公司土木處編著　臺北　資源委員會臺灣省政府臺灣電力公司　1947 年

006329303　8738.318　4391
臺灣省水利要覽
臺灣省建設廳水利局編輯　臺灣　臺灣省建設廳水利局　1948 年

006329305　8738.318　4391.17
阿公店溪蓄水庫工程計劃
臺灣省政府建設廳水利局編　臺北　臺灣省政府建設廳水利局　1948 年

006336568　8760　0442
中國鐵道史
謝彬撰　上海　中華書局　1929 年　史地叢書　（m.）

006336501　8760　6281
戰後第一期鐵道計劃
南京　行政院新聞局　1947 年　（m.）

006336807　8790　4434
工段營造錄一卷
李斗著　北京　中國營造學社　1931 年　揚州畫舫錄　（m.）

006336462　87906　b　4101
英華華英合解建築辭典
杜彥耿編譯　上海　上海市建築協會　1936 年

006341219　8800　4344.3
高雄機器廠產品目錄
臺灣機械有限公司編　高雄　臺灣機械有限公司　194? 年

006340978　8800　5055
工程熱力學
戈本捷編著　重慶　正中書局　1944 年　初版　（m.）

006341230　8830　1195
無綫電與中國
王崇植、惲震合著　香港　惲震　1931

年　（m.）

006341231　8830　1858
中國電界論壇第一集
電氣書籍編譯部選輯　上海　新電界雜誌社　1933 年　（m.）

006346769　8830　4324
無綫電原理及應用
赫欽孫[R. W. Hutchinson]著　丁曦譯　上海　開明書店　1936 年　（m.）

006346781　8830　4841
電學淺說
堪頒布爾著　于樹樟譯　上海　商務印書館　1933 年　百科小叢書　（m.）

006356139　8830　6020　（1）
電機工程名詞電力部
國立編譯館編訂　上海　正中書局　1947 年

006356140　8830　6020　（2）
電機工程名詞電化部
國立編譯館編訂　上海　正中書局　1947 年

006356141　8830　6020　（3）
電機工程名詞電訊部
國立編譯館編訂　上海　正中書局　1947 年

006356719　8830　9513
中國各大電廠紀要
惲震、王崇植編輯　建設委員會編　濟南　建設委員會　1931 年　中國電氣事業叢書　（m.）

006362067　8830.6　6020
電機工程名詞普通部
國立編譯館編訂　上海　商務印書館

1939 年　初版

006362280　8860　0234
飛機汽車操縱術入門
高漫編輯　北平　中華航空知識普及會　1932 年　航空叢書　（m.）

006362284　8860　2324
新發明之高射防空箭
侯疑始、汪日昌合著　北平　武學書局　1932 年

006362290　8860　5523
航空用語辭典
中央航空學校教育處編　上海　光華印刷公司　1934 年　（m.）

006362291　8860　6001
飛機
呂諶著　上海　商務印書館　1934 年　（m.）

006361683　8860　8229
英漢雙解航空辭典
舒伯炎編譯　杭州　中央航空學校　1937 年　初版

軍事學

011984894　U102.T88　1937
曾胡左兵學綱要
曾國藩、胡林翼、左宗棠撰　王之平編述　南京　軍用圖書社　1937 年　平不平齋叢書　（m.）

006372576　8903　1143
弭兵古義四卷
王式通編　北平　北海圖書館　1929 年

006372570　8903　1143b
弭兵古義四卷
王式通編　北平　王蔭泰　1939年

005471729　3034　4446　8903　4446
灰畫集二卷
李培輯　香港　訓練總監編輯局　1931—40年

011917201　DS777.488.C5　A5　1927
蔣介石先生演講集
秦瘦鷗編　上海　三民公司　1927年5版　(m.)

006372543　8903　4451
蔣主席治兵語錄
鄧文儀編　南京　新中國出版社　1947年　(m.)

006372581　8903　4921
士兵戰地常識問答
林俠子著　重慶　青年書店　1940年

006372582　8903　6104
間諜故事一束
羅文選　王若愚[光祈]譯　香港　國民政府軍事委員會調查統計局　民國間

006372586　8903　7238
武經七書直解
劉寅解　南京　陸軍編譯處　1933年

008580481　FC3072
新兵軍事教材
新四軍山東軍區司令部編　山東　新華書店　1944年

006408653　8906　0492
軍政全書十二卷
許恂儒著　上海　中原書局　1926年　(m.)

006408015　8906　4600
漢英現代軍事辭典
J. V. Davidson – Houston, R. V. Dewar – Durie 編　1942年

006408669　8906　6710
軍語釋要
國民政府軍事委員會委員長南昌行營編　上海　中華書局　1935年　(m.)

006440883　8906　8675
英漢對照軍語詞典草編
美國駐中印緬軍華軍訓練總處編　印度　美國駐中印緬軍華軍訓練總處　1944年　2版

006408672　8907　0782
部隊勞動英雄
八路軍留守兵團政治部宣傳部編　延安　八路軍留守兵團政治部宣傳部　1943年

006408676　8907　1684
軍事學問答
石鐸編　上海　大東書局　1931年　考試必攜百科常識問答叢書

006408674　8907　2131
美國將星錄
毛啟瑞編譯　重慶　中外出版社　1945年　(m.)

006434135　8907　3213
抗日的模範軍人
馮玉祥編　漢口　三户圖書社　1938年　(m.)

006434373　8907　6220
四名將
上海　大方書局　1947年　歷史故事叢刊　(m.)

006440886　8907　7130
各國陸軍年鑒
中國陸軍部編　北京　陸軍部　1914 年
（m.）

006440878　8907　7302
陸軍新編第一軍從軍學生復員通訊錄
濟南　1947 年

006434376　8907　7321.5
東南沿海作戰殉職將士忠烈錄
陸軍總司令部史政處編　臺北　陸軍總司令部史政處　19?? 年

001357509　8907　8482
八路軍抗戰烈士紀念冊
國民革命軍第十八集團軍政治部編輯
1942 年　初版

006434322　8907　8843
八路軍的英雄們
八路軍留守兵團政治部　濟南　八路軍留守兵團政治部　1944 年

001937255　8907　886
第八路軍的幹部人物剪影
辛克萊著　香港　戰時出版社　1940 年
　　戰時小叢刊

006440887　8908　1120
國家總動員歐戰實驗
王作新編譯　北京　武學書局　1919 年

006440861　8908　1346
中國軍事史略
張其昀著　重慶　正中書局　1944 年
（m.）

006447569　8908　2121
蘇俄軍備與日俄戰爭
佐佐木一雄撰　北平晨報編輯處譯　香港　北平晨報社　1932 年　北晨叢書
（m.）

006447561　8908　2366
明代的軍兵
吳晗著　香港　國立中央研究院社會科學研究所　1937 年

006447562　8908　2944
中國近代軍事變遷史略
徐培根編　香港　陸軍大學　1949 年

006447563　8908　2984
中原突圍記
徐敏著　無錫　蘇南新華書店　1949 年

006447570　8908　3725
歷代名將言行錄四十卷
軍學編輯局編　北京　軍學編輯局
1912—30 年

006447571　8908　3725.4
世界大戰之教訓
軍學編輯局編　北京　軍學編輯局
1914—30 年

008592697　FC2858
國民軍革命史
上海　軍學社印　192? 年　馮煥章先生叢書

006453860　8908　6730
國民軍革命史初稿
濟南　1940 年　（m.）

006453863　8908　7214
剿匪戰事之檢討
劉斐記述　廣州　軍官訓練團　1945—71 年

006459461　8908　7908
兵法史略學
陳慶年纂　北京　軍學編輯局　19?? 年

006459452　8908　8448
蘇軍簡史
敏茨著　羅焚合譯　香港　東北新華書店　1949年

006459453　8908　8737
人民軍隊所向無敵紀念中國人民解放軍誕生四十二周年
北京　人民出版社　19??年

006459390　8909　0249
各國國家總動員概觀
鄺松光編著　重慶　國民圖書出版社　1944年　（m.）

006459462　8909　0346
戰略學
應雄圖編　北京　軍學編輯局　19??年

006459463　8909　2941
法西斯德國軍事思想與軍事學派的破產
朱布可夫作　趙明譯　長春　東北書店　1949年　（m.）

006459464　8909　3725
德國軍政要義
軍學編輯局編　19??年

006459465　8909　3725.2
歐戰後野戰攻擊之研究
軍學編輯局編　北京　軍學編輯局　19??年

006459466　8909　3725.3
演習計劃及實施
軍學編輯局編　北京　軍學編輯局　1916年　改訂本

006459467　8909　3725.4
大演習全書
軍學編輯局編　北京　軍學編輯局　19??年

006459468　8909　3725.6
戰略學教程
軍學編輯局編　北京　軍學編輯局　1916年

006459469　8909　3725.7
戰術學教程四十卷
軍學編輯局編　北京　軍學編輯局　1916年　（m.）

006459470　8909　3725.8
陣地新戰術
軍學編輯局編　北京　軍學編輯局　19??年

006459472　8909　3725.9
兵要地理
軍學編輯局編　北京　軍學編輯局　19??年

006459359　8909　4872
中國軍制史
黃堅叔著　長沙　商務印書館　1941年　（m.）

007797007　MLC–C
步兵野外教練
廣州　廣三商店　1930年

007801983　MLC–C
黃埔操場野外筆記
香港　黃埔中央陸軍軍官學校　1929年　再版

007803648　MLC–C
日式野外實施之研究
北平　武學書館　1933年

006459474　8909　6241
野外勤務書摘要
軍學編輯局編　北京　軍學編輯局
19？？年

007799008　MLC－C
戰術綱要
南京　共和書局　1933年

006459475　8909　7114
巴爾克戰術
巴爾克［Balck］著　軍學編輯局譯
19？？年

006459458　8909　7298
軍事學術大全
劉炎編　上海　真美書社　1928年
（m.）

006466711　8910　1421
重刊武經七書
香港　張氏皕忍堂　1926年

006466712　8910　3236
新譯孫子兵法
馮家勳譯述　桂林　軍民書店　1941年

006466713　8910　3445
中國古代軍事考證
寧李泰著　南京　軍事雜誌社編輯股
1931年　（m.）

006466714　8910　3725
古兵法彙纂
軍學編輯局編　北京　軍學編輯局
19？？年

006466706　8910　4272
古代兵經
香港　中興書店　1941年　（m.）

006466707　8910　4436
孫子新研究
李浴日著　南京　世界兵學社　1946年
（m.）

008445977　MLC－C
孫子著作時代考
齊思和撰　1939年

006466304　8910　4436.1
孫子兵法之綜合研究
李浴日譯著　長沙　商務印書館　1938年　（m.）

007482207　8910.4　7138
歷代兵書目錄
陸達節［撰］　南京　軍用圖書社
1933年

006472346　8911　1273
司馬法三卷
司馬穰苴撰　上海　中華書局　1930年
　聚珍倣宋版　四部備要

007567304　8911　1914.2
孫子兵法史證
支偉成編纂　上海　泰東圖書局　1926年　諸子研究　（m.）

009125980　8911　1914.4
白話孫子兵法讀本
葉玉麟選譯　香港　萬象書店　1949年
新4版

011935689　U101.S96　W78　1940
孫子兵法新檢討
吳鶴雲著　上饒　戰地圖書出版社
1940年　初版　兵學叢書　（m.）

006472661　8911　1914.7
孫子新詮
陳華元著　重慶　商務印書館　1945年

農業工藝類

1691

（m.）

006478065　8911　1914.73
孫子兵法校釋
陳啟天著　上海　中華書局　1947 年（m.）

006478764　8910　8200　8911　1914.8
孫子兵法
鄭麐編譯　上海　世界書局　1946 年　英譯先秦群經諸子叢書　（m.）

006472649　8911　1914A
孫子十家註十三卷
孫星衍、吳人驥校　上海　商務印書館　1940 年　國學基本叢書　（m.）

006471845　8911　1914B
孫子十三卷
孫武撰　孫星衍等校　上海　中華書局　1927—36 年

006478220　8911　1914c
孫子
孫武［孫子］著　張之純撰　上海　商務印書館　1926 年　第 6 版　評註諸子菁華錄

006472660　8911　1914D
孫子淺說
孫武［孫子］著　蔣方震、劉邦驥釋　北京　軍學編輯局　1915 年　（m.）

006472651　8911　1914h
孫子十家註十三卷
孫星衍、吳人驥同校　上海　章福記書局　1921 年

006478533　8911　2348
吳子二卷
吳起撰　上海　中華書局　1930 年　聚珍倣宋版　四部備要

003537631　8911　4464
以孫子兵法證明日本必敗
李則芬著　重慶　生活書店　1939 年（m.）

006478772　8911　7917
七子兵略七卷
陳玖學評註　上海　鴻文齋　1917 年

009314884　8911　7917.1
評註七子兵略七卷
陳玖學、陳廷傑等訂　上海　鴻寶齋　1917 年　石印

006478773　8912　4818
素書解
黃石公著　程昌祺註　成都　華西協和大學哈佛燕京學會　1934 年

006478777　8917　7529
紀效新書一八卷
戚繼光撰　香港　武林西宗氏　1941 年

006478770　8917　7529B
紀效新書十八卷
戚繼光撰　長沙　商務印書館　1938 年　國學基本叢書

006484893　8918　4241
胡文忠公語錄
胡林翼著　重慶　軍事委員會政治部　1940 年　（m.）

007567353　8918　4982
曾胡治兵語錄
蔡鍔錄　上海　商務印書館　1925 年　7 版

006484894　8918　5845
曾胡治兵語錄註釋

費怒春註釋　重慶　青年書店　1941 年
（m.）

006484895　8918　5845b
增補曾胡治兵語錄註釋
蔡鍔摘彙　蔣介石增補　費怒春註譯
重慶　國民政府軍事委員會政治部
19?? 年

006484903　8918　7217
應用武學問答
周予覺編　上海　商務印書館　1922 年
4 版　（m.）

006484053　8918　7904
胡曾左平亂要旨
陳翊林［啟天］編　上海　大陸書局
1933 年　再版　（m.）

006484904　8919　5645
居仁日覽將範
中國內史監輯　濟南　1915 年

006484897　8920　0227
軍事講話
訓練總監部國民軍教育處編輯　南京
軍用圖書社　1934 年　（m.）

006483516　8920　2022
解放軍生活
香港　新民書店　1949 年　（m.）

008630550　FC1040(N)
人民軍隊
新四軍政治部編　香港　華中新華書店
1948 年　（m.）

006489892　8920　3465
飛機的由來
良友圖書公司編　上海　良友圖書公司
1935 年　萬有畫庫　（m.）

006489895　8920　4451
軍事教育之要旨
蔣中正著　香港　政治部　1938 年
（m.）

006497486　8920　7124
如何建設新軍
劉峙等撰　重慶　獨立出版社　1939 年
戰時綜合叢書　（m.）

006497487　8920　8167
閻司令長官建軍的理論與實施
第二戰區司令長官部編輯　山西　賁河
印刷廠　1940 年　（m.）

006497489　8920　8365
美國的軍備
美國新聞處編譯　重慶　美國新聞處
1945 年

008992383　T　8920　8544
德國兵家克老山維茲兵法精義不分卷
克老山維茲著　錢基博譯稿　香港　錢
基博　1938 年　稿本

006497491　8921　1389
各國總動員概況
張公輝著　國防學術編譯會主編　香港
　大東書局　1942 年　國防經濟叢書
（m.）

011739633　UA11. F998　1938
列強戰備比較論
傅旡退［撰］　長沙　商務印書館　1938
年　（m.）

011561434　U21. L812　1937
全民族戰爭論
魯屯道夫著　張君勱譯　上海　中國國
民經濟研究所發行　1937 年　再版　中
國國民經濟研究所叢書　（m.）

006497435　8921　4174
國防經濟論
董問樵著　長沙　商務印書館　1940年　（m.）

006497494　8921　4243
國防新論
楊傑著　香港　中華書局　1943年　（m.）

006583160　8921　4401
國防論
蔣方震著　濟南　1937年

006497495　8921　4436
東西兵學代表作之研究
李浴日編　桂林　世界兵學編譯社　1943年　（m.）

006503518　8921　4944
國防原則之戰爭指導
林熏南著　香港　天文臺半周評論社　1939年　（m.）

006503519　8921　7210
國防與物資
厲爾康著　上海　大東書局　1930年　再版　（m.）

011904799　UG735.C6　Z468　1934
積極防空
周鐵鳴譯述　南京　正中書局　1936年　初版　（m.）

001358056　8922　1324
抗戰軍隊中的政治工作
張佐華著　漢口　上海雜志公司　1938年　大時代叢書　（m.）

006503524　8922　2328
最新兵役法規彙編
上海師管區司令部編輯　上海　永祥印書館　1947年　（m.）

001357561　8922　5512
戰時政治工作
静琴編輯　上海　時代史料保存社　1938年

006509558　8922　6700
軍法手冊
南京　國防部　1947年　（m.）

006509426　8922　7713
民兵政治教材
北嶽區人民武裝部編　山西　北嶽區人民武裝部　1944年

006509562　8922　8126
法規彙編
第一集團軍總司令部編　香港　第一集團軍總司令部　1933年　（m.）

001357590　8922　8482
敵寇作戰要務令
國民革命軍第十八集團軍[八路軍]政治部編撰　香港　八路軍軍政雜志社　1941年　繳獲文件

008630536　FC1046(N)
戰爭中日本陸軍諜報工作
八路軍總政治部敵工編輯　香港　八路軍軍政雜志社　1942年　繳獲文件

006509564　8923　2975
人力動員論
朱戮春著　重慶　國民圖書出版社　1943年　（m.）

006509565　8923　3526
兵役與工役
軍事委員會政治部編　香港　政治部　19??年　（m.）

011937148　UC270.C53　1940
歐美軍事交通考察記
蔣鋤歐著　昆明　中華書局　1940年
（m.）

006509569　8923　4401
新兵制與新兵法
蔣方震編譯　長沙　商務印書館　1938年　再版　（m.）

006509571　8923　4958
兵役制概論
林振鏞編著　重慶　正中書局　1940年
（m.）

008627015　FC2346(N)
綠營兵志
羅爾綱著　重慶　商務印書館　1945年　國立中央研究院社會科學研究所叢刊
（m.）

006515090　8923　7182
中國歷代徵兵制度考
劉公任著　重慶　商務印書館　1943年
（m.）

006515092　8923　7194
總裁對推行兵役之訓示
陝西省地方行政幹部訓練團編　陝西　陝幹團　1943年

006515093　8923　7267
中國國民兵役史略
劉曉桑撰　長沙　商務印書館　1940年
（m.）

006515094　8923　7991
各國兵役行政概論
陳炳元編著　重慶　中國文化服務社
1940年　（m.）

008617061　FC3163
方教育長言論集
方鼎英著　廣州　中央軍事政治學校政治部　1927年　黃埔叢書

006515096　8924　0229
廖仲愷先生講演集
廖仲愷演講　南京　軍事委員會政治訓練部　1928年　中國國民黨軍人教育集

008166675　MLC－C
黃埔建軍史話
拔提書店編印　1944年　（m.）

006100975　U640.C53　1939
軍訓教程
廣東國民軍事訓練處編　香港　廣東國民軍事訓練處　1939年　港版

006520441　8924　3526
戰時國民軍事組訓整備綱領
軍事委員會政治部編　重慶　政治部
1938年　（m.）

006577221　8924　3772b
官兵關係
陸軍第八路軍總政治部宣傳部編　1945年　（m.）

008627240　FC1678
黃埔軍校與國民革命軍
劉峙著　南京　獨立出版社　1947年

006520444　8924　4434
黃埔軍校之建設
鄧文儀著　重慶　真實出版社　1943年　革命青年叢書　（m.）

006520446　8924　4471
中國空軍之軍的精神
蔣堅忍著　1912—50年

006520447　8924　4610
警三旅的張治國運動
警三旅政治部編　香港　八路軍聯防政治部　1945年

006520448　8924　4823
中華民國陸海空軍軍人讀訓淺釋
趙季良編著　重慶　青年書店　1940年　再版　三民主義叢書通俗讀物（m.）

006520450　8924　5127
擁政愛民
八路軍留守兵團政治部編　延安　八路軍留守兵團政治部　1944年　戰士政治教材

006520451　8924　5631
抗大與青年
陳建華著　重慶　1940年

006531431　8924　5830
青年軍人叢書
軍事委員會全國知識青年志願軍編練總監部編輯　重慶　軍事委員會全國知識青年志願軍編練總監部　1945年

006525921　8924　6117　FC7706　Film Mas 31739
抗日軍隊中的政治工作
羅瑞卿著　香港　中國文化社　1939年　中國文化叢書　（m.）

006525844　8924　674
心範
國民革命軍第二集團軍總司令部編印　馮玉祥撰　香港　國民革命軍第二集團軍總司令部　1928年

006525929　8924　6748　FC5815　FC-M1034
黃埔叢書
國民革命軍中央軍事政治學校編輯　廣州　國民革命軍總司令部軍需處　1927年　（m.）

006525930　8924　6748.1
精神教育
蔣中正編輯　香港　黃埔陸軍軍官學校　1925年　（m.）

006525922　8924　6748.2
黃埔訓練集
蔣中正講　鄧文儀主編　南京　國防部新聞局　1946年　國防建設叢書（m.）

008581611　FC3200
內務條令、紀律條令草案
濟南　國民革命軍第十八集團軍山東軍區司令部軍事教材編審委員會　1944年

006537211　8925　2526
招待須知附編制及給與表
軍事委員會戰地服務團重慶團部編　重慶　軍事委員會戰地服務團重慶團部　1945年

006537213　8925　3103
軍需法規
軍政部軍需署編輯　南京　軍需署總務處　1936年　（m.）

006537214　8925　3213　FC9938　Film Mas 37938
煎餅抗日與軍食
馮玉祥著　天津　時事研究社　1935年

006537216　8926　0168
最新兵器與國防
諶國鈞主編　上海　軍事編譯社　1933年　國防叢書　（m.）

011738208　JX1974.5.J437　1928
華會見聞錄

賈士毅編纂　上海　商務印書館　1928年　（m.）

006543185　8926　2944
列強軍備概況
朱在勤、柯瀛編　上海　中華書局　1935年　國際叢書　（m.）

006543195　8926　4632
世界軍備
史無弓譯述　南京　正中書局　1934年　（m.）

011919957　UA929.C5　K96　1937
國防教育與各科教學
汪懋祖等編著　南京　正中書局　1937年　再版　國防教育叢書　（m.）

011987499　UA835.H7　1931
中國國防論
香棣方著　上海　民智書局　1931年　（m.）

006543187　8926　4853
中國軍備與國防
趙振宇著　南京　世界兵學社　1946年　（m.）

006543188　8926　4902
兵器篇
藤堂高象著　訓練總監部軍學編譯處譯　南京　軍用圖書社　1935年　軍事科學講座　（m.）

006543189　8926　4942
新武器與未來大戰
林克多編譯　上海　中華書局　1935年　國防叢書　（m.）

006543133　8926　7264
飛機
周昌壽著　上海　商務印書館　1933年　百科小叢書　（m.）

006543196　8928　0126
新一般戰術講授錄
李遇春譯　南京　軍用圖書社　1924年

006543191　8928　0227
想定作為及戰術統裁法講義錄
日本陸軍大學校研究會編　訓練總監部軍學編譯處譯　南京　軍用圖書社　1934年　（m.）

006541987　8928　0407
抗敵戰法之研討
許高陽著　香港　武學研究會　1949年　3版

006543192　8928　0410
戰術作業之參考
許乃章編著　濟南　1937年　增訂4版　（m.）

011890520　U240.F44　1938
抗日遊擊戰術問答
馮玉祥著　上海　生活書店　1938年　（m.）

008627152　FC766
論遊擊戰
朱德等著　濟南　華社　1939年　（m.）

011913436　U240.C5　1938
論遊擊戰
朱德著　上海　建社　1938年　戰時綜合叢書　（m.）

008931181　MLC－C
遊擊戰術
冀魯濱海遊擊司令部軍事政治訓練總隊

編　香港　冀魯濱海遊擊司令部軍事政治訓練總隊　1937—49 年　（m.）

006543197　8928　0617
遊擊戰之運用
唐子長編　上饒　戰地圖書出版社　1941 年　（m.）

006548365　8928　1733
工兵軍官白話課程三卷
濟南　1916 年

006547614　FC371
八路軍的戰略和戰術
毛澤東、朱德等著　上海　生活出版社　1938 年

008126447　FC5039　FC‐M453　T　8928　2135
基礎戰術抗日軍政大學講義
毛澤東著　延安　1938 年

005709497　8928　2135　U43.C6　M36　1947x
中國革命戰爭的戰略問題
毛澤東著　香港　正報社圖書部　1947 年　香港再版　（m.）

007674615　8928　2172
中華民國歷史四裔戰爭形勢圖説附論
盧彤著　南京　同倫學社　1912 年　（m.）

006548372　8928　4043
海陸空軍聯合應用戰術
黄懋編　南京　共和書局　1930 年

007801941　MLC‐C
剿匪戰術
廖慷撰　北平　1948 年

006548373　8928　4224
剿匪戰術
柳維垣著　香港　青年評論社　1933 年

青年軍事叢書
009687103　MLC‐C
日本航空兵射擊教育暫行規則
香港　訓練總監部　1931 年　（m.）

006556010　8928　6700　DS738.Z85　1948x
最近重要戰役之檢討
國防部編　南京　國防部　1948 年　陸軍整訓參考資料

006555739　8928　6710
奸匪重要文件彙編
漢口　國民政府主席武漢行轅第二處　1947 年

006556011　8928　7048
民族革命戰爭的戰略之研究
A.C.作　漢口　大衆出版社　1938 年　（m.）

006556014　8928　7803
德式野外實施之研究
歐意祖編輯　岳岑等校正　南京　武學書館　1934 年

006556027　8930　0227
法國軍官野外必攜
訓練總監編輯局編　濟南　1912—30 年

006556016　8930　0630
解散新四軍事件之認識
桂林　統一出版社　1941 年　抗戰建國叢書

006556017　8930　0630.7
戰鬥中的新四軍
馬駿等著　桂林　現實出版社　1939 年

006556036　8930　168
國民軍事學

石鐸編　上海　大東書局　1930 年　再版　(m.)

006583409　8930　2023
現代陸軍軍事教育之趨勢
白崇禧講　濟南　1945 年　(m.)

008081839　8930　2392
德國軍事調查記由民國元年至六年德軍記事
吳光傑識　北京　軍學編輯局　1920 年序　(m.)

007794248　MLC－C
死守凡爾登
黃震遐著　香港　中央航空學校　1936 年　(m.)

003537637　FC2320
青年軍的誕生
1945 年　(m.)

007714075　MLC－C
青年軍預備幹部通訊錄
陸軍第三十一軍二〇九師編　香港　1946 年

006562241　8930　3232
日本的陸軍
馮次行撰　長沙　商務印書館　1938 年　日本知識叢刊　(m.)

006562260　8930　7130
陸軍行政紀要
陸軍部撰　濟南　陸軍部　1916 年

006562253　8930　7232
陸軍初級軍官必攜
濟南　1943 年　(m.)

001358918　8930　7924
紅軍卅萬
陳凱聲[撰]　上海　新中國出版社　1938 年

006562194　T　8930　8830.55
抗戰中的八路軍
國民革命軍第十八集團軍總政宣傳部編　延安　八路軍軍政雜志社　1942 年

008579166　FC727(N)
戰術摘編
第十八集團軍總政治部編　延安　1945 年

001357498　8930　8830.56
抗戰三年來八路軍的英勇戰績
國民革命軍第十八集團軍政治部編輯　延安　八路軍軍政雜志社　1940 年

006562257　FC8259　Film Mas 32169　T　8930　8863
八路軍的英雄與模範第一輯
第十八集團軍總政治部宣傳部編　1944 年　(w.)

006566931　8930　8863.4
抗日的第八路軍
趙軼琳編著　上海　自力出版社　1937 年　(m.w.)

006567592　T　8930　8863.5
抗戰八年來的八路軍與新四軍
陸軍第十八集團軍總政治部宣傳部編　1945 年　(m.)

006567491　8930　8863.56
第八路軍行軍記
黃峰編　上海　光明書局　1937 年　(m.)

008750113　T　8930　8863.5b
抗戰八年來的八路軍與新四軍
十八集團軍總政治部宣傳部編　香港

華北新華書店　1946 年　（m.）

006567466　T 8930　8863b
八路軍的英雄與模範第一輯
第十八集團軍總政治部宣傳部編　香港　東北書店　1946 年　（m.w.）

006567595　8930.40　0227.6
日本陸軍法規輯要第四集
日本陸軍省編　訓練總監部軍學編譯處譯　南京　軍用圖書社　1934 年（m.）

006509168　8931　5229B
練兵實紀九卷　附雜記六卷
戚繼光撰　上海　商務印書館　1937 年初版　國學基本叢書　（m.）

006509510　8935　3725
師動員計劃令示例
軍學編輯局編　北京　軍學編輯局　1912—30 年

006509511　8935　3725.10
日本野戰兵器廠勤務書
軍學編輯局編　北京　軍學編輯局　1912—30 年

006509512　8935　3725.2
日本兵站彈藥縱列勤務令
軍學編輯局編　北京　軍學編輯局　1912—30 年

006509532　8935　3725.4
日本野戰兵器廠勤務令
軍學編輯局編　北京　軍學編輯局　1912—30 年

006509513　8935　3725.5
日本戰時衛生勤務令
軍學編輯局編　北京　軍學編輯局　1912—30 年

006509514　8935　3725.6
野戰工兵廠勤務令
軍學編輯局編　北京　軍學編輯局　1912—30 年

006509515　8935　3725.7
日本豫備馬廠勤務令
軍學編輯局編　北京　軍學編輯局　1912—30 年

006509516　8935　3725.8
日本野戰金櫃處勤務書
軍學編輯局編　北京　軍學編輯局　1912—30 年

006509517　8935　3725.9
日本戰時補充令
軍學編輯局編　北京　軍學編輯局　1912—30 年

006509518　8935　7302
日本陸軍動員計劃令
陸軍訓練總監編輯局編　北京　陸軍訓練總監編輯局　1912—30 年

006509519　8935　7341
陸軍內務條例摘要
軍學編輯局編　北京　軍學編輯局　1912—30 年

006509520　8940　3725
交通學
軍學編輯局編　北京　軍學編輯局　1912—30 年

006509521　8940　3725.2
日本戰時輜重兵營勤務令
陸軍軍學編輯局編　北京　軍學編輯局　1912—30 年

006509522　8940　3725.3
德國交通兵操典
軍學編輯局編　北京　軍學編輯局
1912—30 年

006509533　8940　4288
輜重兵野外勤務
靳策義編　毛繼成、葛禧校　北京　武
學書局　1925 年　5 版

006509524　8940　5273
輜重兵軍士教程
北京　軍學編輯局　1912—30 年

006509525　8940　5275
輜重兵操典
北京　武學書局　1925 年

006509526　8940　5275.2
輜重兵捆載教範
北京　軍學編輯局　1912—30 年

006509527　8940　5276
輜重兵野外工作教程
北京　軍學編輯局　1925 年　（m.）

006509528　8940　5284
輜重人力運送法
北京　軍學編輯局　1912—30 年

006509534　8940　7302
輜重兵軍官白話課程
陸軍訓練總監編輯局編　北京　陸軍訓
練總監編輯局　1912—30 年

006509535　8943　2712
步兵工作教範
北京　武學書局　1929 年

006509536　8943　2712.2
步兵工作教範摘要
北京　軍學編輯局　1912—30 年

006509537　8943　2715
步兵彈擊教範
北京　軍學編輯局　1912—30 年

006509538　8943　2725
步兵射擊教範
北京　軍學編輯局　1912—30 年

006509539　8943　2725.2
步兵射擊教範摘要
北京　武學書局　1929 年　改訂本

006509529　8943　2755
步兵操典
北京　武學書局　1926 年　（m.）

006509530　8943　2762
步兵野外勤務
北京　軍學編輯局　1926 年　（m.）

006509531　8943　3725
法國步兵團以下之攻戰臨時教令
軍學編輯局編　北京　軍學編輯局
1912—30 年

006509541　8943　3725.2
機關槍射擊教範草案
軍學編輯局編　北京　軍學編輯局
1912—30 年

006509542　8943　3725.3
日本戰時步兵短期教育
軍學編輯局編　北京　軍學編輯局
1912—30 年

006509555　8943　3725.4
俄國野外勤務令
軍學編輯局編　北京　軍學編輯局
1912—30 年

008603280　FC1043（N）
蘇聯工農紅軍的步兵戰鬥條令

左權、劉伯誠合譯　香港　正報出版社
　1949 年

006515082　8943　4406
七七〇團第二連
香港　國民革命軍第八路軍聯防軍總政治部　1944 年　連隊調查叢書

006515083　8943　4462
警七團的第七連
第八路軍總政治部編　香港　山東新華書店　1944 年

006509543　8943　6874
哈乞開斯機關槍操法
北京　武學書局　1912—30 年

006509557　8943　7302
步兵白話戰術學
陸軍訓練總監編輯局編　北京　陸軍訓練總監編輯局　1912—30 年

006509547　8943　7302.2
步兵初級軍官職守白話錄
陸軍訓練總監編輯局編　北京　陸軍訓練總監編輯局　1912—30 年

006509553　8943　7302.3
馬克沁步兵機關槍操典
中國陸軍訓練總監部編輯局編　北京　軍學編輯局　1912—30 年

006509554　8943　7524
劈刺術教範
北京　軍學編輯局　1912—30 年

006509552　8943　7725
法國鋼甲戰車戰鬥教令
軍學編輯局編　北京　軍學編輯局　1912—30 年

006509561　8943　8166
步兵教科書
饒景星編　北京　武學書局　1927 年

006509581　8947　0825
新兵馬術教育必攜
齋藤久輔著　徐夢成譯　北京　武學書局　1914 年

006509585　8947　2246
騎兵射擊教範草案
何柱國編譯　北平　武學書局　1929 年

006509566　8947　2984
騎兵野外勤務
徐義森著　北京　武學書局　1927 年 6 版

006509568　8947　3725
法國騎兵陣中運用法
軍學編輯局譯　北京　軍學編輯局　1912—30 年

006509570　8947　3725.2
日本騎兵射擊教範
軍學編輯局編　北京　軍學編輯局　1912—30 年

006509572　8947　3725.3
日本騎兵機關槍操典草案
軍學編輯局編　北京　軍學編輯局　1912—30 年

006509586　8947　3725.4
馬學全書附錄
軍學編輯局編　北京　軍學編輯局　1912—30 年

006509587　8947　3725.5
馬學彙編
軍學編輯局編　濟南　軍學編輯局　1912—30 年

006509573　8947　7241
馬術概要
北京　軍學編輯局　1912—30 年

006509574　8947　7248
馬術教範
北京　軍學編輯局　1912—30 年

006509575　8947　7268
馬術口令
北京　軍學編輯局　1912—30 年

006509576　8947　7302
德國騎兵操典
陸軍訓練總監編輯局編　北京　陸軍訓練總監編輯局　1912—30 年

006509577　8947　7302.2
馬學
陸軍訓練總監編輯局編　北京　陸軍訓練總監編輯局　1912—30 年

006509578　8947　7302.3
騎兵白話課程
陸軍訓練總監編輯局編　北京　陸軍訓練總監編輯局　1912—30 年

006509579　8947　7755
騎兵操典
北京　軍學編輯局　1912—30 年

006509580　8947　7768
騎馬口令
北京　軍學編輯局　1912—30 年

006509583　8951　1762
炮兵野外勤務
北京　武學書局　1928 年

006509584　8951　1773
炮兵馭法教範
北京　軍學編輯局　1912—30 年

006515085　8951　3725
日本野戰炮兵射擊教範
軍學編輯局編　北京　軍學編輯局　1912—30 年

006515086　8951　6617
野戰炮兵操典
北京　軍學編輯局　1912—30 年

006515087　8951　6617.2
野戰炮兵操典草案
北京　軍學編輯局　1912—30 年

006515107　8951　6617.3
野戰炮兵操典草案
河北軍事政治學校鑒定　北平　武學書局　1928 年

006515088　8951　6617.4
野戰炮兵射擊教範
北京　軍學編輯局　1912—30 年

006515091　8951　7302
野戰炮兵築壘教範
中國陸軍訓練總監編輯局編　北京　軍學編輯局　1912—30 年

006515095　8951　7302.2
野戰炮兵初級軍官白話應用戰術
陸軍訓練總監編輯局編　北京　陸軍訓練總監編輯局　1916 年

006515097　8951　7302.3
野戰炮兵兵器保存白話問答
陸軍訓練總監編輯局編　北京　陸軍訓練總監編輯局　1916 年

006520252　8952　2236
中國工兵政策
何海鳴著　北京　華星印書社　1920 年初版　（m.）

006515105　8955　1743
工兵坑道教範
北平　武學書局　1929年　改訂本

006515106　8955　1755
工兵操典草案
北京　軍學編輯局　1912—30年

006515108　8955　1755.2
工兵操典草案
河北軍事政治學校鑒定　北平　武學書局　1928年　改訂本

006515109　8955　3175
野戰築壘教範
河北軍事政治學校鑒定　北平　武學書局　1929年　（m.）

006515110　8955　3725
日本築營教範
軍學編輯局編　北京　軍學編輯局　1912—30年

006515111　8955　4448
架橋教範
北京　軍學編輯局　1912—30年

006515120　8955　4541
基本土工術最新應用
北京　軍學編輯局　1912—30年

006520426　8955　7302
初級築壘學
陸軍訓練總監編輯局編　北京　訓練總監編輯局　1912—30年

006520440　8955　8948
築營教範
北京　軍學編輯局　1912—30年

006525937　8956　4145
火箭炮的歷史及前途
古列索夫著　長春　東北書店　1949年（m.）

006525939　8958　1221
戰時衛生勤務
邵伍編　北京　武學書局　1927年

006525942　8958　2920
遊擊戰爭理論與實際的一般
徐特立著　香港　民衆書店　1939年

006525943　8958　3725
軍隊對於航空機之行動
軍學編輯局編　北京　軍學編輯局　1912—30年

006525944　8958　3725.2
德國各兵種野戰工作教範
軍學編輯局編　北京　軍學編輯局　1912—30年

006525945　8958　3725.3
射擊學
軍學編輯局編　北京　軍學編輯局　1912—30年

006520454　8958　3725.4
兵器學
軍學編輯局編　北京　軍學編輯局　1912—30年

006520455　8958　3725.5
陸軍軍隊符號
軍學編輯局編　北京　陸軍部纂譯官處　1924年

007570126　FC5166　FC–M1204
陸軍統計民國五年至七年
陸軍部總務廳統計科　北京　法輪印書局　1920年　（m.）

006531415　8958　4174
地形學教程
濟南　1916年　改訂本

006520457　8958　4234
救急法概要
北京　軍學編輯局　1912—30年

006531409　8958　4446
中國共產黨與遊擊戰
李九思著　重慶　勝利出版社　1942年（m.）

006520458　8958　4471
偵探必攜
蔣雁行編　北京　軍學編輯局　1916年

006531410　8958　5170
地形學教材
東北民主聯軍總司令部　濟南　東北民主聯軍總司令部　1947年　（m.）

006531412　8958　5662
抗日遊擊戰爭的戰術問題
抗日戰爭研究會編　佳木斯　東北書店　1947年　抗日戰爭叢書　（m.）

011920245　U240.G86　1939
抗日遊擊戰爭的戰術問題
郭化若、周純全等編　重慶　中國文化社　1939年　（m.）

008603279　FC1041(N)
抗日遊擊戰爭的戰術問題
延安　解放社出版　1938年　（m.）

006531417　8958　7302
兵棋指針
陸軍訓練總監編輯局編　北京　陸軍訓練總監編輯局　1912—30年

006531418　8958　7340
陸軍術科教育計劃表
陸軍獨立第三十六旅編　濟南　陸軍獨立第三十六旅　1935年

006525925　8958　7675
兵器學摘要
北京　軍學編輯局　1912—30年

006531419　8958　7725
軍語類解
軍學編輯局編　北京　軍學編輯局　1912—30年

006525927　8958　9148
爆破教範草案
北平　武學書局　1912—30年

006531420　8958　9222
火綫上的五路軍
1938年　珠江日報叢書　（m.）

006531421　8959　2135　FC9278　Film　Mas　35746
遊擊戰爭的戰略問題
毛澤東著　上海　美商遠東畫報社　1938年

006530631　8959　3562
遊擊戰術與遊擊活動
彭德懷等著　戰時出版社　1939年　戰時小叢刊

006767288　8959　7285
遊擊戰術綱要
陶劍青編著　廣州　戰時知識社　1939年　（m.）

007836591　MLC－C
海軍江南造船所工作報告書
1933年

農業工藝類

006531422　8960　1241
海軍評論文集
鄧萃功著　廣州　前鋒報社　1946年

006531424　8960　3465
海軍生活
良友圖書公司編　上海　良友圖書公司　1935年　萬有畫庫

006531426　8960　4437
五強海縮會議全史
李次民著　上海　商務印書館　1937年　新時代史地叢書　（m.）

006531428　8960　8174
美國海軍概況
金爾尼斯特著　美國新聞處翻譯　重慶　1944年　（m.）

006537175　8980　0135
航空學理論與實際
施兆貴著　上海　商務印書館　1936年

006537176　8980　0168
空軍與國防
諶國鈞主編　上海　軍事編譯社　1933年　國防叢書　（m.）

006537177　8980　0168.1
防空與國防
諶國鈞主編　上海　軍事編譯社　1933年　國防叢書　（m.）

006537178　8980　0211
空中戰鬥術
高塚疆著　徐有成、唐人傑同譯　上海　東方書局　1914年　再版

006537179　8980　0242
航空常識問答
吳照華譯　上海　商務印書館　1936年　（m.）

006537180　8980　0461
世界空軍大觀
許嘯天主編　王燦芝主譯　上海　新華書局　1933年　（m.）

006537181　8980　0563
軍事航空
新中國建設學會編譯　上海　新中國建設學會　1933年　新中國建設學會叢書　（m.）

006537182　8980　1130
各級軍官對空軍與空防必具之常識
王祖文編　北平　武學書局　1932年　（m.）

006537183　8980　1182
航空常識
王錫綸編譯　上海　北新書局　1934年　（m.）

006537184　8980　1313
航空與防空
張溁編著　南京　正中書局　1937年　應用科學叢書　（m.）

006537185　8980　2152
國民防空之基礎知識
包惠僧著　南京　軍事委員會防空委員會　1935年　防空叢書　（m.）

006537186　8980　2209
空襲與空防
鄒文耀著　香港　第三路軍事教育團　1933年　（m.）

006537188　8980　2209.2
航空發動機學上冊
鄒文耀編　南昌　航空第二修理工廠編印委員會　1936年

006537187　8980　2209B
空襲與空防
鄒文耀編著　上海　商務印書館　1933年　百科小叢書　（m.）

006537190　8980　2240
防空學
郜郁文編著　曹寶清校訂　北平　武學書館　1936年　（m.）

006537192　8980　2342
防空常識
上海基督教青年會編輯　上海　青年協會書局　1936年　（m.）

006537193　8980　2343
世界空軍
吳敬安著　上海　中華書局　1935年　（m.）

006537194　8980　2420
國民防空常識圖說
傅德雍編繪　南京　軍用圖書社　1935年　（m.）

006536330　8980　2425
戰時國土防空之理論與實際
卓獻書著　上海　商務印書館　1934年　（m.）

006537195　8980　2975
人像
朱民威著　南京　中國的空軍出版社　1946年　航空叢書　（m.w.）

006537199　8980　3540
最新軍事航空學
軍事教育團編　北平　琉璃廠武學書館　1933年

006537200　8980　3742
空防綱要
湯馬斯維斯基著　孔祥鐸譯　北平　癸酉編譯會　1934年　（m.）

006537201　8980　3765
地上部隊對於飛機所必備之知識
軍用圖書社編輯　南京　軍用圖書社　1933年　（m.）

006537202　8980　4243
軍事防空指導要領
楊傑編著　蔡繼倫、郜郁文校對　南京　軍用圖書社　1935年　（m.）

006537204　8980　4411
空中戰
大塲彌平著　陳華譯　北平　星光出版社　1933年　（m.）

007132519　8980　4434
防空必備
李宇奇編著　北平　軍學編譯社　1935年　（m.）

006537208　8980　4978
航空的常識
葉頤著　上海　樂華圖書公司　1935年　樂華少年文庫

006537209　8980　5357
防空訓練戰時常識課本
春江書局編輯　上海　春江書局　1936年　民眾必讀叢書　（m.）

006543162　8980　5523
航空生活
中央航空學校政治訓練處編輯科編　杭州　中央航空學校　1934年　（m.）

006543163　8980　5523B
航空生活
中央航空學校政治訓練處編輯科編　杭

州　中央航空學校　1936 年　3 版
（m.）

011933621　HE9776.H82　1933
世界航空現狀
黃幼雄著　上海　生活書店　1933 年
時事問題叢刊　（m.）

006543165　8980　6573
最新世界航空大觀
日本陸軍航空本部第二班編纂　羅牧、羅爲雄譯　上海　南京書店　1933 年
（m.）

006543166　8980　7223
航空與國防
陶叔淵撰　上海　中華書局　1935 年
國防叢書　（m.）

006537189　8980　7223.1
中國之航空
陶叔淵著　上海　飛報社　1931 年

006543167　8980　7225
防空
劉獻捷譯著　南京　軍用圖書社　1935 年　（m.）

006543168　8980　7280
航空概論
劉義方編著　天津　精華印書局　1933 年

006543169　8980　7390
防空常識
南京　訓練總監部　1935 年　（m.）

006543170　8980　7427
航空生活
段雋原編著　上海　世界書局　1933 年　再版　（m.）

006543171　8980　8232
實用航空學
鄭漢生編　上海　商務印書館　1935 年　（m.）

006543172　8980　9941
空中國防論
威廉米兹爾撰　訓練總監部軍學編譯處譯　南京　軍用圖書社　1932 年

006543173　8993　4243
射擊飛機之研究
郝赤譯　李成霖校　北京　武學書局　1924 年

006543174　8996　4173
可怕的死光與毒瓦斯
范鳳源著　上海　大東書局　1932 年　（m.）

006543175　8997　1918
航空戰術講授錄
孫琰著　北平　彝文齋南紙印刷局　19?? 年

006543176　8997　2159
空中戰術
崔静輝譯　南京　軍用圖書社　1934 年

006543177　8997　2303
空中攻擊講義
侯競寰編　徐緝琠校　香港　中央航空學校教育處　1936 年　（m.）

006543178　8997　2321
空軍戰術
張維編　北平　標緗館美術社　1930 年

006543179　8997　2427
航空戰術講授錄
山本健兒講述　訓練總監部軍學編譯處編譯　南京　軍用圖書社　1931 年　（m.）

總錄書志類

中國普通叢書

彙刻叢書

006548309　9100　0122
說郛
陶宗儀纂　龔鉽校　上海　商務印書館
1927 年

006548319　9100　0122　（02）
博物志十卷
張華撰　上海　商務印書館　1927 年
說郛

006548310　9100　0122　（01）
經子法語二四卷
闕名撰　上海　商務印書館　1927 年
說郛

006548312　9100　0122　（02）
朝野僉載
張鷟撰　上海　商務印書館　1927 年
說郛

006548325　9100　0122　（02）
北戶錄二卷
段公路撰　上海　商務印書館　1927 年
說郛

006548322　9100　0122　（02）
東皋雜錄十卷
孫宗鑒撰　上海　商務印書館　1927 年
說郛

006548349　9100　0122　（02）
北山錄
闕名撰　上海　商務印書館　1927 年
說郛

006567577　9100　0122　（02）
東皋雜錄
孫宗鑒撰　上海　商務印書館　1927 年
說郛

006548330　9100　0122　（02）
賓退錄
趙與時撰　上海　商務印書館　1927 年
說郛

006548344　9100　0122　（02）
東軒筆錄一卷
魏泰撰　上海　商務印書館　1927 年
說郛

006548342 9100 0122 （02）
該聞錄
李畋撰　上海　商務印書館　1927 年
説郛

006548311 9100 0122 （02）
古典錄略
闕名輯　上海　商務印書館　1927 年
説郛

006548347 9100 0122 （02）
古杭夢遊錄
灌園耐得翁撰　上海　商務印書館
1927 年　説郛

006548334 9100 0122 （02）
歸田錄
歐陽修撰　上海　商務印書館　1927 年
説郛

006567577 9100 0122 （02）
韓忠獻別錄
王嚴叟撰　上海　商務印書館　1927 年
説郛

006548356 9100 0122 （02）
會稽典錄
虞預撰　上海　商務印書館　1927 年
説郛

006548333 9100 0122 （02）
稽神錄
徐鉉撰　上海　商務印書館　1927 年
説郛

006548359 9100 0122 （02）
吉凶影響錄
岑象求撰　上海　商務印書館　1927 年
説郛

006548316 9100 0122 （02）
集古目錄
歐陽修撰　上海　商務印書館　1927 年
説郛

006548332 9100 0122 （02）
紀異錄
秦再思撰　上海　商務印書館　1927 年
説郛

006548340 9100 0122 （02）
見聞錄
胡納撰　上海　商務印書館　1927 年
説郛

006548351 9100 0122 （02）
江南別錄
陳彭年撰　上海　商務印書館　1927 年
説郛

006548350 9100 0122 （02）
江南錄
闕名撰　上海　商務印書館　1927 年
説郛

006548352 9100 0122 （02）
江南野錄
龍袞撰　上海　商務印書館　1927 年
説郛

006548321 9100 0122 （02）
劇談錄二卷
康駢撰　上海　商務印書館　1927 年
説郛

006548328 9100 0122 （02）
樂府雜錄
段安節撰　上海　商務印書館　1927 年
説郛

006548317 9100 0122 （02）
梁溪漫志十卷
費袞撰　上海　商務印書館　1927 年

説郛

006548358　9100　0122　（02）
靈怪錄
闕名撰　上海　商務印書館　1927 年
説郛

006548327　9100　0122　（02）
明皇雜錄
鄭處誨撰　上海　商務印書館　1927 年
説郛

006548348　9100　0122　（02）
幕府燕閒錄
畢仲詢撰　上海　商務印書館　1927 年
説郛

006548361　9100　0122　（02）
三朝聖政錄
石承進撰　上海　商務印書館　1927 年
説郛

006548353　9100　0122　（02）
三輔決錄
趙岐撰　上海　商務印書館　1927 年
説郛

006548343　9100　0122　（02）
紹陶錄
王質撰　上海　商務印書館　1927 年
説郛

006548323　9100　0122　（02）
澠水燕談錄十卷
王闢之撰　上海　商務印書館　1927 年
説郛

006548314　9100　0122　（02）
賓賓錄
闕名撰　上海　商務印書館　1927 年
説郛

006548335　9100　0122　（02）
使遼錄
闕名撰　上海　商務印書館　1927 年
説郛

006548360　9100　0122　（02）
樹萱錄
闕名撰　上海　商務印書館　1927 年
説郛

006548324　9100　0122　（02）
四朝聞見錄
葉紹翁撰　上海　商務印書館　1927 年
説郛

006548346　9100　0122　（02）
松窗雜錄
李濬撰　上海　商務印書館　1927 年
説郛

006548337　9100　0122　（02）
隨隱漫錄
陳世崇撰　上海　商務印書館　1927 年
説郛

006548336　9100　0122　（02）
談賓錄
闕名撰　上海　商務印書館　1927 年
説郛

006548326　9100　0122　（02）
談壘五卷
闕名輯　上海　商務印書館　1927 年
説郛

006548338　9100　0122　（02）
談錄
李宗諤撰　上海　商務印書館　1927 年
説郛

006548339　9100　0122　（02）
聞見錄

趙概撰　上海　商務印書館　1927 年
說郛

006548357　9100　0122　（02）
吳錄
張勃撰　上海　商務印書館　1927 年
說郛

006548354　9100　0122　（02）
瀟湘錄
李隱撰　上海　商務印書館　1927 年
說郛

006548320　9100　0122　（02）
續博物志十卷
李石撰　上海　商務印書館　1927 年
說郛

006548341　9100　0122　（02）
異聞錄
闕名撰　上海　商務印書館　1927 年
說郛

006548315　9100　0122　（02）
隱窟雜志三卷
溫革撰　上海　商務印書館　1927 年
說郛

006548331　9100　0122　（02）
幽明錄
劉義慶撰　上海　商務印書館　1927 年
說郛

006548345　9100　0122　（02）
雲齋廣錄
李獻民撰　上海　商務印書館　1927 年
說郛

006548313　9100　0122　（02）
雜志三卷
江休復撰　上海　商務印書館　1927 年
說郛

006548329　9100　0122　（02）
芝田錄
丁用晦撰　上海　商務印書館　1927 年
說郛

006548375　9100　0122　（03）
北征記
闕名撰　上海　商務印書館　1927 年
說郛

006548416　9100　0122　（03）
筆記一卷
宋祁撰　上海　商務印書館　1927 年
說郛

006555989　9100　0122　（03）
藏一話腴十二卷
陳郁撰　上海　商務印書館　1927 年
說郛

006555983　9100　0122　（03）
常侍言旨一卷
柳珵撰　上海　商務印書館　1927 年
說郛

006548376　9100　0122　（03）
成都古今記
趙抃撰　上海　商務印書館　1927 年
說郛

006548387　9100　0122　（03）
乘異記
闕名撰　上海　商務印書館　1927 年
說郛

006548410　9100　0122　（03）
仇池筆記
蘇軾撰　上海　商務印書館　1927 年
說郛

006555990　9100　0122　（03）
傳載八卷
贊寧撰　上海　商務印書館　1927年
説郛

006548402　9100　0122　（03）
東方朔記
闕名撰　上海　商務印書館　1927年
説郛

006548407　9100　0122　（03）
東觀奏記
裴廷裕撰　上海　商務印書館　1927年
　説郛

009168198　9100　0122　（03）
洞冥記
郭憲撰　上海　商務印書館　1927年
説郛　（m.w.）

006548403　9100　0122　（03）
法顯記
闕名撰　上海　商務印書館　1927年
説郛

006548362　9100　0122　（03）
番禺雜記
鄭熊撰　上海　商務印書館　1927年
説郛

006548412　9100　0122　（03）
封氏聞見記
封演撰　上海　商務印書館　1927年
説郛

006548429　9100　0122　（03）
古杭雜記四十卷
李有撰　上海　商務印書館　1927年
説郛

006548385　9100　0122　（03）
廣異記
戴孚撰　上海　商務印書館　1927年
説郛

006548434　9100　0122　（03）
鶴林玉露十八卷
羅大經撰　上海　商務印書館　1927年
　説郛　（m.）

006548369　9100　0122　（03）
華山記
闕名撰　上海　商務印書館　1927年
説郛

006555984　9100　0122　（03）
家世舊聞二卷
陸游撰　上海　商務印書館　1927年
説郛

006548419　9100　0122　（03）
建炎以來朝野雜記
李心傳撰　上海　商務印書館　1927年
　説郛　（m.）

006548390　9100　0122　（03）
金鑾密記
韓偓撰　上海　商務印書館　1927年
説郛

006548399　9100　0122　（03）
舊聞記
闕名撰　上海　商務印書館　1927年
説郛

006548408　9100　0122　（03）
老學庵筆記
陸游撰　上海　商務印書館　1927年
説郛

006548427　9100　0122　（03）
老學庵續筆記一卷
陸游撰　上海　商務印書館　1927年

說郛

006548366　9100　0122　(03)
廬山記
陳舜俞撰　上海　商務印書館　1927年　說郛

006548371　9100　0122　(03)
羅浮山記
闕名撰　上海　商務印書館　1927年　說郛

006548433　9100　0122　(03)
洛陽伽藍記五卷
楊衒之撰　上海　商務印書館　1927年　說郛（m.）

006548388　9100　0122　(03)
冥祥記
闕名撰　上海　商務印書館　1927年　說郛

006548355　9100　0122　(03)
墨娥漫錄十五卷
闕名撰　上海　商務印書館　1927年　說郛

006548405　9100　0122　(03)
洽聞記
鄭常撰　上海　商務印書館　1927年　說郛

006548367　9100　0122　(03)
青城山記
闕名撰　上海　商務印書館　1927年　說郛

006548414　9100　0122　(03)
三夢記
白行簡撰　上海　商務印書館　1927年　說郛

006548383　9100　0122　(03)
述異記
任昉撰　上海　商務印書館　1927年　說郛

006548425　9100　0122　(03)
松窗雜錄
杜荀鶴撰　上海　商務印書館　1927年　說郛

006548368　9100　0122　(03)
嵩高山記
闕名撰　上海　商務印書館　1927年　說郛

006548395　5743　1438　9100　0122　(03)
搜神記
干寶撰　陶宗儀纂　龔鉽校　上海　商務印書館　1927年　說郛（m.）

006555997　9100　0122　(03)
談選十卷
闕名撰　上海　商務印書館　1927年　說郛

006548363　9100　0122　(03)
西京雜記
劉歆撰　葛洪錄　上海　商務印書館　1927年　說郛

006548423　9100　0122　(03)
西齋話記
祖士衡撰　上海　商務印書館　1927年　說郛

006548374　9100　0122　(03)
西征記
戴祚撰　上海　商務印書館　1927年　說郛

006548435　9100　0122　(03)
溪蠻叢笑二卷

朱輔撰　上海　商務印書館　1927年
說郛

006548431　9100　0122　（03）
暇日記一卷
劉跂撰　上海　商務印書館　1927年
說郛

006548397　9100　0122　（03）
續搜神記
陶潛撰　上海　商務印書館　1927年
說郛

006548379　9100　0122　（03）
玄中記
郭氏撰　上海　商務印書館　1927年
說郛

006548380　9100　0122　（03）
燕北雜記
武珪撰　上海　商務印書館　1927年
說郛

006548391　9100　0122　（03）
玉箱雜記
闕名撰　上海　商務印書館　1927年
說郛

006555995　9100　0122　（03）
雲溪友議十二卷
范攄撰　上海　商務印書館　1927年
說郛

006555992　9100　0122　（03）
雜纂
李商隱撰　王君玉、蘇軾續　上海　商務印書館　1927年　說郛

006556019　9100　0122　（04）
豹隱紀談一卷
闕名撰　上海　商務印書館　1927年
說郛

006555999　9100　0122　（04）
讀子隨識一卷
闕名輯　上海　商務印書館　1927年
說郛

006556002　9100　0122　（04）
杜陽雜編三卷
蘇鶚撰　上海　商務印書館　1927年
說郛

006556005　9100　0122　（04）
廣知八卷
闕名輯　上海　商務印書館　1927年
說郛

006556025　9100　0122　（04）
桂苑叢談一卷
馮翊撰　上海　商務印書館　1927年
說郛

006556004　9100　0122　（04）
雞肋編一卷
莊綽撰　上海　商務印書館　1927年
說郛

006556031　9100　0122　（04）
雞林類事三卷
孫穆撰　上海　商務印書館　1927年
說郛

006556020　9100　0122　（04）
夢溪筆談二六卷
沈括撰　上海　商務印書館　1927年
說郛

006556018　9100　0122　（04）
牧豎閒談三卷
景渙撰　上海　商務印書館　1927年
說郛

006556024　9100　0122　（04）
佩楚軒客談一卷
戚輔之撰　上海　商務印書館　1927 年　説郛

006556028　9100　0122　（04）
錢唐遺事十卷
劉一清撰　上海　商務印書館　1927 年　説郛

006556015　9100　0122　（04）
戎幕閒談一卷
韋絢撰　上海　商務印書館　1927 年　説郛

006556000　9100　0122　（04）
石林燕語十卷
葉夢得撰　宇文紹奕考異　上海　商務印書館　1927 年　説郛　（m.）

006556026　9100　0122　（04）
葦航紀談五卷
闕名撰　上海　商務印書館　1927 年　説郛

006556013　9100　0122　（04）
軒渠錄一卷
呂本中撰　上海　商務印書館　1927 年　説郛

006556008　9100　0122　（04）
諸傳摘玄
闕名輯　上海　商務印書館　1927 年　説郛

006556058　9100　0122　（05）
抱朴子
葛洪撰　上海　商務印書館　1927 年　説郛

006556069　9100　0122　（05）
步里客談一卷
陳長方撰　上海　商務印書館　1927 年　説郛

006556070　9100　0122　（05）
吹劍錄三卷　別錄四卷
俞文豹撰　上海　商務印書館　1927 年　説郛

006567579　9100　0122　（05）
該聞錄十卷
李畋撰　上海　商務印書館　1927 年　説郛

006556060　9100　0122　（05）
感應經三卷
李淳風撰　上海　商務印書館　1927 年　説郛

006556041　9100　0122　（05）
貴耳集三卷
張端義撰　上海　商務印書館　1927 年　説郛

006556061　9100　0122　（05）
賈氏談錄一卷
張洎撰　上海　商務印書館　1927 年　説郛

006556055　9100　0122　（05）
兼明書五卷
丘光庭撰　上海　商務印書館　1927 年　説郛

006562242　9100　0122　（05）
鑒誡錄十卷
何光遠撰　上海　商務印書館　1927 年　説郛

006562235　9100　0122　（05）
懶真子錄五卷
馬永卿撰　上海　商務印書館　1927 年

說郛

006562237　9100　0122　(05)
冷齋夜話十五卷
惠洪撰　上海　商務印書館　1927年
說郛

006556057　9100　0122　(05)
虜廷事實十卷
文惟簡撰　上海　商務印書館　1927年
說郛

006556047　9100　0122　(05)
捫蝨新話十五卷
陳善撰　上海　商務印書館　1927年
說郛

006556053　9100　0122　(05)
明道雜志一卷
張耒撰　上海　商務印書館　1927年
說郛

006556054　9100　0122　(05)
松漠紀聞二卷
洪皓撰　上海　商務印書館　1927年
說郛

006562238　9100　0122　(05)
涑水記聞三二卷
司馬光撰　上海　商務印書館　1927年
說郛

006556044　9100　0122　(05)
緯略十二卷
高似孫撰　上海　商務印書館　1927年
說郛

006556072　9100　0122　(05)
聞見錄二卷
羅點撰　上海　商務印書館　1927年
說郛

006562229　9100　0122　(05)
西溪叢語二卷
姚寬撰　上海　商務印書館　1927年
說郛　(m.)

006562240　9100　0122　(05)
緗素雜記十卷
黃朝英撰　上海　商務印書館　1927年
說郛

006556037　9100　0122　(05)
野客叢書十五卷
王楙撰　上海　商務印書館　1927年
說郛

006556052　9100　0122　(05)
乙卯避暑錄三卷
葉夢得撰　上海　商務印書館　1927年
說郛

006562233　9100　0122　(05)
娛書堂詩話十卷
趙與虤撰　上海　商務印書館　1927年
說郛

006556050　9100　0122　(05)
玉壺清話十卷
文瑩撰　上海　商務印書館　1927年
說郛

006556033　9100　0122　(05)
玉澗雜書十卷
葉夢得撰　上海　商務印書館　1927年
說郛

006556059　9100　0122　(05)
志雅堂雜鈔一卷
周密撰　上海　商務印書館　1927年
說郛

006556067　9100　0122　(05)
中朝故事二卷

尉遲偓撰　上海　商務印書館　1927 年　說郛

006562247　9100　0122　(06)
事始三卷
劉存撰　續事始五卷　馮鑒撰　上海　商務印書館　1927 年　說郛

006562264　9100　0122　(07)
北里志一卷
孫棨撰　上海　商務印書館　1927 年　說郛

006562254　9100　0122　(07)
燈下閒談二卷
闕名　上海　商務印書館　1927 年　說郛

006562266　9100　0122　(07)
洞天清祿集一卷
趙希鵠撰　上海　商務印書館　1927 年　說郛

006562265　9100　0122　(07)
鞏氏後耳目志一卷
鞏豐撰　上海　商務印書館　1927 年　說郛

006562262　9100　0122　(07)
教坊記一卷
崔令欽撰　上海　商務印書館　1927 年　說郛

006562251　9100　0122　(07)
金華子雜編二卷
劉崇遠撰　上海　商務印書館　1927 年　說郛

006562255　9100　0122　(07)
清尊錄一卷
廉布撰　上海　商務印書館　1927 年　說郛

006562259　9100　0122　(07)
野雪鍛排雜說一卷
許景迂撰　上海　商務印書館　1927 年　說郛

006562256　9100　0122　(07)
意林六卷
馬總輯　上海　商務印書館　1927 年　說郛

006562248　9100　0122　(07)
玉泉子真錄五卷
闕名撰　上海　商務印書館　1927 年　說郛

006562258　9100　0122　(07)
悅生隨鈔一卷
賈似道撰　上海　商務印書館　1927 年　說郛

006562285　9100　0122　(08)
博異志一卷
鄭還古撰　上海　商務印書館　1927 年　說郛

006562283　9100　0122　(08)
楚史檮杌二卷
闕名撰　上海　商務印書館　1927 年　說郛

006562268　9100　0122　(08)
畫鑒一卷
湯垕撰　上海　商務印書館　1927 年　說郛

006567580　9100　0122　(08)
稽神錄十卷
徐鉉撰　上海　商務印書館　1927 年　說郛

006562275　9100　0122　(08)
閒談錄二卷
蘇耆撰　上海　商務印書館　1927年
說郛

006562282　9100　0122　(08)
芥隱筆記二卷
龔頤正撰　上海　商務印書館　1927年
說郛

006562270　9100　0122　(08)
就日錄
趙氏撰　上海　商務印書館　1927年
說郛

006562279　9100　0122　(08)
倦遊雜錄八卷
張師正撰　上海　商務印書館　1927年
說郛

006562273　9100　0122　(08)
茅亭客話
黃林復撰　上海　商務印書館　1927年
說郛

006567582　9100　0122　(08)
幕府燕閒錄十卷
畢仲詢撰　上海　商務印書館　1927年
說郛

006562277　9100　0122　(08)
卻掃編三卷
徐度撰　上海　商務印書館　1927年
說郛

006562281　9100　0122　(08)
遊宦紀聞十卷
張世南撰　上海　商務印書館　1927年
說郛

006562293　9100　0122　(09)
泊宅編十卷
方勺撰　上海　商務印書館　1927年
說郛

006567588　9100　0122　(09)
廣知一卷
闕名輯　上海　商務印書館　1927年
說郛

006567585　9100　0122　(09)
漢武帝別國洞冥記四十卷
郭憲撰　上海　商務印書館　1927年
說郛

006567591　9100　0122　(09)
三器圖義一卷
程迥撰　上海　商務印書館　1927年
說郛

006567583　9100　0122　(09)
師曠禽經一卷
張華註　上海　商務印書館　1927年
說郛

006562297　9100　0122　(09)
土牛經一卷
闕名撰　上海　商務印書館　1927年
說郛

006562296　9100　0122　(09)
相貝經一卷
朱仲撰　上海　商務印書館　1927年
說郛

006562294　9100　0122　(09)
相鶴經一卷
闕名撰　上海　商務印書館　1927年
說郛

006562291　9100　0122　(09)
續幽怪錄二卷
李復言撰　上海　商務印書館　1927年

說郛

006567594　9100　0122　(09)
宣和石譜一卷
祖考撰　上海　商務印書館　1927 年
說郛

006567575　9100　0122　(09)
養魚經一卷
范蠡撰　上海　商務印書館　1927 年
說郛

006562288　9100　0122　(09)
因話錄
趙璘撰　上海　商務印書館　1927 年
說郛　(m.)

006562289　9100　0122　(09)
幽怪錄十一卷
牛僧孺撰　上海　商務印書館　1927 年
說郛

006567596　9100　0122　(09)
漁陽公石譜一卷
闕名撰　上海　商務印書館　1927 年
說郛

006567593　9100　0122　(09)
雲林石譜三卷
杜綰撰　上海　商務印書館　1927 年
說郛

006567572　9100　0122　(09)
質龜論一卷
李淳風撰　上海　商務印書館　1927 年
說郛

006567599　9100　0122　(10)
愛日齋叢鈔十卷
葉氏撰　上海　商務印書館　1927 年
說郛

006567604　9100　0122　(10)
碧雞漫志十卷
王灼撰　上海　商務印書館　1927 年
說郛

006567603　9100　0122　(10)
負暄雜錄三卷　補遺一卷
顧文薦撰　上海　商務印書館　1927 年
說郛

006567600　9100　0122　(10)
坦齋筆衡六卷
葉寘撰　上海　商務印書館　1927 年
說郛

006567597　9100　0122　(10)
希通錄二卷
蕭參撰　上海　商務印書館　1927 年
說郛

006567598　9100　0122　(10)
野人閒話五卷
景煥撰　上海　商務印書館　1927 年
說郛

006567637　9100　0122　(11)
葆光錄三卷
陳纂撰　上海　商務印書館　1927 年
說郛

006567606　9100　0122　(11)
打馬圖經一卷
李清照撰　上海　商務印書館　1927 年
說郛

006567632　9100　0122　(11)
讀書愚見二卷
鄭震撰　上海　商務印書館　1927 年
說郛

006567612　9100　0122　(11)
甘澤謠一卷

袁郊撰　上海　商務印書館　1927年
說郛

006567617　9100　0122　(11)
浩然齋視聽鈔一卷
周密撰　上海　商務印書館　1927年
說郛

006567616　9100　0122　(11)
浩然齋意鈔一卷
周密撰　上海　商務印書館　1927年
說郛

006567630　9100　0122　(11)
洛中紀異錄
秦再思撰　上海　商務印書館　1927年
說郛

006567624　9100　0122　(11)
南唐近事二卷
鄭文寶撰　上海　商務印書館　1927年
說郛

006567641　9100　0122　(11)
琵琶錄一卷
段安節撰　上海　商務印書館　1927年
說郛

006567622　9100　0122　(11)
儒林公議一卷
田況撰　上海　商務印書館　1927年
說郛

006567618　9100　0122　(11)
視聽鈔三卷
吳萃撰　上海　商務印書館　1927年
說郛

006567625　9100　0122　(11)
述異記三卷
任昉撰　上海　商務印書館　1927年
說郛

006567607　9100　0122　(11)
遂昌山樵雜錄一卷
鄭元祐撰　上海　商務印書館　1927年
說郛

006567613　9100　0122　(11)
鐵圍山叢談五卷
蔡絛撰　上海　商務印書館　1927年
說郛

006567639　9100　0122　(11)
桐陰舊話十卷
韓元吉撰　上海　商務印書館　1927年
說郛

006567608　9100　0122　(11)
忘懷錄三卷
沈括撰　上海　商務印書館　1927年
說郛

009166209　9100　0122　(11)
西京雜記
葛洪集　上海　商務印書館　1927年
說郛

006567623　9100　0122　(11)
行都紀事二卷
楊和甫撰　上海　商務印書館　1927年
說郛

006567610　9100　0122　(11)
因話錄十卷
曾三異撰　上海　商務印書館　1927年
說郛　(m.)

006567634　9100　0122　(11)
幽閒鼓吹一卷
張固撰　上海　商務印書館　1927年
說郛

006567635　9100　0122　（11）
植跋簡談一卷
錢康公撰　上海　商務印書館　1927年
　說郛

006567614　9100　0122　（11）
中吳紀聞六卷
龔明之撰　上海　商務印書館　1927年
　說郛

006573107　9100　0122　（12）
稗史
仇遠撰　上海　商務印書館　1927年
　說郛

006573109　9100　0122　（12）
船窗夜話一卷
顧文薦撰　上海　商務印書館　1927年
　說郛

006567644　9100　0122　（12）
劉賓客嘉話錄一卷
韋絢錄　上海　商務印書館　1927年
　說郛

006573119　9100　0122　（12）
清波別志三卷
周煇撰　上海　商務印書館　1927年
　說郛

006573118　9100　0122　（12）
清波雜志十二卷
周煇撰　上海　商務印書館　1927年
　說郛

006573106　9100　0122　（12）
三柳軒雜識一卷
程榮撰　上海　商務印書館　1927年
　說郛

006573120　9100　0122　（12）
山家清供一卷
林洪撰　上海　商務印書館　1927年
　說郛

006573122　9100　0122　（12）
山家清事一卷
林洪撰　上海　商務印書館　1927年
　說郛

006567642　9100　0122　（12）
隋唐嘉話三卷
劉餗撰　上海　商務印書館　1927年
　說郛

006573102　9100　0122　（12）
天隱子一卷
司馬承禎撰　上海　商務印書館　1927年　說郛

006573105　9100　0122　（12）
韋居聽輿一卷
陳直撰　上海　商務印書館　1927年
　說郛

006573103　9100　0122　（12）
楊文公談苑十五卷
楊億述　黃鑒輯　宋庠重訂　上海　商務印書館　1927年　說郛

006573116　9100　0122　（12）
臆乘一卷
楊伯喦撰　上海　商務印書館　1927年
　說郛

006573110　9100　0122　（12）
漁樵閒話一卷
蘇軾撰　上海　商務印書館　1927年
　說郛

006573104　9100　0122　（12）
雲莊四六餘語
相國道撰　上海　商務印書館　1927年

説郛

006573114　9100　0122　（12）
昨夢錄五卷
康與之撰　上海　商務印書館　1927 年
説郛

006573152　9100　0122　（13）
碧雲騢錄一卷
梅堯臣撰　上海　商務印書館　1927 年
説郛

006573126　9100　0122　（13）
賓退錄十卷
趙與時撰　上海　商務印書館　1927 年
説郛

006573137　9100　0122　（13）
吹劍續錄
俞文豹撰　上海　商務印書館　1927 年
説郛

006573147　9100　0122　（13）
感應類從志
張華撰　上海　商務印書館　1927 年
説郛

006573131　9100　0122　（13）
歸田錄三卷
歐陽修撰　上海　商務印書館　1927 年
説郛

006573154　9100　0122　（13）
肯綮錄一卷
趙叔向撰　上海　商務印書館　1927 年
説郛

006573133　9100　0122　（13）
孔氏雜説一卷
孔平仲撰　上海　商務印書館　1927 年
説郛

006573139　9100　0122　（13）
墨客揮犀十卷
彭乘撰　上海　商務印書館　1927 年
説郛

006573150　9100　0122　（13）
西征記一卷
盧襄撰　上海　商務印書館　1927 年
説郛

006573136　9100　0122　（13）
湘山野錄三卷　續錄一卷
文瑩撰　上海　商務印書館　1927 年
説郛

006573129　9100　0122　（13）
諧史二卷
沈俶撰　上海　商務印書館　1927 年
説郛

006573140　9100　0122　（13）
續墨客揮犀十卷
彭乘撰　上海　商務印書館　1927 年
説郛

006573149　9100　0122　（13）
逸史三卷
盧氏撰　上海　商務印書館　1927 年
説郛

006573135　9100　0122　（13）
塵史三卷
王得臣撰　上海　商務印書館　1927 年
説郛

006573167　9100　0122　（14）
白獺髓一卷
闕名撰　上海　商務印書館　1927 年
説郛

006573165　9100　0122　（14）
北風揚沙錄一卷

闕名撰　上海　商務印書館　1927年
説郛

006577175　9100　0122　(14)
高齋漫録二卷
曾慥撰　上海　商務印書館　1927年
説郛

006573160　9100　0122　(14)
集異記二卷
薛用弱撰　上海　商務印書館　1927年
　説郛

006573162　9100　0122　(14)
荊楚歲時記一卷
宗懍撰　上海　商務印書館　1927年
説郛

006573173　9100　0122　(14)
洛陽花木記一卷
周敘撰　上海　商務印書館　1927年
説郛

006573172　9100　0122　(14)
洛陽名園記一卷
李格非撰　上海　商務印書館　1927年
　説郛

006577179　9100　0122　(14)
三朝野史一卷
闕名撰　上海　商務印書館　1927年
説郛

006577177　9100　0122　(14)
山房隨筆一卷
蔣正子撰　上海　商務印書館　1927年
　説郛

006573164　9100　0122　(14)
桐譜一卷
陳翥撰　上海　商務印書館　1927年

説郛

006573156　9100　0122　(14)
小説十卷
殷芸撰　上海　商務印書館　1927年
説郛

006573170　9100　0122　(14)
宣政雜録一卷
江萬里撰　上海　商務印書館　1927年
　説郛

006577174　9100　0122　(14)
雲仙散録一卷
馮贄撰　上海　商務印書館　1927年
説郛

006573159　9100　0122　(14)
卓異記一卷
李翱撰　上海　商務印書館　1927年
説郛

006577187　9100　0122　(15)
碧湖雜記一卷
蔡寀之撰　上海　商務印書館　1927年
　説郛

006577190　9100　0122　(15)
朝野遺記二卷
闕名撰　上海　商務印書館　1927年
説郛

006577192　9100　0122　(15)
澹山雜識三卷
錢氏撰　上海　商務印書館　1927年
説郛

006577184　9100　0122　(15)
東坡手澤三卷
蘇軾撰　上海　商務印書館　1927年
説郛

006577197　9100　0122　（15）
家王故事一卷
錢惟演撰　上海　商務印書館　1927年
說郛

006577180　9100　0122　（15）
遂初堂書目一卷
尤袤撰　上海　商務印書館　1927年
說郛

006577185　9100　0122　（15）
坦齋通編一卷
邢凱撰　上海　商務印書館　1927年
說郛

006577182　9100　0122　（15）
桃源手聽一卷
闕名撰　上海　商務印書館　1927年
說郛

006577195　9100　0122　（15）
巖下放言三卷
葉夢得撰　上海　商務印書館　1927年
說郛

006577196　9100　0122　（15）
玉堂逢辰錄二卷
錢惟演撰　上海　商務印書館　1927年
說郛

006577194　9100　0122　（15）
昭德新編一卷
晁迥撰　上海　商務印書館　1927年
說郛

006577207　9100　0122　（16）
東齋記事十卷
范鎮撰　上海　商務印書館　1927年
說郛

006577205　9100　0122　（16）
侯鯖錄八卷
趙令時撰　上海　商務印書館　1927年
說郛

006577200　9100　0122　（16）
雋永錄三卷
闕名輯　上海　商務印書館　1927年
說郛

006577201　9100　0122　（16）
拾遺記十卷
王嘉撰　上海　商務印書館　1927年
說郛

006577198　9100　0122　（16）
蜀道征討比事
袁申儒撰　上海　商務印書館　1927年
說郛

006577209　9100　0122　（16）
談藪七卷
龐元英撰　上海　商務印書館　1927年
說郛

006577208　9100　0122　（16）
文昌雜錄六卷
龐元英撰　上海　商務印書館　1927年
說郛

006577206　9100　0122　（16）
藝圃折中六卷
鄭厚撰　上海　商務印書館　1927年
說郛

006577203　9100　0122　（16）
雲谷雜記十卷
張淏撰　上海　商務印書館　1927年
說郛

006577204　9100　0122　（16）
紫微雜記一卷
呂本中撰　上海　商務印書館　1927年

說郛

006583591　9100　0122　（17）
唫嚘集
宋無撰　上海　商務印書館　1927年
　說郛

006577210　9100　0122　（17）
遯齋閒覽十四卷
范正敏撰　上海　商務印書館　1927年
　說郛

006577220　9100　0122　（17）
二老堂詩話二卷
周必大撰　上海　商務印書館　1927年
　說郛

006577219　9100　0122　（17）
捫掌錄三卷
輾然子撰　上海　商務印書館　1927年
　說郛　（m.w.）

006577213　9100　0122　（17）
海山記一卷
闕名撰　上海　商務印書館　1927年
　說郛

006583593　9100　0122　（17）
畫史
米芾撰　上海　商務印書館　1927年
　說郛

006583585　9100　0122　（17）
暌車志五卷
郭彖撰　上海　商務印書館　1927年
　說郛

006577212　9100　0122　（17）
迷樓記一卷
闕名撰　上海　商務印書館　1927年
　說郛

006577216　9100　0122　（17）
明皇雜錄二卷
鄭處誨撰　上海　商務印書館　1927年
　說郛

006577218　9100　0122　（17）
群居解頤三卷
高擇撰　上海　商務印書館　1927年
　說郛

006583596　9100　0122　（17）
三水小牘二卷
皇甫枚撰　上海　商務印書館　1927年
　說郛

009166346　9100　0122　（17）
搜神秘覽二卷
章炳文撰　上海　商務印書館　1927年
　說郛

006583582　9100　0122　（17）
歲寒堂詩話
張戒撰　上海　商務印書館　1927年
　說郛

006583595　9100　0122　（17）
瀟湘錄十卷
李隱撰　上海　商務印書館　1927年
　說郛

006583587　9100　0122　（17）
宜春傳信錄三卷
羅繡撰　上海　商務印書館　1927年
　說郛

006577215　9100　0122　（17）
趙飛燕別傳一卷
秦醇撰　上海　商務印書館　1927年
　說郛

006577214　9100　0122　（17）
趙飛燕外傳一卷

伶玄撰　上海　商務印書館　1927年
說郛

009166317　9100　0122　(18)
开關錄
唐韓太行山人　上海　商務印書館
1927年　說郛

006583610　9100　0122　(18)
辨疑志三卷
陸長源撰　上海　商務印書館　1927年
　說郛

006583599　9100　0122　(18)
春明退朝錄
宋敏求撰　上海　商務印書館　1927年
　說郛

006583608　9100　0122　(18)
耳目記二卷
闕名撰　上海　商務印書館　1927年
說郛

006583606　9100　0122　(18)
豪異秘纂一卷
闕名輯　上海　商務印書館　1927年
說郛

006583604　9100　0122　(18)
麟臺故事五卷
程俱撰　上海　商務印書館　1927年
說郛

006583614　9100　0122　(18)
嶺表錄異記
劉恂撰　上海　商務印書館　1927年
說郛

006583624　9100　0122　(18)
能改齋漫錄二卷
吳曾撰　上海　商務印書館　1927年

說郛　(m.)

006583619　9100　0122　(18)
青塘錄二卷
李遠撰　上海　商務印書館　1927年
說郛

006583601　9100　0122　(18)
趨朝事類二卷
闕名撰　上海　商務印書館　1927年
說郛

006583622　9100　0122　(18)
省心詮要一卷
林逋撰　上海　商務印書館　1927年
說郛

006583612　9100　0122　(18)
談淵一卷
王陶撰　上海　商務印書館　1927年
說郛

006583625　9100　0122　(18)
續釋常談二卷
龔頤正撰　上海　商務印書館　1927年
　說郛

006583636　9100　0122　(19)
碧溪詩話一卷
黃徹撰　上海　商務印書館　1927年
說郛

006587321　9100　0122　(19)
傳載三卷
劉餗撰　上海　商務印書館　1927年
說郛

006583631　9100　0122　(19)
翻古叢編十卷
闕名撰　上海　商務印書館　1927年
說郛

006583641　9100　0122　(19)
河源志一卷
潘昂霄撰　上海　商務印書館　1927年
説郛

006583639　9100　0122　(19)
揮麈録十八卷
王明清撰　上海　商務印書館　1927年
説郛

006583640　9100　0122　(19)
揮麈餘話二卷
王明清撰　上海　商務印書館　1927年
説郛

006583642　9100　0122　(19)
倦遊録八卷
張師正撰　上海　商務印書館　1927年
説郛

006583649　9100　0122　(19)
緑珠傳一卷
樂史撰　上海　商務印書館　1927年
説郛

006587304　9100　0122　(19)
梅妃傳一卷
曾鄴撰　上海　商務印書館　1927年
説郛

006583647　9100　0122　(19)
琴書類集
居月撰　上海　商務印書館　1927年
説郛

006583632　9100　0122　(19)
艇齋詩話一卷
曾季貍撰　上海　商務印書館　1927年
説郛

006583637　9100　0122　(19)
蟹略四十卷

高似孫撰　上海　商務印書館　1927年
説郛

006587319　9100　0122　(19)
續骫骳説一卷
朱弁撰　上海　商務印書館　1927年
説郛

006587305　9100　0122　(19)
楊太真外傳三卷
樂史撰　上海　商務印書館　1927年
説郛

006583644　9100　0122　(19)
野史八卷
林子中撰　上海　商務印書館　1927年
説郛

006587311　9100　0122　(19)
異聞三卷
何光撰　上海　商務印書館　1927年
説郛

006583627　9100　0122　(19)
酉陽雜俎二卷
段成式撰　上海　商務印書館　1927年
説郛　(m.)

006583628　9100　0122　(19)
酉陽雜俎續集十卷
段成式撰　上海　商務印書館　1927年
説郛

006583638　9100　0122　(19)
雲南志略四卷　並附録
李京撰　上海　商務印書館　1927年
説郛

006583648　9100　0122　(19)
摭青雜説二四卷
闕名撰　上海　商務印書館　1927年

說郛

006587307　9100　0122　(19)
重編燕北錄三卷
王易撰　上海　商務印書館　1927 年
說郛

006587337　9100　0122　(20)
驂鸞錄一卷
范成大撰　上海　商務印書館　1927 年
說郛

006587322　9100　0122　(20)
侯鯖錄八卷
趙令畤撰　上海　商務印書館　1927 年
說郛

006587342　9100　0122　(20)
後耳目志一卷
鞏豐撰　上海　商務印書館　1927 年
說郛

006587340　9100　0122　(20)
攬轡錄一卷
范成大撰　上海　商務印書館　1927 年
說郛

006587328　9100　0122　(20)
南窗紀談一卷
闕名撰　上海　商務印書館　1927 年
說郛

006587341　9100　0122　(20)
曲洧舊聞十卷
朱弁撰　上海　商務印書館　1927 年
說郛

006587329　9100　0122　(20)
三楚新錄
周羽翀撰　上海　商務印書館　1927 年
說郛

006587331　9100　0122　(20)
慎子一卷
慎到撰　滕輔註　上海　商務印書館　1927 年　說郛

006587324　9100　0122　(20)
陶朱新錄一卷
馬純撰　上海　商務印書館　1927 年
說郛

006587326　9100　0122　(20)
投轄錄
王明清撰　上海　商務印書館　1927 年
說郛

006587339　9100　0122　(20)
吳船錄一卷
范成大撰　上海　商務印書館　1927 年
說郛

006587334　9100　0122　(20)
先公談錄一卷
李宗諤撰　上海　商務印書館　1927 年
說郛

006587335　9100　0122　(20)
宣室志十卷
張讀撰　上海　商務印書館　1927 年
說郛

006587333　9100　0122　(20)
野說
邵思撰　上海　商務印書館　1927 年
說郛

006587327　9100　0122　(20)
友會談叢三卷
上官融撰　上海　商務印書館　1927 年
說郛

006587325　9100　0122　(20)
真臘風土記

周達觀撰　上海　商務印書館　1927年
　說郛

006587361　9100　0122　（21）
酬酢事變一卷
闕名撰　上海　商務印書館　1927年
　說郛

006587348　9100　0122　（21）
春夢錄一卷
鄭禧撰　上海　商務印書館　1927年
　說郛

006587346　9100　0122　（21）
春渚紀聞十卷
何薳撰　上海　商務印書館　1927年
　說郛

006587359　9100　0122　（21）
發明義理一卷
呂希哲撰　上海　商務印書館　1927年
　說郛

006587362　9100　0122　（21）
感知錄一卷
陸游撰　上海　商務印書館　1927年
　說郛

006587351　9100　0122　（21）
化書六卷
譚峭撰　上海　商務印書館　1927年
　說郛

006587374　9100　0122　（21）
集仙傳十三卷
曾慥撰　上海　商務印書館　1927年
　說郛

006587369　9100　0122　（21）
列仙傳一卷
劉向撰　上海　商務印書館　1927年
　說郛

006587358　9100　0122　（21）
陵陽先生室中語一卷
范季隨撰　上海　商務印書館　1927年
　說郛

006587343　9100　0122　（21）
山水純全集五卷
韓拙撰　上海　商務印書館　1927年
　說郛

006587370　9100　0122　（21）
神仙傳
葛洪撰　上海　商務印書館　1927年
　說郛

006587367　9100　0122　（21）
詩詞餘話一卷
俞焯撰　上海　商務印書館　1927年
　說郛

006587364　9100　0122　（21）
緒訓一卷
陸游撰　上海　商務印書館　1927年
　說郛

006587372　9100　0122　（21）
續仙傳三卷
沈汾撰　上海　商務印書館　1927年
　說郛

006587353　9100　0122　（21）
宣靖妖化錄
孔偁撰　上海　商務印書館　1927年
　說郛

006587356　9100　0122　（21）
炙轂子雜錄五卷
王獻撰　上海　商務印書館　1927年
　說郛

006587385　9100　0122　(22)
次柳氏舊聞一卷
李德裕撰　上海　商務印書館　1927 年
說郛

006591970　9100　0122　(22)
讀北山酒經
李保撰　上海　商務印書館　1927 年
說郛

006587387　9100　0122　(22)
稿簡贅筆五卷
章淵撰　上海　商務印書館　1927 年
說郛

006587381　9100　0122　(22)
澗泉日記五卷
韓淲撰　上海　商務印書館　1927 年
說郛

006587377　9100　0122　(22)
靖康朝野僉言一卷
闕名撰　上海　商務印書館　1927 年
說郛

006591969　9100　0122　(22)
酒經三卷
朱肱撰　上海　商務印書館　1927 年
說郛

006587388　9100　0122　(22)
絕倒錄一卷
朱暉撰　上海　商務印書館　1927 年
說郛

006591966　9100　0122　(22)
括異志二卷
張師正撰　上海　商務印書館　1927 年
說郛

006587375　9100　0122　(22)
禮範一卷
闕名撰　上海　商務印書館　1927 年
說郛

006591973　9100　0122　(22)
默記一卷
王銍撰　上海　商務印書館　1927 年
說郛

006591975　9100　0122　(22)
平陳記一卷
闕名撰　上海　商務印書館　1927 年
說郛

006591972　9100　0122　(22)
錢氏私志二卷
錢世昭撰　上海　商務印書館　1927 年
說郛

006591980　9100　0122　(22)
蜀檮杌十卷
張唐英撰　上海　商務印書館　1927 年
說郛

006591979　9100　0122　(22)
田間書一卷
林昉撰　上海　商務印書館　1927 年
說郛

006591977　9100　0122　(22)
幸蜀記一卷
宋居白撰　上海　商務印書館　1927 年
說郛

006587390　9100　0122　(22)
煬帝開河記一卷
闕名撰　上海　商務印書館　1927 年
說郛

006592000　9100　0122　(23)
聲隅子歔欷瑣微論二卷
黃晞撰　上海　商務印書館　1927 年

說郛

006592002　9100　0122　(23)
北夢瑣言二卷
孫光憲撰　上海　商務印書館　1927年
　說郛

006592001　9100　0122　(23)
程氏則古十卷
程大昌撰　上海　商務印書館　1927年
　說郛

007998757　9100　0122　(23)
鄧析子二卷
鄧析撰　上海　商務印書館　1927年
　說郛

006591995　9100　0122　(23)
公孫龍子一卷
公孫龍撰　上海　商務印書館　1927年
　說郛

006591999　4614　4511D　9100　0122　(23)
韓非子
韓非撰　陶宗儀纂　龔鉽校　上海　商務印書館　1927年　說郛　(m.)

006591993　9100　0122　(23)
孔叢子
孔鮒撰　上海　商務印書館　1927年
　說郛　(m.)

006591986　9100　0122　(23)
墨子三卷
墨翟撰　上海　商務印書館　1927年
　說郛　(m.)

006591983　9100　0122　(23)
瑞桂堂暇錄十卷
闕名撰　上海　商務印書館　1927年
　說郛

006591981　9100　0122　(23)
松窗雜錄一卷
李浚撰　上海　商務印書館　1927年
　說郛

006592004　9100　0122　(23)
退齋筆錄
侯延慶撰　上海　商務印書館　1927年
　說郛

006592003　9100　0122　(23)
退齋雅聞錄一卷
侯延慶撰　上海　商務印書館　1927年
　說郛

006592006　9100　0122　(23)
五總志一卷
吳坰撰　上海　商務印書館　1927年
　說郛

006591991　9100　0122　(23)
尹文子
尹文撰　上海　商務印書館　1927年
　說郛　(m.)

006591997　9100　0122　(23)
鶡子一卷
逢行珪註　上海　商務印書館　1927年
　說郛

006591989　9100　0122　(23)
曾子二卷
曾參撰　上海　商務印書館　1927年
　說郛

006591988　9100　0122　(23)
子華子十卷
程本撰　上海　商務印書館　1927年
　說郛

006592025　9100　0122　(24)
安南行記一卷

徐明善撰　上海　商務印書館　1927年
說郛

006592020　9100　0122　(24)
桂海虞衡志三卷
范成大撰　上海　商務印書館　1927年
說郛

006592009　9100　0122　(24)
過庭錄
樓昉撰　上海　商務印書館　1927年
說郛

006592012　9100　0122　(24)
金玉詩話
蔡絛撰　上海　商務印書館　1927年
說郛

006592024　9100　0122　(24)
洛陽搢紳舊聞記五卷
張齊賢撰　上海　商務印書館　1927年
說郛

006592015　9100　0122　(24)
南遊記舊
曾紆撰　上海　商務印書館　1927年
說郛

006592011　9100　0122　(24)
詩談
闕名撰　上海　商務印書館　1927年
說郛

006592018　9100　0122　(24)
識遺九卷
羅璧撰　上海　商務印書館　1927年
說郛

006592022　9100　0122　(24)
侍講日記
呂希哲撰　上海　商務印書館　1927年
說郛

006592007　9100　0122　(24)
唾玉集
俞文豹撰　上海　商務印書館　1927年
說郛

006592017　9100　0122　(24)
小說舊聞錄
柳公權撰　上海　商務印書館　1927年
說郛

006592021　9100　0122　(24)
豫章古今記
闕名撰　上海　商務印書館　1927年
說郛

006592028　9100　0122　(25)
北邊備對六卷
程大昌撰　上海　商務印書館　1927年
說郛

006592042　9100　0122　(25)
北轅錄一卷
周煇撰　上海　商務印書館　1927年
說郛

006592034　9100　0122　(25)
大觀茶論一卷
宋徽宗撰　上海　商務印書館　1927年
說郛

006592037　9100　0122　(25)
鉤玄
闕名撰　上海　商務印書館　1927年
說郛

006592031　9100　0122　(25)
漢孝武故事五卷
班固撰　上海　商務印書館　1927年
說郛

006592036　9100　0122　（25）
困學齋雜錄一卷
鮮于樞撰　上海　商務印書館　1927年
　　説郛

006592044　9100　0122　（25）
蒙韃備錄一卷
孟珙撰　上海　商務印書館　1927年
　　説郛

006592045　9100　0122　（25）
聖武親征錄一卷
闕名撰　上海　商務印書館　1927年
　　説郛

006592038　9100　0122　（25）
四朝聞見錄五卷
葉紹翁撰　上海　商務印書館　1927年
　　説郛

006592040　9100　0122　（25）
文子通玄真經十二卷
辛鈃撰　上海　商務印書館　1927年
　　説郛

006598764　9100　0122　（26）
大業雜記一卷
杜寶撰　上海　商務印書館　1927年
　　説郛

006598762　9100　0122　（26）
姑蘇筆記二卷
羅志仁撰　上海　商務印書館　1927年
　　説郛

006598765　9100　0122　（26）
江表志
鄭文寶撰　上海　商務印書館　1927年
　　説郛

009166409　9100　0122　（26）
江南別錄
陳彭年撰　上海　商務印書館　1927年
　　説郛

006598759　9100　0122　（26）
鯨背吟集一卷
朱名世撰　上海　商務印書館　1927年
　　説郛

006598763　9100　0122　（26）
雪舟脞語一卷
邵桂子撰　上海　商務印書館　1927年
　　説郛

006598761　9100　0122　（26）
演繁露十五卷　續集五卷
程大昌撰　上海　商務印書館　1927年
　　説郛

006598766　9100　0122　（26）
資暇集
李匡乂撰　上海　商務印書館　1927年
　　説郛

006598768　9100　0122　（26）
醉鄉日月
皇甫松撰　上海　商務印書館　1927年
　　説郛

006598778　9100　0122　（27）
北苑別錄一卷
趙汝礪撰　上海　商務印書館　1927年
　　説郛

006598772　9100　0122　（27）
藏一話腴
陳郁撰　上海　商務印書館　1927年
　　説郛

006598773　9100　0122　（27）
品茶要錄一卷
黃儒撰　上海　商務印書館　1927年

說郛

006598770　9100　0122　(27)
史記法語八卷
洪邁輯　上海　商務印書館　1927 年
說郛

006598771　9100　0122　(27)
五代新說
闕名撰　上海　商務印書館　1927 年
說郛

006598775　9100　0122　(27)
宣和北苑貢茶錄一卷
熊蕃撰　上海　商務印書館　1927 年
說郛

006598779　9100　0122　(28)
清異錄六卷
陶穀撰　上海　商務印書館　1927 年
說郛

006598804　9100　0122　(29)
范文正公遺事一卷
闕名撰　上海　商務印書館　1927 年
說郛

006598797　9100　0122　(29)
灌畦暇語一卷
闕名撰　上海　商務印書館　1927 年
說郛

006598802　9100　0122　(29)
韓魏公事一卷
趙寅撰　上海　商務印書館　1927 年
說郛

006598800　9100　0122　(29)
韓魏公遺事一卷
強至撰　上海　商務印書館　1927 年
說郛

006598784　9100　0122　(29)
積善錄十二卷
黃光大撰　上海　商務印書館　1927 年
說郛

006598782　9100　0122　(29)
金漳蘭譜一卷
趙時庚撰　上海　商務印書館　1927 年
說郛

006598788　9100　0122　(29)
景行錄一卷
史弼撰　上海　商務印書館　1927 年
說郛

006598807　9100　0122　(29)
九河公語錄一卷
張畋撰　上海　商務印書館　1927 年
說郛

006598783　9100　0122　(29)
蘭譜奧法一卷
趙時庚撰　上海　商務印書館　1927 年
說郛

006598780　9100　0122　(29)
蘭亭博議十五卷
桑世昌撰　上海　商務印書館　1927 年
說郛

006598791　9100　0122　(29)
漫堂隨筆一卷
吳开撰　上海　商務印書館　1927 年
說郛

006598795　9100　0122　(29)
瑣語一卷
司馬光撰　上海　商務印書館　1927 年
說郛

006598781　9100　0122　(29)
王氏蘭譜

王貴學撰　上海　商務印書館　1927 年
　　說郛

006598798　9100　0122　(29)
五國故事二卷
闕名撰　上海　商務印書館　1927 年
　　說郛

006598785　9100　0122　(29)
續積善錄五卷
馮夢周撰　上海　商務印書館　1927 年
　　說郛

006598793　9100　0122　(29)
真率記事一卷
闕名撰　上海　商務印書館　1927 年
　　說郛

006602448　9100　0122　(30)
驃國樂頌一卷
闕名撰　上海　商務印書館　1927 年
　　說郛

006598820　9100　0122　(30)
采異記一卷
宋汴撰　上海　商務印書館　1927 年
　　說郛

006598816　9100　0122　(30)
觀時集二卷
闕名撰　上海　商務印書館　1927 年
　　說郛

006602443　9100　0122　(30)
國史異纂三卷
闕名撰　上海　商務印書館　1927 年
　　說郛

006598809　9100　0122　(30)
羯鼓錄一卷
南卓撰　上海　商務印書館　1927 年
　　說郛

006598827　9100　0122　(30)
酒譜二卷
竇革撰　上海　商務印書館　1927 年
　　說郛

006598813　9100　0122　(30)
開顏錄一卷
周文玘撰　上海　商務印書館　1927 年
　　說郛

006598818　9100　0122　(30)
臨漢隱居詩話一卷
魏泰撰　上海　商務印書館　1927 年
　　說郛

006602441　9100　0122　(30)
平泉山居記
李德裕撰　上海　商務印書館　1927 年
　　說郛

006598815　9100　0122　(30)
善謔集一卷
天和子撰　上海　商務印書館　1927 年
　　說郛

006598822　9100　0122　(30)
神異記二卷
東方朔撰　張華註　上海　商務印書館
　　1927 年　說郛

006602449　9100　0122　(30)
詩論一卷
普聞撰　上海　商務印書館　1927 年
　　說郛　(m.)

006602450　9100　0122　(30)
釋常談三卷
闕名撰　上海　商務印書館　1927 年
　　說郛

006602439　9100　0122　(30)
孫公談圃三卷
孫升述　劉延世録　上海　商務印書館
　1927 年　説郛

006598824　9100　0122　(30)
香譜一卷
洪芻撰　上海　商務印書館　1927 年
説郛

006598819　9100　0122　(30)
續齊諧記一卷
吳均撰　上海　商務印書館　1927 年
説郛

006602437　9100　0122　(30)
續竹譜一卷
闕名撰　上海　商務印書館　1927 年
説郛

006602435　9100　0122　(30)
竹譜一卷
戴凱之撰　上海　商務印書館　1927 年
　説郛

006602470　9100　0122　(31)
范村梅譜
范成大撰　上海　商務印書館　1927 年
　説郛

006602456　9100　0122　(31)
官箴一卷
呂本中撰　上海　商務印書館　1927 年
　説郛

006602479　9100　0122　(31)
海棠譜二卷
陳思撰　上海　商務印書館　1927 年
説郛

006602458　9100　0122　(31)
翰墨志一卷
宋高宗撰　上海　商務印書館　1927 年
説郛

006602466　9100　0122　(31)
菊譜一卷
劉蒙撰　上海　商務印書館　1927 年
説郛

006602475　9100　0122　(31)
菌譜
陳仁玉撰　上海　商務印書館　1927 年
説郛

006602471　9100　0122　(31)
牡丹榮辱志
丘璿撰　上海　商務印書館　1927 年
説郛

006602453　9100　0122　(31)
善誘文
陳録撰　上海　商務印書館　1927 年
説郛

006602477　9100　0122　(31)
芍藥譜
王觀撰　上海　商務印書館　1927 年
説郛

006602467　9100　0122　(31)
石湖菊譜一卷
范成大撰　上海　商務印書館　1927 年
　説郛

006602468　9100　0122　(31)
史老圃菊譜一卷
史正志撰　上海　商務印書館　1927 年
　説郛

006602472　9100　0122　(31)
蔬食譜一卷
陳達叟撰　上海　商務印書館　1927 年

説郛

006602476　9100　0122　（31）
筍譜
贊寧撰　上海　商務印書館　1927年　説郛

006602465　9100　0122　（31）
唐溪詩話
陳巖肖撰　上海　商務印書館　1927年　説郛

006602464　9100　0122　（31）
續雞肋一卷
趙崇絢撰　上海　商務印書館　1927年　説郛

006602460　9100　0122　（31）
螢雪叢説二卷
俞成撰　上海　商務印書館　1927年　説郛

006609148　9100　0122　（32）
辨惑論四十卷
謝應芳撰　上海　商務印書館　1927年　説郛

006609154　9100　0122　（32）
褚氏遺書一卷
褚澄撰　上海　商務印書館　1927年　説郛

006609150　9100　0122　（32）
大事記
呂祖謙撰　上海　商務印書館　1927年　説郛

006602515　9100　0122　（32）
大中遺事二卷
令狐澄撰　上海　商務印書館　1927年　説郛

006602495　9100　0122　（32）
刀劍錄
陶弘景撰　上海　商務印書館　1927年　説郛

006602494　9100　0122　（32）
法帖譜系二卷
曹士冕撰　上海　商務印書館　1927年　説郛

006602482　9100　0122　（32）
關尹子三卷
上海　商務印書館　1927年　説郛（m.）

006602486　9100　0122　（32）
鬼谷子三卷
上海　商務印書館　1927年　説郛

006602510　9100　0122　（32）
記文譚
潘遠撰　上海　商務印書館　1927年　説郛

006609146　9100　0122　（32）
江南錄一卷
闕名撰　上海　商務印書館　1927年　説郛

006602496　9100　0122　（32）
荊州記
盛弘之撰　上海　商務印書館　1927年　説郛

006602480　9100　0122　（32）
亢倉子九篇
王士元撰　上海　商務印書館　1927年　説郛

006602488　9100　0122　（32）
老子二卷
上海　商務印書館　1927年　説郛

（m.）

006602492　9100　0122　（32）
龍城錄二卷
柳宗元撰　上海　商務印書館　1927 年
　說郛

006602506　9100　0122　（32）
南楚新聞
尉遲樞撰　上海　商務印書館　1927 年
　說郛

006602516　9100　0122　（32）
秦中歲時記
李淖撰　上海　商務印書館　1927 年
　說郛

006602502　9100　0122　（32）
書訣墨藪一卷
韋續撰　上海　商務印書館　1927 年
　說郛

009166435　9100　0122　（32）
談賓錄
闕名撰　上海　商務印書館　1927 年
　說郛

006602483　9100　0122　（32）
文中子十卷
王通撰　上海　商務印書館　1927 年
　說郛

006602500　9100　0122　（32）
無名公傳
邵雍撰　上海　商務印書館　1927 年
　說郛

006602487　9100　0122　（32）
顏子五卷
上海　商務印書館　1927 年　說郛

006602484　9100　0122　（32）
揚子
揚雄撰　上海　商務印書館　1927 年
　說郛

006602499　9100　0122　（32）
暘谷漫錄
洪巽撰　上海　商務印書館　1927 年
　說郛

006602498　9100　0122　（32）
鄴中記
陸翽撰　上海　商務印書館　1927 年
　說郛

006602512　9100　0122　（32）
雜說
盧言撰　上海　商務印書館　1927 年
　說郛

006602513　9100　0122　（32）
真誥
陶弘景撰　上海　商務印書館　1927 年
　說郛

009166831　9100　0122　（32）
芝田錄
丁用晦撰　上海　商務印書館　1927 年
　說郛

006609171　9100　0122　（33）
初學記
徐堅撰　上海　商務印書館　1927 年
　說郛

006609192　9100　0122　（33）
東谷所見一卷
李之彥撰　上海　商務印書館　1927 年
　說郛

009166854　9100　0122　（33）
東觀奏記

裴廷裕撰　上海　商務印書館　1927 年
　說郛

006609159　9100　0122　（33）
洞微志
錢易撰　上海　商務印書館　1927 年
　說郛

006609180　9100　0122　（33）
獨斷二卷
蔡邕撰　上海　商務印書館　1927 年
　說郛

006609162　9100　0122　（33）
國史補
李肇撰　上海　商務印書館　1927 年
　說郛

006609197　9100　0122　（33）
雞林志
闕名撰　上海　商務印書館　1927 年
　說郛

006609161　9100　0122　（33）
雞蹠集
王子昭撰　上海　商務印書館　1927 年
　說郛

006609173　9100　0122　（33）
甲申雜記二卷
王鞏撰　上海　商務印書館　1927 年
　說郛

009166836　9100　0122　（33）
金鑾密記
韓偓撰　上海　商務印書館　1927 年
　說郛

006609200　9100　0122　（33）
金坡遺事
錢惟演撰　上海　商務印書館　1927 年
　說郛

006609201　9100　0122　（33）
景龍文館記
武平一撰　上海　商務印書館　1927 年
　說郛

006609166　9100　0122　（33）
橘錄三卷
韓彥直撰　上海　商務印書館　1927 年
　說郛

006609194　9100　0122　（33）
荔枝譜一卷
蔡襄撰　上海　商務印書館　1927 年
　說郛

006609189　9100　0122　（33）
六一筆記一卷
歐陽修撰　上海　商務印書館　1927 年
　說郛

009166915　9100　0122　（33）
洽聞記
鄭常撰　上海　商務印書館　1927 年
　說郛

006609163　9100　0122　（33）
青瑣後集
闕名撰　上海　商務印書館　1927 年
　說郛

006609178　9100　0122　（33）
青箱雜記
吳處厚撰　上海　商務印書館　1927 年
　說郛

006609191　9100　0122　（33）
祛疑說一卷
儲泳撰　上海　商務印書館　1927 年
　說郛

006609177　9100　0122　(33)
石林家訓三卷
葉夢得撰　上海　商務印書館　1927年
　說郛

006609164　9100　0122　(33)
士林紀實
闕名撰　上海　商務印書館　1927年
　說郛

006609165　9100　0122　(33)
水衡記
闕名撰　上海　商務印書館　1927年
　說郛

006609156　9100　0122　(33)
蘇氏演義一卷
蘇鶚撰　上海　商務印書館　1927年
　說郛

006609175　9100　0122　(33)
隨手雜錄一卷
王鞏撰　上海　商務印書館　1927年
　說郛

006609158　9100　0122　(33)
談助
晁載之撰　上海　商務印書館　1927年
　說郛

006609174　9100　0122　(33)
聞見近錄二卷
王鞏撰　上海　商務印書館　1927年
　說郛

006609196　9100　0122　(33)
西域志
道安撰　上海　商務印書館　1927年
　說郛

006609176　9100　0122　(33)
席上腐談
俞琰撰　上海　商務印書館　1927年
　說郛

006609183　9100　0122　(33)
續書譜
姜夔撰　上海　商務印書館　1927年
　說郛

006609221　9100　0122　(34)
比紅兒詩一卷
羅虬撰　上海　商務印書館　1927年
　說郛

006614230　9100　0122　(34)
茶錄一卷
蔡襄撰　上海　商務印書館　1927年
　說郛

006609207　9100　0122　(34)
端溪硯譜一卷
范纂撰　上海　商務印書館　1927年
　說郛

006609208　9100　0122　(34)
法書苑
周越撰　上海　商務印書館　1927年
　說郛

006609213　9100　0122　(34)
海岳名言一卷
米芾撰　上海　商務印書館　1927年
　說郛

007998734　9100　0122　(34)
韓詩外傳十卷
韓嬰撰　上海　商務印書館　1927年
　說郛

006614231　9100　0122　(34)
煎茶水記一卷
張又新撰　上海　商務印書館　1927年

說郛

006614223　9100　0122　（34）
呂氏鄉約一卷
呂大鈞撰　上海　商務印書館　1927年
說郛

006609202　9100　0122　（34）
欒城遺言一卷
蘇籀撰　上海　商務印書館　1927年
說郛

006614226　9100　0122　（34）
樵談
許棐撰　上海　商務印書館　1927年
說郛

006609220　9100　0122　（34）
盛事美談
闕名撰　上海　商務印書館　1927年
說郛

006614229　9100　0122　（34）
試筆一卷
歐陽修撰　上海　商務印書館　1927年
說郛

006609203　9100　0122　（34）
隋遺錄二卷
顏師古撰　上海　商務印書館　1927年
說郛

006609210　9100　0122　（34）
王公四六話二卷
王銍撰　上海　商務印書館　1927年
說郛

006609211　9100　0122　（34）
西疇常言一卷
何坦撰　上海　商務印書館　1927年
說郛

006614225　9100　0122　（34）
獻醜集一卷
許棐撰　上海　商務印書館　1927年
說郛

006614228　9100　0122　（34）
學齋佔畢四十卷
史繩祖撰　上海　商務印書館　1927年
說郛

006609206　9100　0122　（34）
硯譜一卷
闕名撰　上海　商務印書館　1927年
說郛

006609205　9100　0122　（34）
硯史一卷
米芾撰　上海　商務印書館　1927年
說郛

006609209　9100　0122　（34）
玉堂雜記三卷
周必大撰　上海　商務印書館　1927年
說郛

006609216　9100　0122　（34）
雲麓漫鈔十卷
趙彥衡撰　上海　商務印書館　1927年
說郛

006609217　9100　0122　（34）
諸集拾遺
闕名輯　上海　商務印書館　1927年
說郛

006614235　9100　0122　（35）
保生要錄一卷
蒲處貫撰　上海　商務印書館　1927年
說郛

006614234　9100　0122　（35）
茶經三卷

陸羽撰　上海　商務印書館　1927年
說郛

006614232　9100　0122　(35)
道山清話一卷
王氏撰　上海　商務印書館　1927年
說郛

006614233　9100　0122　(35)
後山詩話一卷
陳師道撰　上海　商務印書館　1927年
說郛

006614239　9100　0122　(35)
護法論一卷
張商英撰　上海　商務印書館　1927年
說郛

006614237　9100　0122　(35)
錢譜一卷
闕名輯　上海　商務印書館　1927年
說郛

006614238　9100　0122　(35)
師友雅言一卷
魏了翁撰　上海　商務印書館　1927年
說郛

006614242　9100　0122　(36)
洞天福地記一卷
杜光庭撰　上海　商務印書館　1927年
說郛

006614245　9100　0122　(36)
格古論三卷
曹昭撰　上海　商務印書館　1927年
說郛

006614247　9100　0122　(36)
貢父詩話
劉攽撰　上海　商務印書館　1927年
說郛

006614251　9100　0122　(36)
畫簾緒論
胡太初撰　上海　商務印書館　1927年
說郛

006614241　9100　0122　(36)
金國志四十卷
宇文懋昭撰　上海　商務印書館　1927年　說郛

006614240　9100　0122　(36)
遼志二七卷
葉隆禮撰　上海　商務印書館　1927年
說郛

006614243　9100　0122　(36)
南方草木狀三卷
嵇含撰　上海　商務印書館　1927年
說郛

006614250　9100　0122　(36)
珊瑚鉤詩話
張表臣撰　上海　商務印書館　1927年
說郛

006614249　9100　0122　(36)
司馬溫公詩話一卷
司馬光撰　上海　商務印書館　1927年
說郛

006614244　9100　0122　(36)
吳下田家志十卷
陸泳撰　上海　商務印書館　1927年
說郛

006614246　9100　0122　(36)
竹坡詩話三卷
周紫芝撰　上海　商務印書館　1927年
說郛

006614248　9100　0122　(36)
紫微詩話一卷
呂本中撰　上海　商務印書館　1927 年
　説郛

006614253　9100　0122　(37)
翰林志一卷
李肇撰　上海　商務印書館　1927 年
　説郛

006614261　9100　0122　(37)
夢華錄
孟元老撰　上海　商務印書館　1927 年
　説郛

006614259　9100　0122　(37)
三輔黄圖
闕名撰　上海　商務印書館　1927 年
　説郛

006614252　9100　0122　(37)
師友談記一卷
李薦撰　上海　商務印書館　1927 年
　説郛

006614255　9100　0122　(37)
世説六卷
劉義慶撰　上海　商務印書館　1927 年
　説郛

006614262　9100　0122　(37)
書斷四十卷
張懷瓘撰　上海　商務印書館　1927 年
　説郛

006614254　9100　0122　(37)
素書一卷
黄石公撰　上海　商務印書館　1927 年
　説郛

006614257　9100　0122　(37)
桯史
岳珂撰　上海　商務印書館　1927 年
　説郛

006614258　9100　0122　(37)
武侯心書一卷
諸葛亮撰　上海　商務印書館　1927 年
　説郛

006614256　9100　0122　(37)
物類相感志
蘇軾撰　上海　商務印書館　1927 年
　説郛

006614263　9100　0122　(37)
漁樵問對一卷
邵雍撰　上海　商務印書館　1927 年
　説郛

006614264　9100　0122　(38)
國老談苑
王君玉撰　　晁氏客語　　晁説之撰
厚德錄四卷　闕名撰　上海　商務印書
　館　1927 年　説郛

006614266　9100　0122　(39)
白虎通德論
班固撰　上海　商務印書館　1927 年
　説郛

006614270　9100　0122　(39)
稽古定制一卷
闕名撰　上海　商務印書館　1927 年
　説郛

006614268　9100　0122　(39)
金山志
惠凱撰　上海　商務印書館　1927 年
　説郛

006614269　9100　0122　(39)
遼東志略一卷

闕名撰　上海　商務印書館　1927 年　說郛

006614271　9100　0122　（39）
勸善錄一卷
明仁孝皇后撰　上海　商務印書館　1927 年　說郛

006619053　9100　0122　（39）
神僧傳九卷
闕名撰　上海　商務印書館　1927 年　說郛

006619054　9100　0122　（39）
效顰集三卷
趙弼撰　上海　商務印書館　1927 年　說郛

006614267　9100　0122　（39）
燕翼詒謀錄五卷
王栐撰　上海　商務印書館　1927 年　說郛

006619052　9100　0122　（39）
夷堅志陰陽十卷
洪邁撰　上海　商務印書館　1927 年　說郛

006614265　9100　0122　（39）
志林一卷
蘇軾撰　上海　商務印書館　1927 年　說郛

006619060　9100　0122　（40）
丁晉公談錄一卷
丁謂撰　上海　商務印書館　1927 年　說郛

006619059　9100　0122　（40）
橫浦語錄一卷
張九成撰　上海　商務印書館　1927 年　說郛

006619058　9100　0122　（40）
皇朝類苑二六卷
江少虞撰　上海　商務印書館　1927 年　說郛

006619057　9100　0122　（40）
樂善錄一卷
李昌齡撰　上海　商務印書館　1927 年　說郛

007998762　9100　0122　（40）
論衡三卷
王充撰　上海　商務印書館　1927 年　說郛　（m.）

006619062　9100　0122　（40）
前定錄一卷
鍾輅撰　上海　商務印書館　1927 年　說郛

006619061　9100　0122　（40）
鼠璞一卷
戴埴撰　上海　商務印書館　1927 年　說郛

006619064　9100　0122　（40）
隨筆十六卷
洪邁撰　上海　商務印書館　1927 年　說郛

006619063　9100　0122　（40）
續前定錄一卷
鍾輅撰　上海　商務印書館　1927 年　說郛

006619056　9100　0122　（40）
折獄高抬貴手一卷
鄭克撰　上海　商務印書館　1927 年　說郛

006619055　9100　0122　(40)
中華古今註三卷
馬縞撰　上海　商務印書館　1927 年
說郛

006830355　9100　0154
託拔廬叢刻
陶湘輯　陽湖　陶氏涉園重刻本
1925 年

006830803　9100　0154　(1)
童蒙訓三卷
呂本中撰　陶湘輯　陽湖　陶氏涉園
1925 年　託拔廬叢刻

006830805　9100　0154　(2)
元城語錄三卷
馬永卿撰　陶湘輯　陽湖　陶氏涉園
1925 年　託拔廬叢刻

006830808　9100　0154　(3)
會稽三賦註一卷
王十朋撰　陶湘輯　陽湖　陶氏涉園
1925 年　託拔廬叢刻

006830809　9100　0154　(4)
草莽私刊一卷
陶宗儀撰　陶湘輯　陽湖　陶氏涉園
1925 年　託拔廬叢刻

006830810　9100　0154　(5)
髹飾錄二卷
黃成撰　陶湘輯　陽湖　陶氏涉園
1925 年　託拔廬叢刻

006830811　9100　0154　(6)
豐溪存稿一卷
呂從慶撰　春卿遺稿一卷　蔣堂撰
　蘭雪集二卷　張玉撰　陶湘輯　陽湖
陶氏涉園　1925 年　託拔廬叢刻

006830812　9100　0154　(7)
陳剛中詩集四十卷
陳孚撰　陶湘輯　陽湖　陶氏涉園
1925 年　託拔廬叢刻

006830813　9100　0154　(8)
慮得集六卷
華幰韡撰　陶湘輯　陽湖　陶氏涉園
1925 年　託拔廬叢刻

006854411　9100　0198
望炊樓叢書
謝家福輯　濟南　1924 年

006854414　9100　0198　(1)
平江記事
高德基撰　謝家福輯　濟南　1924 年
望炊樓叢書

006854413　9100　0198　(1)
吳中舊事
陸友仁撰　謝家福輯　濟南　1924 年
望炊樓叢書

006854416　9100　0198　(2)
爐餘錄二卷
徐大焯撰　謝家福輯　濟南　1924 年
望炊樓叢書

006854418　9100　0198　(3-4)
鄧尉探梅詩四十卷
謝家福輯　濟南　1924 年　望炊樓叢書

006854419　9100　0198　(5-8)
五畝園志附五畝園題詠、桃塢百詠、五畝園懷古
謝家福輯　濟南　1924 年　望炊樓叢書

006854440　9100　0243
誦芬室叢刊
董康輯　香港　武進董氏誦芬室
1916—22 年

006854387　9100　0243　(001-002)
覆元至正本中吳紀聞六卷
龔明之撰　董康輯　香港　武進董氏誦芬室　1916—22年　誦芬室叢刊

006854436　9100　0243　(003-014)
皇朝類苑七十八卷
江少虞編　董康輯　香港　武進董氏誦芬室　1916—22年　誦芬室叢刊

006854437　9100　0243　(015-044)
大元聖政國朝典章前集六十卷　附　新集
董康輯　香港　武進董氏誦芬室　1916—22年　誦芬室叢刊

006854434　5237.67　1971　9100　0243　(045-048)
母音十二卷
孫原理、董康輯　香港　武進董氏誦芬室　1916—22年　誦芬室叢刊

006854441　9100　0243　(049-052)
中州集十卷　樂府一卷
元好問編　董康輯　香港　武進董氏誦芬室　1916—22年　誦芬室叢刊

006854443　9100　0243　(053)
金臺集二卷
納延學撰　董康輯　香港　武進董氏誦芬室　1916—22年　誦芬室叢刊

006854448　9100　0243　(054-056)
鐵崖先生古樂府十卷　復古詩集六卷
楊維楨著　董康輯　香港　武進董氏誦芬室　1916—22年　誦芬室叢刊

006854449　9100　0243　(057-058)
鐵崖先生詩集十集
楊維楨著　董康輯　香港　武進董氏誦芬室　1916—22年　誦芬室叢刊

006854450　9100　0243　(059-060)
蛻庵詩集四十卷
張翥著　大杼集　董康輯　香港　武進董氏誦芬室　1916—22年　誦芬室叢刊

006854451　5625　3972　9100　0243　(061)
江東白苧四十卷
梁辰魚著　董康輯　香港　武進董氏誦芬室　1915年　誦芬室叢刊

006854452　9100　0243　(062)
蕭爽齋樂府二卷
金鑾撰　董康輯　香港　武進董氏誦芬室　1916—22年　誦芬室叢刊

006854456　9100　0243　(063-069)
梅村家藏稿五八卷　補遺一卷
吳偉業著　梅村先生年譜四卷　顧師軾、董康輯　香港　武進董氏誦芬室　1916—22年　誦芬室叢刊

006854459　9100　0243　(070)
梅村樂府三種
灌隱主人編　董康輯　香港　武進董氏誦芬室　1916—22年　誦芬室叢刊

006854464　9100　0243　(071)
衡曲麈譚一卷
騷隱居士撰　董康輯　香港　武進董氏誦芬室　1916—22年　誦芬室叢刊

006854461　9100　0243　(071)
錄鬼簿二卷
鍾嗣成編　董康輯　香港　武進董氏誦芬室　1916—22年　誦芬室叢刊

006854462　9100　0243　(071)
南詞敘錄一卷
徐渭編　董康輯　香港　武進董氏誦芬室　1916—22年　誦芬室叢刊

總錄書志類

006854466　9100　0243　(071)

曲律一卷
魏良輔著　董康輯　香港　武進董氏誦芬室　1916—22年　誦芬室叢刊

006854468　9100　0243　(072-073)

曲律四十卷
王驥德著　董康輯　香港　武進董氏誦芬室　1916—22年　誦芬室叢刊

006854469　9100　0243　(074)

顧曲雜言一卷
沈德符著　董康輯　香港　武進董氏誦芬室　1916—22年　誦芬室叢刊

006854473　9100　0243　(074-075)

劇說六卷
焦循編　董康輯　香港　武進董氏誦芬室　1916—22年　誦芬室叢刊

006854472　9100　0243　(076-085)

盛明雜劇三十種
沈泰編　董康輯　香港　武進董氏誦芬室　1916—22年　誦芬室叢刊

006854475　9100　0243　(086-093)

石巢傳奇四種
阮大鋮撰　董康輯　香港　武進董氏誦芬室　1916—22年　誦芬室叢刊

006854477　9100　0243　(094-095)

五代史評話八卷
董康輯　香港　武進董氏誦芬室　1916—22年　誦芬室叢刊

006854478　9100　0243　(096)

剪燈新話四十卷
瞿佑著　董康輯　香港　武進董氏誦芬室　1916—22年　誦芬室叢刊

006859296　5747　6146A　9100　0243　(097-098)

剪燈餘話五卷
李昌祺編撰　董康輯　香港　武進董氏誦芬室　1916—22年　誦芬室叢刊

006859299　5757　5924　9100　0243　(099-100)

醉醒石十五回
東魯古狂生編輯　董康輯　香港　武進董氏誦芬室　1916—22年　誦芬室叢刊

006859306　9100　0298

龍谿精舍叢書
鄭國勳輯　香港　潮陽鄭氏龍谿精舍　1917年

006858969　9100　0298　(001-002)

韓詩外傳十卷
韓嬰撰　趙懷玉校　鄭國勳輯　香港　潮陽鄭氏龍谿精舍　1917年　龍谿精舍叢書

006858970　9100　0298　(003-004)

蔡氏月令二卷
蔡邕撰　蔡雲、鄭國勳輯　香港　潮陽鄭氏龍谿精舍　1917年　龍谿精舍叢書

006858971　9100　0298　(005-008)

春秋繁露十七卷
董仲舒撰　凌曙註　鄭國勳輯　香港　潮陽鄭氏龍谿精舍　1917年　龍谿精舍叢書

006858972　9100　0298　(009)

釋名八卷
劉熙撰　鄭國勳輯　香港　潮陽鄭氏龍谿精舍　1917年　龍谿精舍叢書

006858973　9100　0298　(010)

小爾雅訓纂六卷
宋翔鳳撰　鄭國勳輯　香港　潮陽鄭氏龍谿精舍　1917年　龍谿精舍叢書

006859309　9100　0298　（011－015）
山海經一八卷
郭璞註　鄭國勳輯　香港　潮陽鄭氏龍谿精舍　1917年　龍谿精舍叢書

006859201　9100　0298　（016）
穆天子傳六卷
郭璞註　洪頤煊校　鄭國勳輯　香港　潮陽鄭氏龍谿精舍　1917年　龍谿精舍叢書

006859311　9100　0298　（017）
世本六卷
茆泮林、鄭國勳輯　香港　潮陽鄭氏龍谿精舍　1917年　龍谿精舍叢書

006859312　9100　0298　（018）
古史考一卷
譙周著　鄭國勳輯　香港　潮陽鄭氏龍谿精舍　1917年　龍谿精舍叢書

006859202　9100　0298　（018－019）
越絕書十五卷
袁康撰　鄭國勳輯　香港　潮陽鄭氏龍谿精舍　1918年　龍谿精舍叢書

006859203　9100　0298　（020－022）
吳越春秋一卷
趙曄撰　徐天佑音註　鄭國勳輯　香港　潮陽鄭氏龍谿精舍　1917年　龍谿精舍叢書

006859204　9100　0298　（023－025）
列女傳補註八卷
劉向撰　王昭圓補註　鄭國勳輯　香港　潮陽鄭氏龍谿精舍　1917年　龍谿精舍叢書

006859205　9100　0298　（026－027）
新序一卷
劉向撰　鄭國勳輯　香港　潮陽鄭氏龍谿精舍　1917年　龍谿精舍叢書

006859206　9100　0298　（028－032）
說苑二卷
劉向撰　鄭國勳輯　楚漢春秋一卷　陸賈撰　茆泮林、鄭國勳輯　香港　潮陽鄭氏龍谿精舍　1917年　龍谿精舍叢書

006859317　9100　0298　（033－039）
前漢紀三卷
荀悅撰　鄭國勳輯　香港　潮陽鄭氏龍谿精舍　1917年　龍谿精舍叢書

006859207　9100　0298　（040－047）
後漢紀三卷
袁宏撰　鄭國勳輯　香港　潮陽鄭氏龍谿精舍　1917年　龍谿精舍叢書

006859320　9100　0298　（048－052）
華陽國志十二卷
常璩撰　鄭國勳輯　香港　潮陽鄭氏龍谿精舍　1917年　龍谿精舍叢書

006859208　9100　0298　（053）
鄴中記
陸翽撰　鄭國勳輯　古孝子傳　茆泮林、鄭國勳輯　香港　潮陽鄭氏龍谿精舍　1917年　龍谿精舍叢書

006859209　9100　0298　（054）
高士傳三卷
皇甫謐撰　鄭國勳輯　香港　潮陽鄭氏龍谿精舍　1917年　龍谿精舍叢書

006859210　9100　0298　（055）
三輔黃圖六卷
畢沅校　鄭國勳輯　香港　潮陽鄭氏龍谿精舍　1917年　龍谿精舍叢書

006859211　9100　0298　（056）
三輔決錄二卷
趙岐撰　摯虞註　張澍輯　三秦記一卷　辛氏纂　張澍輯　三輔舊事一卷　張澍輯　三輔故事一卷　張澍輯　香港　潮陽鄭氏龍谿精舍　1917年　龍谿精舍叢書

006859330　9100　0298　（057－058）
洛陽伽藍記鈎沈五卷
楊衒之撰　鄭國勳輯　香港　潮陽鄭氏龍谿精舍　1917年　龍谿精舍叢書

006859332　9100　0298　（058）
新語校註二卷
唐晏校註　鄭國勳輯　香港　潮陽鄭氏龍谿精舍　1917年　龍谿精舍叢書

006859212　9100　0298　（059－060）
新書十卷
賈誼撰　鄭國勳輯　香港　潮陽鄭氏龍谿精舍　1917年　龍谿精舍叢書

006859213　9100　0298　（061－062）
孔叢子三卷
孔鮒撰　鄭國勳輯　香港　潮陽鄭氏龍谿精舍　1917年　龍谿精舍叢書

006859337　9100　0298　（063－065）
鹽鐵論十卷
桓寬撰　鄭國勳輯　香港　潮陽鄭氏龍谿精舍　1917年　龍谿精舍叢書

006859214　9100　0298　（065）
桓子新論
桓譚撰　孫馮翼、鄭國勳輯　香港　潮陽鄭氏龍谿精舍　1917年　龍谿精舍叢書

006859215　9100　0298　（066）
申鑒五卷　附錄
荀悅撰　黃省曾註　鄭國勳輯　香港　潮陽鄭氏龍谿精舍　1917年　龍谿精舍叢書

006859216　9100　0298　（067－068）
典論一卷
曹丕撰　鄭國勳輯　中論二卷　徐幹撰　鄭國勳輯　香港　潮陽鄭氏龍谿精舍　1917年　龍谿精舍叢書

006859217　9100　0298　（069）
人物志三卷
劉劭撰　劉昞註　鄭國勳輯　香港　潮陽鄭氏龍谿精舍　1917年　龍谿精舍叢書

006859218　9100　0298　（070）
伏侯古今註三卷　補遺　又補遺
伏侯撰　茆泮林、鄭國勳輯　獨斷二卷　蔡邕撰　鄭國勳輯　香港　潮陽鄭氏龍谿精舍　1917年　龍谿精舍叢書

006859219　9100　0298　（071－078）
論衡三卷
王充撰　鄭國勳輯　香港　潮陽鄭氏龍谿精舍　1917年　龍谿精舍叢書

006859346　9100　0298　（079－081）
風俗通義一卷
應劭撰　鄭國勳輯　香港　潮陽鄭氏龍谿精舍　1917年　龍谿精舍叢書

006859348　9100　0298　（082）
物理論一卷
楊泉撰　鄭國勳輯　香港　潮陽鄭氏龍谿精舍　1917年　龍谿精舍叢書

006859350　9100　0298　（082－083）
新論二卷
劉晝撰　鄭國勳輯　香港　潮陽鄭氏龍谿精舍　1917年　龍谿精舍叢書

006859353　9100　0298　（083）

夢書一卷

王照圓、鄭國勳輯　香港　潮陽鄭氏龍谿精舍　1917年　龍谿精舍叢書

006859359　9100　0298　（084－086）

易林十六卷

焦延壽撰　鄭國勳輯　香港　潮陽鄭氏龍谿精舍　1917年　龍谿精舍叢書

006859361　9100　0298　（087－090）

世說新語六卷

劉義慶撰　鄭國勳輯　香港　潮陽鄭氏龍谿精舍　1917年　龍谿精舍叢書

006859221　9100　0298　（091－092）

金樓子六卷

梁孝元皇帝撰　鄭國勳輯　香港　潮陽鄭氏龍谿精舍　1917年　龍谿精舍叢書

006859222　9100　0298　（093－095）

顏氏家訓七卷

顏之推撰　趙曦明註　盧文弨補註並重校正　錢大昕註補正　鄭國勳輯　香港　潮陽鄭氏龍谿精舍　1917年　龍谿精舍叢書

006859223　9100　0298　（096）

西京雜記二卷

劉歆撰　鄭國勳輯　香港　潮陽鄭氏龍谿精舍　1917年　龍谿精舍叢書

006859224　9100　0298　（097）

博物志十卷

張華撰　周日用等註　鄭國勳輯　淮南萬畢術一卷　劉安撰　茆泮林、鄭國勳輯　香港　潮陽鄭氏龍谿精舍　1917年　龍谿精舍叢書

006863072　9100　0298　（098）

列仙傳二卷

劉向撰　鄭國勳輯　香港　潮陽鄭氏龍谿精舍　1917年　龍谿精舍叢書

006863037　9100　0298　（099）

佛國記

法顯撰　鄭國勳輯　計然萬物錄補遺　辛文撰　茆泮林、鄭國勳輯　香港　潮陽鄭氏龍谿精舍　1917年　龍谿精舍叢書

006863038　9100　0298　（100－104）

齊民要術一卷

賈思勰撰　鄭國勳輯　香港　潮陽鄭氏龍谿精舍　1917年　龍谿精舍叢書

006863078　9100　0298　（104）

修文御覽一卷

祖珽等撰　鄭國勳輯　香港　潮陽鄭氏龍谿精舍　1917年　龍谿精舍叢書

006863039　9100　0298　（105－107）

古文苑二一卷

章樵註　鄭國勳輯　香港　潮陽鄭氏龍谿精舍　1917年　龍谿精舍叢書

006863040　9100　0298　（108－110）

文心雕龍十卷

劉勰撰　黃叔琳註　李詳補註　鄭國勳輯　香港　潮陽鄭氏龍谿精舍　1917年　龍谿精舍叢書

006863041　9100　0298　（111－120）

兩漢三國學案十一卷

唐晏撰　鄭國勳輯　香港　潮陽鄭氏龍谿精舍　1917年　龍谿精舍叢書

006863106　9100　0373

庚辰叢編

趙詒琛、王大隆同輯　濟南　1940年

006863094　9100　0373　（01）
楚辭音殘本一卷
闕名撰　濟南　1940年　庚辰叢編

006863092　9100　0373　（01）
禮學大義一卷
張錫恭撰　濟南　1940年　庚辰叢編

006863091　9100　0373　（01）
論語皇疏考證十卷
桂文燦撰　濟南　1940年　庚辰叢編

006863095　9100　0373　（02）
五石瓠六卷　附風人詩話一卷
劉鑾撰　濟南　1940年　庚辰叢編

006863099　9100　0373　（03）
古歡堂經籍舉要一卷
吳翌鳳撰　濟南　1940年　庚辰叢編

006863098　9100　0373　（03）
平圃雜記一卷
張宸撰　濟南　1940年　庚辰叢編

006863097　9100　0373　（03）
一夢緣一卷
王國梓撰　濟南　1940年　庚辰叢編

006863101　9100　0373　（04）
石墨考異二卷
嚴蔚撰　濟南　1940年　庚辰叢編

006863104　9100　0373　（04）
香影餘譜一卷
陳倬撰　濟南　1940年　庚辰叢編

006862792　9100　0373　（04）
硯谿先生遺稿二卷
惠周惕撰　濟南　1940年　庚辰叢編

006862734　9100　0374　FC7577　Film Mas　31473
京津風土叢書十七種
張江裁編　濟南　1938年

009519141　9100　0374
北京崇效寺訓雞圖志
張江裁輯　濟南　1938年　京津風土叢書

009519018　9100　0374
北京形勢大略
楊從清著　張江裁編　濟南　1938年　京津風土叢書

009519188　9100　0374
春明歲時瑣記
讓廉著　張江裁編　濟南　1938年　京津風土叢書

009519158　9100　0374
大興歲時志稿
張茂節、李開泰合編　張江裁編　濟南　1938年　京津風土叢書

009519245　9100　0374
東莞袁督師後裔考
張江裁著　濟南　1938年　京津風土叢書

009519233　9100　0374
津門百詠
崔曉林著　張江裁編　濟南　1938年　京津風土叢書

009519039　9100　0374
舊京遺事
史玄　張江裁編　濟南　1938年　京津風土叢書

009519068　9100　0374
琉璃廠書肆後記
繆荃孫撰　張江裁編　濟南　1938年　京津風土叢書

009519054　9100　0374
琉璃廠書肆記
李文藻著　張江裁編　濟南　1938 年
京津風土叢書

009519238　9100　0374
天津楊柳青小志
張江裁編　濟南　1938 年　京津風土叢書

009519184　9100　0374
宛平歲時志稿
王養濂、李開泰合編　張江裁編　濟南
　1938 年　京津風土叢書

009519265　9100　0374
興化李審言先生與東莞張次溪論文書
張江裁編　濟南　1938 年　京津風土叢書

009519027　9100　0374
燕都名勝志稿
曹學佺著　張江裁編　濟南　1938 年
京津風土叢書

009519048　9100　0374
燕京訪古錄
張江裁著　濟南　1938 年　京津風土叢書

009519271　9100　0374
燕居修史圖志
張江裁編　濟南　1938 年　京津風土叢書

009519224　9100　0374
燕市百怪歌
無名氏著　張江裁編　濟南　1938 年
京津風土叢書

009519218　9100　0374
燕市負販瑣記
燕歸來簃主人輯　張江裁編　濟南
1938 年　京津風土叢書

009519201　9100　0374
燕市貨聲
閒園鞠農著　張江裁編　濟南　1938 年
京津風土叢書

006863122　9100　0403
辛勤廬叢刻第一輯
葉靈原輯　香港　聞喜葉氏　1941 年

006863127　9100　0403　(1)
後漢書殘本
范曄撰　徐繼畬批　葉靈原輯　香港
　聞喜葉氏　1941 年　辛勤廬叢刻　第
　一輯

006863128　9100　0403　(2)
碎海樓自怡草一卷
葉兆晉撰　葉靈原輯　香港　聞喜葉氏
　1941 年　辛勤廬叢刻　第一輯

006863129　9100　0403　(2)
左盦集箋一卷
劉師培撰　郭象升箋　葉靈原輯　香港
　聞喜葉氏　1941 年　辛勤廬叢刻　第
一輯

006863123　9100　0403　(3-4)
彙帖舉要二卷　附錄
鄭裕孚纂　葉靈原輯　香港　聞喜葉氏
　1941 年　辛勤廬叢刻　第一輯

006863125　9100　0403　(5-6)
**寶賢堂集古法帖校語一卷　考正十二卷
附古寶賢堂法書校語**
鄭裕孚纂　葉靈原輯　香港　聞喜葉氏
　1941 年　辛勤廬叢刻　第一輯

006865836　9100　0432
文淵樓叢書
宋星五、周藹如同輯　上海　文瑞樓書局　1928年

006865806　9100　0432　(01-10)
韓詩外傳疏證十卷
陳士珂撰　宋星五、周藹如輯　上海　文瑞樓書局　1928年　文淵樓叢書

006865807　9100　0432　(11-20)
校漢書八表八卷
夏燮撰　宋星五、周藹如輯　上海　文瑞樓書局　1928年　文淵樓叢書

006865808　9100　0432　(21-24)
讀書偶記八卷
趙紹祖撰　宋星五、周藹如輯　上海　文瑞樓書局　1928年　文淵樓叢書

006865809　9100　0432　(25-44)
選學膠言二十卷
張雲璈撰　宋星五、周藹如輯　上海　文瑞樓書局　1928年　文淵樓叢書

006865837　9100　0432　(45-60)
文選筆記
許巽行　上海　文瑞樓書局　1928年　文淵樓叢書

006868943　9100　0474
文學山房叢書
江杏溪編輯　蘇州　文學山房　1927年　文學山房叢書

006868945　9100　0474　(01-02)
經讀考異八卷　補一卷
武億撰　江杏溪編輯　蘇州　文學山房　1927年　文學山房叢書

006868944　9100　0474　(02)
句讀敘述二卷　補一卷
武億撰　江杏溪編輯　蘇州　文學山房　1927年　文學山房叢書

006868947　9100　0474　(02)
四書考異句讀一卷
翟灝撰　江杏溪編輯　蘇州　文學山房　1927年　文學山房叢書

006868949　9100　0474　(03)
群經義證八卷
武億撰　江杏溪編輯　蘇州　文學山房　1927年　文學山房叢書

006868953　9100　0474　(06-07)
聲類四十卷
錢大昕輯　江杏溪編輯　蘇州　文學山房　1927年　文學山房叢書

006868954　9100　0474　(08-09)
歷代壽考名臣錄一卷
洪梧等纂　江杏溪編輯　蘇州　文學山房　1927年　文學山房叢書

006868955　9100　0474　(10-12)
家語證偽十一卷
范家相撰　江杏溪編輯　蘇州　文學山房　1927年　文學山房叢書

006868957　9100　0474　(13-14)
程氏考古編十卷
程大昌撰　江杏溪編輯　蘇州　文學山房　1927年　文學山房叢書

006868961　9100　0474　(15)
古今偽書考一卷
姚際恆撰　江杏溪編輯　蘇州　文學山房　1927年　文學山房叢書

006868963　9100　0474　(16)
藝芸書舍宋元本書目二卷
汪士鐘編　江杏溪編輯　蘇州　文學山房　1927年　文學山房叢書

006868965　9100　0474　(17-18)
持静齋藏書紀要二卷
莫友芝撰　江杏溪編輯　蘇州　文學山房　1927年　文學山房叢書

006868967　9100　0474　(19)
知聖道齋讀書跋二卷
彭元瑞撰　江杏溪編輯　蘇州　文學山房　1927年　文學山房叢書

006868969　9100　0474　(20-21)
書林揚觶一卷
方東樹撰　江杏溪編輯　蘇州　文學山房　1927年　文學山房叢書

006868971　9100　0474　(22-23)
古書疑義舉例七卷
俞樾撰　江杏溪編輯　蘇州　文學山房　1927年　文學山房叢書

006868973　9100　0474　(24-26)
讀書脞錄七卷
孫志祖撰　江杏溪編輯　蘇州　文學山房　1927年　文學山房叢書

006868977　9100　0474　(27-28)
別下齋書畫錄七卷
蔣光煦編　江杏溪編輯　蘇州　文學山房　1927年　文學山房叢書

006868978　9100　0474　(29)
墨緣小錄一卷
潘曾瑩撰　江杏溪編輯　蘇州　文學山房　1927年　文學山房叢書

006868979　9100　0474　(30)
西圃題畫詩一卷
潘曾沂撰　江杏溪編輯　蘇州　文學山房　1927年　文學山房叢書

006868982　9100　0474　(31-40)
雕菰樓集二四卷
焦循撰　江杏溪編輯　蘇州　文學山房　1927年　文學山房叢書

008627328　Microfiche　C-799　CH1404
唐人説薈
蓮塘居士[陳世熙]纂　上海　掃葉山房　1913年

006871344　9100　0624B
唐代叢書一百六十四種
陳蓮塘輯　上海　錦章圖書局　1921年

009677076　9100　0624B　(1)
朝野僉載
張鷟撰　陳蓮塘輯　上海　錦章圖書局　1921年

009677848　9100　0624B　(1)
杜陽雜編
蘇鶚著　陳蓮塘輯　上海　錦章圖書局　1921年

009677797　9100　0624B　(1)
金鑾密記
韓偓撰　陳蓮塘輯　上海　錦章圖書局　1921年

009677086　9100　0624B　(1)
尚書故實
李綽編　陳蓮塘輯　上海　錦章圖書局　1921年

009676131　9100　0624B　(1)
隋唐嘉話
劉餗撰　陳蓮塘輯　上海　錦章圖書局　1921年

009677113　9100　0624B　(1)
中朝故事
尉遲偓撰　陳蓮塘輯　上海　錦章圖書局　1921年

009678632　9100　0624B　(2)
常侍言旨
柳珵撰　陳蓮塘輯　上海　錦章圖書局　1921年

009678011　9100　0624B　(2)
次柳氏舊聞
李德裕撰　陳蓮塘輯　上海　錦章圖書局　1921年

009678118　9100　0624B　(2)
大唐傳載
陳蓮塘輯　上海　錦章圖書局　1921年

009678584　9100　0624B　(2)
大唐新語
劉肅撰　陳蓮塘輯　上海　錦章圖書局　1921年

009677892　9100　0624B　(2)
桂苑叢談
馮翊著　陳蓮塘輯　上海　錦章圖書局　1921年

009678578　9100　0624B　(2)
開天傳信記
鄭縈撰　陳蓮塘輯　上海　錦章圖書局　1921年

009678119　9100　0624B　(2)
開元天寶遺事
王仁裕纂　陳蓮塘輯　上海　錦章圖書局　1921年

009677908　9100　0624B　(2)
劉賓客嘉話錄
韋絢錄　陳蓮塘輯　上海　錦章圖書局　1921年

009678598　9100　0624B　(2)
明皇雜錄
鄭處誨撰　陳蓮塘輯　上海　錦章圖書局　1921年

009677938　9100　0624B　(2)
松窗雜記
杜荀鶴撰　陳蓮塘輯　上海　錦章圖書局　1921年

009677869　9100　0624B　(2)
幽閒鼓吹
張固撰　陳蓮塘輯　上海　錦章圖書局　1921年

009678787　9100　0624B　(3)
法苑珠林
釋道世撰　陳蓮塘輯　上海　錦章圖書局　1921年

009679024　9100　0624B　(3)
甘澤謠
袁郊撰　陳蓮塘輯　上海　錦章圖書局　1921年

009678712　9100　0624B　(3)
國史補
李肇撰　陳蓮塘輯　上海　錦章圖書局　1921年

009679054　9100　0624B　(3)
金華子雜編
劉崇遠撰　陳蓮塘輯　上海　錦章圖書局　1921年

009678745　9100　0624B　(3)
劇談錄
康駢輯　陳蓮塘輯　上海　錦章圖書局　1921年

009679036　9100　0624B　(3)
南楚新聞
尉遲樞撰　陳蓮塘輯　上海　錦章圖書局　1921年

009678877　9100　0624B　(3)
宣室志
張謂[讀]撰　陳蓮塘輯　上海　錦章圖書局　1921年

009678735　9100　0624B　(3)
因話錄
趙璘輯　陳蓮塘輯　上海　錦章圖書局　1921年

009679049　9100　0624B　(3)
玉泉子
陳蓮塘輯　上海　錦章圖書局　1921年

009678702　9100　0624B　(3)
雲溪友議
范攄編撰　陳蓮塘輯　上海　錦章圖書局　1921年

009679060　9100　0624B　(4)
耳目記
張鷟撰　陳蓮塘輯　上海　錦章圖書局　1921年

009679267　9100　0624B　(4)
記事珠
馮贄纂　陳蓮塘輯　上海　錦章圖書局　1921年

009679298　9100　0624B　(4)
嶺表錄異
劉恂撰　陳蓮塘輯　上海　錦章圖書局　1921年

009679293　9100　0624B　(4)
龍城錄
柳宗元撰　陳蓮塘輯　上海　錦章圖書局　1921年

009679246　9100　0624B　(4)
瀟湘記
李隱撰　陳蓮塘輯　上海　錦章圖書局　1921年

009679252　9100　0624B　(4)
小說舊聞記
柳公權撰　陳蓮塘輯　上海　錦章圖書局　1921年

009679275　9100　0624B　(4)
諧噱錄
朱揆纂　陳蓮塘輯　上海　錦章圖書局　1921年

009679284　9100　0624B　(4)
義山雜纂
李商隱著　陳蓮塘輯　上海　錦章圖書局　1921年

009679264　9100　0624B　(4)
摭言
王保定[定保]撰　陳蓮塘輯　上海　錦章圖書局　1921年

009679334　9100　0624B　(5)
北戶錄
段公路撰　陳蓮塘輯　上海　錦章圖書局　1921年

009679367　9100　0624B　(5)
北里志
孫棨撰　陳蓮塘輯　上海　錦章圖書局　1921年

009679354　9100　0624B　(5)
洞天福地記
杜光庭撰　陳蓮塘輯　上海　錦章圖書局　1921年

009679386　9100　0624B　(5)
海山記
韓偓撰　陳蓮塘輯　上海　錦章圖書局　1921年

009679505　9100　0624B　（5）
教坊記
崔令欽撰　陳蓮塘輯　上海　錦章圖書局　1921年

009679402　9100　0624B　（5）
開河記
韓偓撰　陳蓮塘輯　上海　錦章圖書局　1921年

009679313　9100　0624B　（5）
來南錄
李翺撰　陳蓮塘輯　上海　錦章圖書局　1921年

009679456　9100　0624B　（5）
洛中九老會
白居易述　陳蓮塘輯　上海　錦章圖書局　1921年

009679375　9100　0624B　（5）
迷樓記
韓偓撰　陳蓮塘輯　上海　錦章圖書局　1921年

009679441　9100　0624B　（5）
南部煙花記
馮贄撰　陳蓮塘輯　上海　錦章圖書局　1921年

009679319　9100　0624B　（5）
平泉山居草木記
李德裕撰　陳蓮塘輯　上海　錦章圖書局　1921年

009679426　9100　0624B　（5）
吳地記
陸廣微撰　陳蓮塘輯　上海　錦章圖書局　1921年

009679518　9100　0624B　（5）
湘中怨詞
沈亞之撰　陳蓮塘輯　上海　錦章圖書局　1921年

009679346　9100　0624B　（5）
終南十志
盧鴻撰　陳蓮塘輯　上海　錦章圖書局　1921年

009679703　9100　0624B　（6）
本事詩
孟棨撰　陳蓮塘輯　上海　錦章圖書局　1921年

009679723　9100　0624B　（6）
比紅兒詩
羅虬著　陳蓮塘輯　上海　錦章圖書局　1921年

009679808　9100　0624B　（6）
茶經
陸羽撰　陳蓮塘輯　上海　錦章圖書局　1921年

009679523　9100　0624B　（6）
二十四詩品
司空圖撰　陳蓮塘輯　上海　錦章圖書局　1921年

009679776　9100　0624B　（6）
歌者葉記
沈亞之撰　陳蓮塘輯　上海　錦章圖書局　1921年

009679753　9100　0624B　（6）
畫學秘訣
王維撰　陳蓮塘輯　上海　錦章圖書局　1921年

009679814　9100　0624B　（6）
煎茶水記
張又新撰　陳蓮塘輯　上海　錦章圖書

局　1921年

009679795　9100　0624B　（6）
李謩吹笛記
楊巨源撰　陳蓮塘輯　上海　錦章圖書局　1921年

009679810　9100　0624B　（6）
十六湯品
蘇廙撰　陳蓮塘輯　上海　錦章圖書局　1921年

009679747　9100　0624B　（6）
書法
歐陽詢撰　陳蓮塘輯　上海　錦章圖書局　1921年

009679802　9100　0624B　（6）
衛公故物記
韋端符撰　陳蓮塘輯　上海　錦章圖書局　1921年

009679782　9100　0624B　（6）
嘯旨
無名氏著　陳蓮塘輯　上海　錦章圖書局　1921年

009679758　9100　0624B　（6）
續畫品錄
李嗣真撰　陳蓮塘輯　上海　錦章圖書局　1921年

009679770　9100　0624B　（6）
貞觀公私畫史
裴孝源撰　陳蓮塘輯　上海　錦章圖書局　1921年

009679733　9100　0624B　（6）
真娘墓詩
無名氏輯　陳蓮塘輯　上海　錦章圖書局　1921年

009680159　9100　0624B　（7）
大藏治病藥
釋靈澈錄　陳蓮塘輯　上海　錦章圖書局　1921年

009679910　9100　0624B　（7）
花九錫
羅虯撰　陳蓮塘輯　上海　錦章圖書局　1921年

009680114　9100　0624B　（7）
羯鼓錄
南卓撰　陳蓮塘輯　上海　錦章圖書局　1921年

009680100　9100　0624B　（7）
樂府雜錄
段安節撰　陳蓮塘輯　上海　錦章圖書局　1921年

009679937　9100　0624B　（7）
耒耜經
陸龜蒙撰　陳蓮塘輯　上海　錦章圖書局　1921年

009680167　9100　0624B　（7）
夢遊錄
任蕃撰　陳蓮塘輯　上海　錦章圖書局　1921年

009679954　9100　0624B　（7）
肉攫部
段成式撰　陳蓮塘輯　上海　錦章圖書局　1921年

009680173　9100　0624B　（7）
三夢記
白行簡撰　陳蓮塘輯　上海　錦章圖書局　1921年

009679902　9100　0624B　（7）
食譜

韋巨源撰　陳蓮塘輯　上海　錦章圖書
　局　1921年

009679948　9100　0624B　(7)
五木經
李翱撰　陳蓮塘輯　上海　錦章圖書局
　1921年

009680121　9100　0624B　(7)
小名錄
陸龜蒙撰　陳蓮塘輯　上海　錦章圖書
　局　1921年

009680130　9100　0624B　(7)
藥譜
侯寧極撰　陶穀校述　陳蓮塘輯　上海
　錦章圖書局　1921年

009680139　9100　0624B　(7)
異疾志
段成式纂　陳蓮塘輯　上海　錦章圖書
　局　1921年

009680181　9100　0624B　(7)
妝樓記
張泌撰　陳蓮塘輯　上海　錦章圖書局
　1921年

009679926　9100　0624B　(7)
紫花黎記
許默撰　陳蓮塘輯　上海　錦章圖書局
　1921年

009679884　9100　0624B　(7)
醉鄉日月
皇甫嵩撰　陳蓮塘輯　上海　錦章圖書
　局　1921年

009680220　9100　0624B　(8)
東城老父傳
陳鴻撰　陳蓮塘輯　上海　錦章圖書局
　1921年

009680523　9100　0624B　(8)
杜子春傳
鄭還古撰　陳蓮塘輯　上海　錦章圖書
　局　1921年

009680490　9100　0624B　(8)
馮燕傳
沈亞之撰　陳蓮塘輯　上海　錦章圖書
　局　1921年

009680225　9100　0624B　(8)
高力士傳
郭湜撰　陳蓮塘輯　上海　錦章圖書局
　1921年

009680693　9100　0624B　(8)
廣陵妖亂志
羅隱撰　陳蓮塘輯　上海　錦章圖書局
　1921年

009680681　9100　0624B　(8)
劍俠傳
段成式撰　陳蓮塘輯　上海　錦章圖書
　局　1921年

009680517　9100　0624B　(8)
蔣子文傳
羅鄴撰　陳蓮塘輯　上海　錦章圖書局
　1921年

009680208　9100　0624B　(8)
李林甫外傳
無名氏撰　陳蓮塘輯　上海　錦章圖書
　局　1921年

009680198　9100　0624B　(8)
李泌傳
李繁撰　陳蓮塘輯　上海　錦章圖書局
　1921年

009680627　9100　0624B　(8)
靈應傳
無名氏撰　陳蓮塘輯　上海　錦章圖書局　1921年

009680662　9100　0624B　(8)
柳毅傳
李朝威撰　陳蓮塘輯　上海　錦章圖書局　1921年

009680535　9100　0624B　(8)
墨崑崙傳
馮延巳撰　陳蓮塘輯　上海　錦章圖書局　1921年

009680618　9100　0624B　(8)
睦仁蒨傳
陳鴻撰　陳蓮塘輯　上海　錦章圖書局　1921年

009680503　9100　0624B　(8)
奇男子傳
許棠撰　陳蓮塘輯　上海　錦章圖書局　1921年

009680238　9100　0624B　(8)
虯髯客傳
張說撰　陳蓮塘輯　上海　錦章圖書局　1921年

009680559　9100　0624B　(8)
申宗傳
孫頠撰　陳蓮塘輯　上海　錦章圖書局　1921年

009680543　9100　0624B　(8)
陶峴傳
沈既濟撰　陳蓮塘輯　上海　錦章圖書局　1921年

009680670　9100　0624B　(8)
仙吏傳
太上隱者輯　陳蓮塘輯　上海　錦章圖書局　1921年

009680676　9100　0624B　(8)
英雄傳
雍陶撰　陳蓮塘輯　上海　錦章圖書局　1921年

009683805　9100　0624B　(9)
長恨歌傳
陳鴻撰　陳蓮塘輯　上海　錦章圖書局　1921年

009684020　9100　0624B　(9)
杜秋傳
杜牧撰　陳蓮塘輯　上海　錦章圖書局　1921年

009683990　9100　0624B　(9)
非煙傳
皇甫枚撰　陳蓮塘輯　上海　錦章圖書局　1921年

009684309　9100　0624B　(9)
黑心符
于義方撰　陳蓮塘輯　上海　錦章圖書局　1921年

009683814　9100　0624B　(9)
紅綫傳
楊巨源撰　陳蓮塘輯　上海　錦章圖書局　1921年

009684299　9100　0624B　(9)
會真記
元稹撰　陳蓮塘輯　上海　錦章圖書局　1921年

009683846　9100　0624B　(9)
霍小玉傳
蔣防撰　陳蓮塘輯　上海　錦章圖書局

1921年

009684293　9100　0624B　(9)
雷民傳
沈既濟撰　陳蓮塘輯　上海　錦章圖書局　1921年

009683933　9100　0624B　(9)
李娃傳
白行簡撰　陳蓮塘輯　上海　錦章圖書局　1921年

009683843　9100　0624B　(9)
劉無雙傳
薛調撰　陳蓮塘輯　上海　錦章圖書局　1921年

009684071　9100　0624B　(9)
龍女傳
薛瑩撰　陳蓮塘輯　上海　錦章圖書局　1921年

009680714　9100　0624B　(9)
梅妃傳
曹鄴撰　陳蓮塘輯　上海　錦章圖書局　1921年

009684266　9100　0624B　(9)
妙女傳
顧非熊撰　陳蓮塘輯　上海　錦章圖書局　1921年

009684321　9100　0624B　(9)
南柯記
李公佐撰　陳蓮塘輯　上海　錦章圖書局　1921年

009683860　9100　0624B　(9)
牛應貞傳
宋若昭撰　陳蓮塘輯　上海　錦章圖書局　1921年

009684283　9100　0624B　(9)
神女傳
孫顧[頠]輯　陳蓮塘輯　上海　錦章圖書局　1921年

009683918　9100　0624B　(9)
謝小娥傳
李公佐撰　陳蓮塘輯　上海　錦章圖書局　1921年

009684009　9100　0624B　(9)
揚州夢記
于鄴撰　陳蓮塘輯　上海　錦章圖書局　1921年

009683947　9100　0624B　(9)
楊娼傳
房千里撰　陳蓮塘輯　上海　錦章圖書局　1921年

009683791　9100　0624B　(9)
楊太真外傳
樂史撰　陳蓮塘輯　上海　錦章圖書局　1921年

009683982　9100　0624B　(9)
章臺柳傳
許堯佐撰　陳蓮塘輯　上海　錦章圖書局　1921年

009684326　9100　0624B　(9)
枕中記
李泌撰　陳蓮塘輯　上海　錦章圖書局　1921年

009680704　9100　0624B　(9)
周秦行紀
牛僧孺撰　陳蓮塘輯　上海　錦章圖書局　1921年

009684666　9100　0624B　(10)
博異志

鄭還古撰　陳蓮塘輯　上海　錦章圖書局　1921年

009684657　9100　0624B　(10)
集異記
薛用弱撰　陳蓮塘輯　上海　錦章圖書局　1921年

009684352　9100　0624B　(10)
諾皋記
段成式撰　陳蓮塘輯　上海　錦章圖書局　1921年

009684616　9100　0624B　(10)
前定錄
鍾輅纂　陳蓮塘輯　上海　錦章圖書局　1921年

009684344　9100　0624B　(10)
酉陽雜俎二卷
段成式撰　陳蓮塘輯　上海　錦章圖書局　1921年

009684603　9100　0624B　(10)
支諾皋
段成式撰　陳蓮塘輯　上海　錦章圖書局　1921年

009684647　9100　0624B　(10)
摭異記
李浚撰　陳蓮塘輯　上海　錦章圖書局　1921年

009684619　9100　0624B　(10)
卓異記
李翱撰　陳蓮塘輯　上海　錦章圖書局　1921年

009685382　9100　0624B　(11)
鬼塚志
褚遂良撰　陳蓮塘輯　上海　錦章圖書局　1921年

009685415　9100　0624B　(11)
幻戲志
蔣防撰　陳蓮塘輯　上海　錦章圖書局　1921年

009685421　9100　0624B　(11)
幻異志
孫頠撰　陳蓮塘輯　上海　錦章圖書局　1921年

009685399　9100　0624B　(11)
幻影傳
薛昭蘊撰　陳蓮塘輯　上海　錦章圖書局　1921年

009685434　9100　0624B　(11)
稽神錄
徐鉉撰　陳蓮塘輯　上海　錦章圖書局　1921年

009684674　9100　0624B　(11)
集異志
陸勳撰　陳蓮塘輯　上海　錦章圖書局　1921年

009685451　9100　0624B　(11)
錦裙記
陸龜蒙著　陳蓮塘輯　上海　錦章圖書局　1921年

009685467　9100　0624B　(11)
離魂記
陳元佑撰　陳蓮塘輯　上海　錦章圖書局　1921年

009684795　9100　0624B　(11)
靈應錄
于逖撰　陳蓮塘輯　上海　錦章圖書局　1921年

009684837　9100　0624B　（11）
壟上記
蘇頲纂　陳蓮塘輯　上海　錦章圖書局　1921年

009685457　9100　0624B　（11）
冥音錄
朱慶餘撰　陳蓮塘輯　上海　錦章圖書局　1921年

009691446　9100　0624B　（11）
奇鬼傳
杜青荑撰　陳蓮塘輯　上海　錦章圖書局　1921年

009691432　9100　0624B　（11）
尸媚傳
張泌撰　陳蓮塘輯　上海　錦章圖書局　1921年

009684779　9100　0624B　（11）
聞奇錄
于逖撰　陳蓮塘輯　上海　錦章圖書局　1921年

009684729　9100　0624B　（11）
續幽怪錄
李復言撰　陳蓮塘輯　上海　錦章圖書局　1921年

009684688　9100　0624B　（11）
幽怪錄
王惲撰　陳蓮塘輯　上海　錦章圖書局　1921年

009691398　9100　0624B　（11）
冤債志
吳融撰　陳蓮塘輯　上海　錦章圖書局　1921年

009685479　9100　0624B　（11）
再生記
閻選撰　陳蓮塘輯　上海　錦章圖書局　1921年

009684791　9100　0624B　（11）
志怪錄
陸勳撰　陳蓮塘輯　上海　錦章圖書局　1921年

009691676　9100　0624B　（12）
白猿傳
無名氏撰　陳蓮塘輯　上海　錦章圖書局　1921年

009691475　9100　0624B　（12）
才鬼記
鄭賛撰　陳蓮塘輯　上海　錦章圖書局　1921年

009691553　9100　0624B　（12）
東陽夜怪錄
王洙著　陳蓮塘輯　上海　錦章圖書局　1921年

009691858　9100　0624B　（12）
金剛經鳩異
段成式撰　陳蓮塘輯　上海　錦章圖書局　1921年

009691799　9100　0624B　（12）
獵狐記
孫恂撰　陳蓮塘輯　上海　錦章圖書局　1921年

009691625　9100　0624B　（12）
靈怪錄
牛嶠撰　陳蓮塘輯　上海　錦章圖書局　1921年

009691500　9100　0624B　（12）
靈鬼志
常沂撰　陳蓮塘輯　上海　錦章圖書局

1921年

009691659　9100　0624B　(12)
人虎傳
李景亮撰　陳蓮塘輯　上海　錦章圖書局　1921年

009691808　9100　0624B　(12)
任氏傳
沈既濟撰　陳蓮塘輯　上海　錦章圖書局　1921年

009691562　9100　0624B　(12)
物怪錄
徐嶷撰　陳蓮塘輯　上海　錦章圖書局　1921年

009691511　9100　0624B　(12)
妖妄傳
朱希濟撰　陳蓮塘輯　上海　錦章圖書局　1921年

009691855　9100　0624B　(12)
夜叉傳
段成式撰　陳蓮塘輯　上海　錦章圖書局　1921年

009691864　9100　0624B　(12)
鸚鵡舍利塔記
韋皋撰　陳蓮塘輯　上海　錦章圖書局　1921年

009691847　9100　0624B　(12)
袁氏傳
顧敻撰　陳蓮塘輯　上海　錦章圖書局　1921年

006871650　9100　0628
高昌秘笈甲集
孫鏐輯　上海　上海孫氏　1928年

006844851　9100　0793
玄覽堂叢書
鄭振鐸輯　香港　長樂鄭氏　1941年

006548382　9100　0793　(001)
北狄順義王俺答謝表不分卷
鄭振鐸輯　香港　長樂鄭氏　1941年　玄覽堂叢書

006548378　9100　0793　(001)
朝鮮雜志一卷
董越撰　鄭振鐸輯　香港　長樂鄭氏　1941年　玄覽堂叢書

006548377　9100　0793　(001)
紀古滇說原集一卷
張道宗撰　鄭振鐸輯　香港　長樂鄭氏　1941年　玄覽堂叢書

006548384　9100　0793　(002-007)
裔乘八卷
楊一葵撰　鄭振鐸輯　香港　長樂鄭氏　1941年　玄覽堂叢書

006548386　9100　0793　(008-013)
交黎剿平事略四十卷
張鏊撰　鄭振鐸輯　香港　長樂鄭氏　1941年　玄覽堂叢書

006548389　9100　0793　(014-017)
安南來威圖冊三卷　輯略三卷
梁天錫撰　鄭振鐸輯　香港　長樂鄭氏　1941年　玄覽堂叢書

006548392　9100　0793　(018-019)
九邊圖說不分卷
鄭振鐸輯　香港　長樂鄭氏　1941年　玄覽堂叢書

006548394　9100　0793　(020-025)
宣大山西三鎮圖說三卷
楊時寧撰　鄭振鐸輯　香港　長樂鄭氏

1941年　玄覽堂叢書

006548396　9100　0793　(026-027)
開原圖說二卷
馮瑗輯　鄭振鐸輯　香港　長樂鄭氏
1941年　玄覽堂叢書

006548398　9100　0793　(028-035)
皇輿考十二卷
張天復撰　鄭振鐸輯　香港　長樂鄭氏
1941年　玄覽堂叢書

006548400　9100　0793　(036-039)
通惠河志二卷
吳仲撰　鄭振鐸輯　香港　長樂鄭氏
1941年　玄覽堂叢書

006548401　9100　0793　(040-042)
海運新考三卷
梁夢龍撰　鄭振鐸輯　香港　長樂鄭氏
1941年　玄覽堂叢書

006548404　9100　0793　(043-050)
諸司職掌十卷
翟善編　鄭振鐸輯　香港　長樂鄭氏
1941年　玄覽堂叢書

006548406　9100　0793　(051-056)
漕船志八卷
席書編　朱家相增修　鄭振鐸輯　香港　長樂鄭氏　1941年　玄覽堂叢書

006548409　9100　0793　(057-064)
福建運司志十六卷
謝肇淛等纂　江大鯤等修　鄭振鐸輯　香港　長樂鄭氏　1941年　玄覽堂叢書

006548411　9100　0793　(065-068)
舊京詞林志六卷
周應賓撰　鄭振鐸輯　香港　長樂鄭氏
1941年　玄覽堂叢書

006548413　9100　0793　(069-072)
皇朝馬政記十二卷
楊石喬撰　鄭振鐸輯　香港　長樂鄭氏
1941年　玄覽堂叢書

006548415　9100　0793　(073-082)
昭代王章五卷　卷首一卷
熊鳴岐輯　鄭振鐸輯　香港　長樂鄭氏
1941年　玄覽堂叢書

006548417　9100　0793　(083)
兵部問寧夏案一卷
鄭振鐸輯　香港　長樂鄭氏　1941年
玄覽堂叢書

006548418　9100　0793　(084)
刑部問寧王案一卷
鄭振鐸輯　香港　長樂鄭氏　1941年
玄覽堂叢書

006548420　9100　0793　(085)
神器譜一卷
趙士楨撰　鄭振鐸輯　香港　長樂鄭氏
1941年　玄覽堂叢書

006548421　9100　0793　(086)
神器譜或問一卷
趙士楨撰　鄭振鐸輯　香港　長樂鄭氏
1941年　玄覽堂叢書

006548422　9100　0793　(087-092)
明朝小史一八卷
呂毖輯　鄭振鐸輯　香港　長樂鄭氏
1941年　玄覽堂叢書

006548426　9100　0793　(093)
皇明帝后紀略一卷　附藩封一卷
鄭汝璧撰　鄭振鐸輯　高科考一卷
香港　長樂鄭氏　1941年　玄覽堂叢書

006548428　9100　0793　(094-095)
東夷考略不分卷

茅瑞徵撰　鄭振鐸輯　香港　長樂鄭氏
1941年　玄覽堂叢書

006548430　9100　0793　（096－101）
九十九籌十卷
顏季亨撰　鄭振鐸輯　香港　長樂鄭氏
1941年　玄覽堂叢書

006548432　9100　0793　（102－105）
遼籌二卷　附遼夷略一卷　陳謠雜詠一卷
張鼐撰　鄭振鐸輯　香港　長樂鄭氏
1941年　玄覽堂叢書

006548436　9100　0793　（106）
東事書一卷
郭淳撰　鄭振鐸輯　香港　長樂鄭氏
1941年　玄覽堂叢書

006548437　9100　0793　（107－118）
甲申紀事十三卷
馮夢龍輯　鄭振鐸輯　香港　長樂鄭氏
1941年　玄覽堂叢書

006548438　9100　0793　（119－120）
諴闖小史六卷
葫蘆道人撰　鄭振鐸輯　香港　長樂鄭氏　1941年　玄覽堂叢書

006555923　9100　0793.2
玄覽堂叢書續集
南京　國立中央圖書館　1947年

006555985　9100　0793.2　（001）
皇明本紀不分卷
鄭振鐸輯　南京　國立中央圖書館
1947年　玄覽堂叢書　續集

006555986　9100　0793.2　（002－003）
大明初略四十卷
孫宜撰　鄭振鐸輯　南京　國立中央圖書館　1947年　玄覽堂叢書　續集

006555987　9100　0793.2　（004）
廬江郡何氏家記
何崇祖輯錄　鄭振鐸輯　南京　國立中央圖書館　1947年　玄覽堂叢書　續集

006555988　9100　0793.2　（005－012）
懷陵流寇始終錄一八卷　附錄三卷
戴笠、吳殳合撰　鄭振鐸輯　南京　國立中央圖書館　1947年　玄覽堂叢書　續集

006555991　9100　0793.2　（013－014）
邊事小紀四十卷
周文郁撰　鄭振鐸輯　南京　國立中央圖書館　1947年　玄覽堂叢書　續集

006555993　9100　0793.2　（015－016）
倭志不分卷
鄭振鐸輯　南京　國立中央圖書館
1947年　玄覽堂叢書　續集

006555994　9100　0793.2　（017－018）
虔臺倭纂二卷
謝傑等撰　鄭振鐸輯　南京　國立中央圖書館　1947年　玄覽堂叢書　續集

006555996　9100　0793.2　（019）
倭奴遺事一卷
鍾薇等撰　鄭振鐸輯　南京　國立中央圖書館　1947年　玄覽堂叢書　續集

006555998　9100　0793.2　（020－029）
總督四鎮奏議十卷
王一鶚撰　鄭振鐸輯　南京　國立中央圖書館　1947年　玄覽堂叢書　續集

006556001　9100　0793.2　（030－037）
大元大一統志存三五卷
李蘭肹等纂修　鄭振鐸輯　南京　國立中央圖書館　1947年　玄覽堂叢書　續集

006556003　9100　0793.2　（038–079）
寰宇通志一百一十九卷
彭時等奉勅纂　陳循等奉勅修　鄭振鐸輯　南京　國立中央圖書館　1947年　玄覽堂叢書　續集

006556006　9100　0793.2　（080）
炎徼瑣言二卷
郭棐編　鄭振鐸輯　南京　國立中央圖書館　1947年　玄覽堂叢書　續集

006556039　9100　0793.2　（081–082）
粵劍編四十卷
王臨亨撰　鄭振鐸輯　南京　國立中央圖書館　1947年　玄覽堂叢書　續集

006556042　9100　0793.2　（083–086）
荒徼通考不分卷
鄭振鐸輯　南京　國立中央圖書館　1947年　玄覽堂叢書　續集

006556045　9100　0793.2　（087–102）
四夷廣記不分卷
慎懋賞撰　鄭振鐸輯　南京　國立中央圖書館　1947年　玄覽堂叢書　續集

006556046　9100　0793.2　（103）
國朝當機錄三卷
黃正賓編　鄭振鐸輯　南京　國立中央圖書館　1947年　玄覽堂叢書　續集

006556048　9100　0793.2　（104）
嘉隆新例附萬曆三卷
鄭振鐸輯　南京　國立中央圖書館　1947年　玄覽堂叢書　續集

006556049　9100　0793.2　（105–116）
工部廠庫須知十二卷
何士晉輯　鄭振鐸輯　南京　國立中央圖書館　1947年　玄覽堂叢書　續集

006556051　9100　0793.2　（117–119）
龍江船廠志八卷
李昭祥撰　鄭振鐸輯　南京　國立中央圖書館　1947年　玄覽堂叢書　續集

006556056　9100　0793.2　（120）
延平二王遺集一卷
鄭成功等撰　鄭振鐸輯　南京　國立中央圖書館　1947年　玄覽堂叢書　續集

006555896　9100　0844
顏李叢書
顏元、李塨合著　北京　四存學會　1923年

006556062　9100　0844　（01）
習齋先生年譜
李塨編　北京　四存學會　1923年　顏李叢書

006556063　9100　0844　（02）
四書正誤
顏元、李塨合著　北京　四存學會　1923年　顏李叢書

006556064　9100　0844　（03）
習齋先生言行錄習齋先生辟異錄
鍾錂纂　北京　四存學會　1923年　顏李叢書

006556065　9100　0844　（04–05）
四存編
顏元　北京　四存學會　1923年　顏李叢書

006556066　9100　0844　（06）
朱子語類評禮文手鈔
顏元、李塨合著　北京　四存學會　1923年　顏李叢書

006556068　9100　0844　（07–08）
習齋記餘

顏元　北京　四存學會　1923 年　顏李叢書

006556071　9100　0844　（09－10）
恕谷先生年譜
馮辰撰　北京　四存學會　1923 年　顏李叢書

006562230　9100　0844　（11－12）
周易傳註
李塨撰　北京　四存學會　1923 年　顏李叢書

006562231　9100　0844　（13－16）
詩經傳註
顏元、李塨合著　北京　四存學會　1923 年　顏李叢書

006562232　9100　0844　（17－20）
春秋傳註
顏元、李塨合著　北京　四存學會　1923 年　顏李叢書

006562234　9100　0844　（21）
論語傳註
顏元、李塨合著　北京　四存學會　1923 年　顏李叢書

006562236　9100　0844　（22）
大學中庸傳註傳註問　中庸講話
顏元、李塨合著　北京　四存學會　1923 年　顏李叢書

006562267　9100　0844　（23－24）
小學稽業
李塨撰　北京　四存學會　1923 年　顏李叢書

006562269　9100　0844　（25）
學樂錄
顏元、李塨合著　北京　四存學會　1923 年　顏李叢書

006562271　9100　0844　（26）
平書訂
李塨撰　北京　四存學會　1923 年　顏李叢書

006562272　9100　0844　（27）
閱史郄視
李塨撰　北京　四存學會　1923 年　顏李叢書

006562274　9100　0844　（28）
擬太平策評乙古文
李塨撰　北京　四存學會　1923 年　顏李叢書

006562276　9100　0844　（29）
四考辨
北京　四存學會　1923 年　顏李叢書

006562278　9100　0844　（30－31）
恕谷後集天道偶測　訟遇則例
北京　四存學會　1923 年　顏李叢書

006562280　9100　0844　（32）
恕谷詩集
李塨撰　北京　四存學會　1923 年　顏李叢書

006573108　9100　0871
廣雅叢書
徐紹棨編輯　廣州　廣雅書局　1920 年

006573111　9100　0871　（001）
周易解故一卷
丁晏撰　徐紹棨編輯　廣州　廣雅書局　1920 年　廣雅叢書

006573112　9100　0871　（002）
易釋四十卷
黃式三撰　徐紹棨編輯　廣州　廣雅書

局　1920年　廣雅叢書

006573113　9100　0871　（003）
易緯略義
張惠言撰　徐紹棨編輯　廣州　廣雅書局　1920年　廣雅叢書

006573115　9100　0871　（004－005）
易學象數論四十卷
黃宗羲撰　徐紹棨編輯　廣州　廣雅書局　1920年　廣雅叢書

006573117　9100　0871　（006）
易林釋文二卷
丁晏撰　徐紹棨編輯　廣州　廣雅書局　1920年　廣雅叢書

006573121　9100　0871　（007）
尚書伸孔篇一卷
焦廷琥撰　徐紹棨編輯　廣州　廣雅書局　1920年　廣雅叢書

006573123　9100　0871　（008）
禹貢班義述三卷
成孺撰　徐紹棨編輯　廣州　廣雅書局　1920年　廣雅叢書

006573124　9100　0871　（009）
書蔡傳附釋一卷
丁晏撰　徐紹棨編輯　廣州　廣雅書局　1920年　廣雅叢書

006573130　9100　0871　（010）
詩集傳附釋一卷
丁晏撰　徐紹棨編輯　廣州　廣雅書局　1920年　廣雅叢書

006573125　9100　0871　（011－022）
毛詩傳箋通釋三十二卷
馬瑞辰撰　徐紹棨編輯　廣州　廣雅書局　1920年　廣雅叢書

006573127　9100　0871　（023－034）
毛詩後箋三十卷
胡承珙撰　徐紹棨編輯　廣州　廣雅書局　1920年　廣雅叢書

006573128　9100　0871　（035）
毛詩天文考一卷
洪亮吉撰　徐紹棨編輯　廣州　廣雅書局　1920年　廣雅叢書

006573132　9100　0871　（036－055）
禮書綱目八十五卷
江永撰　徐紹棨編輯　廣州　廣雅書局　1920年　廣雅叢書

006573134　9100　0871　（056）
儀禮古今異同五卷
徐養原撰　徐紹棨編輯　廣州　廣雅書局　1920年　廣雅叢書

006573138　9100　0871　（057－058）
儀禮私箋八卷
鄭珍撰　徐紹棨編輯　廣州　廣雅書局　1920年　廣雅叢書

006573142　9100　0871　（059）
輪輿私箋二卷
鄭珍撰　徐紹棨編輯　廣州　廣雅書局　1920年　廣雅叢書

006573141　9100　0871　（060－062）
大戴禮記解詁附敘錄　十四卷
王聘珍撰　徐紹棨編輯　廣州　廣雅書局　1920年　廣雅叢書

006573143　9100　0871　（063）
禮記天算釋一卷
孔廣牧撰　徐紹棨編輯　廣州　廣雅書局　1920年　廣雅叢書

006573144　9100　0871　（064－066）
春秋規過考信九卷

陳熙晉撰　徐紹榮編輯　廣州　廣雅書局　1920年　廣雅叢書

006573145　9100　0871　(067-068)
春秋述義拾遺八卷
陳熙晉撰　徐紹榮編輯　廣州　廣雅書局　1920年　廣雅叢書

006573146　9100　0871　(069)
公羊註疏質疑二卷
何若瑤撰　徐紹榮編輯　廣州　廣雅書局　1920年　廣雅叢書

006573151　9100　0871　(070)
孟子趙註補正六卷　孟子劉熙註一卷
宋翔鳳撰　徐紹榮編輯　廣州　廣雅書局　1920年　廣雅叢書

006573153　9100　0871　(071-074)
爾雅匡名二十卷
嚴元照撰　徐紹榮編輯　廣州　廣雅書局　1920年　廣雅叢書

006573155　9100　0871　(075)
爾雅補註殘本
劉玉麐撰　徐紹榮編輯　廣州　廣雅書局　1920年　廣雅叢書

006573157　9100　0871　(076)
爾雅註疏本正誤五卷
張宗泰撰　徐紹榮編輯　廣州　廣雅書局　1920年　廣雅叢書

006573161　9100　0871　(077-082)
説文引經證例二十四卷
承培元撰　徐紹榮編輯　廣州　廣雅書局　1920年　廣雅叢書

006573163　9100　0871　(083)
説文答問疏證
薛傳均撰　徐紹榮編輯　廣州　廣雅書局　1920年　廣雅叢書

006573166　9100　0871　(084)
廣説文答問六卷
承培元撰　徐紹榮編輯　廣州　廣雅書局　1920年　廣雅叢書

006573168　9100　0871　(085)
説文本經答問二卷
鄭知同撰　徐紹榮編輯　廣州　廣雅書局　1920年　廣雅叢書

006573158　9100　0871　(086)
小爾雅訓纂六卷
宋翔鳳撰　徐紹榮編輯　廣州　廣雅書局　1920年　廣雅叢書

006573169　9100　0871　(087-090)
方言箋疏十四卷
錢繹撰　徐紹榮編輯　廣州　廣雅書局　1920年　廣雅叢書

006573171　9100　0871　(091-092)
釋名疏證九卷
畢沅撰　徐紹榮編輯　廣州　廣雅書局　1920年　廣雅叢書

006577170　9100　0871　(093)
釋穀四十卷
劉寶楠撰　徐紹榮編輯　廣州　廣雅書局　1920年　廣雅叢書

006577171　9100　0871　(094)
急救章考異一卷
莊世驥撰　徐紹榮編輯　廣州　廣雅書局　1920年　廣雅叢書

006577172　9100　0871　(095-098)
汗簡箋正八卷
鄭珍撰　徐紹榮編輯　廣州　廣雅書局　1920年　廣雅叢書

006577173 9100 0871 （099）
漢碑徵經一卷
朱百度撰　徐紹棨編輯　廣州　廣雅書局　1920年　廣雅叢書

006577189 9100 0871 （100-101）
吳氏遺著五卷
吳淩雲撰　徐紹棨編輯　廣州　廣雅書局　1920年　廣雅叢書

006577181 9100 0871 （102）
句溪雜著六卷
陳立撰　徐紹棨編輯　廣州　廣雅書局　1920年　廣雅叢書

006577176 9100 0871 （103-104）
劉氏遺書
劉台拱撰　徐紹棨編輯　廣州　廣雅書局　1920年　廣雅叢書

006577178 9100 0871 （105-106）
愈愚錄六卷
劉寶楠撰　徐紹棨編輯　廣州　廣雅書局　1920年　廣雅叢書

006577183 9100 0871 （107）
學詁齋文集二卷
薛壽撰　徐紹棨編輯　廣州　廣雅書局　1920年　廣雅叢書

006577186 9100 0871 （108）
廣經室文鈔一卷
劉恭冕撰　徐紹棨編輯　廣州　廣雅書局　1920年　廣雅叢書

006577188 9100 0871 （109）
幼學堂文稿一卷
沈欽韓撰　徐紹棨編輯　廣州　廣雅書局　1920年　廣雅叢書

006576799 9100 0871 （110-111）
白田草堂存稿八卷
王懋竑撰　徐紹棨編輯　廣州　廣雅書局　1920年　廣雅叢書

006577193 9100 0871 （112-113）
陳司業遺書三卷
陳祖虞撰　徐紹棨編輯　廣州　廣雅書局　1920年　廣雅叢書

006577222 9100 0871 （115）
東塾遺書
陳澧撰　徐紹棨編輯　廣州　廣雅書局　1920年　廣雅叢書

006577223 9100 0871 （116-120）
無邪堂答問五卷
朱一新撰　徐紹棨編輯　廣州　廣雅書局　1920年　廣雅叢書

006583583 9100 0871 （121）
親屬記二卷
鄭珍撰　徐紹棨編輯　廣州　廣雅書局　1920年　廣雅叢書

006583584 9100 0871 （122）
先聖生卒年月日考二卷
孔廣牧撰　徐紹棨編輯　廣州　廣雅書局　1920年　廣雅叢書

006583586 9100 0871 （123）
朱子語類日鈔
陳澧撰　徐紹棨編輯　廣州　廣雅書局　1920年　廣雅叢書

006583588 9100 0871 （124）
人範
蔣大始撰　徐紹棨編輯　廣州　廣雅書局　1920年　廣雅叢書

006583589 9100 0871 （125-129）
小學集解六卷
張伯行撰　徐紹棨編輯　廣州　廣雅書

局　1920年　廣雅叢書

006598760　9100　0871　（130－139）
少室山房集六十四卷
胡應麟撰　徐紹棨編輯　廣州　廣雅書
局　1920年　廣雅叢書

006583590　9100　0871　（140－143）
史記索隱三十卷
徐紹棨編輯　廣州　廣雅書局　1920年
　廣雅叢書

006583592　9100　0871　（144－157）
史記志疑三十六卷
梁玉繩撰　徐紹棨編輯　廣州　廣雅書
局　1920年　廣雅叢書

006583594　9100　0871　（158）
史記三書正僞三卷
王元啟撰　徐紹棨編輯　廣州　廣雅書
局　1920年　廣雅叢書

006583597　9100　0871　（159）
史記月表正僞一卷
王元啟撰　徐紹棨編輯　廣州　廣雅書
局　1920年　廣雅叢書

006583598　9100　0871　（160）
史記功比說一卷
張錫瑜撰　徐紹棨編輯　廣州　廣雅書
局　1920年　廣雅叢書

006583603　9100　0871　（161）
史記註補正一卷
方苞撰　徐紹棨編輯　廣州　廣雅書局
　1920年　廣雅叢書

006583605　9100　0871　（162）
史記毛本正誤一卷
丁晏撰　徐紹棨編輯　廣州　廣雅書局
　1920年　廣雅叢書

006583607　9100　0871　（163）
史漢駢枝一卷
成孺撰　徐紹棨編輯　廣州　廣雅書局
　1920年　廣雅叢書

006583609　9100　0871　（164－168）
漢書辨疑二十二卷
錢大昭撰　徐紹棨編輯　廣州　廣雅書
局　1920年　廣雅叢書

006583611　9100　0871　（169－178）
漢書註校補五十六卷
周壽昌撰　徐紹棨編輯　廣州　廣雅書
局　1920年　廣雅叢書

006583613　9100　0871　（179）
漢志水道疏證四十卷
洪頤煊撰　徐紹棨編輯　廣州　廣雅書
局　1920年　廣雅叢書

006583615　9100　0871　（180）
漢書西域傳補註二卷
徐松撰　徐紹棨編輯　廣州　廣雅書局
　1920年　廣雅叢書

006583616　9100　0871　（181－184）
漢書人表考九卷
梁玉繩撰　徐紹棨編輯　廣州　廣雅書
局　1920年　廣雅叢書

006583618　9100　0871　（185）
漢書人表考校補一卷
蔡雲撰　徐紹棨編輯　廣州　廣雅書局
　1920年　廣雅叢書

006583656　9100　0871　（186－197）
後漢書補註二十四卷
惠棟撰　徐紹棨編輯　廣州　廣雅書局
　1920年　廣雅叢書

006583657　9100　0871　（198－199）
後漢書辨疑十一卷

錢大昭撰　徐紹榮編輯　廣州　廣雅書局　1920年　廣雅叢書

006583658　9100　0871　（200）
續漢書辨疑九卷
錢大昭撰　徐紹榮編輯　廣州　廣雅書局　1920年　廣雅叢書

006587302　9100　0871　（201）
後漢書註補正八卷
周壽昌撰　徐紹榮編輯　廣州　廣雅書局　1920年　廣雅叢書

006587303　9100　0871　（202）
後漢書註又補一卷
沈銘彝撰　徐紹榮編輯　廣州　廣雅書局　1920年　廣雅叢書

006587306　9100　0871　（203）
後漢書補註續一卷
侯康撰　徐紹榮編輯　廣州　廣雅書局　1920年　廣雅叢書

006587308　9100　0871　（204）
前後漢書註考證二卷
何若瑤撰　徐紹榮編輯　廣州　廣雅書局　1920年　廣雅叢書

006583652　9100　0871　（205）
後漢郡國令長考一卷
錢大昭撰　徐紹榮編輯　廣州　廣雅書局　1920年　廣雅叢書

006587316　9100　0871　（206）
三國志辨疑三卷
錢大昭撰　徐紹榮編輯　廣州　廣雅書局　1920年　廣雅叢書

006587317　9100　0871　（207-208）
三國志考證八卷
潘眉撰　徐紹榮編輯　廣州　廣雅書局　1920年　廣雅叢書

006587318　9100　0871　（209-214）
三國志旁證三十卷
梁章鉅撰　徐紹榮編輯　廣州　廣雅書局　1920年　廣雅叢書

006587320　9100　0871　（215）
三國志補註續一卷
侯康撰　徐紹榮編輯　廣州　廣雅書局　1920年　廣雅叢書

006587323　9100　0871　（216）
三國志證遺四十卷
周壽昌撰　徐紹榮編輯　廣州　廣雅書局　1920年　廣雅叢書

006587347　9100　0871　（217）
晉書地理志新補正五卷
畢沅撰　徐紹榮編輯　廣州　廣雅書局　1920年　廣雅叢書

006587349　9100　0871　（218）
晉書地理志校補
方愷撰　徐紹榮編輯　廣州　廣雅書局　1920年　廣雅叢書

006587354　9100　0871　（219）
晉書校勘記五卷
周家祿撰　徐紹榮編輯　廣州　廣雅書局　1920年　廣雅叢書

006587355　9100　0871　（220）
晉書校勘記三卷
勞格撰　徐紹榮編輯　廣州　廣雅書局　1920年　廣雅叢書

006587368　9100　0871　（221）
晉宋書故一卷
郝懿行撰　徐紹榮編輯　廣州　廣雅書局　1920年　廣雅叢書

006587376 9100 0871 (222)
宋州郡志校勘記一卷
成孺撰　徐紹棨編輯　廣州　廣雅書局　1920年　廣雅叢書

006587386 9100 0871 (223)
魏書校勘記一卷
王先謙撰　徐紹棨編輯　廣州　廣雅書局　1920年　廣雅叢書

006587391 9100 0871 (224-227)
新舊唐書互證二十卷
趙紹祖撰　徐紹棨編輯　廣州　廣雅書局　1920年　廣雅叢書

006591968 9100 0871 (228)
宋遼金元四史朔閏考二卷
錢大昕撰　徐紹棨編輯　廣州　廣雅書局　1920年　廣雅叢書

006591982 9100 0871 (229-236)
遼史補遺二卷　遼史拾遺二十四卷
厲鶚撰　徐紹棨編輯　廣州　廣雅書局　1920年　廣雅叢書

006591976 9100 0871 (237-246)
金史詳校十卷
施國祁撰　徐紹棨編輯　廣州　廣雅書局　1920年　廣雅叢書

006591990 9100 0871 (247-250)
元史譯文證補三十卷
洪鈞撰　徐紹棨編輯　廣州　廣雅書局　1920年　廣雅叢書

006583600 9100 0871 (251)
史記天官書補目一卷
孫星衍撰　徐紹棨編輯　廣州　廣雅書局　1920年　廣雅叢書

006583602 9100 0871 (252)
楚漢諸侯疆域志三卷
劉文淇撰　徐紹棨編輯　廣州　廣雅書局　1920年　廣雅叢書

006583620 9100 0871 (253-255)
後漢書補表八卷
錢大昭撰　徐紹棨編輯　廣州　廣雅書局　1920年　廣雅叢書

006583654 9100 0871 (256)
後漢書三公年表一卷
華湛恩撰　徐紹棨編輯　廣州　廣雅書局　1920年　廣雅叢書

006583651 9100 0871 (257)
補後漢書藝文志四十卷
侯康撰　徐紹棨編輯　廣州　廣雅書局　1920年　廣雅叢書

006583650 9100 0871 (258)
續補漢書藝文志一卷
錢大昭撰　徐紹棨編輯　廣州　廣雅書局　1920年　廣雅叢書

006587313 9100 0871 (259)
補三國藝文志四十卷
侯康撰　徐紹棨編輯　廣州　廣雅書局　1920年　廣雅叢書

006587312 9100 0871 (260)
補三國疆域志二卷
洪亮吉撰　徐紹棨編輯　廣州　廣雅書局　1920年　廣雅叢書

006587315 9100 0871 (261-263)
補三國職官表三卷
洪飴孫撰　徐紹棨編輯　廣州　廣雅書局　1920年　廣雅叢書

006587314 9100 0871 (264)
三國紀年表一卷
周嘉猷撰　徐紹棨編輯　廣州　廣雅書

局　1920年　廣雅叢書

006587350　9100　0871　（265）
補晉兵志一卷
錢儀吉撰　徐紹棨編輯　廣州　廣雅書局　1920年　廣雅叢書

006587352　9100　0871　（266－267）
補晉書藝文志四十卷
丁國鈞撰　徐紹棨編輯　廣州　廣雅書局　1920年　廣雅叢書

006587371　9100　0871　（268－269）
東晉疆域志四十卷
洪亮吉撰　徐紹棨編輯　廣州　廣雅書局　1920年　廣雅叢書

006587382　9100　0871　（270－273）
十六國疆域志十六卷
洪亮吉撰　徐紹棨編輯　廣州　廣雅書局　1920年　廣雅叢書

006587379　9100　0871　（274－283）
東晉南北朝輿地表十二卷
徐文範撰　徐紹棨編輯　廣州　廣雅書局　1920年　廣雅叢書

006587378　9100　0871　（284－285）
補梁疆域志四十卷
洪齮孫撰　徐紹棨編輯　廣州　廣雅書局　1920年　廣雅叢書

006587373　9100　0871　（286）
補宋書刑法食貨志一卷
郝懿行撰　徐紹棨編輯　廣州　廣雅書局　1920年　廣雅叢書

006587380　9100　0871　（287－290）
南北史表七卷
周嘉猷撰　徐紹棨編輯　廣州　廣雅書局　1920年　廣雅叢書

006587393　9100　0871　（291）
五代紀年表一卷
周嘉猷撰　徐紹棨編輯　廣州　廣雅書局　1920年　廣雅叢書

006587394　9100　0871　（292）
補五代史藝文志一卷
顧懷三纂　徐紹棨編輯　廣州　廣雅書局　1920年　廣雅叢書

006591967　9100　0871　（293）
宋史藝文志補一卷
倪燦撰　徐紹棨編輯　廣州　廣雅書局　1920年　廣雅叢書

006591971　9100　0871　（294）
補遼金元三史藝文志一卷
倪燦撰　徐紹棨編輯　廣州　廣雅書局　1920年　廣雅叢書

006591974　9100　0871　（295）
補遼金元三史藝文志一卷
金門詔撰　徐紹棨編輯　廣州　廣雅書局　1920年　廣雅叢書

006591985　9100　0871　（296）
補元史藝文志四十卷
錢大昕　徐紹棨編輯　廣州　廣雅書局　1920年　廣雅叢書

006591987　9100　0871　（297－298）
元史氏族表三卷
錢大昕撰　徐紹棨編輯　廣州　廣雅書局　1920年　廣雅叢書

006592016　9100　0871　（299－312）
十七史商榷一百卷
王鳴盛撰　徐紹棨編輯　廣州　廣雅書局　1920年　廣雅叢書

006592019　9100　0871　（313－330）
二十二史考異一百卷

錢大昕撰　徐紹棨編輯　廣州　廣雅書局　1920年　廣雅叢書

汪家禧撰　徐紹棨編輯　廣州　廣雅書局　1920年　廣雅叢書

006592023　9100　0871　(331-340)
廿二史劄記三十六卷　廿二史補遺一卷
趙翼撰　　諸史拾遺二卷　錢大昕撰
徐紹棨編輯　廣州　廣雅書局　1920年　廣雅叢書

006587389　9100　0871　(426-431)
西魏書二十四卷
謝啟昆撰　徐紹棨編輯　廣州　廣雅書局　1920年　廣雅叢書

006592032　9100　0871　(341-344)
諸史考異附讀書叢錄十八卷
洪頤煊撰　徐紹棨編輯　廣州　廣雅書局　1920年　廣雅叢書

006587392　9100　0871　(432-437)
續唐書七十卷
陳鱣撰　徐紹棨編輯　廣州　廣雅書局　1920年　廣雅叢書

006591992　9100　0871　(345-350)
歷代史表五十九卷
萬斯同撰　徐紹棨編輯　廣州　廣雅書局　1920年　廣雅叢書

006587357　9100　0871　(438-443)
九家舊晉書輯本三十七卷
湯球撰　徐紹棨編輯　廣州　廣雅書局　1920年　廣雅叢書

006591996　9100　0871　(351-373)
歷代職官表七十二卷
紀昀等撰　徐紹棨編輯　廣州　廣雅書局　1920年　廣雅叢書

006587360　9100　0871　(444)
晉紀輯本五卷
湯球撰　徐紹棨編輯　廣州　廣雅書局　1920年　廣雅叢書

006591994　9100　0871　(374-391)
歷代地理沿革表四十七卷
陳芳績撰　徐紹棨編輯　廣州　廣雅書局　1920年　廣雅叢書

006587363　9100　0871　(445)
晉陽秋輯本五卷
湯球撰　徐紹棨編輯　廣州　廣雅書局　1920年　廣雅叢書

006592027　9100　0871　(392-407)
廿一史四譜五十四卷
沈炳震撰　徐紹棨編輯　廣州　廣雅書局　1920年　廣雅叢書

006587365　9100　0871　(446)
漢晉春秋輯本四十卷
湯球撰　徐紹棨編輯　廣州　廣雅書局　1920年　廣雅叢書

006592029　9100　0871　(408-419)
九史同姓名略七十八卷　補遺四卷
汪家禧撰　徐紹棨編輯　廣州　廣雅書局　1920年　廣雅叢書

006587366　9100　0871　(447)
三十國春秋輯本十八卷
湯球撰　徐紹棨編輯　廣州　廣雅書局　1920年　廣雅叢書

006592030　9100　0871　(420-425)
遼金元三史同名錄四十卷

006587345　9100　0871　(448)
晉太康三年墜志一卷　晉書地道記一卷
畢沅撰　徐紹棨編輯　廣州　廣雅書局

1920年　廣雅叢書

006587383　9100　0871　（449–458）
十六國春秋輯補一百卷
湯球撰　徐紹棨編輯　廣州　廣雅書局
1920年　廣雅叢書

006587384　9100　0871　（459–460）
十六國春秋纂錄校本十卷
湯球撰　徐紹棨編輯　廣州　廣雅書局
1920年　廣雅叢書

006592043　9100　0871　（461–470）
太常因革禮一百卷　太常因革禮校識一卷
蘇洵撰　徐紹棨編輯　廣州　廣雅書局
1920年　廣雅叢書

006591978　9100　0871　（471–474）
大金集禮四十卷
張瑋撰　徐紹棨編輯　廣州　廣雅書局
1920年　廣雅叢書

006591984　9100　0871　（475–480）
中興小紀四十卷
熊克　徐紹棨編輯　廣州　廣雅書局
1920年　廣雅叢書

006592041　9100　0871　（481–526）
建炎以來繫年要錄二百卷
李心傳撰　徐紹棨編輯　廣州　廣雅書局　1920年　廣雅叢書

006573148　9100　0871　（527–528）
國語翼解六卷
陳瑑撰　徐紹棨編輯　廣州　廣雅書局
1920年　廣雅叢書

006592033　9100　0871　（529）
戰國策釋地二卷
徐紹棨編輯　廣州　廣雅書局　1920年　廣雅叢書

006592035　9100　0871　（530–531）
吉林外記十卷
薩英額撰　徐紹棨編輯　廣州　廣雅書局　1920年　廣雅叢書

006592039　9100　0871　（532–533）
黑龍江外記八卷
西清撰　徐紹棨編輯　廣州　廣雅書局
1920年　廣雅叢書

006598756　9100　0871　（534–535）
離騷彙訂
王邦采撰　徐紹棨編輯　廣州　廣雅書局　1920年　廣雅叢書

006598754　9100　0871　（536）
屈子雜文
王邦采撰　徐紹棨編輯　廣州　廣雅書局　1920年　廣雅叢書

006598753　9100　0871　（537）
屈原賦註一卷
戴震撰　徐紹棨編輯　廣州　廣雅書局
1920年　廣雅叢書

006598755　9100　0871　（538）
楚辭天問箋一卷
丁晏撰　徐紹棨編輯　廣州　廣雅書局
1920年　廣雅叢書

006598757　9100　0871　（539）
韓集註補一卷
沈欽韓撰　徐紹棨編輯　廣州　廣雅書局　1920年　廣雅叢書

006598758　9100　0871　（540–542）
蘇詩查註補正四卷　范石湖詩註三卷
沈欽韓撰　徐紹棨編輯　廣州　廣雅書局　1920年　廣雅叢書

006844531　9100　0886
廣倉學宭叢書甲類

王國維［撰］　上海　倉聖明智大學
1916 年

006598786　9100　0886　（01）
敦煌古寫本周易王註校勘記二卷
羅振玉撰　王國維主編　上海　倉聖明智大學　1916 年　廣倉學宭叢書　甲類

006598792　9100　0886　（01）
祼禮搉一卷
王國維撰　上海　倉聖明智大學　1916 年　廣倉學宭叢書　甲類

006598790　9100　0886　（01）
樂詩考略一卷
王國維撰　上海　倉聖明智大學　1916 年　廣倉學宭叢書　甲類

006598794　9100　0886　（01）
五宗圖説一卷
萬光泰撰　王國維主編　上海　倉聖明智大學　1916 年　廣倉學宭叢書　甲類

006598789　9100　0886　（01）
周書顧命後考一卷
王國維撰　上海　倉聖明智大學　1916 年　廣倉學宭叢書　甲類

006598787　9100　0886　（01）
周書顧命禮徵一卷
王國維撰　上海　倉聖明智大學　1916 年　廣倉學宭叢書　甲類

006598796　9100　0886　（02－03）
韓氏三禮圖説二卷
韓信同撰　王國維主編　上海　倉聖明智大學　1916 年　廣倉學宭叢書　甲類

006598799　9100　0886　（04）
爾雅草木蟲魚鳥獸釋例一卷
王國維撰　上海　倉聖明智大學　1916 年　廣倉學宭叢書　甲類

006598806　9100　0886　（04）
毛公鼎銘考釋一卷
王國維撰　上海　倉聖明智大學　1916 年　廣倉學宭叢書　甲類

006598803　9100　0886　（04）
蒙雅一卷
魏源撰　王國維主編　上海　倉聖玥智大學　1916 年　廣倉學宭叢書　甲類

006598805　9100　0886　（04）
釋史一卷
王國維撰　上海　倉聖明智大學　1916 年　廣倉學宭叢書　甲類

006598810　9100　0886　（05）
倉頡篇殘簡考釋一卷
羅振玉撰　王國維主編　上海　倉聖明智大學　1916 年　廣倉學宭叢書　甲類

006598814　9100　0886　（05）
漢代古文考一卷
王國維撰　上海　倉聖明智大學　1916 年　廣倉學宭叢書　甲類

006598808　9100　0886　（05）
史籀篇敍錄一卷　疏證一卷
王國維撰　上海　倉聖明智大學　1916 年　廣倉學宭叢書　甲類

006598817　9100　0886　（05）
魏石經考二卷
王國維撰　上海　倉聖明智大學　1916 年　廣倉學宭叢書　甲類

006598821　9100　0886　（06）
小學叢殘四種
汪黎慶輯　王國維主編　上海　倉聖明智大學　1916 年　廣倉學宭叢書　甲類

006598823　9100　0886　(07-08)
磚文考略四十卷
宋經畬撰　　流沙墜簡考釋補正一卷
王國維撰　上海　倉聖明智大學　1916年　廣倉學宭叢書　甲類

006598825　9100　0886　(09-10)
魏漢博士考三卷
王國維撰　上海　倉聖明智大學　1916年　廣倉學宭叢書　甲類

006598826　9100　0886　(11-13)
秘書監志十一卷
王士點、商企翁撰　王國維主編　上海　倉聖明智大學　1916年　廣倉學宭叢書　甲類

006602436　9100　0886　(14)
大元馬政記一卷
王國維主編　上海　倉聖明智大學　1916年　廣倉學宭叢書　甲類

006602438　9100　0886　(15-16)
隨志二卷
王國維主編　上海　倉聖明智大學　1916年　廣倉學宭叢書　甲類

006602440　9100　0886　(17)
廣雅疏證補正一卷
王念孫撰　王國維主編　上海　倉聖明智大學　1916年　廣倉學宭叢書　甲類

006602444　9100　0886　(18)
古韻總論一卷
江有誥撰　王國維主編　上海　倉聖明智大學　1916年　廣倉學宭叢書　甲類

006602442　9100　0886　(18)
江氏音學敘錄一卷
江有誥撰　王國維主編　上海　倉聖明智大學　1916年　廣倉學宭叢書　甲類

006602446　9100　0886　(18)
入聲表一卷
江有誥撰　王國維主編　上海　倉聖明智大學　1916年　廣倉學宭叢書　甲類

006602445　9100　0886　(18)
諧聲表一卷
江有誥撰　王國維主編　上海　倉聖明智大學　1916年　廣倉學宭叢書　甲類

006602447　9100　0886　(19)
唐韻四聲正一卷
江有誥撰　王國維主編　上海　倉聖明智大學　1916年　廣倉學宭叢書　甲類

006602451　9100　0886　(20)
兩周金石文韻讀一卷
王國維撰　上海　倉聖明智大學　1916年　廣倉學宭叢書　甲類

006602452　9100　0886　(20)
唐韻別考一卷
王國維撰　上海　倉聖明智大學　1916年　廣倉學宭叢書　甲類

006602455　9100　0886　(20)
音韻餘說一卷
王國維撰　上海　倉聖明智大學　1916年　廣倉學宭叢書　甲類

006602454　9100　0886　(21)
操風瑣錄四十卷
劉家謀撰　王國維主編　上海　倉聖明智大學　1916年　廣倉學宭叢書　甲類

006602457　9100　0886　(22)
殷卜辭中所見先公先王考一卷　續考一卷　殷周制度論一卷
王國維撰　上海　倉聖明智大學　1916年　廣倉學宭叢書　甲類

006602459　9100　0886　（23-24）
古本竹書紀年輯校一卷　今本竹書紀年疏證二卷
王國維撰　上海　倉聖明智大學　1916年　廣倉學宭叢書　甲類

006602463　9100　0886　（25）
清真先生遺事一卷
王國維撰　上海　倉聖明智大學　1916年　廣倉學宭叢書　甲類

006602462　9100　0886　（25）
宋史忠義傳王稟補傳一卷
王國維撰　上海　倉聖明智大學　1916年　廣倉學宭叢書　甲類

006602461　9100　0886　（25）
太史公繫年考略一卷
王國維撰　上海　倉聖明智大學　1916年　廣倉學宭叢書　甲類

006602469　9100　0886　（26）
元高麗紀事一卷　大元畫塑記一卷
王國維主編　上海　倉聖明智大學　1916年　廣倉學宭叢書　甲類

006602485　9100　0886　（27）
大元倉庫紀一卷　大元氈罽工物記一卷　大元官制雜記一卷
王國維主編　上海　倉聖明智大學　1916年　廣倉學宭叢書　甲類

006602490　9100　0886　（28）
唐折沖府考補一卷
羅振玉撰　日知錄續補正三卷　李遇孫撰　王國維主編　上海　倉聖明智大學　1916年　廣倉學宭叢書　甲類

006602491　9100　0886　（29-30）
永觀堂海内外雜文二卷
王國維撰　上海　倉聖明智大學　1916年　廣倉學宭叢書　甲類

006602493　9100　0886　（31-32）
曲律四十卷
王驥德撰　王國維主編　上海　倉聖明智大學　1916年　廣倉學宭叢書　甲類

006602503　9100　1010
三怡堂叢書
張鳳臺輯　河南　官書局　1922年

006602504　9100　1010　（01-04）
輶軒博記續編四十卷
邵松年編　張鳳臺輯　河南　官書局　1922年　三怡堂叢書

006602505　9100　1010　（05-10）
天根詩鈔二卷　文鈔正集四卷　續集一卷
何家琪撰　張鳳臺輯　河南　官書局　1922年　三怡堂叢書

006602507　9100　1010　（11-12）
過庵遺稿八卷
陳萵撰　張鳳臺輯　河南　官書局　1922年　三怡堂叢書

006602508　9100　1010　（13-14）
李子田詩集二卷
李蓘撰　張鳳臺輯　河南　官書局　1922年　三怡堂叢書

006602511　9100　1010　（15-16）
石魚齋詩選二卷
李維世撰　張鳳臺輯　河南　官書局　1922年　三怡堂叢書

006602514　9100　1010　（17-18）
岳起齋詩存二卷
吳振周　張鳳臺輯　河南　官書局　1922年　三怡堂叢書

006602517　9100　1010　(19-24)
圭塘小稿十三卷　別集二卷　續集一卷　附錄一卷
許有壬撰　張鳳臺輯　河南　官書局　1922年　三怡堂叢書

006609147　9100　1010　(25-28)
孟有涯集十七卷
孟洋撰　張鳳臺輯　河南　官書局　1922年　三怡堂叢書

006609149　9100　1010　(29-30)
黃谷瑣談四十卷
李蓘撰　張鳳臺輯　河南　官書局　1922年　三怡堂叢書

006609151　9100　1010　(31-34)
豫變紀略八卷
鄭廉撰　張鳳臺輯　河南　官書局　1922年　三怡堂叢書

006609152　9100　1010　(35)
東京夢華錄十卷
孟元老撰　張鳳臺輯　河南　官書局　1922年　三怡堂叢書

006609153　9100　1010　(36)
如夢錄一卷
張鳳臺輯　河南　官書局　1922年　三怡堂叢書

006609155　9100　1010　(37)
汴宋竹枝詞二卷
李于潢撰　張鳳臺輯　河南　官書局　1922年　三怡堂叢書

006609157　9100　1010　(38)
玉楮集八卷　附錄一卷
岳珂撰　張鳳臺輯　河南　官書局　1922年　三怡堂叢書

007915062　9100　1010　(39-44)
汴京遺跡志二四卷
李濂撰　張鳳臺輯　河南　官書局　1922年　三怡堂叢書

006609160　9100　1010　(45-54)
師竹堂集三十卷
王祖嫡撰　張鳳臺輯　河南　官書局　1922年　三怡堂叢書

006608541　9100　1032
乙亥叢編
趙詒琛、王大隆同輯　濟南　1935年

006609182　9100　1032　(1)
姑蘇名賢後記一卷
褚亨奭撰　趙詒琛等輯　濟南　1935年　乙亥叢編

006609184　9100　1032　(1)
寒山志傳一卷
趙宧光述　趙詒琛等輯　濟南　1935年　乙亥叢編

006609181　9100　1032　(1)
倭情考略一卷
郭光復纂集　趙詒琛等輯　濟南　1935年　乙亥叢編

006609179　9100　1032　(1)
鄭易馬氏學一卷
陶方琦述　趙詒琛等輯　濟南　1935年　乙亥叢編

006609190　9100　1032　(2)
春樹閒鈔二卷
顧嗣立撰　趙詒琛等輯　濟南　1935年　乙亥叢編

006609185　9100　1032　(2)
夢盦居士自編年譜一卷
程庭鷺撰　趙詒琛等輯　濟南　1935年

乙亥叢編

006609188　9100　1032　(2)
吳乘竊筆一卷
　許元溥撰　趙詒琛等輯　濟南　1935年
　乙亥叢編

006609193　9100　1032　(2)
音匏隨筆一卷
　曹楙堅撰　趙詒琛等輯　濟南　1935年
　乙亥叢編

006609186　9100　1032　(2)
鄭桐庵筆記一卷
　鄭敷教撰　趙詒琛等輯　濟南　1935年
　乙亥叢編

006609198　9100　1032　(3)
榮祭酒遺文一卷
　榮肇撰　趙詒琛等輯　濟南　1935年
　乙亥叢編

006609199　9100　1032　(3)
遂初堂集外詩文稿二卷
　潘耒撰　趙詒琛等輯　濟南　1935年
　乙亥叢編

006609195　9100　1032　(3)
窳橫日記鈔三卷
　周星詒撰　王大隆輯　濟南　1935年
　乙亥叢編

006608700　9100　1032　(4)
東陵紀事詩
　陳毅撰　濟南　王大隆　1935年　乙亥
　叢編

006608699　9100　1032　(4)
蕉雲遺詩二卷
　湯朝撰　濟南　王大隆　1935年　乙亥
　叢編

006608698　9100　1032　(4)
三百堂文集二卷
　陳奐撰　王大隆輯　濟南　王大隆
　1935年　乙亥叢編

006609204　9100　1032　(4)
霜崖讀畫錄一卷
　吳梅撰　趙詒琛等輯　濟南　1935年
　乙亥叢編

006737937　9100　1132
丙子叢編
　趙詒琛、王大隆輯　上海　1936年

006741352　9100　1132　(1)
孟子趙註考證一卷
　桂文燦學　兩漢訂誤四卷　陳景雲撰
　　趙詒琛輯　濟南　1936年　丙子叢編

006741354　9100　1132　(2)
閻邱先生自訂年譜一卷
　顧嗣立撰　趙詒琛輯　濟南　1936年
　丙子叢編

006741355　9100　1132　(3)
資敬堂家訓二卷
　王師晉撰　荷香館瑣言二卷　丁國鈞
　撰　趙詒琛輯　濟南　1936年　丙子
　叢編

006741357　9100　1132　(4)
天瓶齋書畫題跋二卷　補輯一卷
　張照撰　桐庵存稿一卷　鄭敷教撰
　　寫禮廎遺詞　王頌蔚撰　趙詒琛輯
　濟南　1936年　丙子叢編

006741358　9100　1132.2
丁丑叢編
　趙詒琛、王大隆同輯　濟南　1937年

006741359　9100　1132.2　(1)
唐開成石經考異二卷

吳騫撰　釋書名一卷　莊綏甲撰　趙詒琛、王大隆同輯．濟南　1937年　丁丑叢編

006741360　9100　1132.2　(2)
遼廣實錄二卷
傅國撰　定思小紀一卷　劉尚友撰　惕齋見聞錄一卷　蘇濊撰　趙詒琛、王大隆同輯　濟南　1937年　丁丑叢編

006741361　9100　1132.2　(3)
[增輯]勞氏碎金三卷
吳昌綬輯　王大隆、瞿熙邦補輯　鄭桐庵筆記補逸一卷　鄭敷教撰　詠歸堂集一卷　陳曼撰　趙詒琛、王大隆同輯　濟南　1937年　丁丑叢編

006741362　9100　1132.2　(4)
始誦經室文錄一卷
胡元儀撰　桐月修簫譜一卷　王嘉祿撰　趙詒琛、王大隆同輯　濟南　1937年　丁丑叢編

006747481　9100　1165
國立北平圖書館善本叢書第一集
國立北平圖書館編　上海　商務印書館　1937年

006747424　9100　1165　(01–04)
皇明九邊考十卷
魏煥撰　北京圖書館　上海　商務印書館　1937年　國立北平圖書館善本叢書　第1集

006747425　9100　1165　(05–10)
邊政考十二卷
張雨撰　北京圖書館　上海　商務印書館　1937年　國立北平圖書館善本叢書　第1集

006747314　9100　1165　(11–13)
三雲籌俎考
王士琦輯　上海　商務印書館　1937年　初版　國立北平圖書館善本叢書　第1集

006747426　9100　1165　(014)
西域行程記西域番國記
陳誠、李暹撰　北京圖書館　上海　商務印書館　1937年　國立北平圖書館善本叢書　第1集

006747427　9100　1165　(15–58)
籌遼碩畫四十六卷
程開祜撰　北京圖書館　上海　商務印書館　1937年　國立北平圖書館善本叢書　第1集

006747315　9100　1165　(59–62)
皇明象胥錄八卷
茅瑞徵撰　上海　商務印書館　1937年　初版　國立北平圖書館善本叢書　第1集

006747317　9100　1165　(63)
行邊紀聞一卷
田汝成著　顧名儒校　上海　商務印書館　1937年　初版　國立北平圖書館善本叢書　第1集

006747316　9100　1165　(64–66)
朝鮮史略六卷
上海　商務印書館　1937年　初版　國立北平圖書館善本叢書　第1集

006747318　9100　1165　(67)
安南圖志一卷
鄧鐘輯著　上海　商務印書館　1937年　初版　國立北平圖書館善本叢書　第1集

006747312　9100　1165　（68-69）
日本考
李言恭　郝傑考梓　上海　商務印書館　1937年　初版　國立北平圖書館善本叢書　第1集

006747313　9100　1165　（70）
使琉球録一卷　夷語夷字附
陳侃撰　上海　商務印書館　1937年　初版　國立北平圖書館善本叢書　第1集　（m.）

006754938　9100　1181
漢澨金石小記　漢口竹枝詞　一夢緣三種合刊
王葆心、王國梓著　王夔武校輯　武昌益善書局　1933年　初版

006758436　9100　1209
兩京遺編
胡維新輯　上海　商務印書館　1937年

006755161　9100　1209　（01）
新語二卷
陸賈撰　胡維新輯　上海　商務印書館　1937年　兩京遺編　（m.）

006755162　9100　1209　（02-04）
賈子一卷
賈誼撰　胡維新輯　上海　商務印書館　1937年　兩京遺編

006755163　682　3466　9100　1209　（05-06）
春秋繁露八卷
董仲舒撰　胡維新輯　上海　商務印書館　1937年　兩京遺編

006755164　9100　1209　（07-09）
鹽鐵論一卷
桓寬撰　胡維新輯　上海　商務印書館　1937年　兩京遺編　（m.）

006755165　9100　1209　（10-11）
白虎通德論二卷
班固纂　胡維新輯　上海　商務印書館　1937年　兩京遺編

006755166　9100　1209　（12-13）
潛夫論一卷
王符撰　胡維新輯　上海　商務印書館　1937年　兩京遺編　（m.）

006755168　9100　1209　（14-15）
樂志論
仲長統撰　風俗通義十卷　應劭撰　胡維新輯　上海　商務印書館　1937年　兩京遺編

006755170　9100　1209　（16-17）
徐幹中論二卷
徐幹撰　胡維新輯　上海　商務印書館　1937年　兩京遺編

006755171　9100　1209　（18）
人物志三卷
劉劭撰　胡維新輯　上海　商務印書館　1937年　兩京遺編

006755173　9100　1209　（19）
申鑒五卷
荀悦撰　胡維新輯　上海　商務印書館　1937年　兩京遺編

006755176　9100　1209　（20-22）
文心雕龍一卷
劉勰撰　胡維新輯　上海　商務印書館　1937年　兩京遺編　（m.）

006761952　9100　1257
百川書屋叢書百川書屋叢書續編
陶湘校　香港　涉園陶氏　1930—31年

006761842　9100　1257　（1）
古今註三卷
崔豹撰　陶湘輯　香港　涉園陶氏
1930—31 年　百川書屋叢書

006761843　9100　1257　（2）
瑟譜十卷
朱載堉撰　陶湘輯　周端孝先生血疏
貼黃真跡附錄　周茂蘭撰　香港　涉園
陶氏　1930—31 年　百川書屋叢書

006761844　9100　1257　（3）
晚笑堂竹莊畫傳三卷
上官周撰　陶湘輯　香港　涉園陶氏
1930—31 年　百川書屋叢書

006761845　9100　1257　（4）
楊忠愍公傳家寶訓
楊繼盛撰　陶湘輯　瓶笙館修簫譜
舒位撰　香港　涉園陶氏　1930—31
年　百川書屋叢書

006761846　9100　1257　（5）
程氏心法三種
程沖斗撰　陶湘輯　香港　涉園陶氏
1930—31 年　百川書屋叢書續編

006761847　9100　1257　（6）
褚河南書陰符經墨跡
褚遂良書　陶湘輯　香港　涉園陶氏
1930—31 年　百川書屋叢書續編

006761848　9100　1257　（7）
乾隆寶譜清內府藏古玉印　金輪精舍藏古
玉印
陶祖光、陶湘輯　香港　涉園陶氏
1930—31 年　百川書屋叢書續編

006767344　9100　1273
己卯叢編
趙詒琛、王大隆同輯　香港　吳縣王氏
1939 年

006767803　9100　1273　（1）
逸禮大義論六卷
汪宗沂撰　趙詒琛、王大隆同輯　香港
　吳縣王氏　1939 年　己卯叢編

006767804　9100　1273　（2）
靖康稗史七種
耐庵編　趙詒琛、王大隆同輯　香港
吳縣王氏　1939 年　己卯叢編

006767805　9100　1273　（3）　9607　2281
行人司重刻書目不分卷
徐圖等編　趙詒琛、王大隆同輯　香港
　吳縣王氏　1939 年　己卯叢編

006767806　9100　1273　（4）
梵麓山房筆記六卷
王汝玉撰　趙詒琛、王大隆同輯　香港
　吳縣王氏　1939 年　己卯叢編

006772307　9100　1329
聚德堂叢書
陳真逸輯刊　香港　聚德堂　1929 年

006772309　9100　1329　（01－05）
琴軒集十卷　羅浮志十五卷　附一卷未刊
陳璉撰　陳真逸輯刊　香港　聚德堂
1929 年　聚德堂叢書

006772310　9100　1329　（06－07）
學蔀通辨十二卷
陳建撰　陳真逸輯刊　香港　聚德堂
1929 年　聚德堂叢書

006772311　9100　1329　（08）
治安要義六卷
陳建撰　陳真逸輯刊　香港　聚德堂
1929 年　聚德堂叢書

006772312　9100　1329　(09)
擬古樂府通考二卷　明通紀二七卷未刊
陳建撰　陳真逸輯刊　香港　聚德堂
1929 年　聚德堂叢書

006772313　9100　1329　(10)
懸榻齋集二卷
陳履撰　　陳獻孟遺詩一卷　陳阿平撰
陳真逸輯刊　香港　聚德堂　1929 年
聚德堂叢書

006772314　9100　1329　(11-14)
長春道教源流八卷
陳銘珪撰　陳真逸輯刊　香港　聚德堂
1929 年　聚德堂叢書

006772315　9100　1329　(15-17)
浮山志五卷　荔莊詩存一卷
陳銘珪撰　陳真逸輯刊　香港　聚德堂
1929 年　聚德堂叢書

006772317　9100　1329　(18-20)
勝朝粵東遺民錄四卷　附一卷
陳真逸撰　香港　聚德堂　1929 年　聚
德堂叢書

006772318　9100　1329　(21)
宋東莞遺民錄二卷
陳真逸撰　香港　聚德堂　1929 年　聚
德堂叢書

006772319　9100　1329　(22)
宋臺秋唱三卷
陳真逸撰　香港　聚德堂　1929 年　聚
德堂叢書

006792296　9100　1331
天禄琳琅叢書十五種第一集
故宮博物院　北京　故宮博物院　1932 年

006792431　9100　1331　(01-02)
元盱郡覆宋本論語集解一卷
何晏集解　北京　故宮博物院　1932 年
天禄琳琅叢書　第一集

006792432　9100　1331　(03-06)
元盱郡覆宋本孟子趙註十四卷
趙岐註　北京　故宮博物院　1932 年
天禄琳琅叢書　第一集

006792433　9100　1331　(07)
宋監本爾雅郭註三卷
郭璞註　北京　故宮博物院　1932 年
天禄琳琅叢書　第一集

006792434　9100　1331　(08-10)
宣和奉使高麗圖經四十卷
徐兢撰　北京　故宮博物院　1932 年
天禄琳琅叢書　第一集

006792435　9100　1331　(11-12)
汲古閣影宋鈔本周髀算經二卷
趙爽註　甄鸞重述　李淳風等註釋
周髀算經音義一卷　李籍　北京　故宮
博物院　1932 年　天禄琳琅叢書　第
一集

006792436　9100　1331　(13-14)
汲古閣影宋鈔本九章算經五卷
劉徽註　李淳風等註釋　北京　故宮博
物院　1932 年　天禄琳琅叢書　第一集

006792437　9100　1331　(15)
汲古閣影宋鈔本孫子算經三卷
李淳風等註釋　北京　故宮博物院
1932 年　天禄琳琅叢書　第一集

006792438　9100　1331　(16)
汲古閣影宋鈔本五曹算經五卷
李淳風等註釋　北京　故宮博物院
1932 年　天禄琳琅叢書　第一集

006792439　9100　1331　（17）
汲古閣影宋鈔本夏侯陽算經三卷
夏侯陽撰　北京　故宮博物院　1932年　天禄琳瑯叢書　第一集

006792440　9100　1331　（18－19）
汲古閣影宋鈔本張丘建算經三卷
甄鸞註　李淳風等註釋　劉孝孫細草　北京　故宮博物院　1932年　天禄琳瑯叢書　第一集

009103491　9100　1331　（20）
汲古閣影宋鈔本緝古算經一卷
王孝通撰　北京　故宮博物院　1932年　天禄琳瑯叢書　第一集

006792441　9100　1331　（21－22）
宋臨安本歷代名醫蒙求二卷
周守忠撰　北京　故宮博物院　1932年　天禄琳瑯叢書　第一集

006792442　9100　1331　（23）
宋麻沙本老子道德經二卷
河上公章句　呂祖謙校正　北京　故宮博物院　1932年　天禄琳瑯叢書　第一集

006792443　9100　1331　（24）
宋臨安本常建詩集二卷
常建撰　北京　故宮博物院　1932年　天禄琳瑯叢書　第一集

006792444　9100　1331　（25－28）
元本佩韋齋文集二卷
俞德鄰撰　北京　故宮博物院　1932年　天禄琳瑯叢書　第一集

007500438　9100　1336
雲窗叢刻十種
羅振玉輯　香港　上虞羅氏　1914年

007500567　9100　1336　（1）
影寫隸古定尚書商書殘卷
香港　上虞羅氏　1914年　雲窗叢刻十種

007500568　9100　1336　（2）
古寫隸古定尚書周書殘卷
香港　上虞羅氏　1914年　雲窗叢刻十種

007500570　9100　1336　（3）
慧超往五天竺國傳殘卷
香港　上虞羅氏　1914年　雲窗叢刻十種

007500572　9100　1336　（4）
北巡私記一卷
劉佶撰　香港　上虞羅氏　1914年　雲窗叢刻十種

007500573　9100　1336　（5）
姚雲東年譜一卷
香港　上虞羅氏　1914年　雲窗叢刻十種

007500574　9100　1336　（6）
簠齋金石文考釋一卷
陳介祺撰　香港　上虞羅氏　1914年　雲窗叢刻十種

007500575　9100　1336　（7）
芒洛塚墓遺文三卷
羅振玉輯　香港　上虞羅氏　1914年　雲窗叢刻十種

007500579　9100　1336　（8）
西陲石刻錄一卷
羅振玉輯　香港　上虞羅氏　1914年　雲窗叢刻十種

007500580　9100　1336　（9）
簡牘檢署考一卷

王國維撰　香港　上虞羅氏　1914 年　雲窗叢刻十種

007500582　9100　1336　(10)
虞伯生詩續集三卷
虞集撰　香港　上虞羅氏　1914 年　雲窗叢刻十種

006776778　9100　1341
雲在山房叢書
楊壽枬輯　濟南　1928 年

006772333　9100　1341　(1)
外家紀聞
汪曾武　楊壽枬輯　濟南　1928 年　雲在山房叢書

006772332　9100　1341　(1)
雲邁漫錄二卷
楊壽枬撰　濟南　1928 年　雲在山房叢書

006772331　9100　1341　(1)
醉鄉瑣志一卷
黃體芳　楊壽枬輯　濟南　1928 年　雲在山房叢書

006772335　9100　1341　(2)
春秋后妃本事詩二卷
李步青　楊壽枬輯　濟南　1928 年　雲在山房叢書

006772337　9100　1341　(2)
遯齋殘稿
李步青　楊壽枬輯　濟南　1928 年　雲在山房叢書

006772340　9100　1341　(2)
扶桑百八吟
姚鵬圖　楊壽枬輯　濟南　1928 年　雲在山房叢書

006772338　9100　1341　(2)
明事雜詠
丁傳靖　楊壽枬輯　濟南　1928 年　雲在山房叢書

006772346　9100　1341　(3)
洪憲舊聞三卷
侯毅撰　楊壽枬輯　濟南　1928 年　雲在山房叢書

006772342　9100　1341　(3)
簷醉雜記三卷
蘇何　楊壽枬輯　濟南　1928 年　雲在山房叢書

006772344　9100　1341　(3)
竹素園叢譚
顧恩瀚　楊壽枬輯　濟南　1928 年　雲在山房叢書

006772351　9100　1341　(4)
福慧雙修庵小記
丁傳靖　楊壽枬輯　濟南　1928 年　雲在山房叢書

006772348　9100　1341　(4)
貫華叢錄
楊壽枬撰　濟南　1928 年　雲在山房叢書

006772355　9100　1341　(4)
論文瑣言
章廷華撰　楊壽枬輯　濟南　1928 年　雲在山房叢書

006772354　9100　1341　(4)
雲郎小史
冒廣生　楊壽枬輯　濟南　1928 年　雲在山房叢書

006772356　9100　1341　(5)
八旗畫錄

李放撰　楊壽枏輯　濟南　1928年　雲在山房叢書

008076247　FC10007　Film Mas 37934　T 9100　1471.7
武英殿聚珍版叢書目錄
陶湘編　香港　武進陶氏　1925年

006802869　9100　1473.2
天蘇閣叢刊二集
徐新六輯　香港　杭縣徐氏　1923年

006799670　9100　1473.2　(1-6)
可言十四卷
徐珂撰　徐新六輯　香港　杭縣徐氏　1923年　天蘇閣叢刊　二集

006799669　9100　1473.2　(1)
內閣小志一卷　內閣故事一卷
葉鳳毛纂　徐新六輯　香港　杭縣徐氏　1923年　天蘇閣叢刊　二集

006799668　9100　1473.2　(1)
五藩檮乘二卷
巫峽逸人撰　徐新六輯　香港　杭縣徐氏　1923年　天蘇閣叢刊　二集

006802868　9100　1473.2　(6)
純飛館詞續一卷
徐珂撰　徐新六輯　香港　杭縣徐氏　1923年　天蘇閣叢刊　二集

006802865　9100　1473.2　(6)
復盦覓句圖題詠一卷
徐新六輯　香港　杭縣徐氏　1923年　天蘇閣叢刊　二集

006802864　9100　1473.2　(6)
高雲鄉遺稿一卷
高民撰　徐新六輯　香港　杭縣徐氏　1923年　天蘇閣叢刊　二集

006799671　9100　1473.2　(6)
五刑考略一卷
徐珂撰　徐新六輯　香港　杭縣徐氏　1923年　天蘇閣叢刊　二集

006802866　9100　1473.2　(6)
小自立齋文一卷
徐珂撰　徐新六輯　香港　杭縣徐氏　1923年　天蘇閣叢刊　二集

006799672　9100　1473.2　(6)
秀水董氏五世詩鈔一卷
徐珂輯　徐新六輯　香港　杭縣徐氏　1923年　天蘇閣叢刊　二集

006802867　9100　1473.2　(6)
真如室詩一卷
徐珂撰　徐新六輯　香港　杭縣徐氏　1923年　天蘇閣叢刊　二集

006802953　9100　1483
雪華館叢編
牛誠修輯　香港　定襄牛氏雪華館　1916年

006802916　9100　1483　(01-04)
讀易旁求八卷
王亮功撰　牛誠修輯　香港　定襄牛氏雪華館　1916年　雪華館叢編

006802917　9100　1483　(05)
圖南齋著卜二卷
鞏懿修撰　牛誠修輯　香港　定襄牛氏雪華館　1916年　雪華館叢編

006802921　9100　1483　(06-07)
春秋經論摘義四十卷
王亮功撰　牛誠修輯　香港　定襄牛氏雪華館　1916年　雪華館叢編

006802922　9100　1483　(08)
讀史贊要一卷

王亮功撰　牛誠修輯　香港　定襄牛氏
雪華館　1916年　雪華館叢編

006802924　9100　1483　（09–10）
三立閣史鈔二卷
李鎔經輯　牛誠修輯　香港　定襄牛氏
雪華館　1916年　雪華館叢編

006802927　9100　1483　（11–14）
傅文恪公全集十卷　附錄
傅新德撰　牛誠修輯　香港　定襄牛氏
雪華館　1916年　雪華館叢編

006802928　9100　1483　（15）
率真鳴一卷
鄭友周撰　牛誠修輯　香港　定襄牛氏
雪華館　1916年　雪華館叢編

006802930　9100　1483　（16）
亦樂亭詩集二卷
牛先達撰　牛誠修輯　香港　定襄牛氏
雪華館　1916年　雪華館叢編

006802934　9100　1483　（17）
梅村文鈔一卷
樊裕發撰　牛誠修輯　香港　定襄牛氏
雪華館　1916年　雪華館叢編

006802935　9100　1483　（18）
圖南集前編一卷　後編一卷
鞏懿撰　牛誠修輯　香港　定襄牛氏
雪華館　1916年　雪華館叢編

006802937　9100　1483　（19–20）
雜文偶存二卷
李鎔經撰　牛誠修輯　香港　定襄牛氏
雪華館　1916年　雪華館叢編

006802940　9100　1483　（21）
傲霜園詩鈔一卷
薄承硯撰　牛誠修輯　香港　定襄牛氏
雪華館　1916年　雪華館叢編

006802941　9100　1483　（22）
如嬰齋文鈔一卷
梁述孔撰　牛誠修輯　香港　定襄牛氏
雪華館　1916年　雪華館叢編

006802942　9100　1483　（23）
鞠笙遺集二卷
邢崇光撰　牛誠修輯　香港　定襄牛氏
雪華館　1916年　雪華館叢編

006802943　9100　1483　（24）
曝犢序詩鈔一卷
張聯奎撰　牛誠修輯　香港　定襄牛氏
雪華館　1916年　雪華館叢編

006802944　9100　1483　（25）
晉昌遺文彙鈔二卷
牛誠修輯　香港　定襄牛氏雪華館
1916年　雪華館叢編

006802945　9100　1483　（26）
誠勖淺言一卷
傅新德撰　牛誠修輯　香港　定襄牛氏
雪華館　1916年　雪華館叢編

006802947　9100　1483　（27–30）
樸齋省愆錄八卷
王亮功撰　牛誠修輯　香港　定襄牛氏
雪華館　1916年　雪華館叢編

006802949　9100　1483　（31）
順甫遺書四十卷
劉象豫撰　牛誠修輯　香港　定襄牛氏
雪華館　1916年　雪華館叢編

006802951　9100　1483　（32）
鞠笙年譜一卷　附日記
邢崇光自撰　牛誠修輯　香港　定襄牛
氏雪華館　1916年　雪華館叢編

006806731　9100　1603
習庵叢刊第一集
丁錫田輯　濟南　1936 年

006815568　9100　1617
晉石厂叢書
姚慰祖輯　香港　瞿氏鐵琴銅劍樓
1934 年

006811230　9100　1617　(1)
九經誤字一卷
顧炎武撰　姚慰祖輯　香港　瞿氏鐵琴銅劍樓　1934 年　晉石厂叢書

006811229　9100　1617　(1)
七錄序目一卷
阮孝緒撰　姚慰祖輯　香港　瞿氏鐵琴銅劍樓　1934 年　晉石厂叢書

006811231　9100　1617　(1)
鄭學書目一卷
鄭珍撰　姚慰祖輯　香港　瞿氏鐵琴銅劍樓　1934 年　晉石厂叢書

006811234　9100　1617　(2)
古今偽書考一卷
姚際恒撰　姚慰祖輯　香港　瞿氏鐵琴銅劍樓　1934 年　晉石厂叢書

006811236　9100　1617　(3)
南江文鈔一卷
邵晉涵撰　姚慰祖輯　香港　瞿氏鐵琴銅劍樓　1934 年　晉石厂叢書

006811238　9100　1617　(4)
經籍跋文一卷
陳鱣撰　姚慰祖輯　香港　瞿氏鐵琴銅劍樓　1934 年　晉石厂叢書

006811250　9100　1617　(5)
讀書叢錄節鈔一卷
洪頤煊撰　姚慰祖錄　香港　瞿氏鐵琴銅劍樓　1934 年　晉石厂叢書

006811247　9100　1617　(5)
吳興藏書錄一卷
鄭元慶撰　范鍇錄　姚慰祖輯　香港　瞿氏鐵琴銅劍樓　1934 年　晉石厂叢書

006811259　9100　1617　(6)
非石日記鈔一卷
鈕樹玉撰　王頌蔚輯　姚慰祖輯　香港　瞿氏鐵琴銅劍樓　1934 年　晉石厂叢書

006811256　9100　1617　(6)
竹汀先生日記鈔一卷
錢大昕撰　何元錫輯　姚慰祖輯　香港　瞿氏鐵琴銅劍樓　1934 年　晉石厂叢書

006815513　9100　1620
百爵齋叢刊
羅振玉輯　濟南　上虞羅氏　1934 年

006815545　9100　1620　(1)
散頒刑部格殘卷
蘇瓌等奉勅刪定　羅振玉輯　香港　上虞羅氏　1934 年　百爵齋叢刊

006815547　9100　1620　(1-2)
唐折沖府考四卷　附錄一卷　拾遺一卷
勞經原撰　羅振玉校補　香港　上虞羅氏　1934 年　百爵齋叢刊

006815544　9100　1620　(1)
應用碎金二卷
羅振玉輯　香港　上虞羅氏　1934 年　百爵齋叢刊

006815549　9100　1620　(3)
楊大洪先生忠烈實錄一卷　附錄一卷
胡繼先編　羅振玉輯　香港　上虞羅氏

1934年　百爵齋叢刊

006815555　9100　1620　(4)
秣陵盛氏族譜一卷
盛時泰撰　羅振玉輯　香港　上虞羅氏
1934年　百爵齋叢刊

006815553　9100　1620　(4)
趙客亭先生年譜紀略一卷
呂元亮輯　羅振玉輯　香港　上虞羅氏
1934年　百爵齋叢刊

006815556　9100　1620　(5)
金石學錄四十卷
李遇孫輯　羅振玉輯　香港　上虞羅氏
1934年　百爵齋叢刊

006815558　9100　1620　(6)
東陵盜案彙編三卷
羅振玉輯　香港　上虞羅氏　1934年
百爵齋叢刊

006815563　9100　1620　(7)
蒿庵集捃佚一卷
張爾岐撰　羅振玉輯　香港　上虞羅氏
1934年　百爵齋叢刊

006815559　9100　1620　(7)
陸尚寶遺文一卷
陸師道撰　羅振玉輯　香港　上虞羅氏
1934年　百爵齋叢刊

006815561　9100　1620　(7)
如此齋詩一卷
張瑋撰　羅振玉輯　香港　上虞羅氏
1934年　百爵齋叢刊

006815567　9100　1620　(8)
霜柯餘響集一卷
符曾撰　羅振玉輯　香港　上虞羅氏
1934年　百爵齋叢刊

006815564　9100　1620　(8)
萬季野先生遺稿一卷　附錄一卷
萬斯同著　羅振玉輯　香港　上虞羅氏
1934年　百爵齋叢刊

006815566　9100　1620　(8)
惺齋詩課一卷
羅振玉輯　香港　上虞羅氏　1934年
百爵齋叢刊

006822453　9100　1622
百川學海
左圭編　上海　博古齋　1921年

006815576　9100　1622　(01)
聖門事業圖一卷
李元綱撰　左圭輯　上海　博古齋
1921年　百川學海　甲集

006815580　9100　1622　(01-02)
學齋佔畢四十卷
史繩祖撰　左圭輯　上海　博古齋
1921年　百川學海　甲集

006815579　9100　1622　(01)
漁樵對問一卷
邵雍撰　左圭輯　上海　博古齋　1921
年　百川學海　甲集

006815581　9100　1622　(02-03)
獨斷二卷
蔡邕撰　左圭輯　上海　博古齋　1921
年　百川學海　甲集

006815584　9100　1622　(03)
刊誤二卷
李涪撰　左圭輯　上海　博古齋　1921
年　百川學海　甲集

006815592　9100　1622　(04)
九經補韻一卷
楊伯嵒撰　左圭輯　上海　博古齋

1921 年　百川學海　甲集

006815593　9100　1622　(04)
中華古今註三卷
馬縞撰　左圭輯　上海　博古齋　1921 年　百川學海　甲集

006815598　9100　1622　(05)
翰林志一卷
李肇撰　左圭輯　上海　博古齋　1921 年　百川學海　乙集

006815594　9100　1622　(05)
釋常談三卷
闕名撰　左圭輯　上海　博古齋　1921 年　百川學海　甲集

006815597　9100　1622　(05)
隋遺錄一卷
顏師古撰　左圭輯　上海　博古齋　1921 年　百川學海　乙集

006815599　9100　1622　(06)
宋朝燕翼詒謀錄五卷
王栐撰　左圭輯　上海　博古齋　1921 年　百川學海　乙集

006815600　9100　1622　(07)
春明退朝錄三卷
宋敏求撰　左圭輯　上海　博古齋　1921 年　百川學海　乙集

006815605　9100　1622　(08)
淳熙玉堂雜記三卷
周必大撰　左圭輯　上海　博古齋　1921 年　百川學海　乙集

006815606　9100　1622　(08)
揮麈錄二卷
楊萬里撰　左圭輯　上海　博古齋　1921 年　百川學海　乙集

006815608　9100　1622　(09)
丁晉公談錄一卷
丁謂撰　左圭輯　上海　博古齋　1921 年　百川學海　乙集

006815611　9100　1622　(09)
開天傳信記一卷
鄭棨撰　左圭輯　上海　博古齋　1921 年　百川學海　乙集

006815610　9100　1622　(09)
王文正公筆錄一卷
王素撰　左圭輯　上海　博古齋　1921 年　百川學海　乙集

006815613　9100　1622　(10)
厚德錄四十卷
李元綱撰　左圭輯　上海　博古齋　1921 年　百川學海　丙集

006815614　9100　1622　(11)
韓忠獻公遺事一卷
強至撰　左圭輯　上海　博古齋　1921 年　百川學海　丙集

006815616　9100　1622　(11)
濟南先生師友談記一卷
李薦撰　左圭輯　上海　博古齋　1921 年　百川學海　丙集

006815615　9100　1622　(11)
文正王公遺事一卷
王曾撰　左圭輯　上海　博古齋　1921 年　百川學海　丙集

006815620　9100　1622　(12)
河東先生龍城錄二卷
柳宗元撰　左圭輯　上海　博古齋　1921 年　百川學海　丙集

006815618　9100　1622　(12)
可談一卷

朱彧撰　左圭輯　上海　博古齋　1921
年　百川學海　丙集

006815622　9100　1622　（12－13）
前定錄一卷　續一卷
鍾輅撰　左圭輯　上海　博古齋　1921
年　百川學海　丙集

006815625　9100　1622　（13）
晁氏客語一卷
晁説之撰　左圭輯　上海　博古齋
1921 年　百川學海　丙集

006815624　9100　1622　（13）
國老談苑二卷
王君玉撰　左圭輯　上海　博古齋
1921 年　百川學海　丙集

006815626　9100　1622　（14）
道山清話一卷
王氏撰　左圭輯　上海　博古齋　1921
年　百川學海　丙集

006819918　9100　1622　（15）
官箴一卷
呂本中撰　左圭輯　上海　博古齋
1921 年　百川學海　丁集

006819917　9100　1622　（15）
畫簾緒論一卷
胡太初撰　左圭輯　上海　博古齋
1921 年　百川學海　丁集

006819919　9100　1622　（16）
袪疑説一卷
儲泳撰　左圭輯　上海　博古齋　1921
年　百川學海　丁集

006819921　9100　1622　（16）
宋景文公筆記三卷
宋祁撰　左圭輯　上海　博古齋　1921
年　百川學海　丁集

006815629　9100　1622　（16）
因論一卷
劉禹錫撰　左圭輯　上海　博古齋
1921 年　百川學海　丁集

006819922　9100　1622　（17）
鼠璞一卷
戴埴撰　左圭輯　上海　博古齋　1921
年　百川學海　丁集

006819925　9100　1622　（18）
東坡先生志林集一卷
蘇軾撰　左圭輯　上海　博古齋　1921
年　百川學海　戊集

006819924　9100　1622　（18）
善誘文一卷
陳録撰　左圭輯　上海　博古齋　1921
年　百川學海　丁集

006819930　9100　1622　（19－20）
龍川略志十卷
蘇轍撰　左圭輯　上海　博古齋　1921
年　百川學海　戊集

006819927　9100　1622　（19）
螢雪叢説二卷
俞成撰　左圭輯　上海　博古齋　1921
年　百川學海　戊集

006819932　9100　1622　（20）
西疇常言一卷
何坦撰　左圭輯　上海　博古齋　1921
年　百川學海　戊集

006819936　9100　1622　（21）
東谷所見一卷
李之彥撰　左圭輯　上海　博古齋
1921 年　百川學海　戊集

006819938　9100　1622　(21)
雞肋一卷
趙崇絢撰　左圭輯　上海　博古齋
1921年　百川學海　戊集

006819935　9100　1622　(21)
鑾城遺言一卷
蘇籀記　左圭輯　上海　博古齋　1921年　百川學海　戊集

006819940　9100　1622　(22)
孫公談圃三卷
孫升述　劉延世錄　左圭輯　上海　博古齋　1921年　百川學海　戊集

006819949　9100　1622　(23)
耕祿稿一卷
胡錡撰　左圭輯　上海　博古齋　1921年　百川學海　己集

006819946　9100　1622　(23)
四六談麈一卷
謝伋撰　左圭輯　上海　博古齋　1921年　百川學海　己集

006819942　9100　1622　(23)
王公四六話二卷
王銍撰　左圭輯　上海　博古齋　1921年　百川學海　己集

006819947　9100　1622　(23)
文房四友除授集一卷
鄭清之等撰　左圭輯　上海　博古齋　1921年　百川學海　己集

006819951　9100　1622　(24)
子略四卷　目一卷
高似孫撰　左圭輯　上海　博古齋　1921年　百川學海　己集

006819953　9100　1622　(25)
騷略三卷
高似孫撰　左圭輯　上海　博古齋　1921年　百川學海　己集

006819955　9100　1622　(25)
獻醜集一卷
許棐撰　左圭輯　上海　博古齋　1921年　百川學海　己集

006819957　9100　1622　(25)
選詩句圖一卷
高似孫集　左圭輯　上海　博古齋　1921年　百川學海　庚集

006819958　9100　1622　(26)
石林詩話三卷
葉夢得撰　左圭輯　上海　博古齋　1921年　百川學海　庚集

006819960　9100　1622　(27)
六一居士詩話一卷
歐陽修撰　左圭輯　上海　博古齋　1921年　百川學海　庚集

006819964　9100　1622　(27-28)
珊瑚鉤詩話三卷
張表臣撰　左圭輯　上海　博古齋　1921年　百川學海　庚集

006819961　9100　1622　(27)
紫微詩話一卷
呂本中撰　左圭輯　上海　博古齋　1921年　百川學海　庚集

006819965　9100　1622　(28)
貢父詩話一卷
劉攽撰　左圭輯　上海　博古齋　1921年　百川學海　庚集

006819967　9100　1622　(28)
後山居士詩話一卷
陳師道撰　左圭輯　上海　博古齋

1921年 百川學海 庚集

006819976 9100 1622 (29-30)
庚溪詩話二卷
陳巖肖撰 左圭輯 上海 博古齋
1921年 百川學海 庚集

006819971 9100 1622 (29)
温公詩話一卷
司馬光撰 左圭輯 上海 博古齋
1921年 百川學海 庚集

006819969 9100 1622 (29)
許彥周詩話一卷
許顗撰 左圭輯 上海 博古齋 1921年 百川學海 庚集

006819978 9100 1622 (30)
竹坡詩話二卷
周紫芝撰 左圭輯 上海 博古齋
1921年 百川學海 庚集

006819981 9100 1622 (31)
法帖釋文十卷
劉次莊撰 左圭輯 上海 博古齋
1921年 百川學海 辛集

006819982 9100 1622 (31)
海岳名言一卷
米芾撰 左圭輯 上海 博古齋 1921年 百川學海 辛集

006819984 9100 1622 (32)
寶章待訪錄一卷
米芾撰 左圭輯 上海 博古齋 1921年 百川學海 辛集

006819988 9100 1622 (32)
書史一卷
米芾撰 左圭輯 上海 博古齋 1921年 百川學海 辛集

006819998 9100 1622 (33)
歐陽文忠公試筆一卷
歐陽修撰 左圭輯 上海 博古齋
1921年 百川學海 辛集

006819990 9100 1622 (33)
書斷四十卷
張懷瓘撰 左圭輯 上海 博古齋
1921年 百川學海 辛集

006820001 9100 1622 (33)
書譜一卷
孫過庭撰 左圭輯 上海 博古齋
1921年 百川學海 辛集

006819996 9100 1622 (33)
續書譜一卷
姜夔撰 左圭輯 上海 博古齋 1921年 百川學海 辛集

006820004 9100 1622 (34)
法帖刊誤二卷
黃伯思撰 左圭輯 上海 博古齋
1921年 百川學海 辛集

006820007 9100 1622 (34)
法帖譜系二卷
曹士冕撰 左圭輯 上海 博古齋
1921年 百川學海 辛集

006820005 9100 1622 (34)
翰墨志一卷
宋高宗皇帝御撰 左圭輯 上海 博古齋 1921年 百川學海 辛集

006820009 9100 1622 (35)
端溪硯譜一卷
闕名撰 葉樾訂 左圭輯 上海 博古齋 1921年 百川學海 壬集

006820020 9100 1622 (35)
古今刀劍錄一卷

陶弘景撰　左圭輯　上海　博古齋
1921年　百川學海　壬集

006820015　9100　1622　(35)
歙硯譜一卷
唐積撰　左圭輯　上海　博古齋　1921年　百川學海　壬集

006820018　9100　1622　(35)
歙硯說一卷　辨歙石說一卷
闕名撰　左圭輯　上海　博古齋　1921年　百川學海　壬集

006820011　9100　1622　(35)
硯譜一卷
闕名撰　左圭輯　上海　博古齋　1921年　百川學海　壬集

006820019　9100　1622　(35)
硯史一卷
米芾撰　左圭輯　上海　博古齋　1921年　百川學海　壬集

006822871　9100　1622　(36)
茶經三卷
陸羽撰　左圭輯　上海　博古齋　1921年　百川學海　壬集

006822870　9100　1622　(36)
香譜一卷
洪芻撰　左圭輯　上海　博古齋　1921年　百川學海　壬集

006822876　9100　1622　(37)
本心齋蔬食譜一卷
陳達叟撰　左圭輯　上海　博古齋　1921年　百川學海　壬集

006822873　9100　1622　(37)
茶錄一卷
蔡襄撰　左圭輯　上海　博古齋　1921年　百川學海　壬集

006822874　9100　1622　(37)
東溪試茶錄一卷
宋子安撰　左圭輯　上海　博古齋　1921年　百川學海　壬集

006822872　9100　1622　(37)
煎茶水記一卷
張又新撰　左圭輯　上海　博古齋　1921年　百川學海　壬集

006822875　9100　1622　(37)
酒譜一卷
竇蘋撰　左圭輯　上海　博古齋　1921年　百川學海　壬集

006822878　9100　1622　(37)
菌譜一卷
陳仁玉撰　左圭輯　上海　博古齋　1921年　百川學海　壬集

006822877　9100　1622　(37)
筍譜一卷
僧贊寧撰　左圭輯　上海　博古齋　1921年　百川學海　壬集

006822882　9100　1622　(38)
橘錄三卷
韓彥直撰　左圭輯　上海　博古齋　1921年　百川學海　癸集

006822881　9100　1622　(38)
荔枝譜一卷
蔡襄撰　左圭輯　上海　博古齋　1921年　百川學海　癸集

006822883　9100　1622　(38)
南方草木狀三卷
嵇含撰　左圭輯　上海　博古齋　1921年　百川學海　癸集

006822880　9100　1622　(38)
蟹譜二卷
傅肱撰　左圭輯　上海　博古齋　1921年　百川學海　壬集

006822885　9100　1622　(39)
菊譜一卷
劉蒙撰　左圭輯　上海　博古齋　1921年　百川學海　癸集

006822886　9100　1622　(39)
菊譜一卷
范成大撰　左圭輯　上海　博古齋　1921年　百川學海　癸集

006822888　9100　1622　(39)
菊譜一卷
史正志撰　左圭輯　上海　博古齋　1921年　百川學海　癸集

006822890　9100　1622　(39)
洛陽牡丹記一卷
歐陽修撰　左圭輯　上海　博古齋　1921年　百川學海　癸集

006822889　9100　1622　(39)
梅譜一卷
范成大撰　左圭輯　上海　博古齋　1921年　百川學海　癸集

006822884　9100　1622　(39)
竹譜
戴凱之撰　左圭輯　上海　博古齋　1921年　百川學海　癸集

006822896　9100　1622　(40)
海棠譜三卷
陳思撰　左圭輯　上海　博古齋　1921年　百川學海　癸集

006822899　9100　1622　(40)
名山洞天福地記
杜光庭撰　左圭輯　上海　博古齋　1921年　百川學海　癸集

006822891　9100　1622　(40)
牡丹榮辱記一卷
丘璿撰　左圭輯　上海　博古齋　1921年　百川學海　癸集

006822897　9100　1622　(40)
師曠禽經一卷
張華註　左圭輯　上海　博古齋　1921年　百川學海　癸集

006822893　9100　1622　(40)
揚州芍藥譜一卷
王觀撰　左圭輯　上海　博古齋　1921年　百川學海　癸集

006822907　9100　1641
西苑叢書第一輯
王重民輯刊　濟南　1930年

006830356　9100　1722
百陵學山一百種
王文祿撰　上海　商務涵芬樓　1938年

006822919　9100　1722　(01)
大學古本一卷
王守仁[陽明]旁釋　王文祿輯　上海　商務涵芬樓　1938年　百陵學山

006822921　9100　1722　(01)
大學石經古本一卷
王文祿旁釋　上海　商務涵芬樓　1938年　百陵學山

006822922　9100　1722　(01)
中庸古本一卷
王文祿旁釋　上海　商務涵芬樓　1938年　百陵學山

006822931　9100　1722　(02)
白沙語要一卷
陳獻章撰　王文祿輯　上海　商務涵芬樓　1938年　百陵學山

006822935　9100　1722　(02)
方洲雜録一卷
張寧撰　王文祿輯　上海　商務涵芬樓　1938年　百陵學山

006822929　9100　1722　(02)
海涵萬象録一卷
黃潤玉撰　王文祿輯　上海　商務涵芬樓　1938年　百陵學山

006822933　9100　1722　(02)
類博雜言一卷
岳正撰　王文祿輯　上海　商務涵芬樓　1938年　百陵學山

006822926　9100　1722　(02)
詩傳孔氏傳一卷
端木賜述　王文祿輯　上海　商務涵芬樓　1938年　百陵學山

006822927　9100　1722　(02)
詩説一卷
申培撰　王文祿輯　上海　商務涵芬樓　1938年　百陵學山

006822948　9100　1722　(03)
傳習則言一卷
王守仁[陽明]撰　王文祿輯　上海　商務涵芬樓　1938年　百陵學山

006827046　9100　1722　(03)
后渠庸書一卷
崔銑撰　王文祿輯　上海　商務涵芬樓　1938年　百陵學山

006827050　9100　1722　(03)
經世要談一卷
鄭善夫撰　王文祿輯　上海　商務涵芬樓　1938年　百陵學山

006822946　9100　1722　(03)
空同子纂一卷
李夢陽撰　王文祿輯　上海　商務涵芬樓　1938年　百陵學山

006822942　9100　1722　(03)
凝齋筆語一卷
王鴻儒撰　王文祿輯　上海　商務涵芬樓　1938年　百陵學山

006822940　9100　1722　(03)
青巖叢録一卷
王禕撰　王文祿輯　上海　商務涵芬樓　1938年　百陵學山

006822937　9100　1722　(03)
思玄庸言一卷
桑悦撰　王文祿輯　上海　商務涵芬樓　1938年　百陵學山

006827048　9100　1722　(03)
蜩笑偶言一卷
鄭瑗撰　王文祿輯　上海　商務涵芬樓　1938年　百陵學山

006822950　9100　1722　(03)
新論一卷
湛若水撰　王文祿輯　上海　商務涵芬樓　1938年　百陵學山

006827049　9100　1722　(03)
儼山纂録一卷
陸深撰　王文祿輯　上海　商務涵芬樓　1938年　百陵學山

006827047　9100　1722　(03)
陰陽管見一卷
何瑭撰　王文祿輯　上海　商務涵芬樓

1938年　百陵學山

006827057　9100　1722　(04)
蠶經一卷
黃省曾撰　王文祿輯　上海　商務涵芬樓　1938年　百陵學山

006827051　9100　1722　(04)
海樵子一卷
王崇慶撰　王文祿輯　上海　商務涵芬樓　1938年　百陵學山

006827060　9100　1722　(04)
冀越通一卷
唐樞撰　王文祿輯　上海　商務涵芬樓　1938年　百陵學山

006827052　9100　1722　(04)
客問一卷
黃省曾撰　王文祿輯　上海　商務涵芬樓　1938年　百陵學山

006827055　9100　1722　(04)
理生玉鏡稻品一卷
黃省曾撰　王文祿輯　上海　商務涵芬樓　1938年　百陵學山

006827053　9100　1722　(04)
擬詩外傳一卷
黃省曾撰　王文祿輯　上海　商務涵芬樓　1938年　百陵學山

006827054　9100　1722　(04)
吳風錄一卷
黃省曾撰　王文祿輯　上海　商務涵芬樓　1938年　百陵學山

006827058　9100　1722　(04)
養魚經一卷
黃省曾撰　王文祿輯　上海　商務涵芬樓　1938年　百陵學山

006827059　9100　1722　(04)
藝菊書一卷
黃省曾撰　王文祿輯　上海　商務涵芬樓　1938年　百陵學山

006827056　9100　1722　(04)
種芋法一卷
黃省曾撰　王文祿輯　上海　商務涵芬樓　1938年　百陵學山

006827065　9100　1722　(05)
海沂子五卷
王文祿撰　上海　商務涵芬樓　1938年　百陵學山

006827063　9100　1722　(05)
彙堂摘奇一卷
王佐輯　王文祿輯　上海　商務涵芬樓　1938年　百陵學山

006827069　9100　1722　(05)
廉矩一卷
王文祿撰　上海　商務涵芬樓　1938年　百陵學山

006827061　9100　1722　(05)
薛子道論一卷
薛瑄撰　王文祿輯　上海　商務涵芬樓　1938年　百陵學山

006827072　9100　1722　(05)
醫先一卷
王文祿撰　上海　商務涵芬樓　1938年　百陵學山

006827076　9100　1722　(06)
補衍二卷
王文祿撰　上海　商務涵芬樓　1938年　百陵學山

006827073　9100　1722　(06)
機警一卷

王文禄撰　上海　商務涵芬樓　1938年
　　百陵學山

006827078　9100　1722　（06）
文脈三卷
王文禄撰　上海　商務涵芬樓　1938年
　　百陵學山

006827074　9100　1722　（06）
葬度一卷
王文禄撰　上海　商務涵芬樓　1938年
　　百陵學山

006827094　9100　1722　（07）
近峰記略一卷
皇甫庸撰　王文禄輯　上海　商務涵芬樓　1938年　百陵學山

006827092　9100　1722　（07）
禮元剩語一卷
唐樞撰　王文禄輯　上海　商務涵芬樓　1938年　百陵學山

006827080　9100　1722　（07）
龍興慈記一卷
王文禄撰　上海　商務涵芬樓　1938年
　　百陵學山

006827096　9100　1722　（07）
冥影契一卷
董穀撰　王文禄輯　上海　商務涵芬樓　1938年　百陵學山

006827082　9100　1722　（07）
求志編一卷
王文禄撰　上海　商務涵芬樓　1938年
　　百陵學山

006827088　9100　1722　（07）
庭聞述略一卷
王文禄撰　上海　商務涵芬樓　1938年
　　百陵學山

006827085　9100　1722　（07）
文昌旅語一卷
王文禄撰　上海　商務涵芬樓　1938年
　　百陵學山

006827086　9100　1722　（07）
與物傳一卷
闕名撰　王文禄輯　上海　商務涵芬樓　1938年　百陵學山

006827104　9100　1722　（08）
邊紀略一卷
鄭曉撰　王文禄輯　上海　商務涵芬樓　1938年　百陵學山

006827112　9100　1722　（08）
邇言一卷
劉炎撰　王文禄輯　上海　商務涵芬樓　1938年　百陵學山

006827107　9100　1722　（08）
廣成子一卷
王文禄疏略　上海　商務涵芬樓　1938年　百陵學山

006827099　9100　1722　（08）
詩談一卷
徐泰撰　王文禄輯　上海　商務涵芬樓　1938年　百陵學山

006827110　9100　1722　（08）
胎息經一卷
王文禄疏略　上海　商務涵芬樓　1938年　百陵學山

006827105　9100　1722　（08）
宵練匣一卷
朱得之撰　王文禄輯　上海　商務涵芬樓　1938年　百陵學山

006827109　9100　1722　（08）
陰符經一卷
王文祿疏略　上海　商務涵芬樓　1938年　百陵學山

006827115　9100　1722　（08）
郁離子微一卷
劉基撰　王文祿輯　上海　商務涵芬樓　1938年　百陵學山

006830776　9100　1722　（09）
草木子一卷
葉子奇撰　王文祿輯　上海　商務涵芬樓　1938年　百陵學山

006830773　9100　1722　（09）
古言一卷
鄭曉撰　王文祿輯　上海　商務涵芬樓　1938年　百陵學山

006830780　9100　1722　（09）
觀微子一卷
朱袞撰　王文祿輯　上海　商務涵芬樓　1938年　百陵學山

006830771　9100　1722　（09）
侯城雜誡一卷
方孝孺撰　王文祿輯　上海　商務涵芬樓　1938年　百陵學山

006830768　9100　1722　（09）
華川卮辭一卷
王褘撰　王文祿輯　上海　商務涵芬樓　1938年　百陵學山

006830779　9100　1722　（09）
豢龍子一卷
董穀撰　王文祿輯　上海　商務涵芬樓　1938年　百陵學山

006830778　9100　1722　（09）
閒說一卷
趙明倫撰　王文祿輯　上海　商務涵芬樓　1938年　百陵學山

006830772　9100　1722　（09）
黎子雜釋一卷
黎久之撰　王文祿輯　上海　商務涵芬樓　1938年　百陵學山

006830777　9100　1722　（09）
密箴一卷
蔡清撰　王文祿輯　上海　商務涵芬樓　1938年　百陵學山

006830781　9100　1722　（09）
前定錄補遺一卷
朱佐撰　王文祿輯　上海　商務涵芬樓　1938年　百陵學山

006830769　9100　1722　（09）
潛溪邃言一卷
宋濂撰　王文祿輯　上海　商務涵芬樓　1938年　百陵學山

006830775　9100　1722　（09）
約言一卷
薛蕙撰　王文祿輯　上海　商務涵芬樓　1938年　百陵學山

006830774　9100　1722　（09）
皋言一卷
馬中錫撰　王文祿輯　上海　商務涵芬樓　1938年　百陵學山

006830785　9100　1722　（10）
紀述一卷
薛應旂撰　王文祿輯　上海　商務涵芬樓　1938年　百陵學山

006830783　9100　1722　（10）
奇子雜言一卷
楊春芳撰　王文祿輯　上海　商務涵芬

樓　1938 年　百陵學山

006830782　9100　1722　（10）
玄機通一卷
仇俊卿撰　王文祿輯　上海　商務涵芬樓　1938 年　百陵學山

006830784　9100　1722　（10）
仰子遺語一卷
胡憲仲撰　王文祿輯　上海　商務涵芬樓　1938 年　百陵學山

006830786　9100　1722　（10）
竹下寤言二卷
王文祿撰　上海　商務涵芬樓　1938 年　百陵學山

006830787　9100　1722　（11）
策樞五卷
王文祿撰　上海　商務涵芬樓　1938 年　百陵學山

006830792　9100　1722　（12）
詩的一卷
王文祿撰　上海　商務涵芬樓　1938 年　百陵學山

006830789　9100　1722　（12）
仕意篇一卷
黃省曾撰　王文祿輯　上海　商務涵芬樓　1938 年　百陵學山

006830791　9100　1722　（12）
書牘二卷
王文祿撰　上海　商務涵芬樓　1938 年　百陵學山

006830790　9100　1722　（12）
墅談一卷
胡仕撰　王文祿輯　上海　商務涵芬樓　1938 年　百陵學山

006830788　9100　1722　（12）
泰熙錄一卷
王文祿撰　上海　商務涵芬樓　1938 年　百陵學山

006830795　9100　1722　（13）
蠶書一卷
秦觀撰　王文祿輯　上海　商務涵芬樓　1938 年　百陵學山

006830798　9100　1722　（13）
禱雨雜紀一卷
錢琦撰　王文祿輯　上海　商務涵芬樓　1938 年　百陵學山

006830794　9100　1722　（13）
法帖通解一卷
秦觀撰　王文祿輯　上海　商務涵芬樓　1938 年　百陵學山

006830799　9100　1722　（13）
海石子一卷
錢薇撰　王文祿輯　上海　商務涵芬樓　1938 年　百陵學山

006830800　9100　1722　（13）
廓然子五述一卷
闕名撰　王文祿輯　上海　商務涵芬樓　1938 年　百陵學山

006830796　9100　1722　（13）
錢子語測法語篇一卷
錢琦撰　王文祿輯　上海　商務涵芬樓　1938 年　百陵學山

006830797　9100　1722　（13）
錢子語測巽語篇一卷
錢琦撰　王文祿輯　上海　商務涵芬樓　1938 年　百陵學山

006830806　9100　1722　（14）
闕里問答一卷

舒芬撰　王文禄輯　上海　商務涵芬樓
　1938年　百陵學山

006830804　9100　1722　(14)
四箴雜言一卷
何大復撰　王文禄輯　上海　商務涵芬樓　1938年　百陵學山

006830801　9100　1722　(14)
隨筆兆一卷
洪邁撰　王文禄輯　上海　商務涵芬樓
　1938年　百陵學山

006830807　9100　1722　(14)
談輅一卷
張淩虚[鳳翼]撰　王文禄輯　上海　商務涵芬樓　1938年　百陵學山

006830802　9100　1722　(14)
天仙真訣一卷
闕名撰　王文禄輯　上海　商務涵芬樓
　1938年　百陵學山

006868661　9100　1791
雪堂叢刻五十二種
羅振玉編　香港　上虞羅氏　1912—36年

006865890　9100　1791　(01)
熬波圖詠一卷
陳椿撰　羅振玉輯　香港　上虞羅氏　1912—36年　雪堂叢刻

006865889　9100　1791　(01)
大元海運記二卷
胡敬輯　羅振玉輯　香港　上虞羅氏　1912—36年　雪堂叢刻

006865892　9100　1791　(01)
西夏姓氏録一卷
張澍撰　羅振玉輯　香港　上虞羅氏　1912—36年　雪堂叢刻

006865893　9100　1791　(02)
襄理軍務紀略四十卷
羅振玉輯　香港　上虞羅氏　1912—36年　雪堂叢刻

006865895　9100　1791　(03)
卜子年譜二卷
陳玉澍撰　羅振玉輯　香港　上虞羅氏　1912—36年　雪堂叢刻

006865899　9100　1791　(03)
陳乾初先生年譜二卷
吳騫輯　羅振玉輯　香港　上虞羅氏　1912—36年　雪堂叢刻

006865896　9100　1791　(03)
杜東原先生年譜一卷
沈周編　羅振玉輯　香港　上虞羅氏　1912—36年　雪堂叢刻

006865901　9100　1791　(03)
王文簡公行狀一卷
王壽昌等撰　羅振玉輯　香港　上虞羅氏　1912—36年　雪堂叢刻

006865912　9100　1791　(04)
讀書雜記一卷
王紹蘭撰　羅振玉輯　香港　上虞羅氏　1912—36年　雪堂叢刻

006865904　9100　1791　(04)
二十五等人圖一卷
羅振玉輯　香港　上虞羅氏　1912—36年　雪堂叢刻

006865910　9100　1791　(04)
吉貝居雜記一卷
施國祁撰　羅振玉輯　香港　上虞羅氏　1912—36年　雪堂叢刻

006865913　9100　1791　（04）
列女傳補註正訛一卷
王紹蘭撰　羅振玉輯　香港　上虞羅氏　1912—36年　雪堂叢刻

006865905　9100　1791　（04）
太玄真一本際經殘卷
羅振玉輯　香港　上虞羅氏　1912—36年　雪堂叢刻

006865908　9100　1791　（04）
無上秘要殘卷
羅振玉輯　香港　上虞羅氏　1912—36年　雪堂叢刻

006865917　9100　1791　（05）
國朝隸品一卷
桂馥撰　羅振玉輯　香港　上虞羅氏　1912—36年　雪堂叢刻

006865919　9100　1791　（05）
洛陽石刻錄一卷
常茂徠輯　羅振玉輯　香港　上虞羅氏　1912—36年　雪堂叢刻

006865921　9100　1791　（05）
陶齋金石文字跋尾一卷
翁大年撰　羅振玉輯　香港　上虞羅氏　1912—36年　雪堂叢刻

006865922　9100　1791　（06-07）
天下同文集五卷
周南瑞輯　羅振玉輯　香港　上虞羅氏　1912—36年　雪堂叢刻

006868718　9100　1791　（08）
丁亥詩鈔一卷
王念孫撰　香港　上虞羅氏　1915年　雪堂叢刻

006868708　9100　1791　（08）
匪石先生文集二卷
鈕樹玉撰　香港　上虞羅氏　1915年　雪堂叢刻

006868716　9100　1791　（08）
鶴澗先生遺詩一卷　補遺一卷
姜實節撰　羅振玉集錄　香港　上虞羅氏　1915年　雪堂叢刻

006868715　9100　1791　（08）
十憶詩一卷
吳玉搢撰　香港　上虞羅氏　1915年　雪堂叢刻

006868717　9100　1791　（09）
頤志齋感舊詩一卷
丁晏撰　羅振玉選刻　香港　上虞羅氏　1915年　雪堂叢刻

006868720　9100　1791　（09）
頤志齋文鈔一卷
丁晏撰　羅振玉輯　香港　上虞羅氏　1915年　雪堂叢刻

006868941　9100　1791　（10）
島夷志略校註一卷
汪大淵撰　藤田豐八校註　羅振玉輯　香港　上虞羅氏　1912—36年　雪堂叢刻

006868942　9100　1791　（10）
日本橘氏敦煌將來藏經目錄一卷
羅振玉輯　香港　上虞羅氏　1912—36年　雪堂叢刻

006901932　9100　2231
仰視千七百二十九鶴齋叢書
趙之謙輯　紹興　墨潤堂書苑　1929年

006898945　9100　2231　（01）
韓詩遺說二卷　訂訛一卷
臧庸撰　趙之謙輯　紹興　墨潤堂書苑

1929年　仰視千七百二十九鶴齋叢書　第1集

006898946　9100　2231　（02）
九經學三卷
王聘珍撰　趙之謙輯　紹興　墨潤堂書苑　1929年　仰視千七百二十九鶴齋叢書　第1集

006898949　9100　2231　（03）
從古堂款識學一卷
徐同柏撰　趙之謙輯　紹興　墨潤堂書苑　1929年　仰視千七百二十九鶴齋叢書　第1集

006898947　9100　2231　（03）
卡廬札記一卷
丁泰撰　趙之謙輯　紹興　墨潤堂書苑　1929年　仰視千七百二十九鶴齋叢書　第1集

006898952　9100　2231　（04）
俙陽雜錄一卷
章大來撰　趙之謙輯　紹興　墨潤堂書苑　1929年　仰視千七百二十九鶴齋叢書　第1集

006898951　9100　2231　（04）
汰存錄一卷
黃宗羲撰　趙之謙輯　紹興　墨潤堂書苑　1929年　仰視千七百二十九鶴齋叢書　第1集

006898953　9100　2231　（04）
英吉利廣東入城始末一卷
七弦河上釣叟撰　趙之謙輯　紹興　墨潤堂書苑　1929年　仰視千七百二十九鶴齋叢書　第1集

006898954　9100　2231　（05）
東籬耦談四十卷
金正喜撰　金敬淵記　趙之謙輯　紹興　墨潤堂書苑　1929年　仰視千七百二十九鶴齋叢書　第1集

006898955　9100　2231　（05）
阮亭詩餘一卷
王士禎撰　丘石常、徐夜評　趙之謙輯　紹興　墨潤堂書苑　1929年　仰視千七百二十九鶴齋叢書　第1集

006898956　9100　2231　（05）
書巖剩稿一卷
楊峒撰　趙之謙輯　紹興　墨潤堂書苑　1929年　仰視千七百二十九鶴齋叢書　第1集

006902216　9100　2231　（06）
二十一都懷古詩一卷
柳得恭撰　趙之謙輯　紹興　墨潤堂書苑　1929年　仰視千七百二十九鶴齋叢書　第1集

006902217　9100　2231　（06）
勇廬閒詰一卷
趙之謙撰　紹興　墨潤堂書苑　1929年　仰視千七百二十九鶴齋叢書　第1集

006902218　9100　2231　（07）
虞氏易事二卷
張惠言撰　趙之謙輯　紹興　墨潤堂書苑　1929年　仰視千七百二十九鶴齋叢書　第2集

006902220　9100　2231　（08）
補五代史藝文志一卷
顧懷三撰　趙之謙輯　紹興　墨潤堂書苑　1929年　仰視千七百二十九鶴齋叢書　第2集

006902219　9100　2231　（08）
質疑一卷

任泰撰　趙之謙輯　紹興　墨潤堂書苑　1929年　仰視千七百二十九鶴齋叢書　第2集

006902221　9100　2231　(09)
六壬神定經二卷
楊惟德撰　趙之謙輯　紹興　墨潤堂書苑　1929年　仰視千七百二十九鶴齋叢書　第2集

006902222　9100　2231　(10-11)
天問閣集三卷
李長祥撰　趙之謙輯　紹興　墨潤堂書苑　1929年　仰視千七百二十九鶴齋叢書　第2集

006902228　9100　2231　(11)
鮓話一卷
佟世思撰　趙之謙輯　紹興　墨潤堂書苑　1929年　仰視千七百二十九鶴齋叢書　第2集

006902229　9100　2231　(12)
西藏考一卷
趙之謙輯　紹興　墨潤堂書苑　1929年　仰視千七百二十九鶴齋叢書　第2集

006902230　9100　2231　(13-15)
讀史舉正八卷
張熷撰　趙之謙輯　紹興　墨潤堂書苑　1929年　仰視千七百二十九鶴齋叢書　第3集

006902231　9100　2231　(15)
弟子職註一卷
孫同元撰　趙之謙輯　紹興　墨潤堂書苑　1929年　仰視千七百二十九鶴齋叢書　第3集

006902238　9100　2231　(15)
餘生錄一卷
張茂滋撰　趙之謙輯　紹興　墨潤堂書苑　1929年　仰視千七百二十九鶴齋叢書　第3集

006902244　9100　2231　(16-17)
遯翁隨筆二卷
祁駿佳撰　趙之謙輯　紹興　墨潤堂書苑　1929年　仰視千七百二十九鶴齋叢書　第3集

006902241　9100　2231　(16)
甲乙雜著一卷
孫肩撰　趙之謙輯　紹興　墨潤堂書苑　1929年　仰視千七百二十九鶴齋叢書　第3集

006902245　9100　2231　(18)
鄭堂札記五卷
周中孚撰　趙之謙輯　紹興　墨潤堂書苑　1929年　仰視千七百二十九鶴齋叢書　第3集

006902246　9100　2231　(19-20)
春秋朔閏異同二卷
羅士琳撰　趙之謙輯　紹興　墨潤堂書苑　1929年　仰視千七百二十九鶴齋叢書　第4集

006902247　9100　2231　(21-22)
金源劄記二卷
施國祁撰　趙之謙輯　紹興　墨潤堂書苑　1929年　仰視千七百二十九鶴齋叢書　第4集

006902248　9100　2231　(23)
存漢錄一名守麋記略一卷
高斗樞撰　趙之謙輯　紹興　墨潤堂書苑　1929年　仰視千七百二十九鶴齋叢書　第4集

006902249　9100　2231　(23)
論語孔註辨偽二卷
沈濤撰　趙之謙輯　紹興　墨潤堂書苑
　1929年　仰視千七百二十九鶴齋叢書
　第4集

006902250　9100　2231　(24)
敬修堂鈞業一卷
查繼佐撰　趙之謙輯　紹興　墨潤堂書
　苑　1929年　仰視千七百二十九鶴齋叢
　書　第4集

006902251　9100　2231　(24)
張忠烈公(煌言)年譜一卷
趙之謙撰　紹興　墨潤堂書苑　1929年
　仰視千七百二十九鶴齋叢書　第4集

006902252　9100　2231　(25)
古易音訓二卷
呂祖謙撰　宋咸熙輯　趙之謙輯　上海
　蟬隱廬　1934年　仰視千七百二十九
　鶴齋叢書　第5集

006902253　9100　2231　(26)
憶書六卷
焦循撰　趙之謙輯　上海　蟬隱廬
　1934年　仰視千七百二十九鶴齋叢書
　第5集

006902254　9100　2231　(27-28)
柳邊紀略五卷
楊賓撰　趙之謙輯　上海　蟬隱廬
　1934年　仰視千七百二十九鶴齋叢書
　第5集

006902255　9100　2231　(29)
曹州牡丹譜一卷　附記一卷
余鵬年撰　趙之謙輯　上海　蟬隱廬
　1934年　仰視千七百二十九鶴齋叢書
　第5集

006902256　9100　2231　(29)
明氏實錄一卷
楊學可撰　徐松校補　趙之謙輯　上海
　蟬隱廬　1934年　仰視千七百二十九
鶴齋叢書　第5集

006902257　9100　2231　(30)
天慵庵筆記二卷
方士庶撰　趙之謙輯　上海　蟬隱廬
　1934年　仰視千七百二十九鶴齋叢書
　第5集

006902258　9100　2231　(31)
奇門金章一卷
趙之謙輯　上海　蟬隱廬　1934年　仰
　視千七百二十九鶴齋叢書　第6集

006902261　9100　2231　(32-34)
南江札記四十卷
邵晉涵撰　趙之謙輯　上海　蟬隱廬
　1934年　仰視千七百二十九鶴齋叢書
　第6集

006902263　9100　2231　(35-36)
墨妙亭碑目考四卷　附考一卷
張鑒撰　趙之謙輯　上海　蟬隱廬
　1934年　仰視千七百二十九鶴齋叢書
　第6集

006905672　9100　2241
峭帆樓叢書
趙詒琛輯　香港　峭帆樓　1917年

006902267　9100　2241　(01-03)
通鑒補正略三卷
嚴衍著　趙詒琛輯　香港　峭帆樓
　1917年　峭帆樓叢書

006902269　9100　2241　(04-05)
晉唐指掌四十卷
張大齡撰　趙詒琛輯　香港　峭帆樓

1917年　峭帆樓叢書

006902273　9100　2241　（06）
雞窗叢話一卷
蔡澄　趙詒琛輯　香港　峭帆樓 1917年　峭帆樓叢書

006902272　9100　2241　（06）
明懿安皇后外傳一卷
龔鼎孳　趙詒琛輯　香港　峭帆樓 1917年　峭帆樓叢書

006902271　9100　2241　（06）
陽山志三卷
岳岱　趙詒琛輯　香港　峭帆樓 1917年　峭帆樓叢書

006902274　9100　2241　（07）
蕙榜雜記一卷
嚴元照撰　趙詒琛輯　香港　峭帆樓 1917年　峭帆樓叢書

006902278　9100　2241　（07）
教孝編一卷
姚廷傑　趙詒琛輯　香港　峭帆樓 1917年　峭帆樓叢書

006902276　9100　2241　（07）
柿葉軒筆記一卷
胡虔撰　趙詒琛輯　香港　峭帆樓 1917年　峭帆樓叢書

006902280　9100　2241　（08）
鉅鹿東觀集十卷
魏野　趙詒琛輯　香港　峭帆樓 1917年　峭帆樓叢書

006902281　9100　2241　（09）
昆山雜詠三卷
龔昱撰　趙詒琛輯　香港　峭帆樓 1917年　峭帆樓叢書

006902283　9100　2241　（10）
紅雨樓題跋重編二卷
徐𤊹撰　趙詒琛輯　香港　峭帆樓 1917年　峭帆樓叢書

006902285　9100　2241　（11）
桐庵文稿重編一卷
鄭敷教　趙詒琛輯　香港　峭帆樓 1917年　峭帆樓叢書

006902287　9100　2241　（12-13）
雲間三子新詩合稿九卷
陳子龍　趙詒琛輯　香港　峭帆樓 1917年　峭帆樓叢書

006902290　9100　2241　（14）
離憂集二卷
陳瑚　趙詒琛輯　香港　峭帆樓 1917年　峭帆樓叢書

006905668　9100　2241　（15-16）
從遊集二卷
陳瑚　趙詒琛輯　香港　峭帆樓 1917年　峭帆樓叢書

006905669　9100　2241　（17-18）
頑潭詩話二卷　補遺一卷　附錄一卷
陳瑚　趙詒琛輯　香港　峭帆樓 1917年　峭帆樓叢書

006905670　9100　2241　（19）
星湄詩話二卷
徐傳詩　趙詒琛輯　香港　峭帆樓 1917年　峭帆樓叢書

006905671　9100　2241　（20）
晚香書札二卷
潘道根　趙詒琛輯　香港　峭帆樓 1917年　峭帆樓叢書

006905409　9100　2283
稷香館叢書八種

吳甌輯　香港　遼陽吳氏　1935年

006905696　9100　2283　(01)
説文疑十二卷
吳甌輯　香港　遼陽吳氏　1935年　稷香館叢書

006905698　9100　2283　(02)
説文段註簽記一卷
王念孫撰　吳甌輯　香港　遼陽吳氏　1935年　稷香館叢書

006905700　9100　2283　(03-04)
説文段註鈔案二卷
桂馥鈔　吳甌輯　香港　遼陽吳氏　1935年　稷香館叢書

006905701　9100　2283　(05-06)
説文答問疏證六卷
王筠、張穆訂　吳甌輯　香港　遼陽吳氏　1935年　稷香館叢書

006905704　9100　2283　(07)
小學識餘五卷
朱駿聲記　吳甌輯　香港　遼陽吳氏　1935年　稷香館叢書

006905705　9100　2283　(08)
説文段註拈誤一卷
朱駿聲著　吳甌輯　香港　遼陽吳氏　1935年　稷香館叢書

006905706　9100　2283　(09)
象形文釋四十卷
徐灝學　吳甌輯　香港　遼陽吳氏　1935年　稷香館叢書

006905707　9100　2283　(10)
説文大小徐本錄異一卷
謝章鋌撰　吳甌輯　香港　遼陽吳氏　1935年　稷香館叢書

006905331　9100　2293
拜經堂叢書十種
臧庸撰輯　日本　東方文化學院京都研究所　1935年

006907776　9100　2293　(01-02)
拜經日記十二卷
臧庸學　日本　東方文化學院京都研究所　1935年　拜經堂叢書

006907778　9100　2293　(03-07)
經義雜記三卷
臧琳著　臧庸撰輯　日本　東方文化學院京都研究所　1935年　拜經堂叢書

006907781　9100　2293　(08)
華嚴經音義二卷
慧苑撰　臧庸撰輯　日本　東方文化學院京都研究所　1935年　拜經堂叢書

006907779　9100　2293　(08)
盧氏禮記解詁一卷
臧庸述　日本　東方文化學院京都研究所　1935年　拜經堂叢書

006907783　9100　2293　(08-09)
詩經小學四十卷
段玉裁著　臧庸撰輯　日本　東方文化學院京都研究所　1935年　拜經堂叢書

006907785　9100　2293　(09)
爾雅三卷
郭璞註　臧庸撰輯　日本　東方文化學院京都研究所　1935年　拜經堂叢書

006907790　9100　2293　(10)
蔡氏月令章句二卷
臧庸述　日本　東方文化學院京都研究所　1935年　拜經堂叢書

006907786　9100　2293　(10)
漢書音義三卷

蕭該撰　臧庸撰輯　日本　東方文化學院京都研究所　1935年　拜經堂叢書

006907788　9100　2293　(10)
六藝論一卷
臧琳輯　臧庸撰輯　日本　東方文化學院京都研究所　1935年　拜經堂叢書

006907789　9100　2293　(10)
三禮目錄一卷
臧琳輯　臧庸撰輯　日本　東方文化學院京都研究所　1935年　拜經堂叢書

006907552　9100　2344
佚存叢書
天瀑山人[林述齊]輯　上海　涵芬樓　1924年

006907794　9100　2344　(01)
古文孝經孔傳一卷
孔安國撰　天瀑山人輯　上海　涵芬樓　1924年　佚存叢書

006907795　9100　2344　(01-03)
五行大義五卷
蕭吉撰　天瀑山人輯　上海　涵芬樓　1924年　佚存叢書

006907796　9100　2344　(04)
臣軌二卷
武后撰　天瀑山人輯　上海　涵芬樓　1924年　佚存叢書

006907798　9100　2344　(05)
樂書要錄三卷　原十卷
吉備真備撰　天瀑山人輯　上海　涵芬樓　1924年　佚存叢書

006907801　9100　2344　(05)
李嶠雜詠二卷
天瀑山人輯　上海　涵芬樓　1924年　佚存叢書

006907800　9100　2344　(05)
兩京新記一卷　原五卷
韋述撰　天瀑山人輯　上海　涵芬樓　1924年　佚存叢書

006907803　9100　2344　(06)
感興詩註一卷
蔡模註　天瀑山人輯　上海　涵芬樓　1924年　佚存叢書

006907802　9100　2344　(06)
文館詞林四卷　原一千卷
許敬宗等編　天瀑山人輯　上海　涵芬樓　1924年　佚存叢書

006907807　9100　2344　(06)
武夷棹歌註一卷
陳普註　天瀑山人輯　上海　涵芬樓　1924年　佚存叢書

006907810　9100　2344　(07-10)
泰軒易傳六卷
李中正撰　天瀑山人輯　上海　涵芬樓　1924年　佚存叢書

006907811　9100　2344　(10)
左氏蒙求一卷
吳化龍撰　天瀑山人輯　上海　涵芬樓　1924年　佚存叢書

006907812　9100　2344　(11-13)
唐才子傳一卷
辛文房撰　天瀑山人輯　上海　涵芬樓　1924年　佚存叢書

006907814　9100　2344　(13-15)
難經集註五卷
王九思等撰　天瀑山人輯　上海　涵芬樓　1924年　佚存叢書

006907815　9100　2344　(16-17)
古本蒙求三卷
李瀚撰　天瀑山人輯　上海　涵芬樓
1924年　佚存叢書

006907817　9100　2344　(17-20)
玉堂類稿二十卷　附西垣類稿
崔敦詩撰　天瀑山人輯　上海　涵芬樓
1924年　佚存叢書

006907819　9100　2344　(21-25)
周易新講義一卷
龔原撰　天瀑山人輯　上海　涵芬樓
1924年　佚存叢書

006907820　9100　2344　(26-30)
宋景文公集三十一卷　原一百五十卷
宋祁撰　天瀑山人輯　上海　涵芬樓
1924年　佚存叢書

006921805　9100　2524
拜經樓叢書三十種
吳騫輯　上海　博古齋　1922年

006921943　9100　2524　(01)
詩譜補亡後訂一卷
吳騫撰　上海　博古齋　1922年　拜經樓叢書

006921945　9100　2524　(02-03)
陶靖節先生詩四卷　附錄
陶潛撰　湯漢註　吳騫輯　上海　博古齋　1922年　拜經樓叢書

006921946　9100　2524　(04-05)
謝宣城詩集五卷
謝朓撰　吳騫輯　上海　博古齋　1922年　拜經樓叢書

006921949　9100　2524　(06)
國山碑考一卷　附補遺
吳騫撰　上海　博古齋　1922年　拜經樓叢書

006921950　9100　2524　(07-09)
桃溪客語五卷
吳騫撰　上海　博古齋　1922年　拜經樓叢書

006921951　9100　2524　(10)
扶風傳信錄一卷
吳騫輯錄　上海　博古齋　1922年　拜經樓叢書

006921952　9100　2524　(11)
王節愍公遺集一卷　補遺一卷
王道焜撰　吳騫輯　上海　博古齋　1922年　拜經樓叢書

006921958　9100　2524　(12)
海潮説三卷
周春撰　吳騫輯　上海　博古齋　1922年　拜經樓叢書

006921956　9100　2524　(12)
西湖蘇文忠公祠從祀議一卷
吳騫撰　上海　博古齋　1922年　拜經樓叢書

006921961　9100　2524　(13)
讒書五卷
羅隱撰　吳騫輯　上海　博古齋　1922年　拜經樓叢書

006921963　9100　2524　(14)
陽羨名陶錄二卷　續錄一卷
吳騫撰　上海　博古齋　1922年　拜經樓叢書

006921966　9100　2524　(15)
論印絕句一卷　續編一卷
吳騫輯　上海　博古齋　1922年　拜經樓叢書

006921969　9100　2524　（16）
孟子外書四篇四十卷
熙時子註　吳騫輯　上海　博古齋
1922年　拜經樓叢書

006921971　9100　2524　（16）
棠湖詩稿一卷
岳珂撰　吳騫輯　上海　博古齋　1922年　拜經樓叢書

006921982　9100　2524　（17）
孫氏爾雅正義拾遺一卷
孫炎撰　吳騫輯　上海　博古齋　1922年　拜經樓叢書

006921979　9100　2524　（17）
許氏詩譜鈔一卷
許謙撰　吳騫校　上海　博古齋　1922年　拜經樓叢書

006921983　9100　2524　（18）
蜀石經毛詩考異二卷
吳騫撰　上海　博古齋　1922年　拜經樓叢書

006921985　9100　2524　（19）
靜庵剩稿一卷　附錄一卷
朱妙端撰　吳騫輯　上海　博古齋　1922年　拜經樓叢書

006921988　9100　2524　（20-22）
拙政園詩集二卷　餘三卷　附錄一卷
徐燦撰　吳騫輯　上海　博古齋　1922年　拜經樓叢書

006921993　9100　2524　（23）
玉窗遺稿一卷
葛宜撰　吳騫輯　上海　博古齋　1922年　拜經樓叢書

006922001　9100　2524　（24）
哀蘭絶句一卷
吳騫撰　上海　博古齋　1922年　拜經樓叢書

006921997　9100　2524　（24）
梅花園存稿一卷
鍾韞撰　吳騫輯　上海　博古齋　1922年　拜經樓叢書

006921999　9100　2524　（24）
珠樓遺稿一卷
徐貞撰　吳騫輯　上海　博古齋　1922年　拜經樓叢書

006922006　9100　2524　（25-27）
拜經樓詩話四十卷
吳騫輯　上海　博古齋　1922年　拜經樓叢書

006922007　9100　2524　（28-36）
拜經樓詩集十二卷　續編四卷　再續編一卷
吳騫撰　上海　博古齋　1922年　拜經樓叢書

006922010　9100　2524　（36）
萬花漁唱一卷
吳騫撰　上海　博古齋　1922年　拜經樓叢書

006922013　9100　2524　（37-44）
愚谷文存十四卷
吳騫撰　上海　博古齋　1922年　拜經樓叢書

006922014　9100　2524　（45-48）
拜經樓藏書題跋記五卷　附錄一卷
吳壽暘纂　吳騫輯　上海　博古齋　1922年　拜經樓叢書

006947346　9100　2613B
知不足齋叢書二百一種

鮑廷博編　香港　古書流通處　1921年　第一集

006971350　9100　2621
香豔叢書二十集
國學扶輪社校輯　上海　中國圖書公司　1914年　再版

006947701　9100　2621　（01）
補花底拾遺
張潮撰　國學扶輪社輯　上海　中國圖書公司　1914年　再版　香豔叢書　第一集

006947708　9100　2621　（01）
黛史
張芳撰　國學扶輪社輯　上海　中國圖書公司　1914年　再版　香豔叢書　第一集

006947697　9100　2621　（01）
花底拾遺
黎遂球撰　國學扶輪社輯　上海　中國圖書公司　1914年　再版　香豔叢書　第一集

006947706　9100　2621　（01）
閒情十二憮
蘇士琨撰　國學扶輪社輯　上海　中國圖書公司　1914年　再版　香豔叢書　第一集

006947695　9100　2621　（01）
美人譜
徐震撰　國學扶輪社輯　上海　中國圖書公司　1914年　再版　香豔叢書　第一集

006947703　9100　2621　（01）
十眉謠
徐士俊撰　國學扶輪社輯　上海　中國圖書公司　1914年　再版　香豔叢書

006947715　9100　2621　（01）
十美詞紀
鄒樞撰　國學扶輪社輯　上海　中國圖書公司　1914年　再版　香豔叢書　第一集

006947712　9100　2621　（01）
小星志
丁雄飛撰　國學扶輪社輯　上海　中國圖書公司　1914年　再版　香豔叢書　第一集

006947714　9100　2621　（01）
胭脂紀事
伍端龍撰　國學扶輪社輯　上海　中國圖書公司　1914年　再版　香豔叢書　第一集

006947690　9100　2621　（01）
鴛鴦牒
程羽文撰　國學扶輪社輯　上海　中國圖書公司　1914年　再版　香豔叢書　第一集

006947720　9100　2621　（02）
婦人集
陳維崧撰　國學扶輪社輯　上海　中國圖書公司　1914年　再版　香豔叢書　第一集

006947719　9100　2621　（02）
香天談藪
吳雷發撰　國學扶輪社輯　上海　中國圖書公司　1914年　再版　香豔叢書　第一集

006947718　9100　2621　（02）
悅容編
衛泳撰　國學扶輪社輯　上海　中國圖

書公司　1914年　再版　香豔叢書　第一集

006947725　9100　2621　（03）
補侍兒小名錄
王銍撰　國學扶輪社輯　上海　中國圖書公司　1914年　再版　香豔叢書　第一集

006947727　9100　2621　（03）
妬律
陳元龍撰　國學扶輪社輯　上海　中國圖書公司　1914年　再版　香豔叢書　第一集

006947721　9100　2621　（03）
婦人集補
冒丹書撰　國學扶輪社輯　上海　中國圖書公司　1914年　再版　香豔叢書　第一集

006947723　9100　2621　（03）
侍兒小名錄拾遺
張邦幾撰　國學扶輪社輯　上海　中國圖書公司　1914年　再版　香豔叢書　第一集

006947726　9100　2621　（03）
續補侍兒小名錄
温豫撰　國學扶輪社輯　上海　中國圖書公司　1914年　再版　香豔叢書　第一集

006947722　9100　2621　（03）
豔體連珠
葉小鸞撰　國學扶輪社輯　上海　中國圖書公司　1914年　再版　香豔叢書　第一集

006947730　9100　2621　（04）
潮嘉風月記
俞蛟撰　國學扶輪社輯　上海　中國圖書公司　1914年　再版　香豔叢書　第一集

006947729　9100　2621　（04）
龜台琬琰
張正茂撰　國學扶輪社輯　上海　中國圖書公司　1914年　再版　香豔叢書　第一集

006947728　9100　2621　（04）
三婦評牡丹亭雜記
吳人撰　國學扶輪社輯　上海　中國圖書公司　1914年　再版　香豔叢書　第一集

006947738　9100　2621　（05）
筆夢敘
闕名撰　國學扶輪社輯　上海　中國圖書公司　1914年　再版　香豔叢書　第二集

006947731　9100　2621　（05）
三風十愆記記色荒
國學扶輪社輯　上海　中國圖書公司　1914年　再版　香豔叢書　第二集

006947734　9100　2621　（05）
三風十愆記記飲饌
國學扶輪社輯　上海　中國圖書公司　1914年　再版　香豔叢書　第二集

006947736　9100　2621　（05）
豔囮二則
嚴思庵撰　國學扶輪社輯　上海　中國圖書公司　1914年　再版　香豔叢書　第二集

006947746　9100　2621　（06）
滇黔土司婚禮記
陳鼎撰　國學扶輪社輯　上海　中國圖

書公司　1914年　再版　香豔叢書　第二集

006947740　9100　2621　（06）
絳雲樓俊遇
國學扶輪社輯　上海　中國圖書公司　1914年　再版　香豔叢書　第二集

006947744　9100　2621　（06）
金姬傳別記
國學扶輪社輯　上海　中國圖書公司　1914年　再版　香豔叢書　第二集

006947743　9100　2621　（06）
金姬小傳
國學扶輪社輯　上海　中國圖書公司　1914年　再版　香豔叢書　第二集

006947748　9100　2621　（06）
西湖小史
李鼎撰　國學扶輪社輯　上海　中國圖書公司　1914年　再版　香豔叢書　第二集

006947747　9100　2621　（06）
衍琵琶行
曹秀先撰　國學扶輪社輯　上海　中國圖書公司　1914年　再版　香豔叢書　第二集

006951215　9100　2621　（07）
啟禎宮詞
劉城撰　國學扶輪社輯　上海　中國圖書公司　1914年　再版　香豔叢書　第二集

006951214　9100　2621　（07）
十國宮詞
孟彬撰　國學扶輪社輯　上海　中國圖書公司　1914年　再版　香豔叢書　第二集

006951226　9100　2621　（08）
百花彈詞
錢濤撰　國學扶輪社輯　上海　中國圖書公司　1914年　再版　香豔叢書　第二集

006951232　9100　2621　（08）
百花扇序
趙杏樓撰　國學扶輪社輯　上海　中國圖書公司　1914年　再版　香豔叢書　第二集

006951222　9100　2621　（08）
纏足談
袁牧撰　國學扶輪社輯　上海　中國圖書公司　1914年　再版　香豔叢書　第二集

006951219　9100　2621　（08）
婦人鞋襪考
余懷撰　國學扶輪社輯　上海　中國圖書公司　1914年　再版　香豔叢書　第二集

006951218　9100　2621　（08）
婦學
章學誠撰　國學扶輪社輯　上海　中國圖書公司　1914年　再版　香豔叢書　第二集

006951216　9100　2621　（08）
海鷗小譜
趙執信撰　國學扶輪社輯　上海　中國圖書公司　1914年　再版　香豔叢書　第二集

006951231　9100　2621　（08）
紅樓百美詩
潘容卿撰　國學扶輪社輯　上海　中國圖書公司　1914年　再版　香豔叢書　第二集

006951233　9100　2621　（08）
閒餘筆話
湯傳楹撰　國學扶輪社輯　上海　中國圖書公司　1914年　再版　香豔叢書第二集

006951229　9100　2621　（08）
今列女傳附附錄
國學扶輪社輯　上海　中國圖書公司　1914年　再版　香豔叢書　第二集

006951230　9100　2621　（08）
李師師外傳
國學扶輪社輯　上海　中國圖書公司　1914年　再版　香豔叢書　第二集

006951217　9100　2621　（08）
邵飛飛傳
陳鼎撰　國學扶輪社輯　上海　中國圖書公司　1914年　再版　香豔叢書　第二集

006951237　9100　2621　（09）
敝帚齋餘談節錄
沈德符撰　國學扶輪社輯　上海　中國圖書公司　1914年　再版　香豔叢書第三集

006951244　9100　2621　（09）
釵小志
朱揆撰　國學扶輪社輯　上海　中國圖書公司　1914年　再版　香豔叢書　第三集

006951243　9100　2621　（09）
紅樓葉戲譜
徐曼仙撰　國學扶輪社輯　上海　中國圖書公司　1914年　再版　香豔叢書　第三集

006951247　9100　2621　（09）
髻鬟品
段柯古撰　國學扶輪社輯　上海　中國圖書公司　1914年　再版　香豔叢書第三集

006951242　9100　2621　（09）
王氏復仇記
國學扶輪社輯　上海　中國圖書公司　1914年　再版　香豔叢書　第三集

006951241　9100　2621　（09）
影梅庵憶語
冒襄撰　國學扶輪社輯　上海　中國圖書公司　1914年　再版　香豔叢書　第三集

006951245　9100　2621　（09）
粧臺記
宇文氏撰　國學扶輪社輯　上海　中國圖書公司　1914年　再版　香豔叢書第三集

006951249　9100　2621　（10）
大業拾遺記
顏師古撰　國學扶輪社輯　上海　中國圖書公司　1914年　再版　香豔叢書第三集

006951251　9100　2621　（10）
焚椒錄
王鼎撰　國學扶輪社輯　上海　中國圖書公司　1914年　再版　香豔叢書　第三集

006951248　9100　2621　（10）
漢雜事秘辛
闕名撰　國學扶輪社輯　上海　中國圖書公司　1914年　再版　香豔叢書　第三集

006951253　9100　2621　（10）
美人判
尤侗撰　國學扶輪社輯　上海　中國圖書公司　1914年　再版　香豔叢書　第三集

006951255　9100　2621　（10）
清閒供
程羽文撰　國學扶輪社輯　上海　中國圖書公司　1914年　再版　香豔叢書　第三集

006951250　9100　2621　（10）
元氏掖庭記
陶宗儀撰　國學扶輪社輯　上海　中國圖書公司　1914年　再版　香豔叢書　第三集

006951263　9100　2621　（11）
古豔樂府
楊淮撰　國學扶輪社輯　上海　中國圖書公司　1914年　再版　香豔叢書　第三集

006951256　9100　2621　（11）
看花述異記
王晫撰　國學扶輪社輯　上海　中國圖書公司　1914年　再版　香豔叢書　第三集

006951257　9100　2621　（11）
新婦譜
陸圻撰　國學扶輪社輯　上海　中國圖書公司　1914年　再版　香豔叢書　第三集

006951258　9100　2621　（11）
新婦譜補
陳確撰　國學扶輪社輯　上海　中國圖書公司　1914年　再版　香豔叢書　第三集

006951261　9100　2621　（11）
新婦譜補
查琪撰　國學扶輪社輯　上海　中國圖書公司　1914年　再版　香豔叢書　第三集

006951266　9100　2621　（12）
比紅兒詩註
沈可培撰　國學扶輪社輯　上海　中國圖書公司　1914年　再版　香豔叢書　第三集

006951278　9100　2621　（12）
宮詞
徐昂發撰　國學扶輪社輯　上海　中國圖書公司　1914年　再版　香豔叢書　第三集

006951277　9100　2621　（12）
老狐談歷代麗人記
鵝湖逸士撰　國學扶輪社輯　上海　中國圖書公司　1914年　再版　香豔叢書　第三集

006951275　9100　2621　（12）
某中丞夫人
國學扶輪社輯　上海　中國圖書公司　1914年　再版　香豔叢書　第三集

006951281　9100　2621　（12）
啟禎宮詞
高兆撰　國學扶輪社輯　上海　中國圖書公司　1914年　再版　香豔叢書　第三集

006951280　9100　2621　（12）
天啟宮詞
蔣之翹撰　國學扶輪社輯　上海　中國圖書公司　1914年　再版　香豔叢書　第三集

006951276 9100 2621 (12)
妖婦齊王氏傳
國學扶輪社輯　上海　中國圖書公司　1914年　再版　香豔叢書　第三集

006953444 9100 2621 (13)
春夢録
鄭禧撰　國學扶輪社輯　上海　中國圖書公司　1914年　再版　香豔叢書　第四集

006953448 9100 2621 (13)
花經
張翊撰　國學扶輪社輯　上海　中國圖書公司　1914年　再版　香豔叢書　第四集

006953449 9100 2621 (13)
花九錫
羅虬撰　國學扶輪社輯　上海　中國圖書公司　1914年　再版　香豔叢書　第四集

006951283 9100 2621 (13)
金縷裙記
國學扶輪社輯　上海　中國圖書公司　1914年　再版　香豔叢書　第四集

006951287 9100 2621 (13)
名香譜
葉廷珪撰　國學扶輪社輯　上海　中國圖書公司　1914年　香豔叢書　第四集

006951285 9100 2621 (13)
冥音録
朱慶餘撰　國學扶輪社輯　上海　中國圖書公司　1914年　再版　香豔叢書　第四集

006953446 9100 2621 (13)
牡丹榮辱志
丘璿撰　國學扶輪社輯　上海　中國圖書公司　1914年　再版　香豔叢書　第四集

006953442 9100 2621 (13)
清尊録
廉宣撰　國學扶輪社輯　上海　中國圖書公司　1914年　再版　香豔叢書　第四集

006951286 9100 2621 (13)
三夢記
白行簡撰　國學扶輪社輯　上海　中國圖書公司　1914年　再版　香豔叢書　第四集

006953447 9100 2621 (13)
芍藥譜
王觀撰　國學扶輪社輯　上海　中國圖書公司　1914年　再版　香豔叢書　第四集

006953443 9100 2621 (13)
蜀錦譜
費著撰　國學扶輪社輯　上海　中國圖書公司　1914年　再版　香豔叢書　第四集

006951282 9100 2621 (13)
趙后遺事
秦醇撰　國學扶輪社輯　上海　中國圖書公司　1914年　再版　香豔叢書　第四集

006953451 9100 2621 (14-15)
瑤臺片玉甲種三編
施紹莘撰　國學扶輪社輯　上海　中國圖書公司　1914年　再版　香豔叢書　第四集

006953452 9100 2621 （15）
閨律
芙蓉外史編　國學扶輪社輯　上海　中國圖書公司　1914年　再版　香豔叢書第四集

006953454 9100 2621 （15-16）
勝朝彤史拾遺記
毛奇齡撰　國學扶輪社輯　上海　中國圖書公司　1914年　再版　香豔叢書第四集

006953453 9100 2621 （15）
續豔體連珠
國學扶輪社輯　上海　中國圖書公司　1914年　再版　香豔叢書　第四集

006953455 9100 2621 （17）
玉臺書史
厲鶚撰　國學扶輪社輯　上海　中國圖書公司　1914年　再版　香豔叢書　第四集

006953457 9100 2621 （18）
北里志
孫棨撰　國學扶輪社輯　上海　中國圖書公司　1914年　再版　香豔叢書　第四集

006953466 9100 2621 （18）
楚辭芳草譜
謝翱撰　國學扶輪社輯　上海　中國圖書公司　1914年　再版　香豔叢書　第四集

006953461 9100 2621 （18）
荻樓雜鈔
國學扶輪社輯　上海　中國圖書公司　1914年　再版　香豔叢書　第四集

006953465 9100 2621 （18）
桂海花木志
范成大撰　國學扶輪社輯　上海　中國圖書公司　1914年　再版　香豔叢書第四集

006953458 9100 2621 （18）
教坊記
崔令欽撰　國學扶輪社輯　上海　中國圖書公司　1914年　再版　香豔叢書第四集

006953460 9100 2621 （18）
麗情集
張君房撰　國學扶輪社輯　上海　中國圖書公司　1914年　再版　香豔叢書第四集

006953463 9100 2621 （18）
琵琶錄
段安節撰　國學扶輪社輯　上海　中國圖書公司　1914年　再版　香豔叢書第四集

006953459 9100 2621 （18）
青樓集
黃雪蓑撰　國學扶輪社輯　上海　口國圖書公司　1914年　再版　香豔叢書第四集

006953464 9100 2621 （18）
魏王花木志
國學扶輪社輯　上海　中國圖書公司　1914年　再版　香豔叢書　第四集

006953474 9100 2621 （19）
頓子真小傳
吳從先撰　國學扶輪社輯　上海　中國圖書公司　1914年　再版　香豔叢書第五集

006953479　9100　2621　（19）
黑美人別傳
國學扶輪社輯　上海　中國圖書公司
1914年　再版　香豔叢書　第五集

006953475　9100　2621　（19）
妓虎傳
吳從先撰　國學扶輪社輯　上海　中國圖書公司　1914年　再版　香豔叢書　第五集

006953485　9100　2621　（19）
紀栗主殺賊事
國學扶輪社輯　上海　中國圖書公司
1914年　再版　香豔叢書　第五集

006953484　9100　2621　（19）
記某生爲人唆訟事
國學扶輪社輯　上海　中國圖書公司
1914年　再版　香豔叢書　第五集

006953472　9100　2621　（19）
金小品傳
吳從先撰　國學扶輪社輯　上海　中國圖書公司　1914年　再版　香豔叢書　第五集

006953480　9100　2621　（19）
某中丞
國學扶輪社輯　上海　中國圖書公司
1914年　再版　香豔叢書　第五集

006953471　9100　2621　（19）
擬合德諫飛燕書
吳從先撰　國學扶輪社輯　上海　中國圖書公司　1914年　再版　香豔叢書　第五集

006953481　9100　2621　（19）
女盜俠傳
國學扶輪社輯　上海　中國圖書公司
1914年　再版　香豔叢書　第五集

006953483　9100　2621　（19）
女俠翠雲娘傳
國學扶輪社輯　上海　中國圖書公司
1914年　再版　香豔叢書　第五集

006953486　9100　2621　（19）
女俠荊兒記
國學扶輪社輯　上海　中國圖書公司
1914年　再版　香豔叢書　第五集

006953478　9100　2621　（19）
黔苗竹枝詞
舒位撰　國學扶輪社輯　上海　中國圖書公司　1914年　再版　香豔叢書　第五集

006953469　9100　2621　（19）
王翠翹傳
余懷撰　國學扶輪社輯　上海　中國圖書公司　1914年　再版　香豔叢書　第五集

006953476　9100　2621　（19）
香本紀
吳從先撰　國學扶輪社輯　上海　中國圖書公司　1914年　再版　香豔叢書　第五集

006953473　9100　2621　（19）
徐郎小傳
吳從先撰　國學扶輪社輯　上海　中國圖書公司　1914年　再版　香豔叢書　第五集

006953477　9100　2621　（19）
楊娥傳
劉鈞撰　國學扶輪社輯　上海　中國圖書公司　1914年　再版　香豔叢書　第五集

006953467　9100　2621　（19）
瑶臺片玉乙種花底拾遺集
江詒撰　國學扶輪社輯　上海　中國圖書公司　1914年　再版　香豔叢書　第五集

006953487　9100　2621　（20）
餘墨偶談節錄
孫樗編　國學扶輪社輯　上海　中國圖書公司　1914年　再版　香豔叢書　第五集

006953493　9100　2621　（21）
彩雲曲
樊增祥撰　國學扶輪社輯　上海　中國圖書公司　1914年　再版　香豔叢書　第六集

006953488　9100　2621　（21）
漢宮春色
闕名撰　國學扶輪社輯　上海　中國圖書公司　1914年　再版　香豔叢書　第六集

006953489　9100　2621　（21）
黑心符
于義方撰　國學扶輪社輯　上海　中國圖書公司　1914年　再版　香豔叢書　第六集

006958926　9100　2621　（21）
苗妓詩
貝青喬撰　國學扶輪社輯　上海　中國圖書公司　1914年　再版　香豔叢書　第六集

006958927　9100　2621　（21）
十國宮詞
秦雲撰　國學扶輪社輯　上海　中國圖書公司　1914年　再版　香豔叢書　第六集

006953491　9100　2621　（21）
湯媼傳
吳寬撰　國學扶輪社輯　上海　中國圖書公司　1914年　再版　香豔叢書　第六集

006953492　9100　2621　（21）
周櫟園奇緣記
徐忠撰　國學扶輪社輯　上海　中國圖書公司　1914年　再版　香豔叢書　第六集

006953490　9100　2621　（21）
竹夫人傳
張耒撰　國學扶輪社輯　上海　中國圖書公司　1914年　再版　香豔叢書　第六集

006958930　9100　2621　（22）
代少年謝狎妓書
袁中道撰　國學扶輪社輯　上海　中國圖書公司　1914年　再版　香豔叢書　第六集

006958928　9100　2621　（22）
梵門綺語錄
國學扶輪社輯　上海　中國圖書公司　1914年　再版　香豔叢書　第六集

006958934　9100　2621　（22）
冷廬雜識節錄
陸以湉撰　國學扶輪社輯　上海　中國圖書公司　1914年　再版　香豔叢書　第六集

006958929　9100　2621　（22）
琴譜序
王錦撰　國學扶輪社輯　上海　中國圖書公司　1914年　再版　香豔叢書　第六集

006958932　9100　2621　（22）
小腳文
曠望生撰　國學扶輪社輯　上海　中國圖書公司　1914年　再版　香豔叢書　第六集

006958936　9100　2621　（22）
韻蘭序
梁紹壬撰　國學扶輪社輯　上海　中國圖書公司　1914年　再版　香豔叢書　第六集

006958941　9100　2621　（23）
步非煙傳
皇甫枚撰　國學扶輪社輯　上海　中國圖書公司　1914年　再版　香豔叢書　第六集

006958953　9100　2621　（23）
懺船娘張潤金疏
國學扶輪社輯　上海　中國圖書公司　1914年　再版　香豔叢書　第六集

006958944　9100　2621　（23）
醋說
國學扶輪社輯　上海　中國圖書公司　1914年　再版　香豔叢書　第六集

006958952　9100　2621　（23）
代某校書謝某狎客饋送局帳啟
國學扶輪社輯　上海　中國圖書公司　1914年　再版　香豔叢書　第六集

006958950　9100　2621　（23）
婦女贊成禁止娶妾律之大會議
國學扶輪社輯　上海　中國圖書公司　1914年　再版　香豔叢書　第六集

006958957　9100　2621　（23）
閨中十二曲
國學扶輪社輯　上海　中國圖書公司　1914年　再版　香豔叢書　第六集

006958939　9100　2621　（23）
劉無雙傳
薛調撰　國學扶輪社輯　上海　中國圖書公司　1914年　再版　香豔叢書　第六集

006958937　9100　2621　（23）
迷樓記
闕名撰　國學扶輪社輯　上海　中國圖書公司　1914年　再版　香豔叢書　第六集

006958951　9100　2621　（23）
擬王之臣與其友絕交書
吳山秀撰　國學扶輪社輯　上海　中國圖書公司　1914年　再版　香豔叢書　第六集

006958942　9100　2621　（23）
譚節婦祠堂記
烏斯道撰　國學扶輪社輯　上海　中國圖書公司　1914年　再版　香豔叢書　第六集

006958955　9100　2621　（23）
問蘇小小鄭孝女秋瑾松風和尚何以同葬於西泠橋試研究其命意所在
國學扶輪社輯　上海　中國圖書公司　1914年　再版　香豔叢書　第六集

006958946　9100　2621　（23）
戲擬青年上政府清弛禁早婚書
國學扶輪社輯　上海　中國圖書公司　1914年　再版　香豔叢書　第六集

006958956　9100　2621　（23）
冶遊賦
陳寅生撰　國學扶輪社輯　上海　中國圖書公司　1914年　再版　香豔叢書　第六集

006958954　9100　2621　（23）
冶遊自懺文
國學扶輪社輯　上海　中國圖書公司
1914年　再版　香豔叢書　第六集

006958943　9100　2621　（23）
月夜彈琴記
國學扶輪社輯　上海　中國圖書公司
1914年　再版　香豔叢書　第六集

006958948　9100　2621　（23）
自由女請禁婚嫁陋俗稟稿
國學扶輪社輯　上海　中國圖書公司
1914年　再版　香豔叢書　第六集

006958960　9100　2621　（24）
鬘華室詩選
徐曼仙撰　國學扶輪社輯　上海　中國圖書公司　1914年　再版　香豔叢書　第六集

006958959　9100　2621　（24）
盤珠詞
莊蓮佩撰　國學扶輪社輯　上海　中國圖書公司　1914年　再版　香豔叢書　第六集

006958963　9100　2621　（25）
梵門綺語錄
國學扶輪社輯　上海　中國圖書公司
1914年　再版　香豔叢書　第七集

006958964　9100　2621　（25）
恨塚銘
陸伯周撰　國學扶輪社輯　上海　中國圖書公司　1914年　再版　香豔叢書　第七集

006958965　9100　2621　（25）
七夕夜遊記
沈逢吉撰　國學扶輪社輯　上海　中國

圖書公司　1914年　再版　香豔叢書　第七集

006958966　9100　2621　（25）
俞三姑傳
國學扶輪社輯　上海　中國圖書公司
1914年　再版　香豔叢書　第七集

006958967　9100　2621　（26）
過墟志感
墅西逸叟述　國學扶輪社輯　上海　中國圖書公司　1914年　再版　香豔叢書　第七集

006958971　9100　2621　（26）
河東君傳
陳玉瑾撰　國學扶輪社輯　上海　中國圖書公司　1914年　再版　香豔叢書　第七集

006958972　9100　2621　（26）
懼內供狀
國學扶輪社輯　上海　中國圖書公司
1914年　再版　香豔叢書　第七集

006958973　9100　2621　（26）
靈應傳
闕名撰　國學扶輪社輯　上海　中國圖書公司　1914年　再版　香豔叢書　第七集

006958970　9100　2621　（26）
述懷小序
朱文娟撰　國學扶輪社輯　上海　中國圖書公司　1914年　再版　香豔叢書　第七集

006958969　9100　2621　（26）
文海披沙摘錄
謝肇淛撰　國學扶輪社輯　上海　中國圖書公司　1914年　再版　香豔叢書

第七集

006958979　9100　2621　（27）
菊譜
劉蒙撰　國學扶輪社輯　上海　中國圖書公司　1914年　再版　香豔叢書 第七集

006958980　9100　2621　（27）
菊譜
史正志撰　國學扶輪社輯　上海　中國圖書公司　1914年　再版　香豔叢書 第七集

006958976　9100　2621　（27）
神山引曲
玉泉樵子填詞　國學扶輪社輯　上海　中國圖書公司　1914年　再版　香豔叢書 第七集

006958977　9100　2621　（27）
宋詞媛朱淑真事略
國學扶輪社輯　上海　中國圖書公司　1914年　再版　香豔叢書 第七集

006958978　9100　2621　（27）
張靈崔瑩合傳
黃九煙撰　國學扶輪社輯　上海　中國圖書公司　1914年　再版　香豔叢書 第七集

006958983　9100　2621　（28）
歌者葉記
沈亞之撰　國學扶輪社輯　上海　中國圖書公司　1914年　再版　香豔叢書 第七集

006958982　9100　2621　（28）
夢遊錄
任蕃撰　國學扶輪社輯　上海　中國圖書公司　1914年　再版　香豔叢書 第

七集

006958981　9100　2621　（28）
小螺庵病榻憶語
孫道乾撰　國學扶輪社輯　上海　中國圖書公司　1914年　再版　香豔叢書 第七集

009167170　9100　2621　（28）
越畹女史小傳
陶方琦撰　國學扶輪社輯　上海　中國圖書公司　1914年　香豔叢書 第七集

006962695　9100　2621　（29）
采蓮船
方絢撰　國學扶輪社輯　上海　中國圖書公司　1914年　再版　香豔叢書 第八集

006958988　9100　2621　（29）
貫月查
方絢撰　國學扶輪社輯　上海　中國圖書公司　1914年　再版　香豔叢書 第八集

006958987　9100　2621　（29）
金園雜纂
方絢撰　國學扶輪社輯　上海　中國圖書公司　1914年　再版　香豔叢書 第八集

006958985　9100　2621　（29）
香蓮品藻
方絢撰　國學扶輪社輯　上海　中國圖書公司　1914年　再版　香豔叢書 第八集

006962697　9100　2621　（29）
響屧譜
楊无咎撰　國學扶輪社輯　上海　中國圖書公司　1914年　再版　香豔叢書

第八集

006962717　9100　2621　（30）
洞簫記
國學扶輪社輯　上海　中國圖書公司
1914年　再版　香豔叢書　第八集

006962699　9100　2621　（30）
馮燕傳
沈亞之撰　國學扶輪社輯　上海　中國圖書公司　1914年　再版　香豔叢書　第八集

006962705　9100　2621　（30）
虎邱弔真娘墓文
姚燮撰　國學扶輪社輯　上海　中國圖書公司　1914年　再版　香豔叢書　第八集

006962716　9100　2621　（30）
廬山二女
國學扶輪社輯　上海　中國圖書公司
1914年　再版　香豔叢書　第八集

006962719　9100　2621　（30）
洛陽牡丹記
歐陽修撰　國學扶輪社輯　上海　中國圖書公司　1914年　再版　香豔叢書　第八集

006962710　9100　2621　（30）
玫瑰花女魅
國學扶輪社輯　上海　中國圖書公司
1914年　再版　香豔叢書　第八集

006962701　9100　2621　（30）
女官傳
屈大均撰　國學扶輪社輯　上海　中國圖書公司　1914年　再版　香豔叢書　第八集

006962702　9100　2621　（30）
書葉氏女事
屈大均撰　國學扶輪社輯　上海　中國圖書公司　1914年　再版　香豔叢書　第八集

006962709　9100　2621　（30）
雙頭牡丹燈記
國學扶輪社輯　上海　中國圖書公司
1914年　再版　香豔叢書　第八集

006962714　9100　2621　（30）
蘇四郎傳
國學扶輪社輯　上海　中國圖書公司
1914年　再版　香豔叢書　第八集

006962718　9100　2621　（30）
五石瓠節錄
劉鑾撰　國學扶輪社輯　上海　中國圖書公司　1914年　再版　香豔叢書　第八集

006962706　9100　2621　（30）
玉鉤斜哀隋宮人文
姚燮撰　國學扶輪社輯　上海　中國圖書公司　1914年　再版　香豔叢書　第八集

006962707　9100　2621　（30）
玉梅後詞
國學扶輪社輯　上海　中國圖書公司
1914年　再版　香豔叢書　第八集

006962704　9100　2621　（30）
貞婦屠印姑傳
羅有高撰　國學扶輪社輯　上海　中國圖書公司　1914年　再版　香豔叢書　第八集

006962711　9100　2621　（30）
織女

國學扶輪社輯　上海　中國圖書公司 1914年　再版　香豔叢書　第八集

006962722　9100　2621　（31）
記某生爲人雪冤事
國學扶輪社輯　上海　中國圖書公司 1914年　再版　香豔叢書　第八集

006962724　9100　2621　（31）
菽園贅談節錄
邱煒菱撰　國學扶輪社輯　上海　中國圖書公司　1914年　再版　香豔叢書　第八集

006962721　9100　2621　（31）
王嬌傳
國學扶輪社輯　上海　中國圖書公司 1914年　再版　香豔叢書　第八集

006962728　9100　2621　（32）
香咳集選存
許夔臣撰　國學扶輪社輯　上海　中國圖書公司　1914年　再版　香豔叢書　第八集

006962733　9100　2621　（33）
懺母傳
王鏊撰　國學扶輪社輯　上海　中國圖書公司　1914年　再版　香豔叢書　第八集

006962746　9100　2621　（33）
金漳蘭譜
趙時庚撰　國學扶輪社輯　上海　中國圖書公司　1914年　再版　香豔叢書　第九集

006962730　9100　2621　（33）
喬復生王再來二姬合傳
李漁撰　國學扶輪社輯　上海　中國圖書公司　1914年　再版　香豔叢書　第

九集

006962735　9100　2621　（33）
十八娘傳
趙古農撰　國學扶輪社輯　上海　中國圖書公司　1914年　再版　香豔叢書　第九集

006962747　9100　2621　（33）
王氏蘭譜
王貴學撰　國學扶輪社輯　上海　中國圖書公司　1914年　再版　香豔叢書　第九集

006962745　9100　2621　（33）
溫柔鄉記
梁國正撰　國學扶輪社輯　上海　中國圖書公司　1914年　再版　香豔叢書　第九集

006962729　9100　2621　（33）
五代花月
李調元撰　國學扶輪社輯　上海　中國圖書公司　1914年　再版　香豔叢書　第九集

006962743　9100　2621　（33）
圓圓傳
陸次雲撰　國學扶輪社輯　上海　中國圖書公司　1914年　再版　香豔叢書　第九集

006962738　9100　2621　（33）
真真曲
貝瓊撰　國學扶輪社輯　上海　中國圖書公司　1914年　再版　香豔叢書　第九集

006962740　9100　2621　（33）
至正妓人行
李禎撰　國學扶輪社輯　上海　中國圖

書公司　1914年　再版　香豔叢書　第九集

006962764　9100　2621　（34）
悼亡詞
沈星煒撰　國學扶輪社輯　上海　中國圖書公司　1914年　再版　香豔叢書　第九集

006962755　9100　2621　（34）
杜秋傳
杜牧撰　國學扶輪社輯　上海　中國圖書公司　1914年　再版　香豔叢書　第九集

006962751　9100　2621　（34）
斷袖篇
國學扶輪社輯　上海　中國圖書公司　1914年　再版　香豔叢書　第九集

006962763　9100　2621　（34）
甲癸議
嚴可均撰　國學扶輪社輯　上海　中國圖書公司　1914年　再版　香豔叢書　第九集

006962759　9100　2621　（34）
烈女李三行
胡天游撰　國學扶輪社輯　上海　中國圖書公司　1914年　再版　香豔叢書　第九集

006962758　9100　2621　（34）
妙女傳
顧非熊撰　國學扶輪社輯　上海　中國圖書公司　1914年　再版　香豔叢書　第九集

006962761　9100　2621　（34）
蘇小小考
梁紹壬撰　國學扶輪社輯　上海　中國

圖書公司　1914年　再版　香豔叢書　第九集

006962765　9100　2621　（34）
夏閨晚景瑣說
湯春生撰　國學扶輪社輯　上海　中國圖書公司　1914年　再版　香豔叢書　第九集

006962753　9100　2621　（34）
鬱輪袍傳
鄭還古撰　國學扶輪社輯　上海　中國圖書公司　1914年　再版　香豔叢書　第九集

006962766　9100　2621　（35）
茯苓仙傳奇
玉泉樵子填詞　國學扶輪社輯　上海　中國圖書公司　1914年　再版　香豔叢書　第九集

006962767　9100　2621　（36）
香咳集選存四、五、六
許夔臣輯　國學扶輪社輯　上海　中國圖書公司　1914年　再版　香豔叢書　第九集

006962768　9100　2621　（37）
玉臺畫史
湯漱玉輯　國學扶輪社輯　上海　中國圖書公司　1914年　再版　香豔叢書　第十集

006965378　9100　2621　（38）
薄命曲
孫學勤撰　國學扶輪社輯　上海　中國圖書公司　1914年　再版　香豔叢書　第十集

006965372　9100　2621　（38）
春娘傳

王明清撰　國學扶輪社輯　上海　中國圖書公司　1914年　再版　香豔叢書第十集

006965365　9100　2621　（38）
春人賦
易順鼎撰　國學扶輪社輯　上海　中國圖書公司　1914年　再版　香豔叢書第十集

006962769　9100　2621　（38）
古鏡記
王度撰　國學扶輪社輯　上海　中國圖書公司　1914年　再版　香豔叢書第十集

006965366　9100　2621　（38）
廣東火劫記
梁恭辰撰　國學扶輪社輯　上海　中國圖書公司　1914年　再版　香豔叢書第十集

006965376　9100　2621　（38）
花仙傳
國學扶輪社輯　上海　中國圖書公司　1914年　再版　香豔叢書第十集

006965370　9100　2621　（38）
黃竹子傳
吳蘭修撰　國學扶輪社輯　上海　中國圖書公司　1914年　再版　香豔叢書第十集

006965373　9100　2621　（38）
金華神記
崔公度撰　國學扶輪社輯　上海　中國圖書公司　1914年　再版　香豔叢書第十集

006965367　9100　2621　（38）
姍姍傳

黃永撰　國學扶輪社輯　上海　中國圖書公司　1914年　再版　香豔叢書第十集

006962771　9100　2621　（38）
太恨生傳
徐瑤撰　國學扶輪社輯　上海　中國圖書公司　1914年　再版　香豔叢書第十集

006965381　9100　2621　（38）
徐娘自述詩記
繆艮撰　國學扶輪社輯　上海　中國圖書公司　1914年　再版　香豔叢書第十集

006965380　9100　2621　（38）
猗覺寮雜記
朱翌撰　國學扶輪社輯　上海　中國圖書公司　1914年　再版　香豔叢書第十集

006965369　9100　2621　（38）
虞美人傳
沈廷桂撰　國學扶輪社輯　上海　中國圖書公司　1914年　再版　香豔叢書第十集

006965375　9100　2621　（38）
貞烈黃翠花傳
國學扶輪社輯　上海　中國圖書公司　1914年　再版　香豔叢書第十集

006965382　9100　2621　（39）
物妖志
國學扶輪社輯　上海　中國圖書公司　1914年　再版　香豔叢書第十集

006965388　9100　2621　（40）
陳州牡丹記
張邦基撰　國學扶輪社輯　上海　中國

圖書公司　1914年　再版　香豔叢書第十集

006965391　9100　2621　（40）
海棠譜
陳思撰　國學扶輪社輯　上海　中國圖書公司　1914年　再版　香豔叢書第十集

006965386　9100　2621　（40）
洛陽牡丹記
周氏撰　國學扶輪社輯　上海　中國圖書公司　1914年　再版　香豔叢書第十集

006965385　9100　2621　（40）
梅品
張功甫撰　國學扶輪社輯　上海　中國圖書公司　1914年　再版　香豔叢書第十集

006965384　9100　2621　（40）
梅譜
范成大撰　國學扶輪社輯　上海　中國圖書公司　1914年　再版　香豔叢書第十集

006965390　9100　2621　（40）
天彭牡丹譜
陸游撰　國學扶輪社輯　上海　中國圖書公司　1914年　再版　香豔叢書第十集

006965392　9100　2621　（41）
梵門綺語錄
國學扶輪社輯　上海　中國圖書公司　1914年　再版　香豔叢書第十一集

006965394　9100　2621　（41）
花鳥春秋
張潮撰　國學扶輪社輯　上海　中國圖書公司　1914年　再版　香豔叢書第十一集

006965397　9100　2621　（41）
黃九煙先生和楚女詩
國學扶輪社輯　上海　中國圖書公司　1914年　再版　香豔叢書第十一集

006965393　9100　2621　（41）
靈物志
國學扶輪社輯　上海　中國圖書公司　1914年　再版　香豔叢書第十一集

006965398　9100　2621　（41）
千春一恨集唐詩六十首
黃九煙撰　國學扶輪社輯　上海　中國圖書公司　1914年　再版　香豔叢書第十一集

006965396　9100　2621　（41）
太曼生傳
國學扶輪社輯　上海　中國圖書公司　1914年　再版　香豔叢書第十一集

006965395　9100　2621　（41）
一歲芳華
程羽文撰　國學扶輪社輯　上海　中國圖書公司　1914年　再版　香豔叢書第十一集

006965401　9100　2621　（42）
閨墨萃珍
國學扶輪社輯　上海　中國圖書公司　1914年　再版　香豔叢書第十一集

006965405　9100　2621　（42）
婚啟
陳著撰　國學扶輪社輯　上海　中國圖書公司　1914年　再版　香豔叢書第十一集

006965400　9100　2621　（42）
明制女官考
黃百家撰　國學扶輪社輯　上海　中國圖書公司　1914年　再版　香豔叢書　第十一集

006965399　9100　2621　（42）
武宗外紀
毛奇齡撰　國學扶輪社輯　上海　中國圖書公司　1914年　再版　香豔叢書　第十一集

006965415　9100　2621　（43）
媲嬬封
國學扶輪社輯　上海　中國圖書公司　1914年　再版　香豔叢書　第十一集

006965413　9100　2621　（43）
集美人名詩
冒襄撰　國學扶輪社輯　上海　中國圖書公司　1914年　再版　香豔叢書　第十一集

006965406　9100　2621　（43）
遼陽海神傳
國學扶輪社輯　上海　中國圖書公司　1914年　再版　香豔叢書　第十一集

006965408　9100　2621　（43）
巫娥志
國學扶輪社輯　上海　中國圖書公司　1914年　再版　香豔叢書　第十一集

006965411　9100　2621　（43）
志舒生遇異
國學扶輪社輯　上海　中國圖書公司　1914年　再版　香豔叢書　第十一集

006965409　9100　2621　（43）
志許生奇遇
國學扶輪社輯　上海　中國圖書公司　1914年　再版　香豔叢書　第十一集

006965420　9100　2621　（44）
瓊花集
曹璿纂　國學扶輪社輯　上海　中國圖書公司　1914年　再版　香豔叢書　第十一集

006965418　9100　2621　（44）
西湖六橋桃評
曹之璜撰　國學扶輪社輯　上海　中國圖書公司　1914年　再版　香豔叢書　第十一集

006965417　9100　2621　（44）
西湖遊幸記
周密撰　國學扶輪社輯　上海　中國圖書公司　1914年　再版　香豔叢書　第十一集

006965419　9100　2621　（44）
續髻鬟品
鮑協中輯　國學扶輪社輯　上海　中國圖書公司　1914年　再版　香豔叢書　第十一集

006965416　9100　2621　（44）
玄妙洞天記
國學扶輪社輯　上海　中國圖書公司　1914年　再版　香豔叢書　第十一集

006965423　9100　2621　（45）
淞濱瑣話一、二
王韜撰　國學扶輪社輯　上海　中國圖書公司　1914年　再版　香豔叢書　第十一集

006965424　9100　2621　（46）
湘煙小錄
國學扶輪社輯　上海　中國圖書公司　1914年　再版　香豔叢書　第十二集

006965427　9100　2621　(47)
喟庵叢錄
戴坤撰　國學扶輪社輯　上海　中國圖書公司　1914年　再版　香豔叢書　第十二集

006965426　9100　2621　(47)
燕臺花事錄
蜀西樵也撰　國學扶輪社輯　上海　中國圖書公司　1914年　再版　香豔叢書　第十二集

006965425　9100　2621　(47)
竹西花事小錄
芬利它行者編　國學扶輪社輯　上海　中國圖書公司　1914年　再版　香豔叢書　第十二集

006968951　9100　2621　(48)
百花園夢記
國學扶輪社輯　上海　中國圖書公司　1914年　再版　香豔叢書　第十二集

006968946　9100　2621　(48)
婦德四箴
徐士俊撰　國學扶輪社輯　上海　中國圖書公司　1914年　再版　香豔叢書　第十二集

006968947　9100　2621　(48)
桂枝香
國學扶輪社輯　上海　中國圖書公司　1914年　再版　香豔叢書　第十二集

006968949　9100　2621　(48)
金釧記
國學扶輪社輯　上海　中國圖書公司　1914年　再版　香豔叢書　第十二集

006965428　9100　2621　(48)
課婢約

006968948　9100　2621　(48)
夢梁錄
吳自牧撰　國學扶輪社輯　上海　中國圖書公司　1914年　再版　香豔叢書　第十二集

006968950　9100　2621　(48)
俠女希光傳
國學扶輪社輯　上海　中國圖書公司　1914年　再版　香豔叢書　第十二集

006968952　9100　2621　(49)
淞濱瑣話三、四
王韜撰　國學扶輪社輯　上海　中國圖書公司　1914年　再版　香豔叢書　第十三集

006968954　9100　2621　(50)
冬青館古宮詞
張鑒撰　國學扶輪社輯　上海　中國圖書公司　1914年　再版　香豔叢書　第十三集

006968955　9100　2621　(51)
板橋雜記
余懷撰　國學扶輪社輯　上海　中國圖書公司　1914年　再版　香豔叢書　第十三集

006968958　9100　2621　(51)
金粟閨詞百首
彭孫遹撰　國學扶輪社輯　上海　中國圖書公司　1914年　再版　香豔叢書　第十三集

006968956　9100　2621　(51)
珠江名花小傳

支機生撰　國學扶輪社輯　上海　中國圖書公司　1914年　再版　香豔叢書　第十三集

006968963　9100　2621　（52）
娟娟傳
國學扶輪社輯　上海　中國圖書公司　1914年　再版　香豔叢書　第十三集

006968960　9100　2621　（52）
梅喜緣
陳烺撰　國學扶輪社輯　上海　中國圖書公司　1914年　再版　香豔叢書　第十三集

006968961　9100　2621　（52）
沈警遇神女記
國學扶輪社輯　上海　中國圖書公司　1914年　再版　香豔叢書　第十三集

006968964　9100　2621　（53）
淞濱瑣話五、六
王韜撰　國學扶輪社輯　上海　中國圖書公司　1914年　再版　香豔叢書　第十三集

006968968　9100　2621　（54）
讀紅樓夢雜記
願爲明鏡室主人撰　國學扶輪社輯　上海　中國圖書公司　1914年　再版　香豔叢書　第十四集

006968971　9100　2621　（54）
紅樓夢賦
沈謙撰　國學扶輪社輯　上海　中國圖書公司　1914年　再版　香豔叢書　第十四集

009167350　9100　2621　（54）
紅樓夢賦敘
沈謙撰　國學扶輪社輯　上海　中國圖書公司　1914年　再版　香豔叢書　第十四集

006968970　9100　2621　（54）
紅樓夢題詞
周綺撰　國學扶輪社輯　上海　中國圖書公司　1914年　再版　香豔叢書　第十四集

006968969　9100　2621　（54）
紅樓夢竹枝詞
盧先駱撰　國學扶輪社輯　上海　中國圖書公司　1914年　再版　香豔叢書　第十四集

006968966　9100　2621　（54）
石頭記評花
國學扶輪社輯　上海　中國圖書公司　1914年　再版　香豔叢書　第十四集

006968965　9100　2621　（54）
石頭記評贊
國學扶輪社輯　上海　中國圖書公司　1914年　再版　香豔叢書　第十四集

006968972　9100　2621　（55-56）
秦淮畫舫錄
捧花生輯　國學扶輪社輯　上海　中國圖書公司　1914年　再版　香豔叢書　第十四集

006968973　9100　2621　（57）
淞濱瑣話七、八
王韜撰　國學扶輪社輯　上海　中國圖書公司　1914年　再版　香豔叢書　第十五集

006968975　9100　2621　（58）
帝城花樣
國學扶輪社輯　上海　中國圖書公司　1914年　再版　香豔叢書　第十五集

006968976　9100　2621　(58)
花燭閒談
國學扶輪社輯　上海　中國圖書公司
1914年　再版　香豔叢書　第十五集

006968977　9100　2621　(58)
南澗行
李煊撰　國學扶輪社輯　上海　中國圖書公司　1914年　再版　香豔叢書　第十五集

006968980　9100　2621　(59)
十洲春雨
二石生撰　國學扶輪社輯　上海　中國圖書公司　1914年　再版　香豔叢書　第十五集

006968982　9100　2621　(60)
林下詩談
國學扶輪社輯　上海　中國圖書公司　1914年　再版　香豔叢書　第十五集

006968984　9100　2621　(60)
清谿惆悵集
悔盦居士纂　國學扶輪社輯　上海　中國圖書公司　1914年　再版　香豔叢書　第十五集

006968981　9100　2621　(60)
十二月花神議
俞樾撰　國學扶輪社輯　上海　中國圖書公司　1914年　再版　香豔叢書　第十五集

006968985　9100　2621　(61)
淞濱瑣話九、十
王韜撰　國學扶輪社輯　上海　中國圖書公司　1914年　再版　香豔叢書　第十六集

006968987　9100　2621　(62)
閩川閨秀詩話
梁章鉅撰　國學扶輪社輯　上海　中國圖書公司　1914年　再版　香豔叢書　第十六集

006968988　9100　2621　(63)
對山餘墨
毛祥麟撰　國學扶輪社輯　上海　中國圖書公司　1914年　再版　香豔叢書　第十六集

006968991　9100　2621　(63)
吳絳雪年譜
俞樾撰　國學扶輪社輯　上海　中國圖書公司　1914年　再版　香豔叢書　第十六集

006968990　9100　2621　(63)
銀瓶徵
俞樾撰　國學扶輪社輯　上海　中國圖書公司　1914年　再版　香豔叢書　第十六集

006968997　9100　2621　(64)
節錄元周達觀真臘風土記
周達觀撰　國學扶輪社輯　上海　中國圖書公司　1914年　再版　香豔叢書　第十六集

006968998　9100　2621　(64)
菊譜
范成大撰　國學扶輪社輯　上海　中國圖書公司　1914年　再版　香豔叢書　第十六集

006968993　9100　2621　(64)
明宮詞
國學扶輪社輯　上海　中國圖書公司　1914年　再版　香豔叢書　第十六集

006968995 9100 2621 (64)
十美詩
鮑皋撰　國學扶輪社輯　上海　中國圖書公司　1914年　再版　香豔叢書　第十六集

006969000 9100 2621 (65)
淞濱瑣話十一、十二
王韜撰　國學扶輪社輯　上海　中國圖書公司　1914年　再版　香豔叢書　第十七集

006969006 9100 2621 (66)
碧綫傳
國學扶輪社輯　上海　中國圖書公司　1914年　再版　香豔叢書　第十七集

006969004 9100 2621 (66)
陳張貴妃傳
國學扶輪社輯　上海　中國圖書公司　1914年　再版　香豔叢書　第十七集

006969001 9100 2621 (66)
綠珠傳
國學扶輪社輯　上海　中國圖書公司　1914年　再版　香豔叢書　第十七集

006969010 9100 2621 (66)
秋千會記
國學扶輪社輯　上海　中國圖書公司　1914年　再版　香豔叢書　第十七集

006971384 9100 2621 (66)
瑤臺片玉甲種補錄
施紹莘撰　國學扶輪社輯　上海　中國圖書公司　1914年　再版　香豔叢書　第十七集

006971383 9100 2621 (66)
張老傳
國學扶輪社輯　上海　中國圖書公司　1914年　再版　香豔叢書　第十七集

006971385 9100 2621 (67)
吳門畫舫錄
西溪山人編　國學扶輪社輯　上海　中國圖書公司　1914年　再版　香豔叢書　第十七集

006971386 9100 2621 (67)
吳門畫舫續錄
箇中生手編　國學扶輪社輯　上海　中國圖書公司　1914年　再版　香豔叢書　第十七集

006971387 9100 2621 (68)
粉墨叢談
夢畹生編　國學扶輪社輯　上海　中國圖書公司　1914年　再版　香豔叢書　第十七集

006971392 9100 2621 (69)
畫舫餘譚
捧花生編　國學扶輪社輯　上海　中國圖書公司　1914年　再版　香豔叢書　第十九集

006971388 9100 2621 (69)
續板橋雜記
珠泉居士撰　國學扶輪社輯　上海　中國圖書公司　1914年　再版　香豔叢書　第十九集

006971395 9100 2621 (70)
白門衰柳附記
許豫編　國學扶輪社輯　上海　中國圖書公司　1914年　再版　香豔叢書　第十九集

006971393 9100 2621 (70)
白門新柳記
許豫編　國學扶輪社輯　上海　中國圖

書公司 1914年 再版 香豔叢書 第十九集

006971397 9100 2621 （70）
懷芳記
蘿摩庵老人撰 國學扶輪社輯 上海中國圖書公司 1914年 再版 香豔叢書 第十九集

006971399 9100 2621 （71-72）
青塚志
胡鳳丹編輯 國學扶輪社輯 上海中國圖書公司 1914年 再版 香豔叢書 第十九集

006971404 9100 2621 （73）
花國劇談
王韜撰 國學扶輪社輯 上海 中國圖書公司 1914年 再版 香豔叢書 第十九集

006971408 9100 2621 （74）
泛湖偶記
繆艮撰 國學扶輪社輯 上海 中國圖書公司 1914年 再版 香豔叢書 第十九集

006971413 9100 2621 （74）
南宋宮閨雜詠
趙棻撰 國學扶輪社輯 上海 中國圖書公司 1914年 再版 香豔叢書 第十九集

006971410 9100 2621 （74）
沈秀英傳
繆艮撰 國學扶輪社輯 上海 中國圖書公司 1914年 再版 香豔叢書 第十九集

006971405 9100 2621 （74）
雪鴻小記附補遺
珠泉居士撰 國學扶輪社輯 上海 中國圖書公司 1914年 再版 香豔叢書 第十九集

006971406 9100 2621 （74）
珠江梅柳記
周友良撰 國學扶輪社輯 上海 中國圖書公司 1914年 再版 香豔叢書 第十九集

006971409 9100 2621 （74）
珠江奇遇記
劉瀛撰 國學扶輪社輯 上海 中國圖書公司 1914年 再版 香豔叢書 第十九集

009167459 9100 2621 （75）
大觀園圖說
國學扶輪社輯 上海 中國圖書公司 1914年 香豔叢書 第十九集

009167477 9100 2621 （75）
紅樓夢存疑
國學扶輪社輯 上海 中國圖書公司 1914年 香豔叢書 第十九集

009167468 9100 2621 （75）
紅樓夢問答
國學扶輪社輯 上海 中國圖書公司 1914年 香豔叢書 第十九集

009167401 9100 2621 （75-76）
石頭記分評
國學扶輪社輯 上海 中國圖書公司 1914年 香豔叢書 第十九集

006971414 9100 2621 （75）
石頭記論贊
闕名撰 國學扶輪社輯 上海 中國圖書公司 1914年 香豔叢書 第十九集

009167427　9100　2621　（75）
石頭記題詞
國學扶輪社輯　上海　中國圖書公司 1914年　香豔叢書　第十九集

009167418　9100　2621　（75）
石頭記序
沈鍠撰　國學扶輪社輯　上海　中國圖書公司　1914年　香豔叢書　第十九集

009167392　9100　2621　（75）
石頭記總評
國學扶輪社輯　上海　中國圖書公司 1914年　香豔叢書　第十九集

006971419　9100　2621　（77）
寄園寄所寄摘錄
趙吉士輯　國學扶輪社輯　上海　中國圖書公司　1914年　再版　香豔叢書　第二〇集

006971417　9100　2621　（77）
笠翁偶集摘錄
李漁撰　國學扶輪社輯　上海　中國圖書公司　1914年　再版　香豔叢書　第二〇集

006971421　9100　2621　（78–79）
海陬冶遊附錄
王韜撰　國學扶輪社輯　上海　中國圖書公司　1914年　再版　香豔叢書　第二〇集

006971420　9100　2621　（78）
海陬冶遊錄
王韜撰　國學扶輪社輯　上海　中國圖書公司　1914年　再版　香豔叢書　第二〇集

006971428　9100　2621　（80）
春閨雜詠
許雷地撰　國學扶輪社輯　上海　中國圖書公司　1914年　再版　香豔叢書　第二〇集

006971423　9100　2621　（80）
海陬冶遊餘錄
王韜撰　國學扶輪社輯　上海　中國圖書公司　1914年　再版　香豔叢書　第二〇集

006971424　9100　2621　（80）
記唐六如軼事
國學扶輪社輯　上海　中國圖書公司　1914年　再版　香豔叢書　第二〇集

006971426　9100　2621　（80）
六憶詞
國學扶輪社輯　上海　中國圖書公司　1914年　再版　香豔叢書　第二〇集

006971425　9100　2621　（80）
西泠閨詠後序
董壽慈撰　國學扶輪社輯　上海　中國圖書公司　1914年　再版　香豔叢書　第二〇集

006971430　9100　2621　（80）
秀華續詠
黃金石撰　國學扶輪社輯　上海　中國圖書公司　1914年　再版　香豔叢書　第二〇集

006971440　9100　2653
待時軒叢刊
羅福萇、羅福頤撰輯　大連　墨緣堂　1933—37年

006971436　9100　2653　（1–5）
宋史夏國傳集註十四卷
羅福萇註　羅福頤校補　西夏國書略說一卷　附錄　圖　羅福萇撰　大連

墨緣堂　1933—37 年　待時軒叢刊

006971437　9100　2653　(6)
西夏文存一卷　外編一卷　遼文續指二卷
　補遺一卷　匯目一卷
羅福頤錄　大連　墨緣堂　1933—37
年　待時軒叢刊

006971438　5064　0436.6　9100　2653　(7)
小學考目錄一卷
羅福頤錄　大連　墨緣堂　1933—37
年　待時軒叢刊

006971439　9100　2653　(8)
印譜考四十卷
羅福頤撰　大連　墨緣堂　1933—37
年　待時軒叢刊

006983280　9100　2672
借月山房彙鈔一名澤古叢鈔一百三十五種
張海鵬輯　上海　博古齋　1920 年

006971444　9100　2672　(001)
易例二卷
惠棟撰　張海鵬輯　上海　博古齋
1920 年　借月山房彙鈔　第 1 集

006971446　9100　2672　(002)
尚書地理今釋一卷
蔣廷錫撰　張海鵬輯　上海　博古齋
1920 年　借月山房彙鈔　第 1 集

006971449　9100　2672　(003)
詩說三卷
惠周惕撰　張海鵬輯　上海　博古齋
1920 年　借月山房彙鈔　第 1 集

006971458　9100　2672　(004－005)
考定檀弓三卷
程穆衡撰　張海鵬輯　上海　博古齋
1920 年　借月山房彙鈔　第 1 集

006971455　9100　2672　(004)
詩說一卷
陶正靖撰　張海鵬輯　上海　博古齋
1920 年　借月山房彙鈔　第 1 集

006971456　9100　2672　(004)
周禮序官考一卷
陳大庚撰　張海鵬輯　上海　博古齋
1920 年　借月山房彙鈔　第 1 集

006975933　9100　2672　(005)
深衣考一卷
黃宗羲撰　張海鵬輯　上海　博古齋
1920 年　借月山房彙鈔　第 1 集

006975935　9100　2672　(006－007)
左傳杜解補正三卷
顧炎武撰　張海鵬輯　上海　博古齋
1920 年　借月山房彙鈔　第 1 集

006975936　9100　2672　(007)
春秋說一卷
陶正靖撰　張海鵬輯　上海　博古齋
1920 年　借月山房彙鈔　第 1 集

006975937　9100　2672　(008)
春秋日食質疑一卷
吳守一撰　張海鵬輯　上海　博古齋
1920 年　借月山房彙鈔　第 1 集

006975938　9100　2672　(008)
孝經述註一卷
項霦撰　張海鵬輯　上海　博古齋
1920 年　借月山房彙鈔　第 1 集

006975940　9100　2672　(009)
駢雅七卷
朱謀㙔撰　張海鵬輯　上海　博古齋
1920 年　借月山房彙鈔　第 2 集

006975941　9100　2672　(010－013)
惠氏讀說文記十五卷

惠棟撰　張海鵬輯　上海　博古齋
1920年　借月山房彙鈔　第2集

006975942　9100　2672　(014-018)
席氏讀說文記十五卷
席世昌撰　張海鵬輯　上海　博古齋
1920年　借月山房彙鈔　第2集

006975943　9100　2672　(019)
韻補正一卷
顧炎武撰　張海鵬輯　上海　博古齋
1920年　借月山房彙鈔　第3集

006975946　9100　2672　(020)
九經誤字一卷
顧炎武撰　張海鵬輯　上海　博古齋
1920年　借月山房彙鈔　第3集

006975945　9100　2672　(020)
音學辨微一卷
江永撰　張海鵬輯　上海　博古齋
1920年　借月山房彙鈔　第3集

006975949　9100　2672　(021-024)
金石文字記六卷
顧炎武撰　張海鵬輯　上海　博古齋
1920年　借月山房彙鈔　第3集

006975948　9100　2672　(021)
石經考一卷
顧炎武撰　張海鵬輯　上海　博古齋
1920年　借月山房彙鈔　第3集

006975950　9100　2672　(024)
千字文萃一卷
張海鵬輯　上海　博古齋　1920年　借月山房彙鈔　第3集

006975951　9100　2672　(025-026)
炎徼紀聞四十卷
田汝成撰　張海鵬輯　上海　博古齋
1920年　借月山房彙鈔　第4集

006975956　9100　2672　(027)
東江始末一卷
柏起宗撰　張海鵬輯　上海　博古齋
1920年　借月山房彙鈔　第4集

006975958　9100　2672　(027)
復社紀事一卷
吳偉業撰　張海鵬輯　上海　博古齋
1920年　借月山房彙鈔　第4集

006975953　9100　2672　(027)
庚申紀事一卷
張潑撰　張海鵬輯　上海　博古齋
1920年　借月山房彙鈔　第4集

006975954　9100　2672　(027)
徐海本末一卷
茅坤撰　張海鵬輯　上海　博古齋
1920年　借月山房彙鈔　第4集

006975960　9100　2672　(028)
存是錄一卷
姚宗典撰　張海鵬輯　上海　博古齋
1920年　借月山房彙鈔　第4集

006975961　9100　2672　(029-030)
三藩紀事本末四十卷
楊陸榮撰　張海鵬輯　上海　博古齋
1920年　借月山房彙鈔　第4集

006975964　9100　2672　(031)
平蜀記一卷
佚名撰　張海鵬輯　上海　博古齋
1920年　借月山房彙鈔　第5集

006975965　9100　2672　(031)
平吳錄一卷
吳寬撰　張海鵬輯　上海　博古齋
1920年　借月山房彙鈔　第5集

006975969　9100　2672　(032)
洪武聖政記一卷
宋濂撰　張海鵬輯　上海　博古齋
1920年　借月山房彙鈔　第5集

006975966　9100　2672　(032)
平漢錄一卷
童承敘撰　張海鵬輯　上海　博古齋
1920年　借月山房彙鈔　第5集

006975967　9100　2672　(032)
平夏錄一卷
佚名撰　張海鵬輯　上海　博古齋
1920年　借月山房彙鈔　第5集

006975972　9100　2672　(033)
北征事跡一卷
袁彬撰　張海鵬輯　上海　博古齋
1920年　借月山房彙鈔　第5集

006975971　9100　2672　(033)
國初事跡一卷
劉辰撰　張海鵬輯　上海　博古齋
1920年　借月山房彙鈔　第5集

006975973　9100　2672　(034)
革除遺事六卷
黃佐撰　張海鵬輯　上海　博古齋
1920年　借月山房彙鈔　第5集

006975974　9100　2672　(035)
思陵典禮紀四十卷
孫承澤撰　張海鵬輯　上海　博古齋
1920年　借月山房彙鈔　第5集

006975978　9100　2672　(036)
廣右戰功錄一卷
唐順之撰　張海鵬輯　上海　博古齋
1920年　借月山房彙鈔　第5集

006975976　9100　2672　(036)
烈皇勤政記一卷
孫承澤撰　張海鵬輯　上海　博古齋
1920年　借月山房彙鈔　第5集

006975977　9100　2672　(036)
平定交南錄一卷
丘濬撰　張海鵬輯　上海　博古齋
1920年　借月山房彙鈔　第5集

006975980　9100　2672　(037－038)
先撥志始二卷
文秉撰　張海鵬輯　上海　博古齋
1920年　借月山房彙鈔　第5集

006975981　9100　2672　(039)
兩垣奏議一卷
逯中立撰　張海鵬輯　上海　博古齋
1920年　借月山房彙鈔　第6集

006975982　9100　2672　(039)
條奏疏稿二卷
蔣伊撰　張海鵬輯　上海　博古齋
1920年　借月山房彙鈔　第6集

006975983　9100　2672　(040－042)
嘉靖以來首輔傳八卷
王世貞撰　張海鵬輯　上海　博古齋
1920年　借月山房彙鈔　第6集

006975984　9100　2672　(043)
備遺錄一卷
張芹撰　張海鵬輯　上海　博古齋
1920年　借月山房彙鈔　第6集

006975985　9100　2672　(043)
詔獄慘言一卷
燕客撰　張海鵬輯　上海　博古齋
1920年　借月山房彙鈔　第6集

006975986　9100　2672　(044)
煙艇永懷三卷
龔立本撰　張海鵬輯　上海　博古齋

1920年　借月山房彙鈔　第6集

006975988　9100　2672　（045）
陳張事略一卷
吳國倫撰　張海鵬輯　上海　博古齋
1920年　借月山房彙鈔　第6集

006975987　9100　2672　（045）
端巖公年譜一卷
張文麟撰　張海鵬輯　上海　博古齋
1920年　借月山房彙鈔　第6集

006975992　9100　2672　（046）
金姬傳二卷
楊儀撰　張海鵬輯　上海　博古齋
1920年　借月山房彙鈔　第6集

006975989　9100　2672　（046）
汪直傳一卷
佚名撰　張海鵬輯　上海　博古齋
1920年　借月山房彙鈔　第6集

006975991　9100　2672　（046）
維揚殉節紀略一卷
史得威撰　張海鵬輯　上海　博古齋
1920年　借月山房彙鈔　第6集

006975990　9100　2672　（046）
雲林遺事一卷
顧元慶撰　張海鵬輯　上海　博古齋
1920年　借月山房彙鈔　第6集

006979448　9100　2672　（047）
劉豫事跡一卷
曹溶撰　張海鵬輯　上海　博古齋
1920年　借月山房彙鈔　第7集

006979450　9100　2672　（048）
于公德政記一卷
戴祚撰　張海鵬輯　上海　博古齋
1920年　借月山房彙鈔　第7集

006979452　9100　2672　（049）
從征緬甸日記一卷
周裕撰　張海鵬輯　上海　博古齋
1920年　借月山房彙鈔　第7集

006979451　9100　2672　（049）
寧海將軍固山貝子功績錄一卷
佚名撰　張海鵬輯　上海　博古齋
1920年　借月山房彙鈔　第7集

006979453　9100　2672　（050）
翁鐵庵年譜一卷
翁叔元撰　張海鵬輯　上海　博古齋
1920年　借月山房彙鈔　第7集

006979455　9100　2672　（051－052）
蜀碧四十卷
彭遵泗撰　張海鵬輯　上海　博古齋
1920年　借月山房彙鈔　第7集

006979457　9100　2672　（053）
海道經一卷
佚名撰　張海鵬輯　上海　博古齋
1920年　借月山房彙鈔　第8集

006979459　9100　2672　（053）
三吳水利論一卷
伍餘福撰　張海鵬輯　上海　博古齋
1920年　借月山房彙鈔　第8集

006979460　9100　2672　（054－055）
歷代山陵考二卷
王在晉撰　張海鵬輯　上海　博古齋
1920年　借月山房彙鈔　第8集

006979462　9100　2672　（055）
閩部疏一卷
王世懋撰　張海鵬輯　上海　博古齋
1920年　借月山房彙鈔　第8集

006979463　9100　2672　（056）　FC8336　Film　Mas　32194
西洋朝貢典錄三卷

黃省曾撰　張海鵬輯　上海　博古齋
1920年　借月山房彙鈔　第8集

006979465　9100　2672　(057)
譎觚一卷
顧炎武撰　張海鵬輯　上海　博古齋
1920年　借月山房彙鈔　第8集

006979464　9100　2672　(057)
星槎勝覽四十卷
費信撰　張海鵬輯　上海　博古齋
1920年　借月山房彙鈔　第8集

006979468　9100　2672　(058)
虞鄉雜記三卷
毛晉撰　張海鵬輯　上海　博古齋
1920年　借月山房彙鈔　第8集

006979469　9100　2672　(059)
崑崙河源考一卷
萬斯同撰　張海鵬輯　上海　博古齋
1920年　借月山房彙鈔　第9集

006979470　9100　2672　(060-061)
異域錄二卷
圖理琛撰　張海鵬輯　上海　博古齋
1920年　借月山房彙鈔　第9集

006979471　9100　2672　(062)
龍沙紀略一卷
方式濟撰　張海鵬輯　上海　博古齋
1920年　借月山房彙鈔　第9集

006979472　9100　2672　(062)
塞外雜識一卷
馮一鵬撰　張海鵬輯　上海　博古齋
1920年　借月山房彙鈔　第9集

006979474　9100　2672　(063)
出塞紀略一卷
錢良擇撰　張海鵬輯　上海　博古齋
1920年　借月山房彙鈔　第9集

006979475　9100　2672　(063)
西湖紀遊一卷
張仁美撰　張海鵬輯　上海　博古齋
1920年　借月山房彙鈔　第9集

006979476　9100　2672　(064)
西湖手鏡一卷
季嬰撰　張海鵬輯　上海　博古齋
1920年　借月山房彙鈔　第9集

006979479　9100　2672　(065-066)
明內廷規制考三卷
無名氏撰　張海鵬輯　上海　博古齋
1920年　借月山房彙鈔　第10集

006979484　9100　2672　(066)
帝王紀年一卷
黃諫撰　張海鵬輯　上海　博古齋
1920年　借月山房彙鈔　第10集

006979481　9100　2672　(066)
內閣志一卷
席吳鏊撰　張海鵬輯　上海　博古齋
1920年　借月山房彙鈔　第10集

006979488　9100　2672　(067)
捕蝗考一卷
陳芳生撰　張海鵬輯　上海　博古齋
1920年　借月山房彙鈔　第10集

006979489　9100　2672　(067)
伐蛟說一卷
魏廷珍撰　張海鵬輯　上海　博古齋
1920年　借月山房彙鈔　第10集

006979486　9100　2672　(067)
海運編一卷
崔旦伯撰　張海鵬輯　上海　博古齋
1920年　借月山房彙鈔　第10集

006979490　9100　2672　（068）
救荒野譜一卷
姚可成撰　張海鵬輯　上海　博古齋
1920年　借月山房彙鈔　第10集

006979491　9100　2672　（069）
兩漢解疑二卷
唐順之撰　張海鵬輯　上海　博古齋
1920年　借月山房彙鈔　第10集

006979492　9100　2672　（069）
兩晉解疑一卷
唐順之撰　張海鵬輯　上海　博古齋
1920年　借月山房彙鈔　第10集

006979494　9100　2672　（070）
明事斷略一卷
佚名撰　張海鵬輯　上海　博古齋
1920年　借月山房彙鈔　第10集

006979493　9100　2672　（070）
新舊唐書雜論一卷
李東陽撰　張海鵬輯　上海　博古齋
1920年　借月山房彙鈔　第10集

006979496　9100　2672　（071）
楓山語錄一卷
章懋撰　張海鵬輯　上海　博古齋
1920年　借月山房彙鈔　第11集

006979495　9100　2672　（071）
松窗寤言一卷
崔銑撰　張海鵬輯　上海　博古齋
1920年　借月山房彙鈔　第11集

006979500　9100　2672　（072）
蔣氏家訓一卷
蔣伊撰　張海鵬輯　上海　博古齋
1920年　借月山房彙鈔　第11集

006979499　9100　2672　（072）
荊園進語一卷
申涵光撰　張海鵬輯　上海　博古齋
1920年　借月山房彙鈔　第11集

006979497　9100　2672　（072）
荊園小語一卷
申涵光撰　張海鵬輯　上海　博古齋
1920年　借月山房彙鈔　第11集

006979501　9100　2672　（073）
海寇議一卷
萬表撰　張海鵬輯　上海　博古齋
1920年　借月山房彙鈔　第11集

006979502　9100　2672　（073）
救命書二卷
呂坤撰　張海鵬輯　上海　博古齋
1920年　借月山房彙鈔　第11集

006979503　9100　2672　（074－075）
手臂錄五卷
吳殳撰　張海鵬輯　上海　博古齋
1920年　借月山房彙鈔　第11集

006979505　9100　2672　（076）
尤氏喉科一卷
佚名撰　張海鵬輯　上海　博古齋
1920年　借月山房彙鈔　第11集

006979506　9100　2672　（076）
種痘心法一卷
朱奕梁撰　張海鵬輯　上海　博古齋
1920年　借月山房彙鈔　第11集

006979507　9100　2672　（076）
種痘指掌
佚名撰　張海鵬輯　上海　博古齋
1920年　借月山房彙鈔　第11集

006979510　9100　2672　（077－079）
水龍經五卷
蔣大鴻撰　張海鵬輯　上海　博古齋

1920年　借月山房彙鈔　第12集

006983658　9100　2672　（080）
葬經箋註一卷
吳母音撰　張海鵬輯　上海　博古齋
1920年　借月山房彙鈔　第12集

006983660　9100　2672　（081）
陽宅撮要二卷
吳鼒撰　張海鵬輯　上海　博古齋
1920年　借月山房彙鈔　第12集

006983664　9100　2672　（082）
傳神秘要一卷
蔣驥撰　張海鵬輯　上海　博古齋
1920年　借月山房彙鈔　第12集

006983662　9100　2672　（082）
小山畫譜二卷
鄒一桂撰　張海鵬輯　上海　博古齋
1920年　借月山房彙鈔　第12集

006983667　9100　2672　（083）
畫跋一卷
惲格撰　張海鵬輯　上海　博古齋
1920年　借月山房彙鈔　第12集

006983665　9100　2672　（083）
題畫詩一卷
惲格撰　張海鵬輯　上海　博古齋
1920年　借月山房彙鈔　第12集

006983669　9100　2672　（083）
續三十五舉一卷
桂馥撰　張海鵬輯　上海　博古齋
1920年　借月山房彙鈔　第12集

006983670　9100　2672　（083）
紫泥法一卷
汪鎬京撰　張海鵬輯　上海　博古齋
1920年　借月山房彙鈔　第12集

006983678　9100　2672　（084）
參譜一卷
黃叔燦撰　張海鵬輯　上海　博古齋
1920年　借月山房彙鈔　第12集

006983674　9100　2672　（084）
觀石錄一卷
高兆撰　張海鵬輯　上海　博古齋
1920年　借月山房彙鈔　第12集

006983676　9100　2672　（084）
瓶史一卷
袁宏道撰　張海鵬輯　上海　博古齋
1920年　借月山房彙鈔　第12集

006983675　9100　2672　（084）
石譜一卷
諸九鼎撰　張海鵬輯　上海　博古齋
1920年　借月山房彙鈔　第12集

006983679　9100　2672　（084）
蔬食譜一卷
陳達叟撰　張海鵬輯　上海　博古齋
1920年　借月山房彙鈔　第12集

006983671　9100　2672　（084）
說硯一卷
朱彝尊撰　張海鵬輯　上海　博古齋
1920年　借月山房彙鈔　第12集

006983673　9100　2672　（084）
硯錄一卷
曹溶撰　張海鵬輯　上海　博古齋
1920年　借月山房彙鈔　第12集

006983680　9100　2672　（085）
震澤紀聞二卷
王鏊撰　張海鵬輯　上海　博古齋
1920年　借月山房彙鈔　第13集

006983684　9100　2672　（086－087）
震澤長語二卷

王鏊撰　張海鵬輯　上海　博古齋
1920年　借月山房彙鈔　第13集

006983686　9100　2672　（087－088）
戲瑕三卷
錢希言撰　張海鵬輯　上海　博古齋
1920年　借月山房彙鈔　第13集

006983688　9100　2672　（089）
筆記一卷
彭時撰　張海鵬輯　上海　博古齋
1920年　借月山房彙鈔　第13集

006983690　9100　2672　（089－091）
鈍吟雜錄十卷
馮班撰　張海鵬輯　上海　博古齋
1920年　借月山房彙鈔　第13集

006983691　9100　2672　（092）
漱華隨筆四十卷
嚴有禧撰　張海鵬輯　上海　博古齋
1920年　借月山房彙鈔　第13集

006983694　9100　2672　（093－095）
名疑四十卷
陳士元撰　張海鵬輯　上海　博古齋
1920年　借月山房彙鈔　第14集

006983696　9100　2672　（096）
元史備忘錄一卷
王光魯撰　張海鵬輯　上海　博古齋
1920年　借月山房彙鈔　第14集

006983698　9100　2672　（097－098）
汝南遺事二卷
李本固撰　張海鵬輯　上海　博古齋
1920年　借月山房彙鈔　第14集

006983702　9100　2672　（098）
觚不觚錄一卷
王世貞撰　張海鵬輯　上海　博古齋
1920年　借月山房彙鈔　第14集

006983700　9100　2672　（098）
列朝盛事一卷
王世貞撰　張海鵬輯　上海　博古齋
1920年　借月山房彙鈔　第14集

006983703　9100　2672　（099－100）
玉堂薈記二卷
楊士聰撰　張海鵬輯　上海　博古齋
1920年　借月山房彙鈔　第14集

006983706　9100　2672　（101－106）
花當閣叢談八卷
徐復祚　張海鵬輯　上海　博古齋
1920年　借月山房彙鈔　第15集

006983708　9100　2672　（107－109）
柳南隨筆六卷
王應奎撰　張海鵬輯　上海　博古齋
1920年　借月山房彙鈔　第15集

006983709　9100　2672　（110）
柳南續筆四十卷
王應奎撰　張海鵬輯　上海　博古齋
1920年　借月山房彙鈔　第15集

006983711　9100　2672　（111）
燼餘集四十卷
周順昌撰　張海鵬輯　上海　博古齋
1920年　借月山房彙鈔　第16集

006983716　9100　2672　（112）
浩氣吟一卷
瞿式耜撰　張海鵬輯　上海　博古齋
1920年　借月山房彙鈔　第16集

006983714　9100　2672　（112）
椒山遺囑一卷
楊繼盛撰　張海鵬輯　上海　博古齋
1920年　借月山房彙鈔　第16集

006983715　9100　2672　(112)
盧公書牘一卷
盧象昇撰　張海鵬輯　上海　博古齋
1920 年　借月山房彙鈔　第 16 集

006983717　9100　2672　(113)
烏魯木齊雜詩一卷
紀昀撰　張海鵬輯　上海　博古齋
1920 年　借月山房彙鈔　第 16 集

006983718　9100　2672　(114－116)
宮詞小纂三卷
張海鵬輯　上海　博古齋　1920 年　借月山房彙鈔　第 16 集

006983720　9100　2672　(117－120)
圍爐詩話六卷
吳喬撰　張海鵬輯　上海　博古齋
1920 年　借月山房彙鈔　第 16 集

006983722　9100　2672　(120)
金石要例一卷
黃宗羲撰　張海鵬輯　上海　博古齋
1920 年　借月山房彙鈔　第 16 集

006983721　9100　2672　(120)
西崑發微三卷
吳喬撰　張海鵬輯　上海　博古齋
1920 年　借月山房彙鈔　第 16 集

006986569　9100　2747
岱南閣叢書十九種
孫星衍編　上海　博古齋　1924 年

006983724　9100　2747　(01－02)
古文尚書馬鄭註十卷　篇目表一卷　逸文二卷
王應麟輯　孫星衍補輯　上海　博古齋　1924 年　岱南閣叢書

006987023　9100　2747　(03－10)
春秋釋例十五卷
杜預撰　孫星衍輯　上海　博古齋
1924 年　岱南閣叢書

006987024　9100　2747　(11)
倉頡篇三卷
孫星衍輯　上海　博古齋　1924 年　岱南閣叢書

006987025　9100　2747　(11)
燕丹子三卷
孫星衍輯　上海　博古齋　1924 年　岱南閣叢書

006987026　9100　2747　(12－14)
鹽鐵論一卷
桓寬撰　孫星衍輯　上海　博古齋
1924 年　岱南閣叢書

006987028　9100　2747　(15－20)
孫子十家註十三卷　遺說一卷　敘錄一卷
吉天保輯　孫星衍輯　上海　博古齋
1924 年　岱南閣叢書

006987029　9100　2747　(21－30)
元和郡縣志三十四卷　逸文一卷　補目一卷
李吉甫撰　孫星衍輯　上海　博古齋
1924 年　岱南閣叢書

006987030　9100　2747　(31－32)
括地志八卷
孫星衍輯　上海　博古齋　1924 年　岱南閣叢書

006987031　9100　2747　(33－44)
故唐律疏議三卷
長孫無忌等撰　孫星衍輯　上海　博古齋　1924 年　岱南閣叢書

006987033　9100　2747　(45)
宋提刑洗冤集錄五卷
宋慈撰　孫星衍輯　上海　博古齋

1924年　岱南閣叢書

006987034　9100　2747　（46）
緝古算經細草三卷
王孝通撰　張敦仁細草　孫星衍輯　上海　博古齋　1924年　岱南閣叢書

006987036　9100　2747　（47-50）
古文苑九卷
孫星衍輯　上海　博古齋　1924年　岱南閣叢書

006987038　9100　2747　（51-52）
求一算數三卷
張敦仁撰　孫星衍輯　上海　博古齋　1924年　岱南閣叢書

006987039　9100　2747　（53-55）
問字堂集六卷
孫星衍撰　上海　博古齋　1924年　岱南閣叢書

006987041　9100　2747　（56）
岱南閣集二卷
孫星衍撰　上海　博古齋　1924年　岱南閣叢書

006987042　9100　2747　（57-58）
平津館文集稿二卷
孫星衍撰　上海　博古齋　1924年　岱南閣叢書

006987043　9100　2747　（59）
五松園文稿一卷
孫星衍撰　上海　博古齋　1924年　岱南閣叢書

006987047　9100　2747　（60）
沛上停雲集一卷
孫星衍等撰　上海　博古齋　1924年　岱南閣叢書

006987045　9100　2747　（60）
嘉穀堂集一卷
孫星衍撰　上海　博古齋　1924年　岱南閣叢書

006987061　9100　2749
儒學警悟
俞鼎孫、俞經合編　香港　武進陶湘　1922年

006987051　9100　2749　（1-2）
石林燕語辨十卷
汪應辰撰　俞鼎孫、俞經合編　香港　武進陶湘　1922年　儒學警悟

006987053　9100　2749　（3）
演繁露六卷
程大昌撰　俞鼎孫、俞經合編　香港　武進陶湘　1922年　儒學警悟

006987054　9100　2749　（4）
懶真子五卷
馬永卿撰　俞鼎孫、俞經合編　香港　武進陶湘　1922年　儒學警悟

006987056　9100　2749　（5）
考古編十卷
程大昌撰　俞鼎孫、俞經合編　香港　武進陶湘　1922年　儒學警悟

006987059　9100　2749　（6-7）
捫蝨新話八卷
陳善撰　俞鼎孫、俞經合編　香港　武進陶湘　1922年　儒學警悟

006987060　9100　2749　（8）
螢雪叢說二卷
俞成撰　俞鼎孫、俞經合編　香港　武進陶湘　1922年　儒學警悟

007001692　9100　2822
紀錄彙編一百二十四種

沈節甫編　上海　商務印書館　1938年

006987064　9100　2822　（01）
御製皇陵碑一卷
明太祖御撰　沈節甫纂輯　上海　商務印書館　1938年　紀錄彙編

006987071　9100　2822　（01）
御製紀夢一卷
明太祖御撰　沈節甫纂輯　上海　商務印書館　1938年　紀錄彙編

006987068　9100　2822　（01）
御製平西蜀文一卷
明太祖御撰　沈節甫纂輯　上海　商務印書館　1938年　紀錄彙編

006987067　9100　2822　（01）
御製西征記一卷
明太祖御撰　沈節甫纂輯　上海　商務印書館　1938年　紀錄彙編

006987069　9100　2822　（01）
御製孝慈錄一卷
明太祖御撰　沈節甫纂輯　上海　商務印書館　1938年　紀錄彙編

006987076　9100　2822　（02）
勅議或問一卷
明世宗御撰　沈節甫纂輯　上海　商務印書館　1938年　紀錄彙編

006987075　9100　2822　（02）
宣宗皇帝御製詩一卷
明宣宗御撰　沈節甫纂輯　上海　商務印書館　1938年　紀錄彙編

006987074　9100　2822　（02）
御製廣寒殿記一卷
明宣宗御撰　沈節甫纂輯　上海　商務印書館　1938年　紀錄彙編

006987073　9100　2822　（02）
御製周顛仙人傳一卷
明太祖御撰　沈節甫纂輯　上海　商務印書館　1938年　紀錄彙編

006987080　9100　2822　（02）
諭對錄一卷
張孚敬撰　沈節甫纂輯　上海　商務印書館　1938年　紀錄彙編

006987081　9100　2822　（03）
皇朝本記一卷
闕名撰　沈節甫纂輯　上海　商務印書館　1938年　紀錄彙編

006987087　9100　2822　（04）
否泰錄一卷
劉定之撰　沈節甫纂輯　上海　商務印書館　1938年　紀錄彙編

006987085　9100　2822　（04）
國初禮賢錄一卷
闕名撰　沈節甫纂輯　上海　商務印書館　1938年　紀錄彙編

006987083　9100　2822　（04）
龍興慈記一卷
王文祿撰　沈節甫纂輯　上海　商務印書館　1938年　紀錄彙編

006987082　9100　2822　（04）
天潢玉牒一卷
解縉撰　沈節甫纂輯　上海　商務印書館　1938年　紀錄彙編

006987086　9100　2822　（04）
遇恩錄一卷
劉仲璟撰　沈節甫纂輯　上海　商務印書館　1938年　紀錄彙編

006987090　9100　2822　（05）
北使錄一卷

李實撰　沈節甫纂輯　上海　商務印書館　1938年　紀錄彙編

006989871　9100　2822　（05）
北征事跡一卷
袁彬撰　尹直錄　沈節甫纂輯　上海　商務印書館　1938年　紀錄彙編

006989874　9100　2822　（05）
正統北狩事跡一卷
闕名撰　沈節甫纂輯　上海　商務印書館　1938年　紀錄彙編

006989872　9100　2822　（05）
正統臨戎錄一卷
闕名撰　沈節甫纂輯　上海　商務印書館　1938年　紀錄彙編

006989876　9100　2822　（06）
復辟錄一卷
李賢撰　沈節甫纂輯　上海　商務印書館　1938年　紀錄彙編

006989877　9100　2822　（06）
天順日錄一卷
李賢撰　沈節甫纂輯　上海　商務印書館　1938年　紀錄彙編

006989881　9100　2822　（07）
大駕北還錄一卷
陸深撰　沈節甫纂輯　上海　商務印書館　1938年　紀錄彙編

006989879　9100　2822　（07）
古穰雜錄摘鈔一卷
李賢撰　沈節甫纂輯　上海　商務印書館　1938年　紀錄彙編

006989880　9100　2822　（07）
聖駕南巡日錄一卷
陸深撰　沈節甫纂輯　上海　商務印書館　1938年　紀錄彙編

006989883　9100　2822　（08）
北平錄一卷
闕名撰　沈節甫纂輯　上海　商務印書館　1938年　紀錄彙編

006989884　9100　2822　（08）
平漢錄一卷
童承敘撰　沈節甫纂輯　上海　商務印書館　1938年　紀錄彙編

006989882　9100　2822　（08）
平胡錄一卷
陸深撰　沈節甫纂輯　上海　商務印書館　1938年　紀錄彙編

006989886　9100　2822　（08）
平吳錄一卷
吳寬撰　沈節甫纂輯　上海　商務印書館　1938年　紀錄彙編

006989892　9100　2822　（09）
北征記一卷
楊榮撰　沈節甫纂輯　上海　商務印書館　1938年　紀錄彙編

006989890　9100　2822　（09）
後北征錄一卷
金幼孜撰　沈節甫纂輯　上海　商務印書館　1938年　紀錄彙編

006989887　9100　2822　（09）
平蜀記一卷
闕名撰　沈節甫纂輯　上海　商務印書館　1938年　紀錄彙編

006989888　9100　2822　（09）
平夏錄一卷
黃標撰　沈節甫纂輯　上海　商務印書館　1938年　紀錄彙編

006989889　9100　2822　(09)
前北征錄一卷
金幼孜撰　沈節甫纂輯　上海　商務印書館　1938年　紀錄彙編

006989897　9100　2822　(10)
撫安東夷記一卷
沈節甫纂輯　上海　商務印書館　1938年　紀錄彙編

006989893　9100　2822　(10)
馬端肅公三記三卷
馬文升撰　沈節甫纂輯　上海　商務印書館　1938年　紀錄彙編

006989904　9100　2822　(10)
平番始末二卷
許進撰　沈節甫纂輯　上海　商務印書館　1938年　紀錄彙編

006989896　9100　2822　(10)
西征石城記一卷
沈節甫纂輯　上海　商務印書館　1938年　紀錄彙編

006989900　9100　2822　(10)
興復哈密國王記一卷
沈節甫纂輯　上海　商務印書館　1938年　紀錄彙編

006989908　9100　2822　(11)
平蠻錄一卷
王軾撰　沈節甫纂輯　上海　商務印書館　1938年　紀錄彙編

006989907　9100　2822　(11)
平夷賦一卷
趙輔撰　沈節甫纂輯　上海　商務印書館　1938年　紀錄彙編

006989909　9100　2822　(11)
西征日錄一卷
楊一清撰　沈節甫纂輯　上海　商務印書館　1938年　紀錄彙編

006989915　9100　2822　(11)
雲中事記一卷
蘇佑撰　沈節甫纂輯　上海　商務印書館　1938年　紀錄彙編

006989910　9100　2822　(11)
制府雜錄一卷
楊一清撰　沈節甫纂輯　上海　商務印書館　1938年　紀錄彙編

006989923　9100　2822　(12)
滇載記一卷
楊慎撰　沈節甫纂輯　上海　商務印書館　1938年　紀錄彙編

006989920　9100　2822　(12)
雲南機務鈔黃一卷
張紞撰　沈節甫纂輯　上海　商務印書館　1938年　紀錄彙編

006989917　9100　2822　(12)
張司馬定浙二亂志一卷
王世貞撰　沈節甫纂輯　上海　商務印書館　1938年　紀錄彙編

006989927　9100　2822　(13)
安南傳二卷
王世貞撰　沈節甫纂輯　上海　商務印書館　1938年　紀錄彙編

006989928　9100　2822　(13)
南翁夢錄一卷
黎澄撰　沈節甫纂輯　上海　商務印書館　1938年　紀錄彙編

006989925　9100　2822　(13)
平定交南錄一卷
丘濬撰　沈節甫纂輯　上海　商務印

館　1938年　紀錄彙編

006989929　9100　2822　（14）
勘處播州事情疏一卷
何喬新撰　沈節甫纂輯　上海　商務印書館　1938年　紀錄彙編

006989931　9100　2822　（15）
防邊紀事一卷
高拱撰　沈節甫纂輯　上海　商務印書館　1938年　紀錄彙編

006989934　9100　2822　（15）
伏戎紀事一卷
高拱撰　沈節甫纂輯　上海　商務印書館　1938年　紀錄彙編

006989937　9100　2822　（16）
靖夷紀事一卷
高拱撰　沈節甫纂輯　上海　商務印書館　1938年　紀錄彙編

006989938　9100　2822　（16）
綏廣紀事一卷
高拱撰　沈節甫纂輯　上海　商務印書館　1938年　紀錄彙編

006989935　9100　2822　（16）
撻虜紀事一卷
高拱撰　沈節甫纂輯　上海　商務印書館　1938年　紀錄彙編

006989940　9100　2822　（17－18）
炎徼紀聞二卷
田汝成撰　沈節甫纂輯　上海　商務印書館　1938年　紀錄彙編

006989941　9100　2822　（19）
星槎勝覽一卷
費信撰　沈節甫纂輯　上海　商務印書館　1938年　紀錄彙編

006989942　9100　2822　（19）
瀛涯勝覽一卷
馬歡撰　沈節甫纂輯　上海　商務印書館　1938年　紀錄彙編

006989946　9100　2822　（20）
朝鮮紀事一卷
倪謙撰　沈節甫纂輯　上海　商務印書館　1938年　紀錄彙編

006989945　9100　2822　（20）
奉使安南水程日記一卷
黃福撰　沈節甫纂輯　上海　商務印書館　1938年　紀錄彙編

006989943　9100　2822　（20）
瀛涯勝覽集一卷
張昇撰　沈節甫纂輯　上海　商務印書館　1938年　紀錄彙編

006989948　9100　2822　（21）
使琉球錄一卷
陳侃撰　沈節甫纂輯　上海　商務印書館　1938年　紀錄彙編

006989949　9100　2822　（22－29）
鴻猷錄十六卷
高岱撰　沈節甫纂輯　上海　商務印書館　1938年　紀錄彙編

006989950　9100　2822　（30）
治世餘聞錄上篇四卷　下篇四卷
陳洪謨撰　沈節甫纂輯　上海　商務印書館　1938年　紀錄彙編

006989951　9100　2822　（31）
繼世紀聞六卷
陳洪謨撰　沈節甫纂輯　上海　商務印書館　1938年　紀錄彙編

006989954　9100　2822　（32）
靖難功臣錄一卷

闕名撰　沈節甫纂輯　上海　商務印書館　1938年　紀錄彙編

006989953　9100　2822　(32)
名卿績紀四十卷
王世貞撰　沈節甫纂輯　上海　商務印書館　1938年　紀錄彙編

006996991　9100　2822　(33)
國琛集二卷
唐樞撰　沈節甫纂輯　上海　商務印書館　1938年　紀錄彙編

006996992　9100　2822　(34)
國寶新編一卷
顧璘撰　沈節甫纂輯　上海　商務印書館　1938年　紀錄彙編

006996993　9100　2822　(34-37)
續吳先賢贊一百五十卷
劉鳳撰　沈節甫纂輯　上海　商務印書館　1938年　紀錄彙編

006996995　9100　2822　(38)
明詩評一卷
王世貞撰　沈節甫纂輯　上海　商務印書館　1938年　紀錄彙編

006997002　9100　2822　(39)
金石契一卷
祝肇撰　沈節甫纂輯　上海　商務印書館　1938年　紀錄彙編

006997003　9100　2822　(39)
守溪筆記一卷
王鏊撰　沈節甫纂輯　上海　商務印書館　1938年　紀錄彙編

006996998　9100　2822　(39)
吳郡二科志一卷
閻秀卿撰　沈節甫纂輯　上海　商務印書館　1938年　紀錄彙編

006997000　9100　2822　(39)
新倩籍一卷
徐禎卿撰　沈節甫纂輯　上海　商務印書館　1938年　紀錄彙編

006997005　9100　2822　(40)
彭文憲公筆記一卷
彭時撰　沈節甫纂輯　上海　商務印書館　1938年　紀錄彙編

006997004　9100　2822　(40)
震澤長語摘鈔一卷
王鏊撰　沈節甫纂輯　上海　商務印書館　1938年　紀錄彙編

006997010　9100　2822　(41)
閒中今古錄摘鈔一卷
黃溥撰　沈節甫纂輯　上海　商務印書館　1938年　紀錄彙編

006997009　9100　2822　(41)
青溪暇筆摘鈔一卷
姚福撰　沈節甫纂輯　上海　商務印書館　1938年　紀錄彙編

006997007　9100　2822　(41)
畜德錄一卷
陳沂撰　沈節甫纂輯　上海　商務印書館　1938年　紀錄彙編

006997012　9100　2822　(42)
翦勝野聞一卷
徐禎卿撰　沈節甫纂輯　上海　商務印書館　1938年　紀錄彙編

006997015　9100　2822　(42)
金臺紀聞摘鈔一卷
陸深撰　沈節甫纂輯　上海　商務印書館　1938年　紀錄彙編

006997016　9100　2822　(42-43)
停驂錄摘鈔一卷　附續抄一卷
陸深撰　沈節甫纂輯　上海　商務印書館　1938年　紀錄彙編

006997014　9100　2822　(42)
玉堂漫筆摘鈔一卷
陸深撰　沈節甫纂輯　上海　商務印書館　1938年　紀錄彙編

006997019　9100　2822　(43)
科場條貫一卷
陸深撰　沈節甫纂輯　上海　商務印書館　1938年　紀錄彙編

006997018　9100　2822　(43)
豫章漫鈔摘錄一卷
陸深撰　沈節甫纂輯　上海　商務印書館　1938年　紀錄彙編

006997020　9100　2822　(44-46)
水東日記摘鈔七卷
葉盛撰　沈節甫纂輯　上海　商務印書館　1938年　紀錄彙編

006997021　9100　2822　(47-50)
今言四十卷
鄭曉撰　沈節甫纂輯　上海　商務印書館　1938年　紀錄彙編

006997022　9100　2822　(51-53)
餘冬序錄摘鈔六卷
何孟春撰　沈節甫纂輯　上海　商務印書館　1938年　紀錄彙編

006997023　9100　2822　(54-55)
鳳洲雜編六卷
王世貞撰　沈節甫纂輯　上海　商務印書館　1938年　紀錄彙編

006997026　9100　2822　(56)
海槎餘錄一卷
顧岕撰　沈節甫纂輯　上海　商務印書館　1938年　紀錄彙編

006997028　9100　2822　(56)
君子堂日詢手鏡一卷
王濟撰　沈節甫纂輯　上海　商務印書館　1938年　紀錄彙編

006997024　9100　2822　(56)
醫閭漫記一卷
賀欽撰　沈節甫纂輯　上海　商務印書館　1938年　紀錄彙編

006997025　9100　2822　(56)
譯語一卷
蘇志皋撰　沈節甫纂輯　上海　商務印書館　1938年　紀錄彙編

006997029　9100　2822　(57-58)
庚己編一卷
陸粲撰　沈節甫纂輯　上海　商務印書館　1938年　紀錄彙編

006997031　9100　2822　(59-61)
四友齋叢說摘鈔六卷
何良俊撰　沈節甫纂輯　上海　商務印書館　1938年　紀錄彙編

006997032　9100　2822　(62-64)
菽園雜說摘鈔七卷
陸容撰　沈節甫纂輯　上海　商務印書館　1938年　紀錄彙編

006997033　9100　2822　(65-66)
留青日札摘鈔四十卷
田藝蘅撰　沈節甫纂輯　上海　商務印書館　1938年　紀錄彙編

006997037　9100　2822　(67)
百可漫志一卷
陳鼎撰　沈節甫纂輯　上海　商務印書

館　1938年　紀録彙編

006997038　9100　2822　（67）
錦衣志一卷
王世貞撰　沈節甫纂輯　上海　商務印書館　1938年　紀録彙編

006997036　9100　2822　（67）
近峰記略摘鈔一卷
皇甫庸撰　沈節甫纂輯　上海　商務印書館　1938年　紀録彙編

006997035　9100　2822　（67）
漫記一卷
崔銑撰　沈節甫纂輯　上海　商務印書館　1938年　紀録彙編

006997034　9100　2822　（67）
松窗寤言摘録一卷
崔銑撰　沈節甫纂輯　上海　商務印書館　1938年　紀録彙編

006997039　9100　2822　（67）
星變志一卷
抱甕外史撰　沈節甫纂輯　上海　商務印書館　1938年　紀録彙編

006997046　9100　2822　（68）
病榻遺言一卷
高拱撰　沈節甫纂輯　上海　商務印書館　1938年　紀録彙編

006997044　9100　2822　（68）
琅琊漫鈔摘録一卷
文林撰　沈節甫纂輯　上海　商務印書館　1938年　紀録彙編

006997060　9100　2822　（69）
病逸漫記一卷
陸釴撰　沈節甫纂輯　上海　商務印書館　1938年　紀録彙編

006997056　9100　2822　（69）
蘇談一卷
楊循吉撰　沈節甫纂輯　上海　商務印書館　1938年　紀録彙編

006997052　9100　2822　（69）
懸笥瑣探摘鈔一卷
劉昌撰　沈節甫纂輯　上海　商務印書館　1938年　紀録彙編

006997064　9100　2822　（70）
前聞記一卷
祝允明撰　沈節甫纂輯　上海　商務印書館　1938年　紀録彙編

006997066　9100　2822　（70）
寓圃雜記二卷
王錡撰　沈節甫纂輯　上海　商務印書館　1938年　紀録彙編

007002090　9100　2822　（71）
二酉委譚摘録一卷
王世懋撰　沈節甫纂輯　上海　商務印書館　1938年　紀録彙編

006997071　9100　2822　（71）
蒹葭堂雜著摘鈔一卷
陸楫撰　沈節甫纂輯　上海　商務印書館　1938年　紀録彙編

007002088　9100　2822　（71）
窺天外乘一卷
王世懋撰　沈節甫纂輯　上海　商務印書館　1938年　紀録彙編

007002095　9100　2822　（72）
江西輿地圖説一卷
趙秉忠撰　沈節甫纂輯　上海　商務印書館　1938年　紀録彙編

007002092　9100　2822　（72）
閩部疏一卷

王世懋撰　沈節甫纂輯　上海　商務印書館　1938年　紀錄彙編

007002097　9100　2822　(72)
饒南九三府圖説一卷
王世懋撰　沈節甫纂輯　上海　商務印書館　1938年　紀錄彙編

007002100　9100　2822　(73)
涉異志一卷
閔文振撰　沈節甫纂輯　上海　商務印書館　1938年　紀錄彙編

007002098　9100　2822　(73)
志怪録一卷
祝允明撰　沈節甫纂輯　上海　商務印書館　1938年　紀錄彙編

007002102　9100　2822　(74-75)
奇聞類記摘鈔四十卷
施顯卿撰　沈節甫纂輯　上海　商務印書館　1938年　紀錄彙編

007002104　9100　2822　(76)
見聞紀訓二卷
陳良謨撰　沈節甫纂輯　上海　商務印書館　1938年　紀錄彙編

007002105　9100　2822　(76)
新知録摘鈔一卷
劉仕義撰　沈節甫纂輯　上海　商務印書館　1938年　紀錄彙編

007002111　9100　2822.1
紀錄彙編選刊
燕京大學圖書館選　北平　燕京大學圖書館　1935年　燕京大學圖書館叢書

007005274　9100　3092
寶顏堂秘笈五集　二百八種　眉公雜著十五種
陳繼儒撰　上海　文明書局　1922年

007005610　9100　3224
清代學術叢書
黃寶熙輯　香港　香山黃氏古愚室　1925年

007005725　9100　3224　(01)
論語通釋一卷
焦循著　黃寶熙輯　香港　香山黃氏古愚室　1925年　清代學術叢書

007005726　9100　3224　(02-06)
顏氏學記十卷
戴望著　黃寶熙輯　香港　香山黃氏古愚室　1925年　清代學術叢書

007005728　9100　3224　(07-12)
管子校正二四卷
戴望著　黃寶熙輯　香港　香山黃氏古愚室　1925年　清代學術叢書　(m.)

007005729　9100　3224　(13-22)
巢經巢集二一卷
鄭珍著　黃寶熙輯　香港　香山黃氏古愚室　1925年　清代學術叢書

007005731　9100　3224　(23-24)
屈廬詩集四十卷
鄭知同著　黃寶熙輯　香港　香山黃氏古愚室　1925年　清代學術叢書

007005757　9100　3227
房山山房叢書
陳洙輯刊　香港　江浦陳氏　1920年

007005739　9100　3227　(1)
大正博覽會參觀記一卷
王維亮著　陳洙輯刊　香港　江浦陳氏　1920年　房山山房叢書

007005735　9100　3227　（1）
讀易雜說一卷
陳世鎔著　陳洙輯刊　香港　江浦陳氏
1920年　房山山房叢書

007005740　9100　3227　（1）
漢魏碑考一卷
萬經著　陳洙輯刊　香港　江浦陳氏
1920年　房山山房叢書

007005736　9100　3227　（1）
康熙朝品級考一卷
陳洙輯刊　香港　江浦陳氏　1920年
房山山房叢書

007005742　9100　3227　（1）
拙存堂題跋一卷
蔣衡著　陳洙輯刊　香港　江浦陳氏
1920年　房山山房叢書

007005748　9100　3227　（2）
跋南雷文定一卷
方東樹著　陳洙輯刊　香港　江浦陳氏
1920年　房山山房叢書

007005745　9100　3227　（2）
石泉書屋題跋一卷
李佐賢著　陳洙輯刊　香港　江浦陳氏
1920年　房山山房叢書

007005752　9100　3227　（3）
岱遊集一卷
陳文述著　陳洙輯刊　香港　江浦陳氏
1920年　房山山房叢書

007005754　9100　3227　（3）
同文集一卷
黃超曾編　陳洙輯刊　香港　江浦陳氏
1920年　房山山房叢書

007005749　9100　3227　（3）
玉井搴蓮集一卷
嚴長明著　陳洙輯刊　香港　江浦陳氏
1920年　房山山房叢書

007005756　9100　3227　（4）
婷雅堂詩集八卷
趙文喆著　陳洙輯刊　香港　江浦陳氏
1920年　房山山房叢書

007013217　9100　3235
漢魏叢書三十八種
上海　商務印書館　1925年

007010593　9100　3235　（01）
古三墳
程榮校輯　上海　商務印書館　1925年
漢魏叢書

007010590　9100　3235　（01）
京房易傳
京房著　陸績註　程榮校輯　上海　商務印書館　1925年　漢魏叢書

007010594　9100　3235　（01）
詩說
申培著　程榮校輯　上海　商務印書館
1925年　漢魏叢書

007010592　9100　3235　（01）
周易略例
王弼著　邢璹註　程榮校輯　上海　商務印書館　1925年　漢魏叢書

007010596　9100　3235　（02-03）
韓詩外傳
韓嬰著　程榮校輯　上海　商務印書館
1925年　漢魏叢書

007010597　9100　3235　（04-05）
大戴禮記
戴德著　程榮校輯　上海　商務印書館
1925年　漢魏叢書

007010599　9100　3235　（06－07）
春秋繁露
董仲舒著　程榮校輯　上海　商務印書館　1925年　漢魏叢書

008071072　9100　3235　（08－09）
白虎通德論
班固著　程榮校輯　上海　商務印書館　1925年　漢魏叢書

007010601　9100　3235　（09）
獨斷
蔡邕著　程榮校輯　上海　商務印書館　1925年　漢魏叢書

007010603　9100　3235　（10）
方言
揚雄紀　郭璞解　程榮校輯　上海　商務印書館　1925年　漢魏叢書

007010602　9100　3235　（10）
忠經
馬融著　程榮校輯　上海　商務印書館　1925年　漢魏叢書

007010605　9100　3235　（11－12）
元經薛氏傳
王通經　薛收傳　阮逸註　程榮校輯　上海　商務印書館　1925年　漢魏叢書

007010607　9100　3235　（13）
逸周書
孔晁註　程榮校輯　上海　商務印書館　1925年　漢魏叢書

007010609　9100　3235　（14）
穆天子傳
郭璞註　程榮校輯　上海　商務印書館　1925年　漢魏叢書　（m.）

007010611　9100　3235　（14）
西京雜記
葛洪集　程榮校輯　上海　商務印書館　1925年　漢魏叢書

007010613　9100　3235　（15）
素書
黃石公著　張商英註　程榮校輯　上海　商務印書館　1925年　漢魏叢書

007010616　9100　3235　（15）
新語
陸賈著　程榮校輯　上海　商務印書館　1925年　漢魏叢書　（m.）

008071064　9100　3235　（16）
孔叢子
孔鮒著　程榮校輯　上海　商務印書館　1925年　漢魏叢書　（m.）

007010618　9100　3235　（17－18）
新序
劉向著　程榮校輯　上海　商務印書館　1925年　漢魏叢書　（m.）

007010620　9100　3235　（19－21）
説苑
劉向著　程榮校輯　上海　商務印書館　1925年　漢魏叢書　（m.）

007010623　9100　3235　（22－23）
新書
賈誼著　程榮校輯　上海　商務印書館　1925年　漢魏叢書

007010626　1150　1332　9100　3235　（24）
法言
揚雄著　程榮校輯　上海　商務印書館　1925年　漢魏叢書

007010627　9100　3235　（24－25）
潛夫論
王符著　程榮校輯　上海　商務印書館

1925年　漢魏叢書　（m.）

007010632　9100　3235　（26）
申鑒
荀悦著　黃省曾註　程榮校輯　上海
商務印書館　1925年　漢魏叢書

007010636　9100　3235　（27）
中論
徐幹著　程榮校輯　上海　商務印書館
　1925年　漢魏叢書

007010638　9100　3235　（28）
顏氏家訓
顏之推著　程榮校輯　上海　商務印書館　1925年　漢魏叢書　（m.）

007010645　9100　3235　（29）
人物志
劉劭著　劉昞註　程榮校輯　上海　商務印書館　1925年　漢魏叢書

007010642　9100　3235　（29）
商子
公孫鞅著　程榮校輯　上海　商務印書館　1925年　漢魏叢書

007010648　9100　3235　（30）
風俗通義
應劭著　程榮校輯　上海　商務印書館　1925年　漢魏叢書

007010651　9100　3235　（31）
劉子新論
劉勰著　袁孝政註　程榮校輯　上海　商務印書館　1925年　漢魏叢書

006548393　9100　3235　（32）
洞冥記
郭憲著　程榮校輯　上海　商務印書館　1925年　漢魏叢書　（m. w.）

007013635　9100　3235　（32）
神異經
東方朔著　程榮校輯　上海　商務印書館　1925年　漢魏叢書

008071062　9100　3235　（32）
述異記
任昉著　程榮校輯　上海　商務印書館　1925年　漢魏叢書

007013636　9100　3235　（32-33）
王子年拾遺記
王嘉著　程榮校輯　上海　商務印書館　1925年　漢魏叢書

007013638　9100　3235　（33）
飛燕外傳
伶玄著　程榮校輯　上海　商務印書館　1925年　漢魏叢書

007013639　9100　3235　（33）
古今刀劍錄
陶弘景著　程榮校輯　上海　商務印書館　1925年　漢魏叢書

007013637　9100　3235　（33）
星經
石申著　程榮校輯　上海　商務印書館　1925年　漢魏叢書

007013641　9100　3235　（34-40）
論衡
王充著　程榮校輯　上海　商務印書館　1925年　漢魏叢書　（m.）

007057068　9100　3264　9100　3264　v.1　（Mu lu fu ti yao）
宛委別藏四十種
國立北平故宮博物院　上海　商務印書館　1935年

007052758　9100　3264　（002）
周易經疑三卷

涂晉生撰　阮元輯　故宮博物院選　上海　商務印書館　1935年　宛委別藏

007052759　9100　3264　（003-007）
新編詩義集説四卷
孫鼎撰　阮元輯　故宮博物院選　上海　商務印書館　1935年　宛委別藏

007052760　9100　3264　（008）
五服圖解一卷
龔端禮撰　阮元輯　故宮博物院選　上海　商務印書館　1935年　宛委別藏

007052761　9100　3264　（009-018）
春秋集傳十九卷
張洽撰　阮元輯　故宮博物院選　上海　商務印書館　1935年　宛委別藏

007052762　9100　3264　（019-021）
九經疑難四卷
張文伯撰　阮元輯　故宮博物院選　上海　商務印書館　1935年　宛委別藏

007052763　9100　3264　（022-024）
集篆古文韻海五卷
杜從古撰　阮元輯　故宮博物院選　上海　商務印書館　1935年　宛委別藏

007052764　9100　3264　（025-028）
增廣鐘鼎篆韻七卷
楊鉤撰　阮元輯　故宮博物院選　上海　商務印書館　1935年　宛委別藏

007052765　9100　3264　（029-048）
增入名儒講義皇宋中興聖政六十四卷
留正等撰　阮元輯　故宮博物院選　上海　商務印書館　1935年　宛委別藏

007052766　9100　3264　（049）
運使復齋郭公言行錄一卷
徐東撰　阮元輯　故宮博物院選　上海　商務印書館　1935年　宛委別藏

007057419　9100　3264　（050-052）
莆陽比事七卷
李俊甫撰　阮元輯　故宮博物院選　上海　商務印書館　1935年　宛委別藏

007057420　9100　3264　（053）
陳氏小兒病源方論四卷
陳文中撰　阮元輯　故宮博物院選　上海　商務印書館　1935年　宛委別藏

007057421　9100　3264　（054-058）
類編朱氏集驗醫方十五卷
朱佐撰　阮元輯　故宮博物院選　上海　商務印書館　1935年　宛委別藏

007057422　9100　3264　（059）
大宋寶祐四年丙辰歲會天萬年具註曆一卷
荊執禮撰　阮元輯　故宮博物院選　上海　商務印書館　1935年　宛委別藏

007057423　9100　3264　（060-061）
嘉量算經三卷
朱載堉撰　阮元輯　故宮博物院選　上海　商務印書館　1935年　宛委別藏

007057424　9100　3264　（062）
遁甲符應經三卷
楊維德等撰　阮元輯　故宮博物院選　上海　商務印書館　1935年　宛委別藏

007057425　9100　3264　（063）
書齋夜話四卷
俞琰撰　阮元輯　故宮博物院選　上海　商務印書館　1935年　宛委別藏

007057426　9100　3264　（064）
爲政善報事類十卷
葉留撰　阮元輯　故宮博物院選　上海

商務印書館　1935年　宛委別藏

007057427　9100　3264　（065－067）
左氏摘奇十二卷
胡元質撰　阮元輯　故宮博物院選　上海　商務印書館　1935年　宛委別藏

007057428　9100　3264　（068－077）
回溪先生史韻二十三卷
錢諷撰　阮元輯　故宮博物院選　上海　商務印書館　1935年　宛委別藏

007057429　9100　3264　（078－091）
群書通要七十三卷
阮元輯　故宮博物院選　上海　商務印書館　1935年　宛委別藏

007057430　9100　3264　（092－093）
策要六卷
梁寅撰　阮元輯　故宮博物院選　上海　商務印書館　1935年　宛委別藏

007057431　9100　3264　（094－098）
群書類編故事二十四卷
王罃撰　阮元輯　故宮博物院選　上海　商務印書館　1935年　宛委別藏

007057432　9100　3264　（099－103）
續世説十二卷
孔平仲撰　阮元輯　故宮博物院選　上海　商務印書館　1935年　宛委別藏（m.）

007057433　9100　3264　（104－106）
古清涼傳二卷
慧祥撰　廣清涼傳三卷　延一撰　續清涼傳二卷　張商英等撰　上海　商務印書館　1935年　宛委別藏

007057434　9100　3264　（107）
毅齋詩集別録一卷

阮元輯　故宮博物院選　上海　商務印書館　1935年　宛委別藏

007057435　9100　3264　（108）
古逸民先生集三卷
汪炎昶撰　阮元輯　故宮博物院選　上海　商務印書館　1935年　宛委別藏

007057436　9100　3264　（109－113）
桐江集八卷
方回撰　阮元輯　故宮博物院選　上海　商務印書館　1935年　宛委別藏

007057437　9100　3264　（114－115）
貞一齋文詩稿二卷
朱思本撰　阮元輯　故宮博物院選　上海　商務印書館　1935年　宛委別藏

007057439　9100　3264　（116）
東皋先生詩集五卷
馬玉麟撰　阮元輯　故宮博物院選　上海　商務印書館　1935年　宛委別藏

007057440　9100　3264　（117）
王徵士詩八卷
王沂撰　阮元輯　故宮博物院選　上海　商務印書館　1935年　宛委別藏

007057441　9100　3264　（118）
慎齋集四卷
蔣主忠撰　阮元輯　故宮博物院選　上海　商務印書館　1935年　宛委別藏

007057442　9100　3264　（119－125）
分門纂類唐歌詩殘本十一卷
趙孟奎、阮元輯　故宮博物院選　上海　商務印書館　1935年　宛委別藏

007057443　9100　3264　（126－131）
東漢文鑒二十卷
陳鑒、阮元輯　故宮博物院選　上海

商務印書館　1935年　宛委別藏

007057444　9100　3264　（132）
諸儒奧論策學統宗前集五卷
譚金孫、阮元輯　故宮博物院選　上海　商務印書館　1935年　宛委別藏

007057445　9100　3264　（133）
詩苑衆芳
劉瑄、阮元輯　故宮博物院選　上海　商務印書館　1935年　宛委別藏

007057446　9100　3264　（134-141）
元風雅三十卷
蔣易、阮元輯　故宮博物院選　上海　商務印書館　1935年　宛委別藏

007057447　9100　3264　（142）
青雲梯三卷
阮元輯　故宮博物院選　上海　商務印書館　1935年　宛委別藏

007057448　9100　3264　（143-144）
編類運使復齋郭公敏行錄不分卷
黃文仲、林興祖合編　阮元輯　故宮博物院選　上海　商務印書館　1935年　宛委別藏

007057449　9100　3264　（145-146）
聲律關鍵八卷
鄭起潛撰　阮元輯　故宮博物院選　上海　商務印書館　1935年　宛委別藏

007057450　9100　3264　（147-151）
陽春白雪八卷　外集一卷
趙聞禮、阮元輯　故宮博物院選　上海　商務印書館　1935年　宛委別藏（m.）

007071891　9100　3280
清代筆記叢刊
文明書局輯　上海　文明書局　1936年

007071735　9100　3280　（001-004）
廣陽雜記五卷
劉獻廷著　上海　文明書局　1936年　清代筆記叢刊

007071727　9100　3280　（005）
島居隨錄二卷
盧若騰著　上海　文明書局　1936年　清代筆記叢刊

007071737　9100　3280　（006-007）
今世說八卷
王晫著　上海　文明書局　1936年　清代筆記叢刊（m.）

007071733　9100　3280　（008-010）
觚剩八卷　續編四卷
鈕琇著　上海　文明書局　1936年　清代筆記叢刊

007071705　9100　3280　（011-014）
虞初新志二卷
張潮著輯　上海　文明書局　1936年　清代筆記叢刊

007071745　9100　3280　（015-018）
虞初續志十二卷
張澍若著　上海　文明書局　1936年　清代筆記叢刊

007071746　9100　3280　（019）
蒿庵閒話二卷
張爾岐著　上海　文明書局　1936年　清代筆記叢刊

007071702　9100　3280　（020）
淥水亭雜識四十卷
納蘭性德著　上海　文明書局　1936年　清代筆記叢刊

007071706　9100　3280　（021－028）
池北偶談二十六卷
王士禛著　上海　文明書局　1936年
清代筆記叢刊　（m.）

007071755　9100　3280　（029－030）
香祖筆記十二卷
王士禛著　上海　文明書局　1936年
清代筆記叢刊

007071736　9100　3280　（031－038）
閱微草堂筆記二十四卷
紀昀著　上海　文明書局　1936年　清
代筆記叢刊　（m.）

007071704　9100　3280　（039－040）
諧鐸十二卷
沈起鳳著　上海　文明書局　1936年
清代筆記叢刊

007071700　9100　3280　（041－060）
堅瓠集
褚人獲著　上海　文明書局　1936年
清代筆記叢刊

007071750　9100　3280　（061－062）
耳食錄五卷
樂鈞著　上海　文明書局　1936年　清
代筆記叢刊

007071732　9100　3280　（063－065）
重論文齋筆錄十二卷
王端履著　上海　文明書局　1936年
清代筆記叢刊

007071731　9100　3280　（066－069）
熙朝新語十六卷
徐錫麟、錢泳撰　上海　文明書局
1936年　清代筆記叢刊

007071739　9100　3280　（070－077）
子不語二四卷　續十卷
袁枚撰　上海　文明書局　1935年　清
代筆記叢刊

007071701　9100　3280　（078－079）
茶餘客話十二卷
阮葵生著　上海　文明書局　1936年
清代筆記叢刊　（m.）

007071738　9100　3280　（080）
東城雜記二卷
厲鶚著　上海　文明書局　1936年　清
代筆記叢刊　（m.）

007071748　9100　3280　（081－088）
履園叢話二十四卷
錢泳著　上海　文明書局　1936年　清
代筆記叢刊

007071744　9100　3280　（089－090）
歸田瑣記八卷
梁章鉅著　上海　文明書局　1936年
清代筆記叢刊

007071709　9100　3280　（091－096）
退庵隨筆二百二十卷
梁章鉅著　上海　文明書局　1936年
清代筆記叢刊

007071742　9100　3280　（097－100）
初月樓聞見錄一卷　續一卷
吳德旋著　上海　文明書局　1936年
清代筆記叢刊

007071703　9100　3280　（101－102）
清嘉錄十二卷
顧祿撰　上海　文明書局　1936年　清
代筆記叢刊

007071757　9100　3280　（103－108）
兩般秋雨盦隨筆八卷
梁紹壬著　上海　文明書局　1936年

清代筆記叢刊

007071728　9100　3280　（109－114）
冷廬雜識八卷
陸以湉著　上海　文明書局　1936年
清代筆記叢刊

007071707　9100　3280　（115－116）
吹網錄六卷
葉廷琯著　上海　文明書局　1936年
清代筆記叢刊

007071708　9100　3280　（117－118）
鷗波漁話六卷
葉廷琯著　上海　文明書局　1936年
清代筆記叢刊

007071749　9100　3280　（119－120）
甕牖餘談八卷
王韜著　上海　文明書局　1936年　清代筆記叢刊

007071743　9100　3280　（121－122）
埋憂集十卷　續二卷
朱翊清著　上海　文明書局　1936年
清代筆記叢刊　（m.）

007071740　9100　3280　（123－126）
庸盦筆記六卷
薛福成著　上海　文明書局　1936年
清代筆記叢刊　（m.）

007071741　9100　3280　（127－130）
庸閒齋筆記十二卷
陳其元著　上海　文明書局　1936年
清代筆記叢刊

007071751　9100　3280　（131－134）
夜雨秋燈錄四卷　續集四卷　三集四卷
宣鼎著　上海　文明書局　1936年　清代筆記叢刊　（m.）

007071752　9100　3280　（135－138）
金壺七墨十八卷
黃鈞宰著　上海　文明書局　1936年
清代筆記叢刊　（m.）

009119437　9100　3280　（139－140）
壺天錄
百一居士著　上海　文明書局　191？年　清代筆記叢刊

007071734　9100　3280　（141－143）
郎潛紀聞十四卷
陳康祺著　上海　文明書局　1936年
清代筆記叢刊

007071747　9100　3280　（144－146）
燕下鄉脞錄十六卷
陳康祺著　上海　文明書局　1936年
清代筆記叢刊

007071754　9100　3280　（147－148）
客窗閒話四卷　續四卷
吳熾昌著　上海　文明書局　1936年
清代筆記叢刊

007071730　9100　3280　（149－152）
三借廬筆談十二卷
鄒弢著　上海　文明書局　1936年　清代筆記叢刊

007071756　9100　3280　（153－155）
春在堂隨筆一卷
俞樾著　上海　文明書局　1936年　清代筆記叢刊　（m.）

007071729　9100　3280　（156－160）
薈蕞編二卷
俞樾著　上海　文明書局　1936年　清代筆記叢刊　（m.）

007076480　9100　3303
湫漻齋叢書

陳準輯　香港　里安陳氏湫漻齋　1930年

007076259　9100　3303　(1)
上善堂書目一卷　鐵華館藏書目一卷
孫從添藏　香港　里安陳氏湫漻齋
1930年　湫漻齋叢書

007076471　9100　3303　(2)
長安獲古編一卷
劉喜海撰　陳準輯　香港　里安陳氏湫
漻齋　1930年　湫漻齋叢書

007076472　9100　3303　(2)
泥封印古錄一卷
劉喜海撰　陳準輯　香港　里安陳氏湫
漻齋　1930年　湫漻齋叢書

007076470　9100　3303　(2)
日照丁氏藏器目一卷
陳邦福輯　陳準輯　香港　里安陳氏湫
漻齋　1930年　湫漻齋叢書

007076473　9100　3303　(3-4)
函青閣金石記四十卷
楊鐸撰　陳準輯　香港　里安陳氏湫漻
齋　1930年　湫漻齋叢書

007076475　9100　3303　(5)
舊館壇碑考一卷
翁大年編　陳準輯　香港　里安陳氏湫
漻齋　1930年　湫漻齋叢書

007076476　9100　3303　(5)
石鼓文考證一卷
吳廣霈撰　陳準輯　香港　里安陳氏湫
漻齋　1930年　湫漻齋叢書

007076481　9100　3303　(6-7)
奕載堂古玉圖錄六卷
瞿中溶撰　陳準輯　香港　里安陳氏湫
漻齋　1930年　湫漻齋叢書

004516750　2066　3414　9100　3303　(8)
癖好堂收藏金石書目一卷
凌霞編　陳準輯　香港　里安陳氏湫漻
齋　1930年　湫漻齋叢書

007076201　9100　3310
邃雅齋叢書
董金榜輯　北平　邃雅齋　1934年

007076484　9100　3310　(01)
三傳經文辨異四十卷
焦廷琥撰　董金榜輯　北平　邃雅齋
1934年　邃雅齋叢書

007076488　9100　3310　(02)
孔子三朝記七卷
洪頤煊註　董金榜輯　北平　邃雅齋
1934年　邃雅齋叢書

007076492　9100　3310　(03)
通俗文一卷
臧庸輯　董金榜輯　北平　邃雅齋
1934年　邃雅齋叢書

007076495　9100　3310　(04)
史記釋疑三卷
錢塘述　董金榜輯　北平　邃雅齋
1934年　邃雅齋叢書

007076500　9100　3310　(05)
尚友記
汪喜孫撰　董金榜輯　北平　邃雅齋
1934年　邃雅齋叢書

007076501　9100　3310　(06)
師友淵源記一卷
陳奐撰　董金榜輯　北平　邃雅齋
1934年　邃雅齋叢書

007076502　9100　3310　(07)
汪孟慈文集
汪喜孫撰　董金榜輯　北平　邃雅齋

1934年　邃雅齋叢書

007076505　9100　3310　(08-10)
筠軒文鈔八卷
洪頤煊撰　董金榜輯　北平　邃雅齋
1934年　邃雅齋叢書

007085369　9100　3335.1
遼海叢書第一集
遼海書社編纂　大連　右文閣遼海書社
　1934年

007076389　9100　3335.1　(01)
遼小史金小史八卷
楊循吉撰　大連　右文閣遼海書社
1934年　遼海叢書　第1集

007081303　9100　3335.1　(02)
遼方鎮年表一卷
吳廷燮撰　大連　右文閣遼海書社
1934年　遼海叢書　第1集

007081304　9100　3335.1　(03-04)
金方鎮年表二卷
吳廷燮撰　大連　右文閣遼海書社
1934年　遼海叢書　第1集

007081255　9100　3335.1　(05-06)
勃海國記三卷
黃維翰纂輯　大連　右文閣遼海書社
1934年　遼海叢書　第1集

007081256　9100　3335.1　(07)
松漠紀聞二卷
洪皓撰　扈從東巡日錄二卷　高士奇
撰　大連　右文閣遼海書社　1934年
遼海叢書　第1集

007081257　9100　3335.1　(08)
柳邊紀略五卷
楊賓撰　鳳城瑣錄一卷　博明撰　大
連　右文閣遼海書社　1934年　遼海叢
書　第1集

007085370　9100　3335.2
遼海叢書第二集
遼海書社編纂　大連　右文閣遼海書社
　1934年

007076391　9100　3335.2　(01-04)
遼東志九卷
畢恭修　(明)任洛重修　大連　右文閣
遼海書社　1934年　遼海叢書　第二集

007076390　9100　3335.2　(05-10)
全遼志六卷
(明)李輔修　附校勘記一卷　高鳳
樓、許麟英同撰　大連　右文閣遼海書
社　1934年　遼海叢書　第二集

007085371　9100　3335.3
遼海叢書第三集
遼海書社編纂　大連　右文閣遼海書社
　1934年

007081044　9100　3335.3　(01)
遼陽州志二八卷
楊鑣修　施鴻纂　大連　右文閣遼海書
社　1934年　遼海叢書　第三集

007988163　9100　3335.3　(02)
鐵嶺縣志二卷
李廷榮補輯　遼海書社印行　1933—36
年　遼海叢書　第三集

007081047　9100　3335.3　(03-04)
錦州府志十卷
劉源溥、孫成修　范勳纂　大連　右文
閣遼海書社　1934年　遼海叢書　第
三集

007081048　9100　3335.3　(05-06)
塔子溝紀略十二卷
哈達清格修　大連　右文閣遼海書社
1934年　遼海叢書　第三集

007081049　9100　3335.3　(07-08)
岫巖志略十卷
台隆阿等監修　李翰穎纂修　大連　右文閣遼海書社　1934年　遼海叢書　第三集

007081259　9100　3335.3　(09)
瀋陽紀程一卷
何汝霖撰　瀋陽紀程一卷　潘祖蔭撰　東北輿地釋略四卷　景方昶撰　大連　右文閣遼海書社　1934年　遼海叢書　第三集

007081261　9100　3335.3　(10)
黑龍江輿圖說一卷
屠寄撰　大連　右文閣遼海書社　1934年　遼海叢書　第三集

007085372　9100　3335.4
遼海叢書第四集
遼海書社編纂　大連　右文閣遼海書社　1934年

007081260　9100　3335.4　(01-02)
醫間集九卷
賀欽撰　鄭曉參定　唐順之重校　大連　右文閣遼海書社　1934年　遼海叢書　第四集

007081305　9100　3335.4　(03)
耕煙草堂詩鈔四十卷
戴梓撰　大連　右文閣遼海書社　1934年　遼海叢書　第四集

007081306　9100　3335.4　(04-06)
慶芝堂詩集十八卷

戴亨撰　大連　右文閣遼海書社　1934年　遼海叢書　第四集

007081252　9100　3335.4　(07-08)
在園雜志四十卷
劉廷璣撰　大連　右文閣遼海書社　1934年　遼海叢書　第四集

007081060　9100　3335.4　(09)
愛吟草一卷　愛吟前草一卷
常紀著　大連　右文閣遼海書社　1934年　遼海叢書　第四集

007081061　9100　3335.4　(10)
解脫紀行錄一卷　附行吟雜錄
金科豫撰　大連　右文閣遼海書社　1934年　遼海叢書　第四集

007081062　9100　3335.4　(10)
三槐書屋詩鈔四十卷
金朝覲撰　大連　右文閣遼海書社　1934年　遼海叢書　第四集

007085373　9100　3335.5
遼海叢書第五集
遼海書社編纂　大連　右文閣遼海書社　1934年

007076392　9100　3335.5　(01-08)
清書史三十五卷
李放纂錄　皇清書人別號錄　葉盾纂錄　大連　右文閣遼海書社　1934年　遼海叢書　第五集

007076393　9100　3335.5　(09-10)
畫家知希錄九卷
李放輯錄　大連　右文閣遼海書社　1934年　遼海叢書　第五集

007085374　9100　3335.6　FC2371(N)　FC2372
遼海叢書第六集

遼海書社編纂　香港　遼海書社
1935年

007081262　9100　3335.6　（01）
遼文萃七卷
王仁俊編輯　香港　遼海書社　1935年
　遼海叢書　第六集

007081263　9100　3335.6　（02）
黄華集八卷
王庭筠撰　金毓黻輯録　香港　遼海書
社　1935年　遼海叢書　第六集

007081264　9100　3335.6　（03－04）
雙溪醉隱集六卷
耶律鑄撰　李文田箋　香港　遼海書社
　1935年　遼海叢書　第六集

007081058　9100　3335.6　（05）
李鐵君先生文鈔二卷
李鍇撰　香港　遼海書社　1935年　遼
海叢書　第六集

007081057　9100　3335.6　（06）
含中集五卷
李鍇著　香港　遼海書社　1935年　遼
海叢書　第六集

007081364　9100　3335.6　（07）
兩漢紀字句異同考一卷
蔣國祚撰　香港　遼海書社　1935年
　遼海叢書　第六集

007081059　9100　3335.6　（07）
瑶峰集二卷
王爾烈撰　金毓黻輯録　香港　遼海書
社　1935年　遼海叢書　第六集

007081365　9100　3335.6　（07）
指頭畫説一卷
高秉澤撰　香港　遼海書社　1935年

遼海叢書　第六集

007081265　9100　3335.6　（08）
白石道人歌曲疏證七卷
姜夔撰　陳思疏證　香港　遼海書社
1935年　遼海叢書　第六集

007081266　9100　3335.6　（09）
白石道人年譜一卷
陳思撰　香港　遼海書社　1935年　遼
海叢書　第六集

007081267　9100　3335.6　（10）
清真居士年譜一卷　稼軒先生年譜一卷
陳思撰　香港　遼海書社　1935年　遼
海叢書　第六集

007085376　9100　3335.7
遼海叢書第七集
遼海書社編纂　香港　遼海書社
1935年

007081268　9100　3335.7　（01）
全遼備考二卷
林佶撰　香港　遼海書社　1935年　遼
海叢書　第七集

007081269　9100　3335.7　（02）
東三省輿地圖説一卷
曹廷傑撰　香港　遼海書社　1935年
遼海叢書　第七集

007081270　9100　3335.7　（03）
西伯利東偏紀要一卷
曹廷傑撰　香港　遼海書社　1935年
遼海叢書　第七集

007081271　9100　3335.7　（04）
東北邊防輯要二卷
曹廷傑撰　香港　遼海書社　1935年
遼海叢書　第七集

007081272　9100　3335.7　(05)
盛京疆域考六卷
楊同桂、孫宗翰輯　香港　遼海書社
1935年　遼海叢書　第七集

007081050　9100　3335.7　(06)
錦縣志八卷
王弈曾、劉惠宗修　范勳纂　香港　遼海書社　1935年　遼海叢書　第七集

007081051　9100　3335.7　(07)
廣寧縣志八卷
張文治、項蕙修　范勳纂　香港　遼海書社　1935年　遼海叢書　第七集

007081052　9100　3335.7　(08)
寧遠州志八卷
馮昌奕、王琨修　范勳纂　香港　遼海書社　1935年　遼海叢書　第七集

007081053　9100　3335.7　(09)
蓋平縣志二卷
駱雲修　香港　遼海書社　1935年　遼海叢書　第七集

007081054　9100　3335.7　(09)
開原縣志二卷
劉起凡、周志焕修　香港　遼海書社　1935年　遼海叢書　第七集

007081055　9100　3335.7　(10)
布特哈志略一卷
孟定恭編　香港　遼海書社　1935年　遼海叢書　第七集

007085377　9100　3335.8
遼海叢書第八集
遼海書社編纂　香港　遼海書社　1935年

007081273　9100　3335.8　(01)
翰苑一卷
張楚金撰　雍公叡註　遼東行部志一卷　王寂撰　香港　遼海書社　1935年　遼海叢書　第八集

007085297　9100　3335.8　(02)
使遼語錄又名神宗皇帝即位使遼語錄一卷
陳襄撰　東巡紀事又名嘉慶東巡紀事三卷　撰人不詳　香港　遼海書社　1935年　遼海叢書　第8集

007085298　9100　3335.8　(03)
遼紀一卷
田汝成編纂　遼陽聞見錄二卷　顧雲撰　香港　遼海書社　1935年　遼海叢書　第八集

007085296　9100　3335.8　(04)
鮚話一卷　耳書一卷
佟世思著　旗軍志一卷　金德純著　蜀軺紀程一卷　巴林紀程一卷　文祥撰　香港　遼海書社　1935年　遼海叢書　第八集

007085299　9100　3335.8　(05-06)
曹楝亭藏書目四十卷
曹寅撰集　香港　遼海書社　1935年　遼海叢書　第八集

007085300　9100　3335.8　(07-08)
四庫全書輯永樂大典本書目一卷
孫馮翼[彤]編　永樂大典書目考四卷　郝慶柏撰　香港　遼海書社　1935年　遼海叢書　第八集

007085301　9100　3335.8　(09-10)
瀋館錄七卷　瀋陽日記一卷
宣若海撰　香港　遼海書社　1935年　遼海叢書　第八集

007085378　9100　3335.9
遼海叢書第九集
遼海書社編纂　香港　遼海書社

1936年

007085302　9100　3335.9　（01-06）
雪屐尋碑錄十六卷
盛昱集錄　香港　遼海書社　1936年
遼海叢書　第九集

007085306　9100　3335.9　（07-09）
滿洲祭神祭天典禮六卷
阿桂等奉勅編譯　香港　遼海書社
1936年　遼海叢書　第九集

007085303　9100　3335.9　（10）
夢鶴軒詩四十卷
繆公恩撰　香港　遼海書社　1936年
遼海叢書　第九集

007085379　9100　3335.10
遼海叢書第十集
遼海書社編纂　香港　遼海書社　1936年

007085304　9100　3335.10　（01-03）
易原十六卷
多隆阿撰　香港　遼海書社　1936年
遼海叢書　第十集

007085295　9100　3335.10　（04-06）
毛詩多識十二卷　慧珠閣詩鈔一卷
多隆阿撰　香港　遼海書社　1936年
遼海叢書　第十集

007085365　9100　3335.10　（07）
毛詩古樂音一卷
張玉倫撰　香港　遼海書社　1936年
遼海叢書　第十集

007085108　9100　3335.10　（07）
夢月軒詩鈔一卷
張玉倫　香港　遼海書社　1936年　遼海叢書　第十集

007085305　9100　3335.10　（08-10）
大元大一統志殘本十五卷　輯本四卷　考正一卷　附錄一卷
（元）孛蘭肹奉勅撰　輯本　金毓黻、安文溥輯　考證附錄　金毓黻撰輯
香港　遼海書社　1936年　遼海叢書第十集

007373804　9100　3335.11
遼海叢書第十一集
金毓黻輯　大連　遼海書社　193？年

007085367　9100　3335.11　（1-2）
永樂別錄二卷
吳廷燮輯　金毓黻輯　大連　遼海書社　193？年　遼海叢書　第十一集

007085047　9100　3342
宸翰樓叢書
羅振玉編　香港　上虞羅氏　1914年

007085381　9100　3342　（1）
周易舉正三卷
郭京撰　羅振玉輯　香港　上虞羅氏　1914年　宸翰樓叢書

007085383　9100　3342　（2）
東漢書刊誤四十卷
劉攽撰　羅振玉輯　香港　上虞羅氏　1914年　宸翰樓叢書

007085389　9100　3342　（3）
宋季三朝政要六卷
羅振玉輯　香港　上虞羅氏　1914年
宸翰樓叢書

007085391　9100　3342　（4）
三輔黃圖六卷
羅振玉輯　香港　上虞羅氏　1914年
宸翰樓叢書

007085393　9100　3342　(5)
佛頂尊勝陀羅尼一卷
羅振玉輯　香港　上虞羅氏　1914年
宸翰樓叢書

007085394　9100　3342　(5)
肇論中吳集解三卷
慧達述　羅振玉輯　香港　上虞羅氏
1914年　宸翰樓叢書

007085395　9100　3342　(6-7)
圖繪寶鑒五卷　補遺一卷
夏文彥[士良]撰　羅振玉輯　香港　上虞羅氏　1914年　宸翰樓叢書

007085396　9100　3342　(8)
二李唱和集一卷
李昉、李至同撰　羅振玉輯　香港　上虞羅氏　1914年　宸翰樓叢書

007099941　9100　3363
適園叢書七十二種
張鈞衡編　香港　南林張氏　1916年

007091186　9100　3363　(001)
百宋一廛書錄一卷
黃丕烈　張鈞衡輯　香港　南林張氏
1916年　適園叢書　第1集

007091187　9100　3363　(002)
魏書地形志集釋三卷
温曰鑒　張鈞衡輯　香港　南林張氏
1916年　適園叢書　第1集

007091189　9100　3363　(003)
漢石經考異補正二卷
瞿中溶撰　張鈞衡輯　香港　南林張氏
1916年　適園叢書　第1集

007091190　9100　3363　(004-005)
敬鄉錄十四卷
吳師道撰　張鈞衡輯　香港　南林張氏
1916年　適園叢書　第1集

007090965　9100　3363　(006-009)　9607　4274
内閣書目八卷
孫能傳等撰　1913年　適園叢書

007095639　9100　3363　(010-011)
大唐郊祀錄十卷
王涇撰　張鈞衡輯　香港　南林張氏
1916年　適園叢書　第1集

007095640　9100　3363　(012)
祝月隱先生遺集四卷　外編二卷
祝淵撰　張鈞衡輯　香港　南林張氏
1916年　適園叢書　第1集

007095641　9100　3363　(013-014)
古泉山館金石跋四十卷
瞿中溶撰　張鈞衡輯　香港　南林張氏
1916年　適園叢書　第1集

007095645　9100　3363　(015)
對客燕談一卷
邵寶撰　張鈞衡輯　香港　南林張氏
1916年　適園叢書　第1集

007095642　9100　3363　(015)
爐宮遺錄二卷
無名氏撰　張鈞衡輯　香港　南林張氏
1916年　適園叢書　第1集

007095647　9100　3363　(016)
魯春秋一卷
查繼佐撰　張鈞衡輯　香港　南林張氏
1916年　適園叢書　第1集

007095648　9100　3363　(017-032)　9540　9822B
千頃堂書目三十二卷
黃虞稷撰　張鈞衡輯　香港　南林張氏
1916年　適園叢書　第2集

007095630　9100　3363　（033－035）
後村先生題跋十三卷
劉克莊撰　香港　南林張氏　1916 年　適園叢書　第 3 集

007095650　9100　3363　（036－038）
後村詩話前集二卷　後集二卷　續集四卷　新集六卷
劉克莊撰　張鈞衡輯　香港　南林張氏　1916 年　適園叢書　第 3 集

007095631　9100　3363　（039－040）
攻媿題跋十卷
樓鑰撰　香港　南林張氏　1916 年　適園叢書　第 3 集

007095609　9100　3363　（041－044）
國初群雄事略十二卷
錢謙益撰　香港　南林張氏　1916 年　適園叢書　第 3 集

007095654　9100　3363　（045－048）
文館詞林附殘簡二十三卷
許敬宗撰　張鈞衡輯　香港　南林張氏　1916 年　適園叢書　第 3 集

007095655　9100　3363　（049－064）
唐大詔令一百三十卷
宋敏求撰　張鈞衡輯　香港　南林張氏　1916 年　適園叢書　第四集

007095461　9100　3363　（065－066）
廣川書跋十卷
董逌撰　香港　南林張氏　1916 年　適園叢書　第 5 集

007095662　9100　3363　（067）
廣川畫跋六卷
董逌撰　張鈞衡輯　香港　南林張氏　1916 年　適園叢書　第 5 集

007095663　9100　3363　（068－075）
朝野雜記甲集二十卷　乙集二十卷
李心傳撰　張鈞衡輯　香港　南林張氏　1916 年　適園叢書　第 5 集

007095665　9100　3363　（076）
東都事略校勘記一卷
錢綺撰　東都事略校勘記一卷　繆荃孫撰　張鈞衡輯　香港　南林張氏　1916 年　適園叢書　第 5 集

007095668　9100　3363　（077）
職源撮要一卷
王益之撰　張鈞衡輯　香港　南林張氏　1916 年　適園叢書　第 5 集

007095670　9100　3363　（078－079）
續吳郡志二卷
李翊撰　張鈞衡輯　香港　南林張氏　1916 年　適園叢書　第 5 集

007095677　9100　3363　（080）
典語一卷
陸景撰　張鈞衡輯　香港　南林張氏　1916 年　適園叢書　第 5 集

007095678　9100　3363　（080）
篤論一卷
杜恕撰　張鈞衡輯　香港　南林張氏　1916 年　適園叢書　第 5 集

007095674　9100　3363　（080）
世要論一卷
桓範撰　張鈞衡輯　香港　南林張氏　1916 年　適園叢書　第 5 集

007095673　9100　3363　（080）
萬機論一卷
蔣濟撰　張鈞衡輯　香港　南林張氏　1916 年　適園叢書　第 5 集

007095675　9100　3363　（080）
政論一卷
劉廙撰　張鈞衡輯　香港　南林張氏
1916年　適園叢書　第5集

007095684　9100　3363　（081－084）
西吳里語四十卷
宋雷撰　張鈞衡輯　香港　南林張氏
1916年　適園叢書　第6集

007095687　9100　3363　（085－090）
五代史補考二十四卷
徐炯撰　張鈞衡輯　香港　南林張氏
1916年　適園叢書　第6集

007095689　9100　3363　（091－096）
滋溪文稿三十卷
蘇天爵撰　張鈞衡輯　香港　南林張氏
　1916年　適園叢書　第6集

007095691　9100　3363　（097－099）
得樹樓雜鈔十五卷
查慎行撰　張鈞衡輯　香港　南林張氏
　1916年　適園叢書　第7集

007095693　9100　3363　（100－102）
山谷年譜三十卷
黃䆳撰　張鈞衡輯　香港　南林張氏
1916年　適園叢書　第7集

007095694　9100　3363　（103－105）
圍爐詩話六卷　西崑發微三卷
吳喬撰　張鈞衡輯　香港　南林張氏
1916年　適園叢書　第7集

007095696　9100　3363　（106）
滄浪吟集三卷
嚴羽撰　張鈞衡輯　香港　南林張氏
1916年　適園叢書　第7集

007095701　9100　3363　（107）
湖西記事一卷　虔臺節略一卷
彭孫貽撰　張鈞衡輯　香港　南林張氏
1916年　適園叢書　第7集

007095699　9100　3363　（107）
醉翁談錄八卷
金盈之撰　張鈞衡輯　香港　南林張氏
1916年　適園叢書　第7集

007095703　9100　3363　（108－110）
左傳杜解集正八卷
丁晏撰　張鈞衡輯　香港　南林張氏
1916年　適園叢書　第7集

007095708　9100　3363　（110）
出塞山川圖畫記一卷
溫睿臨撰　張鈞衡輯　香港　南林張氏
1916年　適園叢書　第7集

007095715　9100　3363　（111）
閩行隨筆一卷
范光文撰　張鈞衡輯　香港　南林張氏
1916年　適園叢書　第7集

007095720　9100　3363　（111）
逸經補正三卷
馮登府撰　張鈞衡輯　香港　南林張氏
1916年　適園叢書　第7集

007095721　9100　3363　（112）
嶺海焚餘三卷
金堡撰　張鈞衡輯　香港　南林張氏
1916年　適園叢書　第7集

007095722　9100　3363　（113－120）
珊瑚網書錄二十四卷
汪珂［砢］玉撰　張鈞衡輯　香港　南林
張氏　1916年　適園叢書　第8集

007095500　9100　3363　（121－128）
珊瑚網畫錄二十四卷
汪珂［砢］玉撰　香港　南林張氏　1916

年　適園叢書　第 8 集

007095727　9100　3363　(129-132)
陳後山集三十卷
陳師道撰　張鈞衡輯　香港　南林張氏
1916 年　適園叢書　第 8 集

007100273　9100　3363　(133)
還山遺稿二卷　補遺一卷　附錄一卷
楊奐撰　張鈞衡輯　香港　南林張氏
1916 年　適園叢書　第 8 集

007100274　9100　3363　(134-135)
貞一齋雜著二卷
朱思本撰　張鈞衡輯　香港　南林張氏
1916 年　適園叢書　第 8 集

007100275　9100　3363　(136-139)
珊瑚木難十卷
朱存理撰　張鈞衡輯　香港　南林張氏
1916 年　適園叢書　第 8 集

007100276　9100　3363　(140-144)
春秋傳禮徵十卷
朱大韶撰　張鈞衡輯　香港　南林張氏
1916 年　適園叢書　第 8 集

007100277　9100　3363　(145-146)
求是齋金石跋四十卷
丁紹基撰　張鈞衡輯　香港　南林張氏
1916 年　適園叢書　第 1 集

007100279　9100　3363　(147-160)　FC9654　Film Mas 35966
太平治跡統類三十卷
彭百川撰　張鈞衡輯　香港　南林張氏
1916 年　適園叢書　第 1 集

007100280　9100　3363　(161)
孟子師說七卷
黃宗羲撰　張鈞衡輯　香港　南林張氏
1916 年　適園叢書　第 11 集

007100281　9100　3363　(162-165)
簡莊疏記十七卷
陳鱣撰　張鈞衡輯　香港　南林張氏
1916 年　適園叢書　第 11 集

007100283　9100　3363　(166-167)
花村談往二卷　補遺一卷
張鈞衡輯　香港　南林張氏　1916 年
適園叢書　第 11 集

007100198　9100　3363　(168)
藏一話腴甲集二卷　乙集二卷
陳郁撰　香港　南林張氏　1916 年　適園叢書　第 11 集

007100286　9100　3363　(169-170)
廣元遺山年譜二卷
李光廷撰　張鈞衡輯　香港　南林張氏
1916 年　適園叢書　第 11 集

007100288　5443　2346　9100　3363　(171-172)
衹欠盦集八卷
吳蕃昌撰　張鈞衡輯　香港　南林張氏
1916 年　適園叢書　第 11 集

007100290　9100　3363　(173-176)
後漢藝文志四十卷
姚振宗撰　張鈞衡輯　香港　南林張氏
1916 年　適園叢書　第 11 集

007100292　9100　3363　(177-180)
三國藝文志四十卷
姚振宗撰　張鈞衡輯　香港　南林張氏
1916 年　適園叢書　第 12 集

007100293　9100　3363　(181-184)
夷堅續志四卷　補遺一卷
張鈞衡輯　香港　南林張氏　1916 年
適園叢書　第 12 集

007100297　9100　3363　(185)
成都氏族譜一卷

元費撰　張鈞衡輯　香港　南林張氏
1916年　適園叢書　第12集

007100295　9100　3363　（185）
燈下閒談二卷
張鈞衡輯　香港　南林張氏　1916年
適園叢書　第12集

007100298　9100　3363　（185）
桐譜二卷
陳翥撰　張鈞衡輯　香港　南林張氏
1916年　適園叢書　第12集

007100301　9100　3363　（186）
香譜二卷
陳敬　張鈞衡輯　香港　南林張氏
1916年　適園叢書　第12集

007100302　9100　3363　（187－188）
吹景集十四卷
董斯張撰　張鈞衡輯　香港　南林張氏
1916年　適園叢書　第12集

007100008　9100　3363　（189）
深柳堂文集一卷
沈登瀛著　香港　南林張氏　1916年
適園叢書　第12集

007100010　9100　3363　（190）
疊翠居文集一卷
紀慶曾著　香港　南林張氏　1916年
適園叢書　第12集

007100009　9100　3363　（190）
勘書巢未定稿一卷
溫曰鑒撰　香港　南林張氏　1916年
適園叢書　第12集

007100011　9100　3363　（191－192）
秋水文叢外集三卷
張鑒著　桂榮註　香港　南林張氏

1916年　適園叢書　第12集

007100012　9100　3363　（192）
魚計軒詩話一卷
計發撰　香港　南林張氏　1916年　適
園叢書　第12集

007104413　9100　3374
涉聞梓舊
蔣光煦校輯　上海　涵芬樓　1924年

009565788　9100　3374　（1）
非詩辨妄
周孚著　上海　涵芬樓　1924年　涉聞
梓舊

009565806　9100　3374　（1）
禮記集說辨疑
戴冠撰　上海　涵芬樓　1924年　涉聞
梓舊

009565853　9100　3374　（1）
孝經鄭註附六藝論
鄭玄註　上海　涵芬樓　1924年　涉聞
梓舊

009565773　9100　3374　（1）
易學濫觴
黃澤著　上海　涵芬樓　1924年　涉聞
梓舊

009565840　9100　3374　（1）
中庸傳
晁說之撰　上海　涵芬樓　1924年　涉
聞梓舊

009565881　9100　3374　（2－3）
方舟經說
李石撰　上海　涵芬樓　1924年　涉聞
梓舊

009565909　9100　3374　(4-5)
班馬字類補遺
婁機撰　上海　涵芬樓　1924年　涉聞梓舊

009565911　9100　3374　(6)
經籍跋文
陳鱣著　上海　涵芬樓　1924年　涉聞梓舊

009565917　9100　3374　(6)
中興備覽
張浚著　上海　涵芬樓　1924年　涉聞梓舊

009565924　9100　3374　(7)
三吳水利錄
歸有光撰　　三吳水利附錄　歸子寧述　上海　涵芬樓　1924年　涉聞梓舊

009565942　9100　3374　(8-11)
金石錄補
葉奕苞著　上海　涵芬樓　1924年　涉聞梓舊

009565956　9100　3374　(12)
金石錄補續跋
葉奕苞著　上海　涵芬樓　1924年　涉聞梓舊

009567384　9100　3374　(13)
砥齋題跋
王宏撰　上海　涵芬樓　1924年　涉聞梓舊

009565967　9100　3374　(13)
鐵函齋書跋
楊賓著　上海　涵芬樓　1924年　涉聞梓舊

009567401　9100　3374　(13)
義門題跋
何焯撰　上海　涵芬樓　1924年　涉聞梓舊

009567422　9100　3374　(13)
隱綠軒題識
陳奕禧撰　上海　涵芬樓　1924年　涉聞梓舊

009567395　9100　3374　(13)
湛園題跋
姜宸英撰　上海　涵芬樓　1924年　涉聞梓舊

009567432　9100　3374　(14)
蘇齋題跋
翁方綱著　上海　涵芬樓　1924年　涉聞梓舊

009567502　9100　3374　(15)
墨志
麻三衡撰　上海　涵芬樓　1924年　涉聞梓舊

009567491　9100　3374　(15)
石門碑醳
王森文　上海　涵芬樓　1924年　涉聞梓舊

009567454　9100　3374　(15)
瘞鶴銘考
吳東發　上海　涵芬樓　1924年　涉聞梓舊

009567505　9100　3374　(16-17)
雲麓漫鈔
趙彥衛撰　上海　涵芬樓　1924年　涉聞梓舊

009567515　9100　3374　(18)
寶晉英光集
米芾著　上海　涵芬樓　1924年　涉聞

梓舊

009567683　9100　3374　(18)
榮祭酒遺文
榮肇撰　上海　涵芬樓　1924年　涉聞梓舊

009567698　9100　3374　(19-20)
斠補隅錄
蔣光煦輯　上海　涵芬樓　1924年　涉聞梓舊

007116529　9100　3432
啟渝叢書
重慶　啟渝印刷公司　1915—17年

007119641　9100　3442　FC8664　Film Mas 32929
涵芬樓秘笈五十二種
孫毓修輯　上海　商務印書館　1916—21年

007119986　9100　3442　(01)
忠傳
孫毓修輯　上海　商務印書館　1916—21年　涵芬樓秘笈

007119987　9100　3442　(02-03)
續墨客揮犀十卷
彭乘撰　孫毓修輯　上海　商務印書館　1916—21年　涵芬樓秘笈

007119988　9100　3442　(04)
復齋日記二卷
許浩撰　孫毓修輯　上海　商務印書館　1916—21年　涵芬樓秘笈

007119989　9100　3442　(05-08)
識小錄四卷
徐樹丕撰　孫毓修輯　上海　商務印書館　1916—21年　涵芬樓秘笈

007119990　9100　3442　(09)
蓬窗類記五卷
黃暐撰　孫毓修輯　上海　商務印書館　1916—21年　涵芬樓秘笈

007119991　9100　3442　(10-11)
山樵暇語十卷
俞弁撰　孫毓修輯　上海　商務印書館　1916—21年　涵芬樓秘笈

007119992　9100　3442　(12)
家訓一卷
霍韜撰　孫毓修輯　上海　商務印書館　1916—21年　涵芬樓秘笈

007119993　9100　3442　(13)
說略
黃尊素撰　孫毓修輯　上海　商務印書館　1916—21年　涵芬樓秘笈

008467499　9100　3442　(14-16)
消夏閒記摘鈔三卷
顧公燮撰　孫毓修輯　上海　商務印書館　1916—21年　涵芬樓秘笈

007119994　9100　3442　(17)
西湖老人繁勝錄一卷
孫毓修輯　上海　商務印書館　1916—21年　涵芬樓秘笈

007119995　9100　3442　(18-19)
孫氏書畫鈔二卷
孫鳳撰　孫毓修輯　上海　商務印書館　1916—21年　涵芬樓秘笈

007120112　9100　3442　(20)
松下雜鈔二卷
孫毓修輯　上海　商務印書館　1916—21年　涵芬樓秘笈

007119996　9100　3442　(21)
茗齋雜記

彭孫貽撰　孫毓修輯　上海　商務印書館　1916—21年　涵芬樓秘笈

007119997　9100　3442　(22-24)
天文書四卷
海達兒等譯　孫毓修輯　上海　商務印書館　1916—21年　涵芬樓秘笈

007119998　130　2348　9100　3442　(25)
尚書釋文殘一卷
陸德明撰　孫毓修輯　上海　商務印書館　1916—21年　涵芬樓秘笈

007119999　9100　3442　(26-27)　FC8664
華夷譯語
火源潔撰　孫毓修輯　上海　商務印書館　1916—21年　涵芬樓秘笈

007120000　9100　3442　(28)
厓山集
孫毓修輯　上海　商務印書館　1916—21年　涵芬樓秘笈

007120001　9100　3442　(29)
趙氏家法筆記
孫毓修輯　上海　商務印書館　1916—21年　涵芬樓秘笈

007120002　9100　3442　(30-31)
北湖集五卷
吳則禮撰　孫毓修輯　上海　商務印書館　1916—21年　涵芬樓秘笈

007120003　9100　3442　(32)
傍秋亭雜記二卷
顧清撰　孫毓修輯　敬業堂集補遺　查慎行撰　張元濟、孫毓修輯　上海　商務印書館　1916—21年　涵芬樓秘笈

007120004　9100　3442　(33-34)
扶風縣石刻記二卷
黃樹穀撰　孫毓修輯　海濱外史三卷　陳維安撰　孫毓修輯　上海　商務印書館　1916—21年　涵芬樓秘笈

007120005　9100　3442　(35-36)
明朝紀事本末補編五卷
彭孫貽撰　孫毓修輯　上海　商務印書館　1916—21年　涵芬樓秘笈

007120006　9100　3442　(37-38)
存復齋文集十卷　附錄一卷
朱德潤撰　孫毓修輯　上海　商務印書館　1916—21年　涵芬樓秘笈

007120140　9100　3442　(39-40)
書林外集七卷
袁彥章著　孫毓修輯　上海　商務印書館　1916—21年　涵芬樓秘笈

007120007　9100　3442　(41-44)
脈望館書目
趙琦美撰　孫毓修輯　上海　商務印書館　1916—21年　涵芬樓秘笈

007120008　9100　3442　(45-48)
唐石經考異
錢大昕撰　臧庸補　孫毓修輯　唐石經考異補　孫毓修錄　冥報記三卷　唐臨撰　孫毓修輯　上海　商務印書館　1916—21年　涵芬樓秘笈

007120009　9100　3442　(49-52)
西山日記二卷
丁元薦撰　孫毓修輯　上海　商務印書館　1916—21年　涵芬樓秘笈

007120010　9100　3442　(53)
續名賢小記一卷
徐晟撰　孫毓修輯　上海　商務印書館

1916—21年　涵芬樓秘笈

007120011　9100　3442　（54）
土苴集二卷
周鼎撰　孫毓修輯　上海　商務印書館　1916—21年　涵芬樓秘笈

007120012　9100　3442　（55）
道餘錄
姚廣孝撰　孫毓修輯　几上語一卷　枕上語一卷　施清臣撰　孫毓修輯　上海　商務印書館　1916—21年　涵芬樓秘笈

007120013　9100　3442　（56）
存復齋續集
朱德潤撰　孫毓修輯　上海　商務印書館　1916—21年　涵芬樓秘笈

007120014　9100　3442　（57-60）
山房集八卷　後稿一卷
周南撰　孫毓修輯　上海　商務印書館　1916—21年　涵芬樓秘笈

007120015　9100　3442　（61）
涇林續記
周元暐撰　孫毓修輯　上海　商務印書館　1916—21年　涵芬樓秘笈

007120016　9100　3442　（62-63）
西溪叢語二卷
姚寬撰　孫毓修輯　上海　商務印書館　1916—21年　涵芬樓秘笈　（m.）

007120017　9100　3442　（64）
鼓枻稿
虞堪撰　孫毓修輯　上海　商務印書館　1916—21年　涵芬樓秘笈

007120018　9100　3442　（65-66）
書經補遺五卷
呂宗傑撰　孫毓修輯　雪庵字要　李雪庵撰　孫毓修輯　上海　商務印書館　1916—21年　涵芬樓秘笈

007120019　9100　3442　（67-68）
鐙窗叢錄五卷　補遺一卷
吳翌鳳撰　孫毓修輯　上海　商務印書館　1916—21年　涵芬樓秘笈

007120020　9100　3442　（69-70）
太和正音譜二卷
朱權撰　孫毓修輯　上海　商務印書館　1916—21年　涵芬樓秘笈

007120065　9100　3442　（71）
磯園稗史三卷
孫繼芳撰　上海　商務印書館　1916—21年　涵芬樓秘笈

007120066　9100　3442　（72）
南翁夢錄
黎澄撰　上海　商務印書館　1916—21年　涵芬樓秘笈

007120021　9100　3442　（73-76）　9608　2936
各省進呈書目
清乾隆中勅撰　孫毓修輯　上海　商務印書館　1916—21年　涵芬樓秘笈

007120022　9100　3442　（77）
所安遺集
陳泰撰　孫毓修輯　上海　商務印書館　1916—21年　涵芬樓秘笈

007120023　9100　3442　（78-79）
漢泉漫稿五卷
曹伯啟撰　孫毓修輯　肅雝集一卷　鄭允端撰　孫毓修輯　上海　商務印書館　1916—21年　涵芬樓秘笈

007120067　9100　3442　(80)
金囡集一卷
元淮撰　上海　商務印書館　1916—21年　涵芬樓秘笈

007122925　9100　3457
對樹書屋叢刻
趙詒琛輯　香港　昆山趙氏　1937年

007122917　9100　3457　(1)
元史弼違二卷
周復俊撰　趙詒琛輯　香港　昆山趙氏　1937年　對樹書屋叢刻

007122918　9100　3457　(2)
草莽私乘一卷
陶宗儀撰　趙詒琛輯　香港　昆山趙氏　1937年　對樹書屋叢刻

007122920　9100　3457　(2)
瘞龍顏碑考釋一卷
趙詒琛輯　香港　昆山趙氏　1937年　對樹書屋叢刻

007122921　9100　3457　(2)
怡松軒金石偶記一卷
陳洙撰　趙詒琛輯　香港　昆山趙氏　1937年　對樹書屋叢刻

007122923　9100　3457　(3)
顧千里先生年譜二卷
趙詒琛編　香港　昆山趙氏　1937年　對樹書屋叢刻

007122924　9100　3457　(4)
龔安節公野古集三卷
龔詡撰　趙詒琛輯　香港　昆山趙氏　1937年　對樹書屋叢刻

008093399　9100　3525
叢書集成初編
王雲五主編　上海　商務印書館　1935—40年　(m.)

007140691　9100　3525　(0)
叢書集成初編目錄
王雲五主編　上海　商務印書館　1935年　(m.)

008004267　9100　3525　(0001)
前漢書藝文志
班固撰　顏師古註　補續漢書藝文志　錢大昭撰　上海　商務印書館　1936年　叢書集成初編

008004265　9100　3525　(0002)
補後漢書藝文志
侯康撰　上海　商務印書館　1935年　叢書集成初編

008004266　9100　3525　(0003)
補三國藝文志
侯康撰　上海　商務印書館　1937年　叢書集成初編

008004466　9100　3525　(0004-0005)
補晉書藝文志附錄補遺
丁國鈞撰　上海　商務印書館　1935年　初版　叢書集成初編

008004347　9100　3525　(0006)
隋書經籍志
長孫無忌等撰　上海　商務印書館　1936年　初版　(m.)

008004467　9100　3525　(0007)
舊唐書經籍志
劉昫等修　上海　商務印書館　1936年　初版　叢書集成初編　(m.)

008004425　9100　3525　(0008)
唐書藝文志
歐陽修撰　上海　商務印書館　1936年

初版 （m.）

008004468　9100　3525　（0009-0010）
補五代史藝文志
顧懷三纂　宋史藝文志　脫脫等修　上海　商務印書館　1936年　初版　叢書集成初編

008004426　9100　3525　（0011）
宋史藝文志補
倪燦撰　盧文弨訂正　上海　商務印書館　1936年　初版　（m.）

008004469　9100　3525　（0012）
補遼金元藝文志
倪燦撰　上海　商務印書館　1937年　初版　叢書集成初編　（m.）

008004470　9100　3525　（0013）
補三史藝文志
金門詔撰　上海　商務印書館　1935年　初版　叢書集成初編

008010071　9100　3525　（0014）
補元史藝文志
錢大昕撰　上海　商務印書館　1937年　叢書集成初編　（m.）

008004346　9100　3525　（0015）
明史藝文志四卷
張廷玉等修　上海　商務印書館　1936年　初版　叢書集成初編　（m.）

008004251　9100　3525　（0017）
經義考補正
翁方綱撰　上海　商務印書館　1937年　初版　叢書集成初編　（m.）

008004355　9100　3525　（0018）
通志堂經解目錄
翁方綱訂　讀易別錄　全祖望撰　上海　商務印書館　1937年　初版　叢書集成初編

008004471　9100　3525　（0019）
史略
高似孫輯　子略　高似孫撰　上海　商務印書館　1935年　初版　叢書集成初編

008004472　9100　3525　（0020）
勿庵曆算書目
梅文鼎撰　梅瑴成校正　上海　商務印書館　1935年　初版　叢書集成初編

008004427　9100　3525　（0021-0024）
崇文總目附補遺
王堯臣等編次　錢東垣等輯釋　上海　商務印書館　1937年　初版　（m.）

008004473　9100　3525　（0025-0028）
國史經籍志
焦竑輯　國史經籍志附錄　上海　商務印書館　1935年　初版　叢書集成初編

008004428　9100　3525　（0029-0031）
文淵閣書目
楊士奇等編　上海　商務印書館　1935年　初版　（m.）

008061185　9100　3525　（0031）
中江講院建立經誼治事兩齋章程一卷
袁昶撰　上海　商務印書館　1935—37年　叢書集成初編

008093429　9100　3525　（0031）
中江尊經閣藏書目一卷第一冊
王呈祥撰　上海　商務印書館　1935—37年　叢書集成初編

008061183　9100　3525　（0031）
尊經閣藏書目
上海　商務印書館　1935—37 年　叢書集成初編

008061184　9100　3525　（0031）
尊經閣募捐藏書章程一卷　祀典錄一卷
袁昶撰　上海　商務印書館　1935—37 年　叢書集成初編

008004429　9100　3525　（0032）
遂初堂書目
尤袤撰　上海　商務印書館　1935 年　初版　（m.）

008004430　9100　3525　（0033）
菉竹堂書目
葉盛編　上海　商務印書館　1935 年　初版　（m.）

008004431　9100　3525　（0034）
世善堂藏書目錄
陳第編　汲古閣珍藏秘本書目　毛扆編　上海　商務印書館　1937 年　初版

008004363　9100　3525　（0035）
絳雲樓書目
錢謙益撰　陳景雲註　上海　商務印書館　1935 年　叢書集成初編　（m.）

008004474　9100　3525　（0036）
述古堂藏書目附宋版書目
錢曾撰　上海　商務印書館　1935 年　初版　叢書集成初編　（m.）

008004475　9100　3525　（0037）
季滄葦藏書目
季振宜撰　上海　商務印書館　1935 年　初版　叢書集成初編　（m.）

008004476　9100　3525　（0038）
文瑞樓藏書目錄
金星軺編　上海　商務印書館　1935 年　初版　叢書集成初編　（m.）

008004424　9100　3525　（0039）
稽瑞樓書目
陳揆編　上海　商務印書館　1935 年　叢書集成初編

008004432　9100　3525　（0040）
孫氏祠堂書目
孫星衍撰　上海　商務印書館　1935 年　初版　（m.）

008004477　9100　3525　（0041）
百宋一廛賦
顧廣圻撰　黃丕烈註　藝芸書舍宋元本書目　汪士鐘編　袁氏藝文金石錄附錄　袁渭漁等輯　上海　商務印書館　1935 年　初版　叢書集成初編

008004356　9100　3525　（0042）
全毀抽毀書目
英廉等編　禁書總目　軍機處編　違礙書目　榮柱刊　上海　商務印書館　1937 年　初版　叢書集成初編

008004478　9100　3525　（0043）
宛丘題跋
張耒撰　容齋題跋　洪邁撰　上海　商務印書館　1935 年　初版　叢書集成初編

008004508　9100　3525　（0044－0048）
直齋書錄解題二十二卷
陳振孫撰　長沙　商務印書館　1937 年　初版　叢書集成初編　（m.）

008004479　9100　3525　（0049）
讀書敏求記附刊誤
錢曾撰　上海　商務印書館　1936 年　初版　叢書集成初編　（m.）

008004343 9100 3525 (0050)
智聖道齋讀書跋
彭元瑞撰　經籍跋文　陳鱣著　上海　商務印書館 1936 年　初版　叢書集成初編

008004480 9100 3525 (0051)
平津館鑒藏記附補遺　續編
孫星衍撰　上海　商務印書館 1936 年　初版　叢書集成初編

008004338 9100 3525 (0052)
廉石居藏書記內外編
孫星衍撰　陳宗彝編　半氈齋題跋　江藩著　上海　商務印書館 1936 年　初版　叢書集成初編　（m.）

008004337 9100 3525 (0053)
士禮居藏書題跋記續
黃丕烈撰　上海　商務印書館 1936 年　初版　叢書集成初編　（m.）

008004481 9100 3525 (0054－0055)
拜經樓藏書題跋記附錄
吳騫撰　吳壽暘輯錄　上海　商務印書館 1939 年　初版　叢書集成初編

008004455 9100 3525 (0056)
相臺書塾刊正九經三傳沿革例
岳珂撰　上海　商務印書館據粵雅堂叢書本印 1936 年　叢書集成初編

008004482 9100 3525 (0057)
曝書雜記
錢泰吉著　非石日記鈔　附遺文　鈕樹玉著　上海　商務印書館 1939 年　初版　叢書集成初編

008004419 9100 3525 (0059)
程氏家塾讀書分年日程三卷　附綱領
程端禮編述　上海　商務印書館 1936 年　叢書集成初編　（m.）

008183024 9100 3525 (0061－0070)
白氏文集校正一卷
盧文弨撰　上海　商務印書館 1935—37 年　叢書集成初編

008182970 9100 3525 (0061－0070)
鮑照集校補一卷
盧文弨撰　上海　商務印書館 1935—37 年　叢書集成初編

008182987 9100 3525 (0061－0070)
春秋左傳註疏校正一卷
盧文弨撰　上海　商務印書館 1935—37 年　叢書集成初編

008182313 9100 3525 (0061－0070)
春渚紀聞補闕一卷
盧文弨撰　上海　商務印書館 1935—37 年　叢書集成初編

008061208 9100 3525 (0061－0070)
風俗通義校正逸文一卷
盧文弨撰　上海　商務印書館 1935—37 年　叢書集成初編

008183010 9100 3525 (0061－0070)
韓非子校正一卷
盧文弨撰　上海　商務印書館 1935—37 年　叢書集成初編

008182323 9100 3525 (0061－0070)
金史補脫一卷
盧文弨撰　上海　商務印書館 1935—37 年　叢書集成初編

008182998 9100 3525 (0061－0070)
晉書校正一卷
盧文弨撰　上海　商務印書館 1935—37 年　叢書集成初編

008061189　9100　3525　（0061-0070）
禮記註疏校補一卷
盧文弨撰　上海　商務印書館　1935—37年　叢書集成初編

008183004　9100　3525　（0061-0070）
列子張湛註校正一卷
盧文弨撰　上海　商務印書館　1935—37年　叢書集成初編

008183028　9100　3525　（0061-0070）
林和靖集校正一卷
盧文弨撰　上海　商務印書館　1935—37年　叢書集成初編

008061202　9100　3525　（0061-0070）
呂氏續詩記補闕一卷
盧文弨撰　上海　商務印書館　1935—37年　叢書集成初編

008183021　9100　3525　（0061-0070）
潛虛校正一卷
盧文弨撰　上海　商務印書館　1935—37年　叢書集成初編

008004433　9100　3525　（0061-0070）
群書拾補
盧文弨撰　上海　商務印書館　1935年初版　（m.）

008182335　9100　3525　（0061-0070）
山海經圖贊補逸一卷
盧文弨撰　上海　商務印書館　1935—37年　叢書集成初編

008182985　9100　3525　（0061-0070）
尚書註疏校正一卷
盧文弨撰　上海　商務印書館　1935—37年　叢書集成初編

008183002　9100　3525　（0061-0070）
申鑒校正一卷
盧文弨撰　上海　商務印書館　1935—37年　叢書集成初編

008182948　9100　3525　（0061-0070）
史記惠景間侯者年表校補一卷
盧文弨撰　上海　商務印書館　1935—37年　叢書集成初編

008183001　9100　3525　（0061-0070）
史通校正一卷
盧文弨撰　上海　商務印書館　1935—37年　叢書集成初編

008182339　9100　3525　（0061-0070）
水經序補逸一卷
盧文弨撰　上海　商務印書館　1935—37年　叢書集成初編

008182960　9100　3525　（0061-0070）
説苑校補一卷
盧文弨撰　上海　商務印書館　1935—37年　叢書集成初編

008061205　9100　3525　（0061-0070）
宋史孝宗紀補脱一卷
盧文弨撰　上海　商務印書館　1935—37年　叢書集成初編

008182343　9100　3525　（0061-0070）
韋蘇州集校正拾遺一卷
盧文弨撰　上海　商務印書館　1935—37年　叢書集成初編

008182951　9100　3525　（0061-0070）
魏書校補一卷
盧文弨撰　上海　商務印書館　1935—37年　叢書集成初編

008182953　9100　3525　（0061-0070）
文獻通考經籍校補一卷
盧文弨撰　上海　商務印書館　1935—

37年　叢書集成初編

008061187　9100　3525　（0061－0070）
五經正義表一卷
盧文弨撰　上海　商務印書館　1935—37年　叢書集成初編

008182965　9100　3525　（0061－0070）
嘯堂集古錄校補一卷
盧文弨撰　上海　商務印書館　1935—37年　叢書集成初編

008183017　9100　3525　（0061－0070）
新論校正一卷
盧文弨撰　上海　商務印書館　1935—37年　叢書集成初編

008182955　9100　3525　（0061－0070）
新唐書糾謬校補一卷
盧文弨撰　上海　商務印書館　1935—37年　叢書集成初編

008182959　9100　3525　（0061－0070）
新序校補一卷
盧文弨撰　上海　商務印書館　1935—37年　叢書集成初編

008182995　9100　3525　（0061－0070）
續漢書志註補校正一卷
盧文弨撰　上海　商務印書館　1935—37年　叢書集成初編

008182956　9100　3525　（0061－0070）
鹽鐵論校補一卷
盧文弨撰　上海　商務印書館　1935—37年　叢書集成初編

008183014　9100　3525　（0061－0070）
晏子春秋校正一卷
盧文弨撰　上海　商務印書館　1935—37年　叢書集成初編

008182992　9100　3525　（0061－0070）
儀禮註疏校正一卷
盧文弨撰　上海　商務印書館　1935—37年　叢書集成初編

008182975　9100　3525　（0061－0070）
元微之文集校補一卷
盧文弨撰　上海　商務印書館　1935—37年　叢書集成初編

008182980　9100　3525　（0061－0070）
周易略例校正一卷
盧文弨撰　上海　商務印書館　1935—37年　叢書集成初編

008061188　9100　3525　（0061－0070）
周易註疏校正一卷
盧文弨撰　上海　商務印書館　1935—37年　叢書集成初編

008061206　9100　3525　（0061－0070）
資治通鑒序補逸一卷
盧文弨撰　上海　商務印書館　1935—37年　叢書集成初編

008004483　9100　3525　（0071）
先正讀書訣
周永年輯　校讎通義　章學誠著　上海　商務印書館　1939年　初版　叢書集成初編　（m.）

008004484　9100　3525　（0072－0111）
四庫全書考證
王太岳等纂輯　上海　商務印書舘　1936年　初版　叢書集成初編　（m.）

008061196　9100　3525　（0112－0113）
東漢會要四卷[卷三十六至三十九]
徐天麟撰　上海　商務印書館　1935—37年　叢書集成初編　（m.）

008061194　9100　3525　(0112-0113)
爾雅南昌本校勘記訂補一卷
許光清撰　上海　商務印書館　1935—37年　叢書集成初編

008061210　9100　3525　(0112-0113)
管子校一卷
許光清撰　上海　商務印書館　1935—37年　叢書集成初編

008061215　9100　3525　(0112-0113)
後山集校一卷
上海　商務印書館　1935—37年　叢書集成初編

008004485　9100　3525　(0112-0113)
斠補隅錄
蔣光煦輯校　上海　商務印書館　1937年　初版　叢書集成初編

008061214　9100　3525　(0112-0113)
蘆浦筆記校一卷
上海　商務印書館　1935—37年　叢書集成初編

008074104　9100　3525　(0112-0113)
錢唐遺事校一卷
蔣光煦撰　上海　商務印書館　1935—37年　叢書集成初編

008061193　9100　3525　(0112-0113)
尚書全解一卷[卷三十四]
林之奇撰　上海　商務印書館　1935—37年　叢書集成初編

008061213　9100　3525　(0112-0113)
唐摭言校一卷
蔣光煦撰　上海　商務印書館　1935—37年　叢書集成初編

008061198　9100　3525　(0112-0113)
吳越春秋校一卷
蔣光煦撰　上海　商務印書館　1935—37年　叢書集成初編

008061195　9100　3525　(0112-0113)
續宋中興編年資治通鑒校一卷
許光清撰　上海　商務印書館　1935—37年　叢書集成初編

008061209　9100　3525　(0112-0113)
宣和奉使高麗圖經校一卷
上海　商務印書館　1935—37年　叢書集成初編

008074096　9100　3525　(0112-0113)
荀子校一卷
錢佃撰　顧廣圻校　上海　商務印書館　1935—37年　叢書集成初編

008061211　9100　3525　(0112-0113)
意林逸文一卷
周廣業、李遇孫輯　上海　商務印書館　1935—37年　叢書集成初編

008061212　9100　3525　(0112-0113)
酉陽雜俎校一卷
蔣光煦撰　上海　商務印書館　1935—37年　叢書集成初編

008004486　9100　3525　(0114)
古今僞書考
姚際恒著　經籍舉要　龍啟瑞編　袁昶增訂　上海　商務印書館　1939年　初版　叢書集成初編

008004352　9100　3525　(0115-0124)
七經孟子考文並補遺
山井鼎輯　物觀等補遺　上海　商務印書館　1936年　初版　叢書集成初編

008004434　9100　3525　(0126)
周禮釋文問答

辛紹業著　　儀禮識誤　張淳撰　上海　商務印書館　1936 年　初版

008004487　9100　3525　(0128)
汲古閣説文訂
段玉裁撰　上海　商務印書館　1936 年　初版　叢書集成初編

008004488　9100　3525　(0129)
説文檢字
毛謨輯　　説文檢字補遺　姚覲元輯　上海　商務印書館　1936 年　初版　叢書集成初編

008004489　9100　3525　(0130)
汪本隸釋刊誤
黄丕烈著　上海　商務印書館　1939 年　初版　叢書集成初編　(m.)

008004348　9100　3525　(0131)
石經考
顧炎武撰　　漢石經殘字考　翁方綱撰　　魏三體石經遺字考　孫星衍訂　上海　商務印書館　1936 年　初版　叢書集成初編

008004407　9100　3525　(0132)
唐石經考正
王朝渠述　　諸史然疑　杭世駿撰　上海　商務印書館　1936 年　初版

008004391　9100　3525　(0133－0136)
文史通義八卷　補編　附文史通義目
章學誠著　上海　商務印書館　1939 年　叢書集成初編　(m.)

008004408　9100　3525　(0137)
唐虞考信録四卷
崔述著　上海　商務印書館　1937 年　初版　(m.)

008004409　9100　3525　(0138)
夏考信録
崔述著　　商考信録　崔述著　上海　商務印書館　1937 年　初版

008004349　9100　3525　(0139－0140)
豐鎬考信録
崔述著　上海　商務印書館　1937 年　初版　叢書集成初編　(m.)

008004360　9100　3525　(0141)
豐鎬考信別録
崔述著　上海　商務印書館　1937 年　初版　叢書集成初編　(m.)

008004410　9100　3525　(0142)
補上古考信録卷上　下
崔述著　上海　商務印書館　1937 年　初版　(m.)

008004411　9100　3525　(0143)
洙泗考信録
崔述著　上海　商務印書館　1937 年　初版　(m.)

008004445　9100　3525　(0144)
洙泗考信餘録
崔述著　上海　商務印書館　1937 年　初版　(m.)

008004412　9100　3525　(0145)
考信録提要
崔述著　　考信附録　崔述著　　考古續説　崔述著　上海　商務印書館　1937 年　初版

008004490　9100　3525　(0148－0159)
史記志疑附録
梁玉繩撰　上海　商務印書館　1937 年　初版　叢書集成初編　(m.)

008004361　9100　3525　（0160）
史表功比說附侯第表
張錫瑜撰　上海　商務印書館　1937 年　初版　叢書集成初編　（m.）

008005869　9100　3525　（0161－0164）
漢書辨疑
錢大昭撰　上海　商務印書館　1936 年　初版　（m.）

008004344　9100　3525　（0165－0166）
後漢書辨疑
錢大昭撰　上海　商務印書館　1937 年　初版　叢書集成初編　（m.）

008004413　9100　3525　（0167）
續漢書辨疑
錢大昭撰　　三國志辨疑　錢大昭撰　上海　商務印書館　1936 年　初版

008004308　9100　3525　（0168）
魏書校勘記
王先謙編　　晉書校勘記　勞格撰　上海　商務印書館　1936 年　初版　叢書集成初編

008004414　9100　3525　（0169）
晉書校勘記
周家祿撰　　五胡十六國考鏡　石延年著　　宋州郡志校勘記　成孺撰　上海　商務印書館　1936 年　初版

008004491　9100　3525　（0171）
黃帝內經素問校義
胡澍學撰　　文苑英華辨證　彭叔夏著　　詩紀匡謬　馮舒撰　上海　商務印書館　1939 年　初版　叢書集成初編

008004492　9100　3525　（0172）
皇覽
撰人不詳　孫馮翼輯　　歲華紀麗　韓鄂撰　上海　商務印書館　1937 年　初版　叢書集成初編

008004493　9100　3525　（0173）
琱玉集
撰人不詳　上海　商務印書館　1936 年　初版　叢書集成初編　（m.）

008005991　9100　3525　（0174－0175）
詩律武庫
呂祖謙撰　上海　商務印書館　1939 年　初版　叢書集成初編　（m.）

008005992　9100　3525　（0175）
詩律武庫後集
呂祖謙撰　　計然萬物錄　撰人不詳　　雞肋　趙崇絢撰　上海　商務印書館　1939 年　初版　叢書集成初編

008004494　9100　3525　（0176－0178）
小學紺珠
王應麟撰　毛晉訂　上海　商務印書館　1935 年　初版　叢書集成初編　（m.）

008004496　9100　3525　（0179－0181）
歲時廣記
陳元靚編　上海　商務印書館　1939 年　初版　叢書集成初編　（m.）

008004415　9100　3525　（0182）
物原
羅頎輯著　上海　商務印書館　1937 年　（m.）

008004354　9100　3525　（0183）
哲匠金桴
楊慎撰　上海　商務印書館　1939 年　初版　叢書集成初編　（m.）

008004497　9100　3525　（0185－0188）
騈語雕龍

游日章著　林世勤註　上海　商務印書館　1936年　初版　叢書集成初編（m.）

008004498　9100　3525　(0189-0193)
焦氏類林
焦竑輯　上海　商務印書館　1936年　初版　叢書集成初編

008004416　9100　3525　(0194)
表異錄
王志堅輯　　比事摘錄　撰人不詳　廣事同纂　沈廷文述　上海　商務印書館　1937年　初版

008015394　9100　3525　(0195-0204)
群書治要五十卷[原缺卷四、卷十三、卷二十]
魏徵等輯　上海　商務印書館　1935—37年　叢書集成初編（m.）

008004417　9100　3525　(0205-0207)
履齋示兒編附校補
孫奕撰　上海　商務印書館　1935年　初版（m.）

008004418　9100　3525　(0208)
麈史
王得臣撰　上海　商務印書館　1937年　初版（m.）

008004420　9100　3525　(0209)
澠水燕談錄
王闢之撰　上海　商務印書館　1935年　初版（m.）

008004421　9100　3525　(0210)
東園叢說
李如箎撰　上海　商務印書館　1937年　初版（m.）

008004422　9100　3525　(0211)
調燮類編
趙希鵠著　上海　商務印書館　1936年　初編

008005993　9100　3525　(0212-0215)
隱居通議
劉壎著　上海　商務印書館　1937年　初版　叢書集成初編（m.）

008004499　9100　3525　(0216)
敬齋古今黈附拾遺
李冶撰　上海　商務印書館　1935年　初版　叢書集成初編

008004423　9100　3525　(0217)
日損齋筆記考證附錄
黃溍撰　上海　商務印書館　1937年　初版（m.）

008004500　9100　3525　(0218-0220)
輟耕錄
陶宗儀撰　上海　商務印書館　1936年　初版　叢書集成初編（m.）

008004501　9100　3525　(0221)
六藝綱目
舒天民撰　上海　商務印書館　1937年　初版　叢書集成初編（m.）

008004502　9100　3525　(0222)
震澤長語
王鏊撰　上海　商務印書館　1937年　初版　叢書集成初編（m.）

008004503　9100　3525　(0223)
鈍吟雜錄
馮班著　何焯評　　論學三說　黃與堅述　上海　商務印書館　1937年　初版　叢書集成初編

008004397　9100　3525　（0224）
對策六卷
陳鱣著　上海　商務印書館　1937年　叢書集成初編　（m.）

008005870　9100　3525　（0225－0230）
蠡勺編
淩揚藻撰　遊戲錄　程景沂輯　上海　商務印書館　1936年　初版

008005994　9100　3525　（0231－0232）
平書
秦篤輝著　上海　商務印書館　1937年　初版　叢書集成初編　（m.）

008005758　9100　3525　（0233－0237）
沅湘通藝錄附四書文
江標編校　上海　商務印書館　1935年　初版　叢書集成初編

008005871　9100　3525　（0238－0239）
白虎通又名白虎通義或白虎通德論
班固等撰　駁五經異義附補遺［鄭氏遺書五種之一］　許慎撰　鄭玄駁　王復輯　上海　商務印書館　1936年　初版

008005995　9100　3525　（0240）
鄭志附錄
鄭玄撰　鄭小同編　錢東垣校定　秦鑒附錄　鄭志　鄭玄撰　鄭小同編　王復輯　武億校　上海　商務印書館　1939年　初版　叢書集成初編　（m.）

008005872　9100　3525　（0241）
方舟經說
李石撰　上海　商務印書館　1935年　初版　（m.）

008005873　9100　3525　（0242）
項氏家說附錄
項安世撰　上海　商務印書館　1935年　初版　（m.）

008005876　9100　3525　（0243）
三禮考
真德秀著　禮經奧旨　鄭樵著　鶴山渠陽讀書雜鈔　魏了翁著　上海　商務印書館　1936年　初版

008061224　9100　3525　（0244－0245）
大學章句箋義一卷　或問箋義一卷　註疏纂要一卷
趙德撰　上海　商務印書館　1935—37年　叢書集成初編

008061225　9100　3525　（0244－0245）
論語集註箋義三卷
趙德撰　上海　商務印書館　1935—37年　叢書集成初編

008182346　9100　3525　（0244－0245）
孟子集註箋義三卷
趙德撰　上海　商務印書館　1935—37年　叢書集成初編

008016444　9100　3525　（0244－0245）
四書箋義纂要補遺　續補
趙德撰　上海　商務印書館　1936年　初版　叢書集成初編

008182351　9100　3525　（0244－0245）
中庸章句箋義一卷　或問箋義一卷　註疏纂要一卷
趙德撰　上海　商務印書館　1935—37年　叢書集成初編

008005803　9100　3525　（0246－0248）
讀四書叢說
許謙撰　上海　商務印書館　1936年　初版　叢書集成初編　（m.）

008005755　9100　3525　（0249）
群英書義
張泰編輯　劉錦文編選　石渠意見附拾遺補闕　王恕著　上海　商務印書館　1936年　初版　叢書集成初編

008005783　9100　3525　（0250-0251）
升庵經説
楊慎撰　上海　商務印書館　1936年　初版　叢書集成初編　（m.）

008005786　9100　3525　（0252）
四書索解
毛奇齡説　王錫纂　三禮指要　陳廷敬著　上海　商務印書館　1937年　初版　叢書集成初編

008005996　9100　3525　（0253）
讀禮志疑
陸隴其輯　上海　商務印書館　1935年　初版　叢書集成初編

008005877　9100　3525　（0254-0255）
九經古義
惠棟學　上海　商務印書館　1937年　初版　（m.）

008005878　9100　3525　（0256）
質疑
任泰學　質疑　杭世駿著　上海　商務印書館　1937年　初版

008005997　9100　3525　（0258）
四書逸箋
程大中撰　上海　商務印書館　1937年　初版　叢書集成初編　（m.）

008005879　9100　3525　（0259）
經義知新記
汪中著　健餘先生讀書筆記　尹會一撰　苑綰輯錄　六藝論　鄭玄著　陳鱣輯　上海　商務印書館　1937年　初版

008005792　9100　3525　（0260）
隸經文
江藩著　九經學　王聘珍著　上海　商務印書館　1936年　初版　叢書集成初編

008005998　9100　3525　（0261-0264）
詩書古訓
阮元錄　上海　商務印書館　1936年　初版　叢書集成初編

008005784　9100　3525　（0265）
介庵經説附補
雷學淇述　上海　商務印書館　1936年　初版　叢書集成初編　（m.）

008005782　9100　3525　（0266）
劉貴陽説經殘稿附經説
劉書年撰　鳳氏經説　鳳韶著　上海　商務印書館　1936年　初版　叢書集成初編　（m.）

008005999　9100　3525　（0268）
王氏經説
王紹蘭撰　上海　商務印書館　1937年　初版　叢書集成初編　（m.）

008005666　9100　3525　（0269）
授經圖
朱睦㮮著　上海　商務印書館　1937年　初版　叢書集成初編　（m.）

008005787　9100　3525　（0270）
儒林譜
焦袁熹撰　傳經表附通經表　畢沅撰　國朝經師經義目錄　江藩纂　上海　商務印書館　1937年　初版　叢書集成初編

008061229　9100　3525　(0272)
北道刊誤志
王瓘撰　上海　商務印書館　1935—37年　叢書集成初編

008061230　9100　3525　(0272)
乘軺錄
路振撰　上海　商務印書館　1935—37年　叢書集成初編

008062443　9100　3525　(0272)
大業雜記
杜寶撰　上海　商務印書館　1935—37年　叢書集成初編

008061227　9100　3525　(0272)
洞冥記
郭憲撰　上海　商務印書館　1935—37年　叢書集成初編（m.w.）

008061240　9100　3525　(0272)
漢武故事
班固撰　上海　商務印書館　1935—37年　叢書集成初編

008062441　9100　3525　(0272)
漢孝武內傳
班固撰　上海　商務印書館　1935—37年　叢書集成初編

008062445　9100　3525　(0272)
綠珠傳
樂史撰　上海　商務印書館　1935—37年　叢書集成初編

008061233　9100　3525　(0272)
牛羊日曆
劉軻撰　上海　商務印書館　1935—37年　叢書集成初編

008061228　9100　3525　(0272)
琵琶錄
段安節撰　上海　商務印書館　1935—37年　叢書集成初編

008061239　9100　3525　(0272)
三水小牘
皇甫枚撰　上海　商務印書館　1935—37年　叢書集成初編

008062446　9100　3525　(0272)
膳夫經手錄
楊曄撰　上海　商務印書館　1935—37年　叢書集成初編

008061234　9100　3525　(0272)
聖宋掇遺
上海　商務印書館　1935—37年　叢書集成初編

008061226　9100　3525　(0272)
十洲記
東方朔撰　上海　商務印書館　1935—37年　叢書集成初編

008061237　9100　3525　(0272)
筍譜
釋贊寧撰　上海　商務印書館　1935—37年　叢書集成初編

008061232　9100　3525　(0272)
文武兩朝獻替記
李德裕撰　上海　商務印書館　1935—37年　叢書集成初編

008006000　9100　3525　(0272)
續談助
晁載之著　上海　商務印書館　1939年初版　叢書集成初編（m.）

008061238　9100　3525　(0272)
硯錄
唐詢撰　上海　商務印書館　1935—37

年　叢書集成初編

008061235　9100　3525　(0272)
沂公筆錄
王曾撰　上海　商務印書館　1935—37年　叢書集成初編

008062442　9100　3525　(0272)
殷芸小說
殷芸撰　上海　商務印書館　1935—37年　叢書集成初編

008062444　9100　3525　(0272)
營造法式
李誡撰　上海　商務印書館　1935—37年　叢書集成初編

008061236　9100　3525　(0272)
竹譜
戴凱之撰　上海　商務印書館　1935—37年　叢書集成初編

008005761　9100　3525　(0273)
古雋
楊慎輯　上海　商務印書館　1937年初版　叢書集成初編　(m.)

008015418　9100　3525　(0274)
風俗通義十卷
應劭撰　古今註三卷　崔豹撰　上海　商務印書館　1935—37年　叢書集成初編

008006003　9100　3525　(0275)
封氏聞見記
封演撰　長沙　商務印書館　1936年初版　叢書集成初編

008006001　9100　3525　(0276-0278)
酉陽雜俎附續集
段成式撰　上海　商務印書館　1937年初版　叢書集成初編　(m.)

008006004　9100　3525　(0279)
資暇集
李匡乂撰　蘇氏演義　蘇鶚纂　中華古今註　馬縞集　上海　商務印書館　1939年　初版　叢書集成初編

008006005　9100　3525　(0280)
兼明書
丘光庭著　宋景文公筆記　宋祁著　東原錄　龔鼎臣撰　上海　商務印書館　1936年　初版　叢書集成初編

008006006　9100　3525　(0281-0282)
夢溪筆談
沈括著　長沙　商務印書館　1937年初版　叢書集成初編　(m.)

008005793　9100　3525　(0283)
夢溪補筆談夢溪續筆談
沈括著　上海　商務印書館　1937年初版　叢書集成初編

008006007　9100　3525　(0284)
珩璜新論
孔平仲撰　猗覺寮雜記　朱翌撰　上海　商務印書館　1939年　初版　叢書集成初編

008006008　9100　3525　(0285)
懶真子
馬永卿撰　肯綮錄　趙叔向著　上海　商務印書館　1939年　初版　叢書集成初編

008006009　9100　3525　(0286)
甕牖閒評
袁文撰　上海　商務印書館　1939年初版　叢書集成初編

008005789　9100　3525　(0287)
西溪叢語
姚寬輯　上海　商務印書館　1939年初版　叢書集成初編　(m.)

008006987　9100　3525　(0288)
辨誤錄
(宋)吳曾纂　1937年　叢書集成初編　(m.)

008006010　9100　3525　(0289-0291)
能改齋漫錄十八卷
吳曾撰　上海　商務印書館　1939年初版　叢書集成初編　(m.)

008005776　9100　3525　(0292)
考古編
程大昌撰　上海　商務印書館　1939年初版　叢書集成初編　(m.)

008006011　9100　3525　(0295)
宜齋野乘
吳枋著　五總志　吳坰述　石林燕語辨　葉夢得撰　汪應辰辨　上海　商務印書館　1939年　初版　叢書集成初編

008005880　9100　3525　(0296)
寓簡附錄
沈作喆纂　長沙　商務印書館　1937年初版　(m.)

008006012　9100　3525　(0297-0298)
雲麓漫鈔
趙彥衛著　上海　商務印書館　1936年初版　叢書集成初編　(m.)

008005777　9100　3525　(0299)
靖康緗素雜記
黃朝英撰　上海　商務印書館　1939年初版　叢書集成初編　(m.)

008005804　9100　3525　(0300-0303)
學林
王觀國撰　上海　商務印書館　1939年初版　叢書集成初編　(m.)

008006013　9100　3525　(0304-0306)
野客叢書附錄
王楙撰　上海　商務印書館　1939年初版　叢書集成初編　(m.)

008006014　9100　3525　(0307)
辯言
員興宗纂　常談　吳箕撰　上海　商務印書館　1939年　初版　叢書集成初編

008006015　9100　3525　(0308-0309)
緯略
高似孫撰　上海　商務印書館　1939年初版　叢書集成初編　(m.)

008005767　9100　3525　(0310-0311)
捫蝨新話
陳善著　上海　商務印書館　1939年初版　叢書集成初編　(m.)

008007163　9100　3525　(0312)
鶴山渠陽經外雜鈔
魏了翁輯著　芥隱筆記　龔頤正撰　上海　商務印書館　1937年　初版　叢書集成初編

008005770　9100　3525　(0313)
學齋佔畢
史繩祖撰　上海　商務印書館　1939年初版　叢書集成初編

008006016　9100　3525　(0314-0315)
賓退錄
趙與時著　上海　商務印書館　1939年初版　叢書集成初編　(m.)

008005774　9100　3525　（0316）
蘆浦筆記
劉昌詩撰　上海　商務印書館　1939 年
初版　叢書集成初編　（m.）

008007274　9100　3525　（0317-0319）
鼠璞
戴埴著　坦齋通編　邢凱撰　臆乘
楊伯嵒著　上海　商務印書館　1939
年　初版　叢書集成初編

008005762　9100　3525　（0322）
席上腐談
俞琰著　潁川語小　陳叔方撰　上海
商務印書館　1936 年　初版　叢書集
成初編

008006017　9100　3525　（0323）
佩韋齋輯聞
俞德鄰撰　東齋記事　許觀撰　釋
常談　撰人不詳　上海　商務印書館
1939 年　初版　叢書集成初編

008005778　9100　3525　（0324）
續釋常談
龔熙正著　林下偶談　吳氏著　上海
商務印書館　1936 年　初版　叢書集
成初編

008007177　9100　3525　（0325）
愛日齋叢鈔五卷
上海　商務印書館　1936 年　叢書集成
初編　（m.）

008006018　9100　3525　（0326）
玉堂嘉話
王惲撰　上海　商務印書館　1939 年
初版　叢書集成初編

008006019　9100　3525　（0327）
湛淵靜語

白珽撰　上海　商務印書館　1939 年
初版　叢書集成初編　（m.）

008006020　9100　3525　（0328）
庶齋老學叢談
盛如梓撰　日聞錄　李翀撰　霏雪
錄　鎦績撰　上海　商務印書館　1939
年　初版　叢書集成初編　（m.）

008005772　9100　3525　（0329-0330）
菽園雜記
陸容撰　井觀瑣言　鄭瑗撰　上海
商務印書館　1936 年　初版　叢書集成
初編

008005881　9100　3525　（0331）
兩山墨談
陳霆著　上海　商務印書館　1936 年
初版　（m.）

008005791　9100　3525　（0332）
傳疑錄
陸深著　儼山纂錄　陸深撰　上海
商務印書館　1936 年　初版　叢書集成
初編

008005756　9100　3525　（0333）
讀書劄記
徐問志著　上海　商務印書館　1936 年
初版　叢書集成初編

008005779　9100　3525　（0334）
譚苑醍醐
楊慎撰　上海　商務印書館　1936 年
初版　叢書集成初編　（m.）

008005882　9100　3525　（0335）
蓺林伐山
楊慎撰　上海　商務印書館　1936 年
初版　（m.）

008005883　9100　3525　（0336）
丹鉛雜錄
楊愼撰　丹鉛續錄　楊愼著　俗言　楊愼撰　上海　商務印書館　1936年　初版

008005884　9100　3525　（0337）
餘冬序錄摘鈔內外篇
何孟春撰　上海　商務印書館　1937年　初版　（m.）

008005764　9100　3525　（0338）
眞珠船
胡侍著　簣齋雜著　陸垹撰　上海　商務印書館　1936年　初版　叢書集成初編

008005754　9100　3525　（0339）
古言類編一名學古瑣言
鄭曉撰　群碎錄　陳繼儒著　枕譚　陳繼儒撰　上海　商務印書館　1936年　初版　叢書集成初編

008005757　9100　3525　（0340－0341）
疑耀
張萱撰　上海　商務印書館　1939年　初版　叢書集成初編　（m.）

008005765　9100　3525　（0342）
槎上老舌
陳衎撰　餘庵雜錄　陳恂著　上海　商務印書館　1939年　初版　叢書集成初編

008006021　9100　3525　（0343－0345）
卮林附補遺
周嬰纂　上海　商務印書館　1936年　初版　叢書集成初編　（m.）

008005750　9100　3525　（0346）
呂錫侯筆記
呂兆禧撰　遜翁隨筆　祁駿佳著　上海　商務印書館　1936年　叢書集成初編

008006022　9100　3525　（0347）
蒿庵閒話
張爾岐撰　譎觚　顧炎武撰　上海　商務印書館　1939年　初版　叢書集成初編

008005773　9100　3525　（0348）
菰中隨筆
顧炎武著　朩廬札記　丁泰著　上海　商務印書館　1936年　初版　叢書集成初編

008005885　9100　3525　（0349）
義府
黃生撰　上海　商務印書館　1936年　初版　（m.）

008005788　9100　3525　（0350）
訂訛雜錄
胡鳴玉述　上海　商務印書館　1936年　初版　叢書集成初編　（m.）

008005760　9100　3525　（0351）
學福齋雜著
沈大成纂　樵香小記　何琇撰　龍城劄記　盧文弨撰　上海　商務印書館　1939年　初版　叢書集成初編

008006023　9100　3525　（0352）
鍾山札記
盧文弨著　魯齋述得　丁傳纂　上海　商務印書館　1939年　初版　叢書集成初編

008005886　9100　3525　（0353）
炳燭偶鈔
陸錫熊纂　卍齋璅錄　李調元撰　上

海　商務印書館　1937 年　初版

008005768　9100　3525　（0354）
剿說
李調元撰　識小編　董豐垣撰　上海　商務印書館　1936 年　初版　叢書集成初編

008006024　9100　3525　（0355）
炳燭編
李賡芸撰　長沙　商務印書館　1937 年　初版　叢書集成初編　（m.）

008006025　9100　3525　（0358）
讀書瑣記
鳳應韶纂　鄭堂札記　周中孚著　上海　商務印書館　1937 年　初版　叢書集成初編

008006026　9100　3525　（0359）
讀書叢錄
洪頤煊撰　上海　商務印書館　1939 年　初版　叢書集成初編　（m.）

008006027　9100　3525　（0360–0364）
癸巳存稿
俞正燮撰　上海　商務印書館　1937 年　初版　叢書集成初編

008005887　9100　3525　（0365）
菉友肊說附錄
王筠撰　武陵山人雜著　顧觀光　上海　商務印書館　1937 年　初版

008005771　9100　3525　（0367）
寒秀草堂筆記
姚衡著　上海　商務印書館　1937 年　初版　叢書集成初編　（m.）

008006028　9100　3525　（0368）
握蘭軒隨筆
卜陳彝著　劉氏遺著　劉禧延撰　養龢軒隨筆　陳作霖著　困學紀聞參註　趙敬襄著　上海　商務印書館　1939 年　初版　叢書集成初編

008006029　9100　3525　（0369）
鹿門子
皮日休著　省心錄　林逋著　晁氏客語　晁說之著　欒城先生遺言　蘇籀記　西疇老人常言　何坦著　樵談　許棐撰　上海　商務印書館　1936 年　初版　叢書集成初編

008006030　9100　3525　（0372）
勤有堂隨錄
陳櫟著　學易居筆錄　俞鎮著　筆疇　王達著　巵辭　王褘著　密箴　蔡清撰　上海　商務印書館　1939 年　初版　叢書集成初編

008005888　9100　3525　（0373）
讀書筆記
祝允明著　蜩笑偶言　鄭瑗撰　松窗寤言　崔銑撰　經世要談　鄭善夫撰　長沙　商務印書館　1939 年　初版

008006031　9100　3525　（0374）
錢公良測語
錢琦撰　錢子語測　錢琦撰　四箴雜言　何大復撰　慎言集訓　敖英纂集　玉笑零音　田藝蘅撰　上海　商務印書館　1936 年　初版　叢書集成初編

008005905　9100　3525　（0375）
薛方山紀述
薛應旂著　歸有園塵談　徐學謨著　古今藥石　宋纁輯　呻吟語選　呂坤著　阮承信選錄　安得長者言　陳繼儒著　鄭敬中摘語　鄭心材撰　仰子遺語　胡憲仲撰　恥言　徐禎

稷纂　木几冗談　彭汝讓著　上海　商務印書館　1936年　初版

008006032　9100　3525　（0376）
瓊琚佩語
魏裔介纂　荊園小語　申涵光著　荊園進語　申涵光著　省心短語　申涵煜述　日錄裏言　魏禧著　上海　商務印書館　1939年　初版　叢書集成初編

008005889　9100　3525　（0377）
呂語集粹
尹會一輯　上海　商務印書館　1937年　初版　（m.）

008182362　9100　3525　（0378-0379）
臣鑒錄四卷
尹會一輯　上海　商務印書館　1935—37年　叢書集成初編

008062448　9100　3525　（0378-0379）
君鑒錄四卷
尹會一輯　上海　商務印書館　1935—37年　叢書集成初編

008182376　9100　3525　（0378-0379）
女鑒錄四卷
尹會一輯　上海　商務印書館　1935—37年　叢書集成初編

008182368　9100　3525　（0378-0379）
士鑒錄四卷
尹會一輯　上海　商務印書館　1935—37年　叢書集成初編

008005890　9100　3525　（0378-0379）
四鑒錄
尹會一輯　上海　商務印書館　1937年　初版

008006033　9100　3525　（0380）
蕉窗日記
王豫撰　西巖贅語　申居鄖著　幽夢續影　朱錫著　箴友言　趙青藜著　修慝餘編　陳蓋纂　上海　商務印書館　1937年　初版　叢書集成初編

008006034　9100　3525　（0381）
迂言百則
陳遇夫撰　簡通錄　馬輝述　上海　商務印書館　1939年　初版　叢書集成初編

008006035　9100　3525　（0383）
鄭氏周易註附補遺
鄭玄撰　王應麟輯　惠棟增補　孫堂補遺　上海　商務印書館　1939年　初版　叢書集成初編　（m.）

008005796　9100　3525　（0384）
周易鄭註十二卷
王應麟輯　丁傑等校訂　上海　商務印書館　1936年　叢書集成初編

008006036　9100　3525　（0386-0389）
周易集解
李鼎祚輯　上海　商務印書館　1936年　初版　叢書集成初編　（m.）

008006037　9100　3525　（0390）
周易口訣義
史徵撰　周易舉正　郭京撰　上海　商務印書館　1939年　初版　叢書集成初編

008005891　9100　3525　（0391）
易說
司馬光撰　上海　商務印書館　1936年　初版　（m.）

008006038　9100　3525　(0392-0393)
蘇氏易傳
蘇軾著　上海　商務印書館　1936年
初版　叢書集成初編　(m.)

008006039　9100　3525　(0394-0397)
易程傳
程頤撰　上海　商務印書館　1936年
初版　叢書集成初編　(m.)

008006040　9100　3525　(0398-0399)
吳園周易解附錄
張根撰　上海　商務印書館　1936年
初版　叢書集成初編　(m.)

008006041　9100　3525　(0404)
易原
程大昌撰　上海　商務印書館　1935年
初版　叢書集成初編　(m.)

008005983　9100　3525　(0405-0408)
誠齋易傳二十卷
楊萬里撰　上海　商務印書館據經苑本印　1935年　叢書集成初編　(m.)

008006042　9100　3525　(0410)
晦庵先生校正周易繫辭精義
呂祖謙編　上海　商務印書館　1936年
初版　叢書集成初編　(m.)

008005892　9100　3525　(0411)
易說
趙善譽撰　上海　商務印書館　1936年
初版　(m.)

008006043　9100　3525　(0412-0416)
郭氏傳家易說附總論
郭雍撰　上海　商務印書館　1935年
初版　叢書集成初編　(m.)

008005790　9100　3525　(0417)
易傳燈
徐總幹撰　易象意言　蔡淵撰　上海
商務印書館　1939年　初版　叢書集成初編

008006044　9100　3525　(0418-0419)
泰軒易傳
李中正撰　上海　商務印書館　1936年
初版　叢書集成初編　(m.)

008005893　9100　3525　(0420)
讀易私言
許衡著　易學濫觴　黃澤撰　上海
商務印書館　1936年　初版

008006045　9100　3525　(0421-0422)
周易集傳
龍仁夫撰　玩易意見　王恕著　上海
商務印書館　1937年　初版　叢書集成初編

008005894　9100　3525　(0423)
涇野先生周易說翼
呂柟著　上海　商務印書館　1936年
初版　(m.)

008006046　9100　3525　(0424)
周易議卦
王崇慶著　學易記　金賁亨著　易
圖　田藝蘅撰　上海　商務印書館
1939年　初版　叢書集成初編

008005794　9100　3525　(0425)
易象鉤解四卷
(明)陳士元著　上海　商務印書館
1936年　叢書集成初編　(m.)

008005895　9100　3525　(0426)
易領
郝敬著　上海　商務印書館　1936年
初版　(m.)

008005896　9100　3525　（0427）
兒易內儀以六卷
倪元璐著　上海　商務印書館　1936年
　　初版　（m.）

008006047　9100　3525　（0428-0429）
兒易外儀十五卷
倪元璐著　上海　商務印書館　1935年
　　初版　叢書集成初編　（m.）

008006048　9100　3525　（0430-0431）
易經增註附易考
張鏡心撰　上海　商務印書館　1935年
　　初版　叢書集成初編

008006049　9100　3525　（0432-0433）
周易爻物當名
黎遂球撰　上海　商務印書館　1936年
　　初版　叢書集成初編　（m.）

008006050　9100　3525　（0434-0435）
易經通註
傅以漸、曹本榮撰　上海　商務印書館
　　1936年　初版　叢書集成初編　（m.）

008006051　9100　3525　（0436）
周易本義爻徵
吳曰慎著　上海　商務印書館　1936年
　　初版　叢書集成初編

008006052　9100　3525　（0438-0439）
易圖明辨
胡渭輯著　上海　商務印書館　1935年
　　初版　叢書集成初編　（m.）

008005897　9100　3525　（0440-0444）
周易本義註
胡方撰　讀易經　趙良霨著　上海
　　商務印書館　1936年　初版

008005898　9100　3525　（0445-454）
周易集解
孫星衍撰　上海　商務印書館　1936年
　　初版　（m.）

008005899　9100　3525　（0455）
虞氏易事
張惠言撰　上海　商務印書館　1937年
　　初版　（m.）

008005900　HD　3525　（0456）
李氏易解賸義
李富孫輯　上海　商務印書館　1937年
　　初版

008005742　9100　3525　（0457）
易漢學八卷
惠棟撰　上海　商務印書館　1937年
　　叢書集成初編　（m.）

008006053　9100　3525　（0458）
易例
惠棟撰　虞氏易消息圖說初稿　胡祥
麟撰　卦本圖考　胡秉虔學　上海
商務印書館　1936年　初版　叢書集成
初編

008005763　9100　3525　（0459-0461）
易象通義
秦篤輝撰　上海　商務印書館　1936年
　　初版　叢書集成初編　（m.）

008005759　9100　3525　（0462-0471）
周易集解纂疏
李道平著　上海　商務印書館　1936年
　　初版　叢書集成初編　（m.）

008006054　9100　3525　（0472-0474）
周易略解
馮經撰　長沙　商務印書館　1937年
　　初版　叢書集成初編　（m.）

008005780　9100　3525　（0475）
易圖存是
辛紹業著　上海　商務印書館　1936年
初版　叢書集成初編　（m.）

008006055　9100　3525　（0476）
周易本義考
撰人不詳　．禮記通註　朱元弼撰
大學古本附旁釋及問　曾參述　大學
石經古本附旁釋及申釋　曾參述　大
學疏義　金履祥撰　長沙　商務印書館
1937年　初版　叢書集成初編

008007275　9100　3525　（0478）
古本大學輯解
楊亶驊述　上海　商務印書館　1937年
初版　叢書集成初編　（m.）

008007276　9100　3525　（0480）
中庸分章附元中子碑
黎立武著　中庸本解附提要　楊亶驊
述　易大誼　惠棟撰　上海　商務印
書館　1939年　初版　叢書集成初編
（m.）

008007153　9100　3525　（0481-0484）
論語集解義疏
何晏集解　皇侃義疏　上海　商務印書
館　1937年　初版　叢書集成初編
（m.）

008007199　9100　3525　（0486-0488）
癸巳論語解
張栻撰　上海　商務印書館　1937年
初版　（m.）

008007200　9100　3525　（0488）
論語意原
鄭汝諧撰　上海　商務印書館　1937年
初版　（m.）

008007171　9100　3525　（0489-0490）
論語集註考證
金履祥撰　上海　商務印書館　1937年
初版　叢書集成初編　（m.）

008007201　9100　3525　（0495）
論語竢質附校訛及續校
江聲撰　論語註參　趙良猷著　長沙
商務印書館　1937年　初版　（m.）

008007277　9100　3525　（0496）
論語附記
翁方綱著　論語孔註辨訛　沈濤撰
上海　商務印書館　1939年　初版　叢
書集成初編

008007155　9100　3525　（0499）
尊孟辨附續辨別錄
余允文撰　上海　商務印書館　1937年
初版　叢書集成初編　（m.）

008007173　9100　3525　（0500）
孟子雜記
陳士元著　上海　商務印書館　1937年
初版　叢書集成初編　（m.）

008007278　9100　3525　（0501）
孟子附記
翁方綱著　孟子事實錄　崔述著　上
海　商務印書館　1935年　初版　叢書
集成初編

008007166　9100　3525　（0502）
孟子要略附錄
劉傳瑩輯　逸孟子　李調元輯　上海
商務印書館　1937年　初版　叢書集
成初編

008007279　9100　3525　（0506-0509）
孔子家語疏證
陳士珂輯　上海　商務印書館　1939年

初版　叢書集成初編　(m.)

008007280　9100　3525　(0510)
曾子十篇
阮元註釋　上海　商務印書館　1939年　初版　叢書集成初編　(m.)

008015420　9100　3525　(0511)
晏子春秋七卷
晏嬰撰　孫星衍校　上海　商務印書館　1935—37年　叢書集成初編　(m.)

008007281　9100　3525　(0512-0516)
荀子附校勘補遺
荀況撰　楊倞註　盧文弨、謝墉校　上海　商務印書館　1936年　初版　叢書集成初編　(m.)

008007204　9100　3525　(0517)
孔叢子
孔鮒撰　上海　商務印書館　1936年　初版　(m.)

008007282　9100　3525　(0518)
陸子
陸賈撰　上海　商務印書館　1939年　初版　叢書集成初編　(m.)

008007203　9100　3525　(0519)
新書
賈誼撰　盧文弨校　上海　商務印書館　1937年　初版　(m.)

008007202　9100　3525　(0523)
董子文集
董仲舒著　上海　商務印書館　1937年　初版　(m.)

008007283　9100　3525　(0524-0525)
韓詩外傳附補逸　校註拾遺
韓嬰著　周廷寀校註　上海　商務印書館　1939年　初版　叢書集成初編　(m.)

008007284　9100　3525　(0526-0528)
說苑
劉向著　楊以漟校　長沙　商務印書館　1937年　初版　叢書集成初編　(m.)

008007285　9100　3525　(0529)
新序
劉向著　上海　商務印書館　1936年　初版　叢書集成初編　(m.)

008007286　9100　3525　(0530)
法言
揚雄著　中論附劄記　徐幹著　上海　商務印書館　1939年　初版　叢書集成初編

008007287　9100　3525　(0531-0533　)
潛夫論
王符撰　汪繼培箋　申鑒附劄記　荀悅著　長沙　商務印書館　1937年　初版　叢書集成初編　(m.)

008007288　9100　3525　(0534)
周生烈子
周生烈纂　張澍鈔輯　傅子　傅玄撰　中說　王通著　阮逸註　伸蒙子　林慎思纂　素履子　張弧纂　上海　商務印書館　1940年　初版　叢書集成初編

008007266　9100　3525　(0536)
道德指歸論六卷
嚴遵撰　長沙　商務印書館　1939年　叢書集成初編

008007289　9100　3525　(0536)
老子道德經
王弼註　道德指歸論　嚴遵撰　上海

商務印書館 1939年 初版 叢書集成初編

008007290 9100 3525 （0537）
老子解
蘇轍註　蟾仙解老　白玉蟾註　道德真經集解　趙秉文撰　上海　商務印書館 1939年 初版 叢書集成初編

008007291 9100 3525 （0539）
太上老子道德經集解
董思靖集解　上海　商務印書館 1939年 初版 叢書集成初編 （m.）

008007292 9100 3525 （0540）
老子集解附考異
薛蕙著　上海　商務印書館 1939年 初版 叢書集成初編 （m.）

008007293 9100 3525 （0541）
老子翼
焦竑撰　老子道德經考異　畢沅輯　上海　商務印書館 1940年 初版 叢書集成初編

008007294 9100 3525 （0542）
老子本義
魏源著　上海　商務印書館 1937年 初版 叢書集成初編 （m.）

008007295 9100 3525 （0550）
參同契正文
魏伯陽撰　周易參同契考異　朱熹撰　參同契疏略　王文祿撰　長沙　商務印書館 1937年 初版 叢書集成初編

008007296 9100 3525 （0551）
古文參同契集解
魏伯陽著　蔣一彪輯　上海　商務印書館 1939年 初版 叢書集成初編 （m.）

008007297 9100 3525 （0552－0553）
古文周易參同契註
袁仁林註　上海　商務印書館 1939年 初版 叢書集成初編 （m.）

008007298 9100 3525 （0554）
列子
列禦寇撰　張湛註　沖虛至德真經釋文　殷敬順撰　陳景元補遺　上海　商務印書館 1939年 初版 叢書集成初編 （m.）

008007205 9100 3525 （0555）
文始真經言外經旨
陳顯微述　上海　商務印書館 1936年 初版 （m.）

008007132 9100 3525 （0556）
關尹子
尹喜撰　上海　商務印書館 1936年 叢書集成初編 （m.）

008007206 9100 3525 （0557）
通玄真經
徐靈府註　上海　商務印書館 1936年 初版 （m.）

008007299 9100 3525 （0559）
文子纘義
杜道堅撰　上海　商務印書館 1939年 初版 叢書集成初編 （m.）

008007300 9100 3525 （0560）
亢倉子
王士元補亡　上海　商務印書館 1939年 初版 叢書集成初編 （m.）

008007207 9100 3525 （0561－0569）
抱朴子內外篇
葛洪撰　上海　商務印書館 1936年 初版 （m.）

008007301　9100　3525　（0570-0572）
真誥
陶弘景撰　上海　商務印書館　1939年
　初版　叢書集成初編　（m.）

008007208　9100　3525　（0573）
天隱子
司馬承禎撰　　玄真子　張志和撰
　無能子　撰人不詳　上海　商務印書館
　1937年　初版

008007209　9100　3525　（0575）
聽心齋客問
萬尚父著　　無上秘要　撰人未詳
　至游子　撰人不詳　上海　商務印書館
　1936年　初版

008007302　9100　3525　（0576）
墨子附篇目考
墨翟撰　畢沅校註　上海　商務印書館
　1939年　初版　叢書集成初編　（m.）

008007303　9100　3525　（0581）
慎子附逸文
慎到撰　錢熙祚校　　於陵子　陳仲子
　撰　沈士龍、胡震亨校　　鶡冠子附提
　要　撰人不詳　陸佃解　上海　商務印
　書館　1939年　初版　叢書集成初編
　（m.）

008007304　9100　3525　（0586-0588）
淮南鴻烈解
劉安著　　許慎淮南子註　孫馮翼輯
　長沙　商務印書館　1937年　初版　叢
　書集成初編

008007305　9100　3525　（0589-0593）
論衡
王充著　長沙　商務印書館　1939年
　初版　叢書集成初編　（m.）

008007306　9100　3525　（0594）
仲長統論
仲長統撰　　桓子新論　桓譚撰　孫馮
　翼輯　物理論　楊泉撰　　金樓子
　梁元帝撰　上海　商務印書館　1939年
　初版　叢書集成初編

008007307　9100　3525　（0595）
劉子
劉晝著　袁孝政註　上海　商務印書館
　1939年　初版　叢書集成初編　（m.）

008007308　9100　3525　（0596-0598）
長短經
趙蕤撰　長沙　商務印書館　1937年
　初版　叢書集成初編　（m.）

008007309　9100　3525　（0599）
因論
劉禹錫著　　兩同書　羅隱撰　　讒書
　羅隱著　吳騫校　　宋景文雜說　宋
　祁著　上海　商務印書館　1936年　初
　版　叢書集成初編

008007310　9100　3525　（0600）
公是弟子記附錄
劉敞撰　　聱隅子歔欷瑣微論　黃晞撰
　　上海　商務印書館　1939年　初版
　叢書集成初編　（m.）

008007311　9100　3525　（0601）
元城語錄解附行錄解脫文
馬永卿輯　王崇慶解　　崔銑編行錄
　錢培名補脫文　上海　商務印書館
　1939年　初版　叢書集成初編　（m.）

008007210　9100　3525　（0602）
芻言
崔敦禮撰　　子華子　撰人不詳　　潛
　溪邃言　宋濂撰　上海　商務印書館
　1936年　初版

008007211　9100　3525　(0603)
龍門子凝道記
宋濂撰　上海　商務印書館　1937年初版　(m.)

008007312　9100　3525　(0605)
思玄庸言一名桑子庸言
桑悦撰　凝齋筆語　王鴻儒撰　空同子纂　李夢陽撰　蘿山雜言　宋濂著　後渠庸書　崔銑著　約言　薛蕙撰　拘虛晤言　陳沂著　豢龍子　董穀撰　冥影契　董穀撰　海石子內外篇　錢薇撰　海樵子　王崇慶著　汲古叢語　陸樹聲著　上海　商務印書館　1939年　初版　叢書集成初編

008007147　9100　3525　(0606)
本語
高拱撰　三事遡真　李豫亨著　觀微子　朱袞撰　渾然子　張翀著　海沂子　王文祿著　上海　商務印書館　1936年　初版　叢書集成初編

008007313　9100　3525　(0607)
竹下寱言
王文祿撰　廉矩　王文祿撰　補衍　王文祿撰　長沙　商務印書館　1937年　初版　叢書集成初編

008007271　9100　3525　(0609)
叔苴子內篇六卷外篇二卷
莊元臣撰　長沙　商務印書館據粵雅堂叢書本印　1939年　叢書集成初編

008007314　9100　3525　(0612)
觀心約
鄒森著　聞說　趙明倫撰　廓然子五述　撰人不詳　蒙泉雜言　撰人不詳　長沙　商務印書館　1937年　初版　叢書集成初編

008062450　9100　3525　(0613-0616)
二程子鈔釋十卷
呂柟撰　上海　商務印書館　1935—37年　叢書集成初編

008007315　9100　3525　(0613-0616)
宋四子鈔釋
呂柟撰　上海　商務印書館　1936年　初版　叢書集成初編　(m.)

008062451　9100　3525　(0613-0616)
張子鈔釋六卷
呂柟撰　上海　商務印書館　1935—37年　叢書集成初編

008062449　9100　3525　(0613-0616)
周子鈔釋三卷
呂柟撰　上海　商務印書館　1935—37年　叢書集成初編

008062452　9100　3525　(0613-0616)
朱子鈔釋二卷
呂柟撰　上海　商務印書館　1935—37年　叢書集成初編

008007316　9100　3525　(0617-0620)
濂洛關閩書
張伯行集解　上海　商務印書館　1937年　初版　叢書集成初編　(m.)

008007213　9100　3525　(0621)
二程粹言
楊時編輯　上海　商務印書館　1936年　初版　(m.)

008007317　9100　3525　(0622-0625)
二程語錄
朱熹編輯　上海　商務印書館　1936年　初版　叢書集成初編　(m.)

008007318　9100　3525　(0626)
漁樵對問

邵雍著　　晁氏儒言　晁説之著　　上蔡先生語録　謝良佐語　朱熹編　上海　商務印書館　1939年　初版　叢書集成初編

008007319　9100　3525　(0628)
至書
蔡沈撰　　明本釋　劉荀撰　上海　商務印書館　1939年　初版　叢書集成初編

008007320　HD　3525　(0629)
東萊呂紫微師友雜志
呂本中撰　　紫微雜説　呂本中撰　上海　商務印書館　1939年　初版　叢書集成初編

008007321　9100　3525　(0630-0633)
近思録
朱熹編　張伯行集解　上海　商務印書館　1936年　初版　叢書集成初編　(m.)

008007322　9100　3525　(0634-0636)
續近思録
張伯行集解　上海　商務印書館　1936年　初版　叢書集成初編　(m.)

008007323　9100　3525　(0637-0638)
廣近思録
張伯行輯　上海　商務印書館　1936年　初版　叢書集成初編　(m.)

008007167　9100　3525　(0639)
朱子學的
丘濬編輯　上海　商務印書館　1936年　初版　叢書集成初編　(m.)

008007268　9100　3525　(0640-0642)
朱子學歸二十三卷
(清)鄭端輯　上海　商務印書館據畿輔叢書本印　1936年　叢書集成初編　(m.)

008007214　9100　3525　(0644)
朱子語類輯略
張伯行輯訂　上海　商務印書館　1936年　初版　(m.)

008010024　9100　3525　(0645)
北溪字義上下卷　附補遺　嚴陵講義
陳淳著　王雋編　上海　商務印書館　1937年

008010025　9100　3525　(0645)
研幾圖
王柏著　上海　商務印書館　1937年

008007324　9100　3525　(0646)
準齋雜説
吳如愚撰　　迥言　劉炎著　　侯城雜誡　方孝孺著　　薛子道論　薛瑄撰　　薛子道論　薛瑄著　長沙　商務印書館　1937年　初版　叢書集成初編

008007325　9100　3525　(0647-0648)
薛文清公讀書録
薛瑄撰　　白沙語要　陳獻章著　　楓山章先生語録　章懋撰　長沙　商務印書館　1939年　初版　叢書集成初編

008007168　9100　3525　(0649-0650)
正蒙會稿
劉璣著　上海　商務印書館　1936年　初版　叢書集成初編　(m.)

008007326　9100　3525　(0652)
適園語録
陸樹聲撰　　毅齋經説　查鐸著　　水西會語　查鐸著　　水西答問　翟台著　　二谷讀書記　侯一元著　　惜陰書院緒言　翟台著　　白水質問　徐榜著

上海　商務印書館　1939年　初版　叢書集成初編

008007327　9100　3525　（0653－0654）
困知記
羅欽順撰　　學蔀通辨　陳建撰　上海　商務印書館　1936年　初版　叢書集成初編

008007328　9100　3525　（0656－0657）
梅峰語錄
趙仲全著　　居業錄　胡居仁撰　上海　商務印書館　1936年　初版　叢書集成初編

008007329　9100　3525　（0658）
拙齋學測
蕭良榦著　　赤山會語　蕭雍著　　讀書些子會心　朱苞著　上海　商務印書館　1939年　初版　叢書集成初編

008007215　9100　3525　（0660）
潛室劄記
刁包著　上海　商務印書館　1936年　初版

008007330　9100　3525　（0661－0665）
繹志附劄記
胡承諾撰　上海　商務印書館　1936年　初版　叢書集成初編（m.）

008007161　9100　3525　（0666－0667）
讀書說附年譜
胡承諾著　　常語筆存　湯斌著　上海　商務印書館　1936年　初版　叢書集成初編（m.）

008010026　9100　3525　（0668－0670）
陸桴亭思辨錄輯要二十二卷
陸世儀撰　上海　商務印書館　1936年（m.）

008007216　9100　3525　（0671）
學術辨
陸隴其著　　問學錄　陸隴其撰　松陽鈔存　陸隴其撰　上海　商務印書館　1936年　初版

008007217　9100　3525　（0672）
存學編
顏元著　　存性編　顏元著　上海　商務印書館　1937年　初版

008007331　9100　3525　（0673）
顏習齋先生言行錄
鍾錂纂　上海　商務印書館　1939年　初版　叢書集成初編（m.）

008007172　9100　3525　（0674）
質孔說
周夢顏輯　上海　商務印書館　1936年　初版　叢書集成初編（m.）

008006916　9100　3525　（0675）
困學錄集粹八卷
張伯行著　上海　商務印書館　1936年　叢書集成初編（m.）

008007218　9100　3525　（0676－0679）
學規類編
張伯行纂　上海　商務印書館　1936年　初版（m.）

008007332　9100　3525　（0680）
聖經學規纂
李塨稿　　論學　李塨稿　　健餘劄記　尹會一撰　上海　商務印書館　1939年　初版　叢書集成初編

008007333　9100　3525　（0681）
緒言
戴震撰　　星閣正論　趙青藜著　　子貫附言　胡元暉著　　業儒臆說　陸圻

著 上海 商務印書館 1939 年 初版
叢書集成初編

008007148 9100 3525 （0682）
郝雪海先生筆記
郝浴撰 論學俚言 蕭繼炳著 王
學質疑附錄 張烈撰 上海 商務印書
館 1939 年 初版 叢書集成初編

008010029 9100 3525 （0683）
東宮備覽六卷
陳模著 上海 商務印書館 1939 年

008010027 9100 3525 （0683）
宦遊日記
徐榜著 上海 商務印書館 1939 年

008010028 9100 3525 （0683）
吾師錄
黃淳耀纂 上海 商務印書館 1939 年

008007334 9100 3525 （0684）
南嶽遇師本末
夏元鼎編 胎息經 幻真先生註
胎息經疏略 王文祿撰 脈望 趙台
鼎著 上海 商務印書館 1936 年 初
版 叢書集成初編

008007335 9100 3525 （0685）
赤鳳髓
周履靖編輯 逍遙子導引訣 逍遙子
著 上海 商務印書館 1939 年 初版
叢書集成初編

008007336 9100 3525 （0687）
臥遊錄
呂祖謙撰 巖棲幽事 陳繼儒撰
嵒采館清課 費元祿纂 屏居十二課
黃東崖著 怡情小錄 馬大年述
上海 商務印書館 1936 年 初版 叢
書集成初編

008007337 9100 3525 （0688）
易緯是類謀
鄭玄註 易緯乾鑿度 鄭玄註 易
緯乾坤鑿度 庖犧氏先文 公孫軒氏演
古籀文 倉頡修並註 易緯乾元序制
記 鄭玄註 易緯坤靈圖 鄭玄註
長沙 商務印書館 1937 年 初版 叢
書集成初編

008062495 9100 3525 （0690-0693）
春秋保乾圖
孫㲄輯 上海 商務印書館 1935—37
年 叢書集成初編

008062488 9100 3525 （0690-0693）
春秋感精符
孫㲄輯 上海 商務印書館 1935—37
年 叢書集成初編

008062493 9100 3525 （0690-0693）
春秋漢含孳
孫㲄輯 上海 商務印書館 1935—37
年 叢書集成初編

008062485 9100 3525 （0690-0693）
春秋合誠圖
孫㲄輯 上海 商務印書館 1935—37
年 叢書集成初編

008062489 9100 3525 （0690-0693）
春秋考異郵
孫㲄輯 上海 商務印書館 1935—37
年 叢書集成初編

008062498 9100 3525 （0690-0693）
春秋命歷序一卷
孫㲄輯 上海 商務印書館 1935—37
年 叢書集成初編

008062497 9100 3525 （0690-0693）
春秋內事

孫毅輯　上海　商務印書館　1935—37
年　叢書集成初編

008062490　9100　3525　（0690-0693）
春秋潛潭巴
孫毅輯　上海　商務印書館　1935—37
年　叢書集成初編

008062491　9100　3525　（0690-0693）
春秋説題辭
孫毅輯　上海　商務印書館　1935—37
年　叢書集成初編

008062483　9100　3525　（0690-0693）
春秋緯
孫毅輯　上海　商務印書館　1935—37
年　叢書集成初編

008062486　9100　3525　（0690-0693）
春秋文耀鉤
孫毅輯　上海　商務印書館　1935—37
年　叢書集成初編

008062496　9100　3525　（0690-0693）
春秋握誠圖
孫毅輯　上海　商務印書館　1935—37
年　叢書集成初編

008062484　9100　3525　（0690-0693）
春秋演孔圖
孫毅輯　上海　商務印書館　1935—37
年　叢書集成初編

008182382　9100　3525　（0690-0693）
春秋元命苞二卷
孫毅輯　上海　商務印書館　1935—37
年　叢書集成初編

008062487　9100　3525　（0690-0693）
春秋運斗樞
孫毅輯　上海　商務印書館　1935—37
年　叢書集成初編

008062494　9100　3525　（0690-0693）
春秋佐助期
孫毅輯　上海　商務印書館　1935—37
年　叢書集成初編

008007338　9100　3525　（0690-0693）
古微書
孫毅編　上海　商務印書館　1939年
初版　叢書集成初編（m.）

008063711　9100　3525　（0690-0693）
河洛讖
孫毅輯　上海　商務印書館　1935—37
年　叢書集成初編

008063699　9100　3525　（0690-0693）
河圖帝覽嬉
孫毅輯　上海　商務印書館　1935—37
年　叢書集成初編

008063698　9100　3525　（0690-0693）
河圖稽耀鉤
孫毅輯　上海　商務印書館　1935—37
年　叢書集成初編

008063697　9100　3525　（0690-0693）
河圖絳像
孫毅輯　上海　商務印書館　1935—37
年　叢書集成初編

008063695　9100　3525　（0690-0693）
河圖括地象
孫毅輯　上海　商務印書館　1935—37
年　叢書集成初編

008063696　9100　3525　（0690-0693）
河圖始開圖
孫毅輯　上海　商務印書館　1935—37
年　叢書集成初編

008063700　9100　3525　(0690-0693)
河圖挺佐輔
孫瑴輯　上海　商務印書館　1935—37年　叢書集成初編

008063694　9100　3525　(0690-0693)
河圖緯
孫瑴輯　上海　商務印書館　1935—37年　叢書集成初編

008063701　9100　3525　(0690-0693)
河圖握矩記
孫瑴輯　上海　商務印書館　1935—37年　叢書集成初編

008063704　9100　3525　(0690-0693)
河圖玉版
孫瑴輯　上海　商務印書館　1935—37年　叢書集成初編

008063703　9100　3525　(0690-0693)
河圖雜緯篇
孫瑴輯　上海　商務印書館　1935—37年　叢書集成初編

008063668　9100　3525　(0690-0693)
樂動聲儀一卷
孫瑴輯　上海　商務印書館　1935—37年　叢書集成初編

008063669　9100　3525　(0690-0693)
樂稽耀嘉一卷
孫瑴輯　上海　商務印書館　1935—37年　叢書集成初編

008063666　9100　3525　(0690-0693)
樂緯
孫瑴輯　上海　商務印書館　1935—37年　叢書集成初編

008063667　9100　3525　(0690-0693)
樂葉圖徵一卷
孫瑴輯　上海　商務印書館　1935—37年　叢書集成初編

008063664　9100　3525　(0690-0693)
禮斗威儀一卷
孫瑴輯　上海　商務印書館　1935—37年　叢書集成初編

008063662　9100　3525　(0690-0693)
禮含文嘉一卷
孫瑴輯　上海　商務印書館　1935—37年　叢書集成初編

008063663　9100　3525　(0690-0693)
禮稽命徵一卷
孫瑴輯　上海　商務印書館　1935—37年　叢書集成初編

008062624　9100　3525　(0690-0693)
禮緯
孫瑴輯　上海　商務印書館　1935—37年　叢書集成初編

008063705　9100　3525　(0690-0693)
龍魚河圖
孫瑴輯　上海　商務印書館　1935—37年　叢書集成初編

008063676　9100　3525　(0690-0693)
論語比考讖
孫瑴輯　上海　商務印書館　1935—37年　叢書集成初編

008063675　9100　3525　(0690-0693)
論語緯
孫瑴輯　上海　商務印書館　1935—37年　叢書集成初編

008063678　9100　3525　(0690-0693)
論語陰嬉讖
孫瑴輯　上海　商務印書館　1935—37

年　叢書集成初編

008063680　9100　3525　(0690-0693)
論語摘輔象
孫毅輯　上海　商務印書館　1935—37年　叢書集成初編

008063681　9100　3525　(0690-0693)
論語摘衰聖
孫毅輯　上海　商務印書館　1935—37年　叢書集成初編

008063677　9100　3525　(0690-0693)
論語譔考
孫毅輯　上海　商務印書館　1935—37年　叢書集成初編

008063707　9100　3525　(0690-0693)
洛書靈準聽一卷
孫毅輯　上海　商務印書館　1935—37年　叢書集成初編

008063710　9100　3525　(0690-0693)
洛書錄運法
孫毅輯　上海　商務印書館　1935—37年　叢書集成初編

008063706　9100　3525　(0690-0693)
洛書緯
孫毅輯　上海　商務印書館　1935—37年　叢書集成初編

008063709　9100　3525　(0690-0693)
洛書摘六辟
孫毅輯　上海　商務印書館　1935—37年　叢書集成初編

008063708　9100　3525　(0690-0693)
洛書甄曜度
孫毅輯　上海　商務印書館　1935—37年　叢書集成初編

008062470　9100　3525　(0690-0693)
尚書帝命驗一卷
孫毅輯　上海　商務印書館　1935—37年　叢書集成初編

008062477　9100　3525　(0690-0693)
尚書帝驗期
孫毅輯　上海　商務印書館　1935—37年　叢書集成初編

008062469　9100　3525　(0690-0693)
尚書考靈曜二卷
孫毅輯　上海　商務印書館　1935—37年　叢書集成初編

008062468　9100　3525　(0690-0693)
尚書緯
孫毅輯　上海　商務印書館　1935—37年　叢書集成初編

008062473　9100　3525　(0690-0693)
尚書五行傳
孫毅輯　上海　商務印書館　1935—37年　叢書集成初編

008062475　9100　3525　(0690-0693)
尚書刑德放
孫毅輯　上海　商務印書館　1935—37年　叢書集成初編

008062474　9100　3525　(0690-0693)
尚書璿璣鈐
孫毅輯　上海　商務印書館　1935—37年　叢書集成初編

008062476　9100　3525　(0690-0693)
尚書運期授
孫毅輯　上海　商務印書館　1935—37年　叢書集成初編

008062472　9100　3525　(0690-0693)
尚書中候一卷

孫毂輯　上海　商務印書館　1935—37
年　叢書集成初編

008063674　9100　3525　（0690–0693）
詩泛歷樞
孫毂輯　上海　商務印書館　1935—37
年　叢書集成初編

008063671　9100　3525　（0690–0693）
詩含神霧一卷
孫毂輯　上海　商務印書館　1935—37
年　叢書集成初編

008063673　9100　3525　（0690–0693）
詩推度災
孫毂輯　上海　商務印書館　1935—37
年　叢書集成初編

008063670　9100　3525　（0690–0693）
詩緯
孫毂輯　上海　商務印書館　1935—37
年　叢書集成初編

008063688　9100　3525　（0690–0693）
孝經鉤命決
孫毂輯　上海　商務印書館　1935—37
年　叢書集成初編

008063693　9100　3525　（0690–0693）
孝經內事圖一卷
孫毂輯　上海　商務印書館　1935—37
年　叢書集成初編

008063692　9100　3525　（0690–0693）
孝經威嬉拒
孫毂輯　上海　商務印書館　1935—37
年　叢書集成初編

008063685　9100　3525　（0690–0693）
孝經緯
孫毂輯　上海　商務印書館　1935—37
年　叢書集成初編

008063691　9100　3525　（0690–0693）
孝經右契
孫毂輯　上海　商務印書館　1935—37
年　叢書集成初編

008063687　9100　3525　（0690–0693）
孝經援神契三卷
孫毂輯　上海　商務印書館　1935—37
年　叢書集成初編

008063689　9100　3525　（0690–0693）
孝經中契
孫毂輯　上海　商務印書館　1935—37
年　叢書集成初編

008063690　9100　3525　（0690–0693）
孝經左契
孫毂輯　上海　商務印書館　1935—37
年　叢書集成初編

008062616　9100　3525　（0690–0693）
易河圖數
孫毂輯　上海　商務印書館　1935—37
年　叢書集成初編

008062615　9100　3525　（0690–0693）
易稽覽圖
孫毂輯　上海　商務印書館　1935—37
年　叢書集成初編

008062621　9100　3525　（0690–0693）
易九厄讖
孫毂輯　上海　商務印書館　1935—37
年　叢書集成初編

008062614　9100　3525　（0690–0693）
易坤靈圖
孫毂輯　上海　商務印書館　1935—37
年　叢書集成初編

008062620　9100　3525　(0690-0693)
易筮類謀
孫瑴輯　上海　商務印書館　1935—37年　叢書集成初編

008062612　9100　3525　(0690-0693)
易通卦驗
孫瑴輯　上海　商務印書館　1935—37年　叢書集成初編

008062617　9100　3525　(0690-0693)
易通統圖
孫瑴輯　上海　商務印書館　1935—37年　叢書集成初編

008062619　9100　3525　(0690-0693)
易統驗元圖
孫瑴輯　上海　商務印書館　1935—37年　叢書集成初編

008062611　9100　3525　(0690-0693)
易緯
孫瑴輯　上海　商務印書館　1935—37年　叢書集成初編

008062623　9100　3525　(0690-0693)
易雜緯
孫瑴輯　上海　商務印書館　1935—37年　叢書集成初編

008062479　9100　3525　(0690-0693)
中候考河命
孫瑴輯　上海　商務印書館　1935—37年　叢書集成初編

008062478　9100　3525　(0690-0693)
中候握河紀
孫瑴輯　上海　商務印書館　1935—37年　叢書集成初編

008062482　9100　3525　(0690-0693)
中候雜篇
孫瑴輯　上海　商務印書館　1935—37年　叢書集成初編

008062480　9100　3525　(0690-0693)
中候摘洛戒
孫瑴輯　上海　商務印書館　1935—37年　叢書集成初編

008007339　9100　3525　(0694)
淮南萬畢術
劉安撰　孫馮翼輯　淮南萬畢術附補遺再補遺　劉安著　茆泮林輯　出行寶鏡　撰人不詳　元包經傳　衛元嵩述　蘇源明傳　李江註　元包數總義　張行成述　上海　商務印書館　1939年　初版　叢書集成初編（m.）

008007340　9100　3525　(0695-0696)
五行大義
蕭吉撰　麻衣道者正易心法　陳希夷先生受並消息　上海　商務印書館　1939年　初版　叢書集成初編

008007122　9100　3525　(0700)
丙丁龜鑒及其他一種
上海　商務印書館　1936年　初版　叢書集成初編

008010030　9100　3525　(0702)
稽瑞
劉賡輯　上海　商務印書館　1936年　叢書集成初編（m.）

008007341　9100　3525　(0703-0705)
焦氏易林
焦延壽撰　長沙　商務印書館　1937年　初版　叢書集成初編（m.）

008007360　9100　3525　(0708)
靈棋經二卷
東方朔撰　顏幼明、何承天註　陳師凱、

劉基解　上海　商務印書館　1936年
叢書集成初編　（m.）

008007219　9100　3525　（0709）
景祐六壬神定經
楊維德撰集　　大六壬苗公射覆鬼撮腳
　撰人不詳　長沙　商務印書館　1939
年　初版

008007121　9100　3525　（0711－0713）
探春歷記
（漢）東方朔著　　上海　商務印書館
1936年　初版　叢書集成初編　（m.）

008007342　9100　3525　（0714）
相雨書
黃子發撰　　天文占驗　周履靖校梓
　占驗錄　周履靖輯　　土牛經　周履
靖校梓　雲氣占候篇　韜廬子撰
通占大象曆星經　撰人不詳　上海　商
務印書館　1939年　初版　叢書集成
初編

008007343　9100　3525　（0716）
珞琭子賦註
釋曇瑩撰　上海　商務印書館　1939年
　初版　叢書集成初編　（m.）

008007344　9100　3525　（0717）
三命指迷賦
珞琭子撰　岳珂補註　乾元秘旨　舒
繼英著　上海　商務印書館　1939年
初版　叢書集成初編

008010032　9100　3525　（0718）
天步真原上中下卷
穆尼閣撰　上海　商務印書館　1936年
　（m.）

008007345　9100　3525　（0720）
太清神鑒

佚名　上海　商務印書館　1939年　初
版　叢書集成初編　（m.）

008010031　9100　3525　（0721）
人倫大統賦上下卷
張行簡著　薛延年註　上海　商務印書
館　1937年　（m.）

008007127　9100　3525　（0722）
字觸
周亮工輯　上海　商務印書館　1936年
　叢書集成初編　（m.）

008007346　9100　3525　（0725）
秘傳水龍經
蔣平階輯訂　上海　商務印書館　1939
年　初版　叢書集成初編　（m.）

008007347　9100　3525　（0727）
夢占逸旨
陳士元纂　上海　商務印書館　1939年
　初版　叢書集成初編　（m.）

008007348　9100　3525　（0730）
孝經本義
呂維祺撰　　孝經翼　呂維祐撰　　孝
經宗旨　羅汝芳撰　　中文孝經　周春
纂　孝經外傳　周春纂　　孝經鄭註
　陳鱣撰集　上海　商務印書館　1939
年　初版　叢書集成初編

008007152　9100　3525　（0731）
孝經鄭註
嚴可均輯　　孝經鄭註補證　洪頤煊補
　　孝經鄭氏解輯本　臧鏞堂述　臧禮
堂學　上海　商務印書館　1939年　初
版　叢書集成初編

008007151　9100　3525　（0732）
孝經義疏補
阮福撰　　孝經鄭註　岡田挺之補輯

集事詩鑒　方昕著　上海　商務印書館　1939 年　初版　叢書集成初編　（m.）

008007220　9100　3525　（0733）
證人社約
劉宗周著　楚中會條　查鐸著　水西會條　查鐸著　稽山會約　蕭良榦著　赤山會約　蕭雍著　友論　利瑪竇集　上海　商務印書館　1936 年　初版

008007221　9100　3525　（0734）
三教平心論
劉謐撰　上海　商務印書館　1937 年　初版　（m.）

008007349　9100　3525　（0736－0737）
寶藏論
釋僧肇著　象教皮編　陳士元輯　上海　商務印書館　1939 年　初版　叢書集成初編

008007222　9100　3525　（0738）
西齋淨土詩
釋梵琦撰　宗禪辯　張商英撰　上海　商務印書館　1936 年　初版　（m.）

008007350　9100　3525　（0739－0744）
一切經音義
釋元應撰　莊炘、錢坫、孫星衍校　上海　商務印書館　1936 年　初版　叢書集成初編　（m.）

008007351　9100　3525　（0748）
靈笈寶章
虛靖天師著　祿嗣奇談　沖一真君撰　禱雨雜紀　錢琦錄　求雨篇　紀奎撰　上海　商務印書館　1936 年　叢書集成初編

008010033　9100　3525　（0750）
周氏冥通記四卷
陶弘景撰　上海　商務印書館　1936 年　（m.）

008007050　9100　3525　（0752）
商子五卷
公孫鞅撰　長沙　商務印書館　1939 年　叢書集成初編　（m.）

008007352　9100　3525　（0753）
李相國論事集附李相國遺文
李絳著　上海　商務印書館　1939 年　初版　叢書集成初編　（m.）

008076607　9100　3525　（0755）
書牘二卷
王文祿作　上海　商務印書館　1936 年　（m.）

008182388　9100　3525　（0756）
策樞五卷
王文祿撰　上海　商務印書館　1936 年

008007353　9100　3525　（0757－0759）
昭代經濟言
陳子壯撰　上海　商務印書館　1936 年　初版　叢書集成初編　（m.）

008015421　9100　3525　（0760）
明夷待訪錄一卷
黃宗羲撰　存治編一卷　顏元著　擬太平策七卷　李塨撰　上海　商務印書館　1935－37 年　叢書集成初編

008007223　9100　3525　（0761）
平書訂十四卷
李塨訂　上海　商務印書館　1937 年　（m.）

008007354　9100　3525　（0762）
王制管窺

耿極撰　　樞言續樞言　王柏心著
德國議院章程　徐建寅譯　上海　商務
印書館　1939 年　初版　叢書集成初編

008007355　9100　3525　（0763）
慶元黨禁
樵川、樵叟撰　　元佑黨籍碑考附慶元
偽學逆黨籍　海瑞撰　上海　商務印書
館　1939 年　初版　叢書集成初編

008007022　9100　3525　（0766）
漢書食貨志
班固撰　顏師古註　邦計彙編　李
維撰　　補宋書食貨志　郝懿行撰　上
海　商務印書館 1936 年　初版　叢書
集成初編

008007356　9100　3525　（0767）
泉志
洪遵撰　　錢法纂要　丘濬編　上海
商務印書館　1939 年　初版　叢書集成
初編

008007357　9100　3525　（0768－0769）
錢錄
清高宗勅撰　上海　商務印書館　1937
年　初版　叢書集成初編　（m.）

008007170　9100　3525　（0770）
癖談
蔡雲撰　上海　商務印書館　1939 年
初版　叢書集成初編　（m.）

008007358　9100　3525　（0771）
錢幣考
撰人不詳　上海　商務印書館　1937 年
初版　叢書集成初編　（m.）

008007359　9100　3525　（0773）
箕田考
韓百謙著　李家煥、李義駿輯　　國賦
紀略　倪元璐輯　　歷代關市徵稅記
彭寧求著　　鹽法考略　丘濬編　　浙
鹺紀事　葉永盛著　上海　商務印書館
1939 年　初版　叢書集成初編

008015422　9100　3525　（0775－0780）
故唐律疏議三十卷
長孫無忌等撰　上海　商務印書館
1935—37 年　叢書集成初編

008010358　9100　3525　（0781）
補宋書刑法志
郝懿行撰　　讀律心得　劉衡纂輯
爽鳩要錄　蔣超伯輯　上海　商務印書
館　1939 年　初版　叢書集成初編

008010359　9100　3525　（0782）
刑書釋名
王鍵輯　　刑法敘略　劉筠編　　續刑
法敘略　譚瑄著　　棠陰比事原編　桂
萬榮輯　吳訥删正　　棠陰比事續編補
編　吳訥輯　上海　商務印書館　1939
年　初版　叢書集成初編

008015424　9100　3525　（0783－0784）
折獄高抬貴手八卷
鄭克撰　上海　商務印書館　1935—37
年　叢書集成初編

008015425　9100　3525　（0784）
折獄卮言
陳士礦撰　上海　商務印書館　1935—
37 年　叢書集成初編

008010186　9100　3525　（0785－0786）
東坡烏臺詩案
朋九萬撰　　詩讞　周紫芝錄　　龍筋
鳳髓判　張鷟撰　劉允鵬原註　陳春補
正　上海　商務印書館 1939 年　初版
叢書集成初編

008010360　9100　3525　(0787-0789)
七國考
董説撰　上海　商務印書館　1936年初版　叢書集成初編　(m.)

008010362　9100　3525　(0790-0805)
西漢會要
徐天麟撰　上海　商務印書館　1936年初版　叢書集成初編　(m.)

008010361　9100　3525　(0811)
漢禮器制度
叔孫通撰　孫星衍校集　漢官舊儀附補遺　衛宏撰　漢舊儀附補遺　衛宏撰　孫星衍校　伏侯古今註附補遺　伏無忌撰　茆泮林輯　獨斷　蔡邕著　漢儀　丁孚撰　孫星衍校集　上海　商務印書館　1939年　初版　叢書集成初編

008010363　9100　3525　(0813-0828)
唐會要
王溥撰　上海　商務印書館　1936年初版　叢書集成初編　(m.)

008010364　9100　3525　(0829-0832)
五代會要
王溥撰　上海　商務印書館　1936年初版　叢書集成初編　(m.)

008010365　9100　3525　(0833-0835)
宋朝事實
李攸撰　上海　商務印書館　1936年初版　叢書集成初編　(m.)

008010366　9100　3525　(0836-0841)
建炎以來朝野雜記
李心傳撰　上海　商務印書館　1936年初版　叢書集成初編　(m.)

008010185　9100　3525　(0842-0843)
愧郯錄
岳珂撰　上海　商務印書館　1936年初版　叢書集成初編

008010234　9100　3525　(0844)
朝野類要
趙昇撰　長沙　商務印書館　1939年初版　(m.)

008010235　9100　3525　(0846-0865)
歷代職官表
永瑢等奉敕修纂　上海　商務印書館　1936年　初版　(m.)

008010367　9100　3525　(0866-0868)
周禮鄭氏註附劄記
鄭玄註　上海　商務印書館　1936年初版　叢書集成初編　(m.)

008010368　9100　3525　(0871)
太平經國之書
鄭伯謙撰　周禮五官考　陳仁錫述　上海　商務印書館　1937年　初版　叢書集成初編

008010369　9100　3525　(0872)
周禮疑義舉要
江永撰　上海　商務印書館　1935年初版　叢書集成初編　(m.)

008010370　9100　3525　(0874)
左傳職官
沈淑纂　左傳官名考　李調元輯　漢官解詁　王隆撰　胡廣註　上海　商務印書館　1939年　初版　叢書集成初編

008016348　9100　3525　(0875)
漢官
孫星衍校集　上海　商務印書館　1939年

008016347　9100　3525　（0875）
漢官典職儀式選用
蔡質撰　上海　商務印書館　1939年

008016346　9100　3525　（0875）
漢官儀上下卷
應劭撰　上海　商務印書館　1939年

008010371　9100　3525　（0876）
兩漢五經博士考
張金吾撰　上海　商務印書館　1937年　初版　叢書集成初編　（m.）

008010372　9100　3525　（0877-0879）
三國職官表
洪飴孫撰　上海　商務印書館　1937年　初版　叢書集成初編　（m.）

008010373　9100　3525　（0882-0884）
翰林記二十卷
黃佐撰　上海　商務印書館　1936年　叢書集成初編　（m.）

008010237　9100　3525　（0885）
錦衣志
王世貞撰　官爵志　徐石麒輯　內閣小志附內閣故事　葉鳳毛撰　長沙　商務印書館　1939年　初版

008010374　9100　3525　（0886）
建立伏博士始末
孫星衍述　會典簡明錄　張祥河訂　上海　商務印書館　1939年　初版　叢書集成初編

008010238　9100　3525　（0887）
內閣志
席吳鏊撰　冬官旁求　辛紹業著　上海　商務印書館　1937年　初版

008010236　9100　3525　（0888）
三事忠告
張養浩著　上海　商務印書館　1936年

008010375　9100　3525　（0889-0891）
政學錄
尹會一撰　鄭端輯　上海　商務印書館　1936年　初版　叢書集成初編　（m.）

008010239　9100　3525　（0892）
學治臆說
汪輝祖纂　學治續說　汪輝祖　學治說贅　汪輝祖纂　長沙　商務印書館　1937年　初版

008010240　9100　3525　（0893）
忠經
馬融撰　鄭玄註　臣軌　武后撰　朱文公政訓　朱熹著　官箴　呂本中撰　西山政訓　真德秀著　求志編　王文祿撰　上海　商務印書館　1936年　初版

008010034　9100　3525　（0894）
牧鑒十卷
楊昱輯　上海　商務印書館　1937年　（m.）

008010376　9100　3525　（0895）
佐治藥言
汪輝祖纂　續佐治藥言　汪輝祖纂　上海　商務印書館　1937年　初版　叢書集成初編

008010241　9100　3525　（0896）
歷代貢舉志
馮夢禎著　歷代武舉考　譚吉璁述　貢舉敘略　陳彭年編　科場條貫　陸深撰　學科考略　董其昌編　臚傳紀事　繆彤著　長沙　商務印書館　1937年　初版

008016350　9100　3525　(0897)
常談
陶福履述　上海　商務印書館　1936年

008016349　9100　3525　(0897)
制義科瑣記四卷
李調元輯　上海　商務印書館　1936年

008010242　9100　3525　(0898)
謚法
蘇洵撰　謚法考　沈蕙纕錄　東井
誥勅　左鎰著　長沙　商務印書館
1939年　初版

008010377　9100　3525　(0899)
魏鄭公諫錄
王方慶集　魏鄭公諫續錄　翟思忠輯
　梁公九諫　狄仁傑撰　上海　商務
印書館　1939年　初版　叢書集成初編

008010248　9100　3525　(0902-0903)
孝肅包公奏議
包拯撰　長沙　商務印書館　1939年
(m.)

008010247　9100　3525　(0904-0905)
盡言集
劉安世撰　上海　商務印書館　1936年
(m.)

008016352　9100　3525　(0906)
五城奏疏
董傑著　上海　商務印書館　1939年

008016357　9100　3525　(0906)
許國公奏議四卷
吳潛著　上海　商務印書館　1939年

008016359　9100　3525　(0907)
訥溪奏疏
周怡撰　上海　商務印書館　1939年

008016361　9100　3525　(0907)
毅齋奏疏
查鐸著　上海　商務印書館　1939年

008016360　9100　3525　(0907)
諭對錄
張孚敬撰　上海　商務印書館　1939年

008016354　9100　3525　(0908)
郭給諫疏稿二卷
郭尚賓撰　上海　商務印書館　1936年

008016358　9100　3525　(0908)
泰熙錄
王文祿錄　上海　商務印書館　1936年

008010035　9100　3525　(0909)
蘭臺奏疏三卷
馬從聘著　上海　商務印書館　1936年
(m.)

008016353　9100　3525　(0910)
三垣疏稿三卷
許譽卿纂　上海　商務印書館　1936年

008016356　9100　3525　(0910)
制府疏草上下卷
蕭彥著　上海　商務印書館　1936年

008016355　9100　3525　(0911)
王少司馬奏疏二卷
王家楨著　上海　商務印書館　1936年

008016362　9100　3525　(0911)
玉城奏疏
葉永盛著　上海　商務印書館　1936年

008016351　9100　3525　(0912)
伯仲諫臺疏草上下卷
鄭欽、鄭鋭著　上海　商務印書館
1936年

008016363　9100　3525　(0912)
兩垣奏議
逯中立撰　上海　商務印書館　1936年

008016364　9100　3525　(0912)
西臺摘疏
吳尚默著　上海　商務印書館　1936年

008010260　9100　3525　(0913-0922)
明臣奏議
清高宗勅選　上海　商務印書館　1935年　初版　(m.)

008010261　9100　3525　(0923-0924)
魏文毅公奏議
魏裔介著　條奏疏稿附疏稿續刊　蔣伊撰　上海　商務印書館　1936年　初版

008010262　9100　3525　(0925-0926)
尹少宰奏議
尹會一著　張受長編　上海　商務印書館　1936年　初版　(m.)

008010263　9100　3525　(0927-0930)
帝範
唐太宗撰　帝王經世圖譜附錄　唐仲友撰　上海　商務印書館　1937年　初版

008010264　9100　3525　(0931)
中興備覽
張浚著　世緯　袁袠撰　上海　商務印書館　1937年　初版

008010265　9100　3525　(0932)
州縣提綱
陳襄撰　晝簾緒論　胡太初撰　陽明先生保甲法　陳龍正錄　長沙　商務印書館　1939年　初版

008010266　9100　3525　(0933)
健餘先生撫豫條教
尹會一著　張受長輯　公門不費錢功德錄　撰人不詳　陽明先生鄉約法　陳龍正錄　長沙　商務印書館　1939年　初版

008030013　9100　3525　(0935)
孫子上中下卷
孫武著　魏武帝[曹操]註　上海　商務印書館　1937年

008030012　9100　3525　(0935-0937)
孫子十家註十三卷
孫星衍、吳人驥校　上海　商務印書館　1937年　(m.)

008030014　9100　3525　(0938)
孫子敘錄
畢以珣撰　上海　商務印書館　1937年

008030015　9100　3525　(0938)
孫子遺說
鄭友賢撰　上海　商務印書館　1937年

008030202　9100　3525　(0939)
吳子
吳起著　尉繚子　尉繚撰　長沙　商務印書館　1937年　初版

008030204　9100　3525　(0940)
素書
黃石公著　張商英註　黃石公三略　撰人未詳　新書一作心書　諸葛亮著　武侯八陣兵法輯略附用陳雜錄　汪宗沂學　長沙　商務印書館　1939年　初版

008030119　9100　3525　(0941)
衛公兵法輯本
李靖撰　汪宗沂輯　上海　商務印書館

1937年　叢書集成初編　(m.)

008030203　9100　3525　(0943-0944)
神機制敵太白陰經
李筌撰　長沙　商務印書館　1937年　初版　(m.)

008030194　9100　3525　(0945-0946)
虎鈐經
許洞撰　上海　商務印書館　1936年　初版　(m.)

008030195　9100　3525　(0947)
何博士備論
何去非撰　九賢秘典　撰人不詳　上海　商務印書館　1937年　初版

008030196　9100　3525　(0948-0950)
練兵實紀附雜集
戚繼光撰　救命書　呂坤著　上海　商務印書館　1936年　初版　(m.)

008030173　9100　3525　(0951-0953)
草廬經略
撰人未詳　上海　商務印書館　1936年　叢書集成初編　(m.)

008030197　9100　3525　(0954)
乾坤大略附補遺
王餘佑著　上海　商務印書館　1937年　初版　(m.)

008030198　9100　3525　(0956)
補漢兵志並註
錢文子撰　蒞戎要略　戚繼光著　補晉兵志　錢儀吉撰　長沙　商務印書館　1937年　初版　(m.)

008030199　9100　3525　(0957)
守城錄
陳規、湯璹撰　八陣圖合變說　龍正撰　長沙　商務印書館　1939年　初版

008030200　9100　3525　(0961)
陣紀
何良臣著　長沙　商務印書館　1939年　初版　(m.)

008030201　9100　3525　(0964)
救荒活民書附拾遺
董煟撰　上海　商務印書館　1936年　初版　(m.)

008029996　9100　3525　(0966)
救荒策
魏禧撰　上海　商務印書館　1939年

008029997　9100　3525　(0966)
鄆襄賑濟事宜
俞森撰　上海　商務印書館　1939年

008029998　9100　3525　(0966)
賑豫紀略
鍾化民撰　上海　商務印書館　1939年　(m.)

008029994　9100　3525　(0967)
常平倉考荒政叢書之八
俞森撰　上海　商務印書館　1939年　(m.)

008029995　9100　3525　(0967)
義倉考荒政叢書之九
俞森撰　上海　商務印書館　1939年

008037878　9100　3525　(0968)
社倉考一卷
俞森撰　上海　商務印書館　1935—37年　叢書集成初編

008037879　9100　3525　(0969)
救荒備覽四卷　附錄二卷
勞潼撰　上海　商務印書館　1935—37

年　叢書集成初編

008030084　9100　3525　（0970－0973）
顔氏家訓七卷　卷首　附傳補遺補正
趙曦明註　盧文弨補註　上海　商務印書館　1937年　叢書集成初編　（m.）

008030205　9100　3525　（0976）
楊忠愍公遺筆一名椒山遺囑
楊繼盛撰　家誡要言　吳麟徵著　訓子言　袁黃撰　龐氏家訓　龐尚鵬撰　藥言　姚舜牧著　溫氏母訓　溫以介述　長沙　商務印書館　1939年　初版

008030206　9100　3525　（0977）
孝友堂家規孫子遺書之一
孫奇逢著　孝友堂家訓孫子遺書之一　孫奇逢著　蔣氏家訓　蔣伊著　恒產瑣言　張英纂　聰訓齋語　張英纂　德星堂家訂　許汝霖訂　長沙　商務印書館　1939年　初版　（m.）

008037880　9100　3525　（0978）
蒙求正文二卷　集註二卷
李瀚撰　集註　徐子光撰　上海　商務印書館　1935—37年　叢書集成初編

008032603　9100　3525　（0978）
左氏蒙求註
吳化龍纂　許乃濟、王慶麟著　上海　商務印書館　1940年

008030172　9100　3525　（0981－0984）
小學集解
張伯行纂輯　上海　商務印書館　1935年　叢書集成初編　（m.）

008030207　9100　3525　（0985）
小學稽業
李塨纂　上海　商務印書館　1937年　初版　（m.）

008030208　9100　3525　（0986）
教童子法
王筠撰　弟子職正音　王筠撰　弟子職集解　莊述祖撰　弟子職註　孫同元撰　長沙　商務印書館　1937年　初版

008030209　9100　3525　（0987）
諭俗文
真德秀述　袪疑說　儲泳撰　長沙　商務印書館　1939年　初版

008030210　9100　3525　（0988）
辨惑編
謝應芳撰　上海　商務印書館　1937年　初版　（m.）

008030211　9100　3525　（0989）
存人編
顏元著　顏習齋先生辟異錄　鍾錂纂　陽宅辟謬　梅漪老人撰　長沙　商務印書館　1939年　初版

008030212　9100　3525　（0991）
少儀外傳
呂祖謙撰　上海　商務印書館　1936年　初版　（m.）

008030213　9100　3525　（0992）
厚德錄
李元綱編　長沙　商務印書館　1939年　初版　（m.）

008029999　9100　3525　（0993）
自警篇
趙善璙撰　上海　商務印書館　1936年　（m.）

008030214　9100　3525　(0994)
畜德錄
陳沂撰　內功圖說　撰人未詳　上海　商務印書館　1936年　初版

008030215　9100　3525　(0995)
學校問
毛奇齡纂　白鹿書院教規　朱熹撰　程董二先生學則　饒魯編　初學備忘　張履祥著　讀書十六觀補　吳愷著　教習堂條約　徐乾學著　長沙　商務印書館　1939年　初版

008030175　9100　3525　(0997)
元海運志
危素撰　海運編　崔旦撰　明漕運志　曹溶編　上海　商務印書館　1936年　初版

008030176　9100　3525　(0998-0999)
儀禮附校錄
鄭玄註　黃丕烈校　上海　商務印書館　1936年　初版　(m.)

008030177　9100　3525　(1000-1007)
儀禮集釋
李如圭撰　長沙　商務印書館　1939年　初版　(m.)

008030002　9100　3525　(1008)
儀禮釋例
江永撰　上海　商務印書館　1936年　叢書集成初編

008030001　9100　3525　(1008)
儀禮逸經傳上下卷
吳澄學　張海鵬校　上海　商務印書館　1936年　叢書集成初編

008030178　9100　3525　(1009-1010)
儀禮管見
褚寅亮撰　上海　商務印書館　1935年　初版　(m.)

008030179　9100　3525　(1011-1014)
儀禮註疏詳校
盧文弨輯　上海　商務印書館　1935年　初版　(m.)

008030180　9100　3525　(1015-1019)
禮經釋例
凌廷堪著　上海　商務印書館　1936年　初版　(m.)

008030181　9100　3525　(1020)
禮記集說辨疑
戴冠撰　禮記偶箋　萬斯大學　上海　商務印書館　1936年　初版

008030182　9100　3525　(1021)
禮記訓義擇言
江永撰　長沙　商務印書館　1937年　初版　(m.)

008030183　9100　3525　(1022-1023)
禮記附記
翁方綱著　上海　商務印書館　1936年　初版　(m.)

008030005　9100　3525　(1024)
禮記補註四卷
李調元撰　上海　商務印書館　1935年　(m.)

008030120　9100　3525　(1025-1026)
讀禮記
趙良澍著　上海　商務印書館　1936年　初版　叢書集成初編

008030184　9100　3525　(1027-1028)
大戴禮記
戴德撰　盧辯註　長沙　商務印書館

1937年　初版　(m.)

008030185　9100　3525　(1029-1030)
大戴禮記補註
盧辯註　孔廣森補　長沙　商務印書館　1939年　初版　(m.)

008030186　9100　3525　(1031-1032)
校正孔氏大戴禮記補註
王樹柟撰　長沙　商務印書館　1939年　初版　(m.)

008030004　9100　3525　(1034)
考定檀弓
程穆衡撰　上海　商務印書館　1939年

008030006　9100　3525　(1034)
檀弓叢訓上下卷
楊慎撰　上海　商務印書館　1939年

008030003　9100　3525　(1034)
檀弓訂誤
毛奇齡撰　上海　商務印書館　1939年

008030007　9100　3525　(1037)
涇野先生禮問二卷
呂柟著　上海　商務印書館　1936年　叢書集成初編　(m.)

008030107　9100　3525　(1038)
學禮
李塨稿　上海　商務印書館　1936年　初版　叢書集成初編　(m.)

008030089　9100　3525　(1039)
饗禮補亡
諸錦纂　求古錄禮說補遺附續　金鶚著　公羊逸禮考徵　陳奐學　上海　商務印書館　1939年　初版　叢書集成初編

008030112　9100　3525　(1040)
司馬氏書儀
司馬光著　上海　商務印書館　1936年　初版　叢書集成初編　(m.)

008029993　9100　3525　(1041)
辨定嘉靖大禮議二卷
毛奇齡纂　上海　商務印書館　1939年

008029992　9100　3525　(1041)
大小宗通繹
毛奇齡撰　上海　商務印書館　1939年

008029990　9100　3525　(1041)
滇黔土司婚禮記
陳鼎著　上海　商務印書館　1939年

008029991　9100　3525　(1041)
昏禮辨正
毛奇齡纂　上海　商務印書館　1939年

008030171　9100　3525　(1043-1046)
太常因革禮
歐陽修等奉勅編　上海　商務印書館　1936年　叢書集成初編

008037881　9100　3525　(1046)
太常因革禮校識二卷
廖廷相撰　上海　商務印書館　1935—37年　叢書集成初編

008031085　9100　3525　(1047-1048)
大金集禮四十卷　附識語校勘記
上海　商務印書館　1936年　(m.)

008031083　9100　3525　(1049)
北郊配位尊西向議
毛奇齡纂　上海　商務印書館　1939年

008031084　9100　3525　(1049)
郊社禘祫問
毛奇齡撰　上海　商務印書館　1939年

008031082　9100　3525　（1049）
紹熙州縣釋奠儀圖
朱熹撰　上海　商務印書館　1939 年

008031081　9100　3525　（1049）
文廟從祀先賢先儒考
郎廷極著　上海　商務印書館　1939 年

008029989　9100　3525　（1049）
先聖廟林記
屈大均著　上海　商務印書館　1939 年

008030187　9100　3525　（1051）
倉頡篇
孫星衍學　上海　商務印書館　1936 年
　　初版　（m.）

008030188　9100　3525　（1052）
急就篇
史游撰　顏師古註　王應麟補註　錢保
塘補音　上海　商務印書館　1936 年
　　初版　（m.）

008030189　9100　3525　（1053）
校定皇象本急就章附考證音略及音略考證
史游纂　鈕樹玉校定　　急就章考異
孫星衍校　上海　商務印書館　1936 年
　　初版　（m.）

008030090　9100　3525　（1054－1057）
玉篇零卷
顧野王撰　上海　商務印書館　1935 年
　　初版　叢書集成初編　（m.）

008030170　9100　3525　（1058－1062）
大廣益會玉篇
顧野王撰　陳彭年等重修　上海　商務
印書館　1936 年　叢書集成初編　（m.）

008030000　9100　3525　（1063）
玉篇直音二卷
顧野王撰　上海　商務印書館　1936 年
叢書集成初編　（m.）

008030190　9100　3525　（1064）
干祿字書
顏元孫撰　　五經文字　張參撰　上海
商務印書館　1936 年　初版

008030191　9100　3525　（1065）
新加九經字樣
唐玄度撰　　佩觿　郭忠恕記　上海
商務印書館　1936 年

008030192　9100　3525　（1066－1067）
班馬字類附補遺
婁機著　李曾伯補　上海　商務印書館
　　1936 年　初版　（m.）

008031090　9100　3525　（1068）
字通
李從周編　上海　商務印書館　1936 年
　　（m.）

008031089　9100　3525　（1073）
字鑒五卷
李文仲編　上海　商務印書館　1936 年
　　（m.）

008031086　9100　3525　（1075）
經典文字辨證書五卷
畢沅撰　上海　商務印書館　1937 年

008031087　9100　3525　（1075）
六書分毫上中下卷
李調元撰　上海　商務印書館　1937 年
　　（m.）

008031088　9100　3525　（1075）
音同義異辯
畢沅撰　上海　商務印書館　1937 年

008030193　9100　3525　（1076－1080）
說文解字

許慎記　徐鉉等校定　上海　商務印書館　1935年　初版　（m.）

008030094　9100　3525　（1081-1082）
惠氏讀說文記
惠棟著　江聲參補　上海　商務印書館　1936年　叢書集成初編　（m.）

008030095　9100　3525　（1083-1085）
席氏讀說文記十五卷
席世昌著　上海　商務印書館　1936年　叢書集成初編　（m.）

008030011　9100　3525　（1086）
說文正字二卷
王石華等撰　上海　商務印書館　1936年　叢書集成初編　（m.）

008030008　9100　3525　（1087）
說文校定本二卷
朱士端著　上海　商務印書館　1936年　叢書集成初編　（m.）

008030009　9100　3525　（1088）
唐寫本說文解字木部箋異
莫友芝撰　上海　商務印書館　1936年　叢書集成初編　（m.）

008030010　9100　3525　（1089）
說文補例
張度撰　上海　商務印書館　1936年　叢書集成初編　（m.）

008030093　9100　3525　（1090-1097）
說文解字繫傳四十卷　附錄一卷
徐鍇傳釋　朱翱反切　上海　商務印書館　1936年　叢書集成初編　（m.）

008030216　9100　3525　（1098-1099）
說文新附考續考刊記
鈕樹玉撰　長沙　商務印書館　1939年　初版　（m.）

008030118　9100　3525　（1100-1101）
說文新附考六卷
鄭珍記　上海　商務印書館　1936年　叢書集成初編　（m.）

008030217　9100　3525　（1102）
說文逸字附錄
鄭珍記　上海　商務印書館　1936年　初版　（m.）

008030099　9100　3525　（1103）
六書說
江聲著　說文解字索隱　張度斅　上海　商務印書館　1936年　初版　叢書集成初編

008030218　9100　3525　（1104）
諧聲補逸附劄記
宋保著　上海　商務印書館　1936年　初版　（m.）

008030096　9100　3525　（1105）
轉註古義考
曹仁虎撰　上海　商務印書館　1936年　叢書集成初編　（m.）

008030219　9100　3525　（1106-1108）
六書轉註錄
洪亮吉著　上海　商務印書館　1936年　初版　（m.）

008030220　9100　3525　（1109-1110）
說文解字篆韻譜
徐鍇撰　上海　商務印書館　1936年　初版　（m.）

008030221　9100　3525　（1111）
說文解字舊音
畢沅撰　上海　商務印書館　1936年

初版　（m.）

008031340　9100　3525　（1112－1113）
説文聲系
姚文田述　上海　商務印書局　1935年
初版　叢書集成初編

008031377　9100　3525　（1114－1115）
説文聲訂附劄記
苗夔撰　上海　商務印書館　1936年
初版　（m.）

008031373　9100　3525　（1116－1120）
説文審音
張行孚撰　上海　商務印書館　1936年
叢書集成初編　（m.）

008031378　9100　3525　（1121－1122）
説文聲讀表
苗夔纂　説文字原韻表　胡重編　上海　商務印書館　1936年　初版

008032604　9100　3525　（1123）
説文解字雙聲疊韻譜
鄧廷楨撰　上海　商務印書館　1936年

008031323　9100　3525　（1124）
説文引經考二卷　附補遺
吳玉搢著　上海　商務印書館　1936年
初版　叢書集成初編　（m.）

008031379　9100　3525　（1125）
説文答問疏證附碑志
薛傳均撰　上海　商務印書館　1936年
初版　（m.）

008031338　9100　3525　（1126－1127）
説文古籀疏證
莊述祖著　上海　商務印書館　1936年
初版　叢書集成初編　（m.）

008031380　9100　3525　（1128）
説文部首歌
馮桂芬著　説文辨疑　顧廣圻撰
讀説文雜識　許棫撰　上海　商務印書館　1936年　初版

008031344　9100　3525　（1129－1130）
説文疑疑
孔廣居撰　上海　商務印書館　1936年
叢書集成初編　（m.）

008031342　9100　3525　（1131）
説文管見
胡秉虔著　許印林遺著　許瀚撰　上海　商務印書館　1936年　初版　叢書集成初編

008031381　9100　3525　（1132－1133）
段氏説文註訂附劄記
鈕樹玉著　上海　商務印書館　1936年
初版　（m.）

008031382　9100　3525　（1134－1138）
説文段註撰要
馬壽齡述　上海　商務印書館　1936年
初版

008031393　9100　3525　（1139）
爾雅
郭璞註　葉自本糾訛　陳趙鵠重校　長沙　商務印書館　1937年　初版

008031339　9100　3525　（1140）
爾雅漢註
臧鏞堂撰　孫馮翼校訂　上海　商務印書館　1936年　初版　叢書集成初編　（m.）

008031383　9100　3525　（1142－1144）
爾雅新義
陸佃撰　上海　商務印書館　1937年

初版 （m.）

008031384　9100　3525　（1145-1148）
爾雅翼
羅願撰　洪焱祖釋　長沙　商務印書館　1939年　初版　（m.）

008031385　9100　3525　（1149）
爾雅補郭
翟灝學　爾雅補註殘本　劉玉麐著　爾雅直音　撰人不詳　上海　商務印書館　1936年　初版

008031386　9100　3525　（1150）
小爾雅
孔鮒著　宋咸註　小爾雅疏證附逸文疏證　葛其仁學　王寶仁輯佚　長沙　商務印書館　1939年　初版

008031198　9100　3525　（1151）
釋名八卷
劉熙撰　長沙　商務印書館　1939年　業書集成初編

008031387　9100　3525　（1152-1154）
釋名疏證附續釋名　釋名補遺
畢沅疏證　上海　商務印書館　1936年　初版　（m.）

008037955　9100　3525　（1155-1158）
釋名疏證八卷　補遺一卷　續釋名一卷[篆字本]
畢沅撰　上海　商務印書館　1935—37年　叢書集成初編

008031388　9100　3525　（1159）
廣釋名
張金吾學　長沙　商務印書館　1937年　初版

008096978　9100　3525　（1160）
廣雅十卷
張揖撰　曹憲音譯　上海　商務印書館　1936年　（m.）

008031389　9100　3525　（1161-1168）
廣雅疏證
張揖撰　王念孫疏證　長沙　商務印書館　1939年　初版　（m.）

008031390　9100　3525　（1169）
博雅音
曹憲撰　長沙　商務印書館　1939年　初版　（m.）

008031391　9100　3525　（1170）
匡謬正俗
顏師古撰　上海　商務印書館　1936年　初版　（m.）

008031392　9100　3525　（1171-1173）
埤雅
陸佃撰　上海　商務印書館　1936年　初版　（m.）

008031322　9100　3525　（1174）
駢雅
朱謀瑋撰　駢字分箋　程際盛纂　上海　商務印書館　1936年　初版　叢書集成初編

008031091　9100　3525　（1175）
別雅訂五卷
吳玉搢比輯　許瀚校勘　上海　商務印書館　1939年

008031096　9100　3525　（1175）
課業餘談上中下卷
陶煒述　上海　商務印書館　1939年

008031335　9100　3525　（1176）
比雅

洪亮吉著　　通詁　李調元學　上海　商務印書館　1936 年　初版　叢書集成初編

008031442　9100　3525　（1177）
方言十三卷
揚雄記　郭璞註　上海　商務印書館　1936 年　叢書集成初編　（m.）

008031331　9100　3525　（1178－1179）
輶軒使者絕代語釋別國方言
揚雄撰　郭璞註　戴震疏證　上海　商務印書館　1937 年　初版　叢書集成初編　（m.）

008097009　9100　3525　（1180）
輶軒使者絕代語釋別國方言十三卷
揚雄撰　郭璞註　戴震疏證　上海　商務印書館　1937 年　叢書集成初編　（m.）

008037882　9100　3525　（1181）
方言據二卷　續錄一卷
岳元聲撰　上海　商務印書館　1935—37 年　叢書集成初編

008037883　9100　3525　（1181）
續方言二卷
杭世駿撰　上海　商務印書館　1935—37 年　叢書集成初編　（m.）

008037884　9100　3525　（1181）
續方言補正二卷
程際盛撰　上海　商務印書館　1935—37 年　叢書集成初編

008031326　9100　3525　（1182）
方言藻
李調元撰　　蜀語　李實撰　上海　商務印書館　1937 年　初版　叢書集成初編

008031394　9100　3525　（1183－1200）
經典釋文
陸德明撰　上海　商務印書館　1936 年　初版　（m.）

008031336　9100　3525　（1201－1204）
經典釋文考證
盧文弨撰　上海　商務印書館　1935 年　初版　叢書集成初編　（m.）

008031343　9100　3525　（1205）
陸氏經典異文輯
沈淑輯　上海　商務印書館　1937 年　初版　叢書集成初編　（m.）

008031092　9100　3525　（1206）
陸氏經典異文補六卷
沈淑補　上海　商務印書館　1937 年　（m.）

008031094　9100　3525　（1208）
群經音辨七卷
賈昌朝撰　上海　商務印書館　1939 年　（m.）

008031345　9100　3525　（1209－1212）
事物紀原
高承撰　李果訂　上海　商務印書館　1937 年　初版　叢書集成初編　（m.）

008031093　9100　3525　（1213）
明本排字九經直音前後卷
上海　商務印書館　1937 年　（m.）

008031316　9100　3525　（1214）
五色綫
撰人不詳　　古音駢字　楊慎撰　　古音復字　楊慎撰　上海　商務印書館　1939 年　初版　叢書集成初編

008031095　9100　3525　（1215）
屈宋古音義三卷

陳第著　上海　商務印書館　1937 年　叢書集成初編　(m.)

008031347　9100　3525　(1216-1217)
古今事物考
王三聘輯　詢蒭錄　撰人未詳　上海　商務印書館　1936 年　初版　叢書集成初編　(m.)

008031099　9100　3525　(1219-1220)
恒言錄六卷
錢大昕纂　上海　商務印書館　1939 年　(m.)

008032606　9100　3525　(1221)
晏子春秋音義上下卷
孫星衍撰　上海　商務印書館　1937 年　(m.)

008031098　9100　3525　(1222-1223)
通俗編二十五卷
翟灝撰　上海　商務印書館　1937 年　初版　叢書集成初編　(m.)

008031314　9100　3525　(1224-1228)
覆宋本重修廣韻
陸法言撰本　陳彭年等重修　宋本廣韻校劄　黎庶昌撰　上海　商務印書館　1936 年　初版　叢書集成初編

008031395　9100　3525　(1229-1233)
覆元泰定本廣韻
刪節人未詳　上海　商務印書館　1935 年　初版　(m.)

008031396　9100　3525　(1234)
切韻指掌圖
司馬光撰　切韻指掌圖檢例　邵光祖撰　上海　商務印書館　1936 年　初版

008031325　9100　3525　(1235-1236)
韻補五卷
(宋)吳棫撰　上海　商務印書館　1936 年　叢書集成初編　(m.)

008031397　9100　3525　(1237)
韻補正附謝啟昆小學韻補考
顧炎武撰　上海　商務印書館　1936 年　初版　(m.)

008031398　9100　3525　(1238)
詩經協韻考異
輔廣學　九經補韻附錄　楊伯嵒撰　錢侗考證　上海　商務印書館　1936 年　初版

008031399　9100　3525　(1239)
韻鏡
張麟之撰　詞林韻釋　撰人未詳　上海　商務印書館　1936 年　初版

008031400　9100　3525　(1240)
四聲等子
撰人不詳　詩音辯略　楊貞一著　上海　商務印書館　1937 年　初版

008031334　9100　3525　(1242)
古音略例古音餘　古音附錄
楊慎撰　上海　商務印書館　1936 年　初版　叢書集成初編

008031097　9100　3525　(1243)
轉註古音略五卷　古音後語一卷
楊慎撰　上海　商務印書館　1937 年　叢書集成初編

004439347　5124　2138　9100　3525　(1246)
重斠唐韻考五卷
紀容舒著　錢熙祚元斠、錢恂重斠　上海　商務印書館　1936 年　初版

008031313　9100　3525　（1247－1248）
古韻標準
江永編　戴震参定　上海　商務印書館　1936 年　叢書集成初編　（m.）

008037956　9100　3525　（1249）
四聲切韻表一卷　凡例一卷
江永撰　上海　商務印書館　1935—37 年　叢書集成初編　（m.）

008037958　9100　3525　（1250）
聲韻考四卷
戴震撰　上海　商務印書館　1935—37 年　叢書集成初編

008037957　9100　3525　（1250）
音學辨微一卷　附三十六字母辨一卷
江永撰　附黃廷鑒撰　上海　商務印書館　1935—37 年　叢書集成初編

008031100　9100　3525　（1251）
審定風雅遺音上下卷
史榮撰本　紀昀審定　上海　商務印書館　1936 年　叢書集成初編　（m.）

008031429　9100　3525　（1252）
沈氏四聲考
紀昀撰　上海　商務印書館　1936 年　叢書集成初編　（m.）

008032608　9100　3525　（1253）
聲類四卷
錢大昕述　上海　商務印書館　1939 年　（m.）

008032779　9100　3525　（1255－1257）
十三經音略附錄
周春學　楚辭辨韻　陳昌齊撰　上海　商務印書館　1936 年　初版　叢書集成初編　（m.）

008032819　9100　3525　（1258）
歌麻古韻考
苗夔補註　上海　商務印書館　1936 年　初版　（m.）

008032820　9100　3525　（1259）
古韻論
胡秉虔著　伸顧附劄記　易本烺撰　古今韻考附記切韻法　李因篤撰　楊傳第校正　王祖源附錄　上海　商務印書館　1936 年　初版

008032607　9100　3525　（1260）
經傳釋詞十卷
王引之撰　上海　商務印書館　1939 年　（m.）

008032605　9100　3525　（1260）
虛字說
袁仁林著　上海　商務印書館　1939 年

008032821　9100　3525　（1261）
西番譯語
撰人不詳　上海　商務印書館　1936 年　初版

008032822　9100　3525　（1262）
周髀算經附音義
趙君卿註　甄鸞重述　李淳風釋　周髀算經述　馮經撰　上海　商務印書館　1937 年　初版　（m.）

008032668　9100　3525　（1263）
九章算術
劉徽註　李淳風註釋　上海　商務印書館　1936 年　叢書集成初編　（m.）

008032823　9100　3525　（1264－1265）
詳解九章演算法附纂類
楊輝撰　詳解九章演算法劄記　宋景昌撰　上海　商務印書館　1936 年　初

版　（m.）

008032609　9100　3525　（1266）
數術記遺
徐岳撰　甄鸞註　上海　商務印書館
1939 年

008182396　9100　3525　（1266）
孫子算經上中下卷
李淳風註釋　上海　商務印書館
1939 年

008032611　9100　3525　（1266）
五曹算經五卷
李淳風註釋　上海　商務印書館
1939 年

008032610　9100　3525　（1266）
夏侯陽算經上中下卷
夏侯陽撰　上海　商務印書館　1939 年

008032824　9100　3525　（1267）
張丘建算經
甄鸞註經　李淳風註釋　劉孝孫細草　五經算術　甄鸞撰　李淳風註　長沙　商務印書館　1939 年　初版

008032825　9100　3525　（1268）
緝古算經附細草
王孝通撰並註　張敦仁細草　長沙　商務印書館　1939 年　初版　（m.）

008032734　9100　3525　（1269－1273）
數書九章
秦九韶著　上海　商務印書館　1936 年　初版　叢書集成初編　（m.）

008032826　9100　3525　（1274－1275）
數書九章札記
宋景昌撰　上海　商務印書館　1936 年　初版　（m.）

008032827　9100　3525　（1276）
田畝比類乘除捷法
楊輝集　續古摘奇演算法　楊輝集　長沙　商務印書館　1939 年　初版

008032750　9100　3525　（1277－1278）
測圓海鏡細草
李冶撰　上海　商務印書館　1935 年　初版　叢書集成初編　（m.）

008032736　9100　3525　（1279）
益古演段
李冶撰　上海　商務印書館　1936 年　初版　叢書集成初編　（m.）

008032765　9100　3525　（1280）
丁巨演算法
丁巨撰　同文算指前編　利瑪竇授　李之藻演　上海　商務印書館　1936 年　初版　叢書集成初編

008032728　9100　3525　（1281－1282）
同文算指通編
利瑪竇授　李之藻演　上海　商務印書館　1936 年　叢書集成初編　（m.）

008032771　9100　3525　（1283）
弧矢算術細草
李銳撰　句股截積和較算術　羅士琳撰　橢圓術　（清）項名達撰　上海　商務印書館　1937 年　叢書集成初編

008032751　9100　3525　（1284－1290）
算迪
何夢瑤撰　上海　商務印書館　1935 年　初版　叢書集成初編

008063741　9100　3525　（1291）
測圓密率三卷
徐有壬撰　上海　商務印書館　1935－37 年　叢書集成初編

008182401　9100　3525　（1291）
弧三角拾遺一卷
徐有壬撰　上海　商務印書館　1935—
37年　叢書集成初編

008063743　9100　3525　（1291）
截球解義一卷
徐有壬撰　上海　商務印書館　1935—
37年　叢書集成初編

008063744　9100　3525　（1291）
朔食九服里差三卷
徐有壬撰　上海　商務印書館　1935—
37年　叢書集成初編

008032828　9100　3525　（1291）
算略
馮經撰　楊輝演算法劄記　宋景昌撰
　　務民義齋算學　徐有壬學　上海
商務印書館　1937年　初版

008063742　9100　3525　（1291）
橢圜正術一卷
徐有壬撰　上海　商務印書館　1935—
37年　叢書集成初編

008063745　9100　3525　（1291）
用表推日食三差一卷
徐有壬撰　上海　商務印書館　1935—
37年　叢書集成初編

008063746　9100　3525　（1291）
造各表簡法一卷
徐有壬撰　上海　商務印書館　1935—
37年　叢書集成初編

008032755　9100　3525　（1292）
演算法通變本末及其他三種
上海　商務印書館　1936年　初版　叢
書集成初編

008032829　9100　3525　（1293）
對數簡法求表捷術之一
戴煦撰　續對數簡法求表捷術之一
戴煦撰　假數側圓求表捷術之一　戴
煦撰　長沙　商務印書館　1939年
初版

008032830　9100　3525　（1294-1297）
幾何原本
利瑪竇口譯　徐光啟筆受　長沙　商務
印書館　1939年　初版　（m.）

008032730　9100　3525　（1299）
外切密率
戴煦撰　上海　商務印書館　1936年
初版　叢書集成初編　（m.）

008032831　9100　3525　（1301）
海島算經
劉徽撰　李淳風註　測量法義　利瑪
竇口授　徐光啟筆受　測量異同　徐
光啟撰　句股義　徐光啟撰　王制
里畝演算法解　談泰著　王制井田演
算法解　談泰著　禮記義疏演筭法解
　談泰著　長沙　商務印書館　1939年
初版

008032612　9100　3525　（1302）
新儀象法要上中下卷
蘇頌撰　錢熙祚校　上海　商務印書館
　1937年　（m.）

008032763　9100　3525　（1303）
渾蓋通憲圖說
李之藻撰　簡平儀說　熊三拔撰　上海
　商務印書館　1936年　初版　叢書集
成初編

008032764　9100　3525　（1304）
六經天文編
王應麟著　上海　商務印書館　1936年

初版　叢書集成初編　（m.）

008032732　9100　3525　（1305）
天問略
陽瑪諾答　上海　商務印書館　1936年　叢書集成初編　（m.）

008032786　9100　3525　（1308）
遠鏡説
湯如望纂　　星經　甘公［德］、石申著　　星象考　鄒淮著　經天該　利瑪竇纂　上海　商務印書館　1936年　初版　叢書集成初編

008032773　9100　3525　（1309）
中西經星同異考
梅文鼎撰　　史記天官書補目　孫星衍撰　長沙　商務印書館　1939年　初版　叢書集成初編　（m.）

008032782　9100　3525　（1311–1323）
古今律曆考
邢雲路輯　　春秋春王正月考　春秋春王正月考辨疑　張以寧述　上海　商務印書館　1936年　初版　叢書集成初編

008032735　9100　3525　（1324）
曉庵新法
王錫闡撰　上海　上海商務印書館　1936年　初版　叢書集成初編　（m.）

008032832　9100　3525　（1325）
五星行度解
王錫闡撰　　曆學答問　梅文鼎纂　曆學疑問補　梅文鼎纂　　二儀銘補註　梅文鼎纂　長沙　商務印書館　1939年　初版

008032833　9100　3525　（1326）
天步真原
薛鳳祚撰　　春秋夏正　胡天游學　上海　商務印書館　1936年　初版　（m.）

008032613　9100　3525　（1327）
推步法解五卷
江永撰　上海　商務印書館　1936年　（m.）

008064118　9100　3525　（1328–1329）
冬至權度一卷
江永撰　上海　商務印書館　1935—37年　叢書集成初編

008182406　9100　3525　（1328–1329）
恒氣註歷辯一卷
江永撰　上海　商務印書館　1935—37年　叢書集成初編

008064120　9100　3525　（1328–1329）
金水發微一卷
江永撰　上海　商務印書館　1935—37年　叢書集成初編

008182409　9100　3525　（1328–1329）
七政衍一卷
江永撰　上海　商務印書館　1935—37年　叢書集成初編

008032667　9100　3525　（1328–1329）
數學八卷續數學一卷
江永撰　上海　商務印書館　1936年　叢書集成初編　（m.）

008064116　9100　3525　（1328–1329）
數學補論一卷
江永撰　上海　商務印書館　1935—37年　叢書集成初編

008064122　9100　3525　（1328–1329）
算剩一卷
江永撰　上海　商務印書館　1935—37

年　叢書集成初編

008064117　9100　3525　(1328-1329)
歲實消長辯一卷
江永撰　上海　商務印書館　1935—37年　叢書集成初編

008064124　9100　3525　(1328-1329)
正疏三角疏義一卷
江永撰　上海　商務印書館　1935—37年　叢書集成初編

008064121　9100　3525　(1328-1329)
中西合法擬草一卷
江永撰　上海　商務印書館　1935—37年　叢書集成初編

008032834　9100　3525　(1332)
春秋或辯
許之獬纂　禮記天算釋　孔廣牧撰　虞書命羲和章解　曾釗撰　長沙　商務印書館　1939年　初版

008032770　9100　3525　(1333)
太歲超辰表
汪曰楨學　上海　商務印書館　1936年　初版　叢書集成初編　(m.)

008032835　9100　3525　(1334)
海潮說
周春纂　海潮輯說　俞思謙纂　地球圖說　蔣友仁譯　錢大昕等修改　地球圖說補圖　阮元撰　上海　商務印書館　1937年　初版

008032836　9100　3525　(1335)
夏小正箋
戴德傳　李調元註　夏小正戴氏傳附校錄　傅崧卿註　夏小正考註　畢沅撰　夏小正傳　孫星衍校　長沙　商務印書館　1937年

008032614　9100　3525　(1336)
夏小正正義
王筠撰　上海　商務印書館　1936年　叢書集成初編　(m.)

008032776　9100　3525　(1337)
夏小正經傳集解
顧鳳藻輯　夏小正解附徐本　夏小正舉異　徐世溥著　唐月令註補遺　唐玄宗勅撰　茆泮林輯　月令七十二候集解　吳澄著　月令氣候圖說　李調元撰　上海　商務印書館　1936年　初版　叢書集成初編

008032778　9100　3525　(1338-1339)
玉燭寶典
杜臺卿撰　賞心樂事　張鑑著　四時宜忌　瞿佑著　七十二候考　曹仁虎纂　上海　商務印書館　1939年　初版　叢書集成初編

008032600　9100　3525　(1340)
鏡鏡詅癡五卷
鄭復光著　上海　商務印書館　1936年　叢書集成初編

008032837　9100　3525　(1341)　Microfiche　C-0716　目9
光論
張福僖譯　中西度量權衡表　上海　商務印書館　1936年　初版

008032838　9100　3525　(1342)
博物志
張華撰　長沙　商務印書館　1939年　初版　(m.)

008097059　9100　3525　(1343)
續博物志十卷
李石撰　上海　商務印書館　1936年　(m.)

008032601　9100　3525　（1344）
格物麤談上下卷
蘇軾著　上海　商務印書館　1937年

008032602　9100　3525　（1344）
物類相感志
蘇軾著　上海　商務印書館　1937年

008032839　9100　3525　（1345）
蠡海集
王逵撰　　群物奇制　周履靖編次　長沙　商務印書館　1939年　初版

008032840　9100　3525　（1346－1347）
毛詩草木鳥獸蟲魚疏
陸璣撰　　毛詩草木鳥獸蟲魚疏廣要　陸璣撰　毛晉參　　益部方物略記　宋祁撰　　辨物小志　陳絳著　上海　商務印書館　1936年　初版

008032841　9100　3525　（1348－1351）
詩傳名物集覽
陳大章著　上海　商務印書館　1937年　初版　（m.）

008032842　9100　3525　（1352）
南方草木狀
嵇含撰　　竹譜　戴凱之撰　　離騷草木疏　吳仁傑撰　　桐譜　陳翥著　長沙　商務印書館　1939年　初版

008063793　9100　3525　（1355）
荳疏
王世懋撰　上海　商務印書館　1935—37年　叢書集成初編

008063792　9100　3525　（1355）
瓜疏
王世懋撰　上海　商務印書館　1935—37年　叢書集成初編

008063790　9100　3525　（1355）
果疏
王世懋撰　上海　商務印書館　1935—37年　叢書集成初編

008063789　9100　3525　（1355）
花疏
王世懋撰　上海　商務印書館　1935—37年　叢書集成初編

008063791　9100　3525　（1355）
蔬疏附水草
王世懋撰　上海　商務印書館　1935—37年　叢書集成初編

008032843　9100　3525　（1355）
學圃雜疏
王世懋著　　北墅抱甕錄　高士奇著　　洛陽牡丹記　歐陽修撰　　牡丹榮辱志　丘璿撰　　曹州牡丹譜　余鵬年著　上海　商務印書館　1937年　初版

008063794　HD　3525　（1355）
竹疏
王世懋撰　上海　商務印書館　1935—37年　叢書集成初編

008032844　9100　3525　（1356）
揚州芍藥譜
王觀撰　　菊譜　劉蒙撰　　菊譜　范成大撰　　菊譜　史正志撰　　梅譜　范成大撰　　海棠譜　陳思撰　　玉蘂辨證　周必大著　長沙　商務印書館　1939年　初版

008032845　9100　3525　（1358）
蠕範
李元撰　上海　商務印書館　1937年　初版　（m.）

008032846　9100　3525　（1359）
蟹譜
傅肱撰　　閩中海錯疏　屠本畯疏　徐㷀補疏　　然犀志　李調元著　長沙　商務印書館　1939年　初版

008037886　9100　3525　（1360）
異魚圖贊四卷
楊慎撰　上海　商務印書館　1935—37年　叢書集成初編

008037887　9100　3525　（1360）
異魚圖贊補三卷
胡世安撰　上海　商務印書館　1935—37年　叢書集成初編

008037888　9100　3525　（1360）
異魚贊閏集一卷
胡世安撰　上海　商務印書館　1935—37年　叢書集成初編

008037960　9100　3525　（1360）
魚經一卷
黃省曾撰　上海　商務印書館　1935—37年　叢書集成初編

008032847　9100　3525　（1363）
獸經
黃省曾撰　周履靖增補　　蠒衣生馬記　郭子章輯　上海　商務印書館　1936年　初版

008032848　9100　3525　（1364）
虎薈
陳繼儒集　上海　商務印書館　1936年　初版　（m.）

008032849　9100　3525　（1371-1376）
黃帝內經太素附遺文內經明堂
楊上善撰註　上海　商務印書館　1935年　初版　（m.）

008032850　9100　3525　（1377）
新編金匱要略方論
張仲景述　王叔和集　長沙　商務印書館　1940年　初版　（m.）

008032681　9100　3525　（1378）
華氏中藏經
華佗撰　孫星衍校　上海　商務印書館　1939年　初版　叢書集成初編　（m.）

008032851　9100　3525　（1379-1380）
類證活人書附釋音辨誤藥性
朱肱撰　長沙　商務印書館　1939年　初版　（m.）

008032852　9100　3525　（1381-1382）
宋徽宗聖濟經
吳禔註　上海　商務印書館　1935年　初版　（m.）

008032853　9100　3525　（1383）
醫經正本書附劄記
程迥撰　　學醫隨筆　魏了翁述　　內外傷辨　李杲撰　長沙　商務印書館　1939年　初版　（m.）

008032854　9100　3525　（1389-1392）
丹溪先生心法附錄
朱震亨撰　程充編訂　長沙　商務印書館　1939年　初版　（m.）

008032618　9100　3525　（1393）
格致餘論
朱震亨撰　上海　商務印書館　1936年　叢書集成初編　（m.）

008032855　9100　3525　（1394-1395）
雲岐子保命集論類要
撰人未詳　上海　商務印書館　1936年　初版　（m.）

008032619　9100　3525　（1398）
慎疾刍言
徐靈胎[大椿]著　上海　商務印書館　1937年

008032617　9100　3525　（1398）
醫經溯洄集
（明）王履著　上海　商務印書館　1937年

008032616　9100　3525　（1398）
醫先
王文禄撰　上海　商務印書館　1937年

008032615　9100　3525　（1402）
脈訣刊誤上下卷　附錄
戴啟宗撰　上海　商務印書館　1937年（m.）

008037889　9100　3525　（1406－1407）
傷寒總病論六卷　附劄記一卷
龐安時撰　劄記　黃丕烈撰　上海　商務印書館　1935—37年　叢書集成初編

008037891　9100　3525　（1408）
傷寒九十論一卷　附校訛一卷　續校一卷
許叔微撰　校訛　胡珽撰　續校　董金鑒撰　上海　商務印書館　1935—37年　叢書集成初編

008037890　9100　3525　（1408）
傷寒微旨論二卷
韓祗和撰　上海　商務印書館　1935—37年　叢書集成初編

008032621　9100　3525　（1409）
新編張仲景註解傷寒百證歌五卷
許叔微述　上海　商務印書館　1937年

008032620　9100　3525　（1409）
新編張仲景註解傷寒發微論上下卷
許叔微述　上海　商務印書館　1937年

008037893　9100　3525　（1410）
傷寒標本心法類萃二卷
劉完素撰　上海　商務印書館　1935—37年　叢書集成初編

008037892　9100　3525　（1410）
傷寒明理論四卷
成無己撰　上海　商務印書館　1935—37年　叢書集成初編

008037895　9100　3525　（1411）
傷寒直格論三卷
劉完素撰　葛雍編　上海　商務印書館　1935—37年　叢書集成初編

008037899　9100　3525　（1412）
傷寒心要一卷
鎦洪撰　上海　商務印書館　1935—37年　叢書集成初編

008037901　9100　3525　（1412）
傷寒一提金一卷
陶華撰　上海　商務印書館　1935—37年　叢書集成初編

008037896　9100　3525　（1412）
傷寒醫鑒一卷
馬宗素撰　上海　商務印書館　1935—37年　叢書集成初編

008037900　9100　3525　（1412）
傷寒證脈藥截江網一卷
陶華撰　上海　商務印書館　1935—37年　叢書集成初編

008182501　9100　3525　（1413）
傷寒家秘的本一卷
陶華撰　上海　商務印書館　1935—37年　叢書集成初編

008037902　9100　3525　（1413）
傷寒瑣言一卷
陶華撰　上海　商務印書館　1935—37年　叢書集成初編

008037904　9100　3525　（1414）
殺車槌法一卷
陶華撰　上海　商務印書館　1935—37年　叢書集成初編

008037903　9100　3525　（1414）
傷寒明理續論一卷
陶華撰　上海　商務印書館　1935—37年　叢書集成初編

008033893　9100　3525　（1415）
傷寒論翼上下卷
柯琴纂　上海　商務印書館　1937年（m.）

008033898　9100　3525　（1416）
素問玄機原病式
劉完素述　上海　商務印書館　1937年（m.）

008033895　9100　3525　（1417）
素問病機氣宜保命集上中下卷
劉完素述　上海　商務印書館　1937年（m.）

008037905　9100　3525　（1418）
脾胃論三卷
李杲撰　上海　商務印書館　1935—37年　叢書集成初編

008033897　9100　3525　（1419）
陰症略例
王好古著　上海　商務印書館　1936年（m.）

008033894　9100　3525　（1420）
竇太師流註指要賦
上海　商務印書館　1936年

008033896　9100　3525　（1420）
外科精義上下卷
齊德之纂輯　上海　商務印書館　1936年

008033900　9100　3525　（1421）
咽喉脈證通論
上海　商務印書館　1940年

008033901　9100　3525　（1421）
一草亭目科全書
鄧苑纂　上海　商務印書館　1940年

008033903　9100　3525　（1421）
尤氏喉科秘本附方
尤乘著　上海　商務印書館　1940年

008034161　9100　3525　（1422－1423）
產育寶慶集
郭稽中纂　衛生家寶產科備要　朱端章編　長沙　商務印書館　1939年　初版

008034162　9100　3525　（1424）
女科
傅山著　上海　商務印書館　1936年　初版（m.）

008034163　9100　3525　（1425）
產後編
傅山著　上海　商務印書館　1936年　初版（m.）

008034164　9100　3525　（1426）
小兒藥證真訣
錢乙撰　顱顖經　撰人不詳　長沙　商務印書館　1939年　初版

008034165　9100　3525　（1427）
海藏癍論萃英

王好古著　田氏保嬰集　撰人未詳　種痘心法　朱奕梁撰　種痘指掌　撰人不詳　上海　商務印書館　1936年　初版

008034166　9100　3525　（1428－1429）
神農本草經
吳普等述　孫星衍、孫馮翼輯　石藥爾雅　梅彪集　長沙　商務印書館　1937年　初版

008033902　9100　3525　（1430）
本草衍義二十卷
寇宗奭編撰　上海　商務印書館　1937年　（m.）

008033904　9100　3525　（1432）
劉涓子鬼遺方
龔慶宣撰　上海　商務印書館　1937年　（m.）

008033905　9100　3525　（1432）
秘製大黃清寧丸方
孫思邈撰　上海　商務印書館　1937年

008033899　9100　3525　（1433）
千金寶要六卷
孫思邈集　上海　商務印書館　1937年　（m.）

008037907　9100　3525　（1434）
旅舍備要方一卷
董汲撰　上海　商務印書館　1935—37年　叢書集成初編

008037906　9100　3525　（1434）
蘇沈良方八卷　拾遺二卷
蘇軾、沈括撰　上海　商務印書館　1935—37年　叢書集成初編

008037908　9100　3525　（1435－1437）
增廣太平惠民和劑局方十卷　用藥總論三卷
陳師文等編　上海　商務印書館　1935—37年　叢書集成初編

008037910　9100　3525　（1438）
洪氏集驗方五卷
洪遵撰　上海　商務印書館　1935—37年　叢書集成初編

008037909　9100　3525　（1438）
全生指迷方四卷
王貺撰　上海　商務印書館　1935—37年　叢書集成初編

008034167　9100　3525　（1441）
史載之方
史堪撰　長沙　商務印書館　1939年　初版　（m.）

008034168　9100　3525　（1442）
蘭室秘藏
李杲撰　長沙　商務印書館　1939年　初版　（m.）

008034169　9100　3525　（1448）
活法機要
朱震亨著　怪屙單　朱震亨著　長沙　商務印書館　1937年　初版

008033906　9100　3525　（1450）
局方發揮
朱震亨撰　上海　商務印書館　1937年

008033916　9100　3525　（1450）
雜類名方
上海　商務印書館　1937年

008033919　9100　3525　（1451）
證治要訣類方四卷
戴元禮輯　上海　商務印書館　1939年

（m.）

008033913　9100　3525　（1452）
服鹽藥法
孫星衍錄　上海　商務印書館　1937 年

008033915　9100　3525　（1452）
素女方
上海　商務印書館　1937 年

008033914　9100　3525　（1452）
治蠱新方
路順德纂　繆福照重訂　上海　商務印書館　1937 年

008037911　9100　3525　（1456）
宋提刑洗冤集錄五卷　附聖朝頒降新例一卷
宋慈編　上海　商務印書館　1935—37 年　叢書集成初編

008033907　9100　3525　（1458）
攝生消息論
丘處機［丘長春］著　上海　商務印書館　1937 年

008033908　9100　3525　（1458）
食色紳言
龍遵敘撰　上海　商務印書館　1937 年

008033917　9100　3525　（1458）
延壽第一紳言
愚古老人編　上海　商務印書館　1937 年

008037912　9100　3525　（1459－1460）
齊民要術十卷
賈思勰撰　上海　商務印書館　1935—37 年　叢書集成初編　（m.）

008037913　9100　3525　（1461）
農書三卷
陳敷撰　上海　商務印書館　1935—37 年　叢書集成初編　（m.）

008037915　9100　3525　（1461）
于潛令樓公進耕織圖詩一卷　附錄一卷
樓璹撰　上海　商務印書館　1935—37 年　叢書集成初編

008037917　9100　3525　（1462－1463）
農桑輯要七卷
司農司撰　上海　商務印書館　1935—37 年　叢書集成初編

008037918　9100　3525　（1463）
農桑衣食撮要二卷
魯明善撰　上海　商務印書館　1935—37 年　叢書集成初編

008037921　9100　3525　（1468）
耒耜經一卷
陸龜蒙撰　上海　商務印書館　1935—37 年　叢書集成初編

008037919　9100　3525　（1468）
農說一卷
馬一龍撰　上海　商務印書館　1935—37 年　叢書集成初編

008037920　9100　3525　（1468）
沈氏農書一卷
沈氏撰　錢爾復訂　上海　商務印書館　1935—37 年　叢書集成初編

008033909　9100　3525　（1469）
理生玉鏡稻品
黃省曾撰　上海　商務印書館　1937 年

008033918　9100　3525　（1469）
木棉譜
褚華纂　上海　商務印書館　1937 年

008033912　9100　3525　(1469)
種樹書
俞宗本著　上海　商務印書館　1937年

008033911　9100　3525　(1469)
種樹書附農桑撮要
郭橐駝著　上海　商務印書館　1937年

008033910　9100　3525　(1469)
種芋法
黃省曾撰　上海　商務印書館　1937年

008034458　9100　3525　(1470)
荔枝譜
蔡襄述　　嶺南荔枝譜　吳應逵撰　橘錄　韓彥直撰　　梅品　張功甫撰　　老圃良言　巢鳴盛述　　菊譜　黃省曾著　周履靖編次　　蘭譜奧法　周履靖校正　上海　商務印書館　1936年初版　叢書集成初編

008037954　9100　3525　(1471)
蠶經一卷
黃省曾撰　上海　商務印書館　1935—37年　叢書集成初編

008037922　9100　3525　(1471)
蠶書一卷
秦觀撰　上海　商務印書館　1935—37年　叢書集成初編

008037924　9100　3525　(1471)
廣蠶桑說輯補二卷
沈練撰　仲學輅輯補　上海　商務印書館　1935—37年　叢書集成初編

008037926　9100　3525　(1473)
本心齋蔬食譜一卷
陳達叟撰　上海　商務印書館　1935—37年　叢書集成初編

008037953　9100　3525　(1473)
山家清供二卷
林洪撰　上海　商務印書館　1935—37年　叢書集成初編

008037927　9100　3525　(1473)
飲食須知八卷
賈銘撰　上海　商務印書館　1935—37年　叢書集成初編

008037928　9100　3525　(1475)
養小錄三卷
顧仲撰　上海　商務印書館　1935—37年　叢書集成初編

008034382　9100　3525　(1478)
酒史
馮時化編　上海　商務印書館　1936年　叢書集成初編

008037932　9100　3525　(1480)
北苑別錄一卷
趙汝礪撰　上海　商務印書館　1935—37年　叢書集成初編

008037935　9100　3525　(1480)
茶董補二卷
陳繼儒輯　上海　商務印書館　1935—37年　叢書集成初編

008037952　9100　3525　(1480)
茶寮記一卷　附一卷
陸樹聲撰　上海　商務印書館　1935—37年　叢書集成初編

008037929　9100　3525　(1480)
茶錄一卷
蔡襄撰　上海　商務印書館　1935—37年　叢書集成初編

008037930　9100　3525　(1480)
東溪試茶錄一卷

宋子安撰　上海　商務印書館　1935—37年　叢書集成初編

008037934　9100　3525　（1480）
許然明先生茶疏一卷
許次紓撰　上海　商務印書館　1935—37年　叢書集成初編

008034489　9100　3525　（1481）
香譜
洪芻撰　　勇盧閒詰　趙之謙撰　上海　商務印書館　1937年　初版　叢書集成初編

008037937　9100　3525　（1484-1485）
遠西奇器圖説録最三卷
鄧玉函口授　王徵譯繪　上海　商務印書館　1935—37年　叢書集成初編

008037949　9100　3525　（1485）
新制諸器圖説一卷
王徵撰　上海　商務印書館　1935—37年　叢書集成初編

008037939　9100　3525　（1486）
河防記一卷
歐陽元撰　上海　商務印書館　1935—37年　叢書集成初編

008037950　9100　3525　（1486）
河防通議二卷
沙克什［贍思］撰　上海　商務印書館　1935—37年　叢書集成初編

008037948　9100　3525　（1486）
治河圖略一卷
王喜撰　上海　商務印書館　1935—37年　叢書集成初編

008037944　9100　3525　（1487-1488）
居濟一得八卷
張伯行撰　上海　商務印書館　1935—37年　叢書集成初編

008034493　9100　3525　（1491）
火攻挈要附火攻諸器圖
湯若望授　焦勗述　上海　商務印書館　1936年　初版　叢書集成初編

008034600　9100　3525　（1493）
文房四譜
蘇易簡輯　長沙　商務印書館　1939年　初版　（m.）

008034601　HD　3525　（1494）
文具雅編
屠隆撰　　筆史　梁同書著　長沙　商務印書館　1939年　初版

008034602　9100　3525　（1495）
墨記
何遠撰　　墨經　晁氏著　墨史　陸友纂　上海　商務印書館　1936年　初版

008034603　9100　3525　（1496）
墨法集要
沈繼孫撰　　墨志　麻三衡纂　漫堂墨品　宋犖著　　雪堂墨品　張仁熙著　　箋紙譜　費著撰　　金粟箋説　張燕昌著　長沙　商務印書館　1939年　初版

008034604　9100　3525　（1497）
硯史
米芾撰　　歙州硯譜　唐積撰　端溪硯譜　撰人未詳　歙硯説　洪适輯　辨歙石説　洪适輯　長沙　商務印書館　1939年　初版

008034605　9100　3525　（1499）
儀禮釋宮

李如圭撰　儀禮釋宮增註　江永撰　兩宮鼎建記　賀仲軾錄　長沙　商務印書館　1937年　初版

008034606　9100　3525　（1500）
冬官紀事
項夢原著　明堂問　毛奇齡稿　明堂考　撰人不詳　上海　商務印書館　1937年　初版

008034607　9100　3525　（1501）
燕几圖
黃長睿撰　茶具圖贊　茅一相撰　紀聽松庵竹爐始末　鄒炳泰纂　左傳器物宮室　沈淑纂　遊具雅編　屠隆著　上海　商務印書館　1936年　初版

008034869　9100　3525　（1502－1504）
天水冰山錄及其他一種
嚴嵩藏　上海　商務印書館　1937年　叢書集成初編

008034608　9100　3525　（1507）
雲林石譜
杜綰著　石譜　諸九鼎撰　觀石錄　高兆撰　上海　商務印書館　1936年　初版

008034609　9100　3525　（1508）
長物志
文震亨編　洛陽名園記　李廌記　艮嶽記　張淏撰　上海　商務印書館　1936年　初版

008034610　9100　3525　（1509－1510）
六一題跋
歐陽修撰　上海　商務印書館　1936年　初版　（m.）

008034611　9100　3525　（1511－1512）
廣川書跋

董逌著　長沙　商務印書館　1939年　初版　（m.）

008034685　9100　3525　（1513）
籀史
翟耆年撰　上海　商務印書館據守山閣叢書本印　1935年　叢書集成初編　（m.）

008034612　9100　3525　（1514）
寶刻類編
撰人未詳　上海　商務印書館　1936年　初版　（m.）

008034613　9100　3525　（1515）
周秦刻石釋音
吾丘衍撰　石鼓文音釋　楊慎撰　上海　商務印書館　1936年　初版

008034614　9100　3525　（1516）
金石古文
楊慎輯　上海　商務印書館　1936年　初版　（m.）

008034615　9100　3525　（1519－1521）
金石錄補
葉奕苞著　上海　商務印書館　1935年　初版　（m.）

008034383　9100　3525　（1522）
金石錄補續跋七卷
葉奕苞著　上海　商務印書館　1935年　叢書集成初編　（m.）

008034616　9100　3525　（1523）
中州金石記
畢沅撰　上海　商務印書館　1936年　初版　（m.）

008034617　9100　3525　（1524－1525）
關中金石記

畢沅撰　上海　商務印書館　1936年
初版　（m.）

008034618　9100　3525　（1526）
雍州金石記附記餘
朱楓著　長沙　商務印書館　1939年
初版　（m.）

008034619　9100　3525　（1527）
京畿金石考
孫星衍撰　長沙　商務印書館　1939年
初版　（m.）

008034434　9100　3525　（1528）
江寧金石待訪目二卷
嚴觀編　上海　商務印書館　1936年

008034477　9100　3525　（1529）
湖北金石詩
嚴觀撰　上海　商務印書館　1936年
初版　叢書集成初編　（m.）

008034620　9100　3525　（1530）
涇川金石記
趙紹祖輯　南漢金石志　吳蘭修撰
上海　商務印書館　1936年　初版

008034621　9100　3525　（1531）
寶鐵齋金石文跋尾
韓崇撰　鮑臆園手劄　鮑康著　陳
簠齋筆記附手劄　陳介祺著　上海　商
務印書館　1936年　初版

008034479　9100　3525　（1532）
滇南古金石錄小琅嬛叢記之一
阮福撰　上海　商務印書館　1936年
初版　叢書集成初編　（m.）

008034478　9100　3525　（1533）
吳郡金石目
程祖慶編　上海　商務印書館　1936年
初版　叢書集成初編　（m.）

008034433　9100　3525　（1534–1537）
金石存十五卷
趙摭編　上海　商務印書館　1936年
叢書集成初編　（m.）

008034622　9100　3525　（1538）
中州金石目附補遺
姚晏記　上海　商務印書館　1936年
初版　（m.）

008034623　9100　3525　（1539）
日本金石年表
西田直養輯　百磚考　呂佺孫撰
學古編　吾丘衍撰　長沙　商務印書館
　1939年　初版

008034467　9100　3525　（1540）
續三十五舉
桂馥撰　再續三十五舉　姚晏撰
古今印史　徐官著　印章集說　文彭
述　秦璽始末　沈德符著　篆學指
南　趙宧光述　上海　商務印書館
1939年　初版　叢書集成初編

008034624　9100　3525　（1542）
鼎錄
虞荔纂　紹興內府古器評　張掄撰
　考古圖釋文　趙九成撰　上海　商務
印書館　1936年　初版

008034835　9100　3525　（1543）
續考古圖五卷
上海　商務印書館　1936年　叢書集成
初編　（m.）

008034625　9100　3525　（1544）
宣德鼎彝譜
呂震等撰　上海　商務印書館　1936年
初版　（m.）

008034439　9100　3525　(1545-1548)
積古齋鐘鼎彝器款識
阮元編　長沙　商務印書館　1937年初版　叢書集成初編　(m.)

008034494　9100　3525　(1549)
積古齋藏器目
阮元編　清儀閣藏器目　張廷濟編　從古堂款識學　徐同柏考釋　周無專鼎銘考　羅士琳考演　兩罍軒藏器目　吳雲編　上海　商務印書館　1936年　初版　叢書集成初編

008034454　9100　3525　(1550)
簠齋藏器目
陳介祺編　簠齋藏器目第二本　陳介祺編　嘉蔭簃藏器目　劉喜海編　石泉書屋藏器目　李佐賢編　愛吾鼎齋藏器目　李璋煜編　上海　商務印書館　1936年　初版　叢書集成初編

008034565　9100　3525　(1551)
簠齋傳古別錄
陳介祺著　上海　商務印書館　1936年　叢書集成初編

008034564　9100　3525　(1551)
雙虞壺齋藏器目及其他六種
上海　商務印書館　1936年　叢書集成初編

008034485　9100　3525　(1552)
負暄野錄
陳槱撰　洞天清祿集　趙希鵠著　上海　商務印書館　1939年　初版　叢書集成初編

008034544　9100　3525　(1553)
雲煙過眼錄二卷
周密著　續集　湯允謨著　長沙　商務印書館　1939年　叢書集成初編

008034545　9100　3525　(1554-1556)
新增格古要論十三卷
曹昭著　長沙　商務印書館　1939年　叢書集成初編　(m.)

008182917　9100　3525　(1557)
筆錄一卷
項元汴撰　上海　商務印書館　1935—37年　叢書集成初編

008034546　9100　3525　(1557)
古奇器錄
陸深著　蕉窗九錄　項元汴著　上海　商務印書館　1937年　初版　叢書集成初編

008063796　9100　3525　(1557)
畫錄一卷　附畫訣十則
項元汴撰　上海　商務印書館　1935—37年　叢書集成初編

008182915　9100　3525　(1557)
墨錄一卷
項元汴撰　上海　商務印書館　1935—37年　叢書集成初編

008063797　9100　3525　(1557)
琴錄一卷　附琴聲十六法
項元汴撰　附　冷謙撰　上海　商務印書館　1935—37年　叢書集成初編

008182926　9100　3525　(1557)
書錄一卷
項元汴撰　上海　商務印書館　1935—37年　叢書集成初編

008182928　9100　3525　(1557)
帖錄一卷
項元汴撰　上海　商務印書館　1935—37年　叢書集成初編

008182931　9100　3525　(1557)
香錄一卷
項元汴撰　上海　商務印書館　1935—37年　叢書集成初編

008182918　9100　3525　(1557)
硯錄一卷
項元汴撰　上海　商務印書館　1935—37年　叢書集成初編

008063795　9100　3525　(1557)
紙錄一卷
項元汴撰　上海　商務印書館　1935—37年　叢書集成初編

008034500　9100　3525　(1558)
筠軒清閟錄
董其昌著　妮古錄　陳繼儒著　上海　商務印書館　1937年　初版　叢書集成初編

008064102　9100　3525　(1559)
筆箋
屠隆撰　上海　商務印書館　1935—37年　叢書集成初編

008064107　9100　3525　(1559)
茶箋
屠隆撰　上海　商務印書館　1935—37年　叢書集成初編

008063803　9100　3525　(1559)
畫箋
屠隆撰　上海　商務印書館　1935—37年　叢書集成初編

008034626　9100　3525　(1559)
考槃餘事
屠隆著　瓶史　袁宏道著　瓶花譜　張謙德著　飛鳧語略　沈德符著　上海　商務印書館　1937年　初版

008064101　9100　3525　(1559)
墨箋
屠隆撰　上海　商務印書館　1935—37年　叢書集成初編

008064108　9100　3525　(1559)
盆玩箋
屠隆撰　上海　商務印書館　1935—37年　叢書集成初編

008064111　9100　3525　(1559)
起居器服箋
屠隆撰　上海　商務印書館　1935—37年　叢書集成初編

008064105　9100　3525　(1559)
琴箋
屠隆撰　上海　商務印書館　1935—37年　叢書集成初編

008064110　9100　3525　(1559)
山齋箋
屠隆撰　上海　商務印書館　1935—37年　叢書集成初編

008063801　9100　3525　(1559)
書箋
屠隆撰　上海　商務印書館　1935—37年　叢書集成初編

008063802　9100　3525　(1559)
帖箋
屠隆撰　上海　商務印書館　1935—37年　叢書集成初編

008064112　9100　3525　(1559)
文房器具箋
屠隆撰　上海　商務印書館　1935—37年　叢書集成初編

008064106　9100　3525　(1559)
香箋

屠隆撰　上海　商務印書館　1935—37年　叢書集成初編

008064103　9100　3525　（1559）
硯箋
屠隆撰　上海　商務印書館　1935—37年　叢書集成初編

008182505　9100　3525　（1559）
遊具箋
屠隆撰　上海　商務印書館　1935—37年　叢書集成初編

008064109　9100　3525　（1559）
魚鶴箋
屠隆撰　上海　商務印書館　1935—37年　叢書集成初編

008064100　9100　3525　（1559）
紙箋
屠隆撰　上海　商務印書館　1935—37年　叢書集成初編

008097173　9100　3525　（1560）
博物要覽十二卷
谷應泰撰　長沙　商務印書館　1939年　叢書集成初編　（m.）

008034627　9100　3525　（1561）
韻石齋筆談
姜紹書著　　天壤閣雜記　王懿榮撰　上海　商務印書館　1937年　初版

008034570　9100　3525　（1562）
前塵夢影錄二卷
徐康撰　上海　商務印書館　1937年　叢書集成初編　（m.）

008034628　9100　3525　（1563）
裝潢志
周嘉冑著　　賞延素心錄　周二學著　　名畫神品目　楊慎撰　　諸家藏書簿　李調元輯　長沙　商務印書館　1939年　初版

008034547　9100　3525　（1564）
魏公題跋
蘇頌撰　　山谷題跋九卷　黃庭堅撰　上海　商務印書館　1936年　叢書集成初編

008034548　9100　3525　（1565）
無咎題跋
晁補之撰　　晦庵題跋三卷　朱熹撰　上海　商務印書館　1936年　叢書集成初編

008034629　9100　3525　（1566–1567）
益公題跋
周必大撰　上海　商務印書館　1936年　初版　（m.）

008034549　9100　3525　（1568）
止齋題跋二卷
陳傳良撰　　水心題跋　葉適撰　　西山題跋三卷　真德秀撰　上海　商務印書館　1936年　叢書集成初編

008034378　9100　3525　（1569）
後村題跋四卷
劉克莊撰　毛晉訂　上海　商務印書館　1936年　叢書集成初編　（m.）

008034550　9100　3525　（1570）
文山題跋
文天祥撰　　石門題跋二卷　德洪[惠洪]撰　　遺山題跋　元好問撰　上海　商務印書館　1936年　叢書集成初編

008034551　9100　3525　（1571）
文待詔題跋二卷
文徵明撰　　寓意編　都穆撰　　書畫

史　陳繼儒著　長沙　商務印書館
1939 年　叢書集成初編

008034552　9100　3525　（1572）
鈐山堂書畫記
文嘉撰　　七頌堂識小錄　劉體仁撰
上海　商務印書館 1937 年　叢書集成
初編

008034553　9100　3525　（1573）
好古堂家藏書畫記二卷　附續記
姚際恒撰　上海　商務印書館　1937 年
　叢書集成初編　（m.）

008034572　9100　3525　（1576）
張憶娘簪華圖卷題詠
江標輯　董華亭書畫錄　青浮山人編
輯　上海　商務印書館 1937 年　叢書
集成初編

008034571　9100　3525　（1577-1579）
墨緣彙觀錄四卷
撰人未詳[安岐撰]　　書畫說鈐　陸時
化著　上海　商務印書館 1937 年　叢
書集成初編

008034554　9100　3525　（1580）
輿地碑記目四卷
王象之撰　長沙　商務印書館　1939 年
　　叢書集成初編　（m.）

008034555　9100　3525　（1581）
蜀碑記補十卷　附辨訛考異
王象之原撰　李調元補編　胡鳳丹考校
　　長沙　商務印書館　1939 年　叢書集
成初編　（m.）

008034385　9100　3525　（1582）
古刻叢鈔一卷
陶宗儀編　上海　商務印書館　1936 年
（m.）

008097196　9100　3525　（1583-1585）
古刻叢鈔一卷
陶宗儀撰　孫星衍重編　上海　商務印
書館　1935—37 年　叢書集成初編

008034573　9100　3525　（1586-1587）
寰宇訪碑錄十二卷
孫星衍、邢澍撰　上海　商務印書館
1937 年　叢書集成初編　（m.）

008034386　9100　3525　（1588）
葉氏菉竹堂碑目六卷
葉盛編　上海　商務印書館　1936 年
（m.）

008034566　9100　3525　（1590-1591）
元豐題跋
曾鞏撰　東坡題跋六卷　蘇軾撰　上
海　商務印書館　1936 年　叢書集成
初編

008034556　9100　3525　（1592）
淮海題跋法帖通解
秦觀撰　海岳題跋附寶章待訪錄　米
芾撰　上海　商務印書館　1936 年　叢
書集成初編

008034568　9100　3525　（1593）
姑溪題跋
李之儀撰　上海　商務印書館　1937 年
　　叢書集成初編

008034567　9100　3525　（1593）
書史
米芾撰　上海　商務印書館　1937 年
叢書集成初編

008034384　9100　3525　（1596）
放翁題跋六卷
陸游撰　毛晉訂　上海　商務印書館
1936 年　（m.）

008034557　9100　3525　（1597）
鶴山題跋七卷
魏了翁撰　上海　商務印書館　1936年
　叢書集成初編　（m.）

008034558　9100　3525　（1598）
蘭亭考十二卷
桑世昌集　蘭亭續考二卷　俞松集
上海　商務印書館　1936年　叢書集成
初編

008034472　9100　3525　（1599）
絳帖平
姜夔撰　上海　商務印書館　1939年
初版　叢書集成初編　（m.）

008034559　9100　3525　（1600）
法帖譜系二卷
曹士冕撰　石刻鋪敘二卷　曾宏父纂
述　鳳墅殘帖釋文二卷　曾宏父撰
長沙　商務印書館　1939年　叢書集成
初編

008034560　9100　3525　（1601－1605）
寶刻叢編二十卷
陳思纂次　上海　商務印書館　1937年
　叢書集成初編　（m.）

008034561　9100　3525　（1606）
法帖釋文十卷
劉次莊撰　彙堂摘奇　王佐撰　法
帖神品目　楊慎撰　上海　商務印書館
1936年　叢書集成初編

008034452　9100　3525　（1607）
石墨鐫華八卷
（明）趙崡著　上海　商務印書館　1937
年　叢書集成初編

008034574　9100　3525　（1608）
寒山堂金石林時地考二卷
趙均撰　閒者軒帖考　孫承澤述
湛園題跋　姜宸英撰　長沙　商務印書
館　1939年　叢書集成初編

008034569　9100　3525　（1609）
唐昭陵石跡考略五卷　附謁唐昭陵記
林侗撰　隱綠軒題識　陳奕禧撰　長
沙　商務印書館　1939年　叢書集成初
編　（m.）

008034387　9100　3525　（1610）
鐵函齋書跋六卷
楊賓著　上海　商務印書館　1936年
（m.）

008034497　9100　3525　（1613）
蘇齋唐碑選蘇齋題跋
翁方綱撰　上海　商務印書館　1936年
初版　叢書集成初編

008034496　9100　3525　（1614）
蘇米齋蘭亭考
翁方綱撰　上海　商務印書館　1936年
初版　叢書集成初編

008034585　9100　3525　（1615）
國山碑考
吳騫編　嵩洛訪碑日記　黃易撰　上
海　商務印書館　1936年　叢書集成
初編

008034848　9100　3525　（1616）
漢延熹西嶽華山碑考
阮元編　上海　商務印書館　1936年
初版　叢書集成初編　（m.）

008034850　9100　3525　（1617）
古墨齋金石跋
趙紹祖輯　上海　商務印書館　1936年
初版　叢書集成初編　（m.）

008034855　9100　3525　（1618）
元魏熒陽鄭文公摩崖碑跋
諸可寶著　石門碑醳　王森文撰
漢射陽石門畫象彙考　張寶德輯　上海　商務印書館　1937年　初版　叢書集成初編

008034867　9100　3525　（1619-1620）
淳化閣帖釋文
上海　商務印書館　1937年　叢書集成初編　（m.）

008034849　9100　3525　（1621）
墨藪
韋續纂　上海　商務印書館　1935年　初版　叢書集成初編

008034854　9100　3525　（1622）
書譜
孫過庭撰　續書譜　姜夔撰　法書通釋　張紳編　春雨雜述　解縉輯　上海　商務印書館　1936年　初版　叢書集成初編

008034836　9100　3525　（1623）
書法離鉤十卷
潘之淙著　上海　商務印書館　1939年　叢書集成初編　（m.）

008034865　9100　3525　（1624）
書法雅言
項穆纂　書法粹言　汪挺錄　頻羅庵論書　梁同書著　上海　商務印書館　1937年　叢書集成初編

008034858　9100　3525　（1625）
安吳論書
包世臣著　書學捷要二卷　朱履貞纂述　上海　商務印書館　1936年　叢書集成初編

008034866　9100　3525　（1626-1627）
法書要錄十卷
張彥遠集　上海　商務印書館　1936年　叢書集成初編　（m.）

008034856　9100　3525　（1628-1630）
海岳名言
米芾撰　翰墨志　宋高宗撰　寶真齋法書贊　岳珂撰　上海　商務印書館　1936年　初版　叢書集成初編

008034859　9100　3525　（1632-1633）
宣和書譜
撰人不詳　上海　商務印書館　1936年　叢書集成初編　（m.）

008034847　9100　3525　（1634）
梅花喜神譜
宋伯仁編　上海　商務印書館　1936年　初版　叢書集成初編　（m.）

008034860　9100　3525　（1635）
竹譜詳錄七卷
李衎述　天形道貌　周履靖著　上海　商務印書館　1936年　叢書集成初編

008034853　9100　3525　（1636）
淇園肖影
周履靖編輯　羅浮幻質　周履靖編輯　春谷嚶翔　周履靖編次　九畹遺容　周履靖編次　上海　商務印書館　1936年　初版　叢書集成初編

008034857　9100　3525　（1637）
德隅齋畫品
李廌撰　廣川畫跋六卷　董逌撰　長沙　商務印書館　1939年　叢書集成初編

008034861　9100　3525　（1638）
繪林題識

汪顯節編次　　畫跋　惲格[壽平]撰　長沙　商務印書館　1939年　叢書集成初編

008034862　9100　3525　（1639）
題畫詩
惲格[壽平]撰　　天慵庵筆記二卷　方士庶著　畫梅題記　朱方藹著　上海　商務印書館　1936年　叢書集成初編

008034870　9100　3525　（1640）
松壺畫贅
錢杜著　上海　商務印書館　1936年　初版　（m.）

008034852　9100　3525　（1641）
韓氏山水純全集
韓拙撰　　六如畫譜　唐寅輯　上海　商務印書館　1939年　初版　叢書集成初編

008034846　9100　3525　（1643）
小山畫譜二卷
鄒一桂撰　上海　商務印書館　1937年　叢書集成初編

008034837　9100　3525　（1644）
山靜居畫論上下卷
方薰撰　　松壺畫憶二卷　錢杜著　上海　商務印書館　1936年　叢書集成初編

008034868　9100　3525　（1645）
古畫品錄及其他三種
上海　商務印書館　1936年　叢書集成初編

008034838　9100　3525　（1646）
歷代名畫記十卷
張彥遠撰　毛晉訂　上海　商務印書館　1936年　（m.）

008034840　9100　3525　（1647）
畫史
米芾撰　毛晉訂　上海　商務印書館　1936年　叢書集成初編　（m.）

008098228　9100　3525　（1648）
圖畫見聞志六卷
郭若虛撰　毛晉訂　上海　商務印書館　1936年　叢書集成初編　（m.）

008034863　9100　3525　（1649）
畫論
郭思撰　長沙　商務印書館　1939年　叢書集成初編　（m.）

008034851　9100　3525　（1650）
古今畫鑒
（元）湯垕著　長沙　商務印書館　1937年　叢書集成初編

008034871　9100　3525　（1652-1653）
宣和畫譜
撰人未詳　上海　商務印書館　1936年　初版　（m.）

008034864　9100　3525　（1654）
圖繪寶鑒六卷　附補遺
夏文彥纂　上海　商務印書館　1937年　叢書集成初編　（m.）

008034841　9100　3525　（1655）
丹青志
王穉登撰　上海　商務印書館　1939年　叢書集成初編

008034845　9100　3525　（1655）
海嶽志林
毛鳳苞輯　上海　商務印書館　1939年　叢書集成初編

008034842　9100　3525　（1655）
畫禪

釋蓮儒纂　上海　商務印書館　1939 年
　叢書集成初編

008034844　9100　3525　（1655）
文湖州竹派
吳鎮纂　上海　商務印書館　1939 年
　叢書集成初編

008034843　9100　3525　（1656）
繪妙
茅一相編　上海　商務印書館　1936 年
　（m.）

008034839　9100　3525　（1657）
讀畫錄四卷
周亮工撰　上海　商務印書館　1936 年
　（m.）

008034872　9100　3525　（1658）
明畫錄
徐沁著　　墨梅人名錄　童翼駒編
　畫友詩　趙彥修撰　上海　商務印書館
　1936 年　初版

008004341　9100　3525　（1659）
樂府雜錄
段安節撰　　羯鼓錄　南卓撰　　樂書
　要錄　撰人不詳　上海　商務印書館
　1936 年　初版　叢書集成初編

008004328　9100　3525　（1660）
韶舞九成樂補
（元）余載撰　　律呂成書二卷　（元）
　劉瑾撰　上海　商務印書館　1936 年
　叢書集成初編

008004447　9100　3525　（1661）
琴言十則附指法譜
吳澄著　　樂律舉要　韓邦奇輯　　竟
　山樂錄一名古樂復興錄　西河合集之一
　毛奇齡稿　長沙　商務印書館　1937 年
　初版　（m.）

008004339　9100　3525　（1662）
李氏學樂錄
李塨著　　律呂新論　江永撰　上海
　商務印書館　1939 年　初版　叢書集成
　初編

008004350　9100　3525　（1663－1664）
賡和錄
何夢瑤撰　上海　商務印書館　1936 年
　初版　叢書集成初編　（m.）

008004371　9100　3525　（1665－1666）
燕樂考原六卷
凌廷堪著　上海　商務印書館　1936 年
　叢書集成初編　（m.）

008004373　9100　3525　（1667）
樂縣考二卷
江藩學　　律呂母音　畢華珍述　長沙
　商務印書館　1939 年　叢書集成初編

008004448　9100　3525　（1668－1670）
樂經律呂通解
汪烜輯　上海　商務印書館　1935 年
　初版　（m.）

008004390　9100　3525　（1671）
皇祐新樂圖記三卷
胡瑗、阮逸撰　　琴操二卷　蔡邕撰
　漢鐃歌十八曲集解　譚儀纂　長沙
　商務印書館　1937 年　叢書集成初編

008004374　9100　3525　（1672）
香研居詞麈五卷
方成培述　上海　商務印書館　1936 年
　叢書集成初編　（m.）

008004376　9100　3525　（1673）
碣石調幽蘭

丘公明撰　瑟譜六卷　熊朋來撰　上海　商務印書館　1936年　叢書集成初編

008004234　9100　3525　（1674）
綠綺新聲二卷
徐時琪撰　周履靖、吳學周同校　上海　商務印書館　1936年　（m.）

008004388　9100　3525　（1675－1679）
詩經樂譜三十卷　附樂律正俗
清高宗勅撰　長沙　商務印書館　1937年　初版　叢書集成初編　（m.）

008004449　9100　3525　（1680）
嘯旨
撰人不詳　角力記　撰人不詳　學射錄　李塈稿　手臂錄附峨嵋槍法、夢綠堂槍法　吳殳著　長沙　商務印書館　1939年　初版

008004377　9100　3525　（1681）
投壺儀節
汪禔編輯　丸經二卷　撰人不詳　周履靖校　上海　商務印書館　1936年　叢書集成初編

008004378　9100　3525　（1683）
五木經
李翱撰　元革註　漢官儀三卷　劉攽編　上海　商務印書館　1936年　叢書集成初編

008004452　9100　3525　（1686）
文選敏音
趙晉撰　文選理學權輿　汪師韓撰　文選理學權輿補　孫志祖輯　長沙　商務印書館　1939年　初版

008004375　9100　3525　（1687）
文選李註補正四卷
孫志祖輯　上海　商務印書館　1937年　叢書集成初編　（m.）

008004342　9100　3525　（1688）
文選考異
孫志祖輯　上海　商務印書館　1937年　初版　叢書集成初編　（m.）

008004379　9100　3525　（1689）
李規註選
徐攀鳳纂　上海　商務印書館　1937年　叢書集成初編

008010190　9100　3525　（1690－1691）
文館詞林
許敬宗等撰　上海　商務印書館　1936年　叢書集成初編　（m.）

008004389　9100　3525　（1692－1695）
古文苑二十卷
章樵註　上海　商務印書館　1937年　叢書集成初編　（m.）

008004380　9100　3525　（1696）
嚴陵集九卷
董棻編　長沙　商務印書館　1937年　叢書集成初編　（m.）

008004271　9100　3525　（1697）
悅心集五卷
清世宗選　長沙　商務印書館　1939年　叢書集成初編　（m.）

008034185　9100　3525　（1698－1702）
續古文苑二十卷
孫星衍輯　上海　商務印書館　1935—37年　叢書集成初編　（m.）

008004233　9100　3525　（1704）
石洞貽芳集二卷　附補遺考異
郭鈇撰　長沙　商務印書館　1939年

（m.）

008004272　9100　3525　（1705-1706）
梅塢貽瓊六卷
汪顯節校編　上海　商務印書館
1936年

008004273　9100　3525　（1706）
瓊花集五卷
曹璿編　上海　商務印書館　1936年

008004274　9100　3525　（1707-1709）
于湖題襟集
袁昶編錄　上海　商務印書館　1937年
（m.）

008004381　9100　3525　（1710）
詩序
毛萇傳述　朱熹辨說　上海　商務印書館　1937年　叢書集成初編　（m.）

008032622　9100　3525　（1711）
詩傳孔氏傳一名魯詩傳
端木賜述　上海　商務印書館　1939年

008032624　9100　3525　（1711）
詩論
程大昌著　上海　商務印書館　1939年

008032623　9100　3525　（1711）
詩說
申培著　上海　商務印書館　1939年

008032625　9100　3525　（1711）
詩說
張耒纂　上海　商務印書館　1939年

008004382　9100　3525　（1712-1715）
詩總聞二十卷
王質撰　長沙　商務印書館　1939年　叢書集成初編　（m.）

008004385　9100　3525　（1716-1723）
呂氏家塾讀詩記三十二卷
呂祖謙撰　上海　商務印書館　1937年　叢書集成初編　（m.）

008004383　9100　3525　（1724）
續呂氏家塾讀詩記三卷
戴溪撰　上海　商務印書館　1936年　叢書集成初編　（m.）

008004384　9100　3525　（1725）
非詩辨妄
周孚著　絜齋毛詩經筵講義四卷　袁燮撰　長沙　商務印書館　1939年　叢書集成初編

008004393　9100　3525　（1726）
詩疑二卷
王柏纂　昌武段氏詩義指南　段子武撰　上海　商務印書館　1936年　叢書集成初編

008004394　9100　3525　（1727）
詩考
王應麟撰　詩傳註疏三卷　謝枋得著　詩辨說　趙德編　長沙　商務印書館　1937年　叢書集成初編

008004365　9100　3525　（1728-1731）
詩集傳名物鈔八卷
許謙撰　上海　商務印書館　1937年　叢書集成初編

008004366　9100　3525　（1732）
涇野先生毛詩說序六卷
呂柟著　毛詩或問　袁仁著　上海　商務印書館　1936年　叢書集成初編

008004395　9100　3525　（1739）
詩問略
陳子龍說　白鷺洲主客說詩　毛奇齡

稿　長沙　商務印書館　1939年　叢書集成初編

008004453　9100　3525　(1740)
詩說
惠周惕著　詩說　陶正靖著　張氏詩說　張汝霖著　長沙　商務印書館　1939年　初版

008004387　9100　3525　(1742)
詩附記四卷
翁方綱著　上海　商務印書館　1936年　叢書集成初編　(m.)

008004351　9100　3525　(1743)
春秋詩話
勞孝輿撰　上海　商務印書館　1936年　初版　叢書集成初編　(m.)

008004454　9100　3525　(1744-1745)
三家詩拾遺
范家相撰　錢熙祚校　長沙　商務印書館　1939年　初版

008004372　9100　3525　(1746)
韓詩遺說二卷　附訂訛
臧庸述　讀詩經四卷　趙良㵒著　長沙　商務印書館　1939年　叢書集成初編　(m.)

008004367　9100　3525　(1747)
讀風偶識四卷
崔述著　長沙　商務印書館　1939年　叢書集成初編　(m.)

008004368　9100　3525　(1748-1749)
毛詩識小三十卷
林伯桐撰　上海　商務印書館　1936年　叢書集成初編　(m.)

008004369　9100　3525　(1750)
毛詩通考三十卷
林伯桐撰　上海　商務印書館　1936年　叢書集成初編　(m.)

008004345　9100　3525　(1751)
詩倫
汪薇輯　上海　商務印書館　1937年　初版　叢書集成初編　(m.)

008004353　9100　3525　(1752-1753)
玉臺新詠考異
紀容舒撰　上海　商務印書館　1937年　初版　叢書集成初編

008004362　9100　3525　(1754-1755)
五柳賡歌
陶潛撰　周履靖和韻　上海　商務印書館　1935年　初版　叢書集成初編　(m.)

008004386　9100　3525　(1756)
青蓮觴詠二卷
李白著　周履靖和　上海　商務印書館　1936年　叢書集成初編　(m.)

008004370　9100　3525　(1757)
選詩句圖
高似孫集　洞霄詩集十四卷　孟宗寶編　上海　商務印書館　1936年　叢書集成初編

008098249　9100　3525　(1758)
香山酒頌二卷
白居易著　周履靖和　長沙　商務印書館　1939年　叢書集成初編　(m.)

008005825　9100　3525　(1759)
三家宮詞
毛晉輯　上海　商務印書館　1936年　叢書集成初編　(m.)

008005769　9100　3525　(1760)
千片雪
馮海粟詠　周履靖和　上海　商務印書館　1936年　初版　叢書集成初編（m.）

008005818　9100　3525　(1761)
群仙降乩語
周履靖輯　上海　商務印書館　1936年　叢書集成初編（m.）

008005808　9100　3525　(1762)
風雅逸篇十卷
楊慎輯　長沙　商務印書館　1939年　叢書集成初編（m.）

008005646　9100　3525　(1763)
小石帆亭五言詩續鈔八卷
翁方綱撰　上海　商務印書館　1936年

008005645　9100　3525　(1764)
粵詩搜逸四卷
黃子高輯　上海　商務印書館　1936年

008005809　9100　3525　(1765)
古詩十九首解
張庚纂　衆妙集　趙師秀編　上海　商務印書館　1936年　叢書集成初編

008005812　9100　3525　(1766)
全唐詩逸三卷
市河世寧纂　上海　商務印書館　1936年　叢書集成初編（m.）

008005811　9100　3525　(1767–1781)
全五代詩一百卷　附補遺
李調元編　上海　商務印書館　1937年　初版　叢書集成初編（m.）

008005810　9100　3525　(1782)
西崑酬唱集二卷
楊億等撰　上海　商務印書館　1935年　叢書集成初編（m.）

008005918　9100　3525　(1783)
濂洛風雅
金履祥選　長沙　商務印書館　1939年　初版

008005813　9100　3525　(1784–1785)
濂洛風雅九卷
張伯行編　天地間集　謝翱編　上海　商務印書館　1935年　叢書集成初編

008005814　9100　3525　(1786)
月泉吟社詩
吳渭編　上海　商務印書館　1936年　叢書集成初編（m.）

008005919　9100　3525　(1787)
詩苑衆芳
劉瑄編　宋舊宮人詩詞　汪元量編　二家宮詞　毛晉輯　上海　商務印書館　1936年　初版

008064132　9100　3525　(1787)
宋徽宗宮詞一卷
宋徽宗撰　上海　商務印書館　1935—37年　叢書集成初編

008064135　9100　3525　(1787)
楊太后宮詞一卷
（宋）楊皇后撰　上海　商務印書館　1935—37年　叢書集成初編

008005815　9100　3525　(1788)
谷音二卷
杜本輯　上海　商務印書館　1936年　叢書集成初編（m.）

008005819　9100　3525　(1789)
圭塘欸乃集
許有壬等纂　長沙　商務印書館　1939

年　叢書集成初編　（m.）

008005820　9100　3525　（1790）
河汾諸老詩集八卷
房祺編　上海　商務印書館　1936年　叢書集成初編　（m.）

008005821　9100　3525　（1791）
静安八詠集
釋壽寧纂　毛公壇倡和詩　周履靖著　上海　商務印書館　1936年　叢書集成初編

008005920　9100　3525　（1792）
鴛湖唱和稿
周履靖著　清平閣倡和詩　宋登春等撰　上海　商務印書館　1936年　初版

008005921　9100　3525　（1793）
懷舊集
馮舒編　焦山紀遊集　馬曰琯等編　上海　商務印書館　1936年　初版　（m. w.）

008005922　9100　3525　（1794）
林屋唱酬錄附錄
馬曰琯等編　刻燭集　曹仁虎纂　上海　商務印書館　1936年　初版　（m.）

008182546　9100　3525　（1795）
虎丘詩唱和詩集一卷
黃丕烈輯　上海　商務印書館　1935—37年　叢書集成初編

008064134　9100　3525　（1795）
夢境圖唱和詩集一卷
黃丕烈輯　上海　商務印書館　1935—37年　叢書集成初編

008005923　9100　3525　（1795）
蜀雅
李調元選　沛上停雲集　孫星衍編　同人唱和詩集　黃丕烈編　長沙　商務印書館　1939年　初版

008182514　9100　3525　（1795）
狀元會唱和詩集一卷
黃丕烈輯　上海　商務印書館　1935—37年　叢書集成初編

008005642　9100　3525　（1797－1804）
淮海英靈集二十二卷
阮元輯　上海　商務印書館　1935年　（m.）

008005643　9100　3525　（1808－1809）
于湖小集六卷　附漚簃擬墨
袁昶撰　上海　商務印書館　1937年　（m.）

008005924　9100　3525　（1808－1809）
于湖小集
袁昶撰　桐溪耆隱集附補錄　袁炯集　上海　商務印書館　1937年　初版　（m.）

008005644　9100　3525　（1809）
桐溪耆隱集一卷　附補錄
袁炯集　上海　商務印書館　1937年　叢書集成初編

008005671　9100　3525　（1810－1811）
楚辭十七卷
劉向編集　王逸章句　上海　商務印書館　1939年　初版　叢書集成初編　（m.）

008005925　9100　3525　（1812－1816）
楚辭補註
洪興祖撰　長沙　商務印書館　1939年

初版　（m.）

008005823　9100　3525　（1821）
古文關鍵二卷
呂祖謙編　上海　商務印書館　1936年　叢書集成初編　（m.）

008005816　9100　3525　（1822）
古文韻語
楊慎撰　評乙古文　李塈稿　長沙　商務印書館　1939年　叢書集成初編

008005926　9100　3525　（1823－1828）
唐宋八大家文鈔
張伯行選　上海　商務印書館　1936年　初版

008005927　9100　3525　（1829－1830）
南北朝文鈔
彭兆蓀輯　上海　商務印書館　1936年　初版

008005928　9100　3525　（1831－1833）
二程文集
程顥、程頤撰　上海　商務印書館　1937年　初版　（m.）

008005641　9100　3525　（1834－1838）
詁經精舍文集十四卷
阮元訂　上海　商務印書館　1936年　初版　（m.）

008005929　9100　3525　（1839－1841）
麗體金膏
馬俊良輯　東谷文存　金正喜輯　上海　商務印書館　1937年　初版

008005570　9100　3525　（1841）
東古文存
金正喜輯　上海　商務印書館　1937年

008005822　9100　3525　（1842）
陸士衡文集十卷　附劄記
陸機撰　高令公集　高允著　上海　商務印書館　1936年　叢書集成初編

008034488　9100　3525　（1843）
古經服緯
雷鐏述　雷學淇釋　上海　商務印書館　1936年　初版　叢書集成初編　（m.）

008005824　9100　3525　（1843）
王無功集二卷　附補遺
王績著　上海　商務印書館　1936年　叢書集成初編　（m.）

008005930　9100　3525　（1844）
魏鄭公集
魏徵著　盧昇之集　盧照鄰著　上海　商務印書館　1937年　初版

008005931　9100　3525　（1845）
駱丞集附辨訛考異
駱賓王撰　上海　商務印書館　1937年　初版　（m.）

008005932　9100　3525　（1846－1848）
張燕公集
張說撰　上海　商務印書館　1937年　初版　（m.）

008005933　9100　3525　（1849－1850）
文忠集附拾遺
顏真卿撰　上海　商務印書館　1936年　初版　（m.）

008005934　9100　3525　（1851－1853）
劉賓客文集附補遺
劉禹錫著　上海　商務印書館　1937年　初版　（m.）

008005743　9100　3525　（1854）
呂衡州文集附考證
呂溫撰　上海　商務印書館　1935年　叢書集成初編　（m.）

008005826　9100　3525　（1855）
李元賓文集六卷
李觀撰　上海　商務印書館　1936年　叢書集成初編

008005827　9100　3525　（1856－1859）
李衛公會昌一品集二十卷　別集十卷　外集四卷　補遺
李德裕撰　上海　商務印書館　1936年　叢書集成初編　（m.）

008005828　9100　3525　（1860）
麟角集附錄
王棨著　上海　商務印書館　1936年　叢書集成初編　（m.）

008005566　9100　3525　（1861－1863）
莆陽黃御史集別錄　附錄
黃滔著　上海　商務印書館　1936年　叢書集成初編　（m.）

008005935　9100　3525　（1864－1866）
桂苑筆耕集
崔致遠著　上海　商務印書館　1935年　初版　（m.）

008005936　9100　3525　（1867）
南陽集
趙湘撰　上海　商務印書館　1936年　初版　（m.）

008005829　9100　3525　（1868－1871）
元憲集三十六卷
宋庠撰　上海　商務印書館　1935年　叢書集成初編　（m.）

008005937　9100　3525　（1872－1883）
景文集
宋祁撰　上海　商務印書館　1936年　初版　（m.）

008005939　9100　3525　（1884－1889）
文恭集
胡宿撰　上海　商務印書館　1935年　初版　（m.）

008005940　9100　3525　（1890－1892）
周濂溪集
周敦頤撰　上海　商務印書館　1936年　初版　（m.）

008005941　9100　3525　（1893－1898）
祠部集
強至撰　上海　商務印書館　1935年　初版　（m.）

008005942　9100　3525　（1899－1906）
公是集
劉敞撰　上海　商務印書館　1935年　初版　（m.）

008005943　9100　3525　（1907－1911）
彭城集
劉攽著　上海　商務印書館　1935年　初扳　（m.）

008005944　9100　3525　（1912－1916）
華陽集
王珪撰　上海　商務印書館　1935年　初版　（m.）

008005945　9100　3525　（1917－1920）
司馬溫公文集
司馬光撰　上海　商務印書館　1936年　初版　（m.）

008005946　9100　3525　（1921－1925）
淨德集

呂陶撰　上海　商務印書館　1935 年
初版　（m.）

008005947　9100　3525　（1926－1929）
忠肅集附拾遺
劉摯撰　上海　商務印書館　1936 年
初扳　（m.）

008005948　9100　3525　（1930－1931）
陶山集
陸佃撰　上海　商務印書館　1935 年
初版　（m.）

008005775　9100　3525　（1932）
寶晉英光集
米芾著　上海　商務印書館　1939 年
初版　叢書集成初編　（m.）

008005949　9100　3525　（1933）
宗忠簡公集附辨訛考異
宗澤撰　上海　商務印書館　1935 年
初版　（m.）

008005952　9100　3525　（1934－1939）
姑溪居士全集
李之儀撰　上海　商務印書館　1935 年
初版　（m.）

008005953　9100　3525　（1940－1941）
學易集
劉跂著　長沙　商務印書館　1939 年
初版　（m.）

008005954　9100　3525　（1942－1945）
西臺集
畢仲游撰　上海　商務印書館　1935 年
初版　（m.）

008005955　9100　3525　（1946－1947）
浮沚集
周行己撰　上海　商務印書館　1935 年
初版　（m.）

008005830　9100　3525　（1948）
畫墁集八卷　附補遺
張舜民撰　上海　商務印書館　1935 年
　叢書集成初編　（m.）

008005950　9100　3525　（1949－1955）
柯山集附拾遺
張耒撰　上海　商務印書館　1935 年
初版　（m.）

008005831　9100　3525　（1956－1957）
斜川集六卷　附錄二卷　訂誤
蘇過撰　上海　商務印書館　1935 年
叢書集成初編　（m.）

008005951　9100　3525　（1958－1961）
浮溪集附拾遺
汪藻撰　上海　商務印書館　1935 年
初版　（m.）

008005832　9100　3525　（1979－1984）
南澗甲乙稿二十二卷　附拾遺
韓元吉撰　上海　商務印書館　1936 年
　叢書集成初編　（m.）

008005956　9100　3525　（1985）
夾漈遺稿
鄭樵纂　上海　商務印書館　1936 年
初版　（m.）

008005957　9100　3525　（1986－1989）
文定集
汪應辰撰　上海　商務印書館　1935 年
初版　（m.）

008005958　9100　3525　（1990－1992）
雪山集附詞
王質撰　上海　商務印書館　1935 年
初版　（m.）

008005959 9100 3525 (1993-1995)
香溪集
范浚撰　上海　商務印書館　1935年
　初版　(m.)

008005960 9100 3525 (1997-1999)
崔舍人玉堂類稿附錄
崔敦詩著　上海　商務印書館　1936年
　初版　(m.)

008005833 9100 3525 (2000)
崔舍人西垣類稿二卷
崔敦詩著　上海　商務印書館　1936年
　叢書集成初編　(m.)

008005785 9100 3525 (2001-2002)
仁山集
金履祥撰　上海　商務印書館　1935年
　初版　叢書集成初編　(m.)

008005834 9100 3525 (2003-2022)
攻媿集一百一十二卷
樓鑰撰　上海　商務印書館　1935年
　叢書集成初編　(m.)

008005961 9100 3525 (2023-2025)
止堂集
彭龜年撰　上海　商務印書館　1935年
　初版　(m.)

008005962 9100 3525 (2026)
章泉稿
趙蕃撰　上海　商務印書館　1937年
　初版　(m.)

008005963 9100 3525 (2027-2031)
絜齋集
袁燮撰　上海　商務印書館　1935年
　初版　(m.)

008005817 9100 3525 (2032)
崔清獻公集五卷
崔與之撰　上海　商務印書館　1937年
　叢書集成初編　(m.)

008005571 9100 3525 (2033)
鄂州小集六卷　附羅鄂州遺文
羅願撰　上海　商務印書館　1935年
　叢書集成初編　(m.)

008005835 9100 3525 (2034-2037)
蒙齋集二十卷
袁甫撰　上海　商務印書館　1936年
　叢書集成初編　(m.)

008005836 9100 3525 (2038)
陳克齋集五卷
陳文蔚撰　上海　商務印書館　1935年
　叢書集成初編　(m.)

008005569 9100 3525 (2039)
何北山先生遺集四卷
何基撰　上海　商務印書館　1935年
　叢書集成初編　(m.)

008005837 9100 3525 (2040-2041)
恥堂存稿八卷
高斯得撰　上海　商務印書館　1935年
　叢書集成初編　(m.)

008005568 9100 3525 (2042)
文文山文集上下卷
文天祥撰　上海　商務印書館　1937年
　叢書集成初編

008005964 9100 3525 (2043)
百正集
連文鳳撰　上海　商務印書館　1935年
　初版　(m.)

008005567 9100 3525 (2044-2045)
霽山集五卷　附拾遺
林景熙撰　上海　商務印書館　1935年

叢書集成初編　（m.）

008005838　9100　3525　（2046）
伯牙琴附補遺
鄧牧撰　上海　商務印書館　1936年
叢書集成初編　（m.）

008005744　9100　3525　（2047）
李延平集
李侗撰　上海　商務印書館　1935年
叢書集成初編　（m.）

008005965　9100　3525　（2048）
拙軒集附詞
王寂撰　長沙　商務印書館　1939年
初版　（m.）

008005966　9100　3525　（2049－2052）
滹南遺老集附續詩集
王若虛著　上海　商務印書館　1935年
初版　（m.）

008005839　9100　3525　（2053）
湛然居士文集十四卷
耶律楚材撰　上海　商務印書館　1937年　叢書集成初編　（m.）

008005840　9100　3525　（2054－2061）
剡源集三十卷　附劄記
戴表元撰　上海　商務印書館　1935年
叢書集成初編　（m.）

008005573　9100　3525　（2062）
湛淵遺稿上中下卷　附補稿
白珽撰　上海　商務印書館　1935年
叢書集成初編　（m.）

008005841　9100　3525　（2063－2075）
清容居士集五十卷　附劄記
袁桷撰　上海　商務印書館　1936年
叢書集成初編

008005842　9100　3525　（2076－2078）
静修先生文集十二卷
劉因撰　上海　商務印書館　1936年
叢書集成初編　（m.）

008005572　9100　3525　（2079）
安默庵先生集五卷
安熙著　上海　商務印書館　1936年
叢書集成初編

008005967　9100　3525　（2080）
白雲集附詞附錄
許謙撰　上海　商務印書館　1935年
初版　（m.）

008005968　9100　3525　（2081－2088）
黃文獻集附錄補遺
黃溍撰　上海　商務印書館　1936年
初版　（m.）

008005843　9100　3525　（2089－2091）
純白齋類稿二十卷　附錄二卷
胡助撰　趙待制遺稿附詞　趙雍撰
上海　商務印書館　1935年　叢書集成
初編　（m.）

008005844　9100　3525　（2092－2097）
九靈山房集三十卷　附補編二卷
戴良撰　上海　商務印書館　1935年
叢書集成初編　（m.）

008005845　9100　3525　（2098－2099）
九靈山房遺稿四卷　附補編
戴良著　上海　商務印書館　1935年
叢書集成初編　（m.）

008005745　9100　3525　（2100）
鹿皮子集
陳樵撰　青村遺稿　附錄　金涓撰
上海　商務印書館　1935年　叢書集成
初編

008005846　9100　3525　（2101－2107）
牧庵集三十六卷　附錄
姚燧撰　上海　商務印書館　1936 年
叢書集成初編　（m.）

008005847　9100　3525　（2108－2109）
胡仲子集十卷
胡翰撰　上海　商務印書館　1935 年
叢書集成初編　（m.）

008005848　9100　3525　（2110－2133）
宋學士全集三十二卷　補遺八卷　附錄二卷
宋濂撰　長沙　商務印書館　1939 年
叢書集成初編　（m.）

008005574　9100　3525　（2134）
陳剩夫集四卷
陳真晟撰　上海　商務印書館　1935 年
叢書集成初編　（m.）

008006921　9100　3525　（2135－2140）
蘇平仲集十六卷
蘇伯衡撰　上海　商務印書館　1935 年
叢書集成初編　（m.）

008007230　9100　3525　（2141－2142）
姚文敏公遺稿附錄
姚夔著　張元禎校正　奉使錄　張寧撰　上海　商務印書館　1936 年　初版　（m.）

008006920　9100　3525　（2142）
奉使錄上下卷
張寧撰　上海　商務印書館　1936 年
叢書集成初編

008007142　9100　3525　（2143－2149）
楓山章先生集
章懋撰　上海　商務印書館　1935 年
叢書集成初編　（m.）

008006922　9100　3525　（2150－2151）
東田文集三卷　附詩集
馬中錫著　上海　商務印書館　1936 年
叢書集成初編　（m.）

008007228　9100　3525　（2152－2154）
漁石集
唐龍集　上海　商務印書館　1935 年
初版　（m.）

008007229　9100　3525　（2155）
宋布衣集
宋登春著　上海　商務印書館　1936 年
初版　（m.）

008006973　9100　3525　（2156－2160）
青藤書屋文集
徐渭著　上海　商務印書館　1939 年
初版　（m.）

008007143　9100　3525　（2161）
張陽和文選
張元忭撰　上海　商務印書館　1935 年
（m.）

008007180　9100　3525　（2162）
胡敬齋集三卷
胡居仁撰　上海　商務印書館　1935 年
叢書集成初編　（m.）

008007157　9100　3525　（2163）
狂夫酒語
周履靖著　上海　商務印書館　1936 年
初版　叢書集成初編　（m.）

008006923　9100　3525　（2164）
閒雲稿四卷
周履靖撰　上海　商務印書館　1936 年
叢書集成初編

008007181　9100　3525　（2165）
周忠介公燼餘集四卷

周順昌撰　上海　商務印書館　1936 年　叢書集成初編　（m.）

008006924　9100　3525　（2166）
金忠潔集六卷
金鉉撰　上海　商務印書館　1936 年　叢書集成初編　（m.）

008007158　9100　3525　（2167–2170）
樓山堂集
吳應箕著　交行摘稿　徐孚遠纂　上海　商務印書館　1935 年　初版　叢書集成初編

008007232　9100　3525　（2171）
史忠正公集附錄
史可法著　上海　商務印書館　1936 年　初版　（m.）

008007233　9100　3525　（2172）
夏內史集附錄
夏完淳纂　長沙　商務印書館　1939 年　初版　（m.）

008007231　9100　3525　（2173–2178）
夏峰先生集
孫奇逢著　長沙　商務印書館　1939 年　初版　（m.）

008007234　9100　3525　（2179–2188）
高宗詩文大全集
清高宗撰　彭元瑞編　上海　商務印書館　1936 年　初版　（m.）

008006929　9100　3525　（2189–2190）
秋笳集八卷　附錄
吳兆騫撰　上海　商務印書館　1935 年　（m.）

008098277　9100　3525　（2191–2196）
雕菰集二十四卷
焦循著　上海　商務印書館　1936 年　（m.）

008007235　9100　3525　（2197–2208）
揅經室集
阮元著　上海　商務印書館　1936 年　初版　（m.）

008007010　9100　3525　（2209–2211）
揅經室續集十一卷
阮元著　上海　商務印書館　1935 年　初版　（m.）

008007236　9100　3525　（2212–2214）
程侍郎遺集
程恩澤著　上海　商務印書館　1935 年　初版　（m.）

008007237　9100　3525　（2215）
啖敢覽館稿
曹應鍾撰　後甲集　章大來撰　長沙　商務印書館　1939 年　初版

008007012　9100　3525　（2216–2217）
益齋集附拾遺　墓志
李齊賢撰　上海　商務印書館　1936 年　叢書集成初編　（m.）

008007182　9100　3525　（2218）
陶靖節詩集四卷　附錄
陶潛著　湯漢註　長沙　商務印書館　1939 年　叢書集成初編　（m.）

008007183　9100　3525　（2219）
謝宣城詩集五卷
謝朓著　陰常侍詩集、附詩話　陰鏗著　張溥編輯　雜詠百二十首二卷　李嶠纂　長沙　商務印書館　1937 年　叢書集成初編　（m.）

008007238　9100　3525　（2220－2231）
杜工部草堂詩箋
魯訔編次　蔡夢弼會箋　上海　商務印書館　1936年　初版

008007176　9100　3525　（2232－2234）
黃氏集千家註杜工部詩史補遺
黃鶴集註　蔡夢弼校正　集註草堂杜工部詩外集　蔡夢弼會箋　上海　商務印書館　1937年　初版　叢書集成初編

008006926　9100　3525　（2235）
劉隨州集十一卷
劉長卿撰　上海　商務印書館　1937年　叢書集成初編　（m.）

008006925　9100　3525　（2236）
高常侍集上下卷
高適著　上海　商務印書館　1936年　叢書集成初編　（m.）

008007239　9100　3525　（2237）
長江集附閬仙詩
賈島著　上海　商務印書館　1936年　初版　（m.）

008007240　9100　3525　（2238）
盧仝集
盧仝著　李尚書詩集附李氏事跡　李益著　張澍編輯　長沙　商務印書館　1939年　初版

008007241　9100　3525　（2239－2240）
禪月集
釋貫休撰　西崑發微　吳喬撰　長沙　商務印書館　1937年　初版

008007242　9100　3525　（2242）
蘇詩補註
翁方綱補註　上海　商務印書館　1935年　初版　（m.）

008007243　9100　3525　（2243－2252）
山谷詩註內集　外集　別集
黃庭堅撰　上海　商務印書館　1937年　初版　（m.）

008007244　9100　3525　（2253）
后山詩註
陳師道撰　任淵註　西渡詩集附補遺　洪炎撰　上海　商務印書館　1937年　初版

008007245　9100　3525　（2254）
晁具茨先生詩集
晁沖之著　長沙　商務印書館　1939年　初版　（m.）

008007246　9100　3525　（2255）
茶山集
曾幾撰　林泉結契　王質著　長沙　商務印書館　1937年　初版

008007247　9100　3525　（2256）
石湖詩集
范成大著　范石湖詩集註　沈欽韓註　志道集　顧禧著　上海　商務印書館　1937年　初版

008007248　9100　3525　（2257－2259）
淳熙稿
趙蕃撰　上海　商務印書館　1935年　初版　（m.）

008007249　9100　3525　（2260）
乾道稿
趙蕃撰　龍洲集　劉過撰　頤庵居士集　劉應時撰　上海　商務印書館　1937年　初版

008006927　9100　3525　（2261）
白石道人詩集上下卷集外詩　附錄　補遺
姜夔撰　上海　商務印書館　1936年

叢書集成初編　（m.）

008006928　9100　3525　（2261-2262）
南湖集十卷　附錄
張鎡撰　上海　商務印書館　1936年
叢書集成初編

008007250　9100　3525　（2263）
棠湖詩稿
岳珂著　三山鄭菊山先生清雋集　鄭起撰　仇遠選　所南翁一百二十圖詩集　鄭思肖撰　蒚綃集　李龏集　長沙　商務印書館　1937年　初版

008006933　9100　3525　（2264）
文公朱先生感興詩
朱熹撰　蔡模學　上海　商務印書館　1937年　叢書集成初編

008006934　9100　3525　（2264）
孝詩
林同撰　上海　商務印書館　1937年　叢書集成初編

008006932　9100　3525　（2264）
朱文公武夷棹歌
朱熹撰　陳普註　上海　商務印書館　1937年　叢書集成初編

008007251　9100　3525　（2265）
玉笥集
張憲撰　上海　商務印書館　1935年　初版（m.）

008006930　9100　3525　（2266）
金淵集六卷
仇遠撰　上海　商務印書館　1936年　叢書集成初編

008006931　9100　3525　（2266）
梅花百詠
中峰禪師[明本]著　周履靖校　上海　商務印書館　1936年　叢書集成初編

008007252　9100　3525　（2269-2274）
淵穎集
吳萊撰　長沙　商務印書館　1937年　初版（m.）

008007169　9100　3525　（2275）
梅花字字香附校訛　續校　補校
郭豫亨撰　玉山璞稿　顧瑛撰　上海　商務印書館　1936年　初版　叢書集成初編

008007253　9100　3525　（2276）
玉山逸稿附錄
顧瑛撰　鮑廷博輯錄　長沙　商務印書館　1937年　初版（m.）

008007254　9100　3525　（2277-2279）
梧溪集附補遺
王逢撰　上海　商務印書館　1935年　初版（m.）

008007255　9100　3525　（2280）
丁鶴年集附錄校訛
丁鶴年撰　戴樞編次　上海　商務印書館　1937年　初版（m.）

008006948　9100　3525　（2281）
滄浪棹歌
陶宗儀著　唐錦選　上海　商務印書館　1937年　叢書集成初編

008006942　9100　3525　（2281）
娑羅館逸稿二卷
屠隆著　上海　商務印書館　1937年　叢書集成初編

008006947　9100　3525　（2281）
宣宗御製詩

明宣宗撰　上海　商務印書館　1937 年　叢書集成初編

008006949　9100　3525　（2282）
山家語
周履靖著　上海　商務印書館　1935 年　叢書集成初編

008006943　9100　3525　（2282）
野人清嘯上下卷
周履靖著　上海　商務印書館　1935 年　叢書集成初編

008006950　9100　3525　（2283）
燎松吟
周履靖著　上海　商務印書館　1937 年　叢書集成初編

008006944　9100　3525　（2283）
尋芳詠二卷
周履靖著　上海　商務印書館　1937 年　叢書集成初編

008006951　9100　3525　（2284）
泛泖吟
周履靖撰　上海　商務印書館　1939 年　叢書集成初編

008006945　9100　3525　（2284）
香奩詩草上下卷
桑貞白撰　茅坤批選　上海　商務印書館　1939 年　叢書集成初編

008006952　9100　3525　（2285）
浩氣吟
（明）瞿式耜撰　申端愍公詩集八卷　申佳胤著　上海　商務印書館　1937 年　（m.）

008006953　9100　3525　（2286）
花王閣剩稿

紀坤著　上海　商務印書館　1937 年　叢書集成初編

008006946　9100　3525　（2286）
鎌山草堂詩合鈔上下卷
王光承纂　上海　商務印書館　1937 年　叢書集成初編

008007162　9100　3525　（2287）
徐元歎先生殘稿
徐元歎撰　燕市雜詩　于燕芳著　霜猨集　周同谷著　上海　商務印書館　1937 年　初版　叢書集成初編

008007256　9100　3525　（2289）
聰山詩選
申涵光著　上海　商務印書館　1936 年　初版　（m.）

008007257　9100　3525　（2290-2291）
寒松堂詩集
魏象樞著　漁洋山人秋柳詩箋　王祖源輯錄　上海　商務印書館　1936 年　初版

008006938　9100　3525　（2292）
柿葉庵詩選
張蓋著　上海　商務印書館　1936 年

008006935　9100　3525　（2292）
榆溪詩鈔二卷
徐世溥撰　上海　商務印書館　1936 年　初版

008007258　9100　3525　（2293-2295）
甌香館集補遺詩　補遺畫跋　附錄
惲格著　上海　商務印書館　1935 年　初版　（m.）

008006937　9100　3525　（2296）
戆叟詩鈔四卷　附補遺

紀映鍾著　上海　商務印書館　1937 年

008006939　9100　3525　（2297）
積書巖詩集
劉逢源著　上海　商務印書館　1937 年

008006936　9100　3525　（2297）
解春集詩鈔三卷
馮景撰　上海　商務印書館　1937 年

008006940　9100　3525　（2297）
飲水詩集
納蘭性德著　上海　商務印書館
1937 年

008007001　9100　3525　（2298）
沙河逸老小稿六卷
馬曰琯撰　上海　商務印書館　1935 年
　初版　叢書集成初編

008007003　9100　3525　（2299）
南齋集六卷
馬曰璐撰　上海　商務印書館　1935 年
　初版　叢書集成初編　（m.）

008007005　9100　3525　（2300）
月山詩集四卷
恒仁纂　長沙　商務印書館　1939 年
　初版　叢書集成初編　（m.）

008006954　9100　3525　（2301）
王義士輞川詩鈔六卷
王澐纂　長沙　商務印書館　1939 年

008007017　9100　3525　（2302－2306）
瓶水齋詩集十七卷
舒位撰　長沙　商務印書館　1939 年
　叢書集成初編

008006960　9100　3525　（2307）
金闕攀松集
嚴長明著　上海　商務印書館　1937 年

008007015　9100　3525　（2307）
瓶水齋詩別集二卷
舒位撰　上海　商務印書館　1937 年
　叢書集成初編

008006959　9100　3525　（2307）
烏魯木齊雜詩
紀昀著　上海　商務印書館　1937 年

008007016　9100　3525　（2307）
玉井搴蓮集
嚴長明撰　上海　商務印書館　1937 年
　叢書集成初編

008007013　9100　3525　（2309－2314）
童山詩集四十二卷
李調元撰　上海　商務印書館　1936 年
　叢書集成初編　（m.）

008006956　9100　3525　（2316）
萬壽衢歌樂章六卷
彭元瑞撰　長沙　商務印書館　1939 年
　（m.）

008182936　9100　3525　（2317）
北齊詠史詩一卷
顧宗泰撰　上海　商務印書館　1935—
37 年　叢書集成初編

008064138　9100　3525　（2317）
懷師友詩二卷
顧宗泰撰　上海　商務印書館　1935—
37 年　叢書集成初編

008064137　9100　3525　（2317）
晉十六國詠史詩一卷
顧宗泰撰　上海　商務印書館　1935—
37 年　叢書集成初編

008006955　9100　3525　（2317）
蠡塘漁乃
吳騫述　長沙　商務印書館　1939 年

008182937 9100 3525 (2317)
南都詠史詩一卷
顧宗泰撰　上海　商務印書館　1935—37年　叢書集成初編

008182939 9100 3525 (2317)
南唐雜事詩一卷
顧宗泰撰　浦翔春註　上海　商務印書館　1935—37年　叢書集成初編

008182945 9100 3525 (2317)
勝國宮闈詩一卷
顧宗泰撰　上海　商務印書館　1935—37年　叢書集成初編

008182942 9100 3525 (2317)
五代詠史詩一卷
顧宗泰撰　上海　商務印書館　1935—37年　叢書集成初編

008072330 9100 3525 (2317)
月滿樓詩別集八卷
顧宗泰著　上海　商務印書館　1936年（m.）

008006961 9100 3525 (2318)
拜經樓集外詩
吳騫著　長沙　商務印書館　1939年

008007020 9100 3525 (2319-2320)
芳茂山人詩錄
孫星衍撰　上海　商務印書館　1937年　叢書集成初編

008007014 9100 3525 (2321)
長離閣集
王采薇撰　上海　商務印書館　1937年　叢書集成初編（m.）

008007165 9100 3525 (2322)
煙霞萬古樓詩選
王曇撰　仲瞿詩錄　王曇撰　徐渭仁輯　上海　商務印書館　1939年　初版　叢書集成初編

008033928 9100 3525 (2323)
紅蕙山房吟稿
袁廷檮撰　上海　商務印書館　1940年

008033927 9100 3525 (2323)
玉山草堂續集六卷
錢林撰　上海　商務印書館　1940年

008006957 9100 3525 (2324)
船山詩草選六卷
張問陶著　石韞玉錄　上海　商務印書館　1937年　叢書集成初編（m.）

008006958 9100 3525 (2325)
揅經室詩錄五卷
阮元著　上海　商務印書館　1936年（m.）

008064148 9100 3525 (2326-2327)
崇禎宮詞
王譽昌撰　上海　商務印書館　1935—37年　叢書集成初編

008064144 9100 3525 (2326-2327)
宮詞
王叔承撰　上海　商務印書館　1935—37年　叢書集成初編

008064140 9100 3525 (2326-2327)
宮詞
朱權撰　上海　商務印書館　1935—37年　叢書集成初編

008033890 9100 3525 (2326-2327)
宮詞小纂上中下卷
張海鵬輯　上海　商務印書館　1937年（m.）

008064143　9100　3525　(2326－2327)
洪武宮詞
黃省曾撰　上海　商務印書館　1935—37年　叢書集成初編

008064142　9100　3525　(2326－2327)
擬古宮詞
朱讓栩撰　上海　商務印書館　1935—37年　叢書集成初編

008064147　9100　3525　(2326－2327)
擬故宮詞
唐宇昭撰　上海　商務印書館　1935—37年　叢書集成初編

008064145　9100　3525　(2326－2327)
天啟宮詞
秦蘭徵撰　上海　商務印書館　1935—37年　叢書集成初編

008064146　9100　3525　(2326－2327)
天啟宮詞
蔣之翹撰　上海　商務印書館　1935—37年　叢書集成初編

008064141　9100　3525　(2326－2327)
元宮詞
朱有燉撰　上海　商務印書館　1935—37年　叢書集成初編

008007019　9100　3525　(2328－2329)
冬青館古宮詞三卷
張鑒撰　上海　商務印書館　1936年　叢書集成初編　(m.)

008007007　9100　3525　(2330)
蜜梅花館詩錄
焦廷琥著　上海　商務印書館　1937年　初版　叢書集成初編

008007006　9100　3525　(2330)
纂喜堂詩稿
陳壽祺著　上海　商務印書館　1937年　初版　叢書集成初編

008006918　9100　3525　(2331－2332)
碧城仙館詩鈔八卷
陳文述撰　上海　商務印書館　1936年

008007018　9100　3525　(2333)
匪石山人詩一卷
鈕樹玉撰　上海　商務印書館　1935年　叢書集成初編

008006919　9100　3525　(2333)
粵臺徵雅錄
羅元煥撰　陳仲鴻註　上海　商務印書館　1935年

008007011　9100　3525　(2334)
沈四山人詩錄六卷　附錄一卷
沈謹學著　上海　商務印書館　1937年　叢書集成初編　(m.)

008007259　9100　3525　(2335)
西崑殘草附詞
王星誠著　愚溪詩稿　張肇煐著　長沙　商務印書館　1939年　初版　(m.)

008007260　9100　3525　(2336)
位西先生遺稿
邵懿辰撰　張文節公遺集　張洵著　有聲畫　許光治著　上海　商務印書館　1937年　初版

008007261　9100　3525　(2337)
梾花盦詩附錄外集
葉廷琯著　上海　商務印書館　1937年　初版　(m.)

008007262　9100　3525　(2338)
小蓬海遺詩

翁雒著　　屑屑集　翁雒著　　萬卷書屋詩存　朱檜著　長沙　商務印書館　1939年　初版

008007263　9100　3525　(2339-2340)
廣雅碎金附錄
張之洞著　　榆園雜興詩　袁振業著　長沙　商務印書館　1939年　初版　(m.)

008010270　9100　3525　(2341-2343)
漸西邨人初集附錄
袁昶著　上海　商務印書館　1936年　初版

008010271　9100　3525　(2344-2345)
安般簃詩續鈔
袁昶著　上海　商務印書館　1937年　初版

008010272　9100　3525　(2346)
春闈雜詠
袁昶著　　聽雨樓詩　石嘉吉著　上海　商務印書館　1937年　初版

008010044　9100　3525　(2347)
葵青居詩錄
石渠著　上海　商務印書館　1939年　初版　叢書集成初編　(m.)

008010273　9100　3525　(2348)
亢藝堂集
孫廷璋著　　小草庵詩鈔　屠蘇著　上海　商務印書館　1937年　初版

008010274　9100　3525　(2350-2351)
玉暉堂詩集
趙湛著　上海　商務印書館　1937年　初版　(m.)

008010275　9100　3525　(2352)
二十一都懷古詩
柳得恭撰　上海　商務印書館　1937年　初版　(m.)

008010276　9100　3525　(2356-2357)
陸宣公文集
陸贄撰　上海　商務印書館　1937年　初版　(m.)

008010039　9100　3525　(2358)
劉希仁文集
劉軻撰　上海　商務印書館　1937年　叢書集成初編

008010038　9100　3525　(2358)
文泉子集六卷
劉蛻撰　上海　商務印書館　1937年　叢書集成初編

008010277　9100　3525　(2359-2360)
范文正公文集
范仲淹撰　長沙　商務印書館　1937年　初版　(m.)

008010176　9100　3525　(2361-2362)
石徂徠集
石介撰　上海　商務印書館　1936年　初版　叢書集成初編　(m.)

008010278　9100　3525　(2363-2366)
韓魏公集
韓琦撰　上海　商務印書館　1936年　初版　(m.)

008010279　9100　3525　(2367-2368)
楊龜山集
楊時撰　上海　商務印書館　1936年　初版　(m.)

008010193　9100　3525　(2369)
尹和靖集

尹焞撰　李忠愍公集　李若水撰　上海　商務印書館　1936年　叢書集成初編

008010280　9100　3525　(2370-2372)
張橫渠集
張載撰　上海　商務印書館　1936年初版　(m.)

008010281　9100　3525　(2373-2382)
朱子文集
朱熹撰　上海　商務印書館　1936年初版　(m.)

008010282　9100　3525　(2383-2384)
張南軒先生文集
張栻撰　上海　商務印書館　1936年初版　(m.)

008010283　9100　3525　(2385-2386)
羅豫章集
羅從彥撰　上海　商務印書館　1936年初版　(m.)

008010284　9100　3525　(2387-2393)
呂東萊文集
呂祖謙撰　長沙　商務印書館　1937年初版　(m.)

008010285　9100　3525　(2394-2399)
龍川文集附辨偽考異
陳亮撰　上海　商務印書館　1936年初版　(m.)

008010286　9100　3525　(2400-2401)
真西山先生集
真德秀撰　上海　商務印書館　1937年初版　(m.)

008010287　9100　3525　(2402-2404)
魯齋集附錄補遺
王柏撰　上海　商務印書館　1936年初版　(m.)

008010194　9100　3525　(2405)
謝疊山集二卷
謝枋得撰　獻醜集　許棐撰　上海　商務印書館　1936年　叢書集成初編

008033892　9100　3525　(2406)
騷略三卷
高似孫撰　上海　商務印書館　1939年　叢書集成初編

008010043　9100　3525　(2406)
所南文集
鄭思肖撰　上海　商務印書館　1939年　叢書集成初編

008010040　9100　3525　(2407)
熊勿軒先生文集六卷　附錄
熊禾撰　上海　商務印書館　1936年　叢書集成初編　(m.)

008010288　9100　3525　(2408-2410)
黃勉齋先生文集
黃榦撰　上海　商務印書館　1936年初版　(m.)

008010289　9100　3525　(2411)
永嘉先生八面鋒
撰人不詳　上海　商務印書館　1936年初版　(m.)

008010195　9100　3525　(2412-2414)
閑閑老人滏水文集二十卷　附補遺
趙秉文著　上海　商務印書館　1936年　叢書集成初編　(m.)

008010041　9100　3525　(2415)
許魯齋集六卷
許衡撰　上海　商務印書館　1936年

叢書集成初編 （m.）

008010042　9100　3525　（2416）
揭文安公文粹二卷
揭傒斯撰　上海　商務印書館　1936年　叢書集成初編

008010290　9100　3525　（2417－2418）
吳朝宗先生聞過齋集
吳海撰　榮祭酒遺文　榮肇著　上海　商務印書館　1936年　初版

008010291　9100　3525　（2419）
平西蜀文
明太祖撰　皇陵碑　明太祖撰　西征記　明太祖撰　長沙　商務印書館　1939年　初版

008010189　9100　3525　（2420）
擬連珠編
劉基著　演連珠編　王禕著　上海　商務印書館　1937年　叢書集成初編

008010292　9100　3525　（2421－2428）
王忠文公集
王禕撰　上海　商務印書館　1936年　初版　（m.）

008010293　9100　3525　（2429－2430）
方正學先生集
方孝孺撰　上海　商務印書館　1937年　初版　（m.）

008010294　9100　3525　（2431－2433）
薛敬軒先生文集
薛瑄撰　上海　商務印書館　1936年　初版　（m.）

008010196　9100　3525　（2434）
廣寒殿記
明宣宗撰　魏莊渠先生集二卷　魏校

撰　上海　商務印書館　1937年　叢書集成初編

008010087　9100　3525　（2435）
羅整庵先生存稿
羅欽順撰　上海　商務印書館　1936年　初版　叢書集成初編

008010046　9100　3525　（2436）
海剛峰集上下卷
海瑞撰　上海　商務印書館　1936年　叢書集成初編　（m.）

008010295　9100　3525　（2437）
楊忠愍公集
楊繼盛著　上海　商務印書館　1936年　初版　（m.）

008010164　9100　3525　（2438）
潁水遺編
陳言著　勅議或問　明世宗撰　上海　商務印書館　1937年　初版　叢書集成初編

008010296　9100　3525　（2439－2450）
味檗齋文集
趙南星著　上海　商務印書館　1936年　初版　（m.）

008010297　9100　3525　（2451－2454）
認真草
鹿善繼著　上海　商務印書館　1936年　初版　（m.）

008010298　9100　3525　（2455－2456）
范文忠公文集
范景文著　上海　商務印書館　1936年　初版　（m.）

008010047　9100　3525　（2457）
申端愍公文集三卷

申佳胤著　上海　商務印書館　1936年
叢書集成初編　（m.）

008010299　9100　3525　（2458）
天問閣集
李長祥著　上海　商務印書館　1936年
初版　（m.）

008010050　9100　3525　（2459）
楊大洪集上下卷
楊漣撰　上海　商務印書館　1936年
叢書集成初編　（m.）

008010048　9100　3525　（2460）
甲乙雜著
孫肩著　上海　商務印書館　1936年
叢書集成初編　（m.）

008010300　9100　3525　（2461－2462）
第六絃溪文鈔
黃廷鑒著　上海　商務印書館　1936年
初版

008010301　9100　3525　（2463－2466）
南雷文定前集　後集　三集
黃宗羲撰　上海　商務印書館　1936年
初版　（m.）

008007264　9100　3525　（2467－2472）
寒松堂集
魏象樞著　上海　商務印書館　1936年
初版　（m.）

008010302　9100　3525　（2473）
聰山集
申涵光著　上海　商務印書館　1936年
初版　（m.）

008010049　9100　3525　（2474）
湯潛庵集二卷
湯斌撰　上海　商務印書館　1936年
（m.）

008010303　9100　3525　（2475）
陸稼書先生文集
陸隴其撰　上海　商務印書館　1936年
初版　（m.）

008010304　9100　3525　（2476－2477）
習齋記餘
顏元撰　上海　商務印書館　1936年
初版　（m.）

008010305　9100　3525　（2478－2482）
居業堂文集
王源著　上海　商務印書館　1936年
初版　（m.）

008010090　9100　3525　（2483－2486）
正誼堂文集十二卷　附續集八卷
張伯行撰　上海　商務印書館　1936年
叢書集成初編　（m.）

008010045　9100　3525　（2487）
忠裕堂集
申涵盼著　上海　商務印書館　1936年
叢書集成初編　（m.）

008010306　9100　3525　（2488－2490）
恕谷後集
李塨著　馮辰校　上海　商務印書館
1936年　初版　（m.）

008010307　9100　3525　（2491－2492）
解春集文鈔附補遺
馮景撰　上海　商務印書館　1935年
初版

008010308　9100　3525　（2493）
可儀堂文集
俞長城纂　上海　商務印書館　1936年
初版　（m.）

008010309　9100　3525　(2494-2498)
陳學士文集
陳儀著　上海　商務印書館　1936年
　初版　(m.)

008010098　9100　3525　(2499-2503)
抱經堂文集三十四卷
盧文弨撰　上海　商務印書館　1935年
　叢書集成初編　(m.)

008010092　9100　3525　(2504-2505)
健餘先生文集十卷
尹會一撰　王擊瑢編　上海　商務印書館　1936年　叢書集成初編　(m.)

008010091　9100　3525　(2506-2509)
笥河文集十六卷　卷首
朱筠著　上海　商務印書館　1936年
　叢書集成初編　(m.)

008010310　9100　3525　(2510)
南澗文集
李文藻著　上海　商務印書館　1936年
　初版　(m.)

008010093　9100　3525　(2511-2512)
知足齋文集六卷
朱珪著　上海　商務印書館　1936年
　叢書集成初編　(m.)

008010051　9100　3525　(2513)
知足齋進呈文稿二卷
朱珪著　上海　商務印書館　1936年
　(m.)

008010052　9100　3525　(2514)
李石亭文集六卷
李化楠著　上海　商務印書館　1939年
　(m.)

008010102　9100　3525　(2515-2517)
童山文集二十卷　補遺一卷

李調元撰　上海　商務印書館　1936年
　叢書集成初編　(m.)

008010177　9100　3525　(2518)
晚學集
桂馥著　上海　商務印書館　1936年
　初版　叢書集成初編　(m.)

008010311　9100　3525　(2521-2522)
授堂文鈔
武億撰　上海　商務印書館　1935年
　初版　(m.)

008010312　9100　3525　(2523)
儀鄭堂文
孔廣森撰　阮元敘錄　嘉穀堂集　孫
星衍撰　長沙　商務印書館　1939年
　初版

008010095　9100　3525　(2524)
岱南閣集二卷
孫星衍撰　上海　商務印書館　1936年
　叢書集成初編

008010103　9100　3525　(2525-2526)
平津館文稿上下卷
孫星衍撰　上海　商務印書館　1937年
　叢書集成初編　(m.)

008010096　9100　3525　(2527-2528)
問字堂集六卷
孫星衍撰　上海　商務印書館　1937年
　叢書集成初編　(m.)

008010313　9100　3525　(2527-2528)
問字堂集
孫星衍撰　上海　商務印書館　1937年
　初版　(m.)

008010314　9100　3525　(2529)
五松園文稿

孫星衍撰　上海　商務印書館　1936 年
　　初版　（m.）

008010074　9100　3525　（2530－2531）
煙霞萬古樓文集六卷
王曇撰　上海　商務印書館　1935 年
　　叢書集成初編　（m.）

008010315　9100　3525　（2532）
炳燭室雜文
江藩著　　蜜梅花館文錄　焦廷琥著
　中衢一勺　附錄續附　包世臣著　長
沙　商務印書館　1939 年　初版

008010094　9100　3525　（2533－2535）
萬善花室文稿七卷
方履籛撰　上海　商務印書館　1936 年
　　叢書集成初編　（m.）

008010097　9100　3525　（2536）
落颿樓文稿四卷
沈垚撰　上海　商務印書館　1936 年
　　叢書集成初編

008010170　9100　3525　（2537）
愛吾廬文鈔
呂世宜著　上海　商務印書館　1936 年
　　初版　叢書集成初編

008010316　9100　3525　（2538－2539）
縵雅堂駢體文
王詒壽著　上海　商務印書館　1936 年
　　初版　（m.）

008010101　9100　3525　（2540）
計有餘齋文稿
陳方海著　上海　商務印書館　1937 年
　　叢書集成初編

008010100　9100　3525　（2540）
守身執玉軒遺文

袁世紀撰　上海　商務印書館　1937 年
　　叢書集成初編

008010099　9100　3525　（2540）
書巖剩稿
楊峒著　上海　商務印書館　1937 年
　　叢書集成初編

008010053　9100　3525　（2540）
貞蕤稿略
朴齊家纂　上海　商務印書館　1937 年
　　初版

008010192　9100　3525　（2541）
文錄
唐庚撰　　浩然齋雅談　周密撰　上海
　　商務印書館　1936 年　初版　叢書集
成初編

008010162　9100　3525　（2546）
主客圖
張爲撰　　二南密旨　賈島撰　　本事
詩附續本事詩　孟棨撰　聶奉先續　上
海　商務印書館　1939 年　初版　叢書
集成初編

008010161　9100　3525　（2547）
六一居士詩話
歐陽修撰　　司馬溫公詩話　司馬光撰
　　貢父詩話　劉邠撰　　後山居士詩
話　陳師道撰　　臨漢隱居詩話　魏泰
撰　上海　商務印書館　1939 年　初版
　　叢書集成初編

008010169　9100　3525　（2548）
優古堂詩話
吳开撰　　環溪詩話　吳沆著　上海
商務印書館　1936 年　初版　叢書集成
初編

008010055　9100　3525　(2549)
冷齋夜話十卷
釋惠洪撰　上海　商務印書館　1939年　叢書集成初編

008010056　9100　3525　(2549)
玉壺詩話
釋文瑩著　上海　商務印書館　1939年　叢書集成初編

008010163　9100　3525　(2550)
許彥周詩話
許顗撰　東萊呂紫微詩話　呂本中撰　珊瑚鉤詩話　張表臣編　上海商務印書館　1939年　初版　叢書集成初編

008010179　9100　3525　(2552)
歲寒堂詩話
張戒撰　庚溪詩話　陳巖肖撰　上海　商務印書館局　1939年　初版　叢書集成初編

008010080　9100　3525　(2553-2554)
韻語陽秋
葛立方著　上海　商務印書館　1939年　叢書集成初編　(m.)

008010054　9100　3525　(2555)
容齋詩話六卷
洪邁著　上海　商務印書館　1936年　叢書集成初編　(m.)

008010197　9100　3525　(2556)
全唐詩話六卷
尤袤撰　上海　商務印書館　1936年　叢書集成初編　(m.)

008010168　9100　3525　(2558)
觀林詩話
吳聿撰　二老堂詩話　周必大撰　艇齋詩話附校訛、續校、補校　曾季貍撰　竹坡詩話　周紫芝撰　上海　商務印書館　1936年　初版　叢書集成初編

008010198　9100　3525　(2559-2570)
苕溪漁隱叢話前集六十卷　後集四十卷
胡仔纂集　上海　商務印書館　1937年　叢書集成初編　(m.)

008010317　9100　3525　(2571)
娛書堂詩話
趙與虤撰　姜氏詩說　姜夔錄傳　江西詩派小序　劉克莊撰　滄浪詩話　嚴羽撰　上海　商務印書館　1936年　初版

008010178　9100　3525　(2572)
深雪偶談
方岳撰　詩評　敖陶孫撰　程兆胤錄　吳氏詩話　吳子良著　梅磵詩話　韋居安著　上海　商務印書館　1936年　初版　叢書集成初編

008010199　9100　3525　(2573)
對床夜語五卷
范晞文撰　滹南詩話三卷　王若虛著　長沙　商務印書館　1937年　叢書集成初編

008010318　9100　3525　(2574)
吳禮部詩話雜說附
吳師道撰　東坡詩話錄　陳秀明編　上海　商務印書館　1936年　初版

008010200　9100　3525　(2575)
蓮堂詩話二卷　附校訛及續校
祝誠輯　上海　商務印書館　1937年　叢書集成初編　(m.)

008010165　9100　3525　(2576)
麓堂詩話

李東陽撰　　歸田詩話　瞿佑著　上海
　商務印書館　1936年　初版　叢書集
　成初編

008010319　9100　3525　（2578－2579）
升庵詩話補遺
楊慎撰　長沙　商務印書館　1939年
　初版　（m.）

008010181　9100　3525　（2580）
餘冬詩話
何孟春著　上海　商務印書館　1936年
　初版　叢書集成初編　（m.）

008010036　9100　3525　（2581）
四溟詩話四卷
謝榛撰　上海　商務印書館　1936年
　叢書集成初編　（m.）

008010175　9100　3525　（2582）
揮塵詩話
王兆雲輯　　夷白齋詩話　顧元慶著
　存餘堂詩話　朱承爵著　　詩的　王
文祿撰　　國朝詩評　王世貞著　程兆
胤錄　上海　商務印書館　1936年　初
版　叢書集成初編

008010171　9100　3525　（2583）
明詩評
王世貞撰　上海　商務印書館　1937年
　初版　叢書集成初編　（m.）

008010172　9100　3525　（2584）
全唐詩說
王世貞著　　藝圃擷餘　王世懋著
　佘山詩話　陳繼儒著　上海　商務印書
館　1936年　初版　叢書集成初編

008010173　9100　3525　（2585）
恬致堂詩話
李日華著　上海　商務印書館　1936年
　初版　叢書集成初編　（m.）

008010037　9100　3525　（2586）
玉笥詩談上下卷正續
朱孟震撰　上海　商務印書館　1936年
　叢書集成初編　（m.）

008010174　9100　3525　（2587）
唐詩談叢
胡震亨著　　榆溪詩話　徐世溥著
漫堂說詩　宋犖著　上海　商務印書館
　1936年　初版　叢書集成初編

008010386　9100　3525　（2588－2592）
五代詩話十卷
王士禎原編　鄭方坤刪補　上海　商務
印書館據粵雅堂叢書本印　1937年　叢
書集成初編　（m.）

008010320　9100　3525　（2593）
蓮坡詩話
查為仁著　　榕城詩話　杭世駿撰　長
沙　商務印書館　1939年　初版

008010201　9100　3525　（2594）
杜詩雙聲疊韻譜括略八卷
周春纂　上海　商務印書館　1936年
　叢書集成初編

008010321　9100　3525　（2595）
山靜居詩話
方熏撰　　拜經樓詩話　吳騫纂　上海
　商務印書館　1935年　初版

008031401　9100　3525　（2596－2597）
石洲詩話
翁方綱撰　　詩話　李調元撰　上海
商務印書館　1935年

008031402　9100　3525　（2598）
北江詩話

洪亮吉著　上海　商務印書館　1935 年　初版　（m.）

008031329　9100　3525　（2599－2600）
茗香詩論
宋大樽著　　小滄浪筆談　阮元記　上海　商務印書館　1936 年　初版　叢書集成初編

008031403　9100　3525　（2601－2604）
定香亭筆談
阮元記　上海　商務印書館　1936 年　初版　（m.）

008033926　9100　3525　（2605－2607）
廣陵詩事十卷
阮元記　上海　商務印書館　1939 年　（m.）

008031350　9100　3525　（2608）
涇川詩話三卷
趙知希著　上海　商務印書館　1937 年　叢書集成初編　（m.）

008031351　9100　3525　（2609－2610）
圍爐詩話六卷
吳喬述　月山詩話　恒仁纂　白石道人詩詞評論附補遺　許增輯　上海　商務印書館　1936 年　初版　叢書集成初編

008033920　9100　3525　（2611）
詩式五卷
釋皎然撰　上海　商務印書館　1940 年　（m.）

008030097　9100　3525　（2612）
詩品二十四則
司空圖撰　　風騷旨格　釋齊己撰　木天禁語　范梈著　上海　商務印書館　1939 年　初版　叢書集成初編

008030106　9100　3525　（2613）
騷壇秘語
周履靖編次　上海　商務印書館　1936 年　初版　叢書集成初編　（m.）

008030123　9100　3525　（2614）
詩源撮要
張懋賢編次　師友詩傳錄　郎廷槐述　　集唐要法　郎廷極著　上海　商務印書館　1936 年　叢書集成初編

008030105　9100　3525　（2615）
典論
魏文帝撰　孫馮翼輯　　四六談塵　謝伋錄　容齋四六叢談　洪邁著　四六話　王銍撰　上海　商務印書館　1936 年　初版　叢書集成初編

008030039　9100　3525　（2616）
餘師錄四卷
王正德撰　上海　商務印書館　1939 年　叢書集成初編　（m.）

008030088　9100　3525　（2617）
雲莊四六餘話
楊囷道撰　上海　商務印書館　1939 年　初版　叢書集成初編　（m.）

008030091　9100　3525　（2618）
東坡文談錄
陳秀明編　文脈　王文祿撰　文評　王世貞著　上海　商務印書館　1937 年　初版　叢書集成初編

008030124　9100　3525　（2619－2621）
宋四六話十二卷
彭元瑞撰　上海　商務印書館　1939 年　叢書集成初編　（m.）

008030103　9100　3525　（2622－2623）
賦話

李調元撰　　文筆考小琅嬛叢記之一　阮福撰　　上海　商務印書館　1936年　初版　叢書集成初編

008074168　9100　3525　（2624）
文心雕龍十卷
劉勰撰　　上海　商務印書館　1937年　叢書集成初編　（m.）

008030125　9100　3525　（2625）
文章緣起
任昉撰　陳懋仁註　　續文章緣起　陳懋仁著　　上海　商務印書館　1937年　叢書集成初編　（m.）

008030109　9100　3525　（2626）
金石要例
黃宗羲撰　金石例補　郭麐撰　　金石訂例　鮑振方學　　上海　商務印書館　1937年　初版　叢書集成初編

008030111　9100　3525　（2627－2628）
漢石例
劉寶楠錄　　上海　商務印書館　1937年　初版　叢書集成初編

008030040　9100　3525　（2629）
志銘廣例二卷
梁玉繩著　　上海　商務印書館　1936年　叢書集成初編

008030110　9100　3525　（2630）
漢魏六朝墓銘纂例
李富孫學　　上海　商務印書館　1937年　初版　叢書集成初編　（m.）

008030041　9100　3525　（2632）
文則上下卷
陳騤著　　上海　商務印書館　1937年　叢書集成初編　（m.）

008030222　9100　3525　（2633）
作義要訣
倪士毅撰　文原　宋濂著　四六金針　陳維崧撰　初月樓古文緒論　呂璜纂　　長沙　商務印書館　1939年　初版

008030223　9100　3525　（2634－2638）
樂府雅詞附拾遺
曾慥編　　長沙　商務印書館　1939年　初版　（m.）

008098391　9100　3525　（2639－2641）
陽春白雪八卷　外集一卷
趙聞禮輯　　上海　商務印書館　1935—37年　叢書集成初編　（m.）

008030042　9100　3525　（2642）
樂府補題
上海　商務印書館　1937年　叢書集成初編　（m.）

008030224　9100　3525　（2643）
名儒草堂詩餘
盧陵鳳林書院輯　　長沙　商務印書館　1939年　初版　（m.）

008030092　9100　3525　（2644）
唐宋元明酒詞
周履靖和韻　　上海　商務印書館　1936年　初版　叢書集成初編　（m.）

008037894　9100　3525　（2645）
宋四家詞選一卷
周濟輯　　上海　商務印書館　1935—37年　叢書集成初編

008030021　9100　3525　（2646）
張子野詞二卷　附補遺
張先撰　　上海　商務印書館　1936年　叢書集成初編　（m.）

008030143　9100　3525　(2647)
漱玉詞及其他三種
上海　商務印書館　1937 年　叢書集成初編

008030117　9100　3525　(2648)
石湖詞附補遺
范成大著　　斷腸詞　朱淑真著　和石湖詞　陳三聘著　上海　商務印書館　1937 年　初版　叢書集成初編（m.）

008030225　9100　3525　(2649–2650)
白石道人歌曲附別集
姜夔著　長沙　商務印書館　1939 年　初版　（m.）

007617229　5616　928　9100　3525　(2651)
草窗詞二卷　補
周密撰　長沙　商務印書館　1939 年　叢書集成初編　（m.）

008030226　9100　3525　(2652)
蘋洲漁笛譜
周密撰　上海　商務印書館　1936 年　初版

008030126　9100　3525　(2656)
花外集
王沂孫著　上海　商務印書館　1936 年　叢書集成初編　（m.）

008030127　9100　3525　(2657)
日湖漁唱補遺　續補遺
陳允平撰　燕喜詞　曹冠撰　上海　商務印書館　1936 年　叢書集成初編　（m.）

008030227　9100　3525　(2658)
鳴鶴餘音
虞集撰　蛻巖詞　張翥著　貞居詞　張天雨撰　上海　商務印書館　1937 年　初版

008030228　9100　3525　(2659–2660)
茗齋詩餘
彭孫貽著　上海　商務印書館　1936 年　初版　（m.）

008030128　9100　3525　(2661)
阮亭詩餘衍波詞
王士禎著　上海　商務印書館　1937 年　叢書集成初編

008030129　9100　3525　(2662–2663)
納蘭詞五卷　補遺
納蘭性德著　長沙　商務印書館　1939 年　叢書集成初編　（m.）

008030017　9100　3525　(2664)
蠢翁詞上下卷
李調元著　上海　商務印書館　1936 年　叢書集成初編

008030016　9100　3525　(2664)
南齋詞二卷
馬曰璐撰　上海　商務印書館　1936 年　叢書集成初編

008030020　9100　3525　(2664)
嶰谷詞
馬曰琯撰　上海　商務印書館　1936 年　叢書集成初編

008030018　9100　3525　(2665–2666)
梅邊吹笛譜上下卷　附補錄
凌廷堪撰　上海　商務印書館　1937 年　叢書集成初編　（m.）

008030086　9100　3525　(2667)
二韭室詩餘別集青芙館詞鈔
陳壽祺著　上海　商務印書館　1939 年

初版　叢書集成初編

008034107　9100　3525　（2668）
拜石山房詞鈔
顧翰著　上海　商務印書館　1935—37年　初版　叢書集成初編

008182586　9100　3525　（2669）
浮眉樓詞二卷
郭麐著　上海　商務印書館　1940年

008033888　9100　3525　（2669）
蘅夢詞二卷
郭麐著　上海　商務印書館　1940年

008033889　9100　3525　（2669）
微波詞
錢枚著　上海　商務印書館　1940年

008034114　9100　3525　（2670）
懺餘綺語爨餘詞
郭麐著　　花影詞　王詒壽著　上海　商務印書館　1935—37年　初版　叢書集成初編

008030019　9100　3525　（2671）
笙月詞五卷
王詒壽著　上海　商務印書館　1937年　叢書集成初編　（m.）

008030083　9100　3525　（2672）
憶雲詞附詩詞補遺
項廷紀撰　長沙　商務印書館　1937年　初版　叢書集成初編　（m.）

008030130　9100　3525　（2673）
江山風月譜
許光治著　　衍波詞　孫蓀意撰　長沙　商務印書館　1939年　叢書集成初編

008030131　9100　3525　（2675–2676）
詞品六卷　附拾遺
楊慎撰　上海　商務印書館　1936年　叢書集成初編　（m.）

008030087　9100　3525　（2677）
詞評
撰人不詳　　詞統源流　彭孫遹輯　金粟詞話　彭孫遹著　　詞藻　彭孫遹著　上海　商務印書館　1937年　初版　叢書集成初編

008030114　9100　3525　（2678）
詞家辨證
李良年著　　詞壇紀事　李良年輯　上海　商務印書館　1937年　初版　叢書集成初編

008030132　9100　3525　（2679–2681）
詞苑叢談十二卷
徐釚編　上海　商務印書館　1937年　叢書集成初編　（m.）

008030229　9100　3525　（2683）
鶴月瑤笙
周履靖著　長沙　商務印書館　1937年　初版　（m.）

008030230　9100　3525　（2684）
製曲十六觀
顧瑛著　　詞品　涵虛子著　　顧曲雜言　沈德符著　　曲話　李調元撰　長沙　商務印書館　1939年　初版

008030146　9100　3525　（2686）
黃孝子紀程
黃孝堅撰　長沙　商務印書館　1939年　叢書集成初編

008030030　9100　3525　（2686）
王烈婦
撰人不詳　上海　商務印書館　1939年

008030147　9100　3525　（2686）
餘姚兩孝子萬里尋親記
翁廣平纂　長沙　商務印書館　1939 年
　叢書集成初編

008030031　9100　3525　（2686）
摭青雜說
王明清撰　上海　商務印書館　1939 年

008030231　9100　3525　（2688）
見聞紀訓
陳良謨撰　長沙　商務印書館　1937 年
　初版　（m.）

008030133　HD　3525　（2689）
二十二史感應錄二卷
彭希涑輯　長沙　商務印書館　1939 年
　叢書集成初編　（m.）

008030232　9100　3525　（2690）
劍俠傳
撰人不詳　上海　商務印書館　1936 年
　初版　（m.）

008030029　9100　3525　（2691）
馮燕傳
沈亞之撰　上海　商務印書館　1939 年

008030045　9100　3525　（2691）
劉無雙傳
薛調撰　上海　商務印書館　1939 年

008030033　9100　3525　（2691）
韋自東傳
撰人不詳　上海　商務印書館　1939 年

008030032　9100　3525　（2691）
烏將軍記
撰人不詳　上海　商務印書館　1939 年

008030028　9100　3525　（2691）
吳保安傳
牛肅撰　上海　商務印書館　1939 年

008030027　9100　3525　（2691）
燕子丹傳上下卷
孫星衍輯　上海　商務印書館　1939 年

008030036　9100　3525　（2691）
章臺柳傳
許堯佐撰　上海　商務印書館　1939 年

008030233　9100　3525　（2692－2694）
搜神記
干寶撰　上海　商務印書館　1937 年
　初版　（m.）

008030034　9100　3525　（2695）
搜神後記十卷
陶潛撰　上海　商務印書館　1936 年
　叢書集成初編　（m.）

008030116　9100　3525　（2698）
雷民傳
沈既濟撰　　牛應貞傳　宋若昭撰
　三夢記　白行簡撰　　幻戲志　蔣防撰
　　妙女傳　顧非熊撰　　柳毅傳　李
朝威著　　博異志　鄭還古著　　集異
記　薛用弱撰　上海　商務印書館
1939 年　初版　叢書集成初編

008030134　9100　3525　（2699）
甘澤謠附錄
袁郊撰　長沙　商務印書館　1939 年
　叢書集成初編　（m.）

008030145　9100　3525　（2700）
再生記及其他三種
長沙　商務印書館　1939 年　叢書集成
　初編

008030135　9100　3525　（2701）
集異志四卷

陸勳集　長沙　商務印書館　1939年
叢書集成初編　（m.）

008030136　9100　3525　（2703）
宣室志十卷　附補遺
張讀撰　長沙　商務印書館　1939年
叢書集成初編　（m.）

008030035　9100　3525　（2705）
稽神錄六卷拾遺
徐鉉著　上海　商務印書館　1939年
叢書集成初編　（m.）

008030085　9100　3525　（2707-2714）
夷堅志八十卷
洪邁撰　上海　商務印書館　1937年
叢書集成初編　（m.）

008030234　9100　3525　（2715）
續夷堅志附年譜
元好問纂　長沙　商務印書館　1939年
　初版　（m.）

008030235　9100　3525　（2716）
睽車志
郭彖撰　　閒窗括異志　魯應龍撰
物異考　方鳳著　長沙　商務印書館
1939年　初版

008030149　9100　3525　（2717-2718）
春渚紀聞十卷及其它六種
上海　商務印書館　1939年　叢書集成
初編

008030067　9100　3525　（2719）
異聞總錄
上海　商務印書館　1937年　叢書集成
初編

008030115　9100　3525　（2720-2722）
新編分門古今類事

宋某撰　上海　商務印書館　1937年
初版　叢書集成初編　（m.）

008030043　9100　3525　（2725）
汴京勾異記八卷
李濂著　上海　商務印書館　1937年
叢書集成初編　（m.）

008030144　9100　3525　（2726）
涉異志及其他三種
長沙　商務印書館　1939年　叢書集成
初編

008030100　9100　3525　（2733）
教坊記
崔令欽撰　　周秦行紀　牛僧孺撰
龍女傳　撰人不詳　　夢遊錄　任蕃撰
　　非煙傳　皇甫枚撰　　張無頗傳
撰人不詳　揚州夢記　于鄴撰　孫
內翰北里志　孫棨撰　　薛昭傳　撰人
不詳　　妝樓記　張泌纂　長沙　商務
印書館　1939年　初版　叢書集成初編

008037898　9100　3525　（2733）
洛神傳一卷
撰人不詳　上海　商務印書館　1935—
37年　叢書集成初編

008182617　9100　3525　（2733）
鄭德璘傳一卷
撰人不詳　上海　商務印書館　1935—
37年　叢書集成初編

008030101　9100　3525　（2734）
青樓集
黃雪蓑輯　　麗情集附續集　楊慎撰
　　遼陽海神傳　蔡羽述　　板橋雜記
余懷撰　　拊掌錄　宋元懷撰　長沙
商務印書館　1939年　初版　叢書集成
初編

008030121　9100　3525　(2739-2740)
尚書故實
李綽編　上海　商務印書館　1936年　叢書集成初編

008030137　9100　3525　(2741-2742)
大唐新語十三卷
劉肅撰　上海　商務印書館　1937年　叢書集成初編　（m.）

008030138　9100　3525　(2744-2745)
東齋記事五卷　附補遺
范鎮撰　國老談苑二卷　王君玉編　涑水記聞十六卷　司馬光撰　上海　商務印書館　1936年　叢書集成初編

008030037　9100　3525　(2749-2750)
河南邵氏聞見前錄二十卷
邵伯溫著　上海　商務印書館　1939年　叢書集成初編

008030038　9100　3525　(2751-2752)
河南邵氏聞見後錄三十卷
邵博著　上海　商務印書館　1936年　叢書集成初編

008030022　9100　3525　(2753)
春明退朝錄上中下卷
宋敏求撰　上海　商務印書館　1936年　叢書集成初編　（m.）

008030139　9100　3525　(2754-2755)
萍洲可談三卷
朱彧撰　石林燕語十卷　葉夢得撰　長沙　商務印書館　1939年　叢書集成初編　（m.）

008030140　9100　3525　(2756-2759)
唐語林八卷　附校勘記
王讜撰　長沙　商務印書館　1939年　叢書集成初編　（m.）

008030098　9100　3525　(2760-2761)
東軒筆錄
魏泰撰　珍席放談　高晦叟撰　桐陰舊話　韓元吉撰　上海　商務印書館　1939年　初版　叢書集成初編

008030023　9100　3525　(2763-2765)
四朝聞見錄五集附錄
葉紹翁撰　上海　商務印書館　1937年　叢書集成初編　（m.）

008030141　9100　3525　(2766)
老學庵筆記十卷
陸游撰　上海　商務印書館　1936年　叢書集成初編　（m.）

008030024　9100　3525　(2767)
二老堂雜志五卷
周必大著　上海　商務印書館　1936年　叢書集成初編　（m.）

008030142　9100　3525　(2768)
曲洧舊聞十卷
朱弁撰　上海　商務印書館　1936年　叢書集成初編　（m.）

008030025　9100　3525　(2769)
玉照新志五卷
王明清撰　上海　商務印書館　1936年　（m.）

008098415　9100　3525　(2770-2773)
揮麈錄前錄四卷　後錄十一卷　三錄三卷　餘話二卷
王明清輯　附閒燕常談　董棻撰　上海　商務印書館　1936年　叢書集成初編　（m.）

008030236　9100　3525　(2774)
清波雜志附別志
周煇撰　長沙　商務印書館　1939年

初版

008030026　9100　3525　(2775)
獨醒雜志二卷　附錄
曾敏行撰　上海　商務印書館　1937年　叢書集成初編　(m.)

008030237　9100　3525　(2776)
西塘集耆舊續聞
陳鵠撰　上海　商務印書館　1936年　初版

008030238　9100　3525　(2779－2782)
齊東野語
周密撰　長沙　商務印書館　1939年　初版　(m.)

008030239　9100　3525　(2783)
貴耳集
張端義著　長沙　商務印書館　1937年　初版　(m.)

008030240　9100　3525　(2784)
楓窗小牘
袁褧撰　袁頤續　姚士麟校　黃氏日鈔古今紀要逸編　黃震撰　長沙　商務印書館　1939年　初版

008030113　9100　3525　(2785)
道山清話
撰人未詳　萬柳溪邊舊話　尤玘撰　上海　商務印書館　1939年　初版　叢書集成初編

008030241　9100　3525　(2786－2787)
避暑錄話
葉夢得撰　長沙　商務印書館　1939年　初版　(m.)

008030242　9100　3525　(2788－2790)
續世說
孔平仲撰　上海　商務印書館　1936年　初版　(m.)

008030108　9100　3525　(2791)
退齋筆錄
侯延慶撰　卻掃編　徐度撰　上海　商務印書館　1936年　初版　叢書集成初編

008030243　9100　3525　(2792)
文昌雜錄
龐元英撰　上海　商務印書館　1936年　初版　(m.)

008030244　9100　3525　(2793)
儒林公議
撰人不詳　上海　商務印書館　1937年　初版　(m.)

008030245　HD　3525　(2796)
北軒筆記
陳世隆撰　彭文憲公筆記　彭時撰　上海　商務印書館　1936年　初版

008031365　9100　3525　(2801)
野記及其他三種
上海　商務印書館　1936年　叢書集成初編

008031128　9100　3525　(2802)
鄭端簡公吾學編餘
鄭曉撰　上海　商務印書館　1936年　叢書集成初編　(m.)

008098430　9100　3525　(2803－2805)
鄭端簡公今言類編六卷
鄭曉撰　上海　商務印書館　1936年　叢書集成初編　(m.)

008031129　9100　3525　(2806)
先進遺風上下卷

耿定向輯著　毛在增補　上海　商務印書館　1936 年　（m.）

008031352　9100　3525　（2807-2809）
四友齋叢說摘鈔
何良俊撰　列朝盛事　王世貞撰　上海　商務印書館　1937 年　叢書集成初編

008031346　9100　3525　（2810-2811）
鳳洲雜編觚不觚錄
王世貞撰　窺天外乘　王世懋撰　上海　商務印書館　1937 年　初版　叢書集成初編

008031404　9100　3525　（2814-2817）
典故紀聞
余繼登輯　上海　商務印書館　1936 年　初版　（m.）

008031321　9100　3525　（2821）
近峰記略
皇甫祿撰　蔗山筆麈　商輅著　賓退錄　趙善政著　上海　商務印書館　1936 年　初版　叢書集成初編

008031405　9100　3525　（2822）
治世餘聞
陳洪謨撰　長沙　商務印書館　1937 年　初版　（m.）

008031406　9100　3525　（2823）
繼世紀聞
陳洪謨撰　長沙　商務印書館　1937 年　初版　（m.）

008031337　9100　3525　（2824）
居易錄談附居易續談
王士正著　上海　商務印書館　1936 年　初版　叢書集成初編　（m.）

008031127　9100　3525　（2825）
今世說八卷
王晫撰　上海　商務印書館　1935 年　叢書集成初編　（m.）

008031408　9100　3525　（2826）
茶餘客話
阮葵生纂　上海　商務印書館　1936 年　初版　（m.）

008031407　9100　3525　（2827）
雲杜故事
易本烺撰　豪譜　高承勳輯　上海　商務印書館　1936 年　初版

008031409　9100　3525　（2828-2829）
天祿閣外史
黃憲著　上海　商務印書館　1936 年　初版　（m.）

008031126　9100　3525　（2830）
昌黎雜說
韓愈著　上海　商務印書館　1936 年　叢書集成初編

008031125　9100　3525　（2830）
朝野僉載六卷
張鷟撰　上海　商務印書館　1936 年　叢書集成初編

008031124　9100　3525　（2830）
劉賓客嘉話錄
韋絢錄　上海　商務印書館　1936 年　叢書集成初編

008031353　9100　3525　（2831）
因話錄六卷
趙璘撰　乾䐮子　溫庭筠述　長沙　商務印書館　1939 年　叢書集成初編　（m.）

008031410　9100　3525　(2832－2833)
雲溪友議
范攄纂　長沙　商務印書館　1939 年　初版　(m.)

008031411　9100　3525　(2835)
杜陽雜編
蘇鶚撰　桂苑叢談　馮翊著　長沙　商務印書館　1939 年　初版

008031419　9100　3525　(2836)
雲仙雜記
馮贄著　長沙　商務印書館　1939 年　初版　(m.)

008031101　9100　3525　(2837)
獨異志上中下卷
李冗撰　上海　商務印書館　1937 年　叢書集成初編　(m.)

008031102　9100　3525　(2839)
闕史上下卷
高彥休撰　上海　商務印書館　1936 年　叢書集成初編　(m.)

008031103　9100　3525　(2840)
金華子雜編上下卷
劉崇遠撰　周廣業校註　上海　商務印書館　1936 年　叢書集成初編

008031104　9100　3525　(2840)
中朝故事
尉遲偓纂　上海　商務印書館　1936 年　叢書集成初編

008031420　9100　3525　(2841－2842)
北夢瑣言
孫光憲纂集　長沙　商務印書館　1939 年　初版　(m.)

008031421　9100　3525　(2843)
鑒誡錄

何光遠撰　玉溪編事　撰人不詳　長沙　商務印書館　1939 年　初版

008031422　9100　3525　(2844)
洛陽搢紳舊聞記
張齊賢集　長沙　商務印書館　1939 年　初版

008031423　9100　3525　(2847－2848)
南部新書
錢易撰　碧雲騢　梅堯臣著　上海　商務印書館　1936 年　初版

008031424　9100　3525　(2850)
東坡志林
蘇軾撰　長沙　商務印書館　1939 年　初版　(m.)

008031425　9100　3525　(2851)
仇池筆記　漁樵閒話錄
蘇軾撰　濟南先生師友談記　李廌撰　上海　商務印書館　1936 年　初版

008031354　9100　3525　(2854)
後山叢談
陳師道著　高齋漫錄　曾慥撰　長沙　商務印書館　1939 年　叢書集成初編

008031105　9100　3525　(2859)
侯鯖錄八卷
趙令畤撰　上海　商務印書館　1939 年　叢書集成初編　(m.)

008031106　9100　3525　(2860)
過庭錄
范公偁撰　上海　商務印書館　1939 年　叢書集成初編

008031107　9100　3525　(2860)
明道雜志
張耒著　上海　商務印書館　1939 年

叢書集成初編

008182646 9100 3525 (2860-2870)
桯史十五卷
岳珂撰 上海 商務印書館 1936年
叢書集成初編

008031317 9100 3525 (2861)
孔氏談苑
孔平仲纂 上海 商務印書館 1939年
初版 叢書集成初編 (m.)

008031328 9100 3525 (2863)
避暑漫鈔 家世舊聞
陸游纂 螢雪叢説 俞成撰 可書 張知甫撰 上海 商務印書館 1939年 初版 叢書集成初編

008031341 9100 3525 (2864-2866)
墨莊漫錄
張邦基撰 上海 商務印書館 1939年
初版 叢書集成初編 (m.)

008031355 9100 3525 (2867)
雞肋編三卷 附校勘記續校
莊季裕撰 蓼花洲閒錄 高文虎錄
上海 商務印書館 1939年 叢書集成初編

008031109 9100 3525 (2871)
遊宦紀聞十卷
張世南撰 上海 商務印書館 1936年
叢書集成初編 (m.)

008031108 9100 3525 (2872)
密齋筆記五卷 續記
謝采伯撰 上海 商務印書館 1936年
叢書集成初編 (m.)

008031110 9100 3525 (2873-2876)
鶴林玉露十六卷補遺
羅大經撰 上海 商務印書館 1939年
叢書集成初編 (m.)

008031111 9100 3525 (2881)
北窗炙輠上下卷
施彥執撰 上海 商務印書館 1939年
叢書集成初編

008033929 9100 3525 (2882)
白獺髓
張仲文撰 上海 商務印書館 1939年

008031356 9100 3525 (2884)
南窗紀談及其他兩種
長沙 商務印書館 1939年 叢書集成初編

008031357 9100 3525 (2891)
馬氏日鈔及其他三種
上海 商務印書館 1936年 叢書集成初編

008031358 9100 3525 (2892-2894)
雙槐歲鈔十卷
黃瑜撰 長沙 商務印書館 1939年
叢書集成初編

008031359 9100 3525 (2895)
閒中今古錄摘鈔
黃溥撰 懸笥瑣探摘鈔 劉昌撰 上海 商務印書館 1937年 叢書集成初編

008031114 9100 3525 (2897)
病逸漫記
陸釴撰 上海 商務印書館 1939年
叢書集成初編

008031115 9100 3525 (2897)
琅琊漫鈔
文林撰 上海 商務印書館 1939年

叢書集成初編

008031113　9100　3525　(2897)
三餘贅筆
都印著　上海　商務印書館　1939年
叢書集成初編

008033930　9100　3525　(2898)
方洲雜言
張寧著　上海　商務印書館　1939年

008033931　9100　3525　(2898)
蘇談
楊循吉撰　上海　商務印書館　1939年

008033932　9100　3525　(2898)
聽雨紀談
都穆著　上海　商務印書館　1939年

008031412　9100　3525　(2899)
都公譚纂
都穆撰　陸采編次　皐言　馬中錫
撰　長沙　商務印書館　1937年　初版

008031112　9100　3525　(2900)
前聞記
祝允明撰　上海　商務印書館　1937年
　叢書集成初編　(m.)

008031413　9100　3525　(2901)
巳瘧編
劉玉記　損齋備忘錄　梅純撰　天
香閣隨筆　李介撰　長沙　商務印書館
　1939年　初版

008031332　9100　3525　(2902)
林泉隨筆
張綸言撰　上海　商務印書館　1936年
　初版　叢書集成初編　(m.)

008031116　9100　3525　(2903)
雙溪雜記
王瓊撰　上海　商務印書館　1936年
叢書集成初編　(m.)

008031117　9100　3525　(2905)
玉堂漫筆
陸深著　上海　商務印書館　1936年
叢書集成初編　(m.)

008031414　9100　3525　(2906)
金臺紀聞
陸深著　上海　商務印書館　1936年
初版

008031415　9100　3525　(2908-2910)
庚巳編
陸粲撰　上海　商務印書館　1937年
初版

008031118　9100　3525　(2911)
碧里雜存上下卷
董穀撰　樊維城彙編　上海　商務印書
館　1937年　叢書集成初編　(m.)

008031119　9100　3525　(2912)
東谷贅言上下卷
敖英著　上海　商務印書館　1937年
叢書集成初編　(m.)

008031333　9100　3525　(2913-2914)
西園雜記
徐咸撰　墅談　胡侍撰　上海　商務
印書館　1937年　初版　叢書集成初編

008031416　9100　3525　(2915)
長水日鈔
陸樹聲著　上海　商務印書館　1936年
初版

008031360　9100　3525　(2916-2918)
春雨逸響　留青日札摘鈔四卷
田藝蘅紀　上海　商務印書館　1937年

叢書集成初編

008031121　9100　3525　（2919）
復齋日記
許浩著　上海　商務印書館　1936年
　叢書集成初編　（m.）

008031361　9100　3525　（2920）
蒹葭堂雜著摘鈔
陸楫撰　　西堂日記　楊豫孫撰　上海
　商務印書館　1936年　叢書集成初編

008031120　9100　3525　（2921）
機警
王文祿撰　上海　商務印書館　1936年
　叢書集成初編

008031123　9100　3525　（2921）
明良記
楊儀撰　上海　商務印書館　1936年
　叢書集成初編

008031122　9100　3525　（2921）
文昌旅語
王文祿撰　上海　商務印書館　1936年
　叢書集成初編

008031130　9100　3525　（2922）
鶡林子五卷　附校訛續校補校
趙鈇著　上海　商務印書館　1937年
　叢書集成初編　（m.）

008031132　9100　3525　（2922）
祐山雜說
馮汝弼著　上海　商務印書館　1937年
　叢書集成初編

008031348　9100　3525　（2923）
丘隅意見及其他四種
上海　商務印書館　1936年　叢書集成
　初編

008031362　9100　3525　（2924－2927）
焦氏筆乘正續
焦竑輯　上海　商務印書館　1935年
　叢書集成初編　（m.）

008031363　9100　3525　（2928）
新知錄摘鈔
劉仕義撰　上海　商務印書館　1936年
　叢書集成初編　（m.）

008031417　9100　3525　（2929）
筆記　書蕉
陳繼儒著　長沙　商務印書館　1939年
　初版

008031131　9100　3525　（2930）
狂夫之言五卷
陳繼儒著　上海　商務印書館　1936年
　叢書集成初編　（m.）

008031135　9100　3525　（2931）
太平清話四卷
陳繼儒撰　上海　商務印書館　1936年
　叢書集成初編　（m.）

008031364　9100　3525　（2932）
辟寒部四卷
陳繼儒著　上海　商務印書館　1936年
　叢書集成初編　（m.）

008031418　9100　3525　（2933）
銷夏部
陳繼儒著　上海　商務印書館　1936年
　初版

008031318　9100　3525　（2934）
珍珠船
陳繼儒纂　沈德先校　上海　商務印書
　館　1936年　初版　叢書集成初編
　（m.）

008031330　9100　3525　(2935)
讀書鏡
陳繼儒著　　雨航雜錄　馮時可著　上海　商務印書館　1936年　初版　叢書集成初編

008031136　9100　3525　(2940)
賢奕編四卷
劉元卿編纂　上海　商務印書館　1936年　叢書集成初編　(m.)

008031134　9100　3525　(2943)
敝帚軒剩語上中下卷補遺
沈德符著　上海　商務印書館　1939年　叢書集成初編　(m.)

008031140　9100　3525　(2945)
秋園雜佩
陳貞慧著　上海　商務印書館　1936年　叢書集成初編

008031137　9100　3525　(2945)
戲瑕三卷
錢希言撰　上海　商務印書館　1936年　叢書集成初編

008031139　9100　3525　(2945)
意見
陳于陛著　上海　商務印書館　1936年　叢書集成初編

008031138　9100　3525　(2946)
耳新八卷
鄭仲夔撰　上海　商務印書館　1937年　叢書集成初編　(m.)

008031133　9100　3525　(2948)
玉堂薈記上下卷
楊士聰撰　上海　商務印書館　1939年　叢書集成初編　(m.)

008031142　9100　3525　(2949)
陶庵夢憶八卷
張岱撰　上海　商務印書館　1939年　叢書集成初編　(m.)

008031143　9100　3525　(2952)
百可漫志
陳鼎撰　上海　商務印書館　1937年　叢書集成初編

008031141　9100　3525　(2952)
半村野人閒談
姜南纂　上海　商務印書館　1937年　叢書集成初編

008031144　9100　3525　(2952)
雲蕉館紀談
孔邇述　上海　商務印書館　1937年　叢書集成初編

008032766　9100　3525　(2953)
寒夜錄
陳宏緒著　濟南紀政　徐榜著　上海　商務印書館　1939年　初版　叢書集成初編

008032768　9100　3525　(2954)
涇林續記
周元暐著　花裏活　陳詩教編　上海　商務印書館　1939年　初版　叢書集成初編

008032858　9100　3525　(2955)
猶及編
朱元弼撰　鳳凰臺記事　馬生龍著　長沙　商務印書館　1939年　初版

008032645　9100　3525　(2956)
鳴吾紀事
崔嘉祥撰　樊維城彙編　姚士麟等訂閱　上海　商務印書館　1936年　叢書

集成初編

008032784　9100　3525　（2957）
桑榆漫志及其他三種
上海　商務印書館　1936年　叢書集成初編

008032787　9100　3525　（2958–2960）
廣陽雜記五卷
劉獻廷著　鮓話　佟世思著　長沙　商務印書館　1937年　叢書集成初編

008032813　9100　3525　（2961–2963）
柳南隨筆正續
王應奎撰　東皋雜鈔　董潮纂　上海　商務印書館　1936年　叢書集成初編（m.）

008032859　9100　3525　（2964–2965）
五山志林
羅天尺撰　長沙　商務印書館　1937年　初版（m.）

008032769　9100　3525　（2966）
西清筆記
沈初著　憶書　焦循撰　上海　商務印書館　1936年　初版　叢書集成初編

008032788　9100　3525　（2967）
橋西雜記
葉名澧撰　玉井山館筆記附舊遊日記　許宗衡撰　上海　商務印書館　1936年　叢書集成初編

008032774　9100　3525　（2968）
無事爲福齋隨筆
韓泰華著　只塵譚正續　胡承譜著　上海　商務印書館　1936年　初版　叢書集成初編

008032762　9100　3525　（2969）
偶陽雜錄
章大來著　滇南憶舊錄　張泓纂　漱華隨筆　嚴有禧著　上海　商務印書館　1936年　叢書集成初編

008032860　9100　3525　（2970）
錦帶書
蕭統撰　盧忠肅公書牘　盧象昇撰　健餘先生尺牘　尹會一撰　長沙　商務印書館　1939年　初版

008032711　9100　3525　（2971–2974）
顏氏家藏尺牘附姓氏考
顏光敏輯　上海　商務印書館　1935年　初版　叢書集成初編（m.）

008032861　9100　3525　（2975–2978）
尺牘新鈔
周亮工輯　上海　商務印書館　1936年　初版（m.）

008032862　9100　3525　（2979–2981）
書敘指南
任廣撰　上海　商務印書館　1937年　初版（m.）

008032863　9100　3525　（2982）
香嚴尚書壽言　合肥相國壽言
袁昶撰　上海　商務印書館　1936年　初版

008032864　HD　3525　（2983）
御試備官日記
趙抃志　宜州乙酉家乘　黃庭堅撰　澗泉日記　韓淲撰　客杭日記　郭畀撰　上海　商務印書館　1936年　初版

008032865　9100　3525　（2984–2985）
三魚堂日記

陸隴其撰　上海　商務印書館　1936 年
初版　（m.）

008032866　9100　3525　(2986)
士大夫食時五觀
黃庭堅著　善誘文　陳錄編　祈嗣
真詮　袁黃編　娑羅館清言正續　屠
隆著　偶譚　李鼎著　耐俗軒新樂
府　申頲著　上海　商務印書館　1936
年　初版

008032631　9100　3525　(2987)
艾子雜説
蘇軾撰　上海　商務印書館　1937 年
叢書集成初編

008032629　9100　3525　(2987)
耕禄稿
胡翰撰　上海　商務印書館　1937 年
叢書集成初編

008032627　9100　3525　(2987)
漢林四傳
鄭相如著　上海　商務印書館　1937 年
叢書集成初編

008032628　9100　3525　(2987)
會仙女志
酈琥撰　上海　商務印書館　1937 年
叢書集成初編

008032626　9100　3525　(2987)
冥寥子遊上下卷
屠隆撰　上海　商務印書館　1937 年
叢書集成初編

008032630　9100　3525　(2987)
文房四友除授集
鄭清之撰　上海　商務印書館　1937 年
叢書集成初編

008032632　9100　3525　(2987)
問答録
蘇軾撰　上海　商務印書館　1937 年
叢書集成初編

008182633　9100　3525　(2987)
雜纂上中下卷
李商隱撰　王君玉、蘇軾續纂　上海
商務印書館　1937 年　叢書集成初編

008032789　9100　3525　(2988)
古今風謡古今諺
楊慎纂　粵風四卷　李調元輯解　上海
商務印書館　1936 年　叢書集成初編

008064216　9100　3525　(2988)
苗歌一卷
吳代輯　上海　商務印書館　1935—37
年　叢書集成初編

008064217　9100　3525　(2988)
壯歌一卷
黃道輯　上海　商務印書館　1935—37
年　叢書集成初編

008064215　9100　3525　(2988)
瑶歌一卷
趙龍文輯　上海　商務印書館　1935—
37 年　叢書集成初編

008064214　9100　3525　(2988)
粵歌一卷
修和輯　上海　商務印書館　1935—37
年　叢書集成初編

008032867　9100　3525　(2989)
禹貢指南
毛晃撰　上海　商務印書館　1936 年
初版　（m.）

008032868　9100　3525　(2990-2991)
禹貢説斷

傅寅撰　上海　商務印書館　1936 年
初版　（m.）

008032790　9100　3525　（2992）
禹貢山川地理圖二卷
程大昌撰　上海　商務印書館　1936 年
　叢書集成初編　（m.）

008032869　9100　3525　（2993）
禹貢圖註
艾南英輯　上海　商務印書館　1936 年
　初版　（m.）

008032812　9100　3525　（2994－2996）
山海經
郭璞傳　上海　商務印書館　1939 年
叢書集成初編　（m.）

008033925　9100　3525　（2998）
廬山記三卷
陳舜俞撰　上海　商務印書館　1939 年

008033922　9100　3525　（2998）
廬山記略
釋惠遠撰　上海　商務印書館　1939 年

008033924　9100　3525　（2998）
名山洞天福地記
上海　商務印書館　1939 年

008033923　9100　3525　（2998）
南嶽小錄
李沖昭纂　上海　商務印書館　1939 年

008033921　9100　3525　（2998）
天台山記
徐靈府撰　上海　商務印書館　1939 年

008032791　9100　3525　（3000）
羅浮志十卷
陳槤撰　上海　商務印書館　1936 年
叢書集成初編　（m.）

008032785　9100　3525　（3001）
泰山紀勝及其他四種
上海　商務印書館　1936 年　叢書集成
初編

008032651　9100　3525　（3002）
泰山道里記
聶欽纂　上海　商務印書館　1937 年
叢書集成初編　（m.）

008032792　9100　3525　（3003）
黃山領要錄二卷
汪洪度撰　　匡廬紀遊［說鈴之一］　吳
闡思著　上海　商務印書館　1936 年
叢書集成初編

008032793　9100　3525　（3014）
河源記
潘昂霄撰　　今水經　　黃宗羲學　　崑
崙河源考　萬斯同撰　上海　商務印書
館　1936 年　叢書集成初編

008033972　9100　3525　（3015）
河源紀略承修稿
吳省蘭纂　上海　商務印書館　1939 年

008033973　9100　3525　（3015）
水地記
戴震撰　上海　商務印書館　1939 年

008032652　9100　3525　（3016）
漢志水道疏證四卷
洪頤煊撰　上海　商務印書館　1939 年
　叢書集成初編　（m.）

008032794　9100　3525　（3017）
關中水道記四卷
孫彤撰　上海　商務印書館　1936 年
叢書集成初編　（m.）

008032795　9100　3525　（3018）
吳中水利書

單鍔撰　四明它山水利備覽二卷　魏峴撰　三吳水利論　伍餘福著　上海　商務印書館　1936年　叢書集成初編

008032796　9100　3525　（3019）
三吳水利錄四卷
歸有光撰　　三吳水利附錄　歸子寧述　上海　商務印書館　1936年　叢書集成初編　（m.）

008032870　9100　3525　（3020）
潞水客談附錄
徐貞明著　常熟水論　薛尚質著　明江南治水記　陳士礦編　西北水利議　許承宣著　導江三議　王柏心撰　海道經附錄　撰人未詳　上海　商務印書館　1936年　初版　（m.）

008032649　9100　3525　（3021）
北戶錄三卷　附校勘記
段公路纂　崔龜圖註　上海　商務印書館　1936年

008032653　9100　3525　（3021）
異物志
楊孚撰　曾釗輯　上海　商務印書館　1936年　叢書集成初編

008032871　9100　3525　（3023－3024）
滇海虞衡志附校勘記
檀萃輯　涼州異物志　張澍纂輯　上海　商務印書館　1936年　初版　（m.）

008032772　9100　3525　（3026）
燕臺筆錄
項維貞輯　峒溪纖志　陸次雲著　楚尚志略　吳省蘭纂　番社采風圖考　六十七纂　上海　商務印書館　1939年　初版　叢書集成初編

008032872　9100　3525　（3027－3028）
通鑑地理通釋
王應麟著　上海　商務印書館　1936年　初版　（m.）

008032811　9100　3525　（3029－3044）
歷代地理沿革表
陳芳績撰　上海　商務印書館　1935年　叢書集成初編　（m.）

008032654　9100　3525　（3045）
尚書地理今釋
蔣廷錫撰　上海　商務印書館　1936年　叢書集成初編　（m.）

008032646　9100　3525　（3046）
詩地理考六卷
王應麟撰　上海　商務印書館發行　1936年　初版　叢書集成初編　（m.）

008032873　9100　3525　（3047）
春秋地名辨異春秋識小錄之一
程廷祚撰　春秋左傳分國土地名　沈淑纂　長沙　商務印書館　1939年　初版

008032783　9100　3525　（3048－3049）
春秋左氏傳地名補註
沈欽韓註　春秋楚地答問　易本烺撰　上海　商務印書館　1936年　初版　叢書集成初編

008032647　9100　3525　（3055）
戰國策釋地上下卷
張琦撰　上海　商務印書館　1936年　叢書集成初編　（m.）

008032874　9100　3525　（3056－3057）
楚漢諸侯疆域志
劉文淇撰　漢書地理志稽疑　全祖望著　上海　商務印書館　1936年　初版

008032648　9100　3525　（3058）
補三國疆域志上下卷
洪亮吉撰　上海　商務印書館　1936 年
　叢書集成初編　（m.）

008032875　9100　3525　（3059－3060）
晉書地道記
王隱撰　畢沅集　　晉書地理志新補正
畢沅撰　上海　商務印書館　1936 年
　初版

008032876　9100　3525　（3061）
晉太康三年地記
畢沅集　　新校晉書地理志　方愷撰
上海　商務印書館　1936 年　初版

008032877　9100　3525　（3062－3064）
東晉疆域志
洪亮吉撰　長沙　商務印書館　1939 年
　初版

008032810　9100　3525　（3065－3074）
東晉南北朝輿地表
徐文範撰　上海　商務印書館　1935 年
　叢書集成初編　（m.）

008032878　9100　3525　（3075－3079）
十六國疆域志
洪亮吉撰　上海　商務印書館　1936 年
　初版　（m.）

008032879　9100　3525　（3080－3082）
補梁疆域志
洪齮孫撰　上海　商務印書館　1936 年
　初版　（m.）

008032634　9100　3525　（3083）
十三州志
闞駰纂　張澍輯　上海　商務印書館
1936 年　叢書集成初編　（m.）

008032880　9100　3525　（3084－3095）
元和郡縣圖志附闕卷逸文考證
李吉甫撰　孫星衍校　　張駒賢考證
長沙　商務印書館　1937 年　初版
（m.）

008032642　9100　3525　（3098）
太平寰宇記
樂史撰　上海　商務印書館　1936 年
　叢書集成初編　（m.）

008182652　9100　3525　（3099－3103）
元豐九域志十卷
王存等撰　上海　商務印書館　1937 年
　叢書集成初編　（m.）

008032881　9100　3525　（3104－3109）
輿地廣記附劄記
歐陽忞撰　長沙　商務印書館　1937 年
　初版　（m.）

008032644　9100　3525　（3110）
江漢叢談二卷
陳士元纂　上海　商務印書館　1936 年
　叢書集成初編

008032643　9100　3525　（3110）
攬轡錄
范成大撰　　江漢叢談　陳士元纂　上
海　商務印書館　1936 年　叢書集成
初編

008032641　9100　3525　（3113）
遊歷記存
朱書著　上海　商務印書館　1936 年
　叢書集成初編

008032640　9100　3525　（3113）
雲中紀程上下卷
高懋功撰　上海　商務印書館　1936 年
　叢書集成初編

008032639　9100　3525　（3114）
骖鸾録
范成大撰　上海　商務印書館　1936年
　叢書集成初編

008032638　9100　3525　（3114）
南中紀聞
包汝楫著　上海　商務印書館　1936年
　叢書集成初編

008032637　9100　3525　（3114）
三省山内風土雜識
嚴如熤撰　上海　商務印書館　1936年
　叢書集成初編

008032636　9100　3525　（3115）
柳邊紀略五卷
楊賓撰　上海　商務印書館　1936年
　叢書集成初編　（m.）

008032633　9100　3525　（3116）
隴蜀余聞說鈴之一
王士禎著　上海　商務印書館　1936年
　叢書集成初編

008032635　9100　3525　（3116）
萬里行程記
祁韻士著　上海　商務印書館　1936年
　叢書集成初編

008032882　9100　3525　（3117）
滇行紀程
許纘曾著　蠻書校譌續校　補校　樊
綽撰　長沙　商務印書館　1939年
　初版

008032883　9100　3525　（3118-3119）
桂林風土記
莫休符撰　嶺外代答　周去非撰　上
海　商務印書館　1936年　初版

008032884　9100　3525　（3120）
君子堂日詢手鏡
王濟撰　嶠南瑣記　魏濬著　上海
商務印書館　1936年　初版

008032797　9100　3525　（3121）
赤雅三卷
鄺露撰　上海　商務印書館　1936年
　叢書集成初編　（m.）

008032767　9100　3525　（3122）
粵述
閔敘輯　粵西偶記　陸祚蕃著　上海
　商務印書館　1939年　初版　叢書集
成初編

008032798　9100　3525　（3123）
嶺表錄異三卷
劉恂著　始興記　王韶之撰　南海
百詠　方信孺撰　上海　商務印書館
1936年　叢書集成初編　（m.）

008032656　9100　3525　（3124）
廣州遊覽小志
王士禎著　上海　商務印書館　1937年
　叢書集成初編

008032655　9100　3525　（3124）
嶺海輿圖
姚虞撰　上海　商務印書館　1937年
　叢書集成初編

008032775　9100　3525　（3125-3127）
南越筆記
李調元輯　上海　商務印書館　1936年
　初版　叢書集成初編　（m.）

008032885　9100　3525　（3128）
南漢地理志
吳蘭修撰　瓊州雜事詩　程秉釗撰
上海　商務印書館　1936年　初版

008032886　9100　3525　（3129）
嶺南雜記說鈴之一
吳震方著　上海　商務印書館　1936 年
　　初版　（m.）

008032799　9100　3525　（3130）
西陲要略四卷
祁韻士輯　上海　商務印書館　1936 年
　　叢書集成初編　（m.）

008032777　9100　3525　（3131-3132）
聽園西疆雜述詩
蕭雄撰　上海　商務印書館　1935 年
　　初版　叢書集成初編　（m.）

008032800　9100　3525　（3133）
西藏記二卷
撰人未詳　上海　商務印書館　1936 年
　　叢書集成初編　（m.）

008032887　9100　3525　（3134-3140）
衛藏通志
撰人未詳　上海　商務印書館　1936 年
　　初版　（m.）

008034022　9100　3525　（3141）
西藏考
上海　商務印書館　1936 年　叢書集成
　　初編　（m.）

008034067　9100　3525　（3142）
大理行記及其他五種
上海　商務印書館　1936 年　叢書集成
　　初編

008034012　9100　3525　（3143-3144）
晉錄
沈思孝著　山左筆談　黃淳耀著
長河志籍考　田雯編　山東考古錄
顧炎武著　上海　商務印書館　1936 年
　　初版　叢書集成初編

008033976　9100　3525　（3145）
江西輿地圖說
趙秉忠撰　上海　商務印書館　1937 年
　　叢書集成初編

008033975　9100　3525　（3145）
饒南九三府圖說
王世懋撰　上海　商務印書館　1937 年
　　叢書集成初編

008033977　9100　3525　（3146）
吳地記附後記
陸廣微撰　張海鵬訂　上海　商務印書
　　館　1939 年　叢書集成初編　（m.）

008033974　9100　3525　（3146）
吳郡圖經續記上中下卷　附錄校勘記續校
朱長文撰　胡珽校證　董金鑒續校　上
　　海　商務印書館　1939 年

008034126　9100　3525　（3147-3152）
吳郡志五十卷　附校勘記
范成大撰　長沙　商務印書館　1939 年
　　叢書集成初編　（m.）

008033963　9100　3525　（3153）
江上雜疏
彭宗孟撰　樊維城彙編　上海　商務印
　　書館　1937 年　叢書集成初編

008033952　9100　3525　（3153）
吳船錄上下卷
范成大撰　上海　商務印書館　1937 年
　　叢書集成初編

008033956　9100　3525　（3153）
揚州鼓吹詞序
吳綺著　上海　商務印書館　1937 年
　　叢書集成初編

008033946　9100　3525　（3153）
雲間第宅志

王澐纂　上海　商務印書館　1937年
叢書集成初編

008033957　9100　3525　(3154)
金陵賦
程先甲著　傅春官校　上海　商務印書館　1939年　叢書集成初編

008033953　9100　3525　(3154)
桃溪客語五卷
吳騫撰　上海　商務印書館　1939年
叢書集成初編

008034127　9100　3525　(3155)
中吳紀聞
龔明之紀　上海　商務印書館　1936年
叢書集成初編　(m.)

008033962　9100　3525　(3156)
平江記事
高德基撰　上海　商務印書館　1939年

008033947　9100　3525　(3156)
淞故述
楊樞纂　上海　商務印書館　1939年

008033959　9100　3525　(3156)
吳乘竊筆
許元溥著　上海　商務印書館　1939年

008033958　9100　3525　(3156)
吳中舊事
陸友仁撰　上海　商務印書館　1939年

008034128　9100　3525　(3158)
金陵歷代建置表
傅春官纂　上海　商務印書館　1936年
叢書集成初編　(m.)

008034121　9100　3525　(3159)
燕魏雜記
呂頤浩纂　京東考古錄說鈴之一　顧炎武著　潞城考古錄二卷　劉錫信撰
上海　商務印書館　1936年　叢書集成初編

008034122　9100　3525　(3160)
豫志
王士性著　汝南遺事二卷　李本固撰
上海　商務印書館　1936年　叢書集成初編

008034129　9100　3525　(3161)
泉南雜志
陳懋仁著　閩部疏　王世懋撰　上海
商務印書館　1936年　叢書集成初編

008034130　9100　3525　(3162)
閩小紀[說鈴之一]二卷
周亮工著　上海　商務印書館　1936年
叢書集成初編　(m.)

008033955　9100　3525　(3163)
澂水志上下卷
常棠撰　樊維城彙編　上海　商務印書館　1939年　叢書集成初編

008033960　9100　3525　(3163)
嘉禾百詠
張堯同著　上海　商務印書館　1939年
叢書集成初編

008033961　9100　3525　(3163)
金華遊錄
方鳳撰　上海　商務印書館　1939年
叢書集成初編

008034125　9100　3525　(3164)
景定嚴州續志十卷
鄭瑤、方仁榮撰　上海　商務印書館
1936年　叢書集成初編　(m.)

008034131　9100　3525　(3165－3166)
嚴州圖經三卷　附校字記
陳公亮重修　上海　商務印書館　1936年　叢書集成初編　(m.)

008033951　9100　3525　(3167－3168)
洞霄圖志六卷
鄧牧編　孟宗寶輯　上海　商務印書館　1936年　叢書集成初編　(m.)

008033954　9100　3525　(3170)
石柱記箋釋五卷
鄭元慶箋釋　上海　商務印書館　1937年　叢書集成初編　(m.)

008034132　9100　3525　(3171)
湖壖雜記說鈴之一
陸次雲著　硖石山水志　蔣宏任撰　西湖紀遊　張仁美撰　長沙　商務印書館　1939年　叢書集成初編

008033949　9100　3525　(3172)
清波小志上下卷
徐逢吉輯　陳景鐘訂　上海　商務印書館　1936年　叢書集成初編

008033948　9100　3525　(3172)
清波小志補
陳景鐘輯　上海　商務印書館　1936年　叢書集成初編

008034133　9100　3525　(3174)
東城雜記二卷
厲鶚著　上海　商務印書館　1936年　叢書集成初編　(m.)

008034134　9100　3525　(3175)
渚宮舊事五卷　附補遺
余知古撰　上海　商務印書館　1936年　叢書集成初編　(m.)

008034124　9100　3525　(3177)
黑韃事略及其他四種
長沙　商務印書館　1937年　叢書集成初編

008033950　9100　3525　(3178－3179)
吉林外記十卷
薩英額記　上海　商務印書館　1939年　叢書集成初編

008033945　9100　3525　(3178)
寧古塔紀略
吳振臣著　上海　商務印書館　1939年　叢書集成初編

008033937　9100　3525　(3180)
出口程記
李調元撰　上海　商務印書館　1936年　叢書集成初編

008033943　9100　3525　(3180)
灤京雜詠上下卷
楊允孚撰　上海　商務印書館　1936年　叢書集成初編

008033938　9100　3525　(3180)
西陲聞見錄
黎士宏撰　上海　商務印書館　1936年　叢書集成初編

008034115　9100　3525　(3181)
西河記
喻歸纂　涼州記　段龜龍纂　沙州記　段國纂　西河舊事　張澍編輯　塞外雜識　馮一鵬撰　上海　商務印書館　1936年　初版　叢書集成初編

008034135　9100　3525　(3182－3183)
黔志
王士性著　黔書　田雯編　上海　商務印書館　1936年　叢書集成初編

008034136 9100 3525 （3184）
續黔書
張澍撰　黔遊記　陳鼎著　上海　商務印書館　1936年　叢書集成初編

008034137 9100 3525 （3185）
黔記四卷
李宗昉著　上海　商務印書館　1936年　叢書集成初編　（m.）

008034138 9100 3525 （3187-3189）
華陽國志十二卷
常璩撰　上海　商務印書館　1939年　叢書集成初編　（m.）

008034139 9100 3525 （3190）
入蜀記六卷
陸游撰　蜀都雜鈔　陸深著　益部談資三卷　何宇度著　上海　商務印書館　1936年　叢書集成初編　（m.）

008034171 9100 3525 （3191-3195）
蜀中名勝記
曹學佺著　上海　商務印書館　1936年　初版　（m.）

008034140 9100 3525 （3196）
羅江縣志十卷
李調元稿　上海　商務印書館　1936年　叢書集成初編　（m.）

008034172 9100 3525 （3197-3198）
蜀鑒
郭允蹈撰　長沙　商務印書館　1937年　初版　（m.）

008034113 9100 3525 （3199）
金川瑣記
李心衡纂　上海　商務印書館　1936年　初版　叢書集成初編　（m.）

008033940 9100 3525 （3202）
西征道里記
鄭剛中撰　上海　商務印書館　1936年　叢書集成初編

008033942 9100 3525 （3202）
校正康對山先生武功縣志三卷
康海撰　孫星烈校註　上海　商務印書館　1936年　叢書集成初編

008033939 9100 3525 （3202）
遊城南記
張禮撰　上海　商務印書館　1936年　叢書集成初編

008033936 9100 3525 （3204）
三輔黃圖六卷　附補遺
畢沅校正　上海　商務印書館　1936年　叢書集成初編　（m.）

008033941 9100 3525 （3205）
兩京新記
韋述撰　上海　商務印書館　1936年　叢書集成初編

008033934 9100 3525 （3205）
三輔故事
張澍編輯　上海　商務印書館　1936年　叢書集成初編

008033935 9100 3525 （3205）
三輔黃圖
孫星衍、莊逵吉校　三輔舊事　張澍編輯　三輔故事　張澍編輯　兩京新記　韋述撰　上海　商務印書館　1936年　叢書集成初編　（m.）

008033933 9100 3525 （3205）
三輔舊事
張澍編輯　上海　商務印書館　1936年　叢書集成初編

008034141　9100　3525　（3206－3208）
唐兩京城坊考五卷
徐松撰　上海　商務印書館　1936年　叢書集成初編　（m.）

008182663　9100　3525　（3213－3214）
六朝事跡編類二卷
張敦頤編　上海　商務印書館　1936年　叢書集成初編

008033944　9100　3525　（3215）
乾道臨安志三卷　附劄記
周淙撰　錢保塘校記　上海　商務印書館　1937年　（m.）

008034142　9100　3525　（3216）
東京夢華錄十卷
孟元老撰　上海　商務印書館　1936年　叢書集成初編　（m.）

008034173　9100　3525　（3219－3221）
夢梁錄
吳自牧撰　古杭雜記　李有撰　長沙　商務印書館　1939年　初版

008034143　9100　3525　（3222）
南宋古跡考二卷
朱彭輯　上海　商務印書館　1935年　叢書集成初編　（m.）

008034144　9100　3525　（3223）
元故宮遺錄
蕭洵編　金鼇退食筆記　高士奇撰　上海　商務印書館　1936年　叢書集成初編

005461374　3032　1445　9100　3525　（3224）
東三省韓俄交界道里表
聶士成著　上海　商務印書館　1936年　叢書集成初編　（m.）

008034145　9100　3525　（3225）
東南防守利便三卷
陳克、吳若著　呂祉纂　邊紀略　鄭曉撰　上海　商務印書館　1937年　叢書集成初編

008034174　9100　3525　（3226）
靖海紀略
鄭茂撰　靖海紀略　曹履泰著　上海　商務印書館　1936年　初版　（m.）

008034175　9100　3525　（3227）
鄉約
尹畊著　上海　商務印書館　1936年　初版

008034146　9100　3525　（3231－3232）
臺灣隨筆
徐懷祖著　臺海使槎錄八卷　黃叔璥撰　上海　商務印書館　1936年　叢書集成初編

008033964　9100　3525　（3233）
採硫日記上中下卷
郁永河撰　上海　商務印書館　1935年　叢書集成初編　（m.）

008034147　9100　3525　（3234）
蠡測彙鈔
鄧傳安著　上海　商務印書館　1937年　叢書集成初編　（m.）

008034123　9100　3525　（3235）
臺灣雜記說鈴之一
季麒光著　臺灣紀略說鈴之一　林謙光著　上海　商務印書館　1937年　叢書集成初編

008034100　9100　3525　（3236－3239）
宣和奉使高麗圖經
徐兢撰　上海　商務印書館　1937年

初版　叢書集成初編　（m.）

008034176　9100　3525　（3240）
朝鮮紀事
倪謙撰　輶軒紀事　姜曰廣著　朝鮮志　撰人不詳　長沙　商務印書館　1937年　初版

008034177　9100　3525　（3242-3243）
使琉球錄
陳侃撰　上海　商務印書館　1937年　初版　（m.）

008034178　9100　3525　（3244）
使琉球紀説鈴之一
張學禮著　上海　商務印書館　1937年　初版　（m.）

008034179　9100　3525　（3245-3247）
琉球國志略
周煌輯　上海　商務印書館　1936年　初版　（m.）

008033967　9100　3525　（3252）
長春真人西遊記上下卷
李志常述　上海　商務印書館　1937年　（m.）

008034116　9100　3525　（3253）
西遊錄註
耶律楚材撰　盛如梓刪略　李文田註　使西域記　陳誠編　西域釋地　祁韻士輯　上海　商務印書館　1936年　初版　叢書集成初編

008033969　9100　3525　（3255）
奉使安南水程日記紀錄彙編卷之六十四
黃福撰　上海　商務印書館　1937年　叢書集成初編

008033965　9100　3525　（3255）
交州記二卷
劉欣期撰　曾釗輯　上海　商務印書館　1937年　叢書集成初編

008033968　9100　3525　（3255）
緬述
彭崧毓撰　上海　商務印書館　1937年　叢書集成初編

008033971　9100　3525　（3255）
南翁夢錄紀錄彙編卷之五十
黎澄撰　上海　商務印書館　1937年　叢書集成初編

008033966　9100　3525　（3256）
安南傳紀錄彙編卷之四十八至四十九[二卷]
王世貞撰　上海　商務印書館　1937年　叢書集成初編

008033970　9100　3525　（3256）
安南雜記
李仙根著　上海　商務印書館　1937年　叢書集成初編

008034576　9100　3525　（3259-3261）
東西洋考十二卷
張燮著　上海　商務印書館　1936年　叢書集成初編　（m.）

008034392　9100　3525　（3263）
八紘譯史四卷
陸次雲著　上海　商務印書館　1939年　叢書集成初編　（m.）

008034577　9100　3525　（3264）
譯史紀餘四卷　八紘荒史
陸次雲著　長沙　商務印書館　1937年　叢書集成初編

008034388　9100　3525　（3266）
坤輿圖説上下卷
南懷仁撰　上海　商務印書館　1937 年　叢書集成初編

008034578　9100　3525　（3272）
諸蕃志二卷
趙汝适撰　上海　商務印書館　1937 年　叢書集成初編　（m.）

008034579　9100　3525　（3273）
異域志二卷
周致中纂集　上海　商務印書館　1936 年　叢書集成初編　（m.）

008034580　9100　3525　（3274）
瀛涯勝覽
馬歡撰　上海　商務印書館　1937 年　叢書集成初編　（m.）

008034634　9100　3525　（3277）
西南夷風土記
朱孟震著　異域竹枝詞　福慶纂　上海　商務印書館　1936 年　初版

008034391　9100　3525　（3278）
海錄
楊炳南撰　新嘉坡風土記　李鍾珏撰　日本考略　薛俊輯　西方要紀　利類思等著　上海　商務印書館　1936 年　叢書集成初編

008034390　9100　3525　（3278）
日本考略
薛俊輯　上海　商務印書館　1936 年　叢書集成初編

008034389　9100　3525　（3278）
西方要紀
利類思等著　上海　商務印書館　1936 年　叢書集成初編

008036467　9100　3525　（3278）
新嘉坡風土記
李鍾珏撰　上海　商務印書館　1936 年

008034581　9100　3525　（3279）
異域錄
圖理琛著　朔方備乘札記　李文田撰　上海　商務印書館　1936 年　叢書集成初編

008034635　9100　3525　（3280）
使德日記
李鳳苞撰　英軺私記　劉錫鴻著　澳大利亞洲新志　吳宗濂、趙元益譯　上海　商務印書館　1936 年　初版

008034636　9100　3525　（3281－3282）
詩氏族考
李超孫輯　上海　商務印書館　1936 年　初版　（m.）

008034442　9100　3525　（3283）
風俗通姓氏篇二卷
應劭纂　張澍編輯補註　姓氏考略　（清）陳廷煒著　魏氏補證　萬光泰纂　上海　商務印書館　1937 年　叢書集成初編

008034637　9100　3525　（3284－3291）
古今同姓名錄
梁元帝撰　陸善經續　葉森補　九史同姓名略附補遺　汪輝祖撰　上海　商務印書館　1936 年　初版　（m.）

008034638　9100　3525　（3292－3295）
三史同名錄
汪輝祖輯　上海　商務印書館　1936 年　初版　（m.）

008034582　9100　3525　（3296）
姓解三卷

邵思纂　上海　商務印書館　1935 年
叢書集成初編　（m.）

008034475　9100　3525　（3297-3304）
古今姓氏書辯證附校勘記
鄧名世撰　　希姓錄　楊慎撰　上海
商務印書館　1936 年　初版　叢書集成
初編

008034583　9100　3525　（3305-3307）
姓觿附錄劄記
陳士元著　上海　商務印書館　1936 年
　叢書集成初編

008034584　9100　3525　（3308）
姓觿刊誤附劄記
（清）易本烺撰　　上海　商務印書館
1936 年　叢書集成初編

008034396　9100　3525　（3309）
自號錄
徐光溥編　上海　商務印書館　1937 年
（m.）

008034505　9100　3525　（3312）
小名錄
陸龜蒙撰　上海　商務印書館　1937 年
　叢書集成初編　（m.）

008034563　9100　3525　（3313）
侍兒小名錄拾遺及其他三種
上海　商務印書館　1937 年　叢書集成
初編

008034506　9100　3525　（3314）
奇字名
李調元撰　上海　商務印書館　1937 年
　叢書集成初編　（m.）

008034507　9100　3525　（3315）
東家雜記二卷　附續校及補校

孔傳撰　上海　商務印書館　1936 年
叢書集成初編　（m.）

008034508　9100　3525　（3316-3317）
孔氏祖庭廣記附校訛及續補校
孔元措撰　上海　商務印書館　1936 年
　叢書集成初編　（m.）

008034639　9100　3525　（3318-3321）
聖門志
呂元善纂輯　上海　商務印書館　1936
年　初版　（m.）

008034483　9100　3525　（3322）
孔子門人考孔子弟子考　孟子弟子考
朱彝尊撰　上海　商務印書館　1939 年
　初版　叢書集成初編

008034490　9100　3525　（3323-3324）
正學續
陳遇夫撰　上海　商務印書館　1937 年
　初版　叢書集成初編　（m.）

008034459　9100　3525　（3325）
漢西京博士考
胡秉虔纂　上海　商務印書館　1937 年
　初版　叢書集成初編　（m.）

008034640　9100　3525　（3326-3327）
漢學師承記
江藩纂　上海　商務印書館　1937 年
初版　（m.）

008034509　9100　3525　（3328-3337）
學統
熊賜履撰　上海　商務印書館　1936 年
　叢書集成初編　（m.）

008034503　9100　3525　（3338-3339）
道統錄附錄
張伯行著　上海　商務印書館　1936 年

初版　叢書集成初編　（m.）

008034641　9100　3525　（3340-3341）
伊洛淵源錄
朱熹撰　上海　商務印書館　1936年
初版　（m.）

008034395　9100　3525　（3342-3343）
道命錄十卷
李心傳編　上海　商務印書館　1937年
　叢書集成初編　（m.）

008034642　9100　3525　（3343-3345）
道南源委
朱衡撰　上海　商務印書館　1936年
初版　（m.）

008034643　9100　3525　（3346）
宋學淵源記附附記
江藩輯　上海　商務印書館　1937年
初版　（m.）

008034510　9100　3525　（3347）
禪玄顯教編
楊溥著　　列仙傳二卷　劉向撰　上海
　商務印書館　1936年　叢書集成初編

008034575　9100　3525　（3349）
仙吏傳及其他五種
上海　商務印書館　1937年　叢書集成
初編

008034394　9100　3525　（3354）
古孝子傳・補遺
茆泮林輯　上海　商務印書館　1936年
　叢書集成初編

008034405　9100　3525　（3354）
羅湖野錄四卷
釋曉瑩撰　上海　商務印書館　1936年
　叢書集成初編

008034393　9100　3525　（3354）
孝傳
陶潛著　上海　商務印書館　1936年
叢書集成初編

008064228　9100　3525　（3354）
孝子傳
上海　商務印書館　1935—37年　叢
書集成初編　（m.）

008064227　9100　3525　（3354）
孝子傳
鄭緝之撰　上海　商務印書館　1935—
37年　叢書集成初編　（m.）

008064220　9100　3525　（3354）
孝子傳
王歆撰　上海　商務印書館　1935—37
年　叢書集成初編　（m.）

008064222　9100　3525　（3354）
孝子傳
王韶之撰　上海　商務印書館　1935—
37年　叢書集成初編　（m.）

008064223　9100　3525　（3354）
孝子傳
周景式撰　上海　商務印書館　1935—
37年　叢書集成初編　（m.）

008064225　9100　3525　（3354）
孝子傳
宋躬撰　上海　商務印書館　1935—37
年　叢書集成初編　（m.）

008064224　9100　3525　（3354）
孝子傳
師覺授撰　上海　商務印書館　1935—
37年　叢書集成初編　（m.）

008064226　9100　3525　（3354）
孝子傳

虞槃佑撰　上海　商務印書館　1935—37年　叢書集成初編　（m.）

008064219　9100　3525　（3354）
孝子傳
蕭廣濟撰　上海　商務印書館　1935—37年　叢書集成初編　（m.）

008064218　9100　3525　（3354）
孝子傳
劉向撰　上海　商務印書館　1935—37年　叢書集成初編　（m.）

008064229　9100　3525　（3354）
孝子傳補遺
上海　商務印書館　1935—37年　叢書集成初編

008034511　9100　3525　（3355）
昭忠錄
（元）撰人不詳　殉身錄　（明）裘玉著　備遺錄　（明）張芹撰　長沙　商務印書館　1939年　叢書集成初編

008034451　9100　3525　（3357－3359）
元朝名臣事略十五卷
（元）蘇天爵著　上海　商務印書館　1936年　叢書集成初編　（m.）

008034445　9100　3525　（3364－3368）
廣名將傳
黃道周註斷　上海　商務印書館　1937年　叢書集成初編　（m.）

008034512　9100　3525　（3381）
新倩籍
徐禎卿撰　吳郡二科志　閻秀卿撰　江西詩社宗派圖錄　張泰來述　上海　商務印書館　1937年　叢書集成初編

008034421　9100　3525　（3387）
浦陽人物記
宋濂撰　國寶新編　顧璘撰　長沙　商務印書館　1937年　初版　叢書集成初編

008034513　9100　3525　（3388－3391）
廣州人物傳二十四卷
黃佐撰　上海　商務印書館　1936年　叢書集成初編　（m.）

008036468　9100　3525　（3392）
國琛集上下卷
唐樞撰　上海　商務印書館　1937年　叢書集成初編　（m.）

008180552　9100　3525　（3393－3394）
續吳先賢贊十五卷
劉鳳撰　上海　商務印書館　1937年　叢書集成初編　（m.）

008034430　9100　3525　（3395）
百越先賢志
歐大任撰　三峰傳稿　萬應隆著　前徽錄　姚世錫錄　上海　商務印書館　1937年　初版　叢書集成初編

008182710　9100　3525　（3396）
高士傳三卷
皇甫謐撰　上海　商務印書館　1937年　叢書集成初編　（m.）

008034514　9100　3525　（3398）
逸民傳二卷
皇甫譯撰　劉鳳補遺　上海　商務印書館　1936年　叢書集成初編　（m.）

008034438　9100　3525　（3399）
貧士傳
黃姬水撰　小隱書　敬虛子著　上海　商務印書館　1936年　叢書集成初編

008034515　9100　3525　(3400)
古列女傳八卷
劉向編　顧愷之圖畫　上海　商務印書館　1936年　叢書集成初編　(m.)

008182716　9100　3525　(3401)
婦人集
陳維崧撰　冒褒註　上海　商務印書館　1936年　叢書集成初編　(m.)

008034516　9100　3525　(3408)
淳熙薦士錄
楊萬里撰　稗史集傳　徐顯撰　長沙　商務印書館　1939年　叢書集成初編

008034644　9100　3525　(3409)
登科錄　題名錄
撰人不詳　長沙　商務印書館　1939年　初版

008034517　9100　3525　(3411)
漢事會最人物志三卷
惠棟輯錄　長沙　商務印書館　1939年　叢書集成初編　(m.)

008034381　9100　3525　(3412)
郎官石柱題名
趙魏手錄　上海　商務印書館　1937年　叢書集成初編　(m.)

008034482　9100　3525　(3414)
孔子論語年譜孟子年譜
程復心編　上海　商務印書館　1939年　初版　叢書集成初編

008034645　9100　3525　(3415-3416)
顧亭林先生年譜附錄
張穆編　長沙　商務印書館　1937年　初版　(m.)

008034646　9100　3525　(3417-3418)
閻潛邱先生年譜
張穆編　黃崑圃先生年譜　顧鎮編　長沙　商務印書館　1937年　初版

008034379　9100　3525　(3419)
邵康節先生外紀四卷
陳繼儒輯　上海　商務印書館　1936年　叢書集成初編　(m.)

008034647　9100　3525　(3420-3425)
朱子年譜考異　附錄
王懋竑纂訂　上海　商務印書館　1937年　初版　(m.)

008034422　9100　3525　(3428)
孫夏峰[奇逢]先生年譜
湯斌等編次　方苞訂正　上海　商務印書館　1937年　叢書集成初編

008034380　9100　3525　(3429)
魏貞庵先生年譜
魏荔彤輯　上海　商務印書館　1937年　(m.)

008034424　9100　3525　(3430)
顏習齋先生年譜二卷
李塨纂　王源訂　上海　商務印書館　1937年　叢書集成初編　(m.)

004984967　2278　1581　9100　3525　(3433)
尹健餘先生年譜附錄
呂熾編次　方苞閱定　上海　商務印書館　1937年　叢書集成初編　(m.)

008036469　9100　3525　(3435)
紀夢編年附續編
釋成鷲撰　上海　商務印書館　1939年

008034518　9100　3525　(3436)
穆天子傳六卷
郭璞註　洪頤煊校　漢武帝內傳　班固撰　錢熙祚校　上海　商務印書館

1937年　叢書集成初編　（m.）

008034463　9100　3525　（3438）
韓忠獻公遺事
強至編　豐清敏公遺事　李樸撰　崔清獻公言行錄　李肖龍撰　上海　商務印書館　1939年　初版　叢書集成初編

008034404　9100　3525　（3439）
象臺首末五卷　附錄
胡知柔編　上海　商務印書館　1937年　（m.）

008034519　9100　3525　（3440）
北行日譜
朱祖文撰　楊公政績紀附楊公本傳　黃家遴編　上海　商務印書館　1937年　叢書集成初編

008034520　9100　3525　（3441）
鹿忠節公年譜
陳鋐編　長沙　商務印書館　1937年　叢書集成初編　（m.）

008034464　9100　3525　（3442）
張忠烈公年譜
趙之謙纂輯　袁督師事跡　無名氏撰　上海　商務印書館　1937年　初版　叢書集成初編

008034431　9100　3525　（3444）
倪文正公[元璐]年譜
倪會鼎編述　上海　商務印書館　1936年　叢書集成初編

008034453　9100　3525　（3453）
黃薿圃先生年譜
江標輯　長沙　商務印書館　1939年　叢書集成初編　（m.）

008034450　9100　3525　（3454）
歷代甲子考及其他三種
上海　商務印書館　1936年　初版　叢書集成初編

008034427　9100　3525　（3456－3458）
歷代建元考
鍾淵映撰　上海　商務印書館　1937年　初版　叢書集成初編　（m.）

008034440　9100　3525　（3460）
紀元編
李兆洛撰　上海　商務印書館　1937年　叢書集成初編　（m.）

008034456　9100　3525　（3483－3489）
資治通鑒釋文
史照撰　上海　商務印書館　1939年　初版　叢書集成初編　（m.）

008034521　9100　3525　（3498－3499）
歷代帝王年表
齊召南編　阮亨校　上海　商務印書館　1935年　叢書集成初編　（m.）

008034648　9100　3525　（3500－3501）
古史輯要
撰人不詳　上海　商務印書館　1937年　初版　（m.）

008034522　9100　3525　（3502－3503）
馭交記十二卷
張鏡心編考　冒起宗訂　上海　商務印書館　1935年　叢書集成初編

008182721　9100　3525　（3504－3509）
歷代史表五十九卷
萬斯同撰　上海　商務印書館　1937年　叢書集成初編　（m.）

008034492　9100　3525　（3515）
讀史舉正

張熷著　上海　商務印書館　1937 年
初版　叢書集成初編　（m.）

008034523　9100　3525　（3516-3527）
十七史商榷五十卷
王鳴盛撰　上海　商務印書館　1937 年
　叢書集成初編　（m.）

008034597　9100　3525　（3528-3542）
廿二史考異
錢大昕撰　上海　商務印書館　1937 年
　叢書集成初編　（m.）

008034649　9100　3525　（3543-3552）
二十二史劄記附補遺
趙翼撰　上海　商務印書館　1937 年
初版

008034524　9100　3525　（3557）
史見二卷
陳遇夫撰　上海　商務印書館　1937 年
　叢書集成初編　（m.）

008034406　9100　3525　（3558）
閱史郄視四卷　附續
李塨著　上海　商務印書館　1937 年
叢書集成初編　（m.）

008034481　9100　3525　（3559）
涉史隨筆
葛洪著　通史它石　仇俊卿撰　上海
商務印書館　1936 年　初版　叢書集成
初編

008034650　9100　3525　（3560-3563）
史懷
鍾惺述　長沙　商務印書館　1939 年
初版　（m.）

008034407　9100　3525　（3564）
責備餘談上下卷

方鵬著　上海　商務印書館　1937 年
（m.）

008034525　9100　3525　（3568）
星閣史論
趙青藜著　讀史剩言　秦篤輝著
九畹史論　翟薦著　上海　商務印書館
　1937 年　叢書集成初編

008034408　9100　3525　（3569）
尚書大傳三卷　附序錄辯訛
伏勝撰　鄭玄註　陳壽祺輯校　上海
商務印書館　1937 年　（m.）

008034410　9100　3525　（3572）
尚書鄭註十卷
鄭玄撰　王應麟輯　孔廣林增訂　上海
　商務印書館　1937 年　（m.）

008034651　9100　3525　（3573）
尚書釋音
陸德明撰　　洪範口義　胡瑗撰　上海
　商務印書館　1936 年　初版

008034473　9100　3525　（3577-3581）
增修東萊書説
時瀾修定　上海　商務印書館　1936 年
　初版　叢書集成初編　（m.）

008034486　9100　3525　（3582）
融堂書解
錢時撰　上海　商務印書館　1936 年
初版　叢書集成初編　（m.）

008034652　9100　3525　（3583）
五誥解
楊簡撰　上海　商務印書館　1936 年
初版　（m.）

008034594　9100　3525　（3584-3591）
尚書詳解

陳經撰　長沙　商務印書館　1939 年
叢書集成初編　（m.）

008034409　9100　3525　（3597）
尚書表註二卷
金履祥表註　上海　商務印書館　1939
年　（m.）

008034593　9100　3525　（3598－3605）
尚書精義
黃倫撰　上海　商務印書館　1937 年
叢書集成初編　（m.）

008034653　9100　3525　（3606－3610）
尚書詳解
夏僎撰　上海　商務印書館　1936 年
初版　（m.）

008034470　9100　3525　（3611）
讀書叢說
許謙撰　上海　商務印書館　1937 年
初版　叢書集成初編　（m.）

008034469　9100　3525　（3612）
書義主意
王充耘編　上海　商務印書館　1937 年
　初版　叢書集成初編　（m.）

008034487　9100　3525　（3614－3615）
尚書考異
梅鷟著　　尚書註考　陳泰交撰　上海
　商務印書館　1937 年　初版　叢書集
成初編

008034460　9100　3525　（3620）
舜典補亡
毛奇齡纂　尚書古文辨　朱彝尊撰
　古文尚書考　陸隴其著　尚書逸文
　江聲撰集　孫星衍補訂　上海　商務
印書館　1937 年　初版　叢書集成初編

008034654　9100　3525　（3621－3625）
尚書今古文註疏
孫星衍撰　上海　商務印書館　1936 年
　初版　（m.）

008034526　9100　3525　（3626）
尚書序錄
胡秉虔學　　尚書古文考　山井鼎撰
上海　商務印書館　1936 年　叢書集成
初編

008034527　9100　3525　（3627）
發墨守箴膏肓　起廢疾
鄭玄撰　　王復輯　武億校　上海　商務
印書館　1936 年　叢書集成初編

008034457　9100　3525　（3628－3633）
春秋釋例附校勘記
杜預撰　上海　商務印書館　1936 年
初版　叢書集成初編　（m.）

008034491　9100　3525　（3635）
春秋集傳辯疑
陸淳纂　上海　商務印書館　1937 年
初版　叢書集成初編　（m.）

008034466　9100　3525　（3636－3638）
春秋啖趙集傳纂例
陸淳纂　春秋傳說例　劉敞撰　上海
　商務印書館　1936 年　初版　叢書集
成初編

008034401　9100　3525　（3639）
春秋集解十二卷
蘇轍撰　上海　商務印書館　1936 年
（m.）

008034495　9100　3525　（3640）
春秋辨疑附校勘記
蕭楚撰　上海　商務印書館　1936 年
初版　叢書集成初編　（m.）

008034596　9100　3525　(3641–3645)
春秋經解
孫覺撰　上海　商務印書館　1935年
叢書集成初編　(m.)

008034474　9100　3525　(3648–3652)
春秋集註
高閌撰　上海　商務印書館　1936年
初版　叢書集成初編　(m.)

008034402　9100　3525　(3654)
春秋說志五卷
呂柟著　上海　商務印書館　1937年
叢書集成初編　(m.)

008066279　9100　3525　(3661–3663)
春秋公羊傳異文釋一卷
李富孫撰　上海　商務印書館　1935—37年　叢書集成初編

008182736　9100　3525　(3661–3663)
春秋穀梁傳異文釋一卷
李富孫撰　上海　商務印書館　1935—37年　叢書集成初編

008034403　9100　3525　(3661–3663)
春秋三傳異文釋十二卷
李富孫學　春秋四傳異同辨　黃永年撰　上海　商務印書館　1936年　叢書集成初編

008066278　9100　3525　(3661–3663)
春秋左傳異文釋十卷
李富孫撰　上海　商務印書館　1935—37年　叢書集成初編

008034528　9100　3525　(3664)
春秋古經說二卷
侯康撰　讀春秋二卷　趙良㵵著　上海　商務印書館　1937年　叢書集成初編

008034399　9100　3525　(3665–3666)
左氏傳說二十卷
呂祖謙撰　上海　商務印書館　1937年
叢書集成初編

008034398　9100　3525　(3666)
讀左漫筆
陳懿典撰　上海　商務印書館　1937年
叢書集成初編

008034400　9100　3525　(3670–3672)
春秋左氏傳補註十二卷
沈欽韓註　上海　商務印書館　1937年
叢書集成初編　(m.)

008034455　9100　3525　(3673)
春秋左氏古義
臧壽恭述　上海　商務印書館　1937年
初版　叢書集成初編　(m.)

008034529　HD　3525　(3674–3675)
公羊問答二卷　春秋公羊禮疏十一卷
凌曙著　上海　商務印書館　1937年
叢書集成初編

008034530　9100　3525　(3676–3677)
春秋穀梁傳十二卷　附劄記
范寧集解　上海　商務印書館　1936年
叢書集成初編

008034397　9100　3525　(3679)
竹書紀年上下卷
沈約註　洪頤煊校　上海　商務印書館
1937年　叢書集成初編　(m.)

008034499　9100　3525　(3680–3682)
國語二十一卷　附校刊劄記
韋昭註　上海　商務印書館　1937年
叢書集成初編　(m.)

008034531　9100　3525　(3684–3687)
戰國策三十三卷　附重刻劄記三卷

（漢）高誘註　上海　商務印書館　1937年　叢書集成初編　（m.）

008034532　9100　3525　（3692-3695）
逸周書又作汲塚周書　十卷　附錄及校正補遺
（晉）孔晁註　長沙　商務印書館　1937年　叢書集成初編　（m.）

005296631　2528　4865C　9100　3525　（3696）
吳越春秋六卷
趙曄撰　上海　商務印書館　1937年　初版　叢書集成初編　（m.）

008034533　9100　3525　（3697）
越絕書十五卷　附劄記
袁康、吳平撰　上海　商務印書館　1937年　叢書集成初編　（m.）

008034655　9100　3525　（3698）
世本兩種
宋衷註　孫馮翼、雷學淇輯　長沙　商務印書館　1937年　初版　（m.）

008034465　9100　3525　（3699）
世本
宋衷註　茆泮林輯　上海　商務印書館　1937年　初版　叢書集成初編　（m.）

008034656　9100　3525　（3699）
世本
宋衷註　張澍粹集補註　長沙　商務印書館　1937年　初版　（m.）

008034534　9100　3525　（3701）
帝王世紀
皇甫謐撰　路史　羅泌撰　上海　商務印書館　1936年　叢書集成初編

008034535　9100　3525　（3702）
晉文春秋
撰人不詳　陳玄胤校　楚史檮杌　撰人不詳　元中記補逸　郭璞撰　茆泮林輯　上海　商務印書館　1936年　叢書集成初編

008182761　9100　3525　（3708-3712）
漢書人表考九卷　考補附錄
梁玉繩撰　漢書人表考校補　蔡雲撰　上海　商務印書館　1937年　叢書集成初編　（m.）

008034536　9100　3525　（3713）
讀左管窺二卷
趙青藜著　長沙　商務印書館　1937年　叢書集成初編　（m.）

008034657　9100　3525　（3714-3716）
東萊先生左氏博議
呂祖謙撰　上海　商務印書館　1937年　初版　（m.）

008034658　9100　3525　（3723-3730）
西漢年紀
王益之撰　上海　商務印書館　1936年　初版　（m.）

008034659　9100　3525　（3731-3732）
東觀漢記
班固等撰　長沙　商務印書館　1937年　初版　（m.）

008034660　9100　3525　（3733-3736）
續後漢書附義例音義
蕭常撰　上海　商務印書館　1936年　初版　（m.）

008182788　9100　3525　（3737）
續後漢書札記
郁松年撰　上海　商務印書館　1936年　叢書集成初編　（m.）

008034661　9100　3525　（3738-3755）
續後漢書
郝經撰　上海　商務印書館　1936年初版　（m.）

008034537　9100　3525　（3756-3757）
續後漢書札記四卷
郁松年撰　上海　商務印書館　1936年　叢書集成初編　（m.）

008066281　9100　3525　（3758）
漢晉春秋三卷
習鑿齒撰　上海　商務印書館　1935—37年　叢書集成初編

008034468　9100　3525　（3758）
漢晉春秋輯本
湯球輯　上海　商務印書館　1937年初版　叢書集成初編　（m.）

008066282　9100　3525　（3758）
晉春秋一卷
杜延業撰　上海　商務印書館　1935—37年　叢書集成初編

008034662　9100　3525　（3760-3769）
漢書註校補
周壽昌撰　上海　商務印書館　1936年初版　（m.）

008034663　9100　3525　（3770-3781）
後漢書補註
惠棟撰　上海　商務印書館　1936年初版　（m.）

008034414　9100　3525　（3782）
後漢書補註續
侯康撰　上海　商務印書館　1936年　叢書集成初編　（m.）

008034538　9100　3525　（3783-3784）
後漢書註補正八卷
周壽昌撰　後漢書註又補　沈銘彝撰　上海　商務印書館　1936年　叢書集成初編　（m.）

008034412　9100　3525　（3787）
後漢三公年表
華湛恩撰　上海　商務印書館　1939年　叢書集成初編

008034664　9100　3525　（3790-3792）
兩漢博聞
楊侃編　上海　商務印書館　1936年初版　（m.）

008034411　9100　3525　（3793）
三國志補註六卷
杭世駿撰　上海　商務印書館　1937年　叢書集成初編　（m.）

008034413　9100　3525　（3794）
三國志補註續
侯康撰　上海　商務印書館　1937年　叢書集成初編　（m.）

008034484　9100　3525　（3795-3796）
三國志考證
潘眉撰　上海　商務印書館　1939年初版　叢書集成初編　（m.）

008034480　9100　3525　（3797-3802）
三國志旁證
梁章鉅撰　上海　商務印書館　1937年初版　叢書集成初編　（m.）

008034665　9100　3525　（3803）
三國志註證遺
周壽昌撰　三國志辨誤　撰人不詳　三國雜事　唐庚撰　三國紀年　陳亮撰　長沙　商務印書館　1939年初版

008066285　9100　3525　(3804)
惠帝起居註一卷
陸機撰　上海　商務印書館　1935—37年　叢書集成初編

008066289　9100　3525　(3804)
晉紀一卷
劉謙之撰　上海　商務印書館　1935—37年　叢書集成初編

008066286　9100　3525　(3804)
晉紀一卷
曹嘉之撰　上海　商務印書館　1935—37年　叢書集成初編

008066284　9100　3525　(3804)
晉書一卷
陸機撰　上海　商務印書館　1935—37年　叢書集成初編

008066288　9100　3525　(3804)
晉紀一卷
裴松之撰　上海　商務印書館　1935—37年　叢書集成初編

008066287　9100　3525　(3804)
晉紀一卷
鄧粲撰　上海　商務印書館　1935—37年　叢書集成初編

008066283　9100　3525　(3804)
晉紀一卷
干寶撰　上海　商務印書館　1935—37年　叢書集成初編

008034539　9100　3525　(3804)
鄴中記
陸翽撰　晉紀輯本　湯球輯　上海　商務印書館　1937年　叢書集成初編

008066296　9100　3525　(3805)
晉陽秋三卷
孫盛撰　上海　商務印書館　1935—37年　叢書集成初編

008034415　9100　3525　(3805)
晉陽秋輯本三卷　附續輯二卷
湯球輯　上海　商務印書館　1937年　叢書集成初編　(m.)

008066297　9100　3525　(3805)
續晉陽秋二卷
檀道鸞撰　上海　商務印書館　1935—37年　叢書集成初編

008066306　9100　3525　(3806-3810)
晉史草一卷
蕭子顯撰　上海　商務印書館　1935—37年　叢書集成初編

008066304　9100　3525　(3806-3810)
晉書一卷
謝靈運撰　上海　商務印書館　1935—37年　叢書集成初編　(m.)

008066303　9100　3525　(3806-3810)
晉書一卷
朱鳳撰　上海　商務印書館　1935—37年　叢書集成初編　(m.)

008066298　9100　3525　(3806-3810)
晉書十七卷　補遺一卷
臧榮緒撰　上海　商務印書館　1935—37年　叢書集成初編　(m.)

008066308　9100　3525　(3806-3810)
晉書一卷
沈約撰　上海　商務印書館　1935—37年　叢書集成初編　(m.)

008066301　9100　3525　(3806-3810)
晉書一卷
虞豫撰　上海　商務印書館　1935—37

年　叢書集成初編　（m.）

008066299　9100　3525　（3806–3810）
晉書十一卷
王隱撰　上海　商務印書館　1935—37年　叢書集成初編　（m.）

008066305　9100　3525　（3806–3810）
晉書一卷
蕭子雲撰　上海　商務印書館　1935—37年　叢書集成初編　（m.）

008066309　9100　3525　（3806–3810）
晉中興書七卷
何法盛撰　上海　商務印書館　1935—37年　叢書集成初編

008066310　9100　3525　（3806–3810）
晉諸公別傳一卷
上海　商務印書館　1935—37年　叢書集成初編

008034562　9100　3525　（3806–3810）
九家舊晉書輯本
湯球輯　上海　商務印書館　1936年　叢書集成初編　（m.）

008034540　9100　3525　（3811–3814）
西魏書二十四卷　附錄
謝啟昆撰　長沙　商務印書館　1937年　叢書集成初編　（m.）

008034541　9100　3525　（3815）
十六國春秋
崔鴻撰　上海　商務印書館　1937年　叢書集成初編　（m.）

008034542　9100　3525　（3816–3819）
十六國春秋輯補一百卷
湯球撰　上海　商務印書館　1936年　叢書集成初編　（m.）

008034416　9100　3525　（3820）
十六國春秋纂錄校本十卷　附校勘記
湯球輯　上海　商務印書館　1936年　叢書集成初編　（m.）

008066395　9100　3525　（3821）
敦煌實錄一卷
劉昞撰　上海　商務印書館　1935—37年　叢書集成初編

008066385　9100　3525　（3821）
二石傳一卷
王度撰　上海　商務印書館　1935—37年　叢書集成初編

008066382　9100　3525　（3821）
漢趙記一卷
和苞撰　上海　商務印書館　1935—37年　叢書集成初編

008066391　9100　3525　（3821）
後秦記一卷
姚和都撰　上海　商務印書館　1935—37年　叢書集成初編

008066392　9100　3525　（3821）
涼記一卷
張諮撰　上海　商務印書館　1935—37年　叢書集成初編

008066394　9100　3525　（3821）
涼記一卷
段龜龍撰　上海　商務印書館　1935—37年　叢書集成初編

008066396　9100　3525　（3821）
南燕書一卷
張詮撰　上海　商務印書館　1935—37年　叢書集成初編

008066389　9100　3525　（3821）
南燕書一卷

王景暉撰　上海　商務印書館　1935—37 年　叢書集成初編

008066390　9100　3525　(3821)
秦記一卷
裴景仁撰　上海　商務印書館　1935—37 年　叢書集成初編

008066387　9100　3525　(3821)
秦書一卷
車頻撰　上海　商務印書館　1935—37 年　叢書集成初編

008066378　9100　3525　(3821)
三十國春秋一卷
武敏之撰　上海　商務印書館　1935—37 年　叢書集成初編

008066377　9100　3525　(3821)
三十國春秋一卷
蕭方等撰　上海　商務印書館　1935—37 年　叢書集成初編

008034543　9100　3525　(3821)
三十國春秋輯本
湯球輯　上海　商務印書館　1936 年　叢書集成初編　(m.)

008066379　9100　3525　(3821)
蜀李書一卷
常璩撰　上海　商務印書館　1935—37 年　叢書集成初編

008066393　9100　3525　(3821)
西河記一卷
喻歸撰　上海　商務印書館　1935—37 年　叢書集成初編

008066386　9100　3525　(3821)
燕書一卷
范亨撰　上海　商務印書館　1935—37 年　叢書集成初編

008066397　9100　3525　(3821)
燕志一卷
高閭撰　上海　商務印書館　1935—37 年　叢書集成初編

008066383　9100　3525　(3821)
趙書一卷
田融撰　上海　商務印書館　1935—37 年　叢書集成初編

008066384　9100　3525　(3821)
趙書一卷
吳篤撰　上海　商務印書館　1935—37 年　叢書集成初編

008182802　9100　3525　(3822-3826)
南北史表五卷　附帝王世系表
周嘉猷撰　上海　商務印書館　1935 年　叢書集成初編　(m.)

008182796　9100　3525　(3822-3826)
南北史帝王世系表一卷
周嘉猷撰　上海　商務印書館　1935—37 年　叢書集成初編

008066398　9100　3525　(3822-3826)
南北史年表一卷
周嘉猷撰　上海　商務印書館　1935—37 年　叢書集成初編

008066399　9100　3525　(3822-3826)
南北史世系表五卷
周嘉猷撰　上海　商務印書館　1935—37 年　叢書集成初編

008036565　9100　3525　(3828)
大唐創業起居註
溫大雅撰　　唐鑒附考異　范祖禹撰　呂祖謙音註　上海　商務印書館　1936

年　初版　叢書集成初編

005302137　2620.4　4132　9100　3525　(3828-3831)
唐鑒附考異
范祖禹撰　吕祖謙註音　上海　商務印書館　1937年　再版　國學基本叢書（m.）

008036475　9100　3525　(3832)
順宗實録五卷
韓愈撰　卓異記　李翺述　上海　商務印書館　1936年　叢書集成初編

008036558　9100　3525　(3834)
奉天録
趙元一著　平巢事跡考　撰人不詳　唐書直筆　吕夏卿撰　讀舊唐書隨筆　蔡世鈸著　上海　商務印書館　1937年　初版　叢書集成初編

008036574　9100　3525　(3835-3837)
新唐書糾謬二十卷　附錢校補遺　附修唐書史臣表
吳縝纂　上海　商務印書館　1936年　叢書集成初編

008036561　9100　3525　(3838-3841)
新舊唐書互證
趙紹祖撰　上海　商務印書館　1936年　初版　叢書集成初編（m.）

008036563　9100　3525　(3842)
唐史論斷附録
孫甫撰　新舊唐書雜論　李東陽著　五代春秋　尹洙撰　上海　商務印書館　1939年　初版　叢書集成初編（m.）

008036616　9100　3525　(3843-3844)
九國志附拾遺
路振撰　上海　商務印書館　1937年　初版（m.）

008036617　9100　3525　(3847-3849)
續唐書
陳鱣撰　上海　商務印書館　1936年　初版（m.）

008036618　9100　3525　(3851-3852)
南唐書
馬令撰　上海　商務印書館　1935年　初版（m.）

008036619　9100　3525　(3853-3854)
南唐書附音釋
陸游撰　南唐拾遺記　毛先舒纂　長沙　商務印書館　1937年　初版（m.）

008036620　9100　3525　(3855)
錦里耆舊傳
勾延慶纂　蜀檮杌　張唐英撰　南漢紀　吳蘭修撰　長沙　商務印書館　1939年　初版

008036575　9100　3525　(3856)
釣磯立談附録
史虛白撰　南唐近事　鄭文寶編　江南餘載二卷　鄭文寶撰　上海　商務印書館　1936年　叢書集成初編（m.）

008036576　9100　3525　(3857)
五代史纂誤三卷
吳縝撰　五代史記纂誤補四卷　吳蘭庭撰　上海　商務印書館　1937年　叢書集成初編

008182885　9100　3525　(3858-3860)
中興小紀四十卷
熊克撰　上海　商務印書館　1936年　叢書集成初編（m.）

008036621 9100 3525 （3861-3878）
建炎以來繫年要錄
李心傳撰　上海　商務印書館　1936年
　初版　（m.）

008036622 9100 3525 （3879-3880）
續宋編年資治通鑑
劉時舉撰　長沙　商務印書館　1939年
　初版　（m.）

008036623 9100 3525 （3881）
宋季三朝政要
撰人不詳　長沙　商務印書館　1939年
　初版　（m.）

008036624 9100 3525 （3882-3886）
靖康要錄
撰人不詳　西夏事略　王偁撰　長沙
商務印書館　1939年　初版

008036577 9100 3525 （3887）
龍川略志又名蘇黃門龍川略志十卷　龍川
別志又名蘇黃門龍川別志二卷
蘇轍撰　上海　商務印書館　1937年
叢書集成初編

008036578 9100 3525 （3888）
宋朝燕翼詒謀錄五卷
王栐著　長沙　商務印書館　1939年
叢書集成初編　（m.）

008036557 9100 3525 （3890）
南渡錄大略
撰人不詳　靖康朝野僉言　撰人不詳
　　　建炎維揚遺錄　撰人不詳　　　建炎
復辟記　撰人不詳　　建炎筆錄　趙鼎
撰　上海　商務印書館　1939年　初版
　叢書集成初編

008036625 9100 3525 （3893）
北狩見聞錄

曹勳編次　　北狩行錄　蔡儵撰　　靖
康傳信錄　李綱撰　　靖康紀聞附拾遺
　丁特起編集　長沙　商務印書館
1939年　初版

008036579 9100 3525 （3895）
辛巳泣蘄錄
趙與褣編　　中興禦侮錄二卷　撰人不
詳　長沙　商務印書館　1939年　叢書
集成初編

008036470 9100 3525 （3896）
舊聞證誤四卷
李心傳撰　上海　商務印書館　1936年
　叢書集成初編　（m.）

008036626 9100 3525 （3897-3902）
遼志
葉隆禮撰　　遼史拾遺　厲鶚撰　上海
　商務印書館　1936年　初版

008036472 9100 3525 （3903）
金志
宇文懋昭撰　　上海　商務印書館
1939年

008036471 9100 3525 （3903）
南遷錄
張師顏錄　上海　商務印書館　1939年

008036473 9100 3525 （3903）
松漠紀聞上下卷　附補遺
洪皓纂　上海　商務印書館　1939年

008036627 9100 3525 （3904-3905）
大金弔伐錄
撰人不詳　　汝南遺事　王鶚撰　長沙
　商務印書館　1939年　初版

008036628 9100 3525 （3906）
金源劄記

施國祁學　　保越錄　徐勉之著　　蒙韃備錄　孟珙撰　上海　商務印書館　1939 年　初版　叢書集成初編

008036580　9100　3525　（3907-3909）
元朝秘史十五卷
撰人未詳　李文田註　上海　商務印書館　1936 年　叢書集成初編　（m.）

008036630　9100　3525　（3910）
校正元親征錄
何秋濤校正　　平宋錄　劉敏中撰　長沙　商務印書館　1939 年　初版

008036585　9100　3525　（3911）
西使記及其他三種
上海　商務印書館　1936 年　叢書集成初編

008036581　9100　3525　（3912-3914）
元史譯文證補 1-6　9-12　14-15　18　22-24　26-27　29-30 卷
洪鈞撰　上海　商務印書館　1936 年　叢書集成初編　（m.）

008180533　9100　3525　（3915-3917）
鴻猷錄十六卷
高岱撰　上海　商務印書館　1937 年　叢書集成初編　（m.）

008036582　9100　3525　（3918-3927）
明史紀事本末八十卷
谷應泰編　上海　商務印書館　1937 年　叢書集成初編

008036631　9100　3525　（3928）
天潢玉牒
撰人不詳　　皇朝本記　撰人不詳　上海　商務印書館　1937 年　初版

008036583　9100　3525　（3929-3958）
明書一百七十一卷
傅維鱗纂　　江上孤忠錄　黃明曦著　上海　商務印書館　1936 年　叢書集成初編　（m.）

008036587　9100　3525　（3962）
皇明紀略歷代小史卷之八十五
皇甫錄著　　兩湖塵談錄歷代小史卷之九五　許浩著　　古穰雜錄　李賢著　上海　商務印書館　1936 年　叢書集成初編

008182911　9100　3525　（3963）
賢識錄
陸釴撰　　病榻遺言紀錄彙編卷之一九八　高拱撰　上海　商務印書館　1937 年　叢書集成初編

008036584　9100　3525　（3964）
見只編三卷
姚士麟撰　上海　商務印書館　1936 年　叢書集成初編　（m.）

008036588　9100　3525　（3965）
庚申紀事
張潑撰　　召對錄　申時行輯　上海　商務印書館　1936 年　叢書集成初編

008036474　9100　3525　（3966-3967）
酌中志二十四卷
劉若愚撰　上海　商務印書館　1935 年　叢書集成初編　（m.）

008036589　9100　3525　（3969）
先撥志始二卷
文秉著　上海　商務印書館　1937 年　叢書集成初編　（m.）

008036590　9100　3525　（3971）
蜀難敘略

沈荀蔚述　　蜀碧四卷　彭遵泗編述
長沙　商務印書館　1939年　叢書集成
　初編

008036632　9100　3525　（3972）
思陵勤政紀
孫承澤著　　思陵典禮紀　孫承澤著
長沙　商務印書館　1939年　初版

008036591　9100　3525　（3973）
碧血錄二卷　附周端孝血疏
黄煜彙次　長沙　商務印書館　1939年
　叢書集成初編　（m.）

008036633　9100　3525　（3974）
否泰錄
劉定之著　　北使錄　李實撰　　正統
臨戎錄　撰人不詳　　北征事跡　袁彬
　撰　正統北狩事跡　撰人不詳　長沙
　商務印書館　1937年　初版

008036592　9100　3525　（3975）
倭變事略四卷
采九德撰　　明倭寇始末　谷應泰編
上海　商務印書館　1936年　叢書集成
　初編

008036518　9100　3525　（3977）
平胡錄
陸深撰　廣州　商務印書館　1937年
　初版　叢書集成初編

008036634　9100　3525　（3978）
平蠻錄
王軾撰　　西征日錄　楊一清撰　　制
府雜錄　楊一清撰　　平濠記　錢德洪
　輯　江海殲渠記　祝允明撰　　廣右
　戰功錄　唐順之撰　長沙　商務印書館
　　1939年　初版

008036555　9100　3525　（3979）
炎徼紀聞
田汝成撰　　綏廣紀事　高拱撰　上海
　商務印書館　1936年　初版　叢書集
　成初編

008036593　9100　3525　（3980）
靖夷紀事
高拱撰　　雲中事記　蘇佑撰　上海
商務印書館　1936年　叢書集成初編

008036594　9100　3525　（3981）
張司馬定浙二亂志
王世貞撰　　烏槎幕府記　鍾兆年撰
　勘處播州事情疏　何喬新撰　上海
商務印書館　1937年　叢書集成初編

008036598　9100　3525　（3982-3988）
平播全書十四卷
李化龍著　上海　商務印書館　1937年
　叢書集成初編　（m.）

008036637　9100　3525　（3989）
東征紀行錄
撰人不詳　　北平錄　撰人不詳　　平
蜀記　撰人不詳　上海　商務印書館
1937年　初版

008036522　9100　3525　（3990-3992）
綏寇紀略十二卷　附補遺
吳偉業輯　長沙　商務印書館　1937年
　叢書集成初編

008036635　9100　3525　（3994-3995）
國史考異
潘檉章撰　吳炎訂　　明事斷略　撰人
不詳　長沙　商務印書館　1939年
初版

008036595　9100　3525　（3996）
三藩紀事本末四卷

楊陸榮撰　長沙　商務印書館　1939年
　叢書集成初編　（m.）

008036636　9100　3525　（3997-3998）
淡墨錄
李調元著　長沙　商務印書館　1939年
　初版　（m.）

008036564　9100　3525　（3999）
粵行紀事
瞿昌文著　英吉利廣東入城始末　撰人不詳　皇朝武功紀盛　趙翼撰　上海　商務印書館　1939年　初版　叢書集成初編

011884269　PL2825.S3　C5　1937
急就篇
楊騷著　上海　引擎出版社　1937年
　初版　（m.w.）

008633566　Microfiche　C-930　CH1534
百字碑註
呂祖[純陽帝君]撰　上海　江東書局
1913年　道书十二种

008633562　Microfiche　C-926　CH1534
參同直指
伯陽真人　上海　江東書局　1913年
道书十二种

008683403　Microfiche　C-936　CH1534
參同直指
淳于真人　上海　江東書局　1913年
道书十二种

008633568　Microfiche　C-932　CH1534
敲爻歌直解
呂祖[純陽帝君]撰　上海　江東書局
1913年　道书十二种

008633564　Microfiche　C-928　CH1534
神室大法
劉一明輯　上海　江東書局　1913年
道书十二种

008633565　Microfiche　C-929　CH1534
無根樹解
張真人[三豐]撰　上海　江東書局
1913年　道书十二种

008633571　Microfiche　C-937　CH1534
悟道錄
悟元老人[劉一明]　上海　江東書局
1913年　道书十二种

008633573　Microfiche　C-939　CH1534
悟真直指
張真人[紫陽]撰　上海　江東書局
1913年　道书十二种

008633569　Microfiche　C-933　CH1534
西遊原旨
劉一明輯　上海　江東書局　1913年
道书十二种

008633574　Microfiche　C-934　CH1534
象言破疑
悟元老人[劉一明]　上海　江東書局
1913年　道书十二种

008633572　Microfiche　C-938　CH1534
修真辨難
劉一明輯　上海　江東書局　1913年
道书十二种

008633563　Microfiche　C-927　CH1534
修真九要
劉一明輯　上海　江東書局　1913年
道书十二种

008633567　Microfiche　C-931　CH1534
陰符經註

軒轅黃帝　上海　江東書局　1913 年
道书十二种

008633570　Microfiche　C-935　CH1534
指南針
悟元老人[劉一明]著　上海　江東書局
　1913 年　道书十二种

007153282　9100　3533
津逮秘書
毛晉校輯　上海　博古齋　1923 年

007141047　9100　3533　(001)
子夏詩序一卷
朱熹撰　毛晉校輯　上海　博古齋
1923 年　津逮秘書　第 1 集

007141056　9100　3533　(002)
申氏詩説一卷
申培撰　毛晉校輯　上海　博古齋
1923 年　津逮秘書　第 1 集

007141054　9100　3533　(002)
子貢詩傳一卷
端木賜撰　毛晉校輯　上海　博古齋
1923 年　津逮秘書　第 1 集

007141058　9100　3533　(003-004)
韓氏詩外傳十卷
韓嬰撰　毛晉校輯　上海　博古齋
1923 年　津逮秘書　第 1 集

007141062　9100　3533　(005-008)
陸氏草木蟲魚疏四十卷
陸璣撰　毛晉補　上海　博古齋　1923
年　津逮秘書　第 1 集

007141066　9100　3533　(009)
王氏詩考一卷
王應麟撰　毛晉校輯　上海　博古齋
1923 年　津逮秘書　第 1 集

007141067　9100　3533　(010-011)
王氏詩地理考六卷
王應麟撰　毛晉校輯　上海　博古齋
1923 年　津逮秘書　第 1 集

007141070　9100　3533　(012)
鄭氏爾雅註三卷
鄭樵撰　毛晉校輯　上海　博古齋
1923 年　津逮秘書　第 1 集

007141079　9100　3533　(013)
關氏易傳一卷
關朗撰　趙蕤註　毛晉校輯　上海　博
古齋　1923 年　津逮秘書　第 2 集

007141075　9100　3533　(013)
京氏易傳三卷
京房撰　陸績註　毛晉校輯　上海　博
古齋　1923 年　津逮秘書　第 2 集

007141081　9100　3533　(014-017)
蘇氏易傳九卷
蘇軾著　毛晉校輯　上海　博古齋
1923 年　津逮秘書　第 2 集

007141084　9100　3533　(018-021)
焦氏易林四十卷
焦延壽撰　毛晉校輯　上海　博古齋
1923 年　津逮秘書　第 2 集

007141090　9100　3533　(022-027)
周易集解十七卷
李鼎祚輯　毛晉校輯　上海　博古齋
1923 年　津逮秘書　第 2 集

007141103　9100　3533　(028)
易釋文一卷
陸德明撰　毛晉校輯　上海　博古齋
1923 年　津逮秘書　第 2 集

007141106　9100　3533　(028)
周易集解略例一卷

王弼撰　邢璹註　毛晉校輯　上海　博古齋　1923年　津逮秘書　第2集

007141124　9100　3533　（029）
元包經數五卷
衛元嵩述　蘇源明傳　李泌註　毛晉校輯　上海　博古齋　1923年　津逮秘書　第2集

007141126　9100　3533　（029）
元包數總義二卷
張行成述　毛晉校輯　上海　博古齋　1923年　津逮秘書　第2集

007141141　9100　3533　（030）
麻衣道者正易心法一卷
希夷先生著　毛晉校輯　上海　博古齋　1923年　津逮秘書　第2集

007141138　9100　3533　（030）
周易舉正三卷
郭京撰　毛晉校輯　上海　博古齋　1923年　津逮秘書　第2集

007141149　9100　3533　（031–036）
通鑒地理通釋十四卷
王應麟撰　毛晉校輯　上海　博古齋　1923年　津逮秘書　第3集

007141150　9100　3533　（036）
通鑒問疑一卷
劉羲仲撰　毛晉校輯　上海　博古齋　1923年　津逮秘書　第3集

007141154　9100　3533　（037–042）
小學紺珠十卷
王應麟撰　毛晉校輯　上海　博古齋　1923年　津逮秘書　第3集

007141160　9100　3533　（043–046）
齊民要術十卷
賈思勰撰　毛晉校輯　上海　博古齋　1923年　津逮秘書　第3集

007141171　9100　3533　（047–048）
急就篇四十卷
顏師古註　王應麟釋　毛晉校輯　上海　博古齋　1923年　津逮秘書　第3集

007141179　9100　3533　（049–050）
漢制考四十卷
王應麟著　毛晉校輯　上海　博古齋　1923年　津逮秘書　第3集

007141208　9100　3533　（051–052）
道德指歸論六卷
嚴遵撰　毛晉校輯　上海　博古齋　1923年　津逮秘書　第四集

007141204　9100　3533　（051）
四十二章經
迦葉摩騰、竺法蘭全譯　沙門守遂註　毛晉校輯　上海　博古齋　1923年　津逮秘書　第四集

007144121　9100　3533　（053）
葬經一卷
青烏先生著　毛晉校輯　上海　博古齋　1923年　津逮秘書　第四集

007144123　9100　3533　（054）
葬經翼一卷
繆希雍著　毛晉校輯　上海　博古齋　1923年　津逮秘書　第四集

007144124　9100　3533　（055–056）
周髀算經附數術記遺三卷
趙君卿註　毛晉校輯　上海　博古齋　1923年　津逮秘書　第四集

007144127　9100　3533　（057–060）
參同契集解八卷

魏伯陽撰　蔣一彪輯解　毛晉校輯　上海博古齋　1923年　津逮秘書　第4集

007144147　9100　3533　(061)
耒耜經一卷
陸龜蒙撰　毛晉校輯　上海　博古齋　1923年　津逮秘書　第5集

007144150　9100　3533　(061)
女孝經一卷
陳鄭氏撰　毛晉校輯　上海　博古齋　1923年　津逮秘書　第5集

007144142　9100　3533　(061)
胎息經一卷
幻真先生註　毛晉校輯　上海　博古齋　1923年　津逮秘書　第5集

007144152　9100　3533　(061)
丸經二卷
毛晉校輯　上海　博古齋　1923年　津逮秘書　第5集

007144145　9100　3533　(061)
握奇經一卷
公孫弘解　毛晉校輯　上海　博古齋　1923年　津逮秘書　第5集

007144149　9100　3533　(061)
五木經一卷
李翱撰　毛晉校輯　上海　博古齋　1923年　津逮秘書　第5集

007144155　9100　3533　(062)
黃帝宅經二卷
毛晉校輯　上海　博古齋　1923年　津逮秘書　第5集

007144158　9100　3533　(062)
墨經一卷
晁季一撰　毛晉校輯　上海　博古齋　1923年　津逮秘書　第5集

007144153　9100　3533　(062)
通占大象曆星經二卷
毛晉校輯　上海　博古齋　1923年　津逮秘書　第5集

007144154　9100　3533　(062)
忠經一卷
馬融撰　毛晉校輯　上海　博古齋　1923年　津逮秘書　第5集

007144159　9100　3533　(063–066)
全唐詩話六卷
尤袤撰　毛晉校輯　上海　博古齋　1923年　津逮秘書　第6集

007144161　9100　3533　(067)
滄浪詩話一卷
嚴羽撰　毛晉校輯　上海　博古齋　1923年　津逮秘書　第6集

007144163　9100　3533　(067)
後山詩話一卷
陳師道撰　毛晉校輯　上海　博古齋　1923年　津逮秘書　第6集

007144160　9100　3533　(067)
六一詩話一卷
歐陽修撰　毛晉校輯　上海　博古齋　1923年　津逮秘書　第6集

007144167　9100　3533　(068)
二老堂詩話一卷
周必大撰　毛晉校輯　上海　博古齋　1923年　津逮秘書　第6集

007144165　9100　3533　(068)
彥周詩話一卷
許顗撰　毛晉校輯　上海　博古齋　1923年　津逮秘書　第6集

007144170　9100　3533　（069）
石林詩話一卷
葉少蘊撰　毛晉校輯　上海　博古齋
1923年　津逮秘書　第6集

008076597　9100　3533　（069）
紫微詩話一卷
呂本中撰　毛晉校輯　上海　博古齋
1923年　津逮秘書　第6集

007144176　9100　3533　（070）
續詩話
司馬光撰　毛晉校輯　上海　博古齋
1923年　津逮秘書　第6集

007144171　9100　3533　（070）
中山詩話一卷
劉攽撰　毛晉校輯　上海　博古齋
1923年　津逮秘書　第6集

007144174　9100　3533　（070）
竹坡詩話一卷
周紫芝撰　毛晉校輯　上海　博古齋
1923年　津逮秘書　第6集

007144178　9100　3533　（071－074）
法書要錄十卷
張彥遠撰　毛晉校輯　上海　博古齋
1923年　津逮秘書　第6集

007144180　9100　3533　（075－076）
東觀餘論二卷
黃伯思撰　毛晉校輯　上海　博古齋
1923年　津逮秘書　第6集

007144182　9100　3533　（077－078）
廣川書跋十卷
董逌撰　毛晉校輯　上海　博古齋
1923年　津逮秘書　第6集

007144184　9100　3533　（079－080）
宣和書譜二十卷
毛晉校輯　上海　博古齋　1923年　津逮秘書　第6集

007144186　9100　3533　（081－082）
圖畫見聞志六卷
郭若虛撰　毛晉校輯　上海　博古齋
1923年　津逮秘書　第7集

007144187　9100　3533　（083－085）
歷代名畫記十卷
張彥遠撰　毛晉校輯　上海　博古齋
1923年　津逮秘書　第7集

007144189　9100　3533　（085）
古畫品錄一卷
謝赫錄　毛晉校輯　上海　博古齋
1923年　津逮秘書　第7集

007144193　9100　3533　（085）
續畫品錄一卷
李嗣真撰　毛晉校輯　上海　博古齋
1923年　津逮秘書　第7集

007144195　9100　3533　（086－089）
宣和畫譜二十卷
毛晉校輯　上海　博古齋　1923年　津逮秘書　第7集

007144196　9100　3533　（090－093）
圖繪寶鑒附補遺七卷
夏文彥纂　毛晉校輯　上海　博古齋
1923年　津逮秘書　第7集

007144197　9100　3533　（093）
續畫品一卷
姚最撰　毛晉校輯　上海　博古齋
1923年　津逮秘書　第7集

007144199　9100　3533　（094－095）
畫繼十卷
鄧椿撰　毛晉校輯　上海　博古齋

1923年　津逮秘書　第7集

007144202　9100　3533　(096)
畫史一卷
米芾撰　毛晉校輯　上海　博古齋
1923年　津逮秘書　第7集

007144209　9100　3533　(097)
風騷旨格一卷
齊己撰　毛晉校輯　上海　博古齋
1923年　津逮秘書　第8集

007144210　9100　3533　(097)
芥隱筆記一卷
龔頤正撰　毛晉校輯　上海　博古齋
1923年　津逮秘書　第8集

007144205　9100　3533　(097)
詩品三卷
鍾嶸撰　毛晉校輯　上海　博古齋
1923年　津逮秘書　第8集

007144207　9100　3533　(097)
詩品二十四則一卷
司空圖撰　毛晉校輯　上海　博古齋
1923年　津逮秘書　第8集

007144211　9100　3533　(098-099)
冷齋夜話十卷
惠洪輯　毛晉校輯　上海　博古齋
1923年　津逮秘書　第8集

007149343　9100　3533　(100-101)
西溪叢語二卷
姚寬輯　毛晉校輯　上海　博古齋
1923年　津逮秘書　第8集

007149344　9100　3533　(101)
益部方物志一卷
宋祁撰　毛晉校輯　上海　博古齋
1923年　津逮秘書　第8集

007149345　9100　3533　(102-103)
捫蝨新語十五卷
陳善著　毛晉校輯　上海　博古齋
1923年　津逮秘書　第8集

007149346　9100　3533　(104)
歲華紀麗四十卷
韓鄂著　毛晉校輯　上海　博古齋
1923年　津逮秘書　第8集

007149347　9100　3533　(104)
玉蘂辨證一卷
周必大撰　毛晉校輯　上海　博古齋
1923年　津逮秘書　第8集

007149348　9100　3533　(105-108)
桯史又附錄十六卷
岳珂著　毛晉校輯　上海　博古齋
1923年　津逮秘書　第8集

007149350　9100　3533　(109-110)
泉志十五卷
洪遵撰　毛晉校輯　上海　博古齋
1923年　津逮秘書　第8集

007149351　9100　3533　(110-113)
酉陽雜俎二十卷
段成式著　毛晉校輯　上海　博古齋
1923年　津逮秘書　第8集

007149352　9100　3533　(114-115)
酉陽續雜俎十卷
段成式著　毛晉校輯　上海　博古齋
1923年　津逮秘書　第8集

007149359　9100　3533　(116)
本事詩一卷
孟棨撰　毛晉校輯　上海　博古齋
1923年　津逮秘書　第8集

007149355　9100　3533　(116)
誠齋雜記二卷

林坤輯　毛晉校輯　上海　博古齋
1923年　津逮秘書　第8集

007149357　9100　3533　（116）
甘澤謠一卷
袁郊撰　毛晉校輯　上海　博古齋
1923年　津逮秘書　第8集

007149360　9100　3533　（117）
五色綫中卷闕二卷
毛晉校輯　上海　博古齋　1923年　津逮秘書　第8集

007149362　9100　3533　（118）
卻掃編三卷
徐度撰　毛晉校輯　上海　博古齋
1923年　津逮秘書　第8集

007149363　9100　3533　（119）
劇談錄二卷
康駢撰　毛晉校輯　上海　博古齋
1923年　津逮秘書　第8集

007149365　9100　3533　（120）
琅嬛記三卷
伊世珍輯　毛晉校輯　上海　博古齋
1923年　津逮秘書　第8集

007149366　9100　3533　（121－126）
輟耕錄三十卷
陶宗儀撰　毛晉校輯　上海　博古齋
1923年　津逮秘書　第8集

007149367　9100　3533　（127）
洛陽伽藍記五卷
楊衒之著　毛晉校輯　上海　博古齋
1923年　津逮秘書　第10集

007149378　9100　3533　（128）
佛國記一卷
法顯撰　毛晉校輯　上海　博古齋
1923年　津逮秘書　第10集

007149370　9100　3533　（128）
靈寶真靈位業圖一卷
陶弘景撰　毛晉校輯　上海　博古齋
1923年　津逮秘書　第10集

007149368　9100　3533　（128）
洛陽名園記一卷
李廌撰　毛晉校輯　上海　博古齋
1923年　津逮秘書　第10集

007149376　9100　3533　（129）
東京夢華錄十卷
孟元老撰　毛晉校輯　上海　博古齋
1923年　津逮秘書　第10集

007149377　9100　3533　（130）
西京雜記六卷
葛洪撰　毛晉校輯　上海　博古齋
1923年　津逮秘書　第10集

007149380　9100　3533　（131）
大唐創業起居註三卷
溫大雅撰　毛晉校輯　上海　博古齋
1923年　津逮秘書　第10集

007149383　9100　3533　（132－133）
老學庵筆記十卷
陸游撰　毛晉校輯　上海　博古齋
1923年　津逮秘書　第10集

007149387　9100　3533　（133）
焚椒錄一卷
王鼎撰　毛晉校輯　上海　博古齋
1923年　津逮秘書　第10集

007149384　9100　3533　（133）
漢雜事秘辛一卷
毛晉校輯　上海　博古齋　1923年　津逮秘書　第10集

007149386　9100　3533　（134）
玉堂雜記三卷
周必大撰　毛晉校輯　上海　博古齋
1923年　津逮秘書　第10集

007149388　9100　3533　（135）
唐國史補三卷
李肇撰　毛晉校輯　上海　博古齋
1923年　津逮秘書　第10集

007149389　9100　3533　（136－137）
搜神記二十卷
干寶撰　毛晉校輯　上海　博古齋
1923年　津逮秘書　第11集

007149391　9100　3533　（138）
搜神後記十卷
陶潛撰　毛晉校輯　上海　博古齋
1923年　津逮秘書　第11集

007149393　9100　3533　（139）
錄異記八卷
杜光庭撰　毛晉校輯　上海　博古齋
1923年　津逮秘書　第11集

007149395　9100　3533　（140）
稽神錄附拾遺七卷
徐鉉撰　毛晉校輯　上海　博古齋
1923年　津逮秘書　第11集

007149396　9100　3533　（141）
冥通記四十卷
陶弘景撰　毛晉校輯　上海　博古齋
1923年　津逮秘書　第11集

007149398　9100　3533　（142）
異苑十卷
劉敬叔撰　毛晉校輯　上海　博古齋
1923年　津逮秘書　第11集

007149402　9100　3533　（143－145）
東坡題跋六卷
蘇軾撰　毛晉校輯　上海　博古齋
1923年　津逮秘書　第12集

007149404　9100　3533　（146－148）
山谷題跋九卷
黃庭堅撰　毛晉校輯　上海　博古齋
1923年　津逮秘書　第12集

007149410　9100　3533　（148）
淮海題跋一卷
秦觀撰　毛晉校輯　上海　博古齋
1923年　津逮秘書　第12集

007149408　9100　3533　（148）
宛丘題跋一卷
張耒撰　毛晉校輯　上海　博古齋
1923年　津逮秘書　第12集

007149405　9100　3533　（148）
無咎題跋一卷
晁補之撰　毛晉校輯　上海　博古齋
1923年　津逮秘書　第12集

007149411　9100　3533　（149－150）
鶴山題跋七卷
魏了翁撰　毛晉校輯　上海　博古齋
1923年　津逮秘書　第12集

007149413　9100　3533　（151）
放翁題跋六卷
陸游撰　毛晉校輯　上海　博古齋
1923年　津逮秘書　第12集

007149414　9100　3533　（152）
姑溪題跋二卷
李之儀撰　毛晉校輯　上海　博古齋
1923年　津逮秘書　第12集

007149420　9100　3533　（153）
石門題跋二卷
德[惠]洪撰　毛晉校輯　上海　博古齋

1923年　津逮秘書　第12集

007149421　9100　3533　（154）
西山題跋二卷
真德秀撰　毛晉校輯　上海　博古齋
1923年　津逮秘書　第12集

007153189　9100　3533　（155－157）
六一題跋十一卷
歐陽修撰　毛晉校輯　上海　博古齋
1923年　津逮秘書　第13集

007153192　9100　3533　（158）
水心題跋一卷
葉適撰　毛晉校輯　上海　博古齋
1923年　津逮秘書　第13集

007153191　9100　3533　（158）
元豐題跋一卷
曾鞏撰　毛晉校輯　上海　博古齋
1923年　津逮秘書　第13集

007153196　9100　3533　（159－161）
益公題跋十二卷
周必大撰　毛晉校輯　上海　博古齋
1923年　津逮秘書　第13集

007153197　9100　3533　（162）
後村題跋四十卷
劉克莊撰　毛晉校輯　上海　博古齋
1923年　津逮秘書　第13集

007153210　9100　3533　（163）
魏公題跋一卷
蘇頌撰　毛晉校輯　上海　博古齋
1923年　津逮秘書　第13集

007153209　9100　3533　（163）
止齋題跋二卷
陳傅良撰　毛晉校輯　上海　博古齋
1923年　津逮秘書　第13集

007153212　9100　3533　（164－165）
晦庵題跋三卷
朱熹撰　毛晉校輯　上海　博古齋
1923年　津逮秘書　第13集

007153217　9100　3533　（166）
海岳題跋一卷
米芾撰　毛晉校輯　上海　博古齋
1923年　津逮秘書　第13集

007153216　9100　3533　（166）
容齋題跋二卷
洪邁撰　毛晉校輯　上海　博古齋
1923年　津逮秘書　第13集

007153220　9100　3533　（167－070）
癸辛雜識集四十卷
周密撰　毛晉校輯　上海　博古齋
1923年　津逮秘書　第13集

007153219　9100　3533　（167）
樂府古題要解二卷
吳兢解　毛晉校輯　上海　博古齋
1923年　津逮秘書　第13集

007153222　9100　3533　（171）
紹興內府古器評
張掄評　毛晉校輯　上海　博古齋
1923年　津逮秘書　第13集

007153227　9100　3533　（172－178）
揮麈錄附餘話廿卷
王明清輯　毛晉校輯　上海　博古齋
1923年　津逮秘書　第13集

007153232　9100　3533　（179－182）
夢溪筆談三十六卷
沈括撰　毛晉校輯　上海　博古齋
1923年　津逮秘書　第13集

007153240　9100　3533　（183）
湘山野錄二卷　續一卷

文瑩釋　毛晉校輯　上海　博古齋
1923年　津逮秘書　第13集

007153246　9100　3533　(184-185)
春渚紀聞十卷
何薳撰　毛晉校輯　上海　博古齋
1923年　津逮秘書　第13集

007153249　9100　3533　(186-189)
齊東野語二十卷
周密撰　毛晉校輯　上海　博古齋
1923年　津逮秘書　第13集

007153255　9100　3533　(190)
茅亭客話十卷
黃休復撰　毛晉校輯　上海　博古齋
1923年　津逮秘書　第13集

007153264　9100　3533　(191-193)
邵氏聞見錄二十卷
邵伯溫撰　毛晉校輯　上海　博古齋
1923年　津逮秘書　第13集

007153272　9100　3533　(194-197)
邵氏聞見後錄三十卷
邵博撰　毛晉校輯　上海　博古齋
1923年　津逮秘書　第13集

007153273　9100　3533　(197)
錦帶書一卷
蕭統撰　毛晉校輯　上海　博古齋
1923年　津逮秘書　第13集

007153277　9100　3533　(198-199)
避暑錄二卷
葉夢得撰　毛晉校輯　上海　博古齋
1923年　津逮秘書　第13集

007153281　9100　3533　(200)
貴耳錄三卷
張端義撰　毛晉校輯　上海　博古齋

1923年　津逮秘書　第13集

007153339　9100　3635.1
滄海叢書第一輯
張伯楨輯　北平　東莞館　1932年

007153299　9100　3635.1　(01)
滄海叢書目錄一卷
張伯楨輯　北平　東莞館　1932年　滄海叢書　第1輯

007153294　9100　3635.1　(01)
萬木草堂叢書目錄一卷
康有爲著　張伯楨輯　北平　東莞館
1932年　滄海叢書　第1輯

007153315　9100　3635.1　(02)
袁督師遺集三卷
袁崇煥著　張伯楨編輯　北平　東莞館　1932年　滄海叢書　第1輯

007153318　9100　3635.1　(03)
袁督師集附錄
梁啟超等撰　張伯楨編輯　北平　東莞館　1932年　滄海叢書　第1輯

007153327　9100　3635.1　(04-06)
張文烈遺集六卷
張家玉著　張伯楨編輯　北平　東莞館　1932年　滄海叢書　第1輯

007153335　9100　3635.1　(07)
寒木居詩鈔一卷
張家珍著　張伯楨輯　北平　東莞館
1932年　滄海叢書　第1輯

007153331　9100　3635.1　(07)
張文烈集附錄一卷
張伯楨編輯　北平　東莞館　1932年
滄海叢書　第1輯

007153337　9100　3635.1　（08－11）
袁督師配祀關岳議案七卷
張伯楨編輯　北平　東莞館　1932年
滄海叢書　第1輯

007157475　9100　3635.2
滄海叢書第二輯
張伯楨輯　北平　東莞館　1932年

007153357　9100　3635.2　（1）
哀烈錄
康有爲著　張伯楨輯　北平　東莞館
1932年　滄海叢書　第2輯

007153385　9100　3635.2　（2）
焚餘草一卷
張伯楨著　北平　東莞館　1932年　滄海叢書　第2輯

007153373　9100　3635.2　（2）
寄禪遺詩一卷
敬安著　張伯楨輯　北平　東莞館
1932年　滄海叢書　第2輯

007153363　9100　3635.2　（2）
汪兆銘庚戌被逮供詞一卷
張伯楨輯　北平　東莞館　1932年　滄海叢書　第2輯

007153392　9100　3635.2　（3）
秋思集
張伯楨纂　北平　東莞館　1932年　滄海叢書　第2輯

007153398　9100　3635.2　（4）
篁溪家譜
張伯楨編輯　北平　東莞館　1932年
滄海叢書　第2輯

007153403　9100　3635.2　（5）
篁溪歸釣圖題詞
張伯楨編錄　北平　東莞館　1932年
滄海叢書　第2輯

007153404　9100　3635.2　（6）
南海康先生傳
張伯楨述　北平　東莞館　1932年　滄海叢書　第2輯

007157482　9100　3635.3
滄海叢書第三輯
張伯楨輯　北平　滄海叢書社　1934年

007157476　9100　3635.3　（1）
達賴喇嘛傳
張伯楨述　北平　滄海叢書社　1934年
滄海叢書　第3輯

007157478　9100　3635.3　（2－3）
班禪額爾德尼
張伯楨述　北平　滄海叢書社　1934年
滄海叢書　第3輯

007157480　9100　3635.3　（4）
西藏大呼畢勒罕考西藏聖跡考
張伯楨述　北平　滄海叢書社　1934年
滄海叢書　第3輯

007157483　9100　3635.4
滄海叢書第四輯
張伯楨編　北平　滄海叢書社　1936年

007157144　9100　3704
密韻樓叢書七種
蔣汝藻編　香港　烏程蔣氏　1923—24年

007157485　9100　3704　（01－08）
青山集三卷
郭祥正撰　蔣汝藻輯　香港　烏程蔣氏
1923—24年　密韻樓叢書

007157486　9100　3704　（09－11）
曹子建文集十卷

曹植撰　蔣汝藻輯　香港　烏程蔣氏
1923—24 年　密韻樓叢書

007157488　9100　3704　(12-14)
草窗韻語六卷
周密撰　蔣汝藻輯　香港　烏程蔣氏
1923—24 年　密韻樓叢書

007157489　9100　3704　(15-16)
吴郡圖經續記三卷
朱長文撰　蔣汝藻輯　香港　烏程蔣氏
1923—24 年　密韻樓叢書

007157490　9100　3704　(17-18)
歌詩篇四卷　集外詩一卷
李賀撰　蔣汝藻輯　香港　烏程蔣氏
1923—24 年　密韻樓叢書

007157492　9100　3704　(19)
竇氏聯珠集五卷
竇常等撰　褚藏言輯　蔣汝藻輯　香港
　烏程蔣氏　1923—24 年　密韻樓
　叢書

007157493　9100　3704　(20)
雪巖吟草甲卷忘機集一卷
宋伯仁撰　蔣汝藻輯　香港　烏程蔣氏
　1924—24 年　密韻樓叢書

007246753　9100　4102
[yin]齋所刻書
香港　1922 年　重印

007246754　9100　4102　(1)
景宋本白氏諷諫一卷
白居易撰　香港　1922 年　重印
[yin]齋所刻書

007246755　9100　4102　(1)
景宋本中興閒氣集二卷
高仲武選　香港　1922 年　重印本
[yin]齋所刻書

007141234　9100　4116
枕碧樓叢書
沈家本輯　濟南　1913 年

007141235　9100　4116　(1-2)
南軒易說三卷
張栻撰　濟南　1913 年　枕碧樓叢書

007141236　9100　4116　(3-4)
内外服制通釋七卷
車垓撰　濟南　1913 年　枕碧樓叢書

007141237　9100　4116　(5)
刑統賦二卷
傅霖撰　濟南　1913 年　枕碧樓叢書

007264563　9100　4116　(6)
粗解刑統賦
傅霖撰　孟奎解　濟南　1913 年　枕碧
樓叢書

007264564　9100　4116　(7)
刑統賦解別本二卷
濟南　1913 年　枕碧樓叢書

007141238　9100　4116　(8-9)
刑統賦疏一卷
沈仲緯疏　濟南　1913 年　枕碧樓叢書

007141239　9100　4116　(10-11)
無冤錄二卷
沈家本重校　濟南　1913 年　枕碧樓
叢書

007141240　9100　4116　(12)
河汾旅話四卷
朱維魚著　濟南　1913 年　枕碧樓叢書

007141241　9100　4116　(13)
河南集一名穆參軍集四卷

穆修著　濟南　1913 年　枕碧樓叢書

007141242　9100　4116　(14-15)
花溪集三卷
沈夢麟著　濟南　1913 年　枕碧樓叢書

007141243　9100　4116　(16-17)
來鶴亭詩集九卷
呂誠著　濟南　1913 年　枕碧樓叢書

007141244　9100　4116　(18)
玉斗山人文集
王奕著　濟南　1913 年　枕碧樓叢書

007246263　9100　4131
士禮居黃氏叢書二十一種
黃丕烈編　上海　博古齋　1922 年　景印

007246797　9100　4131　(1-6)
周禮鄭註十二卷
上海　博古齋　1922 年　士禮居叢書

007246798　9100　4131　(7-8)
儀禮鄭氏註十七卷
上海　博古齋　1922 年　士禮居叢書

007246801　9100　4131　(9)
梁公九諫
上海　博古齋　1922 年　士禮居叢書

007246799　9100　4131　(9)
夏小正一卷
上海　博古齋　1922 年　士禮居叢書

007246800　9100　4131　(9)
夏小正集解一卷
顧鳳藻輯　上海　博古齋　1922 年　士禮居叢書

007246802　9100　4131　(10-13)
國語二十一卷
韋昭註　上海　博古齋　1922 年　士禮居叢書

007246803　9100　4131　(14-19)
戰國策三十三卷
高誘註　上海　博古齋　1922 年　士禮居叢書

007246804　9100　4131　(20-23)
輿地廣記三十八卷
歐陽忞撰　上海　博古齋　1922 年　士禮居叢書

007254693　9100　4131　(24)
季滄葦藏書目一卷
季振宜撰　上海　博古齋　1922 年　士禮居叢書

007254698　9100　4131　(25)
百宋一廛賦一卷
黃丕烈撰　上海　博古齋　1922 年　士禮居叢書

007254699　9100　4131　(25)
藏畫紀要一卷
孫增慶撰　上海　博古齋　1922 年　士禮居叢書

007254697　9100　4131　(25)
汲古閣珍藏秘本書目一卷
毛扆撰　上海　博古齋　1922 年　士禮居叢書

007254700　9100　4131　(26-27)
傷寒總病論六卷
龐安常撰　上海　博古齋　1922 年　士禮居叢書

007254701　9100　4131　(28-29)
洪氏集驗方五卷
洪遵撰　上海　博古齋　1922 年　士禮

居叢書

007254703　9100　4131　(30-32)
焦氏易林十六卷
焦延壽撰　上海　博古齋　1922年　士禮居叢書

007254704　9100　4131　(33)
博物志十卷
張華撰　上海　博古齋　1922年　士禮居叢書

007254705　9100　4131　(34)
宣和遺事二卷
顧廣圻、黃丕烈合註　上海　博古齋　1922年　士禮居叢書

007254706　9100　4131　(35)
註本隸釋刊誤一卷
黃丕烈校　上海　博古齋　1922年　士禮居叢書

007254708　9100　4131　(36-37)
三經音義
上海　博古齋　1922年　士禮居叢書

007254709　9100　4131　(38-39)
船山詩選六卷
張問陶選　上海　博古齋　1922年　士禮居叢書

007254715　9100　4131　(40)
大悲經
上海　博古齋　1922年　士禮居叢書

007254714　9100　4131　(40)
蕘言
黃丕烈撰　上海　博古齋　1922年　士禮居叢書

007254712　9100　4131　(40)
同人唱和詩一卷
石韞玉輯　上海　博古齋　1922年　士禮居叢書

007153320　9100　4163
薑園叢書
金九經輯　瀋陽　朝鮮金氏　1933—35年

007153321　9100　4163　(1)
楞伽師資記
淨覺撰　瀋陽　朝鮮金氏　1933—35年　薑園叢書

007153322　9100　4163　(2)
達摩大師觀心論一卷
神秀撰　附校勘記　金九經撰　瀋陽　朝鮮金氏　1933—35年　薑園叢書

007153323　9100　4163　(2)
大乘開心顯性頓悟真宗論
慧光集釋　瀋陽　朝鮮金氏　1933—35年　薑園叢書

007153324　9100　4163　(3)
柳氏諺文志
柳僖撰　瀋陽　朝鮮金氏　1933—35年　薑園叢書

007153153　9100　4163　(4)
歷代法寶記三卷
金九經校　瀋陽　朝鮮金氏　1933—35年　薑園叢書

007291131　9100　4216b
奇晉齋叢書十六卷
李浚撰　陸烜輯　香港　冰雪山房　1912年

007291108　9100　4216b　(1)
松窗雜錄
李浚撰　灌畦暇語　唐撰人闕　香港

冰雪山房　1912年　奇晉齋叢書

007291114　9100　4216b　(2)
平巢事跡考
宋撰人闕　采石瓜州斃亮記　蹇駒撰　鶴山筆錄　魏了翁撰　臨溪隱居詩話　魏泰撰　香港　冰雪山房　1912年　奇晉齋叢書

007291109　9100　4216b　(3)
北窗炙輠錄上下卷
施彥執撰　香港　冰雪山房　1912年　奇晉齋叢書

007291110　9100　4216b　(4)
文山題跋
文天祥撰　香港　冰雪山房　1912年　奇晉齋叢書

007291111　9100　4216b　(5)
遺山題跋
元好問撰　大理行記　郭松年撰　雲煙過眼續錄　湯允謨撰　寓意編　都穆撰　香港　冰雪山房　1912年　奇晉齋叢書

007291112　9100　4216b　(6)
快雪堂漫錄
馮夢禎撰　筆麈　莫是龍撰　香港　冰雪山房　1912年　奇晉齋叢書

007291113　9100　4216b　(7-8)
雲間雜志卷下
明撰人闕　雲南山川志　楊慎撰　香港　冰雪山房　1912年　奇晉齋叢書

007164588　9100　4281
娟鏡樓叢刻
上海　聚珍倣宋印書局　1921年

007164302　9100　4281　(1)
抱潛詩存
陳元祿著　上海　聚珍倣宋印書局　1921年　娟鏡樓叢刻　甲帙

007164301　9100　4281　(1)
警庵文存
沈璋寶著　上海　聚珍倣宋印書局　1921年　娟鏡樓叢刻　甲帙

007164306　9100　4281　(2)　Film Mas 200055
嫩想盦殘稿附紅燭詞
嚴蘅著　上海　聚珍倣宋印書局　1921年　娟鏡樓叢刻　乙帙

007164586　9100　4281　(2)　Film Mas 200055
女世説
嚴蘅撰　上海　聚珍倣宋印書局　1921年　娟鏡樓叢刻　乙帙

007164585　9100　4281　(2)
十五福堂筆記
陳元祿撰　上海　聚珍倣宋印書局　1921年　娟鏡樓叢刻　乙帙

007164307　9100　4281　(3)
定盦遺著
張祖廉校錄　上海　聚珍倣宋印書局　1921年　娟鏡樓叢刻　丙帙

007164587　9100　4281　(4)
定盦先生年譜外紀二卷
張祖廉纂　上海　聚珍倣宋印書局　1921年　娟鏡樓叢刻　丁帙

007379952　9100　4375
松鄰叢書二十種
吳昌綬輯　廣州　仁和吳氏雙照樓　1917—18年

007380296　9100　4375　(1)
内板經書紀略一卷

劉若愚撰　香港　仁和吳氏雙照樓1917年　松鄰叢書　甲編

007380298　9100　4375　(1)
南廱志經籍考二卷
梅鷟撰　香港　仁和吳氏雙照樓　1917年　松鄰叢書　甲編

007380299　9100　4375　(1)
元西湖書院重整書目一卷
胡師安等撰　香港　仁和吳氏雙照樓1917年　松鄰叢書　甲編

007380306　9100　4375　(2)
茶庫藏貯圖像目一卷
清乾隆中勅撰　香港　仁和吳氏雙照樓　1917年　松鄰叢書　甲編

007989099　9100　4375　(2)
南熏殿尊藏圖像目一卷
清乾隆中勅撰　香港　仁和吳氏雙照樓　1917年　松鄰叢書　甲編

007989104　9100　4375　(2)
四庫全書薈要目一卷
清乾隆中勅撰　香港　仁和吳氏雙照樓　1917年　松鄰叢書　甲編

007380310　9100　4375　(3)
藏逸經書一卷
道開撰　香港　仁和吳氏雙照樓　1917年　松鄰叢書　甲編

007380308　9100　4375　(3)
道藏闕經目錄二卷
香港　仁和吳氏雙照樓　1917年　松鄰叢書　甲編

007380313　9100　4375　(3)
儒藏說一卷
周永年撰　香港　仁和吳氏雙照樓

1917年　松鄰叢書　甲編

007381096　9100　4375　(4)
大清孝定景皇后事略一卷
紹英撰　香港　仁和吳氏雙照樓　1917年　松鄰叢書　甲編

007381095　9100　4375　(4)
孝獻莊和至德宣仁溫惠端敬皇后行狀一卷
清世祖撰　香港　仁和吳氏雙照樓1917年　松鄰叢書　甲編

007380323　9100　4375　(5-6)
東朝崇養錄四卷
徐松撰　香港　仁和吳氏雙照樓　1917年　松鄰叢書　甲編

007380997　9100　4375　(7)
徑山遊草
吳焯著　廣州　仁和吳氏雙照樓刊1917年　松鄰叢書甲編

007380996　9100　4375　(7)
雁影齋詩一卷
李希聖撰　廣州　仁和吳氏雙照樓刊1917年序　松鄰叢書甲編

007381085　9100　4375　(8-9)
繡谷亭薰習錄經部一卷　集部一卷
吳焯撰　香港　仁和吳氏雙照樓　1917年　松鄰叢書　乙編

007381088　9100　4375　(10)
寶書閣著錄一卷
丁白撰　香港　仁和吳氏雙照樓　1917年　松鄰叢書　乙編

007381087　9100　4375　(10)
清吟閣書目四卷
瞿世瑛撰　香港　仁和吳氏雙照樓

1917年　松鄰叢書　乙編

007381092　9100　4375　(11)
賞延素心錄一卷
周二學撰　香港　仁和吳氏雙照樓
1917年　松鄰叢書　乙編

007381091　9100　4375　(11)
一角編二卷
周二學撰　香港　仁和吳氏雙照樓
1917年　松鄰叢書　乙編

007381094　9100　4375　(12)
玉雨堂書畫記四卷
韓泰華撰　香港　仁和吳氏雙照樓
1917年　松鄰叢書　乙編

009066693　9100　4387
南洋公學譯書院四種
香港　南洋公學譯書院　1912—49年
鉛印

009255005　9100　4428
蓉城仙館叢書
石榮暲輯　香港　陽新石氏蓉城仙館
1934—39年

007184175　9100　4439
娛萱室小品六十種
雷瑨輯　上海　掃葉山房　1917年

009612810　9100　4439　(1)
集唐楹聯
蔣琦齡撰　上海　掃葉山房　1917年
娛萱室小品六十種

009612773　9100　4439　(1)
梡鞠錄二卷
朱祖謀編　上海　掃葉山房　1917年
娛萱室小品六十種

009612873　9100　4439　(2)
曹全碑集字聯
俞樾撰　上海　掃葉山房　1917年　娛
萱室小品六十種

009612887　9100　4439　(2)
樊敏碑集字聯
俞樾撰　上海　掃葉山房　1917年　娛
萱室小品六十種

009613024　9100　4439　(2)
集爭坐位帖
何紹基書　上海　掃葉山房　1917年
娛萱室小品六十種

009613006　9100　4439　(2)
紀太山銘集字聯
俞樾撰　上海　掃葉山房　1917年　娛
萱室小品六十種

009613015　9100　4439　(2)
金剛經集字聯
俞樾撰　上海　掃葉山房　1917年　娛
萱室小品六十種

009612818　9100　4439　(2)
樂府雅聯
寥園主人　上海　掃葉山房　1917年
娛萱室小品六十種

009612884　9100　4439　(2)
魯峻碑集字聯
俞樾撰　上海　掃葉山房　1917年　娛
萱室小品六十種

009612867　9100　4439　(2)
校官碑集字聯
俞樾撰　上海　掃葉山房　1917年　娛
萱室小品六十種

009612833　9100　4439　(2)
繹山碑集字聯

俞樾撰　上海　掃葉山房　1917 年　娛萱室小品六十種

009613145　9100　4439　（3）
二十四畫品
黃鉞著　上海　掃葉山房　1917 年　娛萱室小品六十種

009613121　9100　4439　（3）
花間楹帖
上海　掃葉山房　1917 年　娛萱室小品六十種

009613135　9100　4439　（3）
花品
王再咸撰　上海　掃葉山房　1917 年　娛萱室小品六十種

009613097　9100　4439　（3）
集醴泉銘
上海　掃葉山房　1917 年　娛萱室小品六十種

009613101　9100　4439　（3）
集聖教序
上海　掃葉山房　1917 年　娛萱室小品六十種

009613116　9100　4439　（3）
集詩品
上海　掃葉山房　1917 年　娛萱室小品六十種

009613106　9100　4439　（3）
集石鼓文
吳受福　上海　掃葉山房　1917 年　娛萱室小品六十種

009613062　9100　4439　（3）
集禊帖
上海　掃葉山房　1917 年　娛萱室小品六十種

009613111　9100　4439　（3）
集易林
上海　掃葉山房　1917 年　娛萱室小品六十種

009613167　9100　4439　（3）
十二詞品
郭祥伯撰　上海　掃葉山房　1917 年　娛萱室小品六十種

009613124　9100　4439　（3）
四書對
上海　掃葉山房　1917 年　娛萱室小品六十種

009613127　9100　4439　（3）
俗語對
上海　掃葉山房　1917 年　娛萱室小品六十種

009613195　9100　4439　（3）
五色連珠
尤侗　上海　掃葉山房　1917 年　娛萱室小品六十種

009613180　9100　4439　（3）
續詞品
楊伯夔撰　上海　掃葉山房　1917 年　娛萱室小品六十種

009613227　9100　4439　（3）
續豔體連珠
無名氏撰　上海　掃葉山房　1917 年　娛萱室小品六十種

009613214　9100　4439　（3）
豔體連珠
葉小鸞著　上海　掃葉山房　1917 年　娛萱室小品六十種

009613247　9100　4439　(4)
絜園詩鐘
蔡乃煌著　上海　掃葉山房　1917年　娛萱室小品六十種

009613304　9100　4439　(5)
百衲琴
秦雲、秦敏樹撰　上海　掃葉山房　1917年　娛萱室小品六十種

009613352　9100　4439　(5)
集西廂酒籌
汪兆麒輯　上海　掃葉山房　1917年　娛萱室小品六十種

009613332　9100　4439　(5)
詩夢鐘聲錄
上海　掃葉山房　1917年　娛萱室小品六十種

009613359　9100　4439　(5)
西廂酒令
無名氏撰　上海　掃葉山房　1917年　娛萱室小品六十種

009613377　9100　4439　(6)
改字詩令
上海　掃葉山房　1917年　娛萱室小品六十種

009613390　9100　4439　(6)
集句詞
邵曾鑒　上海　掃葉山房　1917年　娛萱室小品六十種

009614641　9100　4439　(6)
集美人名詩
冒襄撰　上海　掃葉山房　1917年　娛萱室小品六十種

009613513　9100　4439　(6)
《孟子》人名廋辭
毛會侯撰　上海　掃葉山房　1917年　娛萱室小品六十種

009613540　9100　4439　(6)
日河新燈錄
姚福奎　上海　掃葉山房　1917年　娛萱室小品六十種

009613524　9100　4439　(6)
四書人名廋辭
徐楚畹　上海　掃葉山房　1917年　娛萱室小品六十種

009613369　9100　4439　(6)
唐詩酒令
無名氏撰　上海　掃葉山房　1917年　娛萱室小品六十種

009613431　9100　4439　(6)
詠物詞
樊增祥撰　上海　掃葉山房　1917年　娛萱室小品六十種

009614776　9100　4439　(7)
百花詩
上海　掃葉山房　1917年　娛萱室小品六十種

009614645　9100　4439　(7)
百美詩
上海　掃葉山房　1917年　娛萱室小品六十種

009614789　9100　4439　(7)
百聲詩
周蕚芳著　上海　掃葉山房　1917年　娛萱室小品六十種

009614792　9100　4439　(7)
百影詩
周蕚芳著　上海　掃葉山房　1917年

娛萱室小品六十種

009614826　9100　4439　(7)
春人賦回文
易順鼎　上海　掃葉山房　1917 年　娛萱室小品六十種

009614785　9100　4439　(7)
紅樓百美詩
潘孚美撰　上海　掃葉山房　1917 年　娛萱室小品六十種

009614820　9100　4439　(7)
身體二十六詠
上海　掃葉山房　1917 年　娛萱室小品六十種

009614802　9100　4439　(7)
月詩
王衍梅撰　上海　掃葉山房　1917 年　娛萱室小品六十種

009614876　9100　4439　(8)
百花扇序
趙杏樓撰　上海　掃葉山房　1917 年　娛萱室小品六十種

009614854　9100　4439　(8)
道情
徐靈胎　上海　掃葉山房　1917 年　娛萱室小品六十種

009614867　9100　4439　(8)
紅樓西廂合錦
無名氏撰　上海　掃葉山房　1917 年　娛萱室小品六十種

009614887　9100　4439　(8)
虎邱弔真娘墓文
姚燮撰　上海　掃葉山房　1917 年　娛萱室小品六十種

009614892　9100　4439　(8)
花鳥春秋
張潮著　上海　掃葉山房　1917 年　娛萱室小品六十種

009614863　9100　4439　(8)
科塲焰口
醉犀生撰　上海　掃葉山房　1917 年　娛萱室小品六十種

009614838　9100　4439　(8)
捧腹集
郭堯臣撰　上海　掃葉山房　1917 年　娛萱室小品六十種

009614833　9100　4439　(8)
秋紅霓詠
杜元勳撰　上海　掃葉山房　1917 年　娛萱室小品六十種

009614842　9100　4439　(8)
俗語詩
無名氏撰　上海　掃葉山房　1917 年　娛萱室小品六十種

009614903　9100　4439　(8)
一歲芳華
程羽文著　上海　掃葉山房　1917 年　娛萱室小品六十種

007183696　9100　4532
古書叢刊十七種
陳琰編　廣州　古書流通處　1922 年　影印

007184274　9100　4532　(1-2)
爾雅註三卷
郭璞撰　附音釋三卷　上海　古書流通處　1922 年　古書叢刊　甲集

007184273　9100　4532　(1)
孝經註一卷

唐玄宗註　上海　古書流通處　1922 年
　古書叢刊　甲集

007663853　9100　4532　（3-8）
韓非子二十卷
韓非撰　　附識誤三卷　上海　古書流
通處　1922 年　古書叢刊　甲集

007184275　9100　4532　（9-10）
湘山野錄三卷　續一卷
文瑩編　上海　古書流通處　1922 年
古書叢刊　甲集

007184276　9100　4532　（11-14）
晏子春秋八卷
晏嬰撰　上海　古書流通處　1922 年
古書叢刊　乙集

007663814　9100　4532　（15-18）
鹽鐵論十卷
桓寬撰　　附鹽鐵論考證一卷　張敦仁
撰　上海　古書流通處　1922 年　古書
叢刊　乙集

007184278　9100　4532　（18）
離騷集傳一卷
錢杲之集傳　上海　古書流通處　1922
年　古書叢刊　乙集

007184279　9100　4532　（19-20）
笠澤叢書九卷　考一卷
陸龜蒙纂　上海　古書流通處　1922 年
　古書叢刊　乙集

007184280　9100　4532　（21-22）
洛陽伽藍記五卷
楊衒之撰　　附集證一卷　上海　古書
流通處　1922 年　古書叢刊　丙集

007184281　9100　4532　（23-25）
古列女傳八卷

劉向編　顧愷之畫　上海　古書流通處
　1922 年　古書叢刊　丙集

007184282　9100　4532　（26）
鬼谷子三卷
陶弘景註　　附校記一卷　上海　古書
流通處　1922 年　古書叢刊　丙集

007184283　9100　4532　（27-30）
賓退錄十卷
趙與時撰　上海　古書流通處　1922 年
　古書叢刊　丙集

007184284　9100　4532　（31-36）
**夢溪筆談二十六卷　續筆談一卷　補筆談
三卷**
沈括撰　　附校記一卷　上海　古書流
通處　1922 年　古書叢刊　丁集

007184285　9100　4532　（37-38）
卻掃編三卷
徐度撰　上海　古書流通處　1922 年
古書叢刊　丁集

007184286　9100　4532　（38）
反離騷一卷
揚雄撰　上海　古書流通處　1922 年
古書叢刊　丁集

007184288　9100　4532　（39-40）
東山遺集鈞業一卷
查繼佐撰　上海　古書流通處　1922 年
　古書叢刊　丁集

007184289　9100　4532　（39-40）
粵遊雜詠一卷
查繼佐撰　上海　古書流通處　1922 年
　古書叢刊　丁集

007206846　9100　4593
鶴壽堂叢書

王士濂、張曾勤同輯　香港　孫殿起
1932年

007206851　9100　4593　（1）
韓詩
香港　孫殿起　1932年　鶴壽堂叢書

007206859　9100　4593　（1）
毛詩國風定本
香港　孫殿起　1932年　鶴壽堂叢書

007206862　9100　4593　（2）
毛詩註疏校勘記校字補一卷
茆泮林輯　香港　孫殿起　1932年　鶴壽堂叢書

007206869　9100　4593　（3）
三禮經義附錄一卷
茆泮林輯　香港　孫殿起　1932年　鶴壽堂叢書

007206863　9100　4593　（3）
周禮註疏校勘記校字補一卷
茆泮林輯　香港　孫殿起　1932年　鶴壽堂叢書

007206882　9100　4593　（4）
皰園經說三卷
宋綿初著　香港　孫殿起　1932年　鶴壽堂叢書

007206873　9100　4593　（4）
何承天纂要文徵遺一卷
茆泮林輯　香港　孫殿起　1932年　鶴壽堂叢書

007206872　9100　4593　（4）
呂氏春秋補校一卷
茆泮林輯　香港　孫殿起　1932年　鶴壽堂叢書

007989096　9100　4593　（4）
唐月令續考一卷
茆泮林輯　香港　孫殿起　1932年　鶴壽堂叢書

007206880　9100　4593　（4）
唐月令註跋一卷
成蓉鏡著　香港　孫殿起　1932年　鶴壽堂叢書

007989081　9100　4593　（4）
唐月令註續補遺一卷
茆泮林輯　香港　孫殿起　1932年　鶴壽堂叢書

007206884　9100　4593　（5-6）
左傳通釋十二卷
李惇著　香港　孫殿起　1932年　鶴壽堂叢書

007206885　9100　4593　（7-8）
春秋世族譜一卷　附補正一卷
陳厚耀著　王士濂考證　香港　孫殿起　1932年　鶴壽堂叢書

007206896　9100　4593　（8）
周末列國有令郡縣考一卷　補一卷
閔麟嗣、王士濂輯　香港　孫殿起　1932年　鶴壽堂叢書

007206887　9100　4593　（8）
左傳同名彙記一卷
王士濂輯　香港　孫殿起　1932年　鶴壽堂叢書

007989123　9100　4593　（8）
左女彙記一卷
王士濂輯　香港　孫殿起　1932年　鶴壽堂叢書

007989115　9100　4593　（8）
左女同名附紀一卷

王士濂輯　香港　孫殿起　1932年　鶴壽堂叢書

007989107　9100　4593　（8）
左淫類記一卷
王士濂輯　香港　孫殿起　1932年　鶴壽堂叢書

007206897　9100　4593　（9－17）
四書集註考證九卷
王士濂述　香港　孫殿起　1932年　鶴壽堂叢書

007206906　9100　4593　（18）
經説管窺一卷
王士濂著　香港　孫殿起　1932年　鶴壽堂叢書

007206904　9100　4593　（18）
四書集釋就正稿一卷
王士濂學　香港　孫殿起　1932年　鶴壽堂叢書

007206908　9100　4593　（19－20）
廣雅疏證拾遺二卷
王士濂學　香港　孫殿起　1932年　鶴壽堂叢書

007452429　9100　4616
吉石庵叢書二十七種　四集
羅振玉編　上虞　羅氏　1914—17年　影印

007452516　9100　4616　（1）
律音義
孫奭等　上虞　羅氏　1914—17年　吉石庵叢書　初集

007452515　9100　4616　（1）
尚書釋文殘卷
陸德明撰　上虞　羅氏　1914—17年　吉石庵叢書　初集

007452517　9100　4616　（2）
齊民要術殘卷五卷　八卷
賈思勰撰　上虞　羅氏　1914—17年　吉石庵叢書　初集

007452518　9100　4616　（3）
熬波圖
陳椿撰　上虞　羅氏　1914—17年　吉石庵叢書　初集

007452519　9100　4616　（4）
本草集註序録殘卷
陶宏景撰　上虞　羅氏　1914—17年　吉石庵叢書　初集

007452520　9100　4616　（5）
卜筮書殘卷
上虞　羅氏　1914—17年　吉石庵叢書　初集

007452521　9100　4616　（5）
大唐三藏玄奘法師表啟
玄奘　上虞　羅氏　1914—17年　吉石庵叢書　初集

007452522　9100　4616　（6）
佛國禪師文殊指南圖贊
香港　上虞羅氏　1914—17年　吉石庵叢書　初集

007452523　9100　4616　（6）
新雕大唐三藏法師取經記殘卷
香港　上虞羅氏　1914—17年　吉石庵叢書　初集

007452524　9100　4616　（7－9）
音註孟子
趙岐註　香港　上虞羅氏　1914—17年　吉石庵叢書　二集

007452525　9100　4616　（10）
孟子音義
孫奭撰　香港　上虞羅氏　1914—17年　吉石庵叢書　二集

007452526　9100　4616　（11－13）
廬山記
陳舜俞撰　香港　上虞羅氏　1914—17年　吉石庵叢書　二集

007452593　9100　4616　（14）
北宋嘉祐石經周禮禮記殘石
羅振玉輯　香港　上虞羅氏　1914—17年　吉石庵叢書　三集

007452527　9100　4616　（15）
急就章
史游撰　皇象註　葉夢得模　香港　上虞羅氏　1914—17年　吉石庵叢書　三集

007452528　9100　4616　（16）
説文字原
周伯琦撰　香港　上虞羅氏　1914—17年　吉石庵叢書　三集

007452529　9100　4616　（17－18）
契文舉例
孫詒讓　香港　上虞羅氏　1914—17年　吉石庵叢書　三集

007452530　9100　4616　（19）
北宋二體石經禮記檀弓殘石日本古寫本史記殷本紀殘卷
香港　上虞羅氏　1914—17年　吉石庵叢書　四集

007452531　9100　4616　（20）
吏部條法殘二卷
香港　上虞羅氏　1914—17年　吉石庵叢書　四集

007452532　9100　4616　（21）
渚宮舊事
余知古撰　香港　上虞羅氏　1914—17年　吉石庵叢書　四集

007452533　9100　4616　（22）
黃山圖
雪莊大師繪　香港　上虞羅氏　1914—17年　吉石庵叢書　四集

007452534　9100　4616　（23）
負暄野錄
陳槱撰　香港　上虞羅氏　1914—17年　吉石庵叢書　四集

007452535　9100　4616　（24）
秘府略殘卷
香港　上虞羅氏　1914—17年　吉石庵叢書　四集

007420545　9100　4633.6
續古逸叢書三十四種
商務印書館編　上海　商務印書館涵芬樓　1912—49年

007420704　9100　4633.6　（1）
孟子十四卷
趙岐註　上海　商務印書館涵芬樓　1923年　續古逸叢書

007420602　9100　4633.6　（2）
宋刊南華真經十卷
郭象註　陸德明音義　上海　商務印書館涵芬樓　1929年　續古逸叢書

007420705　9100　4633.6　（3）
爾雅疏十卷
邢昺等奉勅撰　上海　商務印書館涵芬樓　1923年　續古逸叢書

007420619　9100　4633.6　（4）
宋本説文解字

徐鉉校定　上海　商務印書館涵芬樓 1924年　續古逸叢書

007420708　9100　4633.6　(5)
曹子建文集十卷
曹植撰　上海　商務印書館涵芬樓 1923年　續古逸叢書

007420580　9100　4633.6　(6)
宋本嘯堂集古錄
王俅編　上海　商務印書館涵芬樓 1922年　續古逸叢書

007420628　9100　4633.6　(7)
竇氏聯珠集
上海　商務印書館涵芬樓　1922年　續古逸叢書

007420637　9100　4633.6　(8)
宋本張文昌文集四卷
張籍撰　上海　商務印書館涵芬樓 1922年　續古逸叢書

007898887　9100　4633.6　(9)
皇甫持正文集六卷
皇甫湜撰　上海　商務印書館涵芬樓 1923年　續古逸叢書

007420712　9100　4633.6　(10)
李長吉文集四卷
李賀撰　上海　商務印書館涵芬樓 1923年　續古逸叢書

007420713　9100　4633.6　(11)
許用晦文集二卷　拾遺二卷
許渾撰　上海　商務印書館涵芬樓 1923年　續古逸叢書

007420714　9100　4633.6　(12)
鄭守愚文集三卷
鄭谷撰　上海　商務印書館涵芬樓 1923年　續古逸叢書

007420716　9100　4633.6　(13)
孫可之文集十卷
孫樵撰　上海　商務印書館涵芬樓 1923年　續古逸叢書

007898869　9100　4633.6　(14)
司空表聖文集十卷
司空圖撰　上海　商務印書館涵芬樓 1923年　續古逸叢書

007420617　9100　4633.6　(15)
宋本新修龍龕手鑒
行均撰　上海　涵芬樓　1923年　續古逸叢書

009123098　9100　4633.6　(16)
宋本文中子中説十卷
阮逸註　上海　涵芬樓　1923年　續古逸叢書

007420603　9100　4633.6　(17)
宋刊老子道德經古本集註
范應元集註直解　上海　商務印書館涵芬樓　1922年　續古逸叢書

007420607　9100　4633.6　(18)
宋本漢官儀上中下卷
劉攽撰　上海　商務印書館涵芬樓 1922年　續古逸叢書

007420719　9100　4633.6　(19)
漢丞相諸葛忠武侯傅一卷
張栻撰　上海　商務印書館涵芬樓 1923年　續古逸叢書

007420720　9100　4633.6　(20)
頤堂先生文集五卷
王灼撰　上海　商務印書館涵芬樓 1923年　續古逸叢書

007420721　9100　4633.6　(21)
新雕註疏珞琭子三命消息賦三卷　附新雕李燕陰陽三命二卷
闕名撰　李仝註　東方明疏　上海　商務印書館涵芬樓　1923年　續古逸叢書

007420723　9100　4633.6　(22)
山谷琴趣外篇三卷
黃庭堅撰　上海　商務印書館涵芬樓　1923年　續古逸叢書

007420724　9100　4633.6　(23)
公是先生七經小傳
上海　商務印書館涵芬樓　1923年　續古逸叢書

007420725　9100　4633.6　(24)
禮部韻略附韻略條式六卷
丁度撰　上海　商務印書館涵芬樓　1923年　續古逸叢書

007420726　9100　4633.6　(25)
孔氏祖庭廣記十二卷
孔元措撰　上海　商務印書館涵芬樓　1923年　續古逸叢書

007420604　9100　4633.6　(26)
宋本漢雋十卷
林鉞撰　上海　商務印書館涵芬樓　1928年　續古逸叢書

007420727　9100　4633.6　(27)
張子語錄四卷
張載撰　上海　商務印書館涵芬樓　1923年　續古逸叢書

007420728　9100　4633.6　(28)
龜山語錄六卷
楊時撰　上海　商務印書館涵芬樓　1923年　續古逸叢書

007420729　9100　4633.6　(29)
酒經
上海　商務印書館涵芬樓　1923年　續古逸叢書

007422549　9100　4633.6　(30)
宋本清波雜志十二卷　卷首卷末
周煇撰　上海　商務印書館涵芬樓　1928年

007422545　9100　4633.6　(31)
宋本續幽怪錄四卷
李復言撰　上海　商務印書館涵芬樓　1928年　續古逸叢書

007422598　9100　4633.6　(32)
通玄真經十二卷
徐靈府註　上海　商務印書館涵芬樓　1923年　續古逸叢書

007422497　9100　4633.6　(33)
新雕洞靈真經
亢倉子[庚桑楚]撰　何粲註　上海　商務印書館涵芬樓　1928年　續古逸叢書

007422602　9100　4633.6　(34)
陶淵明詩
上海　商務印書館涵芬樓　1923年　續古逸叢書

007422603　9100　4633.6　(35)
昭德先生郡齋讀書志十一卷
晁公武撰　上海　商務印書館涵芬樓　1923年　續古逸叢書

007422546　9100　4633.6　(36)
宋紹定本樂善錄十卷
李昌齡撰　上海　商務印書館涵芬樓　1935年　續古逸叢書

007422486　9100　4633.6　(37)
宋本名公書判清明集

上海　商務印書館涵芬樓　1935 年　續古逸叢書

007422612　9100　4633.6　(38)
武經七書二十五卷
闕名輯　上海　商務印書館涵芬樓　1923 年　續古逸叢書

007422454　9100　4633.6　(39)
宋本搜神秘覽
章炳文撰　上海　商務印書館涵芬樓　1935 年　初版　續古逸叢書

007422458　9100　4633.6　(40)
宋本春秋公羊疏
徐彥撰　上海　商務印書館涵芬樓　1935 年　初版　續古逸叢書

007422614　9100　4633.6　(41)
乖崖先生文集十二卷
張詠撰　上海　商務印書館涵芬樓　1923 年　續古逸叢書

007422615　9100　4633.6　(42)
謝幼槃文集十卷
謝逸撰　上海　商務印書館涵芬樓　1923 年　續古逸叢書

007422516　9100　4633.6　(43)
永樂大典本水經注
酈道元著　上海　商務印書館　1935 年　初版　續古逸叢書

007422606　9100　4633.6　(44)
中庸說三卷
張九成撰　上海　商務印書館涵芬樓　1923 年　續古逸叢書

007422558　9100　4633.6　(45)
宋本程氏演蕃露十卷
程大昌撰　上海　商務印書館涵芬樓　1924 年　續古逸叢書

007268812　9100　4633.6　(46)
梅花喜神譜二卷
宋伯仁編　上海　涵芬樓　1938 年

007422538　9100　4635
南園叢書十二種
簡照南輯　南海　簡氏　1925 年

007717250　9100　4635　(1–2)
藥言一卷　剩稿一卷
李惺撰　香港　南海簡氏　1925 年　南園叢書

007888626　9100　4635　(3–6)
銅鑪館軏書二卷　補二卷　附老學究語一卷
李惺撰　香港　南海簡氏　1925 年　南園叢書

007717253　9100　4635　(7)
冰言一卷
李惺撰　香港　南海簡氏　1925 年　南園叢書

007717254　9100　4635　(8)
冰言補一卷
李惺撰　香港　南海簡氏　1925 年　南園叢書

007262232　9100　4663.1
喜詠軒叢書
陶湘輯　香港　涉園陶氏　1928 年

007262184　9100　4663.1　(1–3)
天工開物
陶湘輯　香港　武進陶氏涉園　1927 年　喜詠軒叢書甲編

007262185　9100　4663.1　(4)
授衣廣訓曹州牡丹譜

陶湘輯　香港　武進陶氏涉園　1927 年　喜詠軒叢書甲編

007262186　9100　4663.1　(5)
寶硯堂硯辨繡譜　雪宧繡譜
陶湘輯　香港　武進陶氏涉園　1927 年　喜詠軒叢書甲編

007261941　9100　4663.1　(6)
筆疇
鄔佑譯　武進　涉園陶氏　1928 年　喜詠軒叢書

007262289　9100　4663.1　(6)
懺摩錄
彭兆蓀撰　香港　涉園陶氏　1928 年　喜詠軒叢書

007262291　9100　4663.1　(6)
牧牛圖頌
普明撰　香港　涉園陶氏　1928 年　喜詠軒叢書

007262187　9100　4663.1　(7)
問山亭遺詩月壺題畫詩　掃揜集
陶湘輯　香港　武進陶氏涉園　1927 年　喜詠軒叢書甲編

007262188　9100　4663.1　(8)
紅香館詩草雙清閣詩芸香館遺詩　吟紅館遺詩
陶湘輯　香港　武進陶氏涉園　1927 年　喜詠軒叢書甲編

007261960　9100　4663.1　(9–10)
秦樓月
吳綺撰　武進　涉園陶氏　1928 年　喜詠軒叢書　乙編

007261957　9100　4663.1　(11–12)
紅梨記
楊初子撰　武進　涉園陶氏　1926 年　喜詠軒叢書

007261956　9100　4663.1　(13–14)
繡襦記四卷
武進　涉園陶氏　1926 年　喜詠軒叢書

007261955　9100　4663.1　(15–16)
幽閨記
武進　涉園陶氏　1927 年　喜詠軒叢書乙編

007261959　9100　4663.1　(17–18)
鴛鴦縧傳奇
醉竹居士編　武進　涉園陶氏　1926 年　喜詠軒叢書

007262293　9100　4663.2
喜詠軒叢書丙、丁編
陶湘輯　香港　涉園陶氏　1930 年

007262258　9100　4663.2　(1)
宣德鼎彝譜八卷
呂震撰　香港　涉園陶氏　1930 年　喜詠軒叢書　丙編

007261950　9100　4663.2　(2–3)
宣德彝器圖譜
呂震編　武進　涉園陶氏　1928 年　喜詠軒叢書

007262259　9100　4663.2　(4)
宣德彝器譜三卷
呂棠撰　香港　涉園陶氏　1930 年　喜詠軒叢書　丙編

007261951　9100　4663.2　(4)
宣爐小志
沈氏撰　武進　涉園陶氏　1930 年　喜詠軒叢書

007262260　9100　4663.2　(5-6)
蕭尺木離騷圖經
蕭雲從撰　香港　涉園陶氏　1930年　喜詠軒叢書　丙編

007262261　9100　4663.2　(6)
陳老蓮離騷圖經
香港　涉園陶氏　1930年　喜詠軒叢書　丙編

007262262　9100　4663.2　(7-8)
傳奇圖像十種明刻
香港　涉園陶氏　1930年　喜詠軒叢書　丙編

007261946　9100　4663.2　(9)
凌煙閣功臣圖像
劉源繪　武進　涉園陶氏　1930年　喜詠軒叢書

007261949　9100　4663.2　(10)
無雙譜
金古良撰　武進　涉園陶氏　1929年　喜詠軒叢書

007261961　9100　4663.2　(11)
耕織圖詩
焦秉貞譯　武進　涉園陶氏　1929年　喜詠軒叢書　丁編

007262263　9100　4663.2　(12-13)
聖祖避暑山莊圖詠
沈喻繪　香港　涉園陶氏　1930年　喜詠軒叢書　丁編

007262264　9100　4663.2　(14-15)
高宗恭和避暑山莊圖詠
香港　涉園陶氏　1930年　喜詠軒叢書　丁編

007261948　9100　4663.2　(16)
雲臺二十八將
張菊如撰　武進　涉園陶氏　1929年　喜詠軒叢書

007262265　9100　4663.2　(16)
奏對筆記
洪承疇撰　香港　涉園陶氏　1930年　喜詠軒叢書　丁編

007262248　9100　4663.3
喜詠軒叢書戊編
陶湘輯刊　香港　武進陶氏　1931年

007261958　9100　4663.3　(1-3)
欽定補繪離騷圖
武進　武進陶氏　1930年　喜詠軒叢書

007261964　9100　4663.3　(4)
園冶
計成撰　武進　武進陶氏　1931年　喜詠軒叢書　戊編

007261963　1681　3806c　9100　4663.3　(5)
菜根譚
(明)洪應明著　武進　陶氏　1931年　喜詠軒叢書　戊編

007261940　9100　4663.3　(6-8)
仙佛奇蹤
洪應明撰　武進　陶氏　1931年

007264283　9100　4674
古學彙刊
鄧實編　上海　國粹學報社　1912年

007264519　9100　4674　(1)
蜀石經校記一卷
繆荃孫撰　上海　國粹學報社　1912年　古學彙刊　第1集

007264523　9100　4674　(2)
國史儒林傳敘錄二卷
繆荃孫撰　上海　國粹學報社　1912年

古學彙刊　第1集

007264521　9100　4674　(2)
毛詩九穀釋義一卷
陳奐撰　上海　國粹學報社　1912年
古學彙刊　第1集

007264524　9100　4674　(3-4)
三垣筆記又附識六卷
李清撰　上海　國粹學報社　1912年
古學彙刊　第1集

007264528　9100　4674　(5-6)
島夷志略廣證二卷
沈曾植撰　上海　國粹學報社　1912年
古學彙刊　第1集

007264525　9100　4674　(5)
宋太宗實錄八卷
上海　國粹學報社　1912年　古學彙刊
第1集

007264526　9100　4674　(5)
西遼立國始末一卷
丁謙撰　上海　國粹學報社　1912年
古學彙刊　第1集

007264530　9100　4674　(6)
仁恕堂筆記一卷
黎士宏撰　上海　國粹學報社　1912年
古學彙刊　第1集

007264534　9100　4674　(6)
士禮居藏書題跋再續記二卷
黃丕烈撰　上海　國粹學報社　1912年
古學彙刊　第1集

007264531　9100　4674　(6)
永憲錄一卷
蕭奭齡撰　上海　國粹學報社　1912年
古學彙刊　第1集

007264533　9100　4674　(6)
元婚禮貢舉考一卷
上海　國粹學報社　1912年　古學彙刊
第1集

007264535　9100　4674　(7-9)
清學部圖書館善本書目
繆荃孫撰　上海　國粹學報社　1912年
古學彙刊　第1集

007264536　9100　4674　(9)
未入藏經卷目一卷
李翊灼撰　上海　國粹學報社　1912年
古學彙刊　第1集

007264537　9100　4674　(9)
雲臺金石記一卷
上海　國粹學報社　1912年　古學彙刊
第1集

007264538　9100　4674　(10)
翠墨園語一卷
王懿榮撰　上海　國粹學報社　1912年
古學彙刊　第1集

007264540　9100　4674　(10)
涪州石魚文字所見錄二卷
姚覲光、錢保塘撰　上海　國粹學報社
1912年　古學彙刊　第1集

007266813　9100　4674　(10)
上谷訪碑記一卷
鄧嘉緝撰　上海　國粹學報社　1912年
古學彙刊　第1集

007264539　9100　4674　(10)
陽羨摩崖記略一卷
吳騫撰　上海　國粹學報社　1912年
古學彙刊　第1集

007264542　9100　4674　(11)
記桐城方戴兩家書案一卷

上海　國粹學報社　1912 年　古學彙刊
第 1 集

007264543　9100　4674　(11)
金粟逸人逸事一卷
上海　國粹學報社　1912 年　古學彙刊
第 1 集

007264541　9100　4674　(11)
陸麗京雪罪雲遊記一卷
陸莘行撰　上海　國粹學報社　1912 年
古學彙刊　第 1 集

007264545　9100　4674　(11)
越縵堂日記鈔二卷
李慈銘撰　上海　國粹學報社　1912 年
古學彙刊　第 1 集

007266761　9100　4674　(12)
何暖叟日記一卷
何紹基撰　上海　國粹學報社　1912 年
古學彙刊　第 1 集

007264547　9100　4674　(12)
牧齋遺事一卷
上海　國粹學報社　1912 年　古學彙刊
第 1 集

007264546　9100　4674　(12)
蓬山密記一卷
高士奇撰　上海　國粹學報社　1912 年
古學彙刊　第 1 集

007264548　9100　4674　(12)
吳兔床日記一卷
吳騫撰　上海　國粹學報社　1912 年
古學彙刊　第 1 集

007266762　9100　4674　(12–13)
鄭鄤事跡
上海　國粹學報社　1912 年　古學彙刊
第 1 集

007266766　9100　4674　(13–14)
二顧先生遺詩二卷
顧杲、顧湘撰　上海　國粹學報社
1912 年　古學彙刊　第 1 集

007266767　9100　4674　(13–14)
萬年少遺詩一卷
萬壽祺撰　上海　國粹學報社　1912 年
古學彙刊　第 1 集

007266763　9100　4674　(13)
羽琌山民逸事
上海　國粹學報社　1912 年　古學彙刊
第 1 集

007266765　9100　4674　(13–14)
雲自在堪筆記一卷
繆荃孫撰　上海　國粹學報社　1912 年
古學彙刊　第 1 集

007266768　9100　4674　(15)
吳潘今樂府二卷
吳炎、潘檉章撰　上海　國粹學報社
1912 年　古學彙刊　第 1 集

007266769　9100　4674　(16)
章實齋文鈔一卷
章學誠撰　上海　國粹學報社　1912 年
古學彙刊　第 1 集

007266770　9100　4674　(17)
讀詩日錄
陳澧撰　上海　國粹學報社　1912 年
古學彙刊　第 2 集

007266772　9100　4674　(17)
經典文字考異
錢大昕撰　上海　國粹學報社　1912 年
古學彙刊　第 2 集

007266773　9100　4674　（18）
海外慟哭記
黃宗羲撰　上海　國粹學報社　1912年
　古學彙刊　第2集

007266775　9100　4674　（18）
申范
陳澧撰　上海　國粹學報社　1912年
古學彙刊　第2集

007266778　9100　4674　（18）
徐籀莊年譜
徐士燕撰　上海　國粹學報社　1912年
　古學彙刊　第2集

007266780　9100　4674　（19-20）
桂勝
張鳴鳳撰　上海　國粹學報社　1912年
　古學彙刊　第2集

007266782　9100　4674　（20）
長溪瑣語
謝肇淛撰　上海　國粹學報社　1912年
　古學彙刊　第2集

007266786　9100　4674　（21）
庚子銷夏記校文
何焯撰　上海　國粹學報社　1912年
古學彙刊　第2集

007266784　9100　4674　（21）
静惕堂藏宋元人集目
曹溶撰　上海　國粹學報社　1912年
　古學彙刊　第2集

007266783　9100　4674　（21）
潛采堂宋元人集目
朱彝尊撰　上海　國粹學報社　1912年
　古學彙刊　第2集

007266788　9100　4674　（22-23）
清學部圖書館方志目
繆荃孫撰　上海　國粹學報社　1912年
　古學彙刊　第2集

007266790　9100　4674　（24）
寶素室金石書畫編年錄
達受撰　上海　國粹學報社　1912年
古學彙刊　第2集

007266789　9100　4674　（24）
金石餘論
李遇孫撰　上海　國粹學報社　1912年
　古學彙刊　第2集

007266791　9100　4674　（25）
金石學錄
李遇孫撰　上海　國粹學報社　1912年
　古學彙刊　第2集

007266792　9100　4674　（26）
泰山石刻記
孫星衍撰　上海　國粹學報社　1912年
　古學彙刊　第2集

007266793　9100　4674　（27）
識言
陸圻撰　上海　國粹學報社　1912年
　古學彙刊　第2集

007266794　9100　4674　（28）
郭天錫日記
郭畀撰　上海　國粹學報社　1912年
古學彙刊　第2集

007266798　9100　4674　（29）
玉几山房聽雨錄
陳撰撰　上海　國粹學報社　1912年
　古學彙刊　第2集

007266800　9100　4674　（30）
巾箱說
金埴撰　上海　國粹學報社　1912年

古學彙刊　第2集

007266807　9100　4674　(31)
顧亭林集外詩
顧炎武撰　上海　國粹學報社　1912年　古學彙刊　第2集

007266803　9100　4674　(31)
靈谷紀遊稿
上海　國粹學報社　1912年　古學彙刊　第2集

007266802　9100　4674　(31)
曲論
何良俊、徐復祚撰　上海　國粹學報社　1912年　古學彙刊　第2集

007266809　9100　4674　(31-32)
棗林集
譚遷撰　上海　國粹學報社　1912年　古學彙刊　第2集

007266806　9100　4674　(31)
竹垞老人晚年手牘
朱彝尊撰　上海　國粹學報社　1912年　古學彙刊　第2集

007266810　9100　4674　(32)
吾炙集小傳
鄧實撰　上海　國粹學報社　1912年　古學彙刊　第2集

007256908　9100　4682
古今文藝叢書第一至六集
古今文藝叢書社編　上海　廣益書局　1913—15年

009591527　9100　4682　(1)
詞旨
陸輔之述　上海　廣益書局　1913年　古今文藝叢書　第1集

009591581　9100　4682　(1)
南詔野史
倪輅集　楊慎校　上海　廣益書局　1913年　古今文藝叢書　第1集

009591558　9100　4682　(1)
藝圃擷餘
王世懋原本　朱琰重校　上海　廣益書局　1913年　古今文藝叢書　第1集

009591857　9100　4682　(2)
板橋題畫
鄭燮著　上海　廣益書局　1913年　古今文藝叢書　第1集

009591848　9100　4682　(2)
冬心齋研銘
金農撰　上海　廣益書局　1913年　古今文藝叢書　第1集

009591593　9100　4682　(2)
繪事發微
唐岱著　上海　廣益書局　1913年　古今文藝叢書　第1集

009591866　9100　4682　(3)
蘇門遊記
樊增祥撰　上海　廣益書局　1913年　古今文藝叢書　第1集

009591875　9100　4682　(3)
藝能編
錢泳輯　上海　廣益書局　1913年　古今文藝叢書　第1集

009591896　9100　4682　(4)
論文連珠
唐才常著　上海　廣益書局　1913年　古今文藝叢書　第1集

009591890　9100　4682　(4)
梅溪筆記

錢泳著　上海　廣益書局　1913 年　古今文藝叢書　第 1 集

009591923　9100　4682　（4）
湘煙閣詩鐘
王以敏原輯　李盛基選本　上海　廣益書局　1913 年　古今文藝叢書　第 1 集

009591963　9100　4682　（5）
樊園五日戰時記
樊山手編　上海　廣益書局　1913 年　古今文藝叢書　第 1 集

009592005　9100　4682　（5）
論嶺南詞絕句
潘飛聲撰　上海　廣益書局　1913 年　古今文藝叢書　第 1 集

009591935　9100　4682　（5）
三唐詩品
宋育仁　上海　廣益書局　1913 年　古今文藝叢書　第 1 集

009591982　9100　4682　（5）
小說考證
蔣瑞藻編　上海　廣益書局　1913 年　古今文藝叢書　第 1 集

009592167　9100　4682　（6）
慧觀室謎話
周效璘撰　上海　廣益書局　1913 年　古今文藝叢書　第 1 集

009592146　9100　4682　（6）
神州異產志
胡懷琛輯　神州異產後志　蔣瑞藻　上海　廣益書局　1913 年　古今文藝叢書　第 1 集

009592183　9100　4682　（6）
繩齋印稿

陳繼德撰　上海　廣益書局　1913 年　古今文藝叢書　第 1 集

009592226　9100　4682　（7）
樂府釋
蔣衡纂　上海　廣益書局　1914 年　古今文藝叢書　第 2 集

009592249　9100　4682　（7）
香草箋
黃任作　上海　廣益書局　1914 年　古今文藝叢書　第 2 集

009592259　9100　4682　（7-8）
吟梅閣集唐
何鈺麟撰　上海　廣益書局　1914 年　古今文藝叢書　第 2 集

009592282　9100　4682　（8）
王夢樓絕句
王文治撰　上海　廣益書局　1914 年　古今文藝叢書　第 2 集

009592299　9100　4682　（9）
筆史
梁同書撰　上海　廣益書局　1914 年　古今文藝叢書　第 2 集

009592475　9100　4682　（9）
勉鋤山館存稿
秦樹銛著　陶方琦評點　上海　廣益書局　1914 年　古今文藝叢書　第 2 集

009592306　9100　4682　（9）
黔苗竹枝詞
毛貴銘撰　上海　廣益書局　1914 年　古今文藝叢書　第 2 集

009592491　9100　4682　（10）
樊園戰詩續記
樊山手編　上海　廣益書局　1914 年

古今文藝叢書　第2集

009592503　9100　4682　（10）
吳社詩鐘
易順鼎原輯　沈宗畸選本　上海　廣益書局　1914年　古今文藝叢書　第2集

009592529　9100　4682　（11）
絜園詩鐘
蔡乃煌輯　上海　廣益書局　1914年　古今文藝叢書　第2集

009592624　9100　4682　（12）
筆志
胡韞玉著　上海　廣益書局　1914年　古今文藝叢書　第2集

009592543　9100　4682　（12）
清朝論詩絕句
蔣士超著　上海　廣益書局　1914年　古今文藝叢書　第2集

009592612　9100　4682　（12）
小說閒話
張行撰　上海　廣益書局　1914年　古今文藝叢書　第2集

009592714　9100　4682　（13）
操觚十六觀
陳鑒撰　上海　廣益書局　1914年　古今文藝叢書　第3集

009592864　9100　4682　（13）
畫品
黃鉞著　上海　廣益書局　1914年　古今文藝叢書　第3集

009592909　9100　4682　（13）
鵲華行館詩鐘
趙國華輯　上海　廣益書局　1914年　古今文藝叢書　第3集

009592889　9100　4682　（13）
書品
楊景曾著　上海　廣益書局　1914年　古今文藝叢書　第3集

009592766　9100　4682　（13）
藝菊書
黃省曾撰　上海　廣益書局　1914年　古今文藝叢書　第3集

009592897　9100　4682　（13）
勇廬閒詰
趙之謙撰　上海　廣益書局　1914年　古今文藝叢書　第3集

009592641　9100　4682　（13）
種菊法
陳繼儒撰　上海　廣益書局　1914年　古今文藝叢書　第3集

009592931　9100　4682　（14）
百衲琴
秦雲、秦敏樹撰　上海　廣益書局　1914年　古今文藝叢書　第3集

009592963　9100　4682　（14）
西海紀行卷
潘飛聲撰　上海　廣益書局　1914年　古今文藝叢書　第3集

009593001　9100　4682　（15）
酒史
胡光岱著　上海　廣益書局　1914年　古今文藝叢書　第3集

009592980　9100　4682　（15）
天外歸槎錄
潘飛聲撰　上海　廣益書局　1914年　古今文藝叢書　第3集

009593036　9100　4682　（15）
絜園詩鐘續錄

蔡乃煌輯　上海　廣益書局　1914年
古今文藝叢書　第3集

009593071　9100　4682　(15)
姚黃集輯
秦更年錄　上海　廣益書局　1914年
古今文藝叢書　第3集

009593091　9100　4682　(15)
頤和園詞
王國維撰　上海　廣益書局　1914年
古今文藝叢書　第3集

009593105　9100　4682　(16－17)
在山泉詩話卷一至二
潘飛聲撰　上海　廣益書局　1914年
古今文藝叢書　第3集

009593190　9100　4682　(18)
燈謎源流考
竊名撰　上海　廣益書局　1914年　古
今文藝叢書　第3集

009593159　9100　4682　(18)
丁淑雅遺集
丁惠康撰　上海　廣益書局　1914年
古今文藝叢書　第3集

009593170　9100　4682　(18)
海天詩話
胡懷琛撰　上海　廣益書局　1914年
古今文藝叢書　第3集

009593244　9100　4682　(19)
江鄰幾雜志
江休復撰　上海　廣益書局　1914年
古今文藝叢書　第4集

009593268　9100　4682　(19)
雲鶴先生遺詩
劉元凱撰　上海　廣益書局　1914年
古今文藝叢書　第4集

009593287　9100　4682　(20)
五嶽遊記
王士性撰　上海　廣益書局　1914年
古今文藝叢書　第4集

009593301　9100　4682　(20)
拙存堂碑帖題跋
蔣衡撰　上海　廣益書局　1914年　古
今文藝叢書　第4集

009593380　9100　4682　(21)
秉蘭錄
安簣著　上海　廣益書局　1914年　古
今文藝叢書　第4集

009593318　9100　4682　(21)
九宮新式
蔣驥著　上海　廣益書局　1914年　古
今文藝叢書　第4集

009593354　9100　4682　(21)
學畫雜論
蔣和著　上海　廣益書局　1914年　古
今文藝叢書　第4集

009593334　9100　4682　(21)
學書雜論
蔣和著　上海　廣益書局　1914年　古
今文藝叢書　第4集

009593882　9100　4682　(22)
詞品
郭麐撰　上海　廣益書局　1914年　古
今文藝叢書　第4集

009593390　9100　4682　(22)
南田畫跋
惲格撰　上海　廣益書局　1914年　古
今文藝叢書　第4集

009593914　9100　4682　（23）
散原精舍集外詩
陳三立撰　上海　廣益書局　1914 年　古今文藝叢書　第 4 集

009593899　9100　4682　（23）
在山泉詩話卷三
潘飛聲撰　上海　廣益書局　1914 年　古今文藝叢書　第 4 集

009594014　9100　4682　（24）
澹廬讀畫詩
徐鋆撰　上海　廣益書局　1914 年　古今文藝叢書　第 4 集

009593930　9100　4682　（24）
樸學齋夜談
胡懷琛著　上海　廣益書局　1914 年　古今文藝叢書　第 4 集

009593936　9100　4682　（24）
文則
胡懷琛撰　上海　廣益書局　1914 年　古今文藝叢書　第 4 集

009593963　9100　4682　（24）
續杜工部詩話
蔣瑞藻述　上海　廣益書局　1914 年　古今文藝叢書　第 4 集

009594125　9100　4682　（25）
桂隱百課
張鎡撰　上海　廣益書局　1915 年　古今文藝叢書　第 5 集

009594034　9100　4682　（25）
蘭亭集
王羲之撰　上海　廣益書局　1915 年　古今文藝叢書　第 5 集

009594106　9100　4682　（25）
隨隱漫錄
陳隨隱撰　上海　廣益書局　1915 年　古今文藝叢書　第 5 集

009594144　9100　4682　（26）
墨史
陸友纂　上海　廣益書局　1915 年　古今文藝叢書　第 5 集

009594133　9100　4682　（26）
四並集
張鎡撰　上海　廣益書局　1915 年　古今文藝叢書　第 5 集

009594138　9100　4682　（26）
玉照堂梅品
張鎡撰　上海　廣益書局　1915 年　古今文藝叢書　第 5 集

009594174　9100　4682　（27）
菊譜
史正志撰　上海　廣益書局　1915 年　古今文藝叢書　第 5 集

009594167　9100　4682　（27）
梅譜
范成大撰　上海　廣益書局　1915 年　古今文藝叢書　第 5 集

009594184　9100　4682　（27）
韻石齋筆談
姜紹書著　蔣瑞藻校　上海　廣益書局　1915 年　古今文藝叢書　第 5 集

009594314　9100　4682　（28）
冬心先生畫記五種
金農撰　上海　廣益書局　1915 年　古今文藝叢書　第 5 集

009594328　9100　4682　（28）
讀畫紀聞
蔣驥著　孫同超校　上海　廣益書局

1915年　古今文藝叢書　第5集

009594288　9100　4682　（28）
閒者軒帖考
孫承澤述　蔣瑞藻校　上海　廣益書局
1915年　古今文藝叢書　第5集

009594342　9100　4682　（28）
續書法論
蔣驥著　孫同超校　上海　廣益書局
1915年　古今文藝叢書　第5集

009594365　9100　4682　（29）
越縵堂筆記
李慈銘撰　上海　廣益書局　1915年
古今文藝叢書　第5集

009594391　9100　4682　（30）
在山泉詩話卷四
潘飛聲撰　上海　廣益書局　1914年
古今文藝叢書　第5集

009594433　9100　4682　（31-34）
野客叢書十二卷
王楸輯　上海　廣益書局　1915年　古今文藝叢書　第6集

009594575　9100　4682　（35）
蘭苕館論詩百首
許奉恩著　上海　廣益書局　1915年
古今文藝叢書　第6集

009594551　9100　4682　（35）
陶詩集評
馮惟訥彙編　上海　廣益書局　1915年
　古今文藝叢書　第6集

009594599　9100　4682　（35）
西冷十子詩評
黃先舒著　蔣萬里輯　上海　廣益書局
　1915年　古今文藝叢書　第6集

009594636　9100　4682　（35）
製茶新譜
錢椿年輯　上海　廣益書局　1915年
古今文藝叢書　第6集

009594671　9100　4682　（36）
翠寒巢體物詞
洞陽山人撰　上海　廣益書局　1915年
　古今文藝叢書　第6集

009594877　9100　4682　（36）
同功繭
洞陽山人填　上海　廣益書局　1915年
　古今文藝叢書　第6集

009594889　9100　4682　（36）
學書筆法精解
蔣和著　上海　廣益書局　1915年　古今文藝叢書　第6集

009594702　9100　4682　（36）
正味遺音
洞陽山人填　上海　廣益書局　1915年
　古今文藝叢書　第6集

007238138　9100　4683
古今逸史五十五種
吳管輯　上海　商務印書館　1937年

007238468　9100　4683　（01-02）
輶軒使者絕代語釋別國方言十三卷
揚雄紀　上海　商務印書館　1937年
古今逸史　（m.）

007238473　9100　4683　（03）
釋名八卷
劉熙撰　上海　商務印書館　1937年
古今逸史

007870572　9100　4683　（04-05）
白虎通德論二卷
班固纂　上海　商務印書館　1937年

古今逸史

007238486 9100 4683 （06）
廣雅十卷
張揖撰　上海　商務印書館　1937 年
古今逸史

007238305 9100 4683 （07）
風俗通義
應劭撰　上海　商務印書館　1937 年
古今逸史

007238501 9100 4683 （08）
獨斷一卷
蔡邕撰　上海　商務印書館　1937 年
古今逸史

007238499 9100 4683 （08）
小爾雅一卷
孔鮒著　上海　商務印書館　1937 年
古今逸史

007238527 9100 4683 （09）
古今註三卷
崔豹著　上海　商務印書館　1937 年
古今逸史

007238525 9100 4683 （09）
刊誤二卷
李涪撰　上海　商務印書館　1937 年
古今逸史

007238529 9100 4683 （10）
中華古今註三卷
馬縞撰　上海　商務印書館　1937 年
古今逸史

007238533 9100 4683 （11）
博物志十卷
張華撰　上海　商務印書館　1937 年
古今逸史

007238541 9100 4683 （12）
續博物志十卷
李石撰　上海　商務印書館　1937 年
古今逸史

007238544 9100 4683 （13－14）
拾遺記十卷
王嘉撰　上海　商務印書館　1937 年
古今逸史

007238545 9100 4683 （15－17）
山海經十八卷
郭璞傳　上海　商務印書館　1937 年
古今逸史　（m.）

007238548 9100 4683 （18）
海內十洲記一卷
東方朔述　上海　商務印書館　1937 年
　古今逸史

007238549 9100 4683 （18）
吳地記一卷　後集一卷
陸廣微撰　上海　商務印書館　1937 年
　古今逸史

007238502 9100 4683 （18）
岳陽風土記一卷
范致明撰　上海　商務印書館　1937 年
　古今逸史

007238506 9100 4683 （19）
桂海虞衡志一卷
范成大撰　上海　商務印書館　1937 年
　古今逸史

007238504 9100 4683 （19）
洛陽名園記一卷
李文叔記　上海　商務印書館　1937 年
　古今逸史

007238507 9100 4683 （20）
北邊備對一卷

程大昌著　上海　商務印書館　1937年
　古今逸史

007238510　9100　4683　(20)
真臘風土記一卷
周達觀撰　上海　商務印書館　1937年
　古今逸史

007238512　9100　4683　(21)
三輔黃圖六卷
闕名撰　上海　商務印書館　1937年
　古今逸史

007238514　9100　4683　(22-26)
雍錄十卷
程大昌著　上海　商務印書館　1937年
　古今逸史

007238519　9100　4683　(27-28)
洛陽伽藍記五卷
楊衒之撰　上海　商務印書館　1937年
　古今逸史

007238522　9100　4683　(29)
教坊記一卷
崔令欽撰　上海　商務印書館　1937年
　古今逸史

007244235　9100　4683　(29)
九經補韻一卷
楊伯嵒撰　上海　商務印書館　1937年
　古今逸史

007240345　9100　4683　(29)
樂府雜錄一卷
段安節撰　上海　商務印書館　1937年
　古今逸史

007870511　9100　4683　(30)
穆天子傳六卷
郭璞註　上海　商務印書館　1937年
　古今逸史　(m.)

007240350　9100　4683　(30)
三墳一卷
阮咸註　上海　商務印書館　1937年
　古今逸史

007240359　9100　4683　(31)
竹書紀年二卷
沈約附註　上海　商務印書館　1937年
　古今逸史　(m.)

007240354　9100　4683　(32-33)
汲塚周書十卷
孔晁註　上海　商務印書館　1937年
　古今逸史

007240364　9100　4683　(34)
西京雜記六卷
劉歆撰　上海　商務印書館　1937年
　古今逸史

007240365　9100　4683　(35)
別國洞冥記四卷
郭憲撰　上海　商務印書館　1937年
　古今逸史

007240371　9100　4683　(35)
海山記一卷
闕名撰　上海　商務印書館　1937年
　古今逸史

007240367　9100　4683　(35)
漢武故事一卷
班固著　上海　商務印書館　1937年
　古今逸史

007995286　9100　4683　(35)
開河記一卷
闕名撰　上海　商務印書館　1937年
　古今逸史

007995278　9100　4683　（35）
迷樓記一卷
闕名撰　上海　商務印書館　1937年
古今逸史

007240370　9100　4683　（35）
趙后外傳一卷
伶玄撰　上海　商務印書館　1937年
古今逸史

007240373　9100　4683　（36–37）
六朝事跡編類二卷
張敦頤編　上海　商務印書館　1937年
　古今逸史

007240377　9100　4683　（38）
楚史檮杌一卷
闕名撰　上海　商務印書館　1937年
古今逸史

007240376　9100　4683　（38）
晉史乘一卷
闕名撰　上海　商務印書館　1937年
古今逸史

007870545　9100　4683　（39–40）
越絕書十五卷
袁康撰　上海　商務印書館　1937年
古今逸史　（m.）

007870560　9100　4683　（41–43）
吳越春秋六卷
趙曄撰　上海　商務印書館　1937年
古今逸史　（m.）

007995317　9100　4683　（44–47）
華陽國志十二卷
常璩著　上海　商務印書館　1937年
古今逸史　（m.）

007240392　9100　4683　（48）
高士傳三卷
皇甫謐撰　上海　商務印書館　1937年
　古今逸史　（m.）

007240395　9100　4683　（49）
列仙傳二卷
劉向撰　上海　商務印書館　1937年
古今逸史

007240396　9100　4683　（50）
劍俠傳四卷
闕名撰　上海　商務印書館　1937年
古今逸史

007240399　9100　4683　（51–54）
神僧傳九卷
闕名撰　上海　商務印書館　1937年
古今逸史

007240400　9100　4683　（55）
本事詩一卷
孟棨撰　上海　商務印書館　1937年
古今逸史

007240402　9100　4683　（55）
博異記一卷
鄭還古撰　上海　商務印書館　1937年
　古今逸史

007240401　9100　4683　（55）
續齊諧記一卷
吳均撰　上海　商務印書館　1937年
古今逸史

007240403　9100　4683　（56）
集異記一卷
薛用弱撰　上海　商務印書館　1937年
　古今逸史

007240405　9100　4683　（56）
金志一卷
宇文懋昭撰　上海　商務印書館　1937

年　古今逸史

007240404　9100　4683　(56)
遼志一卷
葉隆禮撰　上海　商務印書館　1937年
　古今逸史

007240406　9100　4683　(56)
松漠紀聞一卷
洪皓撰　上海　商務印書館　1937年
古今逸史

007246278　9100　4715
舊聞零拾
鄧之誠輯　香港　古吳鄧氏五石齋
1939年

007246690　9100　4715　(1)
長安宮詞
胡延撰　　祺祥故事　王闓運撰　東
陵道　陳毅撰　香港　古吳鄧氏五石齋
　1939年　舊聞零拾

007246691　9100　4715　(2)
護國軍紀實
鄧之誠著　香港　古吳鄧氏五石齋
1939年　舊聞零拾

007244107　9100　4829
翠琅玕館叢書
黃任恒輯刊　香港　1916年

007244109　9100　4829　(1-2)
李氏易解剩義三卷
李富孫撰　香港　1916年　翠琅玕館
叢書

007244111　9100　4829　(2)
尚書蔡註考誤一卷
袁仁撰　香港　1916年　翠琅玕館叢書

007244112　9100　4829　(3-5)
詩氏族考六卷
李超孫撰　香港　1916年　翠琅玕館
叢書

007244116　9100　4829　(6-7)
春秋金鎖匙三卷
趙汸撰　香港　1916年　翠琅玕館叢書

007244114　9100　4829　(6)
夏小正傳二卷
孫星衍撰　香港　1916年　翠琅玕館
叢書

007244119　9100　4829　(7)
春秋胡傳考誤一卷
袁仁撰　香港　1916年　翠琅玕館叢書

007244131　9100　4829　(8-11)
馬氏南唐書三十卷
馬令撰　香港　1916年　翠琅玕館叢書

007244133　9100　4829　(11-13)
陸氏南唐書十八卷　音釋一卷
陸游撰　香港　1916年　翠琅玕館叢書

007244136　9100　4829　(14-15)
昭代名人尺牘小傳二十四卷
吳修撰　香港　1916年　翠琅玕館叢書

007244137　9100　4829　(16-17)
曝書亭金石題跋六卷
朱彝尊撰　香港　1916年　翠琅玕館
叢書

007244138　9100　4829　(18-19)
芳堅館題跋四卷
郭尚先撰　香港　1916年　翠琅玕館
叢書

007244141　9100　4829　(20)
九曜石刻錄一卷

周中孚撰　香港　1916年　翠琅玕館叢書

007244139　9100　4829　（20）
南漢金石志二卷
吳蘭修　香港　1916年　翠琅玕館叢書

007244144　9100　4829　（21）
傷寒百證歌五卷
許叔微　香港　1916年　翠琅玕館叢書

007244145　9100　4829　（22－24）
壽親養老新書四卷
陳直撰　香港　1916年　翠琅玕館叢書

007244151　9100　4829　（25－28）
脈因證治二卷
朱震亨撰　香港　1916年　翠琅玕館叢書

007244149　9100　4829　（25）
傷寒六經定法一卷
舒詔　香港　1916年　翠琅玕館叢書

007244152　9100　4829　（29）
脈藥聯珠四卷
龍柏撰　香港　1916年　翠琅玕館叢書

007244153　9100　4829　（30）
古方考四卷
龍柏撰　香港　1916年　翠琅玕館叢書

007244154　9100　4829　（31）
藥症忌宜一卷
陳澈　香港　1916年　翠琅玕館叢書

007244157　9100　4829　（32－33）
曉庵新法六卷
王錫闡撰　香港　1916年　翠琅玕館叢書

007244161　9100　4829　（34－35）
少廣正負術內篇三卷　外篇三卷
孔廣森撰　香港　1916年　翠琅玕館叢書

007244167　9100　4829　（36－37）
靈棋經二卷
東方朔　香港　1916年　翠琅玕館叢書

007244168　9100　4829　（37）
月波洞中記一卷
香港　1916年　翠琅玕館叢書

007244170　9100　4829　（38－44）
書苑菁華二十卷
陳思撰　香港　1916年　翠琅玕館叢書

007244177　9100　4829　（45－46）
顏書編年錄四卷
黃本驥　香港　1916年　翠琅玕館叢書

007244174　9100　4829　（45）
張氏書畫四表四卷
張丑輯　香港　1916年　翠琅玕館叢書

007244181　9100　4829　（47－48）
藝舟雙楫六卷
包世臣撰　香港　1916年　翠琅玕館叢書　（m.）

007244183　9100　4829　（49）
玉臺書史一卷
厲鶚　香港　1916年　翠琅玕館叢書

007244198　9100　4829　（50）
東莊論畫一卷
王昱撰　香港　1916年　翠琅玕館叢書

007244186　9100　4829　（50）
畫訣一卷
龔賢撰　香港　1916年　翠琅玕館叢書

007244185　9100　4829　(50)
畫語錄一卷
道濟撰　香港　1916年　翠琅玕館叢書

007244201　9100　4829　(50)
浦山論畫一卷
張庚撰　香港　1916年　翠琅玕館叢書

007244203　9100　4829　(50)
山南論畫一卷
王學浩撰　香港　1916年　翠琅玕館叢書

007244204　9100　4829　(50)
石村畫訣一卷
孔衍栻撰　香港　1916年　翠琅玕館叢書

007244206　9100　4829　(50)
寫竹雜記一卷
蔣和撰　香港　1916年　翠琅玕館叢書

007244187　9100　4829　(50)
雨窗漫筆一卷
王原祁撰　香港　1916年　翠琅玕館叢書

007244209　9100　4829　(51)
二十四畫品一卷
黃鉞撰　香港　1916年　翠琅玕館叢書

007244212　9100　4829　(51)
畫筌析覽一卷
湯貽汾撰　香港　1916年　翠琅玕館叢書

007244208　9100　4829　(51)
繪事津梁一卷
秦祖永撰　香港　1916年　翠琅玕館叢書

007244214　9100　4829　(52-53)
廣川畫跋六卷
董逌撰　香港　1916年　翠琅玕館叢書

007244217　9100　4829　(54)
南田畫跋四卷
惲正叔撰　香港　1916年　翠琅玕館叢書

007244219　9100　4829　(55)
板橋題畫一卷
鄭燮撰　香港　1916年　翠琅玕館叢書

007244221　9100　4829　(55)
冬心畫題記五種
金農撰　香港　1916年　翠琅玕館叢書

007244223　9100　4829　(56)
小山畫譜二卷
鄒一桂撰　香港　1916年　翠琅玕館叢書

007244224　9100　4829　(57-59)
無聲詩史七卷
姜紹書撰　香港　1916年　翠琅玕館叢書

007244225　9100　4829　(59-60)
玉臺畫史五卷　別錄一卷
湯漱玉輯　香港　1916年　翠琅玕館叢書

007244226　9100　4829　(61)
周氏印人傳三卷
周亮工輯　香港　1916年　翠琅玕館叢書

007244227　9100　4829　(62-63)
飛鴻堂印人傳八卷
汪啟淑撰　香港　1916年　翠琅玕館叢書

007244228　9100　4829　(64)
摹印傳燈二卷
葉爾寬編輯　香港　1916年　翠琅玕館叢書

007244230　9100　4829　(64)
琴學八則一卷
程雄撰　香港　1916年　翠琅玕館叢書

007244233　9100　4829　(64)
桐楷副墨一卷
黎遂球撰　香港　1916年　翠琅玕館叢書

007244231　9100　4829　(64)
裝潢志一卷
周嘉冑撰　香港　1916年　翠琅玕館叢書

007244229　9100　4829　(64)
紫泥法一卷
汪鎬京撰　香港　1916年　翠琅玕館叢書

007246651　9100　4829　(65)
觀石錄一卷
高兆撰　香港　1916年　翠琅玕館叢書

007246649　9100　4829　(65)
漫堂墨品一卷
宋犖　香港　1916年　翠琅玕館叢書

007246646　9100　4829　(65)
墨表一卷
萬壽祺　香港　1916年　翠琅玕館叢書

007246643　9100　4829　(65)
南村觴政一卷
張惣撰　香港　1916年　翠琅玕館叢書

007246644　9100　4829　(65)
錢譜一卷
董逌撰　香港　1916年　翠琅玕館叢書

007246652　9100　4829　(65)
水坑石記一卷
錢朝鼎撰　香港　1916年　翠琅玕館叢書

007246647　9100　4829　(65)
雪堂墨品一卷
張仁熙撰　香港　1916年　翠琅玕館叢書

007246653　9100　4829　(66-67)
陶說六卷
朱琰撰　香港　1916年　翠琅玕館叢書

007246661　9100　4829　(68)
洞山岕茶系一卷
周高起撰　香港　1916年　翠琅玕館叢書

007246659　9100　4829　(68)
虎苑二卷
王穉登　香港　1916年　翠琅玕館叢書

007246658　9100　4829　(68)
獸經一卷
黃省曾撰　香港　1916年　翠琅玕館叢書

007246655　9100　4829　(68)
陽羨茗壺系一卷
周高起撰　香港　1916年　翠琅玕館叢書

007246663　9100　4829　(69)
幽夢影二卷
張潮著　香港　1916年　翠琅玕館叢書

007246665　9100　4829　(70)
藏書紀要一卷

孫從添　香港　1916 年　翠琅玕館叢書

007246667　9100　4829　（70）
清秘藏二卷
張應文撰　香港　1916 年　翠琅玕館叢書

007246669　9100　4829　（71）
薛濤詩一卷
薛濤　香港　1916 年　翠琅玕館叢書

007246678　9100　4829　（71-74）
詒晉齋集八卷　後集一卷　隨筆一卷
成親王撰　香港　1916 年　翠琅玕館叢書

007246680　9100　4829　（75-77）
寶綸堂集八卷
齊召南撰　香港　1916 年　翠琅玕館叢書

007246681　9100　4829　（78-79）
南海百詠續編四卷
樊封撰　香港　1916 年　翠琅玕館叢書

007246683　9100　4829　（80）
遼詩話二卷
周春撰　香港　1916 年　翠琅玕館叢書

007254801　9100　4830
孝義家塾叢書
嚴式誨輯　香港　渭南嚴氏　1920—31 年

007254805　9100　4830　（1-13）
重校稽古樓四書集註
香港　渭南嚴氏　1920 年　孝義家塾叢書

007254807　9100　4830　（14-19）
重訂穀梁春秋經傳古義疏十一卷　釋范一卷　起起穀梁廢疾一卷
廖平撰　廖宗澤補疏　香港　渭南嚴氏　1920 年　孝義家塾叢書

007254808　9100　4830　（20）
賁園書庫目錄輯略一卷　附賁園家庫記
張森楷撰　香港　渭南嚴氏　1920 年　孝義家塾叢書

007254810　9100　4830　（21-24）
顏氏家訓七卷　附補校註一卷
顏之推撰　趙曦明註　盧文弨補註　嚴式誨補校註　香港　渭南嚴氏　1920 年　孝義家塾叢書

007257196　9100　4830　（25-27）
傷寒論條辨八卷
方有執撰　香港　渭南嚴氏　1920 年　孝義家塾叢書

007257201　9100　4830　（28）
傷寒論條辨本草鈔一卷
方有執撰　香港　渭南嚴氏　1920 年　孝義家塾叢書

007257198　9100　4830　（28）
傷寒論條辨或問一卷
方有執撰　香港　渭南嚴氏　1920 年　孝義家塾叢書

007257200　9100　4830　（28）
傷寒論條辨痙書一卷
方有執撰　香港　渭南嚴氏　1920 年　孝義家塾叢書

007998183　9100　4830　（28）
傷寒論條辨痙書或問一卷
方有執撰　香港　渭南嚴氏　1920 年　孝義家塾叢書

007257208　9100　4830　(29)
飲虹五種
盧前[盧冀野]撰　香港　渭南嚴氏
1920年　孝義家塾叢書

007257210　9100　4830　(30)
賁園詩鈔五卷　附錄
嚴遨撰　香港　渭南嚴氏　1920年　孝義家塾叢書

007257211　9100　4830　(31)
曾子十篇註釋
阮元撰　香港　渭南嚴氏　1920年　孝義家塾叢書

007257212　9100　4830　(32)
曾子十二篇
盧辯註　孔廣森補註　香港　渭南嚴氏　1920年　孝義家塾叢書

007257213　9100　4830　(33)
曾子問講錄四卷
毛奇齡撰　香港　渭南嚴氏　1920年　孝義家塾叢書

007257217　9100　4830　(34-36)
費氏遺書三種
費密撰　香港　渭南嚴氏　1920年　孝義家塾叢書

007254800　9100　4843
黃氏逸書考
黃奭輯　香港　懷荃堂　1925年

008016114　9100　4843　(1)
京房易章句一卷
京房撰　香港　懷荃堂　1925年　黃氏逸書考

008016115　9100　4843　(1)
馬融易傳一卷
馬融撰　香港　懷荃堂　1925年　黃氏逸書考

008016113　9100　4843　(1)
孟喜易章句一卷
孟喜撰　香港　懷荃堂　1925年　黃氏逸書考

008016112　9100　4843　(1)
子夏易傳一卷
卜商撰　香港　懷荃堂　1925年　黃氏逸書考

008016116　9100　4843　(2)
劉表易章句一卷
劉表撰　香港　懷荃堂　1925年　黃氏逸書考

008016117　9100　4843　(2)
宋衷易註一卷
宋衷撰　香港　懷荃堂　1925年　黃氏逸書考

008016118　9100　4843　(2)
荀爽易言一卷
荀爽撰　香港　懷荃堂　1925年　黃氏逸書考

008016119　9100　4843　(3)
董遇易章句一卷
董遇撰　香港　懷荃堂　1925年　黃氏逸書考

008016121　9100　4843　(3)
陸績易述一卷
陸績撰　香港　懷荃堂　1925年　黃氏逸書考

008016120　9100　4843　(3)
王肅易註一卷
王肅撰　香港　懷荃堂　1925年　黃氏逸書考

008016122　9100　4843　(4-6)
虞翻易註一卷
虞翻撰　香港　懷荃堂　1925年　黃氏逸書考

008016124　9100　4843　(7)
干寶易註一卷
干寶撰　香港　懷荃堂　1925年　黃氏逸書考

008016123　9100　4843　(7)
姚信易註一卷
姚信撰　香港　懷荃堂　1925年　黃氏逸書考

008016125　9100　4843　(8)
陸希聲易傳一卷
陸希聲撰　香港　懷荃堂　1925年　黃氏逸書考

008016126　9100　4843　(8)
徐邈易音註一卷
徐邈撰　香港　懷荃堂　1925年　黃氏逸書考

008016139　9100　4843　(8)
莊氏易義一卷
莊[氏]撰　香港　懷荃堂　1925年　黃氏逸書考

008183170　9100　4843　(9)
褚氏易註一卷
褚仲都撰　香港　懷荃堂　1925年　黃氏逸書考

008183164　9100　4843　(9)
范長生易註一卷
范長生撰　香港　懷荃堂　1925年　黃氏逸書考

008183172　9100　4843　(9)
何妥周易講疏一卷
何妥撰　香港　懷荃堂　1925年　黃氏逸書考

008183157　9100　4843　(9)
黃穎易註一卷
黃穎撰　香港　懷荃堂　1925年　黃氏逸書考

008016140　9100　4843　(9)
九家易集註一卷
香港　懷荃堂　1925年　黃氏逸書考

008183165　9100　4843　(9)
劉瓛繫辭義疏一卷
劉瓛撰　香港　懷荃堂　1925年　黃氏逸書考

008016144　9100　4843　(9)
劉瓛乾坤義一卷
劉瓛撰　香港　懷荃堂　1925年　黃氏逸書考

008183154　9100　4843　(9)
王廙易註一卷
王廙撰　香港　懷荃堂　1925年　黃氏逸書考

008016142　9100　4843　(9)
向秀易義一卷
向秀撰　香港　懷荃堂　1925年　黃氏逸書考

008016141　9100　4843　(9)
翟子易義一卷
翟玄撰　香港　懷荃堂　1925年　黃氏逸書考

008016143　9100　4843　(9)
張璠易集解一卷
張璠撰　香港　懷荃堂　1925年　黃氏逸書考

008184567　9100　4843　（9）
張氏易註一卷
張璠撰　香港　懷荃堂　1925 年　黃氏逸書考

008183171　9100　4843　（9）
周氏易註一卷
周弘正撰　香港　懷荃堂　1925 年　黃氏逸書考

008016146　9100　4843　（10）
崔憬易探玄一卷
崔憬撰　香港　懷荃堂　1925 年　黃氏逸書考

008016145　9100　4843　（10）
侯果易註一卷
侯果撰　香港　懷荃堂　1925 年　黃氏逸書考

008016148　9100　4843　（10）
盧氏易註一卷
盧[氏]撰　香港　懷荃堂　1925 年　黃氏逸書考

008016147　9100　4843　（10）
薛虞易音註一卷
薛虞撰　香港　懷荃堂　1925 年　黃氏逸書考

008183051　9100　4843　（11）
顧彪尚書義疏一卷
顧彪撰　香港　懷荃堂　1925 年　黃氏逸書考

008183048　9100　4843　（11）
歐陽生尚書章句一卷
歐陽生撰　香港　懷荃堂　1925 年　黃氏逸書考

008016150　9100　4843　（11）
申培魯詩傳一卷
申培撰　香港　懷荃堂　1925 年　黃氏逸書考

008016149　9100　4843　（11）
易雜家註一卷
香港　懷荃堂　1925 年　黃氏逸書考

008016152　9100　4843　（12）
韓詩內傳一卷
韓嬰撰　香港　懷荃堂　1925 年　黃氏逸書考

008016151　9100　4843　（12）
轅固齊詩傳一卷
轅固撰　香港　懷荃堂　1925 年　黃氏逸書考

008016153　9100　4843　（13）
毛詩馬融註一卷
馬融撰　香港　懷荃堂　1925 年　黃氏逸書考

008016154　9100　4843　（13）
毛詩王肅註一卷
王肅撰　香港　懷荃堂　1925 年　黃氏逸書考

008016155　9100　4843　（14）
毛詩王基申鄭義一卷
王基撰　香港　懷荃堂　1925 年　黃氏逸書考

008016156　9100　4843　（14）
孫毓毛詩異同評一卷
孫毓撰　香港　懷荃堂　1925 年　黃氏逸書考

008016162　9100　4843　（15）
雷次宗儀禮喪服經傳略註一卷
雷次宗撰　香港　懷荃堂　1925 年　黃氏逸書考

008016163　9100　4843　(15)
盧植禮記解詁一卷
盧植撰　香港　懷荃堂　1925年　黃氏逸書考

008184568　9100　4843　(15)
馬融儀禮喪服經傳一卷
馬融撰　香港　懷荃堂　1925年　黃氏逸書考

008016161　9100　4843　(15)
射慈禮記音義隱一卷
射慈撰　香港　懷荃堂　1925年　黃氏逸書考

008016160　9100　4843　(15)
射慈喪服變除圖一卷
射慈撰　香港　懷荃堂　1925年　黃氏逸書考

008016159　9100　4843　(15)
王肅儀禮喪服註一卷
王肅撰　香港　懷荃堂　1925年　黃氏逸書考

008016158　9100　4843　(15)
周官干寶註一卷
干寶撰　香港　懷荃堂　1925年　黃氏逸書考

008016157　9100　4843　(15)
周官馬融傳一卷
馬融撰　香港　懷荃堂　1925年　黃氏逸書考

008016166　9100　4843　(16)
蔡邕明堂月令論一卷
蔡邕撰　香港　懷荃堂　1925年　黃氏逸書考

008016165　9100　4843　(16)
蔡邕月令問答一卷
蔡邕撰　香港　懷荃堂　1925年　黃氏逸書考

008016164　9100　4843　(16)
蔡邕月令章句一卷
蔡邕撰　香港　懷荃堂　1925年　黃氏逸書考

008016168　9100　4843　(17)
崔靈恩三禮義宗一卷
崔靈恩撰　香港　懷荃堂　1925年　黃氏逸書考

008016169　9100　4843　(17)
賈逵春秋左氏解詁一卷
賈逵撰　香港　懷荃堂　1925年　黃氏逸書考

008016167　9100　4843　(17)
阮諶三禮圖一卷
阮諶撰　香港　懷荃堂　1925年　黃氏逸書考

008016170　9100　4843　(18)
服虔春秋左氏傳解誼一卷
服虔撰　香港　懷荃堂　1925年　黃氏逸書考

008016181　9100　4843　(19)
范寧穀梁傳例一卷
范寧撰　香港　懷荃堂　1925年　黃氏逸書考

008016176　9100　4843　(19)
京相璠春秋土地名一卷
京相璠撰　香港　懷荃堂　1925年　黃氏逸書考

008016182　9100　4843　(19)
樂資春秋後傳一卷
樂資撰　香港　懷荃堂　1925年　黃氏

逸書考

008016183　9100　4843　（19）
劉向五經通義一卷
劉向撰　香港　懷荃堂　1925年　黃氏逸書考

008016177　9100　4843　（19）
劉炫春秋左氏傳述義一卷
劉炫撰　香港　懷荃堂　1925年　黃氏逸書考

008016180　9100　4843　（19）
糜信春秋穀梁傳註一卷
糜信撰　香港　懷荃堂　1925年　黃氏逸書考

008016179　9100　4843　（19）
嚴彭祖春秋盟會圖一卷
嚴彭祖撰　香港　懷荃堂　1925年　黃氏逸書考

008016187　9100　4843　（20）
房景先五經疑問一卷
房景先撰　香港　懷荃堂　1925年　黃氏逸書考

008016184　9100　4843　（20）
雷次宗五經要義一卷
雷次宗撰　香港　懷荃堂　1925年　黃氏逸書考

008016190　9100　4843　（20）
劉炫規過一卷
劉炫撰　香港　懷荃堂　1925年　黃氏逸書考

008016188　9100　4843　（20）
孟子劉熙註一卷
劉熙撰　香港　懷荃堂　1925年　黃氏逸書考

008016185　9100　4843　（20）
譙周五經然否論一卷
譙周撰　香港　懷荃堂　1925年　黃氏逸書考

008016191　9100　4843　（21）
爾雅古義十二卷
香港　懷荃堂　1925年　黃氏逸書考

008016192　9100　4843　（21）
爾雅犍為文學註一卷
香港　懷荃堂　1925年　黃氏逸書考

008016194　9100　4843　（22）
爾雅樊光註一卷
樊光撰　香港　懷荃堂　1925年　黃氏逸書考

008016195　9100　4843　（22）
爾雅李巡註
李巡撰　香港　懷荃堂　1925年　黃氏逸書考

008016197　9100　4843　（23）
爾雅孫炎音註一卷
孫炎撰　香港　懷荃堂　1925年　黃氏逸書考

008016199　9100　4843　（24）
爾雅郭璞圖贊一卷
郭璞撰　香港　懷荃堂　1925年　黃氏逸書考

008016198　9100　4843　（24）
爾雅郭璞音義一卷
郭璞撰　香港　懷荃堂　1925年　黃氏逸書考

008016203　9100　4843　（25）
爾雅顧野王音一卷
顧野王撰　香港　懷荃堂　1925年　黃氏逸書考

008016200　9100　4843　(25)
爾雅沈旋集註一卷
沈旋撰　香港　懷荃堂　1925 年　黃氏逸書考

008016201　9100　4843　(25)
爾雅施乾音一卷
施乾撰　香港　懷荃堂　1925 年　黃氏逸書考

008016202　9100　4843　(25)
爾雅謝嶠音一卷
謝嶠撰　香港　懷荃堂　1925 年　黃氏逸書考

008016204　9100　4843　(26)
爾雅眾家註二卷
香港　懷荃堂　1925 年　黃氏逸書考

008016206　9100　4843　(27)
倉頡篇一卷
香港　懷荃堂　1925 年　黃氏逸書考

008016209　9100　4843　(27)
樊恭廣倉一卷
樊恭撰　香港　懷荃堂　1925 年　黃氏逸書考

008183056　9100　4843　(27)
郭璞倉頡解詁一卷
郭璞撰　香港　懷荃堂　1925 年　黃氏逸書考

008016208　9100　4843　(27)
郭璞三倉解詁一卷
郭璞撰　香港　懷荃堂　1925 年　黃氏逸書考

008030404　9100　4843　(27)
司馬相如凡將篇一卷
司馬相如撰　香港　懷荃堂　1925 年　黃氏逸書考

008016205　9100　4843　(27)
韋昭辨釋名一卷
韋昭撰　香港　懷荃堂　1925 年　黃氏逸書考

008016207　9100　4843　(27)
揚雄蒼頡訓纂一卷
揚雄撰　香港　懷荃堂　1925 年　黃氏逸書考

008016210　9100　4843　(27)
張揖埤倉一卷
張揖撰　香港　懷荃堂　1925 年　黃氏逸書考

008016213　9100　4843　(28)
蔡邕勸學篇一卷
蔡邕撰　香港　懷荃堂　1925 年　黃氏逸書考

008016219　9100　4843　(28)
曹憲文字指歸一卷
曹憲撰　香港　懷荃堂　1925 年　黃氏逸書考

008016212　9100　4843　(28)
服虔通俗文一卷
服虔撰　香港　懷荃堂　1925 年　黃氏逸書考

008016217　9100　4843　(28)
何承天纂文一卷
何承天撰　香港　懷荃堂　1925 年　黃氏逸書考

008016215　9100　4843　(28)
李彤字指一卷
李彤撰　香港　懷荃堂　1925 年　黃氏逸書考

008016224　9100　4843　(28)
陸善經新字林一卷

陸善經撰　香港　懷荃堂　1925年　黃氏逸書考

008016216　9100　4843　（28）
阮孝緒文字集略一卷
阮孝緒撰　香港　懷荃堂　1925年　黃氏逸書考

008016221　9100　4843　（28）
宋世良字略一卷
宋世良撰　香港　懷荃堂　1925年　黃氏逸書考

008016222　9100　4843　（28）
楊承慶字統一卷
楊承慶撰　香港　懷荃堂　1925年　黃氏逸書考

008016214　9100　4843　（28）
張揖古今字詁一卷
張揖撰　香港　懷荃堂　1925年　黃氏逸書考

008016223　9100　4843　（28）
諸葛潁桂苑珠叢一卷
諸葛潁撰　香港　懷荃堂　1925年　黃氏逸書考

008016218　9100　4843　（28）
纂要一卷
梁元帝撰　香港　懷荃堂　1925年　黃氏逸書考

008016228　9100　4843　（29）
開元文字音義一卷
香港　懷荃堂　1925年　黃氏逸書考

008016227　9100　4843　（29）
李登聲類一卷
李登撰　香港　懷荃堂　1925年　黃氏逸書考

008016229　9100　4843　（29）
李概音譜一卷　附聲譜一卷
李概撰　香港　懷荃堂　1925年　黃氏逸書考

008016230　9100　4843　（29）
呂靜韻集一卷
呂靜撰　香港　懷荃堂　1925年　黃氏逸書考

008016226　9100　4843　（29）
小學一卷
香港　懷荃堂　1925年　黃氏逸書考

008183059　9100　4843　（29）
陽休之韻略一卷
陽休之撰　香港　懷荃堂　1925年　黃氏逸書考

008016225　9100　4843　（29）
字書一卷
香港　懷荃堂　1925年　黃氏逸書考

008016232　9100　4843　（30－32）
孫愐唐韻二卷
孫愐撰　香港　懷荃堂　1925年　黃氏逸書考

008016234　9100　4843　（33）
李舟切韻一卷
李舟撰　香港　懷荃堂　1925年　黃氏逸書考

008016233　9100　4843　（33）
顏真卿韻海鏡源一卷
顏真卿撰　香港　懷荃堂　1925年　黃氏逸書考

008016235　9100　4843　（34）
河圖一卷
香港　懷荃堂　1925年　黃氏逸書考

008016239　9100　4843　（34）
河圖括地象一卷　附括地圖
香港　懷荃堂　1925年　黃氏逸書考

008016236　9100　4843　（34）
河圖緯一卷
香港　懷荃堂　1925年　黃氏逸書考

008016240　9100　4843　（35）
河圖帝覽嬉一卷
香港　懷荃堂　1925年　黃氏逸書考

008016241　9100　4843　（35）
河圖稽命徵一卷
香港　懷荃堂　1925年　黃氏逸書考

008016242　9100　4843　（35）
河圖稽耀鉤一卷
香港　懷荃堂　1925年　黃氏逸書考

008016244　9100　4843　（35）
河圖祿運法一卷
香港　懷荃堂　1925年　黃氏逸書考

008016245　9100　4843　（35）
河圖挺佐輔一卷
香港　懷荃堂　1925年　黃氏逸書考

008016243　9100　4843　（35）
河圖握矩記一卷
香港　懷荃堂　1925年　黃氏逸書考

008016246　9100　4843　（35）
河圖玉版一卷
香港　懷荃堂　1925年　黃氏逸書考

008183062　9100　4843　（36）
河圖始開圖一卷
香港　懷荃堂　1925年　黃氏逸書考

008016247　9100　4843　（36）
龍魚河圖一卷
香港　懷荃堂　1925年　黃氏逸書考

008016249　9100　4843　（36）
洛書一卷
香港　懷荃堂　1925年　黃氏逸書考

008016250　9100　4843　（36）
洛書靈準聽一卷
香港　懷荃堂　1925年　黃氏逸書考

008016251　9100　4843　（36）
洛書摘六辟一卷
香港　懷荃堂　1925年　黃氏逸書考

008183068　9100　4843　（36）
洛書甄曜度一卷
香港　懷荃堂　1925年　黃氏逸書考

008016252　9100　4843　（36）
易緯一卷
香港　懷荃堂　1925年　黃氏逸書考

008016254　9100　4843　（37）
易乾鑿度鄭氏註一卷
鄭玄撰　香港　懷荃堂　1925年　黃氏逸書考

008016255　9100　4843　（38）
易乾坤鑿度鄭氏註一卷
鄭玄撰　香港　懷荃堂　1925年　黃氏逸書考

008183074　9100　4843　（39）
易辨終備鄭氏註一卷
鄭玄撰　香港　懷荃堂　1925年　黃氏逸書考

008016257　9100　4843　（39）
易坤靈圖鄭氏註一卷
鄭玄撰　香港　懷荃堂　1925年　黃氏逸書考

008183072　9100　4843　（39）
易乾元序制記鄭氏註一卷
鄭玄撰　香港　懷荃堂　1925年　黃氏逸書考

008016256　9100　4843　（39）
易是類謀鄭氏註一卷
鄭玄撰　香港　懷荃堂　1925年　黃氏逸書考

008016260　9100　4843　（40）
易稽覽圖鄭氏註一卷
鄭玄撰　香港　懷荃堂　1925年　黃氏逸書考

008016261　9100　4843　（41）
易通卦驗鄭氏註一卷
鄭玄撰　香港　懷荃堂　1925年　黃氏逸書考

008183075　9100　4843　（42）
尚書帝命驗一卷
香港　懷荃堂　1925年　黃氏逸書考

008016263　9100　4843　（42）
尚書考靈曜一卷
香港　懷荃堂　1925年　黃氏逸書考

008016262　9100　4843　（42）
尚書緯一卷
香港　懷荃堂　1925年　黃氏逸書考

008016265　9100　4843　（42）
尚書刑德放一卷
香港　懷荃堂　1925年　黃氏逸書考

008016264　9100　4843　（42）
尚書璿璣鈐一卷
香港　懷荃堂　1925年　黃氏逸書考

008016266　9100　4843　（42）
尚書運期授一卷
香港　懷荃堂　1925年　黃氏逸書考

008016267　9100　4843　（43）
尚書中候一卷
香港　懷荃堂　1925年　黃氏逸書考

008016269　9100　4843　（43）
詩含神霧一卷
香港　懷荃堂　1925年　黃氏逸書考

008016270　9100　4843　（43）
詩推度災一卷
香港　懷荃堂　1925年　黃氏逸書考

008016268　9100　4843　（43）
詩緯一卷
香港　懷荃堂　1925年　黃氏逸書考

008016273　9100　4843　（44）
禮含文嘉一卷
香港　懷荃堂　1925年　黃氏逸書考

008016274　9100　4843　（44）
禮稽命徵一卷
香港　懷荃堂　1925年　黃氏逸書考

008016272　9100　4843　（44）
禮緯一卷
香港　懷荃堂　1925年　黃氏逸書考

008016271　9100　4843　（44）
詩泛歷樞一卷
香港　懷荃堂　1925年　黃氏逸書考

008183080　9100　4843　（45）
樂動聲儀一卷
香港　懷荃堂　1925年　黃氏逸書考

008016276　9100　4843　（45）
樂緯一卷
香港　懷荃堂　1925年　黃氏逸書考

008016277　9100　4843　（45）
樂協圖徵一卷
香港　懷荃堂　1925 年　黃氏逸書考

008016275　9100　4843　（45）
禮斗威儀一卷
香港　懷荃堂　1925 年　黃氏逸書考

008016279　9100　4843　（46）
春秋一卷
香港　懷荃堂　1925 年　黃氏逸書考

008016278　9100　4843　（46）
樂稽耀嘉一卷
香港　懷荃堂　1925 年　黃氏逸書考

008016281　9100　4843　（47）
春秋説題辭一卷
香港　懷荃堂　1925 年　黃氏逸書考

008016280　9100　4843　（47）
春秋演孔圖一卷
香港　懷荃堂　1925 年　黃氏逸書考

008016282　9100　4843　（48）
春秋元命苞一卷
香港　懷荃堂　1925 年　黃氏逸書考

008016283　9100　4843　（49）
春秋文耀鉤一卷
香港　懷荃堂　1925 年　黃氏逸書考

008016284　9100　4843　（49）
春秋運斗樞一卷
香港　懷荃堂　1925 年　黃氏逸書考

008016285　9100　4843　（50）
春秋感精符一卷
香港　懷荃堂　1925 年　黃氏逸書考

008016286　9100　4843　（50）
春秋合誠圖一卷
香港　懷荃堂　1925 年　黃氏逸書考

008016287　9100　4843　（50）
春秋考異郵一卷
香港　懷荃堂　1925 年　黃氏逸書考

008016288　9100　4843　（51）
春秋保乾圖一卷
香港　懷荃堂　1925 年　黃氏逸書考

008016290　9100　4843　（51）
春秋潛潭巴一卷
香港　懷荃堂　1925 年　黃氏逸書考

008030395　9100　4843　（51）
春秋握誠圖一卷
香港　懷荃堂　1925 年　黃氏逸書考

008016289　9100　4843　（51）
春秋佐助期一卷
香港　懷荃堂　1925 年　黃氏逸書考

008016291　9100　4843　（52）
春秋命歷序一卷
香港　懷荃堂　1925 年　黃氏逸書考

008016292　9100　4843　（52）
春秋内事一卷
香港　懷荃堂　1925 年　黃氏逸書考

008016293　9100　4843　（52）
論語摘輔象一卷
香港　懷荃堂　1925 年　黃氏逸書考

008030378　9100　4843　（52）
論語摘衰聖一卷
香港　懷荃堂　1925 年　黃氏逸書考

008030381　9100　4843　（52）
孝經一卷
香港　懷荃堂　1925 年　黃氏逸書考

008016295　9100　4843　（52）
孝經鉤命決一卷
香港　懷荃堂　1925 年　黃氏逸書考

008016294　9100　4843　（52）
孝經緯一卷
香港　懷荃堂　1925 年　黃氏逸書考

008016300　9100　4843　（53）
遁甲開山圖一卷
榮［氏］撰　香港　懷荃堂　1925 年　黃氏逸書考

008016298　9100　4843　（53）
河圖聖洽符一卷
香港　懷荃堂　1925 年　黃氏逸書考

008183086　9100　4843　（53）
論語比考讖一卷
香港　懷荃堂　1925 年　黃氏逸書考

008016299　9100　4843　（53）
論語撰考讖一卷
香港　懷荃堂　1925 年　黃氏逸書考

008183084　9100　4843　（53）
孝經雌雄圖一卷
香港　懷荃堂　1925 年　黃氏逸書考

008016297　9100　4843　（53）
孝經內記圖一卷
香港　懷荃堂　1925 年　黃氏逸書考

008016296　9100　4843　（53）
孝經援神契一卷
香港　懷荃堂　1925 年　黃氏逸書考

008016303　9100　4843　（54）
六韜一卷
呂望撰　香港　懷荃堂　1925 年　黃氏逸書考

008016301　9100　4843　（54）
魏文帝典論一卷
魏文帝撰　香港　懷荃堂　1925 年　黃氏逸書考

008016302　9100　4843　（54）
楊泉物理論一卷
楊泉撰　香港　懷荃堂　1925 年　黃氏逸書考

008016618　9100　4843　（55）
董仲舒公羊治獄一卷
董仲舒撰　香港　懷荃堂　1925 年　黃氏逸書考

008016620　9100　4843　（55）
范子計然一卷
香港　懷荃堂　1925 年　黃氏逸書考

008016617　9100　4843　（55）
李悝法經一卷
李悝撰　香港　懷荃堂　1925 年　黃氏逸書考

008016619　9100　4843　（55）
譙周法訓一卷
譙周撰　香港　懷荃堂　1925 年　黃氏逸書考

008016621　9100　4843　（56－58）
神農本草經三卷
吳普等述　香港　懷荃堂　1925 年　黃氏逸書考

008016622　9100　4843　（59）
劉洪乾象術一卷
劉洪撰　香港　懷荃堂　1925 年　黃氏逸書考

008016625　9100　4843　（60）
郭璞易洞林一卷
郭璞撰　香港　懷荃堂　1925 年　黃氏

逸書考

008016624　9100　4843　(60)
京房易雜占條例法一卷
京房撰　香港　懷荃堂　1925年　黃氏逸書考

008016623　9100　4843　(60)
劉向洪範五行傳一卷
劉向撰　香港　懷荃堂　1925年　黃氏逸書考

008016629　9100　4843　(61)
蔡邕琴操一卷
蔡邕撰　香港　懷荃堂　1925年　黃氏逸書考

008016627　9100　4843　(61)
淮南王萬畢術一卷
劉安撰　香港　懷荃堂　1925年　黃氏逸書考

008016628　9100　4843　(61)
劉歆鐘律書一卷
劉歆撰　香港　懷荃堂　1925年　黃氏逸書考

008016626　9100　4843　(61)
衛元嵩易元包一卷
衛元嵩撰　蘇源明傳　李江註　香港　懷荃堂　1925年　黃氏逸書考

008016630　9100　4843　(62)
釋智匠古今樂錄一卷
智匠撰　香港　懷荃堂　1925年　黃氏逸書考

008016631　9100　4843　(62)
魏皇覽一卷
劉劭、王象等撰　香港　懷荃堂　1925年　黃氏逸書考

008016632　9100　4843　(62)
逸莊子一卷
莊周撰　香港　懷荃堂　1925年　黃氏逸書考

008016633　9100　4843　(63)
莊子司馬彪註一卷
司馬彪撰　香港　懷荃堂　1925年　黃氏逸書考

008016639　9100　4843　(64)
賈逵國語註一卷
賈逵撰　香港　懷荃堂　1925年　黃氏逸書考

008016634　9100　4843　(64)
許慎淮南子註一卷
許慎撰　香港　懷荃堂　1925年　黃氏逸書考

008183089　9100　4843　(64)
張霸尚書百兩篇一卷
張霸撰　香港　懷荃堂　1925年　黃氏逸書考

008016637　9100　4843　(64)
鄭衆國語解詁一卷
鄭衆撰　香港　懷荃堂　1925年　黃氏逸書考

008016636　9100　4843　(64)
竹書紀年一卷
香港　懷荃堂　1925年　黃氏逸書考

008016642　9100　4843　(65)
孔晁國語註一卷
孔晁撰　香港　懷荃堂　1925年　黃氏逸書考

008016644　9100　4843　(65)
孔衍春秋後語一卷
孔衍撰　香港　懷荃堂　1925年　黃氏

逸書考

008016645　9100　4843　(65)
陸賈楚漢春秋一卷
陸賈撰　香港　懷荃堂　1925年　黃氏逸書考

008016640　9100　4843　(65)
唐固國語註一卷
唐固撰　香港　懷荃堂　1925年　黃氏逸書考

008016641　9100　4843　(65)
王肅國語章句一卷
王肅撰　香港　懷荃堂　1925年　黃氏逸書考

008016643　9100　4843　(65)
虞翻國語註一卷
虞翻撰　香港　懷荃堂　1925年　黃氏逸書考

008016648　9100　4843　(66)
華嶠後漢書註一卷
華嶠撰　香港　懷荃堂　1925年　黃氏逸書考

008016646　9100　4843　(66)
譙周古史考一卷
譙周撰　香港　懷荃堂　1925年　黃氏逸書考

008016650　9100　4843　(66)
謝沈後漢書一卷
謝沈撰　香港　懷荃堂　1925年　黃氏逸書考

008016647　9100　4843　(66)
薛瑩漢後書一卷
薛瑩撰　香港　懷荃堂　1925年　黃氏逸書考

008016653　9100　4843　(67)
虞預晉書一卷
虞預撰　香港　懷荃堂　1925年　黃氏逸書考

008016651　9100　4843　(67)
袁山松後漢書一卷
袁山松撰　香港　懷荃堂　1925年　黃氏逸書考

008016652　9100　4843　(67)
張璠後漢紀一卷
張璠撰　香港　懷荃堂　1925年　黃氏逸書考

008016654　9100　4843　(67)
朱鳳晉書一卷
朱鳳撰　香港　懷荃堂　1925年　黃氏逸書考

008016655　9100　4843　(68-69)
何法盛晉中興書一卷　附征祥說
何法盛撰　香港　懷荃堂　1925年　黃氏逸書考

008016659　9100　4843　(70)
陸機晉書一卷　附惠帝起居註一卷
陸機撰　香港　懷荃堂　1925年　黃氏逸書考

008016656　9100　4843　(70)
謝靈運晉書一卷
謝靈運撰　香港　懷荃堂　1925年　黃氏逸書考

008016657　9100　4843　(70)
臧榮緒晉書一卷
臧榮緒撰　香港　懷荃堂　1925年　黃氏逸書考

008016660　9100　4843　(71-73)
王隱晉書一卷　附晉書地道記一卷

王隱撰　香港　懷荃堂　1925 年　黃氏逸書考

008016661　9100　4843　(74)
干寶晉紀一卷
干寶撰　香港　懷荃堂　1925 年　黃氏逸書考

008016663　9100　4843　(75)
鄧粲晉紀一卷
鄧粲撰　香港　懷荃堂　1925 年　黃氏逸書考

008016664　9100　4843　(75)
劉謙之晉紀一卷
劉謙之撰　香港　懷荃堂　1925 年　黃氏逸書考

008016665　9100　4843　(75)
王韶之晉安帝紀一卷
王韶之撰　香港　懷荃堂　1925 年　黃氏逸書考

008016662　9100　4843　(75)
習鑿齒漢晉春秋一卷
習鑿齒撰　香港　懷荃堂　1925 年　黃氏逸書考

008016667　9100　4843　(76)
孫盛晉陽秋一卷
孫盛撰　香港　懷荃堂　1925 年　黃氏逸書考

008016666　9100　4843　(76)
徐廣晉紀一卷
徐廣撰　香港　懷荃堂　1925 年　黃氏逸書考

008016669　9100　4843　(77)
劉道薈晉起居註一卷
劉道薈撰　香港　懷荃堂　1925 年　黃氏逸書考

008016668　9100　4843　(77)
檀道鸞續晉陽秋一卷
檀道鸞撰　香港　懷荃堂　1925 年　黃氏逸書考

008016670　9100　4843　(78)
眾家晉史一卷
香港　懷荃堂　1925 年　黃氏逸書考

008016672　9100　4843　(79)
傅暢晉諸公贊一卷
傅暢撰　香港　懷荃堂　1925 年　黃氏逸書考

008016674　9100　4843　(79)
盧綝晉八王故事一卷
盧綝撰　香港　懷荃堂　1925 年　黃氏逸書考

008183097　9100　4843　(79)
盧綝晉四王遺事一卷
盧綝撰　香港　懷荃堂　1925 年　黃氏逸書考

008016673　9100　4843　(79)
荀綽晉後略一卷
荀綽撰　香港　懷荃堂　1925 年　黃氏逸書考

008016676　9100　4843　(80)
伏侯古今註一卷
伏無忌撰　香港　懷荃堂　1925 年　黃氏逸書考

008016677　9100　4843　(80)
王粲英雄記一卷
王粲撰　香港　懷荃堂　1925 年　黃氏逸書考

008016680　9100　4843　（81）
郭氏玄中記一卷
郭［氏］撰　香港　懷荃堂　1925 年　黃氏逸書考

008016679　9100　4843　（81）
司馬彪九州春秋一卷
司馬彪撰　香港　懷荃堂　1925 年　黃氏逸書考

008016678　9100　4843　（81）
司馬彪戰略一卷
司馬彪撰　香港　懷荃堂　1925 年　黃氏逸書考

008016681　9100　4843　（81）
余知古渚宮舊事一卷
余知古撰　香港　懷荃堂　1925 年　黃氏逸書考

008016682　9100　4843　（82-84）
唐濮王泰等括地志一卷
李泰撰　香港　懷荃堂　1925 年　黃氏逸書考

008016683　9100　4843　（85）
晉太康三年地記一卷
香港　懷荃堂　1925 年　黃氏逸書考

008183139　9100　4843　（85）
王肅喪服要記一卷
王肅撰　香港　懷荃堂　1925 年　黃氏逸書考

008016685　9100　4843　（86）
劉向孝子傳一卷
劉向撰　香港　懷荃堂　1925 年　黃氏逸書考

008016687　9100　4843　（86）
師覺授孝子傳一卷
師覺授撰　香港　懷荃堂　1925 年　黃氏逸書考

008016688　9100　4843　（86）
王隆漢官解詁一卷
王隆撰　胡廣註　香港　懷荃堂　1925 年　黃氏逸書考

008016686　9100　4843　（86）
蕭廣濟孝子傳一卷
蕭廣濟撰　香港　懷荃堂　1925 年　黃氏逸書考

008016684　9100　4843　（86）
趙岐三輔決錄一卷
趙岐撰　摯虞註　香港　懷荃堂　1925 年　黃氏逸書考

008016689　9100　4843　（87）
漢官一卷
香港　懷荃堂　1925 年　黃氏逸書考

008016690　9100　4843　（87）
應劭漢官儀一卷
應劭撰　香港　懷荃堂　1925 年　黃氏逸書考

008016691　9100　4843　（88）
蔡質漢官典儀一卷
蔡質撰　香港　懷荃堂　1925 年　黃氏逸書考

008016696　9100　4843　（88）
戴聖石渠禮論一卷
戴聖撰　香港　懷荃堂　1925 年　黃氏逸書考

008016692　9100　4843　（88）
丁孚漢儀一卷
丁孚撰　香港　懷荃堂　1925 年　黃氏逸書考